阿部　洋　編著

日本植民地教育政策史料集成（台湾篇）

総目録・解題・索引　第一巻

龍溪書舎

目次（第一巻）

はしがき

近年、戦前朝鮮や台湾などにおける日本の植民地教育に関する研究はめざましい進展を示し、多くのすぐれた成果が逐次蓄積されつつある。しかし総体的に見て、日本統治期台湾教育史の研究は、朝鮮の場合に比べてその広がりや深まりにおいて立ち遅れの感があることは否めないようである。その要因としては、国内における研究者の層の薄さもさることながら、これまで関連資料・文献類を系統的に収集、整理するための組織的努力が行われて来なかったという資料面からの制約が上げられよう。

このことに鑑み、編者らはこれまで研究のかたわら、永年にわたって蓄積して来た関係資料・文献類をもとに、ここ数年来国内外の研究機関・図書館・資料館などを集中的に歴訪して収集した関連資料類を加えて整理編集し、『日本植民地教育政策史料集成（台湾篇）』として刊行することにより、日本統治期台湾教育史研究の今後の進展のための資料的手がかりを提供しようと考えた。これは、編集代表者がかつて故渡部学教授とともに、龍渓書舎北村正光社長のご賛同を得て刊行した同史料集成「朝鮮篇」全七十五巻（一九八七～一九九一年）の姉妹編をなすものである。

本史料集成は、台湾総督府および管下の各種官庁から出された教育施策関係報告書や統計類、各種学校要覧類や教育関係著書・小冊子のほか、『公文類聚』『枢密院会議記録』、『外務省茗荷谷研修所旧蔵記録』等所収の各種公文書、さらには『隈本繁吉文書』などの個人文書も加え、多方面にわたる内容のものとした。これらの中には、現在では入手困難なものも多数含まれている。

これら各種資料・文献類を一応のまとまりをもつよう整理して、次のような一二部門に分類した。すなわち

第一集　教育要覧類　六冊
第二集　学事法規　一〇冊
第三集　教育施策関係資料　六冊
第四集　学校経営関係資料　五冊
第五集　台湾教育関係著書　八冊
第六集　教科書編纂・各科教育関係資料（含：国語教育）　一四冊
第七集　地方教育誌（含：原住民教育・対岸教育・内地留学）　六冊
第八冊　学校要覧類　二二冊
第九集　学事統計類　九冊
第十集　社会教育関係資料　八冊
別集(1)　台湾教育関係公文書（『公文類聚』・『枢密院会議記録』・『拓務省記録』等所収）　一二冊
別集(2)　『隈本繁吉文書（台湾教育関係）』　一三冊
計　一一九冊

がそれである。これらの所収資料を通じて、台湾における植民地教育政策の展開過程を制度・政策レベルにおいては勿論のこと、地方における教育施策の展開や学校経営レベルにおいても、その具体的状況が考察できるような構成になっている。

本史料集成を編纂するにあたり、編者らは関連資料を可能な限り収集すべく努力したが、現段階では入手困難のため収録を断念したものもある。ちなみに、このたびの資料編纂作業にあたっては、『台湾総督府公文類纂』(国史館台湾文献館所蔵)中の教育関係資料は対象に含めず、その抽出整理は次の段階での課題として残すこととした。

本史料集成編纂の過程で、編者らは北海道大学、筑波大学、東京大学、日本大学文理学部、早稲田大学、拓殖大学、武蔵大学、京都大学、九州大学、大分大学、国立台湾大学、国立台湾師範大学、国立台北教育大学などの図書館や玉川大学教育博物館、大阪市立大学学術情報総合センター、国立国会図書館、国立教育政策研究所付属教育図書館、国立公文書館や同アジア歴史資料センター、外務省外交史料館、総務省統計図書館、大阪府立図書館、台湾協会図書室、天理図書館、国立台湾図書館、国立台中図書館、台南市立図書館、宜蘭県史館など、多くの関係機関に所蔵されている貴重な関係資料・文献類を複写・活用させていただいた。ことに国立台湾図書館からは一二〇ロールを超える関係資料・文献類をご提供いただいた。

また資料の収集整理にあたっては、九州大学稲葉継雄教授(現名誉教授)や竹熊尚夫教授、大分大学平田利文教授、大阪市立大学添田晴雄教授、早稲田大学竹中兼一元教授、天理大学朱鵬教授、玉川大学教育博物館学芸員白柳弘幸氏、および国立台湾師範大学呉文星教授(現名誉教授)、同楊思惟教授(現私立南華大学教授・副学長)、国立台北教育大学翁麗芳教授、国立台中図書館長(当時)楊宣勤氏、国立台湾図書館主任潘淑慧氏などの方々に一方ならぬご配慮、ご尽力をいただいた。このほか資料収集作業の過程では、九州大学大学院生山下達也(現明治大学文学部教授)、同教育学部助教田中光晴(現文部科学省総合教育政策局外国調査係)、国立台湾師範大学大学院生蔡龍保(現国立台北大学教授・教務長)、同謝明如(現中央研究院台湾史研究所員)の四氏が献身的な協力をして下さった。ここに記して感謝の意を表するものである。

二〇一九年九月

編集代表　阿部　洋
編集委員　上沼八郎・近藤純子・佐藤由美
　　　　　佐野通夫・弘谷多喜夫
編集助手　潘静・李吉魯

凡例

(1) 本史料集成は、別集(1)・(2)を含めて全一二集よりなり、各集はそれぞれ「解題」(各集最初の巻の冒頭に収録)および「資料本文」の二部で構成されている。

(2) 資料・文献類の収録にあたっては、原則として原本乃至その複写版を用いたが、原本が戦前期の印刷で劣化が著しいため、マイクロフィルム版でしか利用できないものもあった。それらのなかには、原本の紙型が不明なものがあり、不鮮明な写真類も少なくなかった。

(3) 原本の劣化やマイクロ複写不良のため、複写原版によごれが残ったり、判読しにくい箇所があったりする場合が多々あり、編集作業にあたっては、可能な限り復元につとめた。その際、象嵌を行った箇所は〔 〕で表示した。

(4) 資料・文献類は、原則として全文を収録しているが、著書・文献から一部を抽出したものもある。これらについては、書名・文献名の後に(部分)と記した。

(5) 所収資料中の手書き文書については、原則としてそのまま複写して収録した。但し、そのうち「くずし字」で書かれ、判読に困難が予想されるものについては、利用者の便宜を考慮して、同文書原文を掲載した後ろの箇所に活字による読み下し文を付した。

(6) 所収資料のなかには、もともと標題のない資料類を編者の判断でまとめ、これに仮の標題をつけて収録したものもある。その際には標題に〔 〕を付した。

総目録

第一集　教育要覧類

六冊（第一巻～第六巻）

第一巻

①台湾学事要覧　大正五年　台湾総督府学務部……大正五年四月
②台湾学事要覧　大正八年　台湾総督府内務部学務課……大正八年七月
③台湾教育一斑　大正十年　台湾総督府内務局……大正一〇年一一月
④英文版　台湾学事要覧
A Review of Educational Work in Formosa, 1916
Dept. of Educational Affairs of the Government-General of Formosa……大正五年四月

第二巻

①台湾の教育　昭和二年　台湾教育会……昭和二年八月
②台湾の教育　昭和六年度　台湾総督府文教局……昭和六年一〇月
③台湾の教育　昭和十年度　台湾総督府文教局……昭和一〇年九月
④台湾の教育　昭和十二年度　台湾総督府文教局……昭和一二年一二月
⑤施政四十年の台湾（部分）　台湾時報社……昭和一〇年八月初版
昭和一二年三月修訂再版

第三巻

台湾教育事情　昭和十二年度版　台北時代社教育部……昭和一二年六月

第四巻

台湾学事年鑑　昭和十五年版(上)　台湾教育研究会……昭和一五年四月

第五巻

台湾学事年鑑　昭和十五年版(下)　台湾教育研究会……昭和一五年四月

第六巻

①台湾の学校教育　昭和十四年度版　台湾総督府文教局……昭和一五年一月
②台湾の学校教育　昭和十六年度版　台湾総督府文教局……昭和一七年三月
③台湾ニ於ケル学校教育ノ現況　昭和十八年度　台湾総督府……昭和一八年
④台湾統治概要(部分)　台湾総督府……昭和二〇年

第二集　学事法規　一〇冊（第七巻〜第一六巻）

第七巻

台湾総督府学事法規（明治三十五年）　台湾総督府民政部総務局学務課……明治三五年八月

第八巻

台湾学事法規（大正二年）（上）　台湾総督府民政部学務部内　台湾教育会……大正二年八月

第九巻

台湾学事法規（大正二年）（下）　台湾総督府民政部学務部内　台湾教育会……大正二年八月

第一〇巻

台湾学事法規　完（大正十一年一月　初版）（上）　台湾教育会……大正一一年一月

第一一巻

台湾学事法規　完（大正十一年一月　初版）（下）　台湾教育会……大正一一年一月

第一二巻

台湾学事法規　完（大正十一年一月　初版、昭和四年十二月加除）（上）　台湾教育会……昭和四年四月改訂　四版

第一三巻

台湾学事法規　完（大正十一年一月　初版、昭和四年十二月加除）（下）　台湾教育会……昭和四年四月改訂　四版

第一四巻

台湾学事法規　完（昭和十八年九月　加除）（上）　台湾教育会

第一五巻

台湾学事法規　完（昭和十八年九月　加除）（中）　台湾教育会

第一六巻

台湾学事法規　完（昭和十八年九月　加除）（下）　台湾教育会

第三集　教育施策関係資料　六冊（第一七巻〜第二二巻）

第一七巻

詔勅・令旨・諭告・訓達類纂（上）　台湾総督府警務局……昭和一六年三月

第一八巻

詔勅・令旨・諭告・訓達類纂（下）　台湾総督府警務局……昭和一六年三月

第一九巻

①学務部創設以降事業ノ概略　（付）本島ノ実業教育振興ニ関スル卑見（某氏）　児玉喜八（？）……明治三一年？

②児玉源太郎総督宛上申
（付）台湾教育施設之順序（明治二十八年九月立案）・書房義塾ニ関スル規程　伊沢修二……明治三一年六月

③台湾総督府公学模範学校規則案　伊沢修二……明治三〇年

④楽石自伝　教界周遊前記（部分）　伊沢修二君還暦祝賀会……明治四五年

⑤伊沢修二先生と台湾教育　台湾教育会……昭和一九年

第二〇巻

①県治管見（部分）　持地六三郎……明治三五年？

②台湾ニ於ケル教育施設ノ要領覚書　持地六三郎……明治三六年？

③台湾殖民政策（部分）　持地六三郎……明治四五年七月

④教育勅語ニ関スル調査概要　台北師範学校……大正一四年一月

⑤第壱回台湾総督府評議会会議録（部分）　台湾総督府評議会……大正一〇年六月
⑥第参回台湾総督府評議会々議録（部分）　台湾総督府評議会……大正一一年六月

第二一巻

①義務教育ニ関スル調査　台湾総督府……大正一〇年六月
②台湾大学設立論　久保島天麓　台湾大学期成同盟会……大正九年九月
③文化の建設―幣原坦六十年回想記（部分）　幣原　坦……昭和二八年二月

第二二巻

①（台湾大学設立関係資料）　『伊沢多喜男文書』……大正一四年一〇月？
②懊悩せる台湾大学　安藤盛……大正一五年五月
③苦難の台湾大学　宮川次郎……昭和三年一月
④裏切られつつある文教政策　宮川次郎……昭和三年一月
⑤日本々国民に与ふ　蔡培火……昭和三年五月
⑥帝国主義下の台湾（部分）　矢内原忠雄……昭和四年一〇月
⑦霧社事件ノ顛末　台湾総督府……昭和五年一二月

第四集　学校経営関係資料　五冊（第二三巻〜第二七巻）

第二三巻

①改訂　公学校管理法概要（全）　久住栄一……昭和一〇年
②随筆　公学校教育二十年　伊集院一秀……昭和一五年

第二四巻

①台湾公学校新入学児童観念調査成績　台湾総督府民生部内務局学務課……明治四四年五月
②台湾ニ於ケル学校児童ニ関スル研究　台湾総督府内務局学務課……大正一二年一月
③台湾人児童の長所及短所に就て　台湾総督府内務局……大正一〇年一二月
④台湾中等学校学力調査成績　台湾教育会……昭和七年二月

第二五巻

公一の教育　台北第一師範学校附属公学校研究部……昭和八年四月

第二六巻

①台湾に於ける国民学校の経営　木原義行・佐藤源治……昭和一八年一〇月
②実践行事解説　台北第二師範学校附属国民学校啓明会……昭和一八年四月

第二七巻

①公学校教師論　西巻南平……昭和四年一月
②（秘）台湾ニ於ケル私立学校概況　台湾総督府学務部……大正七年

③(秘)私立学校概況　台湾総督府内務局……大正一〇年一二月

第五集 台湾教育関係著書 八冊 (第二八巻~第三五巻)

第二八巻

台湾教育沿革誌(上) 台湾教育会 …… 昭和一四年一二月

第二九巻

台湾教育沿革誌(中) 台湾教育会 …… 昭和一四年一二月

第三〇巻

台湾教育沿革誌(下) 台湾教育会 …… 昭和一四年一二月

第三一巻

台湾教育史 吉野秀公 …… 昭和二年一〇月

第三二巻

台湾教育の進展 佐藤源治 …… 昭和一八年七月

第三三巻

①台湾教育誌稿 台湾総督府民生部総務局学務課 …… 明治三五年一月

②明治国民教育史(部分) 町田則文 …… 昭和三年三月

第三四巻

芝山巖誌 台湾教育会 …… 昭和八年二月

第三五巻

①御賜之余香　石坂荘作……大正一五年三月
②Education in Formosa　J.H. Arnold……一九〇八年
③Public Education in Formosa under the Japanese Administration　Mosei Lin……一九二九年

第六集　教科書編纂・各科教育関係資料（含：国語教育）

一四冊（第三六巻～第四九巻）

第三六巻

①台湾適用　作法教授書　全　台湾総督府民政局学務部……明治二九年一一月
②教育勅諭述義　台湾総督府民政部学務課……明治三二年三月
③祝祭日略義　台湾総督府民政部学務課……明治三二年一二月
④日本語教授書　台湾総督府民政局学務部……明治二八年一一月
⑤国語教授参考書一　初学生徒教案　台湾総督府民政局学務部……明治二九年一二月
⑥ゴアン氏言語教授方案　台湾総督府民政部学務課……明治三三年七月
⑦台湾公学校国語教授要旨　台湾総督府民政部学務課……明治三三年一二月

第三七巻

①台湾公学校教科書使用上ノ注意（第一篇・第二篇）　台湾総督府民政部内務局学務課……明治四四年四月・大正二年五月
②台湾公学校教科書編纂趣意書　第一篇（公学校修身書自巻一至四・公学校用国民読本自巻一至巻八・公学校用国民習字帖自第一学年用至第四学年用）　台湾総督府……大正二年七月
③台湾公学校教科書編纂趣意書　第二篇（公学校用国民読本・公学校用国語習字帖）　台湾総督府……大正三年九月
④蕃人読本編纂趣意書　台湾総督府……大正五年一一月
⑤台湾における現行教科用図書に就て　台湾総督府内務局……大正一〇年一二月

⑥公学校修身書　巻五・巻六編纂趣意書　台湾総督府……………………大正八年一二月
⑦公学校用漢文読本編纂趣意書　台湾総督府………………………………大正八年九月
⑧公学校教授要目　第一篇：算術科、理科、手工及図画科、商業科　台湾総督府………大正二年三月
⑨公学校教授要目　第二篇：農業科、裁縫及家事科（代騰寫）　台湾教育会………大正二年三月
⑩公学校修身書 巻一、二修正趣意書　台湾総督府……………………………昭和三年？
⑪師範学校修身科教授要目　台湾総督府…………………………………………大正一一年三月
⑫公学校地理書編纂趣意書並挿絵の解説　台湾総督府……………………大正一一年二月

第三八巻

①公学校地理書改訂趣意書　台湾総督府……………………………………大正一二年？
②国語普及の状況　台湾総督府内務局……………………………………………大正一〇年一二月
③公学校用国語読本第一種編纂趣意書・公学校用国語書き方手本第一種編纂趣意書　台湾総督府…大正一二年
④公学校用国語読本第一種自巻五至巻八　編纂趣意書・公学校用国語書き方手本第一種自第三学年用上至第四学年用下編纂趣意書　台湾総督府………………大正一三年
⑤公学校高等科教授要目（修身・日本歴史・地理・理科・農業・商業・手工・裁縫及家事）　台湾総督府…………大正一一年三月
⑥公学校算術書編纂趣意書　教師用第一―第四学年、児童用第三、四学年　台湾総督府
⑦公学校理科書編纂趣意書　台湾総督府……………………………………………大正一二年？
⑧台湾小学校理科教授要目　台湾総督府………………………………………………大正九年三月

第三九巻
公学校各科教授法 全 久住栄一、藤本元次郎……大正一三年一〇月
第四〇巻
公学校教授の新研究(上) 台南師範学校附属公学校……昭和二年九月
第四一巻
公学校教授の新研究(下) 台南師範学校附属公学校……昭和二年九月
第四二巻
修身科教育の革新 台北第三高等女学校附属公学校……昭和二年一一月
第四三巻
①訓育に関する研究 高雄第三公学校……昭和三年六月
②公民教育 カード 大甲公学校……昭和八年一月
第四四巻
①公学校地理書 巻一、巻二改定趣意書 台湾総督府……昭和六年一〇月
②公学校高等科地理書編纂趣意書 台湾総督府……昭和一一年三月
③教科実践授業案例 台南師範学校附属第一国民学校……昭和一八年七月
④初等科算数 取扱上の注意 第三・四学年用 台湾総督府……昭和一八年三月
第四五巻
台湾に於ける国語教育の展開 国府種武……昭和六年六月

第四六巻

台湾に於ける国語教育の過去及現在(上)　国府種武……昭和一一年九月

第四七巻

台湾に於ける国語教育の過去及現在(下)　国府種武……昭和一一年九月

第四八巻

日本語教授の実際　国府種武……昭和一四年一一月

第四九巻

①言葉の指導　台北第一師範学校附属公学校研究部……昭和五年一二月
②国語保育園　保育細案　台北州……昭和一七年六月

第七集　地方教育誌（含：原住民教育・対岸教育・内地留学）　六冊（第五〇巻～第五五巻）

第五〇巻

①台北州学事一覧　大正十五年度　附　社会社寺宗教一覧　台北州教育課……昭和一〇年一〇月
②台北州学事一覧　昭和十年版　台北州内務部教育課……昭和一〇年一〇月
③基隆市教育要覧　昭和十年　基隆市役所……昭和一〇年一〇月
④新竹州教育統計要覧　昭和十年　新竹州教育課……昭和一二年三月
⑤（竹南郡）教育要覧　昭和十四年　竹南郡教育会……昭和一五年二月
⑥宜蘭郡教育概況　昭和五年度　宜蘭郡教育会……昭和五年九月
⑦（花蓮港庁）管内学事概況　昭和八年度　花蓮港庁
⑧台中庁学事状況一斑　大正五年二月調査　台中庁……大正五年三月

第五一巻

台中州教育年鑑　二五九四年版　台中州教育会……昭和九年二月

第五二巻

①（台中州）教育状況　昭和二年度　附　社寺及宗教概覧　台中州
②台中州教育展望　全　台中州教育課……昭和一〇年一一月
③嘉義郡教育概況　昭和十年版　嘉義郡教育会……昭和一〇年一〇月
④台南州管内学事一覧　大正十年五月末日現在　台南州内務部教育課

⑤台南州学事一覧　台南州内務部教育課

第五三巻

台南州教育誌　昭和新報記者柯萬栄……昭和一二年八月

第五四巻

①台南州学事一覧　昭和十五年版　台南州教育課……昭和一六年一月
②台南市教育要覧　昭和十六年度　台南市役所……昭和一七年二月
③高雄州学事一覧　大正十四年十月調整　附　社寺概覧　高雄州
④高雄州学事一覧　昭和十五年版　附　社会教育・社寺宗教一覧　高雄州教育課……昭和一六年五月
⑤高雄市教育要覧　昭和十三年度　高雄市役所……昭和一三年一二月
⑥(台東庁)教育要覧　昭和四年　附　社会事業及社寺、宗教　台東庁庶務課……昭和五年二月
⑦蕃人教育概況　昭和十年度　台湾総督府警務局……昭和一〇年一〇月

第五五巻

①高砂族の教育　昭和十六年　台湾総督府警務局……昭和一七年二月
②高砂族教育教化の概況　昭和十五年　台中州警務部……昭和一五年三月
③アミ族教化指導ニ関スル基礎調査　昭和五年調査　花蓮港庁庶務課……昭和七年六月
④対岸ニ於ケル教育概況　台湾総督府学務部……大正七年？
⑤(秘)対岸籍民学校情況　大正六年十一月　附　日本人小学校　台湾総督府学務部……大正六年一一月
⑥在福州我文化的施設改善論　林久治郎(在福州総領事)……大正一一年一月

⑦南支那ニ於ケル台湾総督府ノ教育施設概況（支那事変以前）　文教局学務課
⑧内地ニ於ケル台湾留学生概況　台湾総督府学務部……大正七年
⑨本島人内地留学者調　大正十年九月　附　内地留学生ニ対スル将来ノ方針　台湾総督府内務局……大正一〇年九月
⑩台湾学生東京在学者数一覧　昭和十四年度　台湾総督府東京学生事務所……昭和一四年
⑪高砂寮問題　宮川次郎……昭和三年四月

第八集—(1) 学校要覧類(上)　一二冊(第五六巻～第六七巻)

第五六巻

①(士林公学校)開校四十周年記念誌　台北州七星郡士林同窓会……昭和一二年三月
②(台北市太平公学校)創立三十五周年記念誌　台北市太平公学校……昭和八年三月
③(台北市大橋公学校)創立十周年記念誌　台北市大橋公学校……昭和一一年三月

第五七巻

①(台北市松山公学校)開校四十周年記念誌　台北市松山公学校……昭和一四年四月
②(台北市龍山公学校)創立満十五周年記年誌　台北市龍山公学校……昭和一〇年一一月
③(基隆市寶公学校)本校概覧　昭和十年度　基隆市寶公学校……昭和一〇年
④淡水公学校創立三十周季記念誌　淡水公学校同窓会……大正一五年一一月
⑤(和尚州公学校)創立四十周年記念誌　和尚州公学校……昭和一五年六月
⑥(竹南公学校創立四十周年)記念会誌　竹南公学校創立四十周年記念事業委員会……昭和一四年九月

第五八巻

①宜蘭公学校沿革概況……大正四年(?)
②(宜蘭公学校)学校要覧　昭和九年度　宜蘭公学校
③台北州宜蘭公学校創立四拾周年記念誌　台北州宜蘭公学校……昭和一四年一〇月
④(宜蘭市旭国民学校)学校要覧　民国三十五年三月　宜蘭市旭国民学校……民国三五年三月

⑤(宜蘭女子公学校)創立二十周年記念誌　宜蘭女子公学校……昭和一四年三月
⑥(大竹公学校)創立二十週年記念誌　松村逸雄……昭和一三年六月
⑦(彰化女子公学校)創立二十周年記念誌　彰化女子公学校……昭和一二年七月

第五九巻

①(白川公学校)開校二十周年記念誌　白川公学校開校二十周年紀念祝賀会……昭和一三年七月
②(新営東国民学校)学校概覧　昭和十七年度　新営東国民学校……昭和一七年七月
③(台南女子公学校)学報　創刊号　台南女子公学校……昭和二年三月
④鳳山公学校現今ノ情況概要『後藤新平文書』……明治三二年
⑤大湖公学校創立四十周年祝賀記念誌　高雄州岡山郡大湖公学校……昭和一六年四月
⑥(宜蘭尋常高等小学校)創立四拾周年記念誌　古荘廣幸……昭和一六年三月
⑦(花園小学校)創立四十周年記念誌　花園　花園小学校……昭和一三年一二月

第六〇巻

①台湾総督府台北中学校一覧　大正四年四月調　台湾総督府台北中学校……大正四年五月
②台北州立第二中学校一覧　昭和十二年四月末調　台北州立第二中学校……昭和一二年四月
③台北州立基隆中学校一覧表　昭和五年八月一日現在　台北州立基隆中学校……昭和五年九月
④台湾公立台中中学校要覧　台湾公立台中中学校……大正六年
⑤台湾公立台中高等普通学校規則　公立台中高等普通学校……大正一〇年四月
⑥台中州立台中第一中学校要覧　昭和四年度　台中州立台中第一中学校……昭和四年七月

⑦台中州立台中第一中学校一覧　昭和十七年版　台中州立台中第一中学校……昭和一七年
⑧台中州立台中第二中学校要覧　昭和十五年度　台中州立台中第二中学校……昭和一五年

第六一巻

①台南州立嘉義中学校一覧表　昭和十三年四月三十日現在　台南州立嘉義中学校……昭和一三年
②(嘉義中学校)校友会雑誌　創立拾周年記念号　嘉義中学校校友会……昭和九年一〇月

第六二巻

①台南州立台南第一中学校要覧　昭和十四年度　台南州立台南第一中学校……昭和一四年
②台南州立台南第二中学校一覧表　昭和十三年四月末調　台南州立台南第二中学校
③高雄州立屏東中学校一覧表　昭和十六年七月一日現在　屏東中学校(升友保)……昭和一六年七月
④私立台北中学校一覧　昭和一四年　私立台北中学校……昭和一四年四月
⑤(私立淡水中学校・高等女学校)学則及諸規程　昭和十四年十一月　私立淡水中学校・私立淡水高等女学校……昭和一四年一一月
⑥私立台南長老教中学校友会会報　第一号　私立台南長老教中学校友会……昭和六年八月
⑦(台南長老教中学友会)輔仁　第十三号　私立台南長老教中学……昭和一二年三月

第六三巻

①台北州立台北第一高等女学校一覧　昭和九年度
②(台北第一高等女学校)創立二十五周年記念　台北第一高等女学校校友会・同窓会……昭和四年一〇月
③(台南第一高等女学校)校友会雑誌　第七号(創立十周年記念)　台南第一高等女学校　馬場栄吉……昭和二年一二月

第六四巻

(台北第三高等女学校)創立満三十年記念誌(上)　台北第三高等女学校同窓会・学友会……昭和八年一〇月

第六五巻

①(台北第三高等女学校)創立満三十年記念誌(下)　台北第三高等女学校同窓会・学友会……昭和八年一〇月

②台北第三高等女学校創立三十五周年記念誌　台北第三高等女学校……昭和八年一〇月

③花蓮港高等女学校一覧　昭和九年四月三十日現在　花蓮港庁立花蓮港高等女学校……昭和九年四月

④台南州立嘉義高等女学校一覧表　昭和十三年度　台南州立嘉義高等女学校

⑤台南州立虎尾高等女学校一覧　昭和十五年度　台南州立虎尾高等女学校

⑥高雄州立屏東高等女学校一覧　昭和十三年六月現在　高雄州立屏東高等女学校

第六六巻

①台北州立台北商業学校一覧　昭和十五年八月調……昭和一五年

②台北州立台北第二商業学校一覧　昭和十三年度……昭和一三年

③台中州立台中商業学校要覧(創立二十周年)　台中商業学校……昭和一四年一〇月

④台北州立台北工業学校一覧　大正十五年十月調　台北州立台北工業学校……大正一五年一一月

⑤台中州立台中工業学校一覧　昭和十四年六月一日現在……昭和一四年

⑥台湾商工学校一覧(大正九年六月末調)　財団法人私立台湾商工学校……大正九年一二月

⑦財団法人私立台湾商工学校一覧　財団法人私立台湾商工学校……昭和四年

⑧台湾総督府農事講習生一覧　大正四年　台湾総督府農事試験場……大正四年三月

⑨台北州立宜蘭農林学校一覧　昭和九年四月　台北州立宜蘭農林学校……昭和九年
⑩台南州立嘉義農林学校一覧表　昭和十三年四月末日現在……昭和一三年
⑪高雄州立屏東農業学校一覧　昭和十三年四月末日現在……昭和一三年
⑫台湾総督府水産講習所案内　昭和十四年　台湾総督府水産講習所……昭和一四年八月

第六七巻

①台北州立台北盲唖学校一覧　昭和八年三月現在　台北州立台北盲唖学校……昭和八年三月
②台南州立台南盲唖学校一覧　台南盲唖学校……昭和五年八月
③(台湾総督府)成徳学院要覧　成徳学院……昭和一〇年一二月
④在支那福州東瀛学校概要　大正六年五月
⑤福州東瀛学校規則　福州東瀛学校……大正六年
⑥東瀛学校調査　昭和二年五月　福州東瀛学校
⑦厦門旭瀛書院要覧　大正六年十月　厦門旭瀛書院……大正七年一月
⑧(厦門)旭瀛書院　昭和二年四月十日調　旭瀛書院……昭和二年五月
⑨支那事変と旭瀛書院　厦門旭瀛書院……昭和一五年六月
⑩汕頭東瀛学校概況　汕頭東瀛学校……昭和五年
⑪汕頭日本人小学校及東瀛学校ニ関スル件(部分)　汕頭日本居留民会長貴志政亮……昭和四年一二月

第八集―(2) 学校要覧類(下) 一〇冊 (第六八巻～第七七巻)

第六八巻

①台湾総督府国語学校一覧 明治三十九年三月 台湾総督府国語学校……明治三九年六月
②台湾総督府国語学校一覧 自大正六年至大正七年 台湾総督府国語学校……大正六年一〇月
③(国語学校)生徒募集 明治三十九年 台湾総督府国語学校……明治三九年七月
④台湾総督府国語学校第三附属学校規程
⑤台湾総督府国語学校第四附属学校規定 明治三十年六月制定(明治三十一年三月四日改正)
⑥町田則文先生伝(部分) 町田則文先生謝恩事業会……昭和九年一月

第六九巻

①台湾総督府台北師範学校一覧 大正九年 台湾総督府台北師範学校……大正九年一〇月
②台北師範学校創立三十周年記念誌(上) 台北師範学校創立三十周年記念祝賀会……大正一五年一〇月
③台北師範学校創立三十周年記念誌(下) 台北師範学校創立三十周年記念祝賀会……大正一五年一〇月

第七〇巻

①台湾総督府台北第二師範学校一覧 昭和三年 台湾総督府台北第二師範学校……昭和三年一一月
②(台北第二師範学校)創立十周年 昭和十二年十月 台湾総督府台北第二師範学校……昭和一二年一〇月
③芳蘭 第十一号(台北第二師範学校)十周年記念号 台北第二師範学校校友会……昭和一三年二月

第七二巻

①(台南師範学校)創立拾周年記念誌　台南師範学校……昭和三年一〇月
②台湾総督府台南師範学校要覧　昭和十三年十月一日現在　台湾総督府台南師範学校
③台南師範学校附属公学校内規　台南師範学校附属公学校……昭和四年七月
④(台湾総督府台中師範学校)創立十周年紀念誌　台中師範学校……昭和八年一〇月
⑤台湾総督府台中師範学校一覧　昭和十三年十月一日調　台中師範学校
⑥台湾総督府台中師範学校要覧　昭和十七年十月
⑦台湾総督府屏東師範学校一覧表　昭和十五年度　屏東師範学校……昭和一五年七月

第七三巻

①台湾総督府医学校一覧　明治三十八年九月　台湾総督府医学校
②台湾総督府台北医学専門学校一覧　昭和二年　台湾総督府医学専門学校……昭和二年一一月
③台湾総督府商業専門学校一覧　大正八年九月調
④台湾総督府商業専門学校一覧(大正十一年三月一五日現在)
⑤台湾総督府高等商業学校一覧(大正十二年二月現在)　台湾総督府高等商業学校……大正一二年四月
⑥台湾総督府台北高等商業学校沿革(本校開設十周年記念)　台湾総督府台北高等商業学校学友会文芸部……昭和四年六月
⑦台北高等商業学校一覧　昭和十二年度　台北高等商業学校……昭和一二年九月

第七四巻

①台湾総督府高等農林学校一覧(自大正十一年至大正十二年)　台湾総督府高等農林学校……大正一一年一二月

②台北帝国大学附属農林専門部一覧（自昭和十三年至昭和十四年）　台北帝国大學附属農林専門部……　昭和一三年一二月
③台湾総督府台南高等工業学校一覧　昭和十五年度　台湾総督府台南高等工業学校……………　昭和一五年七月

第七五巻

①台湾総督府台北高等学校一覧（自昭和三年至昭和四年）　台湾総督府台北高等学校……………　昭和四年二月
②台湾総督府台北高等学校一覧　昭和十九年度

第七六巻

①台北帝国大学一覧　昭和三年　台北帝国大学………………………………………………　昭和三年一二月
②開学記念　台北帝国大学概況　台北帝国大学………………………………………………　昭和一一年五月
③台北帝国大学一覧　昭和十二年　台北帝国大学………………………………………………　昭和一二年九月

第七七巻

①台北帝国大学一覧　昭和十八年　台北帝国大学………………………………………………　昭和一九年三月
②台北帝国大学学生生徒生活調査　昭和十三年十一月調査　台北帝国大学学生課…………　昭和一四年四月

第九集　学事統計類

九冊（第七八巻～第八六巻）

第七八巻

①台湾学事統計一覧　大正十年度　台湾総督府内務局学務課……大正一〇年六月
②台湾学事統計一覧　大正十三年　台湾総督府内務局学務課……大正一三年九月
③台湾学事一覧　昭和二年　台湾総督府文教局
④台湾学事一覧　昭和五年版　台湾総督府文教局
⑤台湾学事一覧　昭和七年度版　台湾総督府文教局
⑥台湾教育ノ現況諸表　台湾総督府……昭和八年
⑦台湾学事一覧　昭和十年度版　台湾総督府文教局
⑧台湾学事一覧　昭和十二年度版　台湾総督府文教局
⑨台湾学事一覧　昭和十四年度版　台湾総督府文教局
⑩（台湾ノ教育状況）昭和十六年　台湾総督府
⑪台湾学事一覧　昭和十六年度　台湾総督府文教局……昭和一七年三月
⑫台湾総督府学事第一年報　明治三十五年度　台湾総督府民生部総務局学務課……明治三七年八月

第七九巻

①台湾総督府学事第三年報　明治三十七年　台湾総督府民生部総務局学務課……明治三九年三月
②台湾総督府学事第七年報　明治四十一年度　台湾総督府民生部総務局学務課……明治四四年五月

第八〇巻

①台湾総督府学事第十一年報　明治四十五・大正元年度　台湾総督府民政部学務部……………大正五年三月

②英文学事年報
Sixth Annual Report on Education in Formosa, 1907　Section of Educational Affairs, Taiwan Sotokufu……一九〇九年

第八一巻

台湾総督府学事第十四年報 大正四年度　台湾総督府民政部学務部……………………大正六年七月

第八二巻

①台湾総督府学事第十八年報　大正八年度　台湾総督府内務局学務課……………………大正一〇年七月

②台湾総督府学事第二十一年報　大正十一年度　台湾総督府内務局学務課……………大正一四年三月

第八三巻

台湾総督府学事第二十四年報　大正十四年度　台湾総督府文教局……………………昭和二年一〇月

第八四巻

台湾総督府学事第三十年報　昭和六年度　台湾総督府文教局……………………昭和八年九月

第八五巻

台湾総督府学事第三十三年報　昭和九年度　台湾総督府文教局……………………昭和一一年三月

第八六巻

①台湾総督府学事第三十六年報　昭和十二年度　台湾総督府文教局……………………昭和一五年三月

②台湾省五十一年来統計提要　台湾省行政長官公署統計室……………………中華民国三五年(一九四六)一二月

第十集　社会教育関係資料　八冊（第八七巻～第九四巻）

第八七巻

①台湾社会教育概要　昭和七年三月　台湾総督府文教局社会課……昭和八年四月

②台湾社会教育概要　昭和十二年二月　台湾総督府……昭和一二年三月

③台湾の社会教育　昭和十六年度　台湾総督府……昭和一七年八月

第八八巻

①台湾の社会教育　中越栄二……昭和一一年一〇月

②台北市社会教育概況　昭和十四年度　台北市役所……昭和一五年五月

第八九巻

①台中州社会教育概況　昭和七年十二月　台中州教育課……昭和八年五月

②台中州社会教育要覧　昭和十五年　台中州……昭和一六年二月

第九〇巻

①台南州社会教育要覧　昭和五年二月　台南州共栄会

②（台南州）社会教育要覧　昭和十二年度　台南州……昭和一二年一〇月

第九一巻

（高雄州）社会教育概要　昭和十三年　高雄州……昭和一四年七月

第九二巻

①風俗改良及国語普及ニ関スル最近ノ施設及成績　台湾総督府学務部……大正七年
②（台南州新営郡）国語講習所に於ける教授訓練の研究　新営郡共栄支会……昭和一〇年一二月
③総督府台北州指定都市教化研究発表要項　台北市・基隆市　台湾総督府社会課……昭和一五年五月
④優良男女青年団実績概況　昭和一二年一月　台湾総督府文教局社会課……昭和一一年一二月

第九三巻

台湾保甲皇民化読本　皇紀二千六百年記念出版　鷲巣敦哉……昭和一六年一一月

第九四巻

①台湾総督府図書館一覧表　大正八年七月三十一日調　台湾総督府図書館……大正八年
②台湾総督府図書館一覧（自昭和三年四月一日至昭和四年三月三十一日）　台湾総督府図書館……昭和四年九月
③台湾総督府図書館概覧（昭和十五年度）（附）島内図書館表　台湾総督府図書館……昭和一六年一二月
④基隆市立基隆図書館要覧　昭和十一年一月　基隆市立基隆図書館……昭和一一年一月
⑤新竹州立新竹図書館一覧（自昭和四年四月一日至昭和五年三月三十一日）　新竹州立新竹図書館……昭和五年一二月
⑥台中州立図書館一覧　昭和四年九月編　台中州立図書館……昭和四年
⑦台南市立台南図書館一覧（大正十三年）　台南市立台南図書館
⑧台南市立台南図書館一覧　台南図書館……昭和一二年五月
⑨（私立）石坂文庫第一年報　石坂文庫……明治四三年
⑩（基隆）石坂文庫第十年報（大正七年十月一日至大正八年九月三十日）　石坂文庫……大正八年一〇月

⑪台湾総督府博物館案内（第三版）　台湾総督府博物館協会……………………………………昭和一二年三月

別集(1)　台湾教育関係公文書　一二冊（第九五巻～第一〇六巻）

第一部　「台湾教育令」関係文書

第九五巻

(Ⅰ)台湾教育令……大正七年一二月

第九六巻

(Ⅱ)改正台湾教育令……大正一一年二月

第九七巻

(Ⅲ)(昭和八年)台湾教育令中改正（師範学校の修業年限延長）……昭和八年三月

(Ⅳ)(昭和十年)台湾教育令中改正（実業補習学校の存置）(上)……昭和一〇年三月

第九八巻

(Ⅳ)(昭和十年)台湾教育令中改正（実業補習学校の存置）(下)……昭和一〇年三月

（補充資料）全島実業補習学校調（昭和七年度）

第九九巻

(Ⅴ)(昭和十六年)台湾教育令中改正（国民学校令の適用）……昭和一六年三月

第一〇〇巻

(Ⅵ)(昭和十八年)台湾教育令中改正（中等学校令・師範教育令の適用）……昭和一八年三月

①中等学校令の適用
②師範教育令の適用
③（補編）台湾教育令沿革調書……昭和一〇年

第一〇一巻

第二部　台北帝国大学関係文書

（Ⅰ）台北帝国大学の創設
①文政学部の開設……昭和三年三月
②理農学部の開設……昭和三年三月
③付属農林専門部の設置……昭和三年三月
④（付）学位授与に関する件……昭和六年一一月

第一〇二巻

（Ⅱ）台北帝国大学の整備
①医学部の開設……昭和九年四月
②付属医学専門部の設置……昭和一一年三月
③（付）台北帝国大学初代総長幣原坦の件……昭和一二年八月

第一〇三巻

（Ⅲ）台北帝国大学の拡充

①予科の新設……昭和一六年四月
②工学部の開設……昭和一六年四月
③理農学部の分離拡充……昭和一八年四月
④付置研究所の設置
④―1．熱帯医学研究所……昭和一四年四月
④―2．南方人文研究所……昭和一八年四月
④―3．南方資源科学研究所……昭和一八年四月

第三部　戦時期台湾の教育政策関係文書

第一〇四巻

（Ⅰ）義務教育制度の施行……昭和一八年
（Ⅱ）志願兵制の施行と青年錬成
①志願兵制の施行と陸軍兵志願者訓練所の設置……昭和一七年四月
②海軍特別志願兵制の施行と海軍兵志願者訓練所の設置……昭和一八年七月
③青年学校教育の拡充強化……昭和一八年八月

第一〇五巻

（Ⅲ）徴兵制の施行と青年錬成
①徴兵制の施行と「台湾青年特別錬成令」の制定……昭和一九年三月

②青年特別錬成所の設置……昭和一九年三月
③（補充資料）『青年錬成関係法規集』……昭和一九年一一月

第一〇六巻

（Ⅳ）戦時下の教育非常措置
①大学学部等の在学年限・修行年限の短縮……昭和一六年一〇月
②台湾における教育に関する戦時非常措置……昭和一八年
③台湾に対する「戦時教育令」の適用……昭和二〇年三月

別集(2)『隈本繁吉文書』

一三冊（第一〇七巻～第一一九巻）　※推定

第一〇七巻

第Ⅰ部　教育行政全般

①(秘)台湾ニ於ケル教育ニ関スル鬼見ノ一二並ニ疑問　隈本繁吉……明治四四年三月
②(秘)処務上急要ト認ムル件　隈本繁吉……明治四四年五月
③教育行政概要覚書　持地六三郎……明治四四年
④広島ニ於ル樺山総督ニ上申セシ教育方針　伊沢修二……明治二八年五月
⑤(明治三十六年)学事会議席上ニ於ケル後藤民政長官ノ演述　後藤新平……明治三三年
⑥(秘)書房義塾教科書ノ内容ニ関スル件―明治四四年渡台当初内査―　隈本繁吉……明治四四年春
⑦書房及ヒ在来ノ通俗教育ニ就イテ　隈本繁吉……明治四四年
⑧学務材料　隈本繁吉……大正二年一一月
⑧―1　台湾総督府学政大要
⑧―2　大正三年度ニ於ケル学務部提出予算竝其ノ経過ノ大要
⑧―3　最近及前五箇年比較学事統計
⑧―4　内地留学生取調表
⑧―5　将来ノ希望事項

⑧―6　台湾民暦ニ関スル件
⑧―7　大正三年台湾民暦
⑧―7―(付)　大正四年台湾民暦

第一〇八巻

⑨(秘)台湾人教育ノ根本方針及施設ニ就テ　隈本繁吉……大正四年九月
⑩(秘)学務部将来ノ施設　隈本繁吉……大正四年六月*
⑪(秘)学務部ノ組織及定員改正ニ関スル卑見　隈本繁吉……大正六年八月
⑫台湾之教育　隈本繁吉……大正五年*

第一〇九巻

⑬台湾教育ノ概況　隈本繁吉……大正六年四月
⑭対人政策　松村鶴吉郎……大正五年*

第一一〇巻

第Ⅱ部　学務部日誌

①(秘)明治四十五年 部務ニ関スル日誌　隈本繁吉……明治四五年一月～
②(秘)大正二年五月以降　日誌　隈本繁吉……大正二年五月～

第一一一巻

③(秘)大正三年　日誌　隈本繁吉……大正三年一月

④(秘)大正三年十一月起　日誌　隈本繁吉……大正三年一一月～

第一一二巻

⑤(秘)大正六年一月　日誌　隈本繁吉……大正六年一月～
⑥(秘)大正元年十月　直轄学校ニ関スル件　隈本繁吉……大正元年一〇月～

第一一三巻

第Ⅲ部　台湾公立中学校設置問題

①台湾公立中学校設置問題　隈本繁吉……大正六年*
②(秘)本島人内地人共学問題・本島人中等教育問題　各打合員意見(一月二十八日以降)　隈本繁吉……大正二年

第一一四巻

③(極秘)本島人紳士学務部長訪問談話要領　隈本繁吉……大正二年四月
④(秘)本島人紳士学務部長訪問談話要領　陪席者吉田治彦……大正二年四月
⑤(秘)対本島人中等教育問題　隈本繁吉……大正二年
⑥(秘)学務部長本島人紳士会談要領　隈本繁吉……大正二年
⑦(秘)五月三十一日午後三時学務部長紫雲輪番会談要領　隈本繁吉……大正二年五月
⑧本願寺関係中学書類　本願寺派台北別院輪番紫雲玄範……大正二年
⑨田川辰一より隈本繁吉宛書信　田川辰一……大正一一年二月
⑩補充資料(1)台湾公立中学校関係公文書……大正四年

⑪補充資料(2)(秘)台湾公立中学校創設ニ関スル上申　台湾総督府官房文書課長鈴木三郎……大正三年六月*
⑫補充資料(3)台中第一中学校創立及紀念碑建設経過報告書　創立委員林烈堂ほか五名……昭和八年六月一日

第一一五巻

第Ⅳ部「台湾教育令」制定関係

①台湾教育令制定由来(前篇・後篇)　隈本繁吉……大正一一年一月
②勅令案 台湾教育令(第一按/内務省提出按/修正)　隈本繁吉……大正五年
③台湾人教育制度改正案系統表　隈本繁吉
④(秘)台湾教育令(勅令案)　隈本繁吉
⑤内地及台湾学制系統調　臨時教育調査委員会資料(一)　隈本繁吉……大正四年四月
⑥教育令修正案ニ対スル意見　隈本繁吉
⑦自大正五年六月一日至同六日　内務省ト交渉概要　隈本繁吉……大正五年六月
⑧次田拓殖課長意見抄及之ニ対スル批評　隈本繁吉……大正五年六月

第一一六巻

⑨勅令案 台湾教育令
⑩勅令案 台湾教育令説明
⑪教育令ニ関スル調　藤井内務属……大正六年四月
⑫諸外国殖民地教育学制大要　(付)比律賓学校制度大要　隈本繁吉

⑬（諸外国殖民地教育調査要項）　隈本繁吉
⑭印度統治に就て（視察復命書第一）　大野恭平
⑮台湾新聞掲載　印度人教育ノ弊　ロンドンタイムズ外報部長チロール
⑯極東に於ける英国の事業（香港大学）　香港デーリプレス（抄訳）……大正六年一月
⑰印度支那殖民政策　朝鮮彙報……大正二年二月
⑱台湾教育令ノ反響　台湾総督府内務局学務課……大正八年三月

第一一七巻

第Ⅴ部　対岸教育問題

①（秘）対岸教育解決方ニ就テ　隈本繁吉……大正元年九月四日
②（対岸視察報告書）　隈本繁吉……大正二年＊
③対岸視察事項摘要（大正元年十二月乃至同二年一月六日）　隈本繁吉……大正四年二月
④民国教育施設概観……民国五年（？）
⑤福州東文学社……明治三一年（？）
⑥（小竹徳吉氏記念胸像揮毫ノ由来）　隈本繁吉……大正八年一一月
⑦在支那福州福　州東瀛学校排斥事情……大正六年五月
⑧（秘）南支那ニ於ケル活動ヲ主要ノ目的トスル支那人並内地人台湾人ノ教育機関ニ就テ　隈本繁吉…大正五年一二月
⑨台華実業学校設立意見　付：中山秀之より隈本宛　添状（大正五年十月二十五日付）　中山秀之……大正五年一二月

⑩対岸視察録　善隣協会理事高田雄種……大正八年四月
⑪南洋発展唱歌　付：宇井添え状　宇井　英……大正四年八月
⑫南洋発展の歌　根津金吾……大正四年
⑬三屋静より隈本学務部長宛書信　三屋　静……大正四年九月

第一一八巻

第Ⅵ部　教育勅語関係

①勅語宣講会施行上ニ関シ在京民政長官ニ内報案　高田民政長官代理……明治四五年一月
②勅語宣講会ニ関シ在京民政長官ニ内報案
付：一月二十四日付高田長官代理意見　亀山警視総長……明治四五年一月
③勅語宣講会設立ニ関スル建白　付：隈本メモ（石部名刺）　石部　定……明治四四年一二月
④勅語宣講会設立稟請（漢文）　付：同訳文　黄玉階ほか一三名……明治四四年一二月
⑤宣講ノ起源沿革及実行状況ノ一斑　石部　定……明治四四年一二月
⑥（黄玉階外十三名に関する人物評）　東京朝日新聞記者隈渓生……明治四四年一二月
⑦勅語謄本ニ関スル件　隈本繁吉……明治四五年＊
⑧（秘）帝国新領土ノ民衆ニ下賜セラル丶場合ニ於ケル教育勅語内容事項私桉……明治四五年＊
⑨（極秘）敬擬教育勅諭草桉（日文）……明治四五年＊
⑩（極秘）敬擬教育勅諭草桉（漢文）……明治四五年＊

⑪教育勅旨草案ニ擬ス(日文)……明治四五年＊
⑫敬擬教育勅諭草案(日文)……明治四五年＊
⑬敬擬教育勅諭草案(漢文)……明治四五年＊
⑭(秘)本島教育ニ関スル御沙汰書御下賜方内申ノ件　隈本繁吉……大正元年八月
⑮内申(書)……大正元年八月
⑯(教育ニ関スル)内申……大正元年八月
⑰内申……大正元年八月
⑱(内申ニ関スル鄙見)　学務部嘱託館森万平……大正元年八月
⑲伊藤賢道より隈本繁吉あて書簡　伊藤賢道……大正五年三月

第Ⅶ部　欧米教育視察

①欧米視察談(一)〜(五)　隈本繁吉……大正八年七〜一一月
②(ハワイの教育事情)
②—(付)「サイベリア」丸船中並布哇ニ於ケル見聞及雑感ノ一二……大正七年一月
③(カリフォルニア州沿岸に於ける社会・教育状況)……大正七年一月
④(ニューヨーク滞在期間中の各地見聞メモ)……大正七年三〜六月
④—(付)下村民政長官宛報告……大正七年五月
⑤再ヒ大西洋ヲ渡ル……大正七年一一〜一二月

⑥（フィラデルフィアの教育事情）……大正八年一月
⑦（カナダ・トロントの社会・教育状況）……大正八年一月
⑧（シアトルの社会・教育状況）……大正八年一～二月
⑨（バンクーバーの教育事情）……大正八年二月

第一一九巻

⑩見聞概要
⑪戦時ノ北米合衆国（国家ヲ中心トセルコト）……大正七年五月
⑪―（付）北米合衆国官報（抄訳）……一九一九年三月
⑫米国ニ於ケルデモクラシー……大正七年五～六月
⑬米国教育週間に関する大統領クーリッヂ氏の布告大要
⑭北米合衆国ニ於ケル戦争及経済動員ノ戦後ニ及ボス影響……大正七年五月
⑭―（付）（北米合衆国史概観）……大正七年五月
⑮U.Sカ今回ノ大戦ニ依リ得タル無形ノ利益ト教育上ニ及ボセル影響……大正七年五月
⑮―（付）League of Nations
⑯Further Plans for Study of Americanization……大正七年五月
⑰英国教育……大正七年一〇月
⑰―（付）I.L.カンデル『英国の教育』の目次及び緒論の要旨……大正七年一〇月
⑱大なる日本と同化問題……大正九年一月

解　題［第一集〜第八集(1)］

解題　第一集「教育要覧類」について

阿部　洋

Ⅰ

(一)日本統治下五〇年間(一八九五年、明治二八年〜一九四五年、昭和二〇年)の台湾における教育政策の展開過程は、植民地統治政策の推移に対応して、大きく次の三つの時期に区分して見るのが便利であろう。すなわち、

Ⅰ　前期武官総督時代　明治二八年(一八九五)〜大正八年(一九一九)　二四年間

Ⅱ　文官総督時代　大正八年(一九一九)〜昭和一一年(一九三六)　一七年間

Ⅲ　後期武官総督時代　昭和一一年(一九三六)〜昭和二〇年(一九四五)　九年間

がそれである。

(二)本史料集成第一集「教育要覧類」は、これら三期における植民地教育政策の展開過程とその特質の概要を把握するのに便利と思われる次の一一種類一五冊の資料をもって構成し、これを六巻にまとめた。

一、台湾総督府民政部学務部編『台湾学事要覧』大正五年版・大正八年版　二冊

二、台湾総督府内務局編『台湾教育一斑』大正一〇年刊　一冊

三、台湾教育会編『台湾の教育』昭和二年刊　一冊

四、台湾総督府文教局編『台湾の教育』昭和六年版・昭和一〇年版・昭和一二年版　三冊

五、台湾時報社編『施政四十年の台湾(部分)』昭和一〇年刊　一冊

六、台湾総督府文教局編『台湾の学校教育』昭和一四年度版・昭和一六年度版　二冊
七、台北時代社教育部編『台湾教育事情』昭和一二年度版　一冊
八、台湾教育研究会編『台湾学事年鑑』昭和一五年度版　一冊
九、台湾総督府編「台湾ニ於ケル学校教育ノ現況」昭和一八年　一冊
十、台湾総督府編『台湾統治概要（部分）』昭和二〇年刊　一冊
十一、英文版 台湾学事要覧
Department of Educational Affairs of the Government-General of Formosa 編
A Review of Educational Work in Formosa, 1916　一冊

Ⅱ

（三）第一期・前期武官総督時代は、初代台湾総督樺山資紀から第七代総督明石元二郎に至る七代二四年間にあたる。この時期における台湾総督府最初の教育事業は、総督府開庁直後の明治二八年(一八九五)六月末学務部事務所を台北市郊外の士林・芝山巌に置き、学務部長伊澤修二が部員六名とともに付近の児童数名を集めて、国語（日本語）教授を行うとともに教科書編修に着手したことに始まる。新教育創始期最大の事件は、翌二九年元旦に起こったいわゆる芝山巌事件であった。事件後間もなく、学務部は国語学校および国語伝習所を開設して、師範教育および初等教育事業に着手し、やがて医学校や農業講習および糖業講習による専門・実業教育も開始された。但し、当時は旧教育機関たる書房が依然として大きな影響力を保持し、新式教育を台湾本島人の間に浸透、普及させるのは容易なことではなかった。新式初等教育が本格的に成立、発展して来るのは、明治三一年(一八九八)国語

伝習所の公学校への改組、増設以後のことである。そして、総督府による台湾統治が逐次浸透して行くなか、台湾人の間に新教育に対する認識が深められていく。大正期に入ると彼らの間から中学校設立要求が高まり、その要望をうけて大正四年(一九一五)公立台中中学校が設立されるに至っている。但し、その程度内容は「内地人」中学校に比べて低く押さえられた。

台湾において初めて体系的な学校制度が成立するのは大正八年(一九一九)一月「台湾教育令」の制定公布による。その結果台湾人のための学校として、公学校および蕃人公学校、高等普通学校および女子高等普通学校、師範学校および商業専門学校、医学専門学校のほか、農林・商業・工業などの実業学校も整備された。但し、これら台湾人のための諸学校は、いずれも「内地人」の学校とは系統を異にし、修業年限や内容は、内地人諸学校のそれに比べて程度の低いものであった。

(四)　この時期の教育状況について取り上げているものとして、ここには(1)台湾総督府民政部学務部編『台湾学事要覧』大正五年版・同八年版、(2)台湾総督府内務局編『台湾教育一斑』大正一〇年刊、および(3)英文版『台湾学事要覧』(Department of Educational Affairs of the Government-General of Formosa編　*A Review of Educational Work in Formosa, 1916*)、の三種類四冊を収録した。いずれも台湾総督府の学務当局が各時点において業務遂行上の必要から、教育の概要とその沿革、各レベルの学校教育や社会教育、教育費などの状況についてまとめを行ったものである。

周知のとおり、台湾総督府は、施政開始以来毎年『台湾総督府民政事務成績提要』(第一期・明治二八年度は明治三〇年四月刊)を公刊し、そのなかで学務に関する概況報告を行っているが、学務に関して詳細な年次報告が出されるようになるのは、『台湾総督府学事第一年報』（明治三七年八月刊）以後のことである。これら二つの年報類は、その後昭和一〇年代に至るまで毎年続けて公刊され、貴重な記録を残した（『民政事務成績提要』は第四六編・昭和一七年版、『学事年報』は第三六年報・昭和一二年度が最終版）。『台湾学事要覧』やそれに続く『台湾の教育』『台湾の学校教育』などの教育要覧類は、いずれもこれら各年度の実績報告を踏まえて、まとめられたものといえる。

（五）『台湾学事要覧』は、大正四年版が最初のものと推定される。それに次いで大正五年版、同六年版、および同八年版の所在が確認されている。英文版『台湾学事要覧』は大正五年四月の刊行である。それ以後英文版の学事要覧が出されたかどうかは不明である。いずれもA5判。

（六）『台湾学事要覧』大正五年版（一—①）は、全文一〇六ページよりなる。大正四年版（七八ページ）を増補したものである。所収統計記事は大正四年(一九一五)四月現在のもので（但し、総督府直轄学校は大正五年四月現在)、累年比較として近五年間（明治四四年度〜大正四年度）の各種統計数字を見ることもできる。各種教育施設や児童生徒の活動風景の写真も豊富に収録されていて貴重である。本書の主な内容構成を示せば、以下のとおりである。

第一章　台湾教育ノ創始
第二章　学事行政ノ組織
第三章　学制一班

第四章　小学校及公学校
第五章　総督府国語学校
第六章　総督府中学校及総督府高等女学校
第七章　総督府工業講習所及公立中学校
第八章　図書館
第九章　私立学校及幼稚園
第十章　書房　（以下省略）

（七）『台湾学事要覧』大正八年版（一―②）は、大正五年版に比べさらに大幅な増補改訂が加えられ、全文一五六ページとなっている。内容構成を見ると、基本的には前年度版に準拠しつつも、第四章から第七章に至る諸学校の記述部分が、

第四章　官公立諸学校ノ沿革
第五章　内地人教育
第六章　本島人教育

の三章構成に改められ、第四章での各学校の沿革記述を踏まえて、第五・六章において内地人教育および本島人教育の諸学校の現状をそれぞれまとめて詳細に叙述するなど、整理が進められている。

（八）これら『台湾学事要覧』の特徴は、大正八年版の「凡例」に「本書ハ改隷以来大正七年一二月ニ至ル間ノ

台湾ニ於ケル学事ノ沿革及現状ノ大要ヲ叙述シタルモノナリ」とある通り、創業期の学務状況を詳述したところにあり、以後の要覧類には見ることができない点である。両書の冒頭第一章「台湾教育ノ創始」のなかで、「改隷後数年間ハ新附ノ子弟ヲ如何ニシテ学校ニ入学セシメ又在籍者ヲ如何ニシテ出席セシムヘキカニ苦心セリ其ノ間ニ起リシ不便、誤解、訛伝、流言等ノ教育普及ニ及シタル障碍決シテ尠シトセス・・・」と述べて、当時における台湾民衆の国語伝習所や公学校の教育に対する拒否反応の様子を事細かに列挙していることなどは、その例である。

（九）英文版『台湾学事要覧』（*A Review of Educational Work in Formosa, 1916*）（一―④）は、最初の『学事要覧』大正四年版（七八ページ）を全訳したもので、学務部（Department of Educational Affairs）の手になる。本文一〇二ページ。内容構成は前掲の大正五年版と基本的には同じで、所収統計は大正四年（一九一五）四月現在。但し、原版と異なり学校や図書館など関連施設の写真が随所に補充されている。その多くは大正五年版からの転載であるが、なかには医学校や農事講習所など、学務部所管外の施設の貴重な写真も含まれている。

（一〇）『台湾教育一斑』（一―③）は、大正一〇年（一九二一）一一月台湾総督府内務局から出された全文五〇ページの小冊子。もともと枢密院での「（第二次）台湾教育令」の審査にあたり、参考資料として提出されたもので、印刷元は東京市神田美土代町「三秀舎」。内容構成をみると、

第二章　内地人教育
第三章　本島人教育
第四章　幼稚園
第五章　私立学校
第六章　図書館（以下省略）

とあり、「(第一次)台湾教育令」下における台湾教育の概況をスケッチしている。まず「学制」で、内地人学制とならべて本島人学制を掲げ、「本島人教育ハ大正八年一月勅令第一号台湾教育令ニ依ル。本島人教育ハ普通教育師範教育専門教育実業教育トス。普通教育ハ分チテ初等普通教育高等普通教育トス・・・」と述べて各級学校名を列挙し、次いで内地人教育・本島人教育それぞれの系統表を対比し、以下の章で学校教育や社会教育の現状を簡潔に要領良く記述している。

Ⅲ

（一一）第二期・文官総督時代は、第八代総督田健治郎から第一六代総督中川健蔵に至る九代一七年間である。この時期の台湾教育における画期的改革は、大正一一年(一九二二)一月における「(第二次) 台湾教育令」の制定公布である。この教育令の抜本改訂は、朝鮮と同時期に実施され、趣旨も同じであった。その眼目は、これまでの内地人・台湾人間における制度上の区別を廃し、台湾教育の統一的規定を行ったことである。教育制度は原則として内地のそれに準ずるものとされ、初等普通教育に関してのみ「国語を常用する者」と然らざる者の間で小学校と公学校との二種の学校を併置した外は、中等教育以上の学校は、中学校・高等女学校・高等学校・専門学校

・実業学校・師範学校・大学とされ、「内台人共学」となった。

その後文官総督時代を通じて、教育に関する画期的改編はなかったが、いくつかの注目すべき教育施策が実施に移されている。第一に指摘すべきは、七年制高等学校の完成およびそれをうけての台北帝国大学の設立に代表される高等専門教育の拡充整備である。但し、各高等教育機関の入学に関しては、制度上における内台人間の平等・無差別の原則にもかかわらず、国語能力にもとづく選別から来る実質的差別・不公平の問題があり、それは台湾教育の構造的矛盾として、日本統治時代の全期間を通じて解消されることはなかった。第二に、中央教育行政機関として文教局が設置されたことが上げられる。大正一五年(一九二六)総督府官制の改正により内務局文教課は文教局に昇格、組織内容も大幅に改組拡充された。これは教育施設の逐年拡大に対応するものであった。このほか、社会教育の分野では国民精神の涵養、国語の普及が強調され、昭和六年(一九三一)には国語講習所・簡易国語講習所の開設が始められ、同化教育の体制が整備されて行ったことも上げておく必要があろう。

(一二) この時期の教育事情を取り扱った要覧類として、ここでは(1)台湾教育会編『台湾の教育』昭和二年刊、(2)台湾総督府文教局編『台湾の教育』昭和六年度版・同一〇年度版、および(3)第一期および第二期を通じての教育政策の展開過程を通史的に取り上げた台湾時報社編『施政四十年の台湾（部分）』昭和一〇年刊、の三種類四冊を収録した。

(一三) 台湾教育会編『台湾の教育』昭和二年刊（二―①）はB６判、全文三二ページ。編者の台湾教育会は、明治三四年(一九〇一)に発足した半官製の教員研修団体で、創設以来機関誌『台湾教育』(月刊、明治四三年一二月までは『台湾教育会雑誌』）を発行、各種課外読本の刊行や講習会の開催、教育調査の実施など、活発な活動を展開した。この小冊子は、第一次台湾教育令から改正教育令にかけての台湾教育の推移、および改正教育令の下での各分野における教育の整備状況を、制度面を中心に、次のような構成で概観している。

(1)台湾人教育の沿革
(2)内地人教育の沿革
(3)台湾教育令の発布とその改正
(4)台湾教育の現況

（一四）これと対応する形で、統計数字をもとに、この間における台湾教育文化の進展過程をフォローしているのが、台湾時報社編『施政四十年の台湾（部分）』（二—⑤）である。この書物は、もともと台湾時報社が、昭和一〇年（一九三五）一〇月から約二か月間にわたって開催された「台湾始政四十周年記念博覧会」の記念出版物として、「改隷以来四十年間の台湾文化進展の跡を紹介」しようとしたもので、A5判、全文二九一ページ、昭和一〇年八月の発行。ここでは昭和一二年（一九三七）の修訂版を用いた。

本書の内容は、自然篇・人口篇・統治篇・教化篇・財政篇・産業篇・貿易篇・金融篇・交通篇の九編、および付録（最近主要統計表）で構成されるが、そのなかから「教化篇」（三七ページ）のみを抽出した。同篇は、(1)教育、(2)社会教育、(3)社会事業、(4)神社宗教、(5)新聞雑誌、(6)映画・ラジヲ、の六節からなり、それぞれの分野における四〇年間の進捗状況、ことに公学校以下の各学校や国語普及施設などの様子を概観するうえで好個の資料を提供している。いま、これによって公学校の場合を例に、量的増加の推移を見ると、明治三二年（一八九九）当時学校数

（含：分校）一〇六校、児童数一〇、三七五人、就学率（男女平均）が二・〇四％だったものが、大正四年（一九一五）にはそれぞれ二八四校、六六、八〇二人、九・六二％に、大正一四年（一九二五）にはさらに七二九校、二三一〇、一二〇人、二八・〇九％となり、昭和九年（一九三四）には七七五校、三五一、六九一人と増加し、就学率（昭和八年）も三七・〇二％に達している。

ちなみに、ここには収めていないが、山口重知「台湾の教育」（岩波『教育科学』二、昭和六年刊所収）も、これら両時期における台湾教育の推移と、改正教育令の下での教育の全般状況を把握するうえで貴重な文献となっている。

（一五）第二期の各時点における台湾教育の全般状況を、年次報告的にまとめているのが、文教局編『台湾の教育』各年版である。いずれもＡ５判。文教局は、昭和初期から同一二年にかけてこれらの年次報告を発行したようであるが、今のところ所在が確認されているのは、昭和六年・八年・一〇年・一一年および一二年度の五年分である。昭和六年以前に刊行されたか否かは明らかでない。ここには昭和六年版および同一〇年版の二冊を収録した。

（一六）『台湾の教育』昭和六年版（二一―②）は全文一一二ページ、昭和六年（一九三一）一〇月の刊行。所収統計は昭和六年四月末現在を基本としている。本書の主な内容構成を示せば、以下のとおりである。

⑴学制

⑵初等普通教育

(3)対岸教育
(4)師範教育
(5)高等普通教育
(6)実業教育
(7)専門教育
(8)大学教育
(9)盲唖教育
(10)私立学校
(11)幼稚園
(12)教科用図書の編修及出版
(13)社会教育
(14)教育行政機関
(15)教育費　（以下省略）

全体の構成は、まず冒頭の「学制」で現行教育令の趣旨、およびその下での教育系統・所属諸学校を列挙し、それに続けて教育令の沿革を略述、更に台湾教育の霊地芝山巌および芝山巌事件について触れ、以下の章において各教育系統・所属諸学校・教科書編纂・社会教育など各分野の現況、およびその沿革を詳述する形を取っている。初等普通教育の場合でこれを見ると、小学校および公学校それぞれについて、昭和六年四月現在の統計数字をもとに(1)学級児童数、(2)教科目、(3)就学状況、および(4)沿革、の順序で紹介されている。

（一七）この版の特徴としては、改正教育令のもと拡充発展が行われた高等専門教育関係各機関（台北高等学校・台北医学専門学校・台北高等商業学校・台南高等工業学校・台北帝国大学附属農林専門部）について、統計数字を踏まえた詳細な記述が見られることであろう。ことに、昭和一〇年度に最初の卒業生を出した台北帝国大学については、創設準備の過程から説き起こし、下記の順序に沿って現状を詳しく紹介している。(1)敷地建物等、(2)学部及講座、(3)学生（現員数及び昭和六年度志願者・入学者）、(4)卒業者並に称号、(5)付属図書館其の他。

このほか、「教科用図書の編修及出版」の記述も注目される。この章は(1)教科用図書の編修、(2)教科用図書の出版、(3)教科書調査会、(4)教科用図書編修の沿革で構成され、台湾総督府による教科書編纂事業の現状およびその沿革が、教科書目録を添えてかなり詳細に記述されており、他年度版には見られないところである。

（一八）なお、ここには収録しなかったが、文教局編『文教の施設』（昭和七年七月刊）について触れておく必要があろう。この小冊子は、昭和八年（一九三三）三月台湾教育令中改正（師範学校の修業年限延長）にあたり、枢密院での審議の参考資料として、台湾総督府が上掲の『台湾の教育』昭和六年版の記事をもとにまとめたものである（全文四四ページ）。これは、『台湾の教育』昭和六年版とあわせて拓務省経由で枢密院に提出されている。

（一九）『台湾の教育』昭和一〇年版（二一―③）は全文一二六ページ、昭和一〇年（一九三五）九月の刊行。所収統計は昭和一〇年四月末現在のものである。本文の内容構成は、基本的には上掲の昭和六年度版と同様であるが、ここでは冒頭に芝山巌祠の写真を掲げ、次いで

(1)本島人学齢児童就学歩合（州庁別比較図・十箇年比較図／大正一四年度～昭和九年度）

(2)小学校・公学校児童十箇年比較（昭和元年〜昭和一〇年）
(3)官公立学校学生生徒十箇年比較（同上）
(4)教育費歳出予算（五箇年比較／昭和六年度〜昭和一〇年度）

の統計図表四種を掲載し、これを本文各章が承け、巻末に「付録」として下記の統計四種が収められている。

(1)小学校・教員・児童・卒業生累年調（明治三一年度〜昭和九年度）
(2)公学校・教員・児童・卒業生累年調（明治三二年度〜昭和九年度）
(3)蕃人公学校（旧制度）・教員・児童・卒業生累年調（明治三一年度〜大正一〇年度）
(4)教育費負担区分別累年調（明治二九年度〜昭和九年度）

この編集スタイルは、その後の昭和一一年度版および同一二年度版でも踏襲された。

（二〇）この版には、本文中に「学校衛生」の章が新に追加されている。それによれば、学務当局は大正六年（一九一七）以降、毎年学生・生徒・児童の身体検査を実施し、五年毎に特別な単名票による調査も施行して来たが、その結果をこの年度から掲載することにした、とある。ここでは前々年度実施の調査結果をもとに、(1)学校医の分布状況のほか、(2)学生生徒児童身体検査成績（①身長・体重・胸囲、②発育概評・栄養概評、③疾病及異常）が、内地人・本島人・蕃人別および年齢別・性別・学校段階別に整理されている。このほか社会教育関係では、昭和六年度（一九三一）から多数の初等教育不就学者（昭和九年現在の本島人就学率は三七％）に対する国語普及のための施設として設立されることになった国語講習所や簡易国語講習所の普及状況、およびその活動についての記述も初めて登場している。

（二一）第三期・後期武官総督時代は、第一七代総督小林躋造から第一九代安藤利吉に至る三代九年間である。この時期は満州事変以後、日中戦争を経て太平洋戦争へと至る戦時体制下の時期であり、台湾は南進政策・大陸政策の基地たるべく、徹底した「皇民化」政策が推進された。昭和一一年（一九三六）九月小林総督（海軍大将）は、就任にあたり「皇民化・工業化・南進基地化」の台湾統治三原則を掲げ、「皇国精神の徹底を図り、普通教育を振興し、言語風俗を匡励して忠良なる皇国臣民たるの素地を培養」（地方長官会議）すべきことを強調、以後新聞漢文欄の廃止、国語常用、改姓名の実施、偶像寺廟の撤廃、神社参拝の強制、旧暦正月行事の廃禁止などの諸施策が相次いで実施に移されて行った。

皇民化政策下の台湾教育界における特筆すべき事柄としては、昭和一六年（一九四一）における国民学校制度の発足、および同一八年度（一九四三）からの義務教育制の実施が上げられる。国民学校制度は、昭和一六年三月の台湾教育令中改正により実施され、その結果従来の小学校・公学校の区別はなくなり、すべて「国民学校」の名称で統一され、そこでは「皇国ノ道」に則って「国民ノ基礎的錬成」を行うことが目指された。義務教育制もまた、「皇運扶翼ノ負荷ニ任ズル国民ノ基礎的資質ヲ錬成」（「義務教育実施要綱」）するものとして、昭和一八年度以降就学年齢に達する児童に対して六年間の義務就学が適用されることになるが、それは前年度における陸軍志願兵制度の発足、翌一九年度の徴兵制実施に対応するものであった。その間、社会活動の分野では、内地における大政翼賛会に対応するものとして、昭和一六年四月には皇民奉公会が発足、島民を戦争遂行に駆り立てて行ったことも指摘しておく必要があろう。

（二二）第三期の教育状況について取り上げたものとして、ここには⑴台北時代社教育部編『台湾教育事情』昭和一二年度版、⑵台湾総督府文教局編『台湾の教育』昭和一二年版、および⑶同文教局編『台湾の学校教育』昭和一四年度版・同一六年度版、⑷台湾教育研究会編『台湾学事年鑑』昭和一五年度版、⑸台湾総督府編「台湾ニ於ケル学校教育ノ現況」昭和一八年、および⑹同編『台湾統治概要(部分)』昭和二〇年刊、の六種類七冊を収録した。

（二三）台北時代社教育部編『台湾教育事情』(三)は昭和一二年(一九三七)六月の刊行で、A5判、全文五二八ページ(但し、八五－九二ページ落丁)。所収統計は昭和一一年四月末現在で、昭和一一年度版教育年鑑ともいうべきもの。冒頭に「皇民化の徹底と資源開発」を重点施策に掲げた小林総督の地方長官会議での訓示全文を、総督の写真入りで掲載、下記の本文各章がこれに続く形になっている。

⑴維新以後の内台教育略史
⑵台湾教育日誌
⑶内台教育時事
⑷内台教育行政
⑸台湾の学校教育
⑹台湾社会教育
⑺高砂族の教育
⑻教育表彰

(9)教育図書
(10)公立各中等学校志願者便覧
(11)私立各中学校志願者便覧
(12)内地・島内修学旅行案

（二四）これら各章のなかで、まず注目されるのは、(2)「台湾教育日誌」、および(3)「内台教育時事」、(4)「内台教育行政」の三章である。そこでは全体の四割近い紙面を割いて、昭和一一年四月から翌一二年三月にかけての台湾教育の多方面にわたる動きが内地との関わりにおいて克明にフォローされている。例えば、本年度台湾教育界最大の行事のひとつとして、医学部の開設を待って台北帝国大学の開学式が挙行されるが、これ機に同大学に関する各種の記事・論説を掲載し、植民地にある総合大学としての同大学の現状とそれが抱える問題点などを紹介している。

これについで(5)「台湾の学校教育」、(6)「台湾社会教育」、(7)「高砂族の教育」、および(9)「教育図書」の四章が、全体の五割近いスペースを取って、学校教育・社会教育関係（含：高砂族教育）各分野の動向を詳細に記述しており、学校教育関係では各高等専門教育機関の内容紹介が充実している。一方、社会教育関係では、「皇民化」運動の高まりとともに「民風作興」運動や国語普及運動、青少年活動など、各分野の充実整備が急速に進められつつある様子が要領良くまとめられている。教育図書関係では、昭和一二年度総督府出版及指定図書目録に加えて、新編纂の初等教科書（図画・公学校国語）編纂趣意書が添えられていて貴重である。これらのほか公立・私立各中等学校志願者便覧も、この時点での各中等教育機関、ことに私立学校の状況の一端を示したものとして興味を引く。

（二五）同じく皇民化教育の創始期を取り扱ったものとして、台湾総督府文教局編『台湾の教育』昭和一二年度版（二―④）がある。これは前掲の昭和八年版・同一〇年版に続くもので、昭和一二年(一九三七)一二月の刊行、全文一二六ページよりなる。昭和一〇年版と同様の構成で、所収統計は昭和一二年四月現在のものである。本文の所収記事中従来と異なるのは、台北帝国大学医学部の設立にともない改組された同学部付属医学専門部（旧制医学専門学校）関係の記事が加わったこと、および日中戦争を機とする皇民化運動の精力的展開に対応して、社会教育関係の項目内容が、⑴国民精神総動員、⑵国民教化運動、⑶国語講習所及び簡易国語講習所、⑷青年訓練所、⑸中堅青年養成施設、⑹青年団及び少年団、⑺図書館及び博物館、⑻社会教育助成団体、と大幅に補強充実されていることである。

（二六）このほか、日中戦争下の皇民化運動推進期における台湾教育の現状とその沿革を克明にフォローしたものとして、台湾教育研究会編『台湾学事年鑑』昭和一五年版（四・五）が上げられる。八〇〇ページを超える巨冊。発行は昭和一五年(一九四〇)四月となっているが、所収記事は昭和一三年四月～一四年三月のもので、基本統計も昭和一三年四月末現在となっている。その内容構成を見ると以下のとおりである。

第一編　総説

第二編　学校教育

第三編　社会教育

第四編　高砂族の教育
第五編　功労者、教育奨励会及各種団体
付録
⑴台湾教育界
⑵教育界時事
⑶社会記事
⑷関係法規

（二七）第一編「総説」は、⑴台湾教育史略、⑵教育の霊地芝山巌、⑶学制の大要、⑷学事行政、の四章よりなり、まず『『改隷』当時の教育」と「その後の変遷」および「教育行政」「初期の教員」「公学校」などに分けて、台湾教育の発展過程を概観し、教育の霊地芝山巌に触れ、改正台湾教育令の下での現行学校制度および学事行政の大要を記述している。

第二編「学校教育」は、⑴総説、⑵初等普通教育、⑶対岸教育、⑷師範教育、⑸高等普通教育、⑹実業教育、⑺専門教育、⑻大学教育、⑼特殊教育、⑽私立学校、⑾幼稚園、⑿学校衛生、⒀教科用図書、⒁教育費、⒂各種統計、の一五章で構成・約二〇〇ページ、全体の三割近い紙面を割いて学校教育各分野の現状およびその沿革を詳述しており、これまで学務当局から刊行されて来た教育要覧・年報類をもとにした簡潔かつ的確な要約となっている。各種統計類も豊富に収録されている。

第三編「社会教育」は、⑴総説、⑵公民教育、⑶青少年教育、⑷国民精神総動員、⑸台湾総督府国民精神研修

所、(6)一般社会教育、の六章で構成、全体の約二割のスペースが割かれている。これらの記載内容のなかで、特に(1)「総説」での本島社会教育の現況とその特殊性・沿革、および(2)「公民教育」に見られる国民教化や国語普及事業の現況などに関するまとめは有用である。

第四編「高砂族の教育」は、(1)総説、(2)改隷前の教育、(2)改隷後の教育、(3)児童教育、(5)上級学校在学者及同卒業者、(6)国語普及、(7)青年及成人教育、(8)教育費、(9)教育関係統計、その他で構成。全体の約一割の紙面がこれに当てられ、要領良いまとめになっているが、なかでも「教育関係統計」が貴重。

このほか、「付録」には昭和一三年度における台湾教育界の動向が、内地との関連を含めて詳細に記録されており、あわせて収録されている関係法規類（学校教育関係・社会教育関係）とともに、台湾における皇民化教育の実践過程を見るうえで豊富な資料を提供している。

（二八）台湾総督府文教局は、昭和一三年(一九三八)以降、『台湾の教育』から社会教育部門を切り離し、新に『台湾の学校教育』と『台湾の社会教育』の二種類の教育要覧を編集、刊行することになった。日中戦争の勃発を機に、皇民化運動の多面的推進など、社会教育分野の活動が大きくクローズアップされたことがその背景にある。これら二つの要覧は、以後いずれも昭和一六年にかけて四年間継続発刊されたことは確認されているが、その後刊行されたかどうかは今のところ不明である。ここには『台湾の学校教育』昭和一四年度版および同一六年度版の二冊を取り上げた。

（二九）『台湾の学校教育』昭和一四年度版（六―①）はA5判、一一二ページ、昭和一五年一月の刊行。冒頭

「摘要」によれば、「本書は台湾に於ける学校教育の現況並に沿革を概説したもので、主として昭和一四年四月三〇日現在の事実を掲載した」とある。その構成を見ると、冒頭に芝山巖祠の写真を掲げ、下記の統計図表四種がそれに続くことは、これまでと同様である。

(1)本島人学齢児童就学歩合（州庁別比較図・十箇年比較図／昭和四年度〜昭和一三年度）
(2)小学校・公学校児童十箇年比較
(3)官公立学校学生生徒十箇年比較
(4)教育費歳出予算（五箇年比較）

但し、本文末尾に収録されている「付録」の内容が、次のように変更された。

(1)台湾教育令
(2)統計
　①最近十年間学校教育概況（大正一一年・昭和五年〜昭和一四年）
　　1.学校数　2.学級数　3.教員数　4.学生・生徒・児童数　5.卒業者数
　②最近十年間学齢児童就学状況（大正一一年・昭和五年〜昭和一四年）
　　1.内地人学齢児童　2.本島人学齢児童
　③最近十年間幼稚園・書房概況（大正一一年・昭和五年〜昭和一四年）
　④最近十年間内地在学本島人調（大正一一年・昭和五年〜昭和一四年）
　⑤最近十年間教育費調（大正一一年・昭和五年〜昭和一四年）

この編集スタイルは、昭和一四年度版以後でも踏襲されている。

（三〇）本年度版の内容は、基本的には従来の『台湾の教育』と同様の構成であるが、所収対象が「学校教育」のみに絞られたため、当然のことながら、記述がより詳細になっている。所収統計は昭和一四年(一九三九)四月末現在が基本である。いま、その主要な内容項目を見ると下記のとおりで、まず冒頭の「学制」において現行教育令の趣旨、およびその下での教育系統・所属諸学校を列挙し、続けて教育令の沿革を略述して台湾教育の霊地たる芝山巌および芝山巌事件に及び、以下の章において学校教育関係各分野の現況とその沿革を詳述する形になっている。

(1)学制
(2)初等普通教育
(3)対岸教育
(4)師範教育
(5)高等普通教育
(6)実業教育
(7)専門教育
(8)大学教育
(9)盲唖教育
(10)私立学校
(11)幼稚園
(12)学校衛生

⒀教科用図書
⒁教育行政機関
⒂教育費
⒃台湾教育会
⒄補遺
⒅付録

記述内容の特徴としては、前年度に私立台北中学校や私立淡水中学校、同高等女学校が認可されたことにより、「高等普通教育」分野がやや多彩となり、内容も豊富になったことが上げられる。さらに昭和一四年度に入ると、私立国民中学校や私立長栄中学校、同高等女学校のほか、私立開南工業学校、同商業学校などの実業学校も相次いで設立が認可されており、それら私立中等教育機関の学級数や教職員・生徒数などの概要は「補遺」に見ることができる。ちなみに、「補遺」には「昭和一四年四月以後に於ける変動中の重要事項」との説明が付されている。

これとならんで、高等専門教育機関の整備が進んだことも注目される。ここには台北高等学校、台北高等商業学校、台南高等工業学校、および台北帝国大学付属農林専門部とならんで、同付属医学専門部についても、⑴現況、⑵卒業生状況、⑶付属病院、⑷沿革、⑸業績の大要、の項目に分けてその運営状況が記述されている。また台北帝国大学も、これまでの文政学部・理農学部に医学部が加わることで、総合大学として整備充実が進展しつつあることがよく示されている。

（三一）『台湾の学校教育』昭和一六年度版（六―②）は全文一二五ページ、昭和一七年三月の刊行。所収統計は昭和一六年（一九四一）四月末現在を基本としている。本書の基本構成は、上掲の一四年度版と同様であるが、昭和一四年四月に国民学校制度が発足したことをうけて、本年度版は「国民学校特集」ともいうべき体をなしている。すでに明らかなとおり、この教育令中改正により、従来の小学校および公学校はともに「国民学校」と改称され、大体内地の国民学校と同様になったが、台湾の特殊事情により課程第一号表によるもの（従来の小学校、「国語を常用するもの」を収容）、および課程第二号表によるもの（従来の公学校、「国語を常用せざるもの」を収容）、第三号表によるもの（同前）の三種に分けられた。本書中「初等普通教育」の項は、これら三種の国民学校の状況について、⑴学校・学級・児童数、⑵教科及科目、⑶就学状況、⑷卒業者、⑸沿革、の五項目に分けてそれぞれ詳細に記述している。

これに関連して、昭和一八年四月からの義務教育実施に向けての準備作業の進捗ぶりや、国民学校制度下における教員免許・教員配置の状況も紹介されている。このほか「高等普通教育」の項では、従来の台北高等学校とは別に、昭和一六年四月新に発足した台北帝国大学予科についても、その概要をみることができる。

（三二）太平洋戦争下の台湾教育を取り扱ったものとして、ここには台湾総督府編「台湾ニ於ケル学校教育ノ現況」昭和一八年、および同編『台湾統治概要（部分）』昭和二〇年刊、の二点を取り上げることとした。前者は、台湾総督府が昭和一八年度からの義務教育制施行に関する問題を検討する際の参考資料として作成し、拓務省に提出したもので、手書き謄写刷三六ページ。外務省茗荷谷研修所旧蔵記録『自昭和一八年至同一九年　本邦ニ於ケル教育制度並状況関係雑件　外地一般関係　義務教育関係参考資料』の中に収められている。後者は、台湾総督府が最後の施政年報としてまとめた『台湾統治概要』（五〇六ページ）から関連項目を抽出したもので、五八ページ。

（三三）台湾総督府編「台湾ニ於ケル学校教育ノ現況」昭和一八年（六―③）は、上述のとおり義務教育制の実施に際して作成された参考資料で、所収統計は昭和一八年四月末現在のものである。茗荷谷研修所旧蔵記録中の上掲文書には、同じく台湾総督府の手になる「義務教育関係統計資料」や「義務教育関係説明資料」「学制臨時措置案説明資料（極秘　一問一答）」などの文書類が一括して収録されている。

この資料は、四〇ページ足らずのささやかなものに過ぎないが、日本統治終末期の台湾における学校教育の状況を知る上での数少ない貴重な文献といえる。内容は、(1)総説、(2)初等普通教育、(3)高等普通教育、(4)実業教育、(5)師範教育、(6)専門教育、(7)大学予備教育及大学教育、(8)其ノ他ノ学校教育施設、の八節で構成されている。いまこれにもとづき、昭和一八年四月末現在における台湾の官公私立諸学校概況を示せば、下記のとおりである。

(1)初等普通教育

国民学校　一、〇七四校（官立七校・公立一、〇六七校）

(2)高等普通教育

中学校　二一校（公立一七校・私立四校）

高等女学校　二二校（公立二〇校・私立二校）

高等学校　一校（官立）

(3)実業学校

実業補習学校　八六校（公立八一校・私立五校）
実業学校　二三校（公立二一校・私立二校）
⑷師範教育
師範学校　三校（官立）
⑸専門教育
専門学校*　四校（官立）　＊帝国大学付属専門部一校を含む
⑹大学予備教育及大学教育
帝国大学予科　一校（官立）
帝国大学　一校（官立）
⑺其の他の学校教育施設
臨時教員養成所　一校（官立）
各種学校　九校（私立）
盲唖学校　二校（公立）

（三四）台湾総督府編『台湾統治概要（部分）』（六―④）は、台湾総督府の施政年報最終版『台湾統治概要』（昭和二〇年刊）から第四編「文教」部分を抽出し、これに第五編「兵事及国民動員」中の志願兵制度や徴兵制度、皇民奉公運動に関する記事、および第六編「警察」中の高砂族教育関係の事項を付け加えたものである。このうち第四編「文教」には、上掲の「台湾ニ於ケル学校教育ノ現況」から一年後の昭和一九年四月末現在の島内官公私立学校概況が掲載されており、両者を照合することで、日本統治最終末期の台湾における学校教育の全般状況を把握することが出来るのである。ちなみに、この統計資料により昭和一九年四月末現在の国民学校学齢児童就学率（男女平均）を示せば、⑴内地人九九・六二％、⑵本島人七一・一七％、⑶高砂族（普通行政区域居住者のみ）八三・三八％であった。

内容構成〈第一集〉教育要覧類　六冊（第一巻～第六巻）

冊・巻	文献名	編者・発行者	発行年月	判型	ページ数
第一巻	①台湾学事要覧　大正五年	台湾総督府学務部	大正五年四月	A5判	一〇六
	②台湾学事要覧　大正八年	台湾総督府内務部学務課	大正八年七月	A5判	一五六
	③台湾教育一班　大正一〇年	台湾総督府内務局	大正一〇年一一月	A5判	五〇
	④英文版　台湾学事要覧 *A Review of Educational Work in Formosa, 1916*	Department of Educational Affairs of the Government-General of Formosa	大正五年四月	A5判	一〇二
第二巻	①台湾の教育　昭和二年	台湾教育会	昭和二年八月	B6判	三三
	②台湾の教育　昭和六年度	台湾総督府文教局	昭和六年一〇月	A5判	一一二
	③台湾の教育　昭和一〇年度	台湾総督府文教局	昭和一〇年九月	A5判	一二六
	④台湾の教育　昭和一二年度	台湾総督府文教局	昭和一二年一二月	A5判	一二六
	⑤施政四十年の台湾(部分)	台湾時報社	昭和一〇年八月初版 昭和一二年三月修訂再版	A5判	三七
第三巻	台湾教育事情　昭和一二年度	台北時代社教育部	昭和一二年六月		五二八

第四巻	台湾学事年鑑　昭和一五年度版(上)	台湾教育研究会	昭和一五年四月		八一五 中 四三八
第五巻	台湾学事年鑑　昭和一五年度版(下)	台湾教育研究会	昭和一五年四月		八一五 中 三七七
第六巻	①台湾の学校教育　昭和一四年度	台湾総督府文教局	昭和一五年一月	A5判	一二二
	②台湾の学校教育　昭和一六年度	台湾総督府文教局	昭和一七年三月	A5判	一二五
	③台湾ニ於ケル学校教育ノ現況	台湾総督府 『自昭和一八年至同一九年　本邦ニ於ケル教育制度並状況関係雑件　外地一般関係　義務教育関係参考資料』(外務省茗荷谷研修所旧蔵記録所収)	昭和一八年		三五
	④台湾統治概要(部分)	台湾総督府	昭和二〇年	菊判	五六

解題　第二集「学事法規」について

佐野　通夫

I

（一）戦前の日本国内の教育行政においては、教育は国の事務であり、教育的営造物すなわち学校の設置および維持が、公共団体への委任事務として行なわれていた。この関係は植民地でも同様であった。まして、地方官制はあっても、地方制度の微弱な台湾植民地初期にあっては、教育事業は直接台湾総督府により、当初は国語学校および国語伝習所を中核として行なわれ、漸次分化して各種教育機関が発達していくこととなった。

（二）当初民政局学務部部長心得となった伊沢修二は、台湾の学制を「第一緊要事業即ち直ちに施設すべきものと、第二永久事業即ち徐々に之が施設を為すべきもの」の二つに分けて計画した。

その後、台湾総督府は教育施策を進める上で必要に応じて適宜、各学校令、諸規則などを公布したが、一九一九（大正八）年に「台湾教育令」が出されるまで、総合的な教育法令が公布されることはなかった。その結果として、当初各種教育機関相互間の連絡などが欠如していた。その点、台湾より一五年遅れて植民地となった朝鮮においては、併合の翌年である一九一一（明治四四）年に「朝鮮教育令」が出されているのとは対照的である。

（三）台湾における教育行政機関の変遷を大まかにたどると、次の通りである。

台湾は日清戦争の結果、一八九五（明治二八）年四月一七日批准された日清講和条約により日本の版図となり、一八九五年五月二一日、「台湾総督府仮条例」が制定され、軍政が敷かれ、民政局の中に学務部が置かれた。一八九六（明治二九）年三月三一日、軍政が廃され、勅令である「台湾総督府条例」および「台湾総督府民政局官制」により、民政局に学務部が置かれた。

翌一八九七（明治三〇）年一〇月二一日、新たな勅令である「台湾総督府官制」によって前記二勅令は廃止され、民政局学務課が置かれた。台湾総督は、いっさいの文事的政務に関して日本国の各省大臣の管轄外にあり、教育行政についても文部大臣の管轄外にあった。一八九八（明治三一）年六月二〇日、「台湾総督府官制中改正」により、民政部学務課となっている。

（四）一八九六（明治二九）年三月三一日に出された勅令「台湾総督府直轄諸学校官制」により、台湾における官立学校職員は官吏として遇せられた。この「直轄諸学校官制」によって、国語学校、同附属学校、国語伝習所が設けられたが（但し、「直轄諸学校官制」自体は翌一八九七年七月二一日「台湾総督府国語学校官制」および「台湾総督府国語伝習所官制」の二個の勅令に改められた）、一八九八（明治三一）年七月二八日、勅令「台湾公学校令」が定められ、漢族である台湾人（当時「本島人」と呼称した）の教育機関として、一または数個の街庄社を設立主体とする公立学校である公学校を設置することとなった。両教育機関の違いは、国語伝習所が国庫支弁による官立学校であったの対し、新たに設置されることになった公学校は社の負担、もしくは地方税支弁による公立学校となった点である。同官制によれば、公立学校の職員は本則として純然たる官吏とされていた（日本国内では公立学校教員は官吏待遇者）。

この公学校の設立によって、国語伝習所は先住民系台湾人（同じく「蕃人」と呼称した）のための教育機関として存続することになるが、一九〇五（明治三八）年二月三日には勅令「台湾ニ於ケル蕃人ノ子弟ヲ就学セシムヘキ公学校ニ関スル件」が定められ、「台湾総督府国語伝習所官制」は完全に廃止された。

なお、一九〇七（明治四〇）年二月二六日勅令である「台湾公学校令」が廃止され、律令（台湾総督の定める命令）による「台湾公学校令」となった。この変更により社の設置する公学校はなくなり、公学校は一または数個の街庄を設立主体とすることになったが、一九一一（明治四四）年一〇月二七日の台湾総督府令「台湾公学校設立廃止規程中改正」によって再び街庄社区の設立となった。

（五）一九一九（大正八）年一月四日「台湾教育令」が出され、同年四月一日より施行された。台湾教育令は、一九一一年の「朝鮮教育令」と同じく、第一条において「台湾ニ於ケル台湾人ノ教育ハ本令ニ依ル」と規定し、台湾人の教育は（在台）日本人の教育とは別系統に規定され、しかも日本人のそれより低い程度に抑えられた。

この（第一次）台湾教育令は、一九二二（大正一一）年二月六日、「（第二次）台湾教育令」に変えられた。この改正は朝鮮教育令の改正と同時になされ（朝鮮教育令改正は勅令第一九号、台湾教育令改正は同第二〇号）、枢密院においては、朝鮮と台湾の教育令に共通な性格を持たせようとする力が働いていた。（第二次）台湾教育令第一条は朝鮮教育令と同じく「台湾ニ於ケル教育ハ本令ニ依ル」と改められ、（在台）日本人の教育も対象とするものとなった。この際、朝鮮の場合と同様、「台湾人」「内地人」の呼称は「国語ヲ常用スル者」「常用セサル者」と改められている。

その後、朝鮮では、一九三八年に朝鮮教育令が全文改正されるが、台湾教育令はこの後、部分改正の形を取ることにとどまった。

（六）この間、一九二四（大正一三）年一二月二五日、「台湾総督府官制中改正」によって、従来の六局一部制が四局となり、教育行政の関係においては、内務局学務・編修両課が廃止されて、文教課となった。その後、一九二六（大正一五）年一〇月一二日には、「台湾総督府官制中改正」によって、文教局が設けられ、充実整備が図られた。

Ⅱ

（七）これら植民地化初期の、学校別の個別法令によるという教育制度の複雑さ、そして学校教員が官吏であり、しかもその大多数が日本人であったために、日本国内の法令との連係を保ちつつ、その教員の身分を管理するということに、教育に関する業務の多くがさかれたことが、ここに収めた学事法規集の複雑さを生み出している。

（八）本史料集成第二集「学事法規」は、次の五冊の資料をもって構成した。

一．台湾総督府民政部総務局学務課編『台湾総督府学事法規』（明治二九―三五年度）、一九〇二（明治三五）年八月（『学事法規』明治三五年版と略記、以下同じ）

二．台湾総督府民政部学務部編『台湾学事法規』（大正二年六月一日現在）、一九一三（大正二）年八月、台湾教育会（『学事法規』大正二年版）

三．台湾教育会編『台湾学事法規　完』（大正一〇年一二月初版）、一九二二（大正一一）年一月初版、帝国地方行政学会（『学事法規』大正一一年版）

四．台湾教育会編『台湾学事法規　完』（大正一〇年一二月初版、昭和四年一二月加除）、一九二九（昭和四）年四月改訂四版、帝国地方行政学会（『学事法規』昭和四年版）

五．台湾教育会編『台湾学事法規　完』（昭和一八年九月加除）一九四三（昭和一八）年、帝国地方行政学会（『学事法規』昭和一八年版）

（九）『学事法規』明治三五年版（第七巻所収）は、「凡例」によれば、「明治二十九（一八九六）年ヨリ同三十五（一九〇二）年六月ニ至ル学事ニ関スル諸法規」を類別編纂したもの。台湾総督府民政部総務局学務課編纂、印刷は台湾日日新報社。「総督府ノ主管ニ係ル学事諸法令ノ外通達ノ類ニシテ其ノ効力ヲ有スルモノ並ニ執務上日常参照スヘキ法律勅令等ハ本書中ニ加ヘ以テ便覧ニ供ス」とされている。ただし、「職ニ教育ニ従事スル者ノ日常執務上便覧ニ供センカ為編纂」したもので、「書中或ハ誤脱ナキヲ保セス之ヲ引用スルニ当リテハ一々官報若ハ府報等ニ対照シ事務ヲ精確ナラシムヘキハ固ヨリ当局者ノ責務ナリトス」という注意書きが添えられている。

本書の内容は、以下の一五編で構成されている。

第一編　御真影並勅語謄本
第二編　官制　任用　定員　俸給　旅費
第三編　国語学校及附属学校
第四編　師範学校
第五編　国語伝習所
第六編　小学校
第七編　公学校
第八編　私立学校及書房義塾

第九編　教員検定
第十編　恩給
第十一編　学租
第十二編　図書払下　図書審査
第十三編　給与　兵役　服務
第十四編　学事視察　表簿整理方　学事集会報告
第十五編　雑事
追　加

（一〇）以後の場合も同様であるが、『学事法規』各年版には、各種「内訓」、「学務課出版図書払下定価ノ件」のような「告示」、「学事集会等開会ノ際報告スヘキ件」という「通牒」、果ては「揚文会ニ於ケル後藤民政長官ノ演説」という「演説」までが収められると共に、特に恩給関係において、日本国内の法令が収録されている。このような詳細な通牒や演説まで収録されていることが『台湾学事法規』各年度版の特徴であるということができる。

一方、台湾では、朝鮮総督府学務局学務課編『朝鮮学事例規』のような単行の例規集は出されていない。その理由は明確ではないが、一つには台湾のほうが、朝鮮に比べて教育普及は進んでいたものの、もともとの人口差（台湾六百万、朝鮮二千万）から、例えば朝鮮においてまだ教育拡大が開始される前の一九三二年の時点で比較しても、朝鮮の初等学校教員は、日本人学校も含めて一万二千人近くいるのに対して、台湾は七千人弱に過ぎなかったという学校行政関係者数の少なさがある。このほか朝鮮では、地方行政官庁としての道が教育行政を担っていたことなどから、例規集の需要が大きかったことも想像される。そのため、加除という手数をかけるより、単行で法規・例規集を刊行し、それを数年ごとに更新しても、その需要があったと言えるかもしれない。ちなみに、『朝鮮学事例規』は昭和七（一九三二）年度版では帝国地方行政学会朝鮮支部の発行となっているが、昭和一〇（一九三五）年度版以降は官製教員研修団体である朝鮮教育会が発行者になっている。地方行政官庁である釜山府が『例規集（学事関係）』（昭和一四年度）を編集・刊行するという例も見られた。一方、『台湾学事法規』のほうは、加除式となって、その内容は、ますます詳細なものとなっていった。

（一一）本史料集成には収めなかったが、前年の一九〇一（明治三四）年三月には、台湾総督府民政部学務課から『台湾学事法規』が出されている（印刷は台一活版所）。

この明治三四年版は、「明治二十九（一八九六）年ヨリ同三十四（一九〇一）年一月ニ至ル学事ニ関スル諸令達」を一四編に編纂したもの。「専ラ本課ノ主管ニ係ル諸令達及県、庁ニ於テノ令達ヲ蒐集シ職ニ教育ニ従事スルモノ、為ニ編纂」したとされている。内容構成は、上掲の明治三五年版と比べて編の順序に若干の違いがあるものの、基本的には同様で、いずれも学校を中心としたものになっている。

（一二）『学事法規』大正二年版（第八・九巻所収）は、「大正二（一九一三）年六月一日現行ノ学事ニ関スル法令及之ニ関係アル法規並伺指令通達中事務上参照ニ資スヘキモノヲ採択輯録」したもの。印刷は台北活版社になり、発行は台湾総督府民政部学務部内　台湾教育会となっている。構成は次の通りである。

第一類　教育ニ関スル　勅語並詔書

補遺

先に述べたように、台湾における教員はすべて官吏であったために、その服務規律が第二類から第八類までと詳細になり、全巻の三分の一を占め、学校に関する規程より先に置かれている。また「第十六類　留学生」が新設され、「学租」「学事視察　表簿整理方　学事集会報告」の編は消えている。

（一三）『学事法規』大正一一年版（第一〇・一一巻所収）は、「台湾ニ於ケル学事ニ関スル法規及之ニ関係アル法規等ヲ大正十（一九二一）年十月一日現在ニ依リ類別輯録」したもの。主要構成を示せば、下記の通りである。

第一類　御影、勅語、詔書、菊花御紋章
第二類　官規
　第一章　官制
　第二章　処務ニ関スル規程
第三類　官等俸給、諸給与
　第一章　官等俸給
　第二章　諸給与
第四類　任用採用、免許検定
　第一章　任用採用
　第二章　免許検定
第五類　分限懲戒、服務

（一四）ここに掲げた大正一一年版の編制内容を、以前の大正二年版と比較すると、「礼式、服制、忌服」が一編となり、またこれまで「公学校」「小学校　幼稚園」等、学校別の編立てとなっていたものが、「第八編　学校及幼稚園」とまとめられ、編の下に章が立てられ、「学校衛生」「図書館」「博物館」の編が新たに立てられていることがわかる。

『学事法規』は、この年度版から台湾教育会による編纂となり、発行は東京の帝国地方行政学会、印刷も東京の行政学会印刷所となっている。奥付にある発行日は大正十一（一九二二）年一月廿一日であるが、「凡例」は大正十（一九二一）年十二月の日付である。

なお、この版につづく昭和四年版、および昭和一八年版は、いずれも大正一一年版を初版とした加除式の形式となっており、基本構成は同じである。但し、次項に示すとおり台本が昭和三年（一九二八年）に切り替えられ、ページ立てはそこで変わっている。

（一五）『学事法規』昭和四年版（第一二・一三巻所収）は、「凡例」に「台湾ニ於ケル学事及之ニ関係アル現行ノ法令、通牒等ヲ類別輯録」したとあり、奥付は「大正十（一九二一）年十二月二十七日初版発行、大正十三（一九二四）年五月二十六日再版印刷、昭和四（一九二九）年四月十三日改訂四版発行」となっている。「追録加除一覧」によると、昭和三（一九二八）年十二月一日現在（上記改訂四版）が台本となり、昭和四（一九二九）年十二月一日に追録一、二号を加除している。

内容構成は（一三）に掲げた大正一一年版のそれと基本的に同一であるが、下記に示すような変更がある。

1．「第七類　恩給、退隠料、扶助料」が「第七類　恩給」と類名を変えた。

2.「第八類　学校及幼稚園」中、「第二章　初等普通教育」に「第三款　盲唖学校」および「第四款　幼稚園」が加えられ、「第三章　高等普通教育」から「第三款　高等普通学校」および「第四款　女子高等普通学校」が「台湾教育令」改正の結果として、中学校、高等女学校となったため削除され、新たに「第三款　高等学校」が加えられた。

3.「第五章　専門教育」が「第一款　専門学校　第二款　大学」の二つに分けられた。

4.「第九章　講習」がなくなった。

5.「第十四類　雑」「第三章　学租」が「学租財団、台湾済美会、台湾奨学会」に変わった。

なお昭和四年版では、分量が大正一一年版の本文六三七ページに対して、九〇六ページと大幅に増加し、重厚なものになっている。編纂・発行は同じく台湾教育会、帝国地方行政学会であるが、帝国地方行政学会の東京の住所の隣に、同台湾出張所（台北市）が付せられている。

（一六）『学事法規』昭和一八年版（第一四・一五・一六巻所収）は、冒頭に前著の場合と同様、昭和四（一九二九）年四月の「編纂例」が掲げられている。奥付がないが、昭和四年版の追録十四号にあたる第五版（昭和十年十二月一日現在）を台本とし、同十八（一九四三）年九月一日現在の第二十九号までの加除がなされている。

内容構成は、引き続き大正一一年版と基本的に同一であるが、（一五）において記した変更から、さらに下記に示すような変更が加えられている。ここでは、各葉に記された追録番号と、制度変遷から、追録ごとの変更を推定した。なお、追録第十四号が台本となっているため、追録第三号から第十三号は加除記録がなく、六月、十二月の年二回加除が定常的になされたものとして発行時期を推定した（最終加除である一九四三年のみ、九月一日現在となっている)。

1．追録第十三号（おそらく昭和十年六月一日現在）以前において、「第一類」の類名が「御眞影、勅語、詔書、菊花御紋章」と変わっている。

2．追録第十八号（昭和十二年十二月一日現在）において、「第八類ノ二　学位」が追加された。

3．追録第二十五号（昭和十六年六月一日現在）において、「第八類　学校及幼稚園」中、「第二章　初等普通教育」、「第一款　小学校　第二款　公学校」が「第一款　小学校」を経て、「国民学校」名称に変わり、「第六章ノ二　青年学校」が追加された。

4．追録第二十七号（昭和十七年六月一日現在）において、「第十四類　雑」に、「第二章ノ二　国家総動員」が追加された。

5．追録第二十九号（昭和十八年九月一日現在）において、「第三章　高等普通教育」が「第一款　中等学校　第二款　高等学校」となり、「第六章　実業教育」が「実業補習教育」に変更された。

6．「第十四類　雑」「第三章　学租財団、台湾済美会、台湾奨学会」には、追録第九号（おそらく昭和八年六月一日現在）で、「台湾体育協会」が追加され、追録第十三号（おそらく昭和十年六月一日現在）で、「台湾教化事業奨励会、台湾教化団体聯合会」が、また追録第十八号（昭和十二年十二月一日現在）で、「台湾教育職員互助会」が追加された。

7．第七章の章題は、追録第二十九号（昭和十八年九月一日現在）において、目次においてのみ「私立学校」と変えられているが、本文各葉に記された章題は、「私立学校、幼稚園及書房」のままであり、目次改訂時期は不明である（内容的には、「第二章　初等普通教育　第三款　幼稚園」の置かれた時点で幼稚園に関する事項は、そちらに移されている)。

このように、教育制度の変遷に伴う内容の加除、表題の変更等、若干の変化はあるが、大正一一年版から継続した類立てを取っている。この中には、大正十二年四月二十七日の「皇太子殿下台湾行啓ニ関スル件」という台湾総督府諭告まで収められている(八八一ページ)。この時下賜された内帑金が、その後の「社会事業並ニ教育奨励費」にあてられたため、一時の行幸に関する諭告まで残される結果となったと推察される。このような例もあり、関連所収事項が膨大なものになり、多数の枝ページを含むことになった。本文最終ページは九二〇ページであるが、本文実ページが一五〇〇ページ近くなっているのは、そのためである。なお、目次も多大なものとなるため、本資料集成への収載にあたり、本版のみ目次を三巻に分割して掲載した。また若干の欠落ページがある。

Ⅲ

(一七)本史料集成には収載しなかったが、台湾総督府内務局から大正十年(一九二一)十一月付けで刊行された『現行台湾教育法規(抄)』がある。これは、「(第二次)台湾教育令」の枢密院での審議にあたり、参考資料として提出されたもので、全文二一五ページよりなり、下記に示すとおり、学校規則のみの構成となっている。

第一章　台湾人教育

(1)台湾教育令　(2)台湾公学校規則　(3)蕃人公学校規則　(4)台湾公立高等普通学校規則　(5)台湾公立女子高等普通学校規則　(6)台湾公立実業学校規則　(7)台湾公立簡易実業学校規則　(8)台湾総督府商業専門学校規則　(9)台湾総督府医学専門学校規則　(10)熱帯医学専攻科研究科規則　(11)台湾総督府農林専門学校規則　(12)台湾総督府師範学校規則　(13)台湾総督府師範学校付属公学校規則　(14)私立学校規則　(15)書房義塾ニ関スル

規程　⒃台湾小学校教員及台湾公学校教員免許令　⒄台湾小学校教員及台湾公学校教員免許令施行規則

第二章　内地人教育

⑴台湾小学校規則　⑵台湾公立中学校規則　⑶台湾公立高等女学校規則　⑷台湾商業学校規則　⑸台湾工業学校規則　⑹台湾総督府医学専門学校医学専門部規則　⑺台湾総督府師範学校内地人養成規則　⑻台湾総督府師範学校附属小学校規則

（一八）同じく本史料集成には収載していないが、台北師範学校平塚佐吉の手になる『台湾小公学校関係法規類聚』が、大正八（一九一九）年九月台北・東京堂から公刊されている。一三三ページの小冊子で、「緒言」によれば、「本書は専ら師範学校生徒の教科参考用たらしめんことを目的として台湾小学校及台湾公学校の教育に関係ある法令を蒐輯編纂したるものなり。されど一面には従来台湾小学校及台湾公学校教員検定受験者にして適切なる参考用書を欠けるため不便を訴へらるゝ人々の需めに応ぜんことをも之を期したり」とある。参考のため、主要目次のみ掲記しておこう。

第一編

⑴教育ニ関スル勅語　⑵教育ニ関スル御沙汰書　⑶戊申詔書　⑷官吏服務紀律　⑸文官分限令　⑹文官懲戒令　⑺官吏待遇者懲戒制　⑻職員懲戒例　⑼文官服制　⑽文官服装規程　⑾文官礼式　⑿小公学校教諭任用制　⒀小公学校職員任用規則　⒁小公学校教員免許令　⒂小公学校教員検定免許規程　⒃小公学校教員試験検定参考書　⒄小公学校教諭失職及退官制　⒅公学校訓導退職失職規則　⒆小公学校教諭奏任官待遇制　⒇文武判任官等級令　㉑判任官俸給令　㉒文官俸給支給細則　㉓加俸支給細則　㉔公学校訓導俸給

規則　(25)師範学校又ハ師範科卒業者服務規則　(26)学校生徒ノ服忌制　(27)学校生徒忌引休業日数標準　(28)学校生徒敬礼法

第二編　小学校

(1)小学校教員心得　(2)台湾小学校官制　(3)台湾小学校規則　(4)小学校令　(5)小学校令施行規則　(6)台湾高等小学校教科目及教則　(7)台湾小学校補習科規程　(8)小学校加設教科目　(9)高等小学校教科目ノ加設　(10)小学校教科用図書使用方　(11)小学校教科用参考図書使用方　(12)職員職務規程　(13)学校医職務規程　(14)小学校児童身体検査規程　(15)学校児童ノ机腰掛ノ寸法　(16)学校清潔方法標準　(17)学校伝染病予防及消毒方法　(18)児童成績其ノ他ノ取扱方

第三編　公学校

(1)台湾教育令　(2)教育令発布ノ訓令　(3)教育令発布ノ諭告　(4)台湾公学校官制　(5)台湾公立簡易実業学校官制　(6)公学校職員定員　(7)簡易実業学校職員定員　(8)台湾公学校令　(9)台湾公学校規則　(10)台湾公立簡易実業学校規則　(11)公学校職員職務規程　(12)公学校学校医職務規程　(13)公学校児童身体検査規程　(14)児童身体検査方法　(15)公学校授業料ニ関スル規則　(16)公学校児童就学ニ関スル例規　(17)蕃人公学校制　(18)蕃人公学校規則

ここで、「台湾小学校又ハ公学校教諭任用制」が「小公学校教諭任用制」等と略称されていること、一方、「師範学校生徒の教科参考用」においても、官吏たる教員身分法制が、学校規則より先に掲載されていることに、当時の教育行政の性格をうかがうことができる。

内容構成 〈第二集〉 学事法規 一〇冊（第七巻〜第一六巻）

冊・巻	文献名	編者・発行者	発行年月	判型	ページ数
第七巻	台湾総督府学事法規（明治二九―三五年度）	台湾総督府民政部総務局学務課	明治三五年八月	A5判	二五六
第八巻	台湾学事法規（大正二年六月一日現在）(上)	台湾総督府民政部学務部・台湾教育会	大正二年八月	B6判	八七四
第九巻	台湾学事法規（大正二年六月一日現在）(下)				
第一〇巻	台湾学事法規　完（大正一〇年二月初版）(上)	台湾教育会・帝国地方行政学会	大正一一年一月	A5判変形	七六二
第一一巻	台湾学事法規　完（大正一〇年二月初版）(下)				
第一二巻	台湾学事法規　完（大正一一年一月初版、昭和四年一二月加除）(上)	台湾教育会・帝国地方行政学会	昭和四年四月改訂四版	A5判変形	一〇五二
第一三巻	台湾学事法規　完（大正一一年一月初版、昭和四年一二月加除）(下)				

第一四巻	台湾学事法規（上）完（昭和一八年九月加除）	台湾教育会・帝国地方行政学会	—	A5判変形	一五九四
第一五巻	台湾学事法規（中）完（昭和一八年九月加除）				
第一六巻	台湾学事法規（下）完（昭和一八年九月加除）				

解題　第三集「教育施策関係資料」について

阿部　洋
上沼　八郎

I

（一）本史料集成第三集「教育施策関係資料」は、台湾総督府の教育施策に関する資料・文献類二三種二六点を、植民地教育政策の展開過程の三段階、すなわち、⑴前期武官総督時代、⑵文官総督時代、および⑶後期武官総督時代、に対応して分類整理し、これを六巻にまとめたものである。その内容構成を示せば、以下のとおりである。

〈第一グループ〉　全三期に共通する資料

一、台湾総督府警務局編『詔勅、令旨、諭告、訓達類纂』（上）・（下）昭和一六年　二冊

〈第二グループ〉　前期武官総督時代関係資料

Ⅱ─一　新教育創始期

二、児玉喜八（?）「学務部創設以降事業ノ概略」明治三一年（?）

〈付〉本島ノ実業教育振興ニ関スル卑見（某氏）　一点

三、伊沢修二「児玉源太郎総督宛上申」明治三一年　一点
〈付〉台湾教育施設之順序・書房義塾ニ関スル規程
四、伊沢修二「台湾総督府公学模範学校規則案」明治三〇年　一冊
五、伊沢修二君還暦祝賀会編『楽石自伝　教界周遊前記』（部分）明治四五年　一冊
六、台湾教育会編『伊沢修二先生と台湾教育』昭和一九年　一冊

Ⅱ―二児玉・後藤政治期

七、持地六三郎『県治管見』（部分）明治三五年（？）　一冊
八、持地六三郎「台湾ニ於ケル教育施設ノ要領覚書」明治三六年（？）　一点
九、持地六三郎『台湾殖民政策』（部分）明治四五年　一冊

〈第三グループ〉文官総督時代関係資料

Ⅲ―一　教育調査

一〇、台湾総督府『義務教育ニ関スル調査』大正一〇年　一冊
一一、台湾総督府『第壱回台湾総督府評議会議事録』（部分）大正一〇年　一冊
一二、台湾総督府『第参回台湾総督府評議会議事録』（部分）大正一一年　一冊
一三、台北師範学校『教育勅語に関する調査概要』大正一四年　一冊

Ⅲ―二台北帝国大学の設立準備

一四、久保島天麗編『台湾大学設立論』大正九年　一冊
一五、（『台湾大学設立関係資料』）（『伊沢多喜男文書』所収）大正一四年　四点

一六、幣原坦『文化の建設―幣原坦六十年回想記』（部分）昭和二八年　一冊
一七、安藤盛「懊悩せる台湾大学」大正一五年　一冊
一八、宮川次郎「苦難の台湾大学」昭和三年　一冊

Ⅲ―三　文教局の設置

一九、宮川次郎「裏切られつつある文教政策」昭和三年　一冊

Ⅲ―四　教育政策批判

二〇、蔡培火『日本々国民に與ふ』昭和三年　一冊
二一、矢内原忠雄『帝国主義下の台湾』（部分）昭和四年　一冊
二二、台湾総督府『霧社事件ノ顛末』昭和五年　一冊

これら諸文献・資料の解題にあたっては、Ⅱ―一「新教育創始期」関係の五点（一～六）、およびⅢ―四「教育政策批判」関係資料の三点（二〇～二二）、すなわち本解題第Ⅲ章と第Ⅶ章は上沼八郎が担当、残りすべての資料・文献類の解題、すなわち第Ⅰ・Ⅱ章および第Ⅳ・Ⅴ・Ⅵ章、それに全体としてのまとめは阿部洋が担当した。

Ⅱ

（一）まず〈第一グループ〉の台湾総督府警務局編『詔勅、令旨、諭告、訓達類纂』上・下（一七・一八）から始めよう。この文献は、『台湾総督府警察沿革誌』全六冊の別篇として昭和一六年（一九四二）に発刊されたもの

で、一、〇〇〇ページに近い大部の資料集。もともと一冊本で刊行されたものであるが、本史料集成ではこれを上下二冊に分けた。

(二) 最初に、『台湾総督府警察沿革誌』について概観しておく必要があろう。これはもともと、台湾総督府警務局が職員の執務上の参考に供するために編集したもので、全部で次の六冊が刊行されている。すなわち、

一、第一編『警察機関の構成』昭和八年一二月刊
二、第二編『領台以後の治安状況』(上巻) 昭和一三年三月刊
三、第二編『領台以後の治安状況』(中巻) 社会運動史　昭和一四年七月刊
四、第二編『領台以後の治安状況』(下巻) 司法警察及犯罪即決の変遷史　昭和一七年三月刊
五、第三編『警察事績篇』昭和九年一二月刊
六、別篇『詔勅、令旨、諭告、訓達類纂』昭和一六年三月刊

がそれである。編集を担当したのは鷲巣敦哉(一八九六—一九四二)。主として官庁向けに三〇〇部程度刊行されたという。いずれも部外秘の扱いで、当時現物を手に取り閲読することが出来たものは極めて限られていた。なかでも第二編『領台以後の治安状況』(中巻)は、極秘の資料を縦横に駆使して赤裸々な事実を叙述しており、極めて貴重。『社会運動史』として今日でも日本統治下台湾史研究の基本文献となっている(『日本統治下の民族運動　下巻—政治運動篇—』一九六九年台湾史料保存会復刻)。

(三) 吉原丈司氏によれば、鷲巣敦哉は明治二九年(一八九六)鹿児島の生まれ。幼少時父に従って渡台したが、

父の急死で帰郷。高等小学校卒業および徴兵検査の終了を待って、大正六年（一九一七）再び台湾に赴き、総督府巡査となり、南投庁霧社支庁に勤務した。大正八年警部補に昇進し、台中州警務部警務課に勤務。その後警部に昇任して大正一五年（一九二六）には台中警察署次席となる。ここでは行政主任を兼務し、矢内原忠雄の講演（通訳は蔡培火）時に臨監をしたという。昭和四年（一九二九）警察官練習所教官に転出したが、昭和七年（一九三二）病気のため練習所を辞職、『台湾総督府警察沿革誌』編纂の嘱託となり、以後これに専念。昭和九年（一九三四）に『沿革誌』第一編『警察機関の構成』、次いで翌年には第三編『警察事績篇』を刊行、昭和一三年（一九三八）には第二編『領台以後の治安状況』（上巻）を上梓した。翌一四年には『沿革誌』中最も特色のある第二編『領台以後の治安状況』（中巻）をまとめている。昭和一六年（一九四一）初め、難病のため台北帝大医学部付属病院に入院、その年三月にはここで取り上げる『詔勅、令旨、諭告、訓達類纂』が『沿革誌』の別篇として刊行されたが、翌一七年（一九四二）三月に逝去、四七歳の若さであった。その直後第二篇『領台以後の治安状況』（下巻）が刊行され、遺著となった。鷲巣には、このほかに『台湾警察四十年史話』（昭和一三年刊）や『台湾保甲皇民化読本』（昭和一六年刊）などの著作もある（中島利郎・吉原丈司編『鷲巣敦哉著作集』（Ｖ）解題、二〇〇〇年）。

（四）『詔勅、令旨、諭告、訓達類纂』（一七・一八）は、「序言」によれば、「領台以後昭和一四年までに台湾の政務に関し賜はった詔書、勅語、令旨、又は台湾統治上参考となるべき詔書、令旨を始め歴代台湾総督、総務長官、警務局長等警察首脳者の発した諭告竝に総督府評議会、地方長官会議、警察諸会議席上における訓示、告辞、訓達及時務に就てその他随時発せられた声明の類を輯録した」とある。このほか『台湾日日新報』の評論記事なども収められている。索引は二つに分けられ、上段が年次別、下段が項目別で、利用に便利である。

もともと内容は警察関係が中心ではあるが、ここには大正八年（一九一九）の「台湾教育令」発布に関する明石総督諭告や、同一一年（一九二二）の「改正台湾教育令」公布に関する田総督諭告など、各時期における教育政策上の重要問題に関する諭告をはじめ、歴代総督の教育方針を示す諭告・訓示などを数多く見ることができる。

いま参考のため、教育関係資料として重要と思われるものを拾い上げてみると、次のようなものがある。

一、桂総督莅任の訓示（明治二九年六月一八日）
二、児玉総督の施政方針訓示（明治三一年六月五日）
三、揚文会席上児玉総督の式辞（明治三三年三月一五日）
四、明治三九年六月地方官会議々事及訓示（明治三六年六月一九日）
五、明治四五年五月地方官会議議事事項及訓示（明治四五年五月三日）
六、大正二年六月地方官会議議事及訓示（大正二年六月七日）
七、大正六年三《（ママ）》月地方官会議議事及訓示（大正六年五月二〇日）
八、全島庁長に対する施政方針の訓示（大正七年八月三日）
九、台湾教育令発布に関する諭告竝訓令（大正八年二月一日）
一〇、大正八年六月地方官会議議事事項訓示（大正八年六月六日）
一一、田総督莅任の訓示（大正八年一一月一二日）
一二、大正八年一一月庁長に対する田総督の訓示（大正八年一一月二二日）
一三、当面の政務に関する田総督の訓示（大正一〇年三月）
一四、大正一〇年四月地方官会議議事事項及訓示（大正一〇年四月二三日）

一五、総督府評議会の諮問事項及田総督の告辞（大正一〇年六月一一日）
一六、教育令の改正実施に関する田総督諭告（大正一一年二月一日）
一七、大正一一年七月地方官会議席上訓示（大正一一年七月七日）
一八、大正一二年一一月地方長官会議議事事項及訓示（大正一二年一一月一日）
一九、対岸領事館会議席上内田総督訓示（大正一三年四月一〇日）
二〇、評議会の復活に関する上山総督の声明（昭和二年九月一五日）
二一、第五・六回評議会に於ける議事事項及告辞（昭和二年一〇月三日）
二二、台北帝国大学開設に関する上山総督の声明（昭和三年五月）
二三、理蕃政策大綱の通達（昭和六年一二月二八日）
二四、漢文欄廃止に関する小林総督の声明（昭和一二年四月一日）
二五、昭和一二年四月地方長官会議議事事項及訓示（昭和一二年四月二三日）
二六、昭和一四年一〇月地方長官会議議事事項及訓示（昭和一四年一〇月二四日）
二七、第九回総督府評議会諮問事項及告辞（昭和一四年一〇月二六日）

（五）なお、ここには収録していないが、本書の続編ともいうべきものが、昭和一九年（一九四四）に『諭告訓達類纂』（台湾総督府文書課編）として刊行されている。監修は小澤太郎（台湾総督官房文書課長）、資料の収集・編纂にあたったのは総督府嘱託山村魏である。「凡例」によれば、「台湾総督府に於て、昭和一五年一月以降昭和一八年一二月に至る満四年間に亘り発表せられた、総督・総務長官の諭告訓達類の文献記録を集録した」とある。

これによって、本書（領台初期から昭和一四年までを対象）では不十分だった第三期・後期武官総督時代の関連資料を補なうことができる。編集は本書の方式を踏襲、内容は本文・付録・索引に分けられ、索引は「形式別索引」と「項目別索引」になっている。

Ⅲ

（一）次に、〈第二グループ〉前期武官総督時代の関係資料を見よう。まず〈Ⅱ―一〉新教育創始期関係の資料・文献として、以下の五点があげられる。

一、児玉喜八（?）「学務部創設以降事業ノ概略」明治三一年（?）（一九―①）
〈付〉本島ノ実業教育振興ニ関スル卑見（某氏）
二、伊沢修二「児玉源太郎総督宛上申」明治三一年（一九―②）
〈付〉台湾教育施設之順序・書房義塾ニ関スル規程
三、伊沢修二「台湾総督府公学模範学校規則案」明治三〇年（一九―③）
四、伊沢修二君還暦祝賀会編『楽石自伝　教界周遊前記』（部分）明治四五年（一九―④）
五、台湾教育会編『伊沢修二先生と台湾教育』昭和一九年（一九―⑤）

（二）まず新教育創始期についてであるが、その端緒は明治二八年（一八九五）五月の台湾総督府の発足（仮条例の公布）に伴う民政局と学務部の開設から出発している。当時の民政局長心得が水野遵（一八五〇―一九〇〇）で、学務部長心得が伊沢修二（一八五一―一九一七）。翌二九年三月の総督府条例（仮の文字を除く）によって学務部が教務と編纂の二課に分かれ、当初の学務部長心得の伊沢修二が正式に学務部長として、かねて抱懐する台湾教育創業の腹案構想を着々と実現していくのである。ついでながら新任の教務課長は、沖縄県学務課長と尋常中学校長を兼ねていた児玉喜八、県民差別の強硬な指導がたたって中学生のスライキをよびおこして台湾に転任、編纂課長は森文部大臣の甥で文部省から送りこまれた伊集院兼良。なぜか伊集院は半年も持たず澎湖島に転じて辞めていくが、後任の伊沢の盟友神津専三郎は翌三〇年八月風土病で急死、同時に樺山から桂、乃木とあわただしく総督の任免がつづく中で、早くも経費節減の波に押されて水野民政長官と伊沢学務部長の計画案に対立が生じ、同年九月伊沢は非職（のち顧問となる）、あと部長と編纂課を空位とし児玉喜八が学務課長となり、明治三一年二月以降第四代総督児玉源太郎（一八五二―一九〇六）、民政長官後藤新平（一八五七―一九二九）の下で伊沢の当初の構想が実現されていく。

大ざっぱにみると、草創期三ヵ年余の初期台湾植民地の教育は、以上のような中核組織で進行し、その後の約一〇年間は児玉・後藤のコンビによって基礎が固められていったのである。上掲の初期資料に関する五点は、この間に深く関わるものと見られる。

（三）ここでの解題担当に当たって、以下の三点にわたる私見（上沼）を述べさせていただく。それが近代日本の最初の植民地経営に関わる問題点であると考えるためである。

一、台湾は「従来の植民地にあらざる植民地」である。（台湾事務局・原敬）

二、台湾は「漸進的な混和主義」に基づいて統治さるべきである。（学務部長・伊沢修二）

三、台湾を「無方針主義」によって教化していく方針である。（民政長官・後藤新平）

第一の原則は、日清戦争の結果として台湾が日本に分割接収されることがほぼ決定した時、広島大本営に設けられていた内閣直属の「台湾事務局」（明治七年四月、征台の役で新設された台湾蛮地事務局の後身）では、委員の原敬（外務省御用掛、後年の政友会総裁、「平民」宰相と呼ばれる、一八五六―一九二一）が、次の「台湾問題二条」について建言した。

「台湾ニ関スル諸種ノ問題ヲ議スルニ先立チ、第一ニ左ノ二案ヲ孰レカニ決定セラレンコトヲ希望ス。

甲　台湾ヲ植民地即チ『コロニイ』ノ類ト見倣スコト

乙　台湾ハ内地ト多少制度ヲ異ニスルモ之ヲ植民地ノ類トハ看倣サザルコト」

（『秘書類纂・台湾資料』）

ここで原は、欧米流の植民地《コロニー》（保護属島）とみる甲案より将来本国の制度文物と融合させる上で「無論乙案ヲ可トス」るものであった。さらに帝国憲法と絡めて「当分ノ間総テ勅令ヲ以テ法律ニ代フルコト」と付加しているが、のちに「六三法」の公布にみられるような総督専制の権限を制限し、甲案に傾きがちの会議を変えようと努めている（『原敬日記』二）。こうして新領土台湾への施政方針であるいわゆる同化主義の位置づけが成立することになる。

もともと植民地は、一六世紀以来西・葡・蘭など西欧列強の手によって開かれ、ついで一九世紀までの約三〇〇年間、英・仏・独・伊など新興の列強の競うがままに、この「西力東漸」の流れがアジア・アフリカ方面めざして進んでいく。目標となったインドは英国の力の前に併呑され、超大国の中国は阿片戦争以来、諸外国に蚕食され、古くから善隣外交を重ねてきた新興国日本とも干戈を交えて敗北する。その日本が西欧流の「優勝劣敗」という進化論的論理を以て植民地支配に出た場合、そこに支配者としての心理的拮抗はなかったのか、というのがこの第一原則なのである。

その心理的拮抗があってこその乙案の採用であった。この矛盾に氣づいていた最初の人物が福沢諭吉。元来「植民」(Volkplanting, Colonie) の用語は幕末の蘭学者の飜訳にかかるが、福沢はその唯一の体系的著述『文明論之概略』(明治八年三月、全一〇章) の中で、植民地における対外的な「一視同仁」と対自的な「報国独立」とは相互矛盾であり、これをいかにして統一すべきか、と悩んでいる (第一〇章、自国の独立を論ず)。後年の彼の「脱亜論」(明治一八年) は、独立の精神を失って日本の激励 (福沢の金玉均問題など) に応ずる力を喪失したかにみえる朝鮮と中国への絶望と訣別を語ったものであった。このため晩年には日本の教師たちを馘首した芝山巖事件をはじめ、台湾の施政や経営に対して激越な言葉を発する (『時事新報』) ことにもなっていく。

やゝ余談となったが、要するに台湾事務局の基本方針の底に同じアジア民族によるアジアの植民地化に対する心理的拮抗 (これを私見では「忸怩たる心情」或いは「及び腰統治」とよぶ) が日本人として潜在したとみるのである。それが「植民地ノ類トハ看倣サザル」植民地としての台湾教育のスタートであり、同時に植民地行政に固有の「偽瞞性」を伴うことも否定できないところであった。

(四) この点、次に登場する伊沢修二においても例外ではなかった。そのいわゆる「混和主義」にも心理的拮抗が伴っていたにちがいない。それ故にこの人物こそ草創期の台湾教育における不可欠の人材となり、彼を欠いては日本最初の植民教育は円滑に進まなかったであろうと推測される。

伊沢は信州伊那谷高遠藩の貧しい士族の出身で、生来勝ち氣で論癖が強く、藩校の教師を勤めていたが、維新後老親と一〇人の弟妹を郷里に残して上京、苦学して英語を学ぶうち明治三年 (一八七〇) 貢進生に挙げられ、ついで同八年には文部省の学監D．モルレーの推薦で官立愛知師範学校長に任命され、高嶺秀夫や神津専三郎らと師範学科取調べのため米国に派遣された。現在旧台湾総督府資料の中にある伊沢修二自筆の履歴書（『公文類纂』五）によってみても、その来歴は絢爛たるもので、同時に実に目まぐるしく文部官僚として多彩な活躍を見せる。例えば明治一一年（一八七八）米国から帰朝すると、直ちに文部省学務課に属して東京師範学校長となり、新設の体操伝習所主幹と音楽取調御用掛（のち掛長）を兼ねる。同一四年には文部省書記官となり、会計局副長のほか地方学務局と普通学務局を兼ね、翌年には編輯局副長を兼ねる。この年『学校管理法』と『教育学』を出版、翌一六・七年にかけて『小学唱歌集』の出版とその普及などに努め、同一八年（一八八五）には文部権大書記官、音楽取調所長を兼ねる一方で、翌年文部大臣森有礼（一八四七―一八八九）の登場と共に、編輯局長として教科書検定規則の制定と実施に着手する。

森と伊沢とは性格上にも氣脈の通ずるところがあったらしく、早くから共に「西欧の衝撃」（Western Impact）を受けとめ、進化論的合理主義を支柱にしていた。当然重用され、東京音楽学校長や盲唖学校長も兼ねる一方、辻次官とともに大日本教育会を牛耳り、東京市会議員や小石川区会議員にも連なり、検定見本の『読書入門』や『尋常小学読本』（七巻）をはじめ『進化原論』まで出版する――八面六臂の活躍ぶりである。しかし明治二二年（一八八九）二月「帝国憲法」発布の早朝、森大臣が刺殺されたのを契機に、文部省の官制改革で編輯局廃止、辻次官との対立もあって参事官に降格、非職となって野に下り、以後みずから提唱した国家教育社を中心に義務教育費国庫補助をめざす国立教育運動を展開していく。

（五）拙著『伊沢修二』（一九六二年刊）では、この多様な伊沢の行動をブルドーザーのような「開拓的教育家」

として捉えた記憶があるが、いわゆる「国士」(nationalist) としても、また和洋折衷の折衷派 (eclecticist) として複合思想の持主だったことが分かる。この立場から言語、音楽、体育、芸術をはじめ思想や学問など種族をこえた人類の共通性に注目していた。当然そこには複合矛盾が生まれがちとなるが、教員大衆を集めた国立教育運動が、明治一六年(一八八三)井上毅文相を刺激し、「教育ハ政論ノ外ニ立ツベシ」と、いわゆる「箝口訓令」(訓令一一号)を発せしめ、教員の退会現象を生み出す。その頃たまたま日清戦争の終局に臨んで、伊沢は国家教育社の方向を新領土台湾の開拓へと転ずる。

前述の履歴書によれば、明治二八年(一八九五)五月、新任の樺山総督に直接面談して陸軍省から「雇員」(月俸一五〇円)として大本営付となり、ついで総督府随員となり、台湾匪徒征討軍に従うと同時に学務部長心得を命じられている。その翌年三月には、「明治二七、二八年事件ノ功ニ依リ勲五等瑞宝章及金千円ヲ下賜」(賞勲局)され、同年四月一日、総督府民政局事務官(高等官三等)、学務部長(一級俸)となり、ついで高等官二等、正五位に叙任されている。

以上、ながながとこの人物の来歴を述べてみたが、伊沢の四五年間の独創の体験がここで植民地教育創始の花を開かせ、わずか三ヵ年に満たぬ滞島であったが、極めて精力的に数多くの成果を残すのである。その特筆すべき成果が、本稿の第二原則とも言うべき漸進的「同化教育」の推進であった。

明治三〇年(一八九七)七月、伊沢が水野民政長官と対立して非職となり、帝国教育会で「新版図教化の方針」と題して講演した時、植民地経営の方針として三種をあげ、自主々義(一般には同化主義)と仮他主義(一般には自主々義)の二つを統合した「混和主義」を採用するのが然るべきだと述べている。これが台湾事務局で公認された従来の「植民地にあらざる植民地」台湾の経営原則に通ずるものであった。台湾の儒教的伝統も生かし、元来同文・同教・同種の地である、そこで「新領土に臨んで穏健なる教育制度を採るべし」という伊沢の立場が表明される。

当初樺山総督に自分を売りこんだ時（明治二八年五月二一日）、すでに「目下急要ノ教育関係事項」（四項目）と「永遠ノ教育事業」（五項目）を提示し、新総督の黙認を得て学務部長の内命を受けていた。したがって、このあとは二大原則に従って着実に計画を樹て実現していけばよかった。

後述するように、その緻密詳細な腹案構想の第一の眼目は、「彼我の意思の疎通」即ち、「我国語を彼に教へ、彼の言葉を我に習ふ」という言語の習得にあった。したがって本土から総督府講習員若干名を募り、島内各地（一六ヵ所）に国語伝習所を設けるとともに、総督府国語学校や師範学校を中心に、相互（内地人と土人、と伊沢は言う）の交流と教育の普及を進めるという構想であった。

しかし現実の総督府の人事において、樺山の後を継いだ桂太郎（一八四七―一九一三）は全く赴任せず、次の乃木希典（一八四九―一九一二）は老母を伴って渡島（明治二九年一〇月任）、その老母は風土病のため急逝して台湾に骨を埋めたが、官紀の弛みから「土匪狩りよりも官匪狩りが必要じゃ」と嘆いて汚職の責任をとり（明治三一年二月免）、植民行政の予算の大削減によって伊沢の構想も亦頓挫した。征台の役（明治七年・一八七四）に従軍したことのある水野民政長官は差別を温存する傾向にあり、伊沢の融和策よりも民政官僚の充実を重視したため、学務課の予算も大削減を受ける。そこから伊沢の不満が爆発して、明治三〇年七月伊沢の辞任「非職」が確定した。しかし創業初期のために慰留されて学務顧問となり、同三二年八月まで台湾の教育行政と関係していく。ついでながら伊沢の後任は児玉喜八や木村匡（森文政下の中堅）などが学務課長として引きつぎ、明治三八年（一九〇五）から同四三年（一九一〇）までの六年間も、児玉総督のあとを襲った佐久間総督の下で内地人と島民の区別を温存した二元的同化教育が推進されていった。

（六）さて、最後に第三の「無方針主義」であるが、児玉・後藤のコンビが発足する明治三一年（一八九九）三月当時には、伊沢は総督府の学務顧問であったが、同年八月東京高等師範学校長に任ぜられたのを機に台湾との表面上の縁は絶つ。しかしその後も陰陽にわたって（芝山巖祭典や台湾留学生など）関わりを持ち続けるのである。それは一面で、前述したように創業時の二元的教育による漸進的融和（同和）行政の維持推進に他ならなかった。一方で総督政治は六三法の律令権が憲法違反（帝国議会の協賛なし）だとする違憲説をものともせず（明治三一年六月「帝国憲法ハ台湾ニ施行セラレタルモノトス」内務大臣訓令・『公文類纂』一一）、治安・財政・開発など、いわゆる「台湾の近代的征服」を実現していく。それが地方官々制整備（三県三庁三九弁務署）、台湾銀行創設、樟脳専売制、戸口調査、土匪鎮圧策などの実施であった。

特に日本側の鎮圧策（匪徒刑罰令・台湾刑事令・治安律令・保安規則や地方税徴収など）に対する反発は激しく、明治三〇年から同三四年までの間に大規模反乱が二度、弁務署・支庁・憲兵屯所の襲撃五〇数回、巡査派出所の匪難は無数、民衆の被害は八、九〇三件、死者二、四五九名、人質四、五六三名、一方「土匪」（蕃族も一部含む）の方は捕縛者八、〇三〇名、死者三、四七三名などを数えている。表面に記載されなかった者を数えても、優に一万二千名の匪徒が姿を消し、全島血に染められた五年間であった（『後藤新平伝』第二巻）。

つまり、児玉・後藤の総督府は、当面文教よりも産業の振興や土地の収用と法の整備、山地民（生蕃）を含む土匪招降対策に多忙であった。

この間、新領土台湾に移住する内地人もしだいに増大し、小学校や中学校に学ぶ子弟の数も増加していく。これに伴って、明治三四年（一九〇一）六月教員を中心とする「台湾教育会」が結成され、当面の国語教育をいかになすべきか、など活発な論議や研究会が展開していく。しかし樺山時代の伊沢学務部長のような、熱心な教育施策は講じられず、日本人の小中学校の制度は導入されたものの、島民の子弟用に設けられた公学校との融合の道はなかなか開けず、むしろ小公学校併列の「差別」が定着する傾きにあった。そこで教育会の代表は明治三六年（一九〇三）一一月第一回学事諮問会が開かれたのを好機に、後藤民政長官に対して台湾公学校の将来の大方針について質問した。その回答が有名な「教育無方針主義」の演説（吉野秀公『台湾教育史』昭和二年、三二）。かねてから「大風呂敷《おおぶろしき》」という異名をもつ後藤は、ここで「大方針」という目標はまだ立っておらず、「目下考究中」で、従来の日本内地の「国語の普及」を目的として進めばよい、と答えている。即ち伊沢の定めた会話や言語中心の教育、同和同融の方針の再確認であり、改革という名目のないために「無方針」と答えたのにすぎない。

この弁明のために、持論の「統治の基礎は生物学《ビオロギー》の原則」であるとし、風俗習慣心性などは二代や三代で変わるものではない、「同化と言えば意義一定範囲分明方法不動のものではなく、時に抑圧も必要となる」と自説（ほんね）を披露し、「教育は神聖なりと云ふ美名に酔ひ、自由の旗の下に隠れて空理に走り実功を挙げぬのは、甚だ宜しくない」などと威嚇をこめて結んでいる。ここに初期の文教当局者と異なる総督専制の官僚的側面と、創業時とは異なる心理的屈折が窺われる。伊沢が総督府予算の大削減に驚き、「教育ノ事ノ如キハ無形ナル精神上ノ発達ヲ期スルモノナレバ、局外者ノ得テ窺知スベカラザル機微ノ間ニ一条ノ脈絡ヲ保チ居ルモノナリ」（『乃木総督ニ提出シタ具申書』明治二九年五月一〇日）と、辞任覚悟で教育予算の修正を願ったその教育第一主義の論理が、元台湾弁理公使（民政局長）水野遵や、その後任後藤民政長官の心に反感を生んでいたとも解される。（更に付言すれば、筆者自身も今次大戦後数回にわたって台湾を訪ねたが、やはり一種の心理的拮抗感を覚えた。これも戦争という手段によって、アジア民族の権利を奪おうとしたことに、昭和の世代の一人として忸怩たる精神的な負の遺産を背負わざるを得ないでいるという証左であろう。）

（七）さてここで、さきに提示した関係資料に立ち戻って、一〜五までの伊沢を中心とした五点の解説にとりかかることにしたい。

まず「学務部創設以降事業ノ概略」（一九―①）と伊沢修二「児玉源太郎総督宛上申」（一九―②）の二つは、いずれも『後藤新平文書』（国立国会図書館憲政資料室所蔵）からのもので、伊沢が非職となって総督府を去る明治三〇年（一八九七）七月（翌月学務顧問となる）から翌三一年六月ころまでの一連の教育実績の報告書である。正式に総督府と絶縁するのは、前述した通り翌三二年八月頃からであろうが、ここでの各種の学校創設予定の記事もその頃までとされている。

いずれも引き継ぎの上での中間報告であり、乃木総督の後を襲った児玉総督からの要請で、急遽書き上げたという印象が強い。いずれも墨書（一三行罫紙で、柱名は①は不明瞭、②は台北国語伝習所とある）で、筆蹟は伊沢に代わった児玉喜八かその下僚のものと推測され、在京の伊沢の依頼を受けたものであろう。

それならば①と②を逆転して児玉宛上申を先きにしても不都合ではないが、この二点はほぼ同じ頃に書かれ内容的にも類似しており、全体として②の方が形式上整っていると見て、この順序で提示した。そこで①の場合、「事業ノ概略」として明治二八年六月一七日に事業開始（②は七月一六日とある）、以降は八芝林郷紳の子弟約一〇名を集めて学堂を開き、翌年一月の六氏遭難後は土語講習員と国語学校講習員を徴募、これを端緒として全島に学校を拓いていく過程を記述している。この概略は最後に明治二九年と三〇年の生徒数及び経常費をあげ、使用教科書も列挙している。ついで「教育制度ノ施設及其順序方法」を報じており、初期の会話を主とした国語伝習所を公学校に吸収し、併せて師範学校の普及（内地人と土人の共学体制の方針）を強調している（別録第一号公学校、第二号師範学校として掲げている）。このうち公学校は明治三四年度までに全島二五四校を開設し、官立師範学校は台北、台中、台南に第一、第二、第三の三校を同三二年度までに開設するとし、それぞれ生徒・職員・学科目などの概要を示している。公学校では全島九区域の学齢一二五、八二一（七才〜一六才）に国語・読書・作文・習字・算術などを中心に、六か年の修業年限をあてるが、職員（校長一、教頭二、訓導二は判任待遇、うち訓導一は国語学校卒業の土人）のほか名望ある地元士紳などを学務委員として協力を求めるとしている。維持費は義捐金その他学田学租の制を利用するなど地方の負担を原則としている。

このほか官立実業学校（明治三四年度開設）については、台北近郊に一校、ついで台南・台中に各一校乃至分校を設け、男子生徒（一六才〜三〇才）若干名を募集、年限三ヵ年、学費支給は内地人（一ヶ月五円）、土人（同三円）、教職員は校長一（奏任）、教授五（奏任）、助教授八（判任）、書記二（判任）としてそれぞれ給与も定めている。この報告書の末尾に「本島実業教育振興ニ関スル卑見」として六枚の墨筆意見が付載されているが、これはこの官立実業学校開設に関わるものであろう。提案者は不明であるが、台湾の従来の産業や輸出入貿易の実態を展望し、その得失と発展を見つつ本国の「実業学校令」による官立工業学校を開設せよと勧告している。同時に台湾島民の天性の手芸技倆に注目し、同じく本土の実業補習学校と徒弟学校、手芸学校を折衷した教育を推進するよう提案するのである。

なお、ここで学校職員の身分や資格について、判任官、奏任官の名が出てくるが、これは明治憲法下における官吏の等級を示すもので、判任官は最下級で本属長官の任命、奏任官は高等官三等以下で首相の奏薦によるものとされている。最高の勅任官は勅命任官で高等官二等以上（伊沢は勅任官）を言う。日本人の官吏はこの名に拘わり、台湾島民の任命には厳しい壁となっていた。

（八）さて次に、②の伊沢修二による「児玉源太郎総督宛上申」（前文の他、約四〇枚・墨書・罫紙柱名「台北国語伝習所」）であるが、これは明治三一年（一八九八）六月初め新任総督の児玉から上京中（と推測される）の伊沢学務顧問に教育事業について下問があり、同年六月一三日付で上申報告を提出したものである。同上申は読みにくいため、活字に直して本文末尾に付しておいた。児玉喜八は前年の一一月に伊沢の後を襲って学務部長心得となり、六月三〇日に学務課長となるが（部長は廃止）、おそらくこの約四〇枚に及ぶ報告書について課員の手を借りて纏めあげたと推測される。またこの上申の追書《おってがき》に、嘗ての樺山総督宛上申書を「参考ノ為メ上呈」すると述べている。それは明治二八年五月二一日（伊沢は記憶ちがいの九月と記す）の教育方針（要急事業と永久事業の提示）であり、正に台湾への新教育指針として最も基本的な大方針であった。ここでも「台湾教育施設之順序」（明治二八年九月立案）として簡単な一覧表を最初に揚げ、本文（明治二八年九月～同三〇年一二月）を年次に従って記述し、各学校毎に以下一～一二号までの開設順序を示している。大体は前述の①の記述と重複するが、ここには何故か「公立学校」の文字がない。（伝習所を基調とする初期形体を留めていたためか）。

この各号の頭首に主意目的を記し、開設時期と場所（位置）、児童生徒の員数、修業年限、学科目、教職員の数と構成など刻明であるが、最後にそれぞれ「附記」の走り書きがある。これは筆蹟が異なり、明らかに伊沢自身の筆である。おそらくこの報告書を在京の伊沢の許に送って返送されたものであろう。以下一二号について簡単に開設（見込）などを示しておく。

第一号　官立日本語伝習所（明治二八年一二月開）
一校（芝山巌学堂より出発、主幹一（奏任）教員七（判任四）
第二号　県立日本語伝習所（明治二九年四月開見込）
一二校（台北、台中、台南各四）主幹一、教員二〜三（判任）六ヶ月学習
第三号　公立日本語伝習所（明治三〇年四月開見込）〈附記〉
全島四九所（日本会話、文法、普通文、六ヶ月学習）地方負担で経営〈附記〉
第四号　官立師範学校（総督府国語学校と改称）〈附記〉
第五号　官立師範学校附属模範小学校三校（台北）〈附記〉
第六号　県立師範学校（明治二九年八月開見込）三校（台北、台中、台南）〈附記〉
第七号　県立師範学校附属小学校（師範学校所在地）〈附記〉
第八号　官立中学校（明治二九年八月一校、同三〇年四月二校開見込）
いずれも主として「移住者」（内地人）の子弟（一二〜二〇才）中心。五ヵ年。
第九号　県立中学校（明治三〇年四月開）従来郷伸子弟の書院吸収。
内台人共学。五ヵ年履修。特に倫理（四書五経）〈附記〉
第一〇号　官立実業学校（一校明治二九年八月、二校同三〇年四月開）〈附記〉
第一一号　県立実業学校（明治三〇年五月開、五校各県区域に一〜二校）〈附記〉
第一二号　公立小学校（明治三〇年四月開、台北・台中・台南各庁管内各一〇校、計三〇

校、九支庁下各一〇校計九〇校、五支庁各五校計二五校、総計一四五校、児童生
　徒（七〜二〇才）六ヵ年履修）〈附記〉
右のうち〈附記〉とあるのは、前述した伊沢の各号についての所感であり、学校開設とあるものも、伊沢の見るところでは依然として開設見込であり、第六号のように総督府予算が水野民政局長によって削られた憾みも言外に漏らしているようである（本文と参照）。
　第六号附記（昨年度ニ於テ開設スベキ筈ニシテ其費用モ帝国議会ノ決議ヲ経タリシガ県庁数ノ増加数ニ依リ
　　其費用ヲ他ニ転用セラレンガ為メ終ニ開設ノ実ヲ見ズシテ止ミシハ遺憾ノ至ナリ。）
　第九号・第一〇号附記（以上二種ノ中学ハ未ダ開設ノ準備ヲナスニ至ラズ。但シ国語学校附属ノ中学ハ既ニ
　　開設セリ。）・（此分モ亦未ダ開設ノ準備ヲ為スニ至ラズ。）
　第一二号附記（本校モ亦未ダ開設ノ準備ヲ為スニ至ラズト雖モ此度ノ公学施設ヲ実行セラル丶ニ至レバ、自
　　ラ小学校ト同一ノ効果ヲ奏スルニ至ルベシト信ズ。）
最後に「書房義塾ニ関スル規程」が付載されているが、この規程案は明治三一年一月一五日に総督府学務課から地方庁に配布して広く意見を徴した。これも読みにくいため、活字に直して本文末尾に付しておいた。前年四月の書房調査によると、全島の書房数は一、一二七（生徒数一七、〇六六）。それが翌年二月には一、七〇七（生徒数二九、九四一）に増大しており、このため規程が急がれたのであろう。初め伊沢は同文同種同教の伝統を重視し、「従来ノ慣習」から書房義塾を温存させたが、公学の普及が進み、大正年間に入って「私立学校規則」が整備されるに伴って、これら書房も規程も廃止されていく。しかし大戦に突入する昭和一六年（一九四一）でもなお七書房（生徒二五四）が残存する。漢文字の伝統がいかに強いか、日本が「従来ノ慣習」をいかに公認してきたか、

これも「植民地にあらざる植民地」台湾の表情であった。

（九）次の「台湾総督府公学模範学校規則案」（一九―③）（全八章三一条文）は、明治三〇年五月ごろ、伊沢学務部長が総督府予算大削減の件で上京中、帝国教育会で「台湾公学設置について演説」した時、パンフレットとして配布したものである。ちなみに、この演説の要旨は『教育公報』第一九五・一九六号（明治三〇年六月二〇日・七月五日）に収録。この規則案も、第一九五号雑録に見ることができる。なお、この演説に限らず伊沢の台湾に関する演説や講演の多くは、浩瀚な『伊沢修二選集』（一九五八年、信濃教育会刊・一、〇九六ページ）の中に収録されており、貴重な資料となっている。

ともかくこの席上、伊沢は得意の長広舌を振って台湾教育の現状を紹介し、国語伝習所（一六）の上に国語学校を設け、その附属学校（三）のうち二校を公学模範学校（これを伊沢はパブリック・スクールとよぶが、必ずしも当を得ていない）とし、分教場を設けて女学校とする、と言明している。この公学模範学校を典型として国語伝習所を改組し、順次中学校の開設に及ぶという構想であり、そのため、講演の途中でパンフレットを配布し、案文の一読を勧めているのである。

そして「此公学といふものは如何なる性質のものかと申しまするに先づこれを概説すれば旧来の教育の形体を存《ママ》じて、之に一新の精神を注入し、無用の文学を廃して有用の学術を加ふ。マァ斯う言ふやうなものでございます」と述べる。念頭にあったのは台湾旧来の書房義学による進士及弟のための漢詩文の方法で、これを日本風に改めて小学科（八～一四才）と中学科（一四～一八才）に分けて連結し（第三条）、前者には修身国語作文読書習字算術唱歌体操の八科を、後者はそれに地理歴史理科図画の四科を課し（第四条）、小学科は六ヵ年、中学科は四ヵ年と定め（第五条）、年間三学期とした（第八条）。この小学科六年制は、当時の内地における尋常・高等各四ヵ年制より新鮮で先駆的であった。但し「教授ノ要旨」（第一一条）は儒教と実学を重視して相互の連絡を強め、「教科ノ程度」（第一二条）では「教育ニ関スル勅語」を中心とする修身を始め、日本語と土語を併行（漢文と日本文併修）して国語作文読書習字を学び、算術は珠・筆・暗の算法を、地理歴史は日本と台湾の関係について国民的志操を養うものとした。

この模範公学校の構想も、総督府の予算大削減によって頓挫し、首唱者の伊沢の非職と退島とによって停滞するが、まもなく翌明治三一年七月「台湾公学校令」（勅令第一七八号）と公学校官制が公布された。しかしそれは伊沢の期待した小学中学両科連結や年限その他において違和があり、また受益者負担の授業料支弁の方法をとっていた。たしかに児玉・後藤の産業の振興策はしだいに功を奏し、五年後の明治三七年には台湾は財政的に独立し、糖業や樟脳など固有の産物の貿易によって本土を利する立場に転じていく。伊沢のやり残した学事系統の基調、即ち内台共学という同化同融の理念も、内台区別（差別）という現実の政策によって歪められるが、融和教育の精神は底流として保持されていったように思う。

なお、さきに挙げた関連資料『伊沢修二選集』のうち「第八章 台湾教育」には一二篇の貴重な資料があるが、それは伊沢のほぼ三年にわたる台湾教育創業のアルファでありオメガなのであった。例えば一二篇の冒頭に近く、西園寺文相宛ての「総督府学事報告」（明治二八年）は、初期の会話と問答による具体的な伝習法を論じて注目すべき独創を示しているが、一方で末尾の一篇で、伊沢の念願であった「公学開設」の推進を拒み、学務部予算を削減した水野民政局長と「乃木総督ニ提出具申書」（明治三〇年）は、伊沢の職を賭した説得力のある提言であった。しかしここでのオメガは、またしても非職であったが、彼は渡島以前の国家教育社や大日本教育会、両会合同の帝国教育会、或いは学制研究会の組織を介して人脈を拡げており、特に貴族院議長としての近衛篤磨（一八六三―一九〇四）に親近していた。非職後の九月には古巣の文部省勅任参事官を希望していたが、人事の紛糾している文部省より貴族院議員の方を近衛に依頼し、近衛も同年一二月、議長権限によって一五人の新任の中に含めている（『近衛篤磨日記』第一巻）。政界も派閥争いの渦中にあり、明治三一年度には文部大臣の更迭は五回、同年一一月元総督樺山が文相になった時、伊沢次官の噂も流れた。伊沢は非職によって高等教育会議々員や東京高等師範学校長を兼ね、議場において弁論を振るう機会を手中にしたと言えるかもしれない。

（一〇）ここで『楽石自伝　教界周遊前記』（一九―④）（以下『楽石自伝』）に移ることにしたい。楽石は伊沢の雅号、嘉永四年（一八五一）生まれの伊沢は明治四四年（一九一一）満六〇歳の還暦を迎え知友による盛大な祝賀会が開かれた。席上湯本武比古など学制研究会の幹事らの発議で伊沢の口述をもとに自伝の刊行に着手、翌年刊行された。全四一章（四四五ページ）、このうち八章（第二九～三六章）が台湾時代に充てられ、後年の各種資料でも重複して引用される体験記の挿話に満ちている。特に注目されるのが芝山巌事件。土匪の襲撃にあたっても、「身ヲ殺シテ仁ヲ成ス」（『論語』衛霊公）という儒教の精神で臨んだ結果、部下六人が馘首の悲運に遭い、直ちに靖国神社に合祀され、その石碑と神社を建てて教育開拓の霊地としたのも伊沢の発想であった。英国の宣教師バークレーに会った時、ローマ字を用いて初等教育をなすべしという勧めに対して同文の漢字を使用することによって成果を得た卓見、渡台前より中国語の研究を開始しており、通訳の留学生呉振麟に最愛の娘乙女を嫁して中国との交流を深める一方、独創的な『日清字音鑑』（明治二八年）を出版、早くも要急事業と永久事業の二大方針を決め、具体的な初期構想を練って直ちに台湾教育の実際に着手し、系統的教育の実施段階に移っていったことなど、創業の視野とエネルギーと独創力には改めて瞠目せざるをえない。この『自伝』刊行後六年、竟に天は伊沢に『周遊後記』を完成させる時を与えなかった（一九一七年五月三日永眠）。

ここで引用された資料は、「台湾学事施設一覧」や「国語伝習所規則」「生蕃教育ニ付テ学務部長通知」「総督府国語学校規則」「同第四附属学校規程」「台北県学租取扱規程」などであり、いずれも本史料集成のうち第五集「台湾教育関係著書」所収の『台湾教育沿革誌』（二八・二九・三〇）中に記載がある。

（一一）最後に台湾教育会の手になる『伊沢修二先生と台湾教育』（一九—⑤）を見よう。この書物は、終戦直前の昭和一九年（一九四四）一二月末に一、五〇〇部限定で台北で出版されたものであるが、現在は殆んど失われて入手しがたい。当初はガリ版のものが数冊あったにすぎないが、一部を削除して簡略化し、芝山巖などの写真を多く加えて一六二ページの単行本として印刷に付されたもの。「緒言」によれば、日本本土（台湾も含めて）が戦火に見舞われている昭和一九年一月、「伊沢修二先生事蹟調査会」を教育会に設け、石井権造委員長のほか、国分、山本、大島、渡辺の四委員の手によって総督府所蔵資料を中心に既刊の諸資料などによって纏められたものとのこと。厳しい時局と環境下における最後の出版事業であったに違いない。その点でもこの一巻の資料は貴重である。たまたま東京の武蔵大学付属図書館に所蔵されていた一巻をここに復刻できたことは幸いであった。

ところで、全一四章のうち「二、学務部の創設」や「三、学務部芝山巖移転」「五、六氏の遭難」などは他の資料と同様であり、「六、系統的教育の創立」や「八、師範教育の開創」などは総督府所蔵資料を扱っているものの、他書との重複が多い。但し「四、台南視察とバークレイとの会見」を「一四、離台後の先生と台湾」が新しい記事で補っており、特に芝山巖遭難直前の明治二八年一二月二〇日から二二日の日付で学務部員の中島長吉、桂金太郎、楫取道明三者から送られた伊沢宛書翰は貴重である。伊沢部長はこの時北白川師団長の遺骸につきそって帰京中で匪難を免かれていたが、悲報のあと配達されたこの三通の便り（絶筆）を前に学務部遭難の予想が「不幸にも的中・・・枕を並べて賊の兇刀に仆れたといふ、最も悲惨な」（『楽石自伝』二一九ページ）事件に直面する。特にこの三通の便りは要を得た名文であり、それぞれの教養の深さを今に偲ばせるものがあり、熟読吟味すべきものと愚考している。

以上や、私見を交えたところもあるが、この資料グループについては、伊沢修二という顕著な個性の存在が大きく、とりわけ創業時の活躍には紙幅を惜しまず今に語らせる魅力がある。

Ⅳ

（一）次に、〈Ⅱ―二〉として、台湾統治の基盤整備期たる児玉・後藤時代の教育行政に中心的役割を演じた持地六三郎に関する文献三点を取り上げる。

一、「県治管見」（部分）、明治三五年（？）（二〇―①）

二、「台湾ニ於ケル教育施設ノ要領覚書」、明治三六年（？）（二〇―②）

三、『台湾殖民政策』（部分）、明治四五年（二〇―③）

がそれである。

（二）まず、持地六三郎（一八六七―一九二三）の略歴を見ておこう。持地は植民地官僚で、植民地政策の研究者としても知られる。金子文夫氏によれば、慶応三年（一八六七）福島県生まれ。明治二六年（一八九三）帝国大学法科大学政治学科を卒業後、大蔵省、内務省勤務を経て山口高等学校教授となり、その後更に石川県書記官、内務省課長、文部省視学官兼文部省参事官などを歴任した。明治三三年（一九〇〇）七月台湾総督府に入り、台南県書記官（内務部長）。明治三五年（一九〇二）三月台湾総督府参事官（地方課長）に抜擢され、三六年からは学務課長を兼務した。その後学務課長兼任のまま、地方行政・土木・通信・理蕃など多岐にわたるポストを歴任、明治四三年（一九一〇）には民政部通信局長に任ぜられている（「持地六三郎の生涯と著作」『台湾近現代史研究』第二号、一九七九年）。これら各分野のうち、持地にとって学務行政が最も得意とする分野だったようで、「教育主脳者として本島教育界に貢献する所は少なくなかった。時の主張とも見るべき漸進主義は持地学務課長によって実行された」と評された（佐藤源治『台湾教育の進展』昭和一八年、三二）。四三年一一月休職・帰国するが、その後大正元年（一九一二）には朝鮮総督府に迎えられ、逓信局長官などを務めた後大正九年（一九二〇）に退官。大正一二年台湾総督府史料編纂委員会編纂部長に任ぜられたが、翌年病没した。

(三)「県治管見」（二〇—①）は、台南県書記官時代、内務部長として県行政のあり方を広い視野から論じたもので、後藤民政局長に提出された。使用されている統計などから見て明治三五年（一九〇二）頃に書かれたと推定される。台南県罫紙九八丁の手書き文書で、『後藤新平文書』（国会図書館憲政資料室所蔵）に収録（七—七三）。以下の六章で構成されている。

(1)弁務署ノ廃合、事務分配ノ事、(2)弁務支署ノ廃合、事務分配并支署長選任ノ事、(3)県庁事務分配ノ事、(4)土木行政ノ事、(5)殖産行政ノ事、(6)教育行政ノコト

ここには(6)「教育行政ノ事」（二一丁）を抽出した。以下、その概要を紹介する。

（四）総論ともいうべき冒頭の「殖産教育ノ方針」において、持地は、本島の政治は植民地経営の目的で行われるもので、それは経済上の利益をあげることにあり、教育もこれに背馳しない方針で進められるべきだとの立場を表明する。ところが彼によれば、世の所謂教育家は、動もすれば教育の果たすべき限定的役割を顧みず、同化主義、化育主義の旗印を掲げ、台湾の財政経済状態を察せず、内地と同様初等教育は義務的・強制的教育たるべきだとして、理想の貫徹を求めようとする。これに対して彼は、

「同化主義・化育主義ノ如キ理想トシテハ美ハ則チ美ナリト雖トモコノ主義ノ運用ハ殖民地経営ノ目的ノ為メニ制限セラレサルヘカラス。」

と断じ、そもそも先天的に思想や風俗習慣の異なる新付の本島人に対して、「三千年以来君臣ノ義ヲ以テ錬成凝結して来た大和民族と同一の思想行動を養成させようとすることは困難であるとし、教育を以て一種の宗教、哲学の如く信奉する所謂教育家を「固陋偏屈」と批判、彼らの立場を「教育亡国論」とさえ酷評するのである。

（五）このような基本的立場に立って、彼は台湾教育の改革について、(1)初等教育の普及、(2)実業教育の奨励、(3)官吏及教員の養成、(4)内地人子弟教育機関の整備、および(5)現行学制改正の必要、を挙げて論じて行く。以下、「(1)初等教育ノ普及」の場合を例に、その論ずる所を見てみよう。

彼は、初等教育の普及増進は最肝要の事に属すると見るが、それはあくまで新領土の統治、植民地経営上に至大の裨益あるが故にその必要を主張するもので、初等教育を以て義務的・強制的教育となし、国家の負担で普及増進を図ろうとするが如きは、本島経済財政の許容するところではないと云う。二年後の明治三七年（一九〇四）台湾教育会常集会の席上木村匡前学務課長が講演を行い、内地に準じて台湾の初等教育を義務化すべきことを主

張したのに対し、持地が二か月後の同会通常会に於いて、現職学務課長としてこれに激しく反論したのも、上述のような立場からであった（木村「台湾の普通教育」『台湾教育会雑誌』第二八号・明治三七年七月、持地「台湾に於ける現行教育制度」同前第三一号・明治三七年一〇月)。

(六) 持地にとって重視されるべきは台湾の経済上の利益増進であり、初等教育において最も重要なものは日常生活上に必須の実用的知識である。確かに国語の修養は大切ではあるが、僻村の公学校児童に「拝啓然者」の尺牘文を練習させ、しかも初等教育に最も必要な日常生活に必須の科学的知識が欠如するようでは無意味だとして、国文国語の修養に最も重きを置く現制の公学校教育を批判する。彼は長老教会宣教師キャンベルの成功例を参考に、不経済、不適切な文字教育に代えてローマ字を用いての国語習得さえ提唱するのである。彼は現行学制改正案の一つとして、四年制の公学校尋常科の開設を提唱するが、そこではローマ字を用いて国語を習得させ、また科学的知識を習得させることで、修業年限の短縮も可能になるとの考えがあった。この改革構想は、明治四〇年（一九〇七）の公学校規則改正による修業年限の弾力化（公学校課程の四年制・六年制・八年制）で一部実現されている。但し、ローマ字の使用は彼の構想のみにとどまった。

(七) 次に、第二文献「台湾ニ於ケル教育施設ノ要領覚書」(二〇—②)を見よう。持地は、明治三五年（一九〇二）三月台湾総督府参事官として地方課長に抜擢され、翌三六年一一月からは学務課長の兼務を命ぜられた。以後四三年（一九一〇）一二月の休職・退官に至るまでの七年間学務行政を担当した。本稿は、学務課長就任間もない時期に、学務行政に関する構想をメモの形にまとめて、後藤民政局長に提出したものと思われる。台湾総督府罫紙一七丁、『後藤新平文書』に収録（七―八七―二）。その内容は総論部分、および各論⑴内地人および本島人子弟教育の現状と問題点、⑵改革の具体策、の三部で構成されている。

（八）まず冒頭で、台湾現在の教育費は総額五二万円。少額だが、使い方如何では決して少額ではない。現在の台湾の大局からみて、その範囲内で出来る限り経済的使用の方法を講じて教育内容の改良進歩を図るべきだとし、教育施設の要領として、

⑴植民地の経営は、本国人種の利権の扶植を以て根本目的とするのは勿論であるが、人道的見地を有するだけの遠識がなければならない。

⑵教育事業は諸行政の基礎ではあるが、あくまで植民地経営の一手段に過ぎない。

を挙げ、内地人子弟の教育施設、および本島人子弟の教育施設に分けて、それぞれ改善の方向とその具体策を検討する。

（九）内地人子弟の教育施設に関しては、普通教育（初等教育）および高等普通教育（中等教育）の設備を完成することが総督府の役割であり、それ以上および以外の専門教育や技芸教育は母国の関連施設に委ねる。初等・中等教育の制度内容についても母国のそれを踏襲し、母国との連絡を確保し、子弟の修学の途を失わせないよう図る任務がある。また初等教育は、将来的には義務制の施行を考える必要があるとする。

（一〇）一方、本島人子弟に関しては、普通教育および高等普通教育、師範教育、実業教育で足りる。それ以上

もしくは以外の専門教育・技芸教育などは施設する必要はない。現行制度のままその内容を整え、漸次改良上進すれば良いとして、以下のような改善案を挙げる。

(1)普通教育―内地人子弟のように義務教育の方針を執るべきではない。現制と同様人民任意の施設とし、向学心の発達とともに漸次その普及を図る。

(2)高等普通教育―現制の国語学校国語部には改良の余地がある。

(3)師範教育―現制の国語学校師範部と師範学校との分立は不必要。早晩合併させる。

(4)実業教育―現制の国語学校実業部と医学校のみでは不充分。将来最も力を注ぐべき分野で、特に必要なのは農学・林学および獣医学の教育施設である。

(5)教育制度全般―現制では系統性がないので、将来は教育系統を立て、諸学校間の連絡を図ることが肝要。

これをもとに、改善策の目標として「土人子弟ノ教育施設」（系統図）を掲げ、時勢の進展や財政状況を斟酌しながら、五年～一〇年のうちにその完成を目指すとし、改善のための具体的方策として、次の四項目を挙げていた。

(1)台南の師範学校を廃止し、これを国語学校に合併する。

(2)将来、台北に内地人女生徒の中等教育施設を設置する。

(3)公学校の整理改善。

(4)視学事務を実施する。

（一一）最後に、『台湾殖民政策』（二〇―③）について見よう。持地は明治四三年台湾総督府休職後一年をかけて本書を執筆、台湾統治の実績を実証的に記述することを企図した。明治四五年（一九一二）七月の刊行。本文および付録、参考書目その他を加えると六〇〇ページを超える大著で、その内容は次のような構成になっている。

本編　⑴総論⑵台湾の地理⑶日本の台湾統治⑷台湾の国法上の地位及其統治組織⑸土匪鎮定并警察制度の発達⑹法政及旧慣調査并司法制度⑺財政政策、貨幣及銀行⑻経済政策、灌漑政策⑼内外貿易⑽交通⑾教育問題⑿衛生⒀理蕃政策⒁社会上経済上諸問題、日本農民移殖政策⒂結論

付録　⑴如是我観⑵殖民政策の概念⑶比律賓、爪哇及印度の教育に就て⑷シャイエ氏印度教育問題に就て

ここでは本編中の⑴総論および⑾「教育問題」と、付録から教育関係の「比律賓、爪哇及印度の教育に就て」および「シャイエ氏印度教育問題に就て」の二編を収録した。

（一二）本書は、第一章「総論」において、自らその下で官僚として過ごした八年に及ぶ児玉・後藤時代の施政によって植民地支配の基盤が確立し、台湾統治は新時代に入ったと位置づける。これにより治安の確保、財政の独立、経済発展などが一通り解決された。しかしその間最重要の問題に全力集中し、やや軽い問題は一時閑却された結果、教育・衛生・慈恵救済・社会改良事業など、衛生状態の改善や悪疫撲滅などに進歩はなかった訳ではないが、なお少なからざる欠陥を残すこととなり、その補修斎調が以後の施政の課題となる。ことに今後は内地人・本島人間の利害関係の調節融和、その解決が重要課題となり、台湾植民政策はここに初めて「微細にして且困難」な時期に入ることになる、と指摘する。

（一三）第一一章「教育問題」にも、総論の趣旨がよく貫徹されている。著者は、冒頭にフランス植民学者ジョ

セフ・シャイエ『印度統治論』にある次の言葉を掲げる。

「殖民地の土人教育問題ほど重大、困難且厄介なるものは莫し。是は実に本国人の利益と良心との衝突を含蓄する問題なればなり。」

彼は、「土人教育」＝被統治民族に対する教育に関して、如何にして本国人の利益と調和させるかが課題であるとし、被統治民族の教育問題が極めて困難なものであることを強調する。そして日本の領台当初から、新付民に対する同化の目的のため日本語教育に精力が集中され、教育家の犠牲的精神と熱誠的努力によって、今日の台湾教育の基礎が築かれた。しかし時日の経過とともに、本島人の急激な同化が容易なものでないことが逐次分かって来るようになった。持地に言わせれば、そもそも思想・心性・歴史を異にし、風俗習慣も異なり、しかも文化的には長く先師の地位にあった中国民族を、二千有余年の歴史を経て凝成して来た大和民族と渾然一体ならしめることなど、容易な事業ではないからである。明治三六年（一九〇三）一一月に開催された第一回学事諮問会の席上、後藤民政長官が「台湾教育の方針は今尚研究中に属する」と訓示したのは、この間の消息をよく伝えているという。

（一四）持地はこのように述べた後、後藤民政長官の所謂「無方針演説」の趣旨を次のように紹介する。

(1)教育に対する当局者の大方針を問うものあるが、本島の統治方針につき、総督に意見を上申するまでに至っていない。教育上の方針とても遺憾ながら立っていない。

(2)世界列強が新領土を占領するにあたっては、事前に五年なり一〇年なりの予備期間があった。これに対し、台湾の占領に於いては準備が全く無かった。凡そ方針を確立するには多大の準備が必要で、これが不充分では方針を確立することは困難である。

(3)勿論教育が必要なことは明らかで、如何なる教育方針で行くかについては目下研究中である。教育の方針は生活の状況など微細な点まで精密な取調をした後でなければ、方針は立たない。但し、前年来第一着手を試みた公学校に関しては目的を定めて設立した。国語の普及がそれである。

(4)性情の異なる人民に対して、国語を以て同化するということは頗る困難であるが、彼らを将来同化して、日本国民とすることに関しては何人も異論がない。

持地は、この後藤訓示を承けて、台湾教育が終始一貫追究して変わらないものは国語普及の目的であるとした。しかし、国語普及は現在十分効果をあげるに至っていない。普通教育がまだ普及していないことや、多くの本島人児童にとって国語は単に学校用語にとどまっているからである。国語普及のためには、まず普通教育を拡張改良し、日常生活に必須の科目を児童に課し、これによって教育の実際的効果を上げることが先決であるとする。

(一五)次いで、台湾教育の現状と問題点、今後の課題について分析を試みる。まず、台湾教育には、本島人教育(「土人教育」)、内地人教育および原住民教育(「蕃人教育」)の三種類の教育制度があるとしてその概要を紹介し、フィリピン、ジャワ、インドなど他の植民地と比較しながら、台湾教育の特徴として次のようなものを挙げる。

(1)台湾教育は漸進の歩武を以て発達、その施設経営においてはなお不充分を免れない。

(2)しかし、本島人教育の基礎は強固確実で、他の植民地に比し次のような長所がある。

一、量的増加よりも質の上進を期し、主として中流以上の子弟を収容。現在の就学率は一〇パーセント。

普通教育というより、むしろ「選種教育」というべきである。

二、財政基盤が強固で、学校の経費が比較的潤沢である。

三、校舎や設備の宏壮安全。

そして、台湾教育は「其殖民地統治の目的に副ふて穏健確実なる発達を為し来りたるものなりと謂ふは敢て過言にあらざるべし」と、自賛する。

(一六) 持地が、今後の学務行政にとっての最大の課題としたのは、台湾本島人の教育要求の高まりに如何に対処するか、ということであった。彼の言葉を引用しよう。

「近時に至りて時勢の進歩は土人の向学心の勃興となり、教育施設に対する要求が太甚熾なるが如くなれども、土人教育に関しては当局者は常に細心の顧慮を払ふが故に、今日に於ける教育施設は此の土人の要求を満足せしむるに足らざるが如し。:此の思想発展の潮流は政治上の勢力を以てして克く抑圧し得る所に非るべし。:此趨勢は今後益々激甚を加ふるに至らんとす。台湾に於ては土人の教育要求に対して門戸を閉鎖し、土人青年をして日本若くは外国に走りて修学せしめ、思想の衝突を激成するの得策なる乎、若くは台湾に於て或る程度まで教育施設を進めて土人の教育要求心を満足せしめ、以て其間に調和を見出すの不得策なる乎は、慎重の考究を要する問題なるべし。」

このように述べ、時勢の進歩に対応して普通教育の伸張を図り、中等教育の施設を充実し、ことに実業教育の振興を図ることが今後の本島人教育の「緊切の急務」となるとした。

（一七）付録の二編は、本論で台湾教育との比較のため略述していたフィリピン、ジャワ、およびインドの教育について補充説明を行おうとしたもので、その一「比律賓爪哇及び印度の教育に就て」は、明治四一年（一九〇八）台湾教育会で行った講演の記録。前年南清、フィリピン、ジャワ、海峡植民地、インドなどを視察した時の見聞がもとになっている。

（一八）フィリピンについて、彼が注目したのはアメリカが取った教育政策である。米西戦争の結果フィリピンを領有するに至るや、その統治目的はフィリピン人をスペインの虐政から解放し、アメリカの思想・政治組織を移植し、彼らを自主独立の民たらしめることにあると宣言。総予算の六分の一を教育に注入するなど、教育重視の政策を打ち出した。このアメリカ統治下のフィリピン教育の特徴として、英語を重視し、英語教授法に勝れていることや実業教育の奨励、またアメリカからの派遣教員の熱心さなどを長所としてあげる。一方、短所として学校施設の不備・貧困を指摘。最大の問題は、教育制度がフィリピンの社会経済状況に適合せず、民衆が教育のための過重負担に苦しんでいることにある。社会政策や民生面での施策も不充分で、近年経済状況の悪化にともない、教育経費の大幅削減など、これまでの教育優先の政策を見直す動きが進みつつあるとした。

（一九）ジャワについて、オランダの統治は三〇〇年の歴史を有するが、教育に対しては全く留意して来なかったと指摘。一八七〇年頃からようやく原住民教育にも配慮を見せ、欧人子弟のための小・中学校に富裕層や土候の子弟を一部受け入れ、土候・貴族階級子弟のための貴族学校を設置するに至った。一般民衆のための小学校も近年三〇〇校あまり設置されたが、教育内容は幼稚で、就学者も学齢児童一、〇〇〇人中わずか四人という状況である。

（二〇）著者が最も注目したのはインドの教育である。イギリスのインド統治は一八五八年を境に、東インド会社時代と、国家による直接統治時代の二期に分けられるが、会社時代には教育に対してほとんど目が向けられることはなかった。しかし、政府の奨励なしでも教育は実際の必要上自然に発達せざるを得ない。三億の人口、一七〇万方里の大国を一〇万足らずの英国人で支配するには、インド人を下級官吏として採用して統御する外なく、彼らに対して必要な英語教育を授けることになるからである。インドの教育がまず大学に始まり、所謂〝上から下へ〟の発展を遂げるのはそのためであった。普通教育に目が向けられるようになるのは、一八五四年所謂「ウッドの通達」以後のことで、文部省を組織して教員養成に着手し、現地語学校の設立を奨励、私立学校への補助金制度も発足した。

しかし、時運の進展につれ、現在の教育制度に対してインド人の間に漸次非難が高まって来る。文学的教育を重視して、実業教育を奨励せず、また普通教育の発達に努めていないというのである。一九〇四年インド総督カーゾン卿は宣言書「インドの教育政策」を発表、そのなかでインド教育の現状と問題点を検討して各種の救済策を提示したが、改善の効果は容易に上がらなかった。

（二一）インドの教育について持地が最も着目したのは、政治運動と教育との関係であった。インドにおける反英民族運動は二〇世紀に入って急速な高まりを示すが、これが教育の結果、すなわちインドにイギリス流の教育を施し、自由・権利のヨーロッパ思想を注入した結果だとする俗論があると紹介、持地に云わせれば、これは教育が冤罪を蒙っているとする。もともとイギリス政府はインドの教育に対して不熱心であった。彼らがインドで英語教育を施したのは、畢竟政治の必要上から生じたもので、その結果イギリス流の思想が注入され、権利・自由の観念が養成されるのは不可避であった。近時インドにおける政治運動の高まりの深因は二つある。一つは数百年来の経済上の圧迫に対する反発、もう一つは明治日本の成功である。日露戦争の結果が東洋人種を覚醒、奮起させたことがそれで、将来イギリスはインド統治にますます困難を感じることになると結論している。

(二二)次に、付録その二「シャイエ氏印度教育問題に就て」についてみよう。原著者ジョセフ・シャイエ(J.Chailley)はフランス植民学派に属する著名な学者で、一九〇〇年代のはじめ二度にわたりインドを視察、その結果を一九〇八年『英領印度』としてまとめた。持地は、この書を「英国の印度統治を論じたる近来の快文字」と激賞、ことに教育問題についての論述がすぐれているという。本篇は、持地がシャイエの所説を藉りて、インドの教育、ことに政治運動と教育との関係について再論を試みたものである。

(二三) 先に見たとおり、近年におけるインドの政治的擾乱の原因を教育施設の誤りに求める俗説に対し、シャイエはそれを誤りだとした。確かに誤った教育施設が近時の政治的擾乱の原因の一つではあるが、その根源的要因は、イギリスによる一五〇年来のインド統治の自然の結果である。一握りの本国人で一七〇万方里、三億人のインド大陸を支配して来たことは「世界史上の奇蹟」であるが、その欠陥は籠絡と詐謀を伝来の政策とする統治力の微弱さにある。イギリス人は、もともとインド人の教育には冷淡であった。しかし、統治を進める上でその補助者を必要とするという、やむを得ない事情からインド人に教育を施した。

教育事業に不熱心な統治政府は、その経営を所謂教育者流に一任して顧みることはなかった。彼ら教育者には高等政策の見地から教育を案出するような識見はなく、ひたすらイギリスの制度を模倣移植し、英語を教授用語とし、権利・自由の思想を教え込んだ。そこに学んだインド人の青年たちが、知識の発達にともない、母国の置かれた政治経済的な惨状を目睹するにつけ、イギリスの統治に不満を抱き、その打破を試みようとするに至るのは必然的結果である。この形勢を看取するや、政府当局者は伝来の籠絡政策で、従来イギリス人が占めていた教育部内の地位を漸次インド人に与えて、彼らの政治的不満の緩和に努めた。こうして教育部内の地位がインド人に与えられるに従って、インドの学校はますます政治上の危険分子の製造工場と化すに至る。インド近時の政治的擾乱は、このような原因と結果が相錯綜作用して醸成したものである。

（二四）結論において持地は、再びシャイエの言葉を引用して、征服者の利権扶植と被征服者の精神向上とは根本に於て相両立しないこと、被支配者に対する教育の結果は本国人との融和同化を致すに足らず、却って本国人の利益と相背馳し、遂には本国人の統治を危殆ならしめるものになるであろうことを認める。しかし、だからと言って被支配者に対する教育を施設しない訳には行かない。では如何にしてこれを処理すべきか。元来植民地政策の要訣は、相衝突する利益、相矛盾する理想の調和にある。政府当局者たるものは、教育施設に関しては常に細心の注意を払い、これを専門家の為すがままに放任せず、高等政策の見地からこれを検束節制し、本国人の利益と被支配者の覚醒自立と相背馳するこの二個の要素を緩和し、両者衝突の経過を円満に解決するよう努めるべきである。原住民教育を等閑に付し、これを検束節制せずに所謂教育者流の為すがままに放任した結果が、回復できない政治的擾乱を惹起したインドの実例を示したのは、植民地経営に任ずるものが、インドの経験に多くの教訓を学ぶ必要ありと認めたからだというのである。

V

（一）次に〈第三グループ〉文官総督時代の教育施策に関する文献・資料について、〈Ⅲ―一〉としてこの時期に行われた教育調査について取り上げる。次の二点がそれである。

一、台湾総督府『義務教育ニ関スル調査』大正一〇年（二一―①）

二、台北師範学校『教育勅語ニ関スル調査概要』大正一四年（二〇―④）

このうち『義務教育ニ関スル調査』については、次の関連資料二点を合わせて考察しなければならない。

三、台湾総督府『第壱回台湾総督府評議会会議録』大正一〇年（二〇―⑤）

四、台湾総督府『第参回台湾総督府評議会会議録』大正一一年（二〇―⑥）

（二）『義務教育ニ関スル調査』（二一―①）は、謄写刷一六二丁の手書き文書で、台湾総督府評議会で義務教育問題が諮問された際の参考資料として作成されたもの。この評議会は大正一〇年（一九二一）六月総督の諮問機関として設立され、総督を会長、総務局長を副会長とし、会員は総督府官吏七名、民間から内地人および本島人各九名で構成された。第一回評議会が開催されるのは六月一一日～一五日のことで、その諮問事項四項目中の一つとして「義務教育の実施時期及び方法に関する件」が提出されるのである。

台湾総督田健治郎は大正八年（一九一九）一一月着任にあたり、内地延長主義の統治方針を掲げ、台湾島民をして「政治的均等の域」に進めるためには、教育の普及に務める必要があると訓示し、将来的には義務教育制度を実行する覚悟が必要、との意向を表明していた（『詔勅、令旨、諭告、訓達類纂』（上）、一七）。評議会での挨拶によれば、田総督は着任直後内務局長に命じて義務教育の調査を行わせたが、経済上の負担が重く準備に時間がかかるため踏み出せないでいたところ、評議会が発足することになったので、義務教育実施のための施設、方法について検討するよう諮詢したというのである。それに続けて彼は、「義務教育が進むには如何なる方法に依るか、このことは遣方によって経済上の影響も余程緩急の別が生じる。そこでこの浩瀚なる参考書を提供して・・・」と、本調査報告書について言及している（『第壱回台湾総督府評議会会議録』、二〇―⑤）。

㈢『義務教育ニ関スル調査』の内容構成をみると、⑴概説、⑵本島ニ関スル諸調査、⑶内地ニ関スル諸調査、⑷朝鮮ニ関スル諸調査、および⑸其他、の五部よりなる。その中心は⑵「本島ニ関スル諸調査」で、次の二章よりなり、報告書全体の半分近くの分量（七九丁）を占めている。

⑴義務教育実施ニ関スル予想諸調査
⑵本島人初等教育ニ関スル諸調査

㈣「⑴義務教育実施ニ関スル予想諸調査」は、義務教育を実施するにあたり、大正一五年（一九二六）に就学の始期に達する児童を全部就学させるものとし、義務教育年限を三年、四年あるいは六年とし、経費支出の仕方によりそれぞれ四つのケースを想定した。すなわち、

・第一案―普通の見積もりで、大正一〇年度経常費予算一学級平均額を標準とする。臨時費は建築費坪一〇〇円、敷地二円五〇銭として計算。

・第二案―臨時費を節減、校舎を一時的な建物にし、建築費は坪五〇円とする。
・第三案―第一・二学年の児童全部に二部授業を行う。他は第一案と同じ。
・第四案―極度の節減を行うもので、第一・二学年の児童全部に二部授業を行い、更に臨時費も第二案に準じて節減する。

がそれである。

これにより、義務教育実施には一二案が出来ることになる。「義務教育実施ニ関スル予想諸調査」は、一二のケースについて、それぞれ大正一一年から同二〇年までの一〇年間の予想基準を示したものである。調査では本島人のみが対象とされた。公学校の修業年限は六年、就学年齢は七歳。義務教育年限を三年以上としたのは、国語（日本語）の習得には少なくとも三年が必要とされたためである。ここには一二の義務教育実施予想が、①義務教育三年制の場合、②義務教育四年制の場合、③義務教育六年制の場合それぞれに即して、甲一号表から甲十号表にかけて詳細な数字を以て提示される。

「(2)本島人初等教育ニ関スル諸調査」は、上掲の義務教育実施案を作成するための基礎資料で、本島人初等教育沿革一覧、就学歩合累年比較、児童数及退学歩合累年比較や、最近五ヶ年間の公学校支出総額に対する負担金及び授業料・租税公課其他負担額など、本島人教育の現状および近数年来の趨勢を提示したものである。

（五）第一回評議会における教育に関する諮問事項「本島ニ義務教育ヲ実施スル時期及方法如何」は、六月一四・一五日の二日間にわたって審議された。会の冒頭、上掲のような会長による諮問の趣旨説明、およびそれを受けての末松偕一郎会員（内務局長）による提出資料（『義務教育ニ関スル調査』、二一―①）についての説明の後、審議が始められるが、第一日目は義務教育実施案をめぐる全般的な質疑応答が中心であった。主たる発言者は黄欣、顔雲年、李延禧、林献堂、古賀三千人などで、次のような事項が検討された。

一、義務教育実施の重要性と台湾における実施上の諸困難
二、台湾教育現在の緊急課題としての内地学制との接続問題
三、義務教育実施にあたっての州街庄の財政措置
四、義務教育実施にあたっての本島人の経費負担
五、公学校教員の不足・低質の問題、および今後の教員養成策

第二日目は、義務教育施行にあたっての財政問題が集中的に討議された。会長の答弁に「教育上から謂ったら斯んなに案を立てる筈はない。教育上からなら教ゆるには一つで足りる。然るに一二も拵へたのは、若しこの一案でゐかなければ二案三案でゐく途もあるに外ならぬ。唯負担の考慮をして色々の案を立てた・・・」とある。主たる発言者に赤石定蔵、黄欣があり、末松は同日の審議結果のまとめを行い、専門委員をして更に検討を進めさせることとなった。会長から専門委員を委嘱されたのは、次の七名であった。

末松偕一郎（内務局長）、阿部滂（財務局長）、高木友枝（台湾電力会社社長・元総督府研究所長）、坂本素魯哉（実業家・彰化銀行専務取締役）、林献堂（資本家・台湾文化協会総理）、李延禧（実業家・新高銀行常務取締役・明治学院卒）、黄欣（実業家・明治大学専門部卒）

㈥　彼ら専門委員七名は精力的に検討作業を進め、まず次の三項を確認した。
⑴児童は満六歳より満一四歳に至る八か年を学齢とする。

⑵公学校の修業年限六か年中、就学義務年限は四か年とする。

⑶学校の建築費は教育上差し支えない程度において可成低廉な単価を標準とする。

その後、学務当局に対して全島の五州二庁二六六市街庄の財政状況や、義務教育実施に向けての負担能力の調査を依頼、これらをもとに彼らは諮問案の策定作業に取り組んだ。そして大正一〇年一〇月五日、高木主査は特別委員会を招集してこれまでの検討結果のまとめを行い、翌六日これを会長あてに「議事経過報告書」として提出した。

（七）第三回評議会が開催されるのは翌大正一一年（一九二二）六月一六日〜二二日のことで、義務教育に関する審議が行われたのは六月一六日および一九日の二日間である。第一日目の冒頭、高木主査から先の「議事経過報告書」をもとに委員会報告（答申案）がなされた。そこには次の三項目があげられていた（『第参回台湾総督府評議会会議録』、二〇—⑥）。

一、台湾教育令新ニ施行セラレタル今日ニ於テハ義務教育制度ノ実施一日モ速カナラムコトヲ望ムト雖地方団体財政ノ状況ニ顧ルニ差当リ一定ノ時期ヲ画シ一般ニ之ヲ実施スルノ頗ル困難ナルヲ認ム依テ地方団体ノ負担能力ノ実況ニ順応シテ漸次之ヲ実施スルヲ適当ナリト信ズ
二、地方団体ノ負担能力ノ実況ニ順応シ漸次之ヲ実施セントスルニ当リテハ市街庄ノ希望ニ基キ州知事又ハ庁長ノ具申ニ依リテ台湾総督之ヲ認可スルノ方法ニ依ルヲ適当ナリト認ム
三、義務教育制度ヲ実施スルニ当リテハ就学義務年限ハ四年トシ時機ヲ見テ之ヲ六年ニ延長スルコトトシ学齢、就学義務ノ猶予及免除就学強制ノ方法及授業料等ニ関シテハ小学校令ノ規定ニ依ルコトトシ特ニ左ノ

点ニ留意セシムルコトヲ望ム
イ、正教員ノ養成充実ヲ計リ教育ノ効果ヲ大ナラシムルコト
ロ、教育費ノ節約ヲ計リ殊ニ校舎其ノ他ノ設備ハ質素簡朴ナラシメ実用ニ適スルヲ旨トスルコト

(八) この委員会答申案について、高木主査は次のような趣旨の説明を行っている。
(1)本島における義務教育制度の実施は、一日も速かにする必要があるが、今仮に就学義務年限を四年としても、大正一八年に至れば、公学校費として経常費約一千万円、外に巨額の臨時費や小学校費が必要であり、その間州費及び市街庄費に対する割合も逓増する。地方団体の財政状況を考えると、義務教育に伴う負担増加に堪えるのは頗る困難で、予め一定の時期を画し、一般的にこれを実施しようとするのは難事である。従って地方団体の負担能力の実況に順応し、漸次これを実施するのが適当である。但し、委員中にはこの考え方には反対の意見があり、林献堂および黄欣の二名はあくまで実施時期を確定すべきことを主張したが、少数意見として採用されなかった。
(2)公学校児童の就学歩合は今後逐年増加の趨勢にあり、市街庄中比較的負担力の大きなところでは、遠からず義務教育制度実施の可能なものも出てくるであろう。市街庄が義務教育の実施を希望するときは、州知事または庁長がその財政状況を調査のうえ意見を具申、総督府で適当と認めた時はこれを認可する。このように「準備の出来た処から、次第に実施して行くと云ふのが、一番台湾の事情に適している」との結論となった。
(3)将来義務教育を実施するにあたっては、就学義務年限は内地と同様六年が望ましいが、現段階ではまず

四年の義務教育を実施し、時機を見て六年に延長するのが良いであろう。義務教育制度の実施にあたっては、次の二点を考慮する必要がある。

①台湾現在での正教員の充実割合は、大正九年で内地人二七パーセント、本島人二八パーセントにすぎず、公学校卒業者が半年程度の講習を受けてそのまま教壇に立つ「訓導心得」、いわゆる代用教員が多数を占める状況である。義務教育実施以前においても正教員の養成充実について慎重に計画施設し、教育内容の向上を計る必要がある。

②教育の効果を減殺しない限り経費を節約し、特に校舎その他の設備は質素簡朴なものとし、負担軽減に留意すべきである。

この高木主査の報告に対しては、各会員との間で活発な質疑応答が交わされ、義務教育実施に際しての地方の財政負担や、学齢児童の就学状況の格差問題、教員養成の現状・問題点などが取り上げられた。討議の過程で平山午介・顔雲年・赤石定蔵・林熊徴・藍高川・簡阿牛などの各会員から、義務教育実施に関する委員会報告の趣旨に賛同する意見が寄せられた。しかし「一定の時期を定めて一般的に」実施する方式を採らず、「変則的に出来る処だけ先に実施」するという「消極的の方法」に対しては、義務教育・国民教育の趣旨から疑義があるとする津田毅一や林献堂らの強い反対意見も出された。問題の重要性に鑑み、採決は次回に延ばすことで第一日目の審議は終了した。

（九）義務教育に関する第二回目の審議は六月一九日に開催され、黄欣および津田両会員から委員会決議（答申案）に対する修正案が提出された。黄は、義務教育の実施時期が街庄によって異なるのは改正教育令の「内台差別教育撤廃」の趣旨に反すること、また現在の経済不況はいずれ回復することをあげ、第一項を修正して「大正一七年を画して」義務教育を実施すること、また第二項については、「一般に施行することを原則」とし、負担能力のない市街庄は「例外として実施を延期することを得る」と修正するよう提案した。一方津田は、「法令の権威」の観点から、同様に義務教育の一般的施行を原則とし、出来ない市街庄は「除外例」を申し出るのが筋だとし、「大正二五年からの実施」を提案していた。

黄修正案に対しては許延光、林献堂が賛成、ことに林は、

(1)義務教育の施行を各地方の申請によって許可するというのでは、義務教育とは言えない。

(2)現在の経済不況を考慮し、実施計画案を二年程度遅らせることで義務教育実施が可能となる。

(3)現在都会地では僅かに就学希望者の半数しか収容出来ておらず、これを全員収容出来るように着実に準備を進めて行けば、義務教育の施行と実質的な差はなくなる。

などをあげて、大正一七年実施を強硬に主張した。津田修正案には藍高川が賛成するに止まった。会長採決の結果、黄案に賛成するもの四名、津田案への賛成一名でともに少数意見として消滅、委員会原案が賛成六名で原案どおり可決され、諮問案が確定した。

かくして義務教育実施に関する「答申書」は、大正一一年六月二二日付で評議会長田健治郎の名で田総督あてに提出され、先に上げた委員会原案の三項目が「説明」を付してそのまま答申書の正文とされることになった。

(一〇)「答申書」提出後の状況を見ると、田総督は、義務教育構想具体化の方策に手を付けることなく、翌一二年九月挂冠して台湾を去った。その後を承けた内田嘉吉以下の歴代総督で答申を顧慮するものはなく、義務

教育実施案は手つかずのまま放置された。ちなみに、総督府が正式に義務教育の実施方針を決定するのはようやく昭和一四年（一九三九）のことである。同年八月小林躋蔵総督の下、総督府臨時教育調査委員会は「義務教育制度実施要綱」を作成、同年一〇月開催された第九回総督府評議会の諮問を経て、昭和一八年（一九四三）度からの初等義務教育の施行が決定された。この間一七年の歳月が経過していた。

（一一）このように評議会の義務教育答申は、棚ざらしの形で長いこと放置され、その趣旨が総督府の政策課題として浮上することはなかったが、本島人の義務教育実施要求を刺激するのに一定の役割を果したことは確かである。

台湾本島人の間で義務教育論議が最初に起こされるのは、在内地留学生たちによってであった。彼らの声を代表して大正一〇年三月留学生団体・新民会の機関誌『台湾青年』（第二巻第三号）に鄭松均が論説「台湾と義務教育」を寄せ、田総督が貴族院で行った「台湾はなお十年後でなければ義務教育制は施行しない」との声明に反発、台湾人が初等教育さえ十分に受けていない現状を鋭く批判し、教育の普及には義務教育の施行が不可欠だとして、当局に対して早急な対応を要求していた。

（一二）大正一〇年六月第一回評議会が開催され、そこで義務教育問題が取り上げられたことは、彼ら留学生たちの義務教育実施要求の高まりをいっそう促すこととなった。以後『台湾青年』誌上には、毎号のように義務教育に関する論説・記事が掲載されるようになる。

第一回評議会終了後、早速義務教育問題審議の経緯について論評したのは鄭雪嶺「関于義務教育之意見」（第三巻第一号、大正一〇年七月）である。鄭は、明治初期に義務教育制を施行した当時の日本内地の経済状況や文化程度に比べて、現在の台湾のそれが決して劣るものではないこと、台湾現在の学齢児童就学率がわずか二割に過ぎないことをあげて、義務教育尚早論を説くのは台湾を欺くものだと断じた。そして義務教育実施のため、まず校舎建築費などの費用を節約すること、また小学校と公学校の校舎や教師を共通にすることで費用を節約することも可能なはずだと説いた。

次号（第三巻第二号、大正一〇年八月）に掲載された王金海「台湾教育に関する私見」も、就学率二八パーセントの現状からの義務教育制施行、及びそれに伴う負担膨張を理由に義務教育の実施に消極的な姿勢を示す学務当局を批判し、公学校の現場では入学志願者全員を収容できず、実際の就学率は四〇～五〇パーセントに達していること、就学能力で見ると八〇～九〇パーセントであることをあげる。また負担膨張に対しては校舎・設備費の節約、更には公債募集によって対応可能であるとした。同誌は、参考資料として翌々月号（大正一〇年一〇月）に記事「台湾義務教育之照身鏡―各国之学制」を掲げ、諸外国の義務教育制度の紹介に当てている。

これに続けて、同年一〇月発行の『台湾青年』（第四巻第三号）に蔡培火が「台湾教育に関する根本主張」を寄せている。蔡はここで台湾教育の現状と問題点を包括的に論じ、当時台湾の一部人士により提唱されていた台湾大学設立論に強く反対し、現在は高等教育に「熱注」する段階ではなく、普通教育の振興にこそ全力を集中すべき時期であると強調。そして、現在評議会で審議中の義務教育施行案に関し、総督府当局が「堅実・穏健」ぶりを発揮して四年制を答申、「一時を糊塗」することのないよう警告、台湾島民の将来を考えてあくまで六年制の義務教育を採用するよう注文を付けていた。

（一三）その後も、『台湾民報』や『台湾新民報』はしばしば公学校教育の不振や入学難の問題などを論ずるとともに、義務教育の必要性を強調する論説を掲げた。こうした動きを代表するものとして、昭和四年（一九二九）九月石塚英蔵総督の来任に際して、林献堂らが提出した一一項目の建議書中の「義務教育の施行」の一節をあげておこう。

「教育の普及は国家の一大義務なり。而して台湾に於ても、内地同様に義務教育を施行すべきは、実に島民の年来熱望する所たり。然るに政府は単に財政上の理由より其の実施を拒否したり。更に逆に教育の普及程度の低きを以て、自治制の実施及台湾人の為めに権利の伸張を拒絶する理由となしたるは誠に一大痛恨事とす。而も官吏加俸廃止及行政財政の整理によりて、壱千弐百万円程度の財源を捻出するは実に易々たる処なるに於ておや。・・・毎年中央政府に貢ぐ砂糖消費税の三分の一の払戻に依りて優に義務教育費を捻出し得べきなり・・・。」（『台湾総督府警察沿革誌』第二編（中巻））

（一四）次に、教育調査に関する第二文献として『教育勅語ニ関スル調査概要』（二〇―④）について見よう。この小冊子は本文二六ページよりなり、大正一四年（一九二五）一月の発行。編者は台北師範学校。冒頭に、調査の趣旨が次のように記されている。

「本島教育ノ大方針ハ本島人ヲシテ内地人ト均シク教育勅語ノ御趣旨ヲ奉体セシムルニ在ルハ改隷以来一貫セル所ナリ。然ルニ往々ニシテ之ニ疑義ヲ挟ムモノアリ。仍テ此ニ本島教育創設以来ノ事情沿革ヲ記述シ以テ之ヲ明ラカニセントスルモノナリ。」

内容は以下の五節、付録三編で構成されている。

本編　(1)本島ニ於ケル教育勅語、(2)教育勅語漢訳、(3)朝鮮ト教育勅語、(4)教育勅語中新領土ニ適セスト謂ハルル点、(5)教育勅語ヲ新領土ニ奉戴セシムルニ関スル異説

付録　(1)本島に関する明治天皇御製、(2)殖民地ニ新勅語ヲ賜フベシ（井上哲次郎）（大正八年五月一五日発行『教育時論』一二二七五号）、(3)田川大吉郎氏講演ニ関スル新聞記事

（一五）この小冊子が発行されるのは、田川大吉郎が大正一四年（一九二五）一月一一日台北で行った講演がきっかけになっていた。その講演内容というのは、教育勅語には新領土台湾に不適合な個所があり、新たな勅語が必要だとするもので、編者からすれば、文字通り「本島教育の大方針たる教育勅語の趣旨に疑義を挟むもの」であり、急遽反論の必要があるとされた。田川大吉郎（一八六九―一九四七）はジャーナリスト、立憲国民党・憲政会などに所属した衆議院議員で、キリスト教徒。自由主義者としての立場から、清瀬一郎らとともに台湾議会設置請願運動の衆議院紹介者として活動していた。

（一六）本小冊子の発行者たる台北師範学校は、台湾教育界の総本山ともいうべき存在で、当時の校長は志保田鉎吉。彼は、かつて台南師範学校校長時代、雑誌『台湾教育』の「教育令公布記念号」（大正一一年三月刊）に論説「新教育令と教育勅語」を寄稿していた。それによれば、「改正台湾教育令」は「内台人無差別」を本則とし、台湾教育史上新時期を画したものであるが、旧令にあった「教育勅語の旨趣にもとづく忠良なる国民の育成」の条文が新令に見られないことから、教育勅語の地位が低下したかに見る「誤った考え方」がある、と憂慮する立場から筆をとったものであった。

志保田はこのなかで、「台湾教育の第一重要は教育勅語のご趣旨を徹底せしめ、本島人をして忠良なる国民たらしめるに在ることは、初めより儼として定まっていた」として、明治三〇年（一八九七）教育勅語の謄本が国語学校や国語伝習所に下賜されて以来の台湾における教育勅語の沿革を記述する。そして、「今や新教育令により内地人とともに本島人に対して内地と同様の教育を行おうとするもので、帝国教育の根源は教育勅語に在ることは明らかであるから、台湾教育の根拠もまた此にあるのは当然」であり、「殊更に教育勅語の趣旨に基くことを教育令に掲げることは毫もその必要がない」「世に新領土には教育勅語を徹底せしめ難き事情あり等の説をなすものあれば、これ惑へるの甚だしきもの」と、批判していた。

本小冊子は、田川講演に触発され、これに反論を行なう必要性を痛感した志保田が、急遽旧稿に関連資料を添えて補強再編のうえ、台北師範学校の名を以て発行したものと思われる。

（一七）「(1)本島ニ於ケル教育勅語」では、教育勅語の台湾への浸透定着過程を、次の三期に分けて考察する。

第一期は、伊沢修二が明治二八年（一八九五）学務部長として台湾での教育開拓に着手する「新教育創始時代」である。当時伊沢は、教育勅語の趣旨を台湾に徹底させようとする構想はもっていたが、その具体化には慎重で、当初は孔孟主義、日本語による教育などの方針を提示するにとどまっていた。

第二期は、「事実ニヨリテ勅語ガ教育ノ根本方針ナルコトヲ明ラカニシタル時代」である。総督府の教育事業は、明治二九年国語伝習所および国語学校の設立から本格化する。国語伝習所規則によれば、「国語伝習所ハ本島人ニ国語ヲ教授シテ其ノ日常生活ニ資シ且本国的精神ヲ養成スルヲ以テ本旨トス」（第一条）とあり、編者はここにある「本国的精神ノ養成」とは、「勅語ノ御趣旨ヲ貫徹スル」大方針を示したものであり、また国語学校に関しても、国語学科（本島人）教科課程に「修身ハ教育ニ関スル勅語ノ旨趣ニ基キ人倫道徳ノ要領ヲ授ケ・・・」とあることを指摘する。

その年総督府は、教育勅語謄本の国語学校および同付属学校、国語伝習所への下付を稟請するが、下付に先立って明治三〇年二月教育勅語の漢訳文（重野安繹訳）を各学校に頒布、訓令第一五号を以て教育勅語の奉読に続いて同訳文を拝読させ、勅語の聖旨を貫徹させるよう通達していた。「漢訳教育勅語」は、本編「⑵教育勅語漢訳」に収録されている。

公学校が初等教育機関として正式発足するのは明治三一年（一八九八）七月のことで、同規則によれば、公学校は「本島人ノ子弟ニ徳教ヲ施シ実学ヲ授ケ以テ国民タルノ性格ヲ養成シ同時ニ国語ニ精通セシムル」（第一条）ことを目的に掲げ、教科目中修身については、「人道実践ノ方法ヲ授ケ日常ノ礼儀作法ニ嫻ハシメ且教育ニ関スル勅語ノ大意及本島民ノ遵守スベキ重要ナル諸制度ノ大要ヲ授ク」（第十条）と、明記された。

この年総督府は「国語ニ通ゼザル一般ノ人民」にも教育勅語の聖旨を浸透させる必要があるとして、『漢訳勅諭述義』を官公立学校および書房義塾に頒布した。勅諭述義は末松謙澄が委嘱を受けて作成した漢文による衍義書で、本史料集成第三六巻（三六―②）にその全文を見ることができる。

第三期「勅令ヲ以テ教育勅語ヲ根本トスルヲ定メタル時代」は、大正八年（一九一九）「台湾教育令」公布以後の時期である。この教育令は台湾における最初の総合的な教育規程で、「朝鮮教育令」（明治四四年制定）と同様、第二条に「教育勅語ノ旨趣ニ基キ忠良ナル国民ヲ育成」すること、第三条に「教育ハ時勢及民度ニ適合」すべきことを規定して、これが台湾教育の二大方針であることを明示していた。

ところが、この教育令は実施後三年足らずで大正一一年（一九二二）には改訂され、新教育令からは先にあげた二つの根本規定がなくなり、教育勅語に関する字句が姿を消すのである。朝鮮教育令の場合も同様であった。これについて編者は、

(1)台湾教育が教育勅語の趣旨にもとづくことを本義としないためではなく、それを「特ニ之ヲ明記スル必要ヲ認メザルホド当然明白」なことが認められたためである。

(2)現行教育令の精神は、内地人・本島人の「無差別教育」をなすところにあり、内地人教育の根本義は勅語にあるのは明白であるが故に、本島人教育の根本義もまた教育勅語にあるのは当然であるから、これを掲記する必要がない。

と、かなり苦しい説明を行っている。

しかし、実は当時朝鮮人や台湾人、ことに前者の間に教育勅語に対する強い拒否反応があったことが、新教育令から教育勅語に関する字句が削除される最大の理由となっていたのである。このことについては本編「(3)朝鮮ト教育勅語」に、次のような説明がある。

「朝鮮ノ独立運動アリシ以来朝鮮教育ハ著ルシク変態ヲ生シ、殊ニ皇室ニ対スル態度、教育勅語ノ奉戴ニ関スル状況ハ種々ノ不快ナルモノトナリ、到底従来ノ主義ヲ行フ能ハザルニ至レリトハシバ〳〵聞ク所ニシテ、或ハ朝鮮ヲ事例トシテ新領土ニ教育勅語ノ不適当ナルヲイフモノアリ……。」

ちなみに、枢密院で朝鮮・台湾両教育令の改訂問題を審議した際、教育勅語に関する条項を削除することが承認されるが、その理由に次のようなことが挙げられていた。

「教育勅語ノ旨趣ハ学校ニ於テ主要ノ目的トスル徳育ノ本義ニシテ、内地ノ勅令中ニモ之ヲ掲載セラレサルノミナラス、斯ノ如キ条項ヲ本令ニ存置スルトキハ往々朝鮮人ノ反感ヲ買ヒ、却テ統治ニ不利ヲ来ス虞アル

カ故ニ寧ロ之ヲ削除スルヲ可トス。」（傍点は筆者）

台湾当局の弁明も、ほぼ朝鮮のそれと同様であったとある（枢密院審査報告「朝鮮教育令及台湾教育令」大正一一年一月一五日）。この間における経緯の詳細については、本史料集成別集(1)「台湾教育関係公文書」で改めて取り上げることとする。

（一八）本編中「(4)教育勅語中新領土ニ適セスト謂ハルル点」と「(5)教育勅語ヲ新領土ニ奉戴セシムルニ関スル異説」は、田川講演に対する反論の中核部分をなすものである。

まず「(4)教育勅語中新領土ニ適セスト謂ハルル点」では、田川講演を取り上げ、「勅語中『爾祖先ノ遺風ヲ顕彰スルニ足ラン』ノ一節ニツキ台湾等新領土ノ民ニ対シテ適用シ得ベキヤ否ヤノ疑義ヲ挿ムモノアルコトヲ聞ク、コレ甚ダ謂レナキコトナリ」と批判、次のような理由をあげる。

(1)台湾は条約により清国から割譲され、本島民は明治三一年（一八九八）自由意志により進んで帝国臣民になったもの、及びその家族子弟である。他家の養子になったものや嫁入りして妻になったものがその家の祖先を自らの祖先として尊崇するのと同様に、すでに帝国の臣民となった以上、本島人は日本伝来の美風を継承敬仰して発展せしめねばならない。

(2)祖先なる語の意義を明らかにすれば足りる。明治二三年（一八九〇）勅語発布の当時、本島人が日本帝国の国民でなかったことは歴史上の事実である。しかし、明治二八年台湾が日本帝国の領有に帰するとともに本島人は勅語と絶対不可分の関係になった以上、帝国民として勅語遵奉に忠実たるべきことは明らかである。勅語は「古今ニ通ジテ謬ラザル」国民千古の経典であり、その趣旨を貫徹することで今日の本島人は数百年後の子孫には「忠誠ナル祖先」として敬仰されるはずである。従って「忠孝ナル国民」たるよう務めることが、「爾祖先ノ遺風ヲ顕彰」する趣旨に副うことになる。

（一九）「(5)教育勅語ヲ新領土ニ奉戴セシムルニ関スル異説」では、「新領土ニ別ニ勅語ヲ下賜スベシトノ説」および「勅語ノ御趣旨ヲ正面ヨリ説クヲ非トスル説」の二つを取り上げ、次のように論ずる。

(1)まず「新領土ニ別ニ勅語ヲ下賜スベシトノ説」を唱えたのは、田川が最初ではなく、実は大正八年（一九一九）朝鮮で独立騒擾事件があった当時、井上哲次郎が雑誌『教育時論』に論文「殖民地ニ新勅語ヲ賜フベシ」を寄せ、「現在の勅語に対して多少字句を代えた新勅語を別に今上陛下から賜ることにすれば最も適切」「殊に爾祖先は誤解を生じる。是非改めなければならない」云々と述べ、別に新たな勅語を賜りたいとの意見を述べていたことを紹介。編者は、この論説を見て、「此人ニシテ猶此言アルカ」と怪しみ、またその論説が簡短に過ぎるのは、「深キ根柢アル意見」ではなく、「偶然ノ思付」を記したのではないかと思わせた程で、その後大きな反響も聞かなかった。

(2)先に例示したとおり、朝鮮における国民教育上の困難は当時しばしば言われるところで、殊に皇室関係においても深刻なものがあり、在朝鮮の人士中には井上説に類する意見をもつものが少なくなかった。田川が講演で述べたのは、彼らと同様の意見であるが、これを公開の席で発言したことは極めて不謹慎である。

(3)勅語の趣旨を正面より説くことは本島人の反感を生ずる故にこれを避けるべきだとする者があり、甚だしきは力めてこれに触れることさえ避け、或は温情主義や博愛、人類愛の説を以て代えることを説くものさえあることを指摘、これらに対し、次のように厳しく批判していた。

①まず、「爾祖先ノ遺風」が本島に適せずと言うことに対して、それが謂われのないこととしたのは前述のとおりである。別に新たな勅語を要するというのは、教育勅語の「古今ニ通ジテ謬ラズ中外ニ施シテ悖ラズ」に背馳するものである。
②次に、温情主義を説くことに関して、それが方法であるのであれば差し支えないが、これを力説する弊として、勅語を説かないかのように聞こえるのは注意が必要である。また人類愛を説くものに対しては、人類が先か国家が先かを問わなければならない。彼らに往々にして皇室国家に敬虔でないかのような態度が見られるのは問題である。
③勅語を正面から説くことのみが唯一の方法でないことは確かである。正面にこれを出さずして実はこれを最も強く貫徹するようなことが最上である。とは言え、正面から説くことを常に避けようとするのは宜しくない。必要な時には直往邁進これを力説するだけの心構えが必要である。
④皇室を尊崇し国体の精華を宣揚しようとするのは、一種の我が国民の宗教と言える。この宗教の伝道をなすことは教育者の大任務であり、国民たる者は如何なる困難をも辞せずこの信仰を体現させるよう力めるべきである。

（二〇）本編は、付録に「本島に関する明治天皇御製」五首、および井上の論説を掲げ、最後に田川の台北講演に関する『台湾日日新報』の批判記事・論説を掲げて、田川講演批判の声を大にしようと試みていた。その説くところを見ると、田川の教育勅語に対する批判発言は不謹慎である。そもそも勅語を賜る賜らぬは天皇の大権、若しくは思召に依るもので、臣子の分際で教育勅語を批判してその適否を論じ、新付民に向かって新勅語の下賜を云為するが如きは不敬千万である。しかもその意見を学者や政治家など限られた人々の間での研究問題として論ずるのならいざ知らず、多数本島人の聴衆も加わった公開の席上で敢えてしたことは「紳士にあるまじき非国民的態度」であり、「乱臣賊子と評せられても弁解の余地はない」と激しく非難していた。

Ⅵ

（一）次に〈Ⅲ―二〉として、台北帝国大学設立準備関係の文献・資料を見ることにしよう。以下の五種八点がそれである。

一、久保島天麗編『台湾大学設立論』大正九年　（二一―②）
二、幣原坦『文化の建設―幣原坦六十年回想記』（『台湾大学設立関係資料』）（『伊沢多喜男文書』所収）大正一四年　（二二―①）
三、（「台湾大学設立関係資料」）（『伊沢多喜男文書』所収）大正一四年　（二二―①）
四、安藤盛「懊悩せる台湾大学」大正一五年　（二二―②）
五、宮川次郎「苦難の台湾大学」昭和三年　（二二―③）

本史料集成では、台北帝国大学に関して次の三グループに分類整理している。(1)設立準備関係、(2)閣議・枢密院での審議関係、および(3)開学後の運営状況がそれで、ここでは(1)設立準備関係の文献・資料を取り上げる。

（二）台北帝国大学が正式発足するのは昭和三年（一九二八）四月のことであるが、すでに大正八年（一九一九）一一月田健治郎の総督就任当初の段階から、設立に向けての助走的な動きが始められていた。田は最初の文官総督として着任するにあたり、主要施策の一つに教育の普及向上を掲げ、着任早々総務長官下村宏に対して、諸学校における内台人共学の調査とならんで、医・農・文科大学創設計画の調査立案を命じていたからである。久保島天麗編『台湾大学設立論』（二一―②）は、この動きに合わせてまとめられたものといえる。

この小冊子は、もともと大正八年一一月から翌九年一月初めにかけて『台湾日日新報』に前後一七回にわたり連載された各界名士の台湾大学設立論の中から一〇編を抽出編集したもので、編者は同紙記者の久保島留吉（天麗）。大正九年九月五日付、台湾大学期成同盟会の発行となっている。本文二四ページ。

（三）久保島は、序文において本小冊子発行の趣旨を次のように述べていた。

「嗚呼、夫れ在台四百万の民衆よ、否日本帝国七千万の同胞よ、南瀛の一大宝庫台湾島を開発し、進んで隣邦支那南洋と相親しみ、倶に偕に、東洋文化の為めに、絶大なる努力を為すは、吾人の一大使命にあらざるや。是の大使命を果さん為め、政治上、経済上の最善策を執ること又必要なりとするも、其の強固なる根底ある、文化の為めに、最も必要なるは、即ち教育の力なりとす。吾人台湾大学の設立を絶叫するも又故なきにあらず…。」

このように彼は台湾大学設立の急務たるを叫び、冒頭に阪谷芳郎の久保島あての書簡（写真）を掲げた。阪谷は、かつて日清戦争直後の時期に台湾協会々頭桂太郎に意見書を送り、清国から得た賠償金を以て台湾に大学を設立するよう訴えた人物である（『台湾協会会報』第五号、明治三一年二月）。

（四）本文には、以下の各界名士による台湾大学設立賛成意見が収録されている（括弧内の番号は台日紙掲載順）。

一、隈本繁吉（前台湾総督府高等商業学校長①）

二、高木友枝（台湾電力会社長、医学博士⑤）
三、木村　匡（台湾商工銀行頭取⑩）
四、羽島精一（三井物産台北支店長⑭）
五、稲垣長次郎（台北医院長、医学博士⑬）
六、堀内次雄（台湾総督府医学専門学校長、医学博士⑯）
七、李　延禧（台北新高銀行専務取締役⑫）
八、東郷　実（台湾総督府技師、農学博士⑦⑧⑨）
九、谷野　格（台湾高等法院長、法学博士⑥）
一〇、久保島天麗（台湾日日新報記者）

これらのほか、台日紙上には次の六氏の論説も掲載されていた。

鈴木真吉（農学博士②）・南　新吾（台銀理事③）・中村敬次郎（代議士④）・菅野善三郎（高等法院検察官長⑪）・素木得一（農学博士⑮）・角　源泉（水力電気会社長⑰）

（五）以下、各氏の所説について概観してみよう。

最初の論者・隈本繁吉は、領台二五年を経過し、総合大学を設立する時機が到来していること、その素地となるべき高等教育機関や研究施設も整備されていることを上げ、台湾大学の設立が日本の南支南洋への経済的発展、および日支親善の徹底の上でも不可欠であることを強調。そして大学設立のためには、最低限次の二つの条件があるとして、⑴高等学校あるいは大学予科の設立、および⑵中等以上の学校における内台共学の実施、を上げていた。高木友枝も同様に、台湾大学が内地人のみを収容する意味ならば大学創設の意義はない、と内台共学の不可欠なことを説き、学部学科に関しては、気候風土の関係上内地では研究できないもの、その成果を普く熱帯地方に応用できるものを設置すべきだとした。

木村匡は、かつて阪谷芳郎が行った台湾大学設立の提言を想起して、一日も早い台湾大学の実現を熱烈に訴え、大学設立期成会を設けて輿論を喚起すべきこと、また大学設立に先立ち、優れた人材を抜擢して内地大学の大学院、あるいは外国留学に派遣して教授育成に努める必要があること、更に大学予備門を開設して、内地人・本島人・中国人の共学を行わせる必要があることも強調していた。

稲垣長次郎は大学設立の方法として、まず現在の医学専門学校などの中に研究科を設置して充実を図り、将来大学たるべき基礎を作ることを提唱、先決問題として内地人・本島人の待遇問題の改善が不可欠であるとした。堀内次雄も医学専門学校校長としての立場から、まず本島人に専門部同様の教育を受けさせ、内地人と同等の資格を得させること、その後さらに予備教育の機関を完備し、その一方で教授候補者の整備充実を行い、漸次大学令による大学とするよう、着実に準備を進めることを提言していた。

羽島精一は、実業界からの発言として、台湾に大学を設立する最大の利点は台湾が福州、厦門や南洋に近く、学生の対外思想の発達を促し、彼らに南進思想を持たせるのに便であることをあげる。そして大学の設立に必要な莫大な費用は、蕃界の広大な山林を財源とするよう説いていた。

李延禧は、台湾の発展には大学の設立が不可欠であり、ことに本島人および中国人を教育する点に於いて最も必要だとする。そして特色ある大学を設立するため、まず台湾人の志望が集中している法科および支那文学の研究を目的にする文科の設立を行い、次いで医科、工科、商科の各大学の設立に及ぶべきこと、そのために大学設立準備会を官民本島人側の人々で早急に組織することを提言していた。

『台湾日日新報』の紙上で三回にわたり最も詳細かつ包括的に台湾大学設立問題を論じたのは東郷実である。彼はインドやフィリピン、香港などの植民地に大学があるが故に台湾にも大学を設立すべきだとする主張を無意味だと斥け、台湾に大学の設立が必要な独特の理由として、次の四つを上げる。第一は内地人子弟教育のため、第二は本島人子弟教育のため、第三は台湾自体の開発のため、第四は南支南洋に日本文化を伸殖し、かつ経済的発展をするため、がそれである。次に大学の種類について触れ、上掲の理由からすれば綜合大学を必要とするが、まず最初に設立すべきものとして農科大学と医科大学を上げる。次いで、更なる文化的発展を実現するには文科大学の設立が必要であり、そして工科、政治、経済の諸大学の設立に漸次及んで行くべきだとする。彼は、また大学設立にあたっては初めから完成度の高いものを求める必要はないこと、大学にとって最も重要なのは優れた教授陣の招請確保および内容の充実であり、その準備に力を注ぐべきことを強調していた。

最後に久保島は、各氏の所説を承けて、台湾の地理的位置やこれまでに蓄積されて来た農学や医学の研究成果などを踏まえて台湾大学設立の意義を論じ、経費問題や大学の程度内容などについても触れ、本小冊子のまとめとしている。

（六）大学設立に向けての動きが具体化して来るのは、大正一一年（一九二二）二月「改正台湾教育令」の発布以後のことである。この教育令は、内地延長主義の方針にもとづき、各段階の学校の修業年限、入学年齢および教育内容を日本国内の同程度の学校のそれに準じてレベルアップし、初等教育に関しては小学校・公学校の別を設けたが、中等以上の教育機関は内台共学制を取ることとした。大学に関しては、第一〇条に「大学教育及其ノ予備教育ハ大学令ニ依ル」と規定、台湾にも大学を設立することが可能となった。この年には高等学校が新設されるが、それは七年後の大学開設に直接つながるものであった。昭和三年（一九二八）二月「台北帝国大学官制」制定に際し閣議に提出された「理由書」には、その間の事情が次のように説明されていた。

「台湾ニ於テ高等学校ヲ設立スルニ当リ将来其ノ卒業者ヲ出スノ時盡ク之ヲ内地ノ大学ニ送ルコトハ各大学ノ事情許ササルモノアルヲ以テ台湾ニモ大学ヲ開クコトヲ前提トシテ高等学校ノ設立ヲ決行セリ・・・」（「台北帝国大学官制制定ノ件」昭和三年二月二七日、『公文類聚』第五二編）

同文書に併せて提出された「説明書」によると、もともと文部省の高等教育機関拡張計画には台湾、朝鮮等の関係は考慮されておらず、将来台湾の高等学校卒業生が内地の大学に入学するようなことになれば拡張計画が破壊される恐れがあった。そのため文部省は、当初台湾総督府の高等学校設立案に対して了解を与えず、台湾側で卒業生の大部分を収容する大学を設置することを条件として、はじめて高等学校の設置に同意したというのである。

（七）台湾総督府が台湾大学の設立準備に着手するのは、伊沢多喜男総督のもと大正一四年（一九二五）年に入ってのことで、次にあげる二点は、この大学設立準備に関するものである。

一、幣原坦『文化の建設―幣原坦六十年回想記』（部分）昭和二八年　（二一―③）

二、「台湾大学設立関係資料」（『伊沢多喜男文書』所収）大正一四年　（二二―①）

（八）まず、幣原坦『文化の建設―幣原坦六十年回想記』（二一―③）について見よう。これは、序文、本文（全二一話）、幣原坦年譜略、およびあとがきの四部で構成、全文二三六ページ、昭和二八年（一九五三）二月の刊行である。ここでは、そのなかから第一一話「台湾に於ける国立大学の創造」、第一二話「台北帝大の充実」の二編、および巻末付録「幣原坦年譜略」を抽出した。

幣原坦（一八七〇—一九五三）は、明治三年（一八七〇）大阪生まれで、幣原喜重郎の実兄。明治二六年（一八九三）帝国大学文科大学国史科を卒業後、鹿児島造士館教授、山梨県立中学校長を経て、明治三三年（一九〇〇）韓国ソウルの官立中学校教諭となり、次いで同三八年（一九〇五）には韓国学政参与官（学務顧問）に就任して、植民地教育構築のための基礎工作に従事した。その後文部省視学官、東京帝国大学教授、広島高等師範学校長、台北帝国大学総長、興南錬成院長、枢密顧問官などを歴任している。彼には『殖民地教育』（一九一二年）や『満州観』（一九一六年）、『朝鮮教育論』（一九一九年）、『南方文化の建設』（一九三八年）、『興亜の修養』（一九四一年）、『極東文化の交流』（一九四九年）などの著作があるが、これらのうち台北帝大とのかかわりについて詳細に叙述しているのは、『文化の建設』のみである。同大学の設立経緯についての記録が殆ど残されていないだけに、幣原の回想記は貴重な資料といえる。

（九）幣原が台北帝大に直接関わるようになるのは、大正一三年（一九二四）七月台湾総督府から台湾大学創設事務を委嘱されてからのことである。本書第一一話によれば、この年文部省から文化史研究のため半年間の欧米出張を命ぜられ、ギリシャ、イタリア、フランスを経てイギリスに赴いたところへ外務省から追尾電報が来て、台湾に国立大学を創設するにつき至急帰国するようにとの台湾総督の希望が伝えられた。大急ぎで既定のコースを取り、船が横浜に着くと、総督府の要人が甲板まで登って来て幣原を迎え、大学の規模、学部の内容、建設の位置、及び予算の概要等につき至急検討するよう申し込みを受け、文部省への帰国報告など早々に済ませ、そのまま渡台したとある。七月三〇日には幣原に「大学創設事務嘱託」の辞令が出されている。以後幣原は、二年半にわたり大学創設事務を担当し、昭和三年（一九二八）三月台北帝国大学の正式発足とともに同大学総長に就任、昭和一二年（一九三七）九月まで一〇年間にわたりその任にあった。

ちなみに第一二話「台北帝大の充実」は、昭和三年台北帝国大学の正式発足以来の文政・理農両学部の研究活動の展開、および昭和一一年医学部の増設による台北帝大の綜合大学としての整備・充実過程を叙述したもの。末尾に収めた「幣原坦年譜略」は、明治二六年東京帝国大学卒業以来昭和二四年に至る幣原の略歴であるが、著書・論文を中心にした編集となっており、本史料集成別集(1)『台湾教育関係公文書』中の「台北帝国大学関係文書」に収録予定の「功績調書」と併せることで、幣原の教育・研究活動の全貌を正確に把握できるようになっている。

（一〇）さて、幣原の台湾到着を待って、総督府では早速後藤文夫総務長官を委員長に「大学創設事務委員会」が発足。創立趣意書や官制案の起草、教授の人選などの下準備が開始された。総督公室で第一回大学創設会議が開催されるのは大正一四年一〇月九日～一六日のことで、委員会作成の原案をもとに検討が進められた。第一一話によれば、この会では総督から新設の大学は理学部と文学部で始めるよう提案がなされたが、卒業生の進路に関連して総務長官から異論が出され、容易に議論が決しないなか、幣原が理科に加えるに農科を以てし、文科に加えるに法科を以てするよう折衷案が出された。一方法科を入れることに対しては、これを危険視する意見もあったが、台湾青年の間にある強い法科希望に鑑みてこれを採用、但し「所謂法律屋を造らず、東洋道徳学を総ての者に学ばしめる」との総督の意見にもとづき、「文政学部」とすることで落着したとある。

（一一）以下に紹介する『伊沢多喜男文書』（国会図書館憲政資料室所蔵）中の「台湾大学設立関係資料」（二二―①）は、第一回大学創設会議に提出された委員会原案で、次の四点で構成されている。いずれも謄写刷の手書き文書である。

一、「台湾大学設立ノ主旨」
二、「台湾大学ニ文学部併置ノ理由」
三、「（秘）大学創設ニ関スル調査」
四、「（秘）大学創設経費ニ関スル調査」

これらのほか、「大学新営費要求ニ関スル書類」（台湾総督府罫紙、手書き二七丁）もあるが、詳細な技術面に亘る内容であるため、ここでは省略した。

（一二）「台湾大学設立ノ主旨」は、次のような理由を挙げて、台湾大学設立の必要性を述べている。

(1)領有三〇年を経過し、台湾の産業発達・文明進展の機運を更に進めるには、大学の設立こそが最も時宜を得たものである。そのため台湾の地に適合した科学的研究を推進する最高学府を作らなければならない。
(2)南洋方面に関する人文科学の研究や熱帯・亜熱帯の疾病、食料産業等に関する自然科学の研究は、世界的に見ても未開拓の新領域で、台湾大学を設立してこの研究を行うことは、台湾の開発にとってだけでなく、日本の国際的地位を高める上でも有意義である。
(3)欧米諸国は植民地経営にあたり、フィリピン、ハワイ、香港などに大学を設立、また中国各地にも大学を設立して教育事業を広範に展開している。これに対し、日本はこれまで海外に一大学も有せず、台湾では台湾人学生で日本内地や中国内の大学に赴くものが多く、台湾にとって望ましくない状況を作り出している。また、台湾在住の内地人子弟も同様に、内地に遊学せざるを得ない状況に置かれている。

(4)但し、台湾に大学を設立するにあって、経済上直ちに総合制をとるのは困難である。そのため、まず、人文科学分野の文学部と自然科学分野の医学部および農学部を設置して大学を発足させるべきである。

（一三）次に「台湾大学ニ文学部併置ノ理由」を見る。台湾大学の設立にあたり、当初農学部および医学部で以て出発し、将来総合大学を目指して逐次各種学部を設置することとしたが、大学の発足に際して、両学部のほかに文学部を併置する必要があるとして、次のような理由をあげる。

(1)台湾に文化的施設を興すためには、当初の構想どおり総合大学を設立する必要がある。大学発足の際、自然科学関係の学部のみを置いて人文科学を顧みないのは、組織的に欠けるところがある。

(2)東洋、特に南洋に関する人文科学的知識は、日本の南方発展に大きな影響を有するに拘わらず、従来この分野の研究がなかった。この際大学の創立とともに、台湾が率先してその研究機関を開設し、従来の欠を補うべきである。

(3)台湾は中国と最も密接な関係を有して来た。台湾人はその趣味嗜好においても中国人と共通点が少なくなく、台湾大学に文学部を併置することで、彼らの趣味嗜好を善用して文化的施設を一層有効ならしめることができる。

(4)台湾は内地とは異なった人文を有し、その開発には特にこの地に適合した研究調査を基礎としなければならない。大学に文学部を併置して徹底的研究をなさしめるのは、この面から見ても不可欠である。

（一四）「大学創設ニ関スル調査」では、以下の四項目を取り上げている。

(1)「大学ノ組織内容ニ関スル件」

①文学部—東洋及び南洋方面の研究に重きを置き、一九講座で構成する。

②医学部—台湾を中心とする熱帯の研究に重きを置き、二五講座で構成する。

③農学部—台湾を中心とする熱帯の研究に重きを置き、二五講座で構成する。

(2)「大学ノ位置ニ関スル件」

①研究上ノ便利、②教授ヲ得ルノ難易、③総督府トノ関係、④学生勉学上ノ都合、⑤地勢、などの諸点から比較検討のうえ、台北郊外を第一とし、台中を第二、台南を第三とする。

(3)「大学ノ付属病院ニ関スル件」

ここでは、①大学医学部内に新に研究用病院を建設する案と、②台北医院を拡張して大学付属病院にあてる案を列挙して、両案の長短を比較表にまとめている。

(4)「高等農林学校、医学専門学校及中央研究所ノ善後策ニ関スル件」

高等農林学校および医学専門学校は、いずれも大学付属の専門部として付設し、中央研究所も同所の内容で大学の研究と重複するものは大学に合併する。

（一五）「大学創設経費ニ関スル調査」は、大きく(1)大学経費全体（臨時部・経常部）、および(2)文学部関係経費、

(3)農学部関係経費、(4)医学部関係経費、の四つに分け、それぞれ詳細な数表が作成されている。

まず(1)大学経費全体では、総表として大正一四年度から大正二五年度に至る臨時部及経常費の年度割表が二種類（第一案・第二案）提示される。両者の違いは上掲の医学部付属病院に関する二つの案に由来する。これをもとに①新営費年度割（敷地校舎寄宿舎および官舎）、および②新営費内訳、③大正一五・一六年度創立準備費、④経常部共通経費（大正一七年度以降）、および⑤準備及本部用職員小者等年度割人員表、などの詳細表が付されている。

(2)文学部関係経費の内容構成を見ると、①在外研究員ニ関スル経費、②在外研究員数、③講座開設年度表、④学部経常費、⑤職員小者等年度別人員表、などが付されている。

(3)農学部関係経費、および(4)医学部関係経費は、いずれも基本的には文学部の場合と同じ内容構成である。

（一六）上掲の創設経費に詳細な調査結果を踏まえて、大学新営のための予算案の検討がなされ、「大学新営費要求ニ関スル書類」（省略）にまとめられた。ここには大学新営費継続年度別割表（大正一五〜二〇年度）をもとに、工事費の年度割、予算内訳書や初度調弁費の年度割、予算内訳書が提示され、それに財務局、内務局および営繕係の間で行われた調整結果も付されている。

これらの諸表が会議に提出され、検討の結果、予算の関係上台湾大学は文政・理農両学部でまずスタートし、医学部の設置は後日に譲らざるを得ないとの結論となった。その間の経緯について、幣原は次のように語っていた。

「一〇月一六日の会議に於て、総督は大学新営費として大体三百万円、経常費として百五十万円を限度とする外がないとの告白があった。そのワク内で予算を立てようとすると無論医学部はあきらめねばならぬ。理農・文政両学部各二十四講座づつのみとしても、最少限二百四十八万円の新営費と、百四十九万円の経常費とを要する。それも余程切りつめた案で、林学科の設置等を後半に譲っての話である。もし医学部を加えようとするならばその倍額にても済まず、ザッと七百五十万円の新営費と、二百七十五万円の経常費とを要することになる。勢い医学部の設置を後に譲る事は、動かし得ない定案となった。」

（一七）次に掲げる「台湾・南支・南洋パンフレット」所収の二編は、いずれも台湾総督府による台湾大学設立の意図やその内容について、批判的観点から論評を加えたものである。

一、安藤盛「懊悩せる台湾大学」大正一五年　(二二一—②)

二、宮川次郎「苦難の台湾大学」昭和三年　(二二一—③)

「台湾・南支・南洋パンフレット」は、拓殖通信社（大正一四年創立）が「台湾を中心に南支・南洋事情の厳正なる研究、忠実なる紹介」を行うことを目的に発行した小冊子で、毎月ほぼ三回の発行。毎号三〇ページ程度、一編ないし二編の論説で構成された。執筆を担当したのは、社長宮川次郎あるいは主筆安藤盛。内容的には政治・経済・社会・思想・文芸・統計など広範囲にわたるが、教育問題も屡々取り上げられていた。

（一八）安藤盛「懊悩せる台湾大学」(二二一—②) は、同パンフレット第一三冊として大正一五年五月に刊行された。一七ページ。冒頭の内容紹介に次のように記されている。

「台湾にも大正一七年度から大学が出来る。即ち幣原文学博士が、準備委員として準備中である。…　然し如何なる理由に於て設置さる、やは、今日と雖も不明である。其の規模や組織についても色々批評がある。殖民地に於ける高等教育は、実に統治そのものである事を忘れる訳には行かぬ。哲学なき法律家の之を能くするものではない。必要を無視した台湾大学の矛盾を批判したのが、即ち本文起稿の骨子である。」

内容は、⑴設備の必須条件、⑵申訳たり看板たり、⑶論点は時期と組織、⑷伊沢総督と文教政策、⑸台湾大学令、⑹着々具体化す、⑺結論、で構成されている。

執筆者安藤の経歴は不明であるが、『ある討伐隊員の手記』（昭和一〇年刊）、『支那のはらわた』（昭和一二年刊）、『南洋記—踏査紀行』（昭和一四年刊）などの著述がある。

（一九）安藤は、まず台湾大学設立の根拠を問う。台湾大学は大正一七年度（一九二八）発足を前提に、大正一四年には準備費六万七千円を計上し、計画は具体化してきた。台湾総督府が計画する大学はインド、ハワイ、フィリピン、香港などの大学に比べて程度は高いとされ、学術研究の機関としては結構であるが、ただ何故に台湾に大学の設置が必要なのか、今日まで確固たる根拠が示されていない。また何故に法文（文政）・理農の二部制とし、医工を避けたのか。今日高等教育は洪水状態で、ことに法文出身の就職難は厳しい。このような需要を無視した大学の設立は、母国人側・台湾人側いずれの希望にも合致したものではない、と批判する。

また、台湾大学設置の精神も確固たる基礎条件に依ったものではなく、香港やハワイなど諸外国の植民地に大学があることを理由に、台湾にも大学が必要だとする程度の看板政策に出たものに過ぎない。当局者は大学の設置を以て台湾籍民の要望を満たすものと信じているようだが、それは迷信に過ぎず、彼らの向学心を満たすものではない大学に台湾の租税を以てすることへの反感もある。ほぼ同じ時期にスタートした朝鮮の場合とは異なり、台湾では早晩大学を設置せねばならぬといった政策的アテ込みで少し急ぎ過ぎた結果、中途半端な総合大学案になったのではないか、と疑問を呈する。

しかし時既に遅く、大学設置計画は着々具体化している。予算案をみると、大学創設準備費は二四九、八六六円、大学新営費四四八、九八四円で、在外研究員も続々派遣されている。大正一七年度から台湾大学が具体化する以上、現在はその要不要を論ずる時期ではなく、如何にして効果あらしめるかにある。台湾にとっては、実科的教育を行うことが島民を幸福にする所以である。台湾大学は法文・理農の四科で発足し、工・医を除外したが、医科のごときは、最も責任の重い職務であり、現在ある医学専門学校を大学に編入することは難事ではない。また工科の如き、本島将来の工業化の課題を考えると、この分野の高等教育は不可欠である。台湾大学そのものを撤廃し得ないのであれば、せめてその組織運用に意を用うべきで、その改訂は今からでも遅くはないとする。

(二〇) 次に、宮川次郎「苦難の台湾大学」(二二―③)を見よう。パンフレット第七三冊として、昭和三年一月に発行された。本文一八ページ。冒頭の内容紹介に次のようにある。

「台湾大学が来る四月から開校する。綜合大学として文政および理農の二学部で構成、教授は現在海外研究員として多数派遣されている。しかし台湾人側はこれを歓迎せず、一部には寧ろ無用だと呪詛する声もある。同大学は台湾的特色はあるかも知れぬが、台湾人的特色は認められぬ。いずれにせよ、この最高学府が職業的市場の狭い台湾に設立され、卒業生が如何に消化されるべきかを想像するだけでも相当重要問題でなければならず、政治的影響については云ふまでもない」。

内容は、(1)準備既に成る、(2)幣原博士の抱負、(3)台湾人側の批評、(4)山本博士の反対論、(5)東郷博士の職業教育論、で構成されている。

宮川は、拓殖通信社の社長。その経歴の詳細は不明であるが、パンフレット創刊号に掲載の同社「創立の趣旨」によれば、彼は「少年時代台湾に赴き、大正末年まで台湾および南支那で生活すること約二〇年、その間全支那・南洋・欧米竝に各植民地の視察を遂げた・・・」とある。宮川には『台湾の農民運動』（昭和二年刊）、『台湾の社会運動』（昭和四年刊）、『台湾の政治運動』（昭和六年刊）の三部作がある。

（二一）ここではまず、開校の準備なった台湾大学の概要が紹介される。それによれば、総長幣原坦博士のもと、文政・理農の二学部で構成。文政学部は三学科二四講座、学生定員二一〇名、理農学部は四学科同じく二四講座で、学生定員一二〇名である（いずれも完成年度）。この大学の特色は、文政学部では東洋文学や東洋史学のほか、他の帝国大学にはない南洋史学や土俗学、人類学があり、理農学部では熱帯農学など熱帯関係の諸学科がある点である。これら講座担当教授は全国から招かれ、現在海外研修中である。大学の敷地は台北市内で、校舎建築費は総額約二九〇万円、昭和二年度に起工、六年度に完成の予定。創立準備は順調で、幣原博士はこの大学を熱帯科学の淵叢として特色を持たせ、東洋随一の植民地大学として国際的に重要な地位を占めるべく慎重な態度で準備を進めると、その抱負を語っている。

（二二）これに対して宮川は、『台湾民報』の二つの論評を取り上げて、台湾人側の台湾大学尚早論あるいは反対論を紹介。台湾人が歓迎するだろうと考えられた大学設立に対して、台湾の新進青年たちから反対が唱えられているのは皮肉なことであり、台湾大学が「日本的大学」であって、台湾人にとって入学至便で民族性に適合した「台湾的大学」でないことだけは確かだと指摘する。

その第一は「台湾大学官制案法制局で引っかゝる」（第一八一号、昭和二年一一月六日）である。これによれば、このたび大学官制案の審議過程で内閣法制局から問題点を指摘されたが、今後も議論は免れないだろう。なぜなら大多数の島民が台湾大学の設置に反対しているからである。彼らによれば、現在台湾では一般島民を対象に義務教育は行われておらず、中等学校や実業学校も数少ない。これらの問題に対して当局は何らの手も打たずに、却って巨額の費用を投じて台湾人が未だ必要を感じていない大学を設置しようとしており、本末転倒である。しかもその設立動機は、香港大学やフィリピン大学があるのに、独り日本の植民地台湾に大学がないのは国際的恥辱であるとする当局の認識から来ているという。この点だけからしても、台湾大学が島民にとって必要を感じない機関であることが分かる。とはいえ、既に大学設立のための予算措置も通過し、来春早々開校予定となっており、今更設立の可否を論じても始まらないが、当局は宜しく従来の政策本位の教育方針を捨て、本島民子弟に真の機会均等を与えるようにして欲しい、というのである。

第二は「両端の教育政策、内台融和の障害」（第一八七号、昭和二年一二月一八日）である。これは、台湾の高等学校が内地から学生を募集招来するのは怪しからぬ。台湾住民の負担で設立した学校である以上、台湾住民の子弟を優先すべきであり、台湾人を無学に棄て置いて母国から移民教育をするが如き帝国主義的教育政策は、台湾統治の一大病根をなすものだ、と糾弾する。そして来年開設される台湾大学も、半数以上の学生を内地から招集するようなことを止め、教育政策を立て直すべきことを要望している。

（一二三）ちなみに、台湾人側からの台湾大学設立反対論は早くから行われていた。最初の論説は『台湾青年』（第二巻第二号、大正一〇年二月二六日）所載の何礼棟「台湾中学設立論」であろう。これは先に見た久保島編『台湾大学設立論』を批判したもので、前掲の『台湾民報』の論説と同様、高等学校・大学の設立より普通教育の充実、ことに高等普通学校の内地人中学校なみの昇格を要求していた。彼によれば、現在の台湾人向けの高等普通学校は程度内容が低く高等小学校並みで、台湾には台湾人の中学が存在していない。それにも関わらず、一躍して大学設立を要求するのは間違いである。そして有識者諸氏に対し、なぜ中学さえ設置のない所に敢えて大学の設立を力説するのか、なぜ中学の必須に論及しないのか、と問うのである。

これに続けて蔡培火も、先にあげた「台湾教育に関する根本主張」において、台湾大学建設計画は高等学校の場合と同様、台湾在住の内地人や台湾に移住すべき内地人には「真に有り難き福音」であろうが、本島人教育にはさほどの関係はない。本島人の立場からすれば、現在は医学など特殊なものを除き、高等教育を興すことに熱注すべき時期ではなく、今後一五年位は初等義務教育、中等普通教育の基礎を固める時期であるとしていた。

標題に「反対建設台湾大学」を掲げ、真正面から台湾大学設立反対論を唱えたのは蔣渭水である。この論説は『台湾民報』（第二巻第一八号、大正一三年九月一一日）に社説として掲載された。彼は台湾大学の設立に反対する理由として、まず第一に本島人の学齢児童就学状況をあげる。大正一二年統計によると学齢児童の就学率は内地人が九九・七パーセントに達しているのに、本島人のそれはわずかに三三パーセント。しかも台北や新竹などでは入学希望者を全員収容できず、いたいけな幼童に対して選抜試験さえ行っている有様である。当局の説明によると、原因は経費の不足にあるという。このように国民教育の基礎たる初等教育が経費の不足で十分設立できないでいるのに、一体どのような経費があって一部少数階級しか利用しない大学を建設することが出来るというのか、本末転倒の計画ではないかと指摘する。第二に、公学校教員の置かれた状況をあげる。同年度の統計によれば、正教員（訓導）の比率は、小学校では八四％であるのに、公学校は五一％に過ぎず、公学校の教員中ほぼ半数が代用教員である。彼らの多くは公学校卒業後半年程度の講習を受けただけである。政府に大学を建設できるだけの財政的余裕があるのなら、どうして師範学校を速やかに増設してこの欠陥を補おうとしないのか、と問う。そして第三に、中等学校在学者について詳細な数字をあげて論ずる。それによれば初等学校卒業生は、本島人が内地人に比べて五倍であるのに、中等学校の生徒数では反対に本島人が内地人の半分である。これは明らかに本島人中等教育の大きな欠陥を示しており、当局が先ず行うべきは中等教育の普及である。蔣は、このような三つの理由をあげて、台湾教育にとっての最重要課題は初等・中等教育の普及とその質的向上にあり、決して大学の設立ではない、と強調するのである。

『台湾民報』は、更に昭和三年三月台北帝国大学の正式発足を前に、論説「将に生まれむとする台湾大学の本体」（第一九九号、昭和三年三月一一日）を掲げて、改めて台湾大学批判論を展開した。同論説は冒頭で自らの立場を説明して、大学の設置より初等教育の普及が台湾にとって急務であるとの考え方に立つものだとし、台湾大学の「本体」について、いくつかの事例をあげて酷評する。例えば、従来台湾の中等・高等教育は、内台共学の下、機会均等は名義上のみで、台湾人は実質的に教育機会から疎外されて来た。台湾大学もその例外ではない。事実初年度の入学者九〇名のうち台湾人はせいぜい二〜三名に過ぎない。その意味で台湾大学は台湾の大学というよりも、台湾人の税金で作られる内地人本位の大学であり、台湾人はその経費を提供する義務をもつ外、特にこれといった優先的教益を得るものではない。従って台湾当局が大学設立の口実とした台湾人の外遊食い止め策というのは全く根拠がなく、文政学部における法文教育が台湾人青年の思想悪化を導くのではないかとする中央政府の危惧も見当違いであると指摘。そして最後に、この「移民大学」が内地の浮浪学生を拾い集める救済所とならねば幸いだ、と痛烈に皮肉っていた。『台湾民報』は、その後も「濫費的台湾大学」（第二五二号、昭和四年三月一七日）、「輪奐の美を誇る台北大学　その実内容は空ッポ」（新民報第三八四号、昭和六年一〇月三日）など、台北帝国大学批判の論説を掲載している。

（二四）宮川は、最後に二人の植民地学者の台湾大学論を紹介し、総督府に対して批判的提言を行っている。その一つは、京都大学教授山本美越乃が『大阪毎日新聞』（昭和二年新年号）に寄せた「殖民地の教育政策」である。彼はそのなかで、朝鮮や台湾の原住民教育は、当該地方の天然資源の開発を行って、彼らの経済上、社会上の地位を向上させることに着眼して教育方針を定めるべきであり、彼らに衣食を足らしめる教育を授けることが最先の急務である。台湾大学の設立にあたり、空理空論を弄ぶ弊害に陥り易い法文科の如き抽象的智識を率先して授けるが如きは誤りである。もし植民地原住民でその種の教育を受けることを希望する者があれば、母国に来遊すれば可である。しかも此の種の教育は、一度これを誤るとき民族的自覚心を極端なる方向に導く危険を伴いかねない。その趣旨から云って、朝鮮大学が法文科を率先して設置したことには賛成できない。台湾大学において誤った教育政策を再び繰り返さないよう、政府当局の省慮を促したいと述べていた。

もう一つは、多年台湾総督府の農政技師だった農学博士東郷実（現民政党代議士）が『台湾時報』に寄稿した「植民地教育制度論」（昭和二年四月号）である。東郷は、台湾大学が理農科を採用したのは当然であるが、医科を取り残したのは甚だ遺憾だとし、職業教育に主力を尽くすべきことを主張する。しかし植民地の教育を単に職業教育のみに限り、他の政治学的教育を絶対に避けるべきだとする主張には賛成しがたいと言う。教育はその種類の如何を問わず、ある程度に達すれば、必然的に一種の自覚と向上とを教えるものであり、植民地の教育を或る種類に限定し、且つその程度に人為的制限を加えようとするが如きは不可能であるからである。その意味から、総督府が法文科を採用することには反対しない。とはいえ、法科や文科のごときは台湾で学んでも東京で学んでも同じで、何も台湾大学でそれを急いで作るだけの必要性はないとし、結論として、⑴植民地の教育はなるべく職業教育を主眼とし、彼らにまず生存の基礎と経済的発展の根本とを教え、⑵かつ急進主義を避け、徐々に必要な教育機関を設けて彼らに向上の途を得しめ、⑶その習得した教育に対しては相当の待遇を与えて、彼らに一種の希望と満足とを与えしめるの決心がなくてはならない、と説いていた。宮川はこの東郷の主張を高く評価していたようである。

（二五）次に〈Ⅲ―三〉として、文教局の設立問題をとりあげる。宮川次郎「裏切られつつある文教政策」（二二―④）がそれである。パンフレット第七三冊として、前掲の「苦難の台湾大学」と合冊で昭和三年一月に発行された。本文一八ページ。冒頭の内容紹介に次のようにある。

「台湾統治の骨子たる文教政策が現在如何なる悩みを抱えているか。文教局の存在がそのために如何に重要であるか。殊に社会的運動に関して何ら指導機関らしいものを持たない台湾において、同局の存在に多くの期待を持たざるを得ない。これまで総督府は台湾人を同化すべく切々と教育事業を行って来たにもかかわらず、今日では台湾人に日一日と離反されて行くのは国家的悲劇である。文教局はこれまでの教育の末技に囚われてきた弊害を打破し、根本的・積極的な教育方策の樹立を図ることが求められている。」

内容は、⑴文教局開設の目的、⑵其の陣立と内容、⑶悲む可き思想界、⑷教育技術に囚はる、の四節で構成されている。

（二六）大正一五年（一九二六）一〇月一二日台湾総督府官制の改正により文教局が新設された。これは従来内務局の学務課として、課長（事務官）一名のほかに、視学官二名、編修官二名で構成されていた学務担当部門が、一躍膨張して督学室・学務課・社会課・庶務係よりなる局に昇格し、構成員も局長（勅任官）一名および社会教育事務官一名、それに視学三名の増員を行ったものである。

総務長官後藤文雄は、文教局の開設の理由として、(1)領台三十余年を経て教育施設の整備は相当程度進んだが、教育そのものの内容・実質の改善に関しては、まだ不充分なところが少なくない、(2)これまでの文教行政・監督の中心機関は頗る不完全で、充分な指導能力を発揮できない状況にあったことをあげ、「時勢に適切な文教行政の中心機関」として文教局を新設することとなったとし、今回の組織の特色として、次の二点をあげていた。

(1)視学官を増員して、教育教化の実質内容の指導改善活動を充実した点、および

(2)社会教育の専門家を主事に任じ、充実した活動ができるようにした点。

（二七）当時台湾の学校現場では、多くの困難があった。文教局設置に関する「説明書」によれば、公学校では国語の教育を中心に国民精神の涵養に主力を注ぐべきであるため、教員は特に優秀であることが求められるのに、実際は多数の本島人教員を使用せざるを得ない事情にあり、「教育ノ内容ニ立入リテ指導監督ヲ適切周密」にして行くことが緊急に求められていた。最も深刻な問題は中等以上の学校で、そこでは内台人共学制が採用されたため「複雑ニシテ困難ナル問題」に逢着することが屢々であった。事実、東京留学生によって点火された民族主義の思想は逐次島内に波及し、ことに大正一〇年台湾文化協会の設立以後、その思想運動は一挙に学生の間に拡大して、彼らの「台湾人的台湾」意識を強め、台北師範学校や台北第二工業学校、私立台湾商工学校、台南師範

学校、台中第一中学校など、各地の学校で騒擾事件を相次いで引き起こしており、そこには多くの場合文化協会会員の介在があった。また本島人学生と内地人学生との軋轢がその背景にあるものも少なくなかった。当局としては、こうした事態に対処すべく、学校現場の教員に対して「統一アル機関ヲシテ監督ヲ周密ニシ積極的ニ指導」する態勢を緊急に強化する必要性が痛感されていた。

一般社会の分野でも、当局は台湾文化協会の一般民衆への啓蒙活動、ことに講演会活動に対して神経をとがらせていた。同会は多方面にわたる文化啓蒙活動を展開したが、特に力を注いだのが講演会活動で、これを精力的に各地で開催し、その開催件数は大正一四～一五年には年間それぞれ三〇〇回、聴講者は一一万人を超える盛況を呈し、文字通り「文化協会講演会の熱狂時代」とさえ呼ばれる程であった。講演の題目には通俗衛生や社会学、経済問題、法律解釈など多岐にわたるが、多くが民族意識の喚起に関連づけて講述され、聴講者に強烈な影響を与えていた。そこではまた台湾議会設置請願運動の署名活動も併せて行われたという（『台湾総督府警察沿革誌』前出）。「説明書」はこれについて「…教育普及スルニ至ラサルノ一面ニ於テ未熟浅薄ナル思想ヲ伝播スル講演会等ハ漸ク所在ニ行ハレツヽアリ…内台ノ融和ニ背馳スル思想感情ノ動モスレハ増進セントスルノ傾向」があると断じ、学務当局としては「学校外ニ於ケル社会教化的施設ヲ実情ニ適応シテ活用シ青少年ノ指導一般民衆ノ精神的教化ニ力ヲ注クノ必要特ニ大ナリ」と、社会教育活動を強化することが緊急の課題とされていたのである（「台湾総督府官制中改正ノ件」大正一五年四月二一日付、『公文類聚』第五〇編）。

（二八）宮川としても、台湾大学の開校準備中でもある現段階にあって、文教局の設置による学務部門の充実整備は時機に適うものだと一応の評価はしていた。ところが、朝鮮総督府の一課長だった石黒英彦が、台湾の事情に通じないまま局長として来任し、成立した陣容を見るにつけ、万事消極的方針に流れる上山総督の下では、先に見たような「奔放なる台湾思想界」に対処するには不十分で、余りにも立ち遅れの観がある、との悲観的な評価を下さざるを得ない。もともと新教育の普及に伴い、民族自決主義的傾向が台湾人の間に生じて来るのは当然のことであろうが、彼の見方によれば、田総督の拙速的な自治制施行や中央政府の植民政策の不確立、それに台湾の文教政策の不明瞭がこれをさらに促進し、台湾青年の「台湾人的台湾」意識を強め、台湾人の離反を招くことになった。そうしたなか、これまでの学務当局の方針は、教育方法や技術に重心をおき、植民教育の根本が忘れられている。所謂教育技術家が好遇され、徳望を以て台湾人子弟に臨んだ人格的教育家が不遇であった例も少なくない。ことに近時地方自治制の施行以後は、台湾人の評議会会員の権威を恐れる地方教育家の消極的態度が顕著で、台湾統治に悪影響を与えつつあり、文教局の施策に対する疑念あるいは憂慮は払拭されそうにない、というのである。

Ⅷ

（一）最後に〈Ⅲ―四〉として、総督府のいわゆる「同化政策」に対する批判に関連する以下の資料三点を紹介する。しかし関連する資料も少なくないので、これらについては文中か文末で補足することとしたい。

一、蔡培火『日本々国民に與ふ』（昭和三年）（二一一―⑤）
二、矢内原忠雄『帝国主義下の台湾』（部分）（昭和四年）（二一一―⑥）
三、台湾総督府『霧社事件ノ顛末』（昭和五年）（二一一―⑦）

（二）個別の解説に先立ち、冒頭から例によって私見を述べておくが、まず日本の最初の植民地台湾の統治とは何であったか、ということである。それは端的に言って、欧米先進諸国による「西力東漸」即ち帝国主義的領土拡張の進む一九世紀の末期に臨み、国土防衛のため遅ればせにこれに倣う形で参加し、二〇世紀の半ばにおいて挫折した、言わば国家的プロジェクト（nationalism）に他ならなかったと再確認できよう。当初は日清・日露の国際戦争に勝利して辛うじて東漸を阻止したが、同じアジアの大国清朝から台湾を奪い（一八九五年）、ついでロシア帝国の野望から朝鮮を保護する名目の下にこれを併合する（一九一〇年）―そこには二〇世紀の世界史の潮流に棹さした帝国日本の姿があった。この韓国併合に続いて、孫文らによる辛亥革命が発生（一九一一年）、翌年には新たに中華民国が誕生し、日本はこの隣国の動向と深く関わっていく。即ち明治・大正・昭和の三代の背後で進んだ領台五〇年、領鮮三五年の植民地経営が重くのしかかったのである。

そこで美名（名目）が謳われる。―「アジアは一つ」「五族協和」「大東亜共栄圏」等々。これらのスローガンの下に、二〇世紀の前半は日本主導による外交と戦争に明け暮れていく。そこでまた名目と実態の不一致が起こる。眇たる台湾においても、植民地なるが故の平等対差別の矛盾が生まれる。

（三）台湾総督府初期の学務部長伊沢修二の同文同教同種の日本人と台湾人―同和同融なかるべからず、こう信じた伊沢は、同族に中国人留学生を迎え、晩年まで『日清字音鑑』（一八九五年）や『同文新字典』（一九〇八年）、さらに大著『支那語正音発微』（一九一五年）などを編んで、日中の言語交流に資そうとした。まさに台湾は、伊沢において日中親善の架け橋となるべき存在であった。しかし現実の土匪鎮圧と財政独立という焦眉の急に賭けた児玉・後藤のコンビの下では、その文教政策は「無方針主義」として棚上げされざるを得なかった。

（四）ところで領台一〇年の明治三九年（一九〇六）、児玉の後を継いだ佐久間佐馬太によって在任約一〇年の間に徹底的な理蕃政策（蕃地膺懲策）が続けられ、このため北埔、林圯埔、苗栗、六甲、西来庵（噍吧哖）など相つぐ抗日暴動を惹き起こした。このうち苗栗事件は辛亥革命の影響を受けている。そして領台二〇年にあたる大正四年（一九一五）、元朝鮮軍司令官安藤貞美が着任、三年後の大正七年（一九一八）、前朝鮮警務局長陸軍大将明石元二郎にバトンを渡した。明石は特に司法制度の改革と教育制度の統一再編に力を注ぎ、地方と学務の二部を内務局に統合、警察本署を朝鮮なみに警務局と再編改称する一方、「台湾教育令」の公布をめざした。このように台湾と第二の植民地朝鮮との総督府人事の交流は教育面にも現れ、明治四四年（一九一一）「朝鮮教育令」案の策定にあたった朝鮮総督府学務課長隈本繁吉が台湾の学務課長（ついで部長となる）として転任、台湾教育調査会を組織して教育令原案を考究し、これが大正八年（一九一九）一月の「台湾教育令」（勅令第一号）として実ることになる。

（五）当時は第一次世界大戦（一九一四―一八年）後の個人主義、自由主義の思想が流入し、いわゆる大正デモクラシーの風潮が支配しようとしていた。また一方ではロシア革命（一九一七年）によってロマノフ王朝が亡び、日本の政界においても、山県の藩閥政治、西園寺の元老内閣が後退、原敬が政友会の総裁として最初の政党内閣を組織し、これに憲政会が対立、護憲や普選運動の波が高まりつつあった。また一方では、大正七年（一九一八）このい米騒動が各地に起こり、翌年三月には朝鮮全土で大規模な独立運動が発生、徹底的弾圧がこれに続いた。このいわゆる万歳事件（三・一運動）にひき続く中国の反日五・四運動の事後処理に直面した原内閣は、植民地支配の軌道修正をはかることになる。即ち言論の限定的自由や官吏の帯剣禁止、憲兵警察から民事警察への移行、そして武官総督から文官総督への転換などであるが、たまたま明石総督は在任一年余で現地に急逝、原総理はかねての台湾事務局の同僚委員田健治郎を適任としてふり向けた。「忸怩たる植民地」観をもつ原の方針は二五年前の同化主義から多少変わったと見られ、田は「台湾人を教化して純日本人たらしむるの大方針」と「南洋占有諸島の統治を台湾に委任する」(大戦後、旧ドイツ領南洋群島を日本が委任統治する)二点について原首相の言質を得て赴任した(『田健治郎伝』三八三ページ)。

(六) こうして領台二五年、四半世紀に臨む大正八年(一九一九)一〇月第八代総督に就任した田健治郎は、早くも大正一一年(一九二二)には第二次台湾教育令によって明石武官総督の教育令を修正し、文官総督として民治の転換をはかる。例えば前教育令の「台湾ニ於ケル台湾人ノ教育」(第一条)を教育勅語によって「忠良ナル国民」に育成する目的条文(第二条)を改め、「国語ヲ常用スル者ノ初等普通教育ハ小学校」(第二条)に、「常用セザル者ハ公学校」(第三条)にと、小・公学校を明確に二分し、同時に相互の交流と共学を公認することになった。国語(日本語)による「純日本人」の育成を優先する転換期の措置であり、むしろ差別を際立たせる矛盾を生む措置であった。

この日本による台湾の「近代的征服」(内地延長主義とも呼ぶ)は、田総督の登場する一九二〇年(大正九)を分水嶺と見て一段と推進されると考えられるが、台湾側から見れば、一九一五年(大正四)の佐久間による理蕃政策の推進を分水嶺と見て前期を武闘の二〇年、後期を政治闘争の三〇年として捉えている(例えば、許世楷『日本統治下の台湾』一九七二年)。これは日本占領時代を「抵抗と弾圧」の繰り返される抗日民族運動の歩みとして解する立場であろう。

（七）もともと領台当初から、総督府側は、島民の郷紳階層、即ち「順民」としての富裕層に注目し、その資産を温存させ生産を奨励する（資本主義化）方針をとっていた。したがって郷紳層は自分の子弟たちを日本内地に留学させ、国語と学問を自由に平等の立場で学ばせる道を選ばせた。しかし内地生優先の趨勢の下では、本島生を対象とする国語学校国語部ですら、大正八年（一九一九）までにわずか四九二名を養成したにすぎず、当初は本島人優先を原則とした総督府医学校ですら、大正七年までに三九七名のみを島内各地に送っていた。当時の台湾人口は約三四〇万、内地からの渡島者（移民）も漸やく約一五万を数えたが、大正八年の島民の内地留学生は総計五六四名、大正一〇年が同じく七五七名を数えるに至っている（『台湾総督府学事年報』第二一年報など）。これは内地の初等・中等・高等の系列のほか実業や特殊の課程を含めた数字であるが、高等教育、即ち大学や専門学校は私学が圧倒的に多く、早稲田・日本・明治・中央・法政・慶應など東京を中心とする私学在学者が突出している。中でも明治大学は、明治二九年（一八九六）以降一五年間に一七、五七四名の留学生（うち清国留学生五、二三九名、本島生の数は不明。）という大量の留学生を受け入れている（『明治大学大観』一九七〇年）。大正一〇年前後の東京在住留学生を中心とする啓蒙運動のリーダーたちに明大法律専門学科生の多かったことも、注目されよう。

なお、これら台湾留学生の出身は大別して台中・台南・台北の三大中心地に集中しており、豪農士紳の分布とも関連して台中県が最も熱心であった。大正一二年（一九二三）の留学生が一八二名（台中）、一九二名（台南）、一三六名（台北）は昭和五年（一九三〇）には、それぞれ五一二名、三二〇名、一八一名と増大している。（『台湾総督府学事年報』第二二・二九年報）。

（八）ここで本来の資料解説に移ることにする。まず、蔡培火（一八八九―一九八三）の『日本々国民に與ふ』（二二―⑤）を見よう。

蔡は台南の雲林県北港鎮の出身で、早くから国語（日本語）を学習、明治四〇年（一九〇七）総督府の国語学校師範部に入学し、三年後の四三年に卒業して公学校の教師になったが、数年後に辞めている。生来気概のある若者だったらしく、佐久間総督の下で初等教育担当の小・公学校教員も教諭（判任）や訓導（判任待遇）、教諭心得・訓導心得（雇）などに区別けされ、おそらく二一歳の訓導心得としては耐えられぬところであったろう。恰もその頃、台中霧峰の資産家（「中部ノ百万長者」と『台湾人士鑑』は記す）林献堂（一八八一―一九五六）は二七歳、台中県参事として日本各地を観光の途中、中国著名の改革派政治家梁啓超（一八七三―一九二九）と奈良で会い、意気投合して明治四四年（一九一一）、辛亥革命の年に梁を台中に招いて思想的影響を受けた。また一方、大正二年（一九一三）にはかっての自由民権派の領袖板垣退助を招いて日台親善、内台一致の運動を進めようとした。この時通訳を勤めたのが蔡培火、結果として公学校退職となるが、これを機に翌年（大正三年）一一月結成された「台湾同化会」が、新たな民族運動の出発点となった。これを嫌った総督府は翌年二月容赦なく解散を命じ、これが契機となって林献堂を中心とした公立台中中学校開設運動が奏功していく。一方失職した蔡培火もその年、林の支援で東京に遊学、東京高等師範学校理科に入学している（卒業は一九二〇年）。活動的な蔡は、在京中から留学生の同志を説いて啓発会や新民会を組織して幹事となる一方、植村正久によってキリスト教に入信、帰島後は林とともに六三法の撤廃や台湾議会開設請願運動に従い、運動の中枢として「台湾文化協会」を結成（総理が林、専務理事が蔡）した。すでに在京中の大正七年（一九一八）、新民会を中心に中国の革新的な雑誌『新青年』にならって『台湾青年』（月刊）を発行していた蔡は、その「発行趣意書」の冒頭に次のようなよびかけを行っている。

「諸君！彼の内地人青年及中華民国青年等の純潔なる理念の溌剌たる運動を見よ。（中略）顧みて吾等島民青年は如何？ 尚沈黙無言の裡にある。清夜自省果して心中忸怩たらざるものがないであらうか（後略）。」（『台湾青年』一－二）

こうして啓蒙運動にのりだした『台湾青年』は、大正一一年（一九二二）三月まで一八号一八〇篇（和・漢文重複あり）、蔡特有のよびかけ（諸君！）をもって続くものの、田総督の言う「共産主義的革命の思潮」の流行を警戒して発売禁止、訂正版再刊を繰り返し、編集人蔡培火は治安維持法違反によって逮捕投獄されている。『台湾』改題もそのためであり、代わって『台湾民報』の発刊、ついで『台湾新民報』（日刊）など、林献堂の資産を背景に根強い民権の主張を繰り返していく。

（九）もともと「平民宰相」原首相の期待を担った文官総督田健治郎である。着任の直後には地方制度の確立と教育制度の改善及び私法の統一（民法商法実施）という三大要件を先決問題とし、大正九年（一九二〇）七月には総督府地方官々制を公布して全島を五州二庁に再編、三市四七郡（各郡に街庄）を置き、行政官を奏任判任の待遇官吏とした（小・公学校の教諭をすべて訓導（判任）に、訓導は准訓導（判任待遇）に、教諭・訓導心得を一括して教員心得に改称）。そしてかねて問題のあった総督律令権を定めた六三法を新たな法律三号をもって修正、総督命令を勅令にゆずり、「台湾特殊の事情により必要ある場合に限り」命令権を認めるように修正した（『田健治郎伝』四四八ページ）。律令原則から勅令原則に改め三年の時限効法を撤廃したわけで、領台二五年の「土皇帝」の権力縮小への転換であった。同時に従来官吏だけで構成されていた律令審議会を廃して「台湾総督府評議会」を新設、同年六月に第一回評議会を開いた。評議会員二五名の内訳は、先に見たとおり部局長七名のほか民間から内地人、本島人各九名の官選から成っており、そのなかに林献堂も含まれていた。

それはまさしく修正主義（revisionism）の本領を示したものであり、急激な改革とは距離をおいたものであった。林献堂も蔡培火も本来保守的な郷紳富裕層の立場を代弁しており、台湾文化協会を最初は共に支えた蒋渭水（一八九一―一九三一）などと合わず、労農と結ぶ左派の階級闘争とも組せず、昭和二年（一九二七）に分裂した。蒋は宜蘭出身の医者で総督府直轄の医学校を大正四年（一九一五）に卒業、議会開設運動に参加して請願を繰返したが、大正一三年（一九二四）治警事件で懲役刑に服し、検挙拘留を重ねた闘士。協会の分裂後は林・蔡と共に台湾民衆党を結成（林は顧問）、引き続き昭和五年（一九三〇）には台湾地方自治連盟を組織して運動を進めるが、総督府の干渉によって民衆党は昭和六年に解散に追い込まれ、蒋も四一歳の若さで世を去った。

（一〇）以上きわめておおざっぱに二〇世紀初期の台湾の自覚的民族運動の経緯を瞥見したが、留学生たちを中心とする民族のめざめに応じた自由と平等の理念、即ち本土と対等の権利を主張する動きの中で、林・蔡の指導的役割が顕著に見られるのである。

その渦中で蔡培火は『日本々国民に與ふ』の一書を著わした。巻頭に友人二人、立憲国民党代議士の田川大吉郎と東京帝大経済学部教授の矢内原忠雄の「序」を掲げ、母国日本において受けた差別に対して深刻な怨みを懐きつつも日本本国の大衆になお多くの信頼と希望を寄せ、未来における「日本対台湾朝鮮の大問題の解決に資せむとする」意図を以て、この本を書いたと述べる。田川と蔡はいずれも植村正久の同門のキリスト教徒、矢内原も内村鑑三の門下で人道主義者、それぞれ蔡の招きで台湾各地をめぐり、特に矢内原は後述するように東大の「殖民政策」講座のために台湾の分析を進めていた。その直前の大正一四年（一九二五）三月、日本国民の念願であった普通選挙法が議会をパスし、昭和三年（一九二八）二月普選による総選挙が実施されていた。この時田川は落選、敗軍の報を聞きつつ序文を書き、蔡の「自序」も普選の「激戦中」に記している。いずれも三〇代壮年、筆法も若々しい。田川はこの本を「日本のために有用」であり、台湾当局者と在住内地人にとって「一道の荊鞭、無上の警告」と見て「敬意」を表し、特に台湾三五〇万人のために台湾議会の開設を強く希望している。一方の矢内原は、専門の立場から冷静に応じ、「朝鮮台湾樺太南洋群島関東州といふ植民地を持つ大帝国」日本の総人口五千九百万人にさらに植民地人口二千三百万人を加えてその責任は倍加したと言う。しかも普選の実施によって国内の意識は高まっても植民地に対しては無関心。但し資本家と総督府の官吏は、利益と権力の上から強い関心を抱いている。紙・肥料・米・砂糖など植民地住民の生産に依存するのに、その権利については顧慮していない。そこで台湾人への教育を見ると、日本語の普及に重点をおきすぎ、カナ文字の習得を強制している。そこで「蔡培火君はローマ字運動を宿志」として改めようとしているが、総督府はこれを許可しない。また台湾は「久しく財政独立」を実現しているのに「参政権は無きに等しい」。地方団体に協議会はあるが、任命による諮問機関にすぎない。要するに、端的に言って総督政治は絶対的な専制政治であるなどと明快に断定している。

（一一）ところで本書はタイトルに「與ふ」と強く示している。実際には「一、日本々国の同胞に告ぐ」と冒頭にあるように、giveと高びしゃに出るよりも、tellとかappealとした方が正しいように思う。しかしこれは若い著者の気概のなせるところであろう。台湾在住一八万人の母国人よりも六千万の本国人に三八〇万を代表して訴える、という気持ちなのにちがいない。在京四年、大正一二年（一九二三）に帰島した蔡青年の眼に映った郷里の暗さに驚き、「日本母国にあるべき社会的友誼、政治的良心の発現を切望」すると、「自序」は結んでいる。

そして目次によると全一八篇から成る論文であるが、台湾の現状の実態報告として総督専制への怒りが表面化し、美名と実際との矛盾を指摘するのに集中していることに気づく。一種の煽動文（agitation）或いは演説文とも言えなくはないが、この特殊の文体はこれまで『台湾青年』や『台湾新民報』で編集に従ってきた者としてのスタイルに違いない。馴れぬ日本文を駆使してやや体系のないこの論文の順路をたどってみると、次のようになる。（目次を参照されたい。）

（一二）はじめに日本一般の民衆に向かって「同胞よ」とよびかけるが（「一、日本々国の同胞に告ぐ」）、台湾割譲の運命に従った身が日本帝国主義の侵略に遭い、「四海兄弟」の言葉がいつわりであると気づき、台湾在住の母国民の優越意識に接し、特に後藤民政長官の「教育無方針」と「八十年同化説」の差別に直面、台湾人は「第二の新平民か」と疑うに至った（「四、母国民の自業自得」）。

とりわけ「六三法」という特別立法権と国語中心による同化主義にもとづく公学校からの日本語習得の困難を体験し、持論としてのローマ字の学習法の合理性を主張したが許されない。（これは領台当初伊沢学務部長が台南の宣教師バークレーと交わした羅馬《ローマ》字法とカナ文字法の対立を想起させる。結局台湾の日本化を計る伊沢は、ローマ字法を採らなかった。台南出身の蔡は、バークレー法の手ほどきを受けていたのかもしれない。）そこで蔡は次のように嘆く。

「噫！同化よ、誠に汝の名目による国語中心主義は、我々の心的活動を拘束抑制し、従来の人物を凡て無能化して、一切の政治的社会的地位を挙げて、母国人の独占に任さねばならない。」）（「五、同化蓋し愚民化の看板」）

ここで蔡は「六、同化とは搾取の別名か？」とも問いかけ、領台三〇余年にして差別の壁は固く、公学と小学の交流はなく母国留学の道も狭く、法律と政治の習学は禁止され、義務教育も実施されぬと説き、高等専門学校（五校）入学の内台人比較表（昭和二年現在）を掲げて内地生の圧倒的優位（医学専門校のみ台湾生優位）を指摘、第一〇代総督伊沢多喜男（伊沢修二の実弟）が台湾大学開設を唱えていたことにも反対、普通教育の普及が先決だと叫ぶ。この大学問題は前掲の〈Ⅲ―二〉に見るように、次の上山総督になって台北帝国大学として実現するが、一方、第五回評議会（昭和二年一〇月）に際しての総督訓辞（一視同仁、民族融和）の偽瞞性を追求、諮問のみあって協議なし、巡査と教員の名称と待遇の差、奏任・判任など高等官昇進の閉塞、はては農民運動の強圧から開墾場払い下げ、製糖工場の資本独占、金融、貿易企業の利権独占などを指摘して「七、一視同仁の聖旨は是れか」と問う。

そして百害の元である「八、総督特別立法の害毒」に論が及ぶと、匪徒刑罰令など多くの刑法の実施を否定、大正一二年治安維持法で入獄した経験から板垣渡島による同化会結成への妨害と政友・憲政の党同伐異の流入を怒り（「九、内地延長も何んだか怪し」）、田総督の内地延長主義に疑問符を打つ。そして「在台一八万人の母国人」を「台湾に寄生する頑強な吸血虫」と断じ、このままだと「台湾は日本の塵芥箱」と化してしまうと断言する（「十、現状維持は結局相互の不利」）。

（一三）そこで最後の解決策として「台湾議会の急設」を提案、このための特別法として予算議決権を与え、総括的な台湾統治法の制定を要望するのである。これに対して立法権の侵害であり違憲だという反論に対しては、六三法がすでに違憲であると切り返し（「十一、我々の主張」）、「十二、何故に中央参政を要求せぬか」という問いに対しては、言語や生活様式の相違の隘路を認め、アイルランドの例を引きながら政友・憲政の政党対立（民政党の代表原敬の暗殺・一九二一年などか？）の渦中に入るより台湾議会互選の代表を送る、と答えている。そして国家のために尽くすのは、諸君に敗けぬと記し、納税や労役において内地以上に努めており、いざとなれば兵役にも奉仕すると強調している（「十三、国に尽すは諸君に負けぬ」）。

ここで一転して朝鮮と中国に視点をふり向け、「万歳事件」さわぎの「十四、朝鮮を何する積りか？」と問う。ここでも台鮮一体で自治を認め議会を開設することが真に日韓合併の意義に適うものだと説き、中国に対する二十一か条の武断的処置をやめ、「支那」の蔑称もやめて「小鬼」日本とよばれぬよう愛隣と奉仕に励めば大国民として公認されようと言う。その点で国民性より大切なものは人間性で、これこそ儒教（孔孟の道）の説く天道に通う一視同仁、孝・悌・慈の人間性の徳育にほかならぬと論ずる。従って「大和魂なる特別の国民性を誇張」するのではなく、「仰之弥高、鑽之弥堅」（論語）という孔孟の精神で臨むことが正しいとして、皇室を敬愛する日本の伝統に配慮する（「十六、国民性か人間性か」）。そして最後に「十七、人道問題たる生蕃と阿片の救済」に論及し、台湾先住の山内人八五、〇〇〇人の悲惨な状景を報じ、その低い労賃と阿片吸引の害を論じたあと、「十八、我々は諸君との協力を期待する」と結んでいる。

（一四）以上ながながと大要について触れたが、言々句々、アクセント（◎印）を傍線代わりに付し、その三九歳の若い感情と筆勢とが相俟って極めて印象的である。当時においてこうした論旨を発表することは勇気を要したところであろう。幸いに巻頭に「序」を寄せた田川、矢内原のような友を得て公刊され、岩波書店が発売元に応じ、五月の発売と同時に六版を重ねている。しかし私見では、当時岩波の名を以てしても洛陽の紙価を高めたとは思われず、むしろ当時の日本の警察の眼を一段と光らせたものと想像される。

（一五）台湾の民族運動は、以上概観してきたように、日本の領台二五年に入り、総督が武官より文官に移る大正期前半の頃からしだいに台頭してきた意識改革の顕現であったと見られる。それは恐らく総督専制の本来かかえた自己矛盾、例えば「一視同仁」という美名（たてまえ）に酔って差別（ほんね）の実態を無視する体質によるものであり、これにめざめた留学生たちの言論による運動と、これに触発された島民大衆の反官僚的運動によって組織されていった動きにほかなるまい。これを如実に語る一例が、留学生の代表蔡培火の勇気ある発言『日本々国民に與ふ』であった。

ここで関連資料を何点か挙げて補足しておきたい。台湾の民族運動は、いわゆる昭和のファシズムが前代の反動として登場する中で、複雑に分化していく。特に昭和五年（一九三〇）の霧社事件のあとは、石塚総督が退陣して武官総督が再び登場、そのまま台湾の光復まで一九代続くが、この間民族運動は民族主義―自治主義―議会開設の民族派と、同化主義―内地延長―地方自治制という同化派（民衆党）とに二分されて対立していく。この民衆党は霧社蕃討伐に毒ガスを使用したことを国際連盟に訴えたため総督府によって解散させられ、以後は国民総動員と太平洋戦争の体制の中に埋没されていく。やがて日本の敗戦と総引揚げにつぐ中国国民党の遷台によって、蔡培火も一九四七年（民国三六）党の政務委員を努めて以後一五年間再任され、蒋介石の総統府国策顧問などに任命され一九八三年、九四歳でその長寿を全うしている。

（追記）ここで晩年の蔡老人と筆者（上沼）の関わりについて付言しておきたい。当時東京の実践女子大に勤めていた筆者は、教え子の一人で蔡氏の親戚という留学生に託して拙著の『台湾教育史』（昭和五〇年・講談社）を贈呈した。間もなく、蔡老人から『台湾民族運動史』（自立晩報叢書・一九七一年・新亜出版社）が一冊返礼として送られてきた。それから二年後、筆者の奈良の大学転任の年、遥かに蔡老人の卒去を耳にした。筆者は、この日台間の最良の「歴史の証人」の喪失を衷心悼んだしだいである。

とにかく、民族派や民衆派にかぎらず、その民族運動の幅広い活動を一括して論述しているものに、台湾総督府警務局編『台湾社会運動史』（昭和一四年刊・一、三八一ページ、一九六九年復刻）がある。これは前述したとおり、もともと『台湾総督府警察沿革誌』全六冊中の一冊で、第二編『領台以後の治安状況』（中巻）として限定出版されたもの。台湾の社会運動を文化・政治・共産主義・無政府主義・民族革命・農民・労働・右翼など八章に整理して分析考察しており、現在最も確実で網羅的な必携資料であろう。その他に個別のものとしては、先にあげた宮川次郎の手になる『台湾の農民運動』、『台湾の社会運動』、『台湾の政治運動』の三部作があり、また在日留学生の発行した『台湾青年』（大正九〜一一年）および『台湾』（大正一一年）などの機関雑誌（復刻版）のほか、研究論文としては次の二点があげられよう。

・「日本統治下における台湾留学生—同化政策と留学生問題の展望—」（上沼八郎・国立教育研究所紀要第九四集・一九七八年）

・「日本統治下台湾の民族運動と民族主義教育要求の展開」（弘谷多喜夫・国立教育研究所紀要第一二一集・一九九二年、『戦前日本の植民地教育政策に関する総合的研究』科研費総合研究報告一九九四年）

（一六）次に、蔡培火の支持者であった矢内原忠雄『帝国主義下の台湾』（部分）（二二—⑥）について紹介しておきたい。

矢内原忠雄（一八九三―一九六一）は、第一高等学校に入学して以来校長新渡戸稲造の人格主義に傾倒、ついで内村鑑三の無教会キリスト教に心搏たれ、終生その伝道に従った。大正六年（一九一七）、東京帝大法科の政治学科に入学、同九年経済学部創設直後の助教授として植民政策学の研究のために英独仏に留学、同一二年帰国して教授となり、「植民及植民政策」の体系化に努めた。昭和四年（一九二九）から同一二年までの間に『帝国主義下の台湾』を始め、『満州問題』『南洋群島の研究』『帝国主義下の印度』など四部作（他に朝鮮研究を含む）を出版、特に日本の総督専制と本国本位の同化主義を批判し、民族の自主と参政権への転換を主張した。昭和五年、師内村の死後はキリスト教の伝道にも従い日中戦争に反対、軍国主義への抵抗を続けた。このため昭和一二年（一九三七）東大辞職を強いられたが、官憲の弾圧に屈せず予言者的言動を貫いた。大戦後の昭和二〇年東大に復帰して「国際経済論」を論ずる一方、経済学部長、教養学部長、東大総長を歴任、大学自治の原則を立て昭和三二年に退官、学生問題の研究とキリスト教の伝道に従い、四年後胃癌のため逝った（六八歳）。その生涯は以上の通りであるが、まさに真実一路、まれにみる人格であった。

ところで『矢内原忠雄全集』（岩波書店）は全二九巻、このうち第一巻（植民及植民政策）第二巻（帝国主義下の台湾）が矢内原の専門領域（昭和三八年刊）で、ここでは単著の『帝国主義下の台湾』（昭和四年初版）から第一篇第三章「教育問題」のみを採った。本書は二篇九章から成り、第一篇が五章、第二篇「台湾糖業帝国主義」は四章（一二節）から成っている。その論法は新鮮且つ舌鋒鋭く日本の植民政策の矛盾を衝き、資本の独占による民族運動の必然的激化を指摘している。特に教育問題は蔡培火の招きによる視察もあって、言語（日本語）中心による初等教育差別の実態を批判（「脚小頭大」と評す）、このため中等教育への門戸を鎖ざし内地人優位の結果をもたらすと指摘している。即ち田総督以来整備された高等専門教育も、本島人の就学機会が著しく制限されていると、統計資料を比較して説得する。

ここで矢内原の強調力説するのは、第一に初等・中等課程から高等専門・大学に至る植民者（内地人）の独占の動向であり、それは英国の印度支配（愚民化）に共通する印度的統治への批判であった。第二は国語中心の教育の過剰（労多くして功少なし）によって、文化伝達の同化とはならずむしろ徒労、却って本島人の抗議を生みがちとなる。ここで蔡の近刊書『日本々国民に與ふ』を紹介して「真摯と熱誠の書」と絶讃している。そしてその「庶民教育普及の一策」ローマ字運動の総督府による禁止や日刊新聞の発行禁止を強く批判、台湾教育の現状が内地人の支配者的地位の確保に帰すると断じている。

ついで第三に植民地の宗教による教化を論じ、本島人の寺廟信仰や外人の基督教布教について日本側は一指も触れず、神道仏教なども本島人や生蕃人に関心がない。その原因は不明であるが、第四の衛生面においては大いに奏功したと見る。ペストやマラリアの悪疫を減じ上下水道の普及などで民間の衛生状態を改善したことは最も賞讃に価する。但し人口動態において本島人の死亡率はなお高い（出生死亡率の比較やマラリア罹患率を示す）。ここで阿片問題に言及し、明治三〇年後藤新平（内務省衛生局長のち台湾民政局長官）の意見により阿片令を公布、専売制度を布いたが、阿片による財政的誘惑により阿片漸禁の方針を不徹底ならしめたと指摘する。

以上の四つの重点を教育問題として提起し、わずか一九ページに及ぶ台湾教育批判は終わっている。しかし本書は総督府によって禁書処分に付され、八年後の日中戦争の勃発に当たって大陸への侵略を諷し軍部を攻撃した矢内原は、その「筆禍」によって大学を追われた。

昭和二〇年（一九四五）、日本が城下の盟によって連合軍の前に敗れ去ってまもなく、矢内原は元の東京大学に復帰して前述のように大いにその驥足を伸ばした。

ここで本書の「序」の末尾に、矢内原が植民地問題に寄せる心情を吐露し、「虐げらるる者の解放、沈める者の向上、而して自主独立なる者の平和的統合の実現をば衷心仰望する」と明記していることに思い至れば、この稀少の傑れた人格の遺した著述に改めて強い感銘を覚える。

ちなみに、本書については、若林正丈氏による詳細な注および解説を付した労作『矢内原忠雄「帝国主義下の台湾」精読』が、二〇〇一年「岩波現代文庫」の一冊（学術六二）として公刊されている。

（一八）さて、ついにこのグループの最後の資料解説となった。それが領台三五年にして突発した山地人による霧社反乱事件（昭和五年）である。

日本の領台以前から化外の蕃民、生蕃と蔑称されてきた先住の山地民の反抗も、広く見れば台湾の民族運動の一環であり、突発も不意をうたれた総督府側の表現で、そこには積もり積もった不満と計画的な反抗がなかったとは言えないであろう。台湾教育会編『台湾教育沿革誌』も、この反乱をわずか数行で記して敢て論評を控えているが、これこそ施政上の負の事件として公認した証しにちがいない。

「昭和五年十月二十七日、台中州能高郡霧社方面の一部蕃人蜂起し、霧社公学校運動会場を襲ひ、その為遭難者一三九名を生じ、遂に学校も一時閉鎖の已むなきに至った。」（同書四八二ページ）

この霧社は台湾の中央部の高地にあり、当時蕃界中屈指の開明地、蕃人公学校五校のうち注目さるべき開明校と目されていた。かつて大正九年五月、この地を視察した田総督の眼には、「海抜三千八百尺、濁水溪と眉溪とを隔つる丘陵の鞍部に在りて能高・合歓等一万数千尺の高峰に囲まれ、雲霧朝夕四塞し霧社の名に相応しき蕃地である」と映り、公学校では、「生徒約一二〇名、能く国語を解し君が代を歌ふこと内地学童に異ならず」と感嘆している（『田健次郎伝』四六二ページ）。

当日の未明、すでに明治三九年、佐久間総督の理蕃政策によって帰順していた蕃界十一社（タイヤル族中心）のうち六社（マヘボ・ボアルン・ホーゴー・ロードフ・タロワン・スーク）の約三百名の壮丁は、駐在所を始め郵便局、職員宿舎、内地人の家を襲って放火、早朝から催されようとしていた霧社小・公学校、蕃童教育所の連合運動会に殺到、郡守・校長・教員・児童と保護者など一三六名（事件後負傷で死亡二名を加える）を殺戮馘首し、銃器一八〇挺、弾薬二万三千余発を奪って去った。徹底的に内地人が狙われまきぞえになったのは漢民族系の二名にすぎない。首謀者はマヘボ社の頭目、モーナ・ルーダオ（四八歳）とされるが、他にホーゴー社のダッキス・ノービン（日本名花岡一郎）とダッキス・ナウイ（同花岡二郎）の兄弟とする説もある（『現代史資料・台湾Ⅱ』五七一ページ以下、及び藤崎済之助『台湾の蛮族』八九五ページ以下）。

（一九）ここで取り上げた『霧社事件の顛末』（コロタイプ印刷）（二二―⑦）は、台湾総督府が事件発生後いち早くまとめたもので、わずかに三六ページ、事件の原因、発端、経緯、処置など五章にまとめているが、花岡兄弟については言及がない。同年の一二月三〇日付の石塚総督の「諭告」を以て閉じているが、この「意外ノ椿事」に対して「一視同仁ノ聖旨」に基づく「綏撫化育」の理蕃方針を繰り返し強調している。特に「事件ノ原因」として、「蕃族伝来ノ馘首闘争ノ性癖」と「血族団体」による「群衆心理ノ競合」の二点に注目し、不良蕃丁の不満と呪詛などによる偶発的事件として把握し、総督府の「禁圧」や怠慢による責任を無視しているところに注意すべきであろう。この冊子を補足する台湾軍司令部編『昭和五年台湾蛮地霧社事件史』（昭和八年・一六四ページ）でも同様である。突発の原因を多く蕃民に帰し、軍司令部による支援・討伐・掃蕩・警備の経緯にわたって約二か月、一方的な鎮圧過程を詳細に記録し、「特殊戦闘法ノ研究」に資するとしている。ここでは付図付表などの資料が多く掲載され、飛行隊の出撃や山砲による攻撃の記述（毒ガスの記録なし）が多い。

ところで前述の花岡兄弟は蕃人公学校の成績が良好で、兄の一郎は小学校に転入して台中師範学校の講習科を卒えて霧社のボアルン駐在所で蕃童教育を担当する乙種巡査であり、弟の二郎は埔里尋常高等小学校を卒えて霧社分室の警手を勤めていた。いずれも、同族出身の日本名花子・初子と結婚し、理蕃政策の成功例と見倣されていた。したがってマヘボのモーナ・ルーダオの一派からは味方とは目されず、板ばさみとなったため反乱の渦中で自ら死を選んでいく。兄の一郎は妻子を殺して割腹し、弟の二郎は妻を逃がしたあと縊死した。悲惨な運命であったが、そこには山地人としての勇気と慓悍を重視する誇りがあった。（もちろんここには、総督府による理蕃政策上の作為もあったと見られる。事変後の多くの報告書によっても真相は多岐に分かれている。）もともと全島に散在して社を造る山地民（高山族）は焼畑農業と狩猟によって生計を保ち、土木建築や道路造りの労務に従う習慣はなかった。総督府はこれを容赦なく動員、しかも労賃は低く滞りがちであった。このため当然不満が高まっていた。

これをなだめる一策として、総督府は明治三〇年以来山地民の頭目たちを選び、啓蒙のために島内各地や日本々土の都市の観光を企ててきていた。最初の企画は同年八月一杯、長崎と兵庫を皮切りに大阪京都東京横須賀など六か所を廻り、神社・工場・造船所・軍隊・学校などを初め、皇居前・上野浅草など隈なく見学、その感想などを誌して殖産部に提出している（「蕃人観光日誌」公文類纂三六）。埔里社出身の多い一二人の山地民の主な感想は、「内地ノ強盛ナルニ恐怖シ決シテ日本ト戦争セズ」と言う者の多いのに注目している。マヘボ社のモーナ・ルーダオも明治四四年に内地観光に参加したが、一向に怯むところなく、反乱軍を組織し凶行に出ているところ、山地人の誇りと士気の高さが想像されよう。むろん、反乱の動機には植民地官吏の横暴と侮辱、欺瞞と圧制への怒りがあり、風習や言語の強制に伴う怨みもあったにちがいない。

（二〇）とにかく総督府は大規模な討伐軍を組織し、警官一、一六三名、人夫一、三八一名、反乱に加わらなかった「味方蕃」二、七二六名を動員、軍隊も一、一九四名が出動、山砲や機関銃、飛行機や毒ガスなどの近代兵器を駆使して平定に当たった。反抗蕃は山中深く逃れてゲリラに転じたが、六社の人口六百余名のうち二一六名を殺し五〇余日後に漸やく鎮圧した。しかし事件翌年の四月、ロードフの保護蕃約五〇〇人の収容所を味方蕃が襲って一〇一名を馘首するという事件が発生した。いわゆる「第二霧社事件」であるが、事件の再発を恐れた日本側が「以夷制夷」という論法で企てた虐殺であったとされる（鄧相揚著『抗日霧社事件をめぐる人々』二〇〇一年）。また主謀者とされるモーナ・ルーダオだけは山砦の岩窟中に逃れそこで自殺して果てた。三年ほど経って、そのミイラ化した白骨死体と騎兵銃が発見されたが、その長大な骨格は台北帝大医学部標本室に飾られ、さらに東京帝大の標本室に移されたというわさを残した。しかしこれは噂にすぎず、むしろ大戦後の国民政府の遷台後に霧社事件の見直しがなされ、抗日烈士モーナ・ルーダオの白骨遺体は国立台湾大学人類学科から「霧社に帰還」し、「霧社山胞抗日起義紀念碑」の「無名英雄之墓」の後方台地に埋葬されたという（前出『抗日霧社事件をめぐる人々』）。

（二一）ところで、この山地民たちによる組織的反乱事件は、これまで霧社が「蕃界中屈指の開拓地」と目されてきただけに、総督府はもちろん、本土政府や国民を愕然とさせ、領台三五年の理蕃政策を見直させることになった。

事件発生と同時に、総督石塚広義は直ちに政府に進退伺を出すとともに善後策として鎮圧の措置を講じ、二ヶ月後の昭和五年一二月二十日に至って討伐隊を解散、三十日には前述のように「諭告」を発して討伐の終結を宣言、年を越えた翌六年一月六日に顚末書（『霧社事件ノ顚末』、二二一—⑦）を公表、同月十六日に本官を免ぜられ、代わって同日関東府長官太田政弘が新総督に親任された。まずは迅速な措置であった（井出秀和太『台湾治績誌』八二九ページ）。

新任の太田総督は同年二月三日着任、翌日総督府の高等官以下を招集、事件を「近来の痛恨事」と捉え、その原因を追及して「治化の策を確立」せよと訓示した。ここでも、冒頭「一視同仁の聖旨」を強調、「民人の融和」を説くが、同年末に至って新たに「蕃地監察官制度」（昭和七年度より警視一名、警部二名の増員）を設けて、蕃社全体の民生維持のための予算を策定し、一二月二八日各州知事と庁長に対して「理蕃政策大綱」（八綱目）を示達した（前出井出・八三四ページ）。

この大綱の八綱目を一瞥すると、まず第一に「理蕃は蕃人を教化し其の生活の安定を図り一視同仁の聖徳に浴せしめるを目的とす」（一）と目的理念を示し、その前提として蕃人の実態の正しい理解の上に方策をきめ（二）、「信を以て懇切に之を導くべし」（三）と基本方針を明示した。このため教化の眼目として「弊習の矯正」「国民思想の涵養」「実科教育の重視」をあげ（四）、特に土地問題（事件後の集団移住を含む）に注目、農耕（輪耕作及び集団的定地耕）を通して自営独立を勧め（五）、理蕃関係者（警察官など）には「人物主義」に基づき「沈着重厚な精神的人間」をあてること（六）としている。つぎに「道路修築」「交通利便」「撫育教化の普及徹底」を重ねてくり返し（七）、最後に「医薬救療の方法」により「蕃人生活の苦患」を減じ「理蕃の実を挙ぐる」（八）ことを期待している。

要するに従来のように威をもって迫るより信愛の態度をもって接すべしと、理蕃の基本を改めて強調したに尽きる。そして大綱による改善策の一つとして翌昭和七年一一月十日には、警務局長の下に「理蕃視学事務打合会」を開き、ここでも「武断から綏撫へ」と方針転換を示している（『詔勅、令旨、諭告、訓達類纂』（下）一八、六一七ページ）。

（一二）なおこの事件は、領台当初の「芝山巖事件」について連想される事例でもあった。芝山巖では光復後に事件の見直しが起こり、やや史実とは異なる「碑記」を誌し、犠牲となった「六氏先生」の遭難碑を倒し雨曝しにしてきていた。しかしこれについては、地元士林の人びとの間で反省がおこり、西暦二〇〇〇年、恵済宮二五〇年（民国五三年）を経て遭難碑、墓碑ともに修復され、今は日台友好のきづなの一つとなっている。過去の負の遺産に処すべき現代の一つの立場であろう。

そこで想い起すのは、例の蔡培火の『日本々国民に與ふ』の末尾に提示された「生蕃と阿片の救済」の一文である。土地と労力を収奪する資本の横暴に対して、蔡培火はこれを糾弾し彼らの救済を叫んでいた。これはその翌々年に発生した霧社事件への予言とも言うべきものであった。日本留学時代において差別されてきた彼は、次の一文を山内人（山地民）に寄せている。

「本島人同胞よ、我等は手を胸に当てて眼を閉ぢて静かに考へると、生蕃なる語は我等の造ったもので、現在我等の山中に起臥してゐる人々即ち山内人を指すのである。そしてそれら山内人の品性があれ程堕落したのは、全然我等の祖先が彼等を迫害した罪である。」（『台湾青年』第一巻第四号、蔡培火「我島と我等」）したがってそれは一種の「天罰」であり、「過去の罪滅しとして現在の悲運を甘受すべきである」とし、一転して「先づ生蕃なる語を廃し、その教化問題を我等が誠意を以て解決の道を講ずること」、同時に「内地人の無理なる差別と圧迫に対して敢然として抗議を為すこと」（同前書）と提案するのである。

この提案に応ずる暇もなく、昭和の日本は二〇世紀の戦乱の渦中に自らの身を投じ、総力戦の中で総督専制を改めたり、「高砂義勇隊」を結成したり、国民学校の再編の中で台湾の義務教育を推進し、林献堂など本島人三名を勅選貴族院議員に推して帝国議会に参加させようと試みていくが、時すでに遅し、一敗地に塗れる運命を辿っていくのである。

（二三）最後に、この霧社事件に関する資料について一言付け加えておきたい。文中で参考にした資料の他に、不可欠のものは戴国煇編集の『台湾霧社蜂起事件―研究と資料』（社会思想社・一九八一年）である。共同研究者五名による力篇で、研究篇（九点）資料篇（六点）から成り、関係文献目録として単行本三六点、関連記事を含む単著が九二点、島内雑誌関係八八点、日本国内雑誌七七点を整理して掲載している。まさに集大成というべきものであろう。またこの種の題材は「日本文学に現れた霧社蜂起事件」（『台湾新文学運動の展開』河原功・一九七七年）と言うように、文学的対象にもなり得るところから、今後も多様なテーマとしてとりあげられていくように思う。

内容構成〈第三集〉教育施策関係資料　六冊（第一七巻～第二二巻）

冊・巻	文献名	編者・発行者	発行年月	判型	ページ数
第一七巻	詔勅、令旨、諭告、訓達類纂（上）	台湾総督府警務局	昭和一六年三月	A5判	四三四
第一八巻	詔勅、令旨、諭告、訓達類纂（下）	台湾総督府警務局	昭和一六年三月	A5判	五二〇
第一九巻	①学務部創設以降事業ノ概略 〈付〉本島ノ実業教育振興ニ関スル卑見（某氏）	児玉喜八（？）	明治三一年？	手書き文書	二五丁
	②児玉源太郎総督宛上申 〈付〉台湾教育施設之順序（明治二十八年九月立案）・書房義塾ニ関スル規程	伊沢修二	明治三一年六月	手書き文書	三九丁
	③台湾総督府公学模範学校規則案	伊沢修二	明治三〇年	四六判	二二
	④楽石自傳　教界周遊前記（部分）	伊沢修二君還暦祝賀会	明治四五年	A5判	一〇八
	⑤伊沢修二先生と台湾教育	台湾教育会	昭和一九年	A5判変形	一八二
第二〇巻	①県治管見（部分）	持地六三郎	明治三五年？	手書き文書	二五丁
	②台湾ニ於ケル教育施設ノ要領覚書	持地六三郎	明治三六年？	手書き文書	一六丁
	③台湾殖民政策（部分）	持地六三郎	明治四五年七月	A5判	一五二
	④教育勅語ニ関スル調査概要	台北師範学校	大正一四年一月	A5判	三〇
	⑤第壱回台湾総督府評議会会議録（部分）	台湾総督府	大正一〇年六月	A5判	八二

	⑥第参回台湾総督府評議会会議録（部分）	台湾総督府	大正一一年六月	A5判	六六
第二一巻	①義務教育ニ関スル調査	台湾総督府	大正一〇年六月	A4判	三六八
	②台湾大学設立論	久保島天麗 台湾大学期成会	大正九年三月	A5判変形	三〇
	③文化の建設—幣原坦六〇年回想記（部分）	幣原坦	昭和二八年二月	四六判	四二
第二二巻	①（台湾大学設立関係資料） (1)台湾大学設立ノ主旨 (2)台湾大学ニ文学部併置ノ理由 (3)㊙大学創設ニ関スル調査 (4)㊙大学創設経費ニ関スル調査	『伊澤多喜男文書』	大正一四年一〇月?	手書き文書	六二丁
	②懊悩せる台湾大学	安藤盛	大正一五年五月	四六判	二六
	③苦難の台湾大学	宮川次郎	昭和三年一月	四六判	二六
	④裏切られつつある文教政策	宮川次郎	昭和三年一月	四六判	二〇
	⑤日本々国民に與ふ	蔡培火	昭和三年五月	四六判	一九四
	⑥帝国主義下の台湾（部分）	矢内原忠雄	昭和四年九月	A5判	三四
	⑦霧社事件ノ顛末	台湾総督府	昭和五年一二月	A5判	四四

解題　第四集「学校経営関係資料」について

弘谷　多喜夫

Ⅰ

(一)学校経営という語の使われ方を用例によってまとめてみると、国家の行政の一部として教育を教育法規にもとづいて律していこうとするとき学校管理といい、教育法規を各種別のあるいは個々の学校として主体的にとらえようとするとき学校経営というようである。後者の意味からの派生として、学校の単位である学級を学校経営の方針にもとづきながらも担任が主体的に一つのまとまりを持たせてとらえようとするとき学級経営といっている。

(二)本史料集成第四集「学校経営関係資料」には、ほぼ右のような範疇でくくれる十二点の文献をもって構成し、五巻にまとめた。これらを大きくグループ別に整理して配列すると、次のようになる。

一、久住栄一『改訂　公学校管理法概要(全)』昭和一〇年
二、伊集院一秀『随筆　公学校教育二〇年』昭和一五年
三、台北第一師範学校附属公学校研究部『公一の教育』昭和八年
四、木原義行・佐藤源治『台湾に於ける国民学校の経営』昭和一八年
五、台北第二師範学校附属国民学校『実践行事解説』昭和一八年
六、西巻南平『公学校教師論』昭和四年

七. 台湾総督府学務部『台湾ニ於ケル私立学校概況』大正六年度
八. 台湾総督府内務局『私立学校概況』大正一〇年
九. 台湾総督府学務課『台湾公学校新入学児童観念調査成績』明治四四年
一〇. 台湾総督府内務局学務課『台湾ニ於ケル学校児童ニ関スル研究』大正一二年
十一. 台湾総督府内務局『台湾人児童の長所及短所に就て』大正一〇年
十二. 台湾教育会『台湾中等学校学力調査成績』昭和七年

Ⅱ

(三) 前掲の文献一覧一二点のうち、最初の六点(一〜六)は、学校経営や学級経営に関する個人あるいは学校による著作物である。

最初にあげる久住栄一『改訂　公学校管理法概要(全)』(二三—①)は、公学校の管理運営に関する著書で、全文一九〇ページよりなる。奥付によれば、初版は大正一二年一〇月、昭和六年修訂四版、ここに収めたのは改訂第六版である。著者によれば(第一章)、公学校管理法とは「台湾教育令の趣旨を遵奉し台湾公立公学校規則其の他公学校教育に関係ある諸法規命令に準拠して公学校教育の目的を達成する方法を講究するもの」という。本書の目次構成は次のようになっている。

第四章　公学校の設立及廃止
第五章　公学校の教科
第六章　公学校の編制
第七章　公学校の設備
第八章　公学校の児童
第九章　公学校の職員
第一〇章　公学校の事務
第一一章　公学校の費用
第一二章　公学校の管理及監督
第一三章　学校衛生
附録　一、台湾教育令　二、同上　施行ニ関スル諭告　三、官吏服務紀律　四、小学校教員心得
　五、台湾公立公学校規則　六、〜八（略）

第三章以下の各章は、諸法規に準拠しながら講究されている。その法令の主なものは附録につけられており、それをみると、本文の構成的、内容的に中心をなしているのは、五．台湾公立公学校規則であることがわかる。

著者の久住栄一のことは次の伊集院の著作に出てくる。それによれば、大正一二年当時は台北師範学校附属公学校主事で、間もなく内地へ栄転した、とある。その人となり「厳格で学校の訓練について定規にあてはめてきちんきちんとやっていこうとするので小言が多かった」と記されている。

（四）次に上げる伊集院一秀『随筆　公学校教育二〇年』（一三一―②）は、半生を公学校教育に捧げた一教師の回想録で、本文二七七ページ。自序によれば、著者は「大正六年三月、国語学校公学師範部甲科を卒業、新竹州下の新埔公学校の先生を振出しに訓導生活九箇年。校長としては同州下の後龍公学校長兼同農業専修学校長を眞先に、これも同じく九箇年間、後の二箇年は郡視学生活といふ三つの生活をして来た。」とある。目次に従って勤務先を順にあげておくと、

一．新埔公学校　二．附属公学校　三．後龍公学校（校長）四．関西公学校（校長）五．紅毛公学校（校長）六．桃園郡役所（視学）七．新竹女子公学校　八．苗栗第二公学校

これからわかるように、著者は訓導として学級経営に、校長として学校経営にたずさわり、又視学として教育行政にもかかわった。著者がこよなく子供を愛し、授業を愛し、研究熱心で、学級経営にすぐれた力を発揮した人物であったことは、「新埔公時代に於て研究したものは学級経営と立体数字それから中隊教練であった。学級経営は新埔公在任記念として『台湾教育』に出した（大正八年四月号から八月号まで）。」とある通りである。本書に多く載せられている各学校・学級経営案によって実際の様子がわかる。三〇才で校長になっているが、性格的にやりすぎるところがあり、最後は郡守に嫌われて高級（給？）教員淘汰策の標的になって辞めさせられている。なお、本文中及び台湾総督府職員録には名は「俊秀」とあるが、本書の表紙と奥付に従った。自序の後半部分に欠落（推定一ページ）がある。

（五）台北第一師範学校附属公学校研究部『公一の教育』（二一五）は、公学校における学級経営の具体例を知る上で有用な書物で、四七七ページからなる大著。同校主事の折戸傳吉が序言を記しているが、それによれば、「本書主として実際に公一の学級経営に携はりたる宋登才訓導の手に成り渡辺訓導をはじめ話し方研究部員の協力したもの」とあるように、「台湾人」訓導の書いたものである。同校は、いわば全島四〇〇余の公学校の総本山である。先に紹介した伊集院訓導もそうであるが、優秀な選り抜きの教員が集められ、熱心な研究と実践の活動を行い、全島公学校のパイロット的な役割を果す位置にある。「（公一をどのように改革するにせよ）わすれられぬ公学校教育の根本精神にそはれるよう」ということが動かぬ前提にあっても、実際の学校経営では、昭和八年という時点でなお、近代ヨーロッパの教育思想から孤立することなく、「実際的方案を産出する」という雰囲気があったことがわかる。このことは例えば、著者の宋が、はしがきで「教師と児童の共働生活の中に（方向を見出す）」と主張し、「『生活が陶冶する』というペスタロッチの眞実が身にしみる」と言うことにあらわれているし、これが一訓導だけのものではなかったことは、先にあげた主事の序言においても「常に其の根底に流れて変りなき教育の姿を認めざるを得ない。我等は是を教育における自発性の原理と呼んでいる。『公一の教育』は公学校初学年に於て実にこの原理を如何に運用し得るかを例証せんと試みたもの」とあることからもわかる。構成は、

第一　こども
第二　あそび・しごと
第三　あしあと
附録　同行者の叫び

からなり、附録に紹介されている全島の公学校教師からの意見も、昭和八年の時点での公学校教育の現場の動向を知る上で役に立つ。

（六）『台湾に於ける国民学校の経営』（二六―①）は、表題の示す通り、学校経営についての昭和一八年時点での具体例である。著者の木原義行は、昭和一七年度台湾総督府職員録によれば、台北第一師範学校附属第一国民学校主事。同じく佐藤源治は本校の台北第一師範学校舎監である。つけ加えると、前述の前主事であった折戸傳吉は本校では筆頭教諭、木原が次席である。木原の官位には陸軍少尉従六とついている。佐藤の舎監という地位は他に九人の名前があり佐藤が筆頭である。

本書は昭和一七年初版、同一八年国民学校の義務制施行によった改訂増補版（二版）である。緒言に「本島に於ける国民学校の経営につき本質的に、且つ実際的に解明せんことを企図した。特に全体を通じて国民学校に関する諸法規の説明に意を用ひた。」とある。附録に一・国民学校制度実施ニ伴フ関係法令（二・年中行事解説）が載せられていて、これが全三二一ページのうち約一〇〇ページ、即ち三分の一を占めている。目次を示せば、次のような構成になっている。

第一章　国民学校の本質（第一節　台湾における教育制度　第二節　国民学校の目的　第三節　国民学校教養の要旨　第四節　国民学校経営の根本原理）
第二章　課程
第三章　教科用図書・映画及放送
第四章　課程表による授業

第五章　行事及団体訓練
第六章　就学
第七章　編制
第八章　職員
第九章　設備
第一〇章　設置及管理
　附録

これをみると、多少の前後はあるが、冒頭に紹介した久住『公学校管理法概要（全）』の第二章以下とほぼ同じ構成であることがわかる。従ってその構成が前書では台湾公立公学校規則であったのと同じで、本書では、台湾公立国民学校規則に主として則っている。諸法規の法体系では、台湾教育令が規定するのは内容としては、公学校教育のみであるが、これも国民学校令によることになったのである。従って国民学校令施行規則と台湾公立国民学校規則とは、構成も条文も基本は同じである。

　本書の教育思想の立場を紹介すると、「我が国の教育は国体に淵源するが故に、国体に基く皇国の道に則るものである。皇国の道に則らない教育は皇国の教育ではない。従って我が国の教育は個人主義的教育学の唱える自我の実現、人格の完成といふが如き、単なる個人の発展完成のみを目的とするものとは全くその本質を異にしている。」というものである。これを上掲の『公一の教育』と対比させてみると、台北第一師範学校附属公学校（第一国民学校）が発信する教育思想が一変していることがわかる。ちなみに、宋訓導の名は既に当校の職員録には見当らない。

なお、ここには収録しなかったが、佐藤には『国民学校の本義』（昭和一八年七月刊）がある。この本は「国民学校の教育学とも称すべきもの」と言い、「国体に対する信念がそのまま教育学であり、それがそのまま教育行政である」とし、教育をすべて、天皇の御製（和歌）、勅語、詔書から敷衍したものである。しかし、これが単に佐藤個人としての思想を述べたものでないことは、収録しなかったが、台北市建成国民学校『国民学校設営の概要』（昭和一七年五月刊）にある次の一節からも明らかである。文字どおり学校あげて実践されたのである。

「聖戦のさなか、また戦ひのどよめきのもと、開けゆく興亜世紀のあけぼのを縫って、国民教育は今、ひたすらなる一つの道にそって進んでいる。昭和十六年四月国民学校令が実施され、台湾公立国民学校規則が施行されて、われわれのなすべき目標がはっきり示され、之によって、またわれわれの進むべき方向がはっきり規定された。本校は之に則り態制《ママ》を整へこれを導きの星として去る一年のあゆみを続けて来た。」（序にかえて）

（七）こうした学校での具体的実践を例示しているのが、台北第二師範学校附属国民学校『実践行事解説』（二六―②）である。本書は、「はしがき」で、まず「国家的及び国民的行事を正しく行ふことは次代の国民の情操を陶冶する重要な機会である」と行事の意義を位置づけ、「本書は永年当校で実施してきた事柄を検討し解説して纏めたもの」とある。内容は四月から翌年三月まで（四〜八月が第一学期、九〜一二月が第二学期、一〜三月が第三学期）各月毎に、例えば四月だと、まず四月の心構、次に四月の実践行事表（上段に国民的行事、中段に学校行事、下段に社会的行事と大東亜戦誌、最下段に訓練の目標や注意事項）、最後に行事解説として、一つ一つの行事について、意義ややり方など次第をあげる。ちなみに、四月に行われたものを解説の順にあげると、①入学式(4/1) ②始業式(4/1) ③神社参拝(4/2) ④神武天皇祭(4/3) ⑤教育の任に在る者に勅語を下し給ひし日(4/3)

⑥愛林日(4/2)　⑦大掃除及新学年整理(4/4)　⑧愛馬の日(4/7)　⑨大詔奉戴日(4/8)　⑩花まつり　⑪保護者会幹事会(4/11)　⑫級長旗手任命式(4/10)　⑬諸編成改組(4/14)　⑭皇太子殿下行啓記念日(4/16)　⑮防空訓練(4/17)　⑯保護者会総会(4/19)　⑰春季身体検査(4/20)　⑱靖国神社臨時大祭(4/22)　⑲皇后陛下の令旨を下し賜ひし日(4/28)　⑳天長節(4/29)　㉑建功神社祭

この他に毎週月曜日は職員体育会、第一・第三火曜日は職員研究会、毎週水曜日は少年団訓練、としている。

（八）西巻南平『公学校教師論』（二七―①）は、学校・学級経営の一部をなしていると言って良い著作物である。つまり、学校・学級経営関係の著作が誰れに向けて書かれているかと言えば結局教師である。教師に学校・学級経営のモデルを提供し、教師の自覚を促しているのである。従って学校・学級経営は一面教師論であるといえる。著者西巻は、台南師範学校附属公学校主事。緒言において、彼は次のように語っている。

「学級の経営には多くの方法と仕事とがあろう。併し何と言っても其の経営の中心になり実績を収めて行くものは教師にある。教師その人を得なければ、如何に方法があっても如何に努力しても実績は挙がらない。之が此の小論文を草した所以である。……吾々は公学校教師の本質と使命とを明らかにして、自ら進むべき道を求めようとした。」

目次構成を示せば、

第一章　序論
第二章　本質論
第三章　使命論
第四章　教師養成論

から成るが、第三章が全三八一ページ中一七八ページを占めていて、一番分量が多い。

第一章　序論をみると、「公学校教育の制度は玆に完備の域に達せんとしている。今の唯進んで行けばよい処に、意気と熱誠とに欠ける処を生ずべきを憂へる」とし、「教師の職業化、そこに意気と熱誠との欠如がある」と言う。第二、三、四章に展開される具体的な主張については省くが、折戸と佐藤が触れた近代ヨーロッパの教育思想に対する受容に関連した箇所を紹介しておくと、「吾々の依らんとする教育思想が多くあるにも拘らず吾々は現行の制度に拠り現在の職員組織と経済関係の上に立ってその使命を完了していくべき方法はと着眼していく」とするのが、基本的立場である。ここで言っている使命とは言うまでもなく、国家の教師として国民精神を養うことであるが、彼らにとって国家と国民は矛盾しないものであるのは、それが日本国家であり日本国民だからである。国家と国民は日本を媒介項として一体である点が特徴である。それが、日本即ち天皇という思想を根本としていることは言うまでもなかろう。

Ⅳ

（九）冒頭に掲げた文献一覧一二点のうち、後半の六点（七〜一二）は、台湾総督府学務当局あるいはその下部組織が、学校経営に関する資料として作成した調査のまとめである。このうち、以下の三点は、いずれも「第一次台湾教育令」（大正八年）および「改正台湾教育令」（大正一一年）の制定に関わるもので、勅令の審議にあたり枢密院に提出された。

- 台湾総督府学務部「（秘）台湾ニ於ケル私立学校概況」大正七年（二七―②）
- 台湾総督府内務局「（秘）私立学校概況」大正一〇年一二月（二七―③）

●台湾総督府内務局「台湾人児童の長所及短所に就て」大正一〇年一二月（二四―③）
調査そのものは、植民地政府（台湾総督府）として教育政策を策定していくための調査の一つであるが、本国政府から勅令として出される法令は、原案は植民地政府（台湾総督府）が提出するが、それらは本国政府において法体系・法令の整合性や朝鮮植民地との関係、政治的意志（審議）などによって修正されていく。その際、原案の政策意図や植民地の現状をより適確に反映させようとする政治的な職務の一環として、このような資料が作成され、提出されるのである。

（一〇）「(秘)台湾ニ於ケル私立学校概況」（二七―②）には「参照　第四号」とあり、『枢密院会議文書』「台湾教育令」（枢密院決議・一、台湾教育令・大正七年一二月一八日修正決議）中の「台湾教育令委員会書類」のひとつとして収録されており、三七ページ。もともと他の一編「内地ニ於ケル台湾留学生概況」との合冊であるが、留学生関係の資料はここには省略した（第七集「地方教育誌」参照）。

内容をみると、まず大正六年度末として「私立学校一覧表」が上段から①校名科目、②程度、③修業年限、④学級数、⑤性別、⑥教員数（内地人、本島人、外国人別）、⑦生徒数（内地人、本島人別）、⑧大正六年度卒業生（内地人、本島人別）、⑨設立者、⑩所在地、⑪経費総額、の順で立てられ、作成されている。次いでこれら上表に掲げられた私立学校十九校が、台北中学会から順に一つずつ、(1)設立年月　(2)目的　(3)修業年限　(4)設立者　(5)職員　(6)生徒　(7)設備　(8)維持法　(9)学校ノ現在並ニ将来、の項目で詳しく記述されている。最後の頁には「附録　私立教育施設」として、「台湾書房ニ関スル調査」と「台湾幼稚園ニ関スル調査」の二表が掲載されている。調査年度は記されてないが、大正六年度のものである。

この資料中、私立学校に対する教育政策については直接触れられていないが、例えば次のような記述（台南長老教中学校についての記述の(9)の項）「本校ハ教頭以下主要職員ハ本島人ニシテ学校経営ノ主力本島人ニアルカ如シ此ノ点ハ特ニ考慮ヲ要スルコトナルベシ。領台以来本校卒業生ニシテ特ニ不逞ノ徒ヲ出シタルコトヲ聞カズ。」に、私立学校に対する政策意志の一端をうかがうことが出来よう。

（一一）次に掲げる「(秘)私立学校概況」（二七—③）も、「参照　台湾第一七号」とあり、大正一一年「改正台湾教育令」案の審議に際し、枢密院に提出されたもので、『枢密院会議文書』「台湾教育令」（枢密院決議・一、朝鮮教育令・一、台湾教育令・大正一一年一月二五日決議）中の「朝鮮教育令及台湾教育令両案参照書類」のなかに収録されている。改正教育令の審議にあたり、枢密院では朝鮮・台湾の両教育令案が併せて検討された。そのため、参考資料類も朝鮮・台湾それぞれ通し番号を付して提出されているわけである。全文一〇ページの資料ながら、前掲の「(秘)台湾ニ於ケル私立学校概況」とともに、日本統治下台湾における私立学校に関する数少ない貴重な資料となっている。

内容は「第一、概説」以下、七節で構成されているが、「第一、概説」で「其ノ多クハ領台後ノ設立ニ係リ教育ノ方法一般ニ穏健ナルヲ以テ在学生卒業者ヲ通ジ社会ノ問題トナリタルコト殆ンド之ヲ耳ニスルコトナシ。児童生徒数ニ於テ私立学校ハ僅ニ官公立学校ノ一・一％ニ当レルノミナリ」とあり、朝鮮と違うことが意識されていよう。以下、「第二、最近五ヶ年間ノ私立学校ノ変遷」「第三、私立学校ノ所在地ト設立者」「第四、私立学校ノ種類及程度」「第五、各種私立学校ノ概況」「第六、卒業者ノ状況」「第七、書房」と続くが、「第六、卒業者ノ状況」の中にも「(専門程度の神学校について)従来特ニ問題トナリタルモノアルヲ聞カス」との記述が見られる。統計は大正九年度末のものである。

なお、ここには収録しなかったが、改正教育令関係で、他に二つの謄写版刷りの資料がある。一つは、台湾総督府内務局「(秘)台湾ニ於ケル私立学校」(大正一〇年一二月)で、「参照 台湾第五号」の押印があり、八ページ。内容は、「私立学校ノ現状」(概況)および「台湾ニ於ケル私立学校」「私立学校教員数及経費」「逐年書房、教員、生徒数」「幼稚園現況」の四表で構成される。統計数字は、前掲の「参照　台湾第一七号・(秘)私立学校概況」(二七―③)と同じである(但し、第一七号には「幼稚園現況」を欠く)。これは、次にあげる「私立学校一覧」以下の五表と合わせて、「参照　台湾第一七号」としてまとめられ、活版印刷のうえ改めて枢密院に送られたものと思われる。

他の一つは「私立学校一覧」(大正一〇年三月末現在)、「私立学校累計統計表」(明治三一年～大正六年)「書房現況」(大正一〇年四月現在)、「逐年書房、教員、生徒数」(明治三三年～大正八年)「幼稚園現況」(大正一〇年四月現在)の五表で、二〇ページあるが、標題は付けられていない。台湾総督府が内閣に上申した「台湾教育令改正案」に参考資料として付されたもので、『公文類聚』中の「台湾教育令ヲ定ム」(公文類聚・第四六編・大正一一年・第二二巻・学事・学制・大正一一年一月三〇日)に収められている。

V

(一二)台湾総督府内務局学務課「台湾公学校新入学児童観念調査成績」(二四―①)は、表題ページの裏に明治四四年五月三一日付で、「本書ハ公学校ニ於ケル教授其ノ他教育上ノ施設ニ資センガ為メ入学当初ノ児童約一千名ニツキ其観念情態ヲ調査シタルモノナリ」との説明が記されている。全文一一六ページ。台湾総督府学務当局による最初の本格的な公学校児童に対する意識調査といえる。

緒言によれば、「本調査ハ明治四十三年四月新ニ入学セル満七才以上八才以下ノ児童ニツキ別紙調査用紙所載ノ事項ニツキテ調査」したもので、調査用紙もつけられている。調査用紙は八九項目が四つに区分されており、それぞれ調査方法が異なる。以下、記述文で第一　発問法による調査項目「飯ハ如何ニシテ作リタルモノカ」など九項目についての結果、第二　称名法と指示法による調査項目「右手」など三二項目についての結果、第三　問答法（知っているかどうかを質問を重ねてよく確めて判定する）による調査項目「日ノ出」など四七項目についての結果、第四　数の観念の調査項目「数を数えさせる」一項目についての結果、これらがそれぞれ、記述文に続いて載せられている第一表から第三一表までの統計数字を根拠として事項別、男女別、職業別、地理別、地方別で論じられている。ちなみに第一　発問法の結果の事項別分析をみると、正答者が最も多かったのは、「着物ノ製法」で七〇四人、正答者が最も少なかったのが「塩ノ製法」九九人、次いで「総督」一〇二人であった。

（一三）次に掲げる台湾総督府内務局「台湾人児童の長所及短所に就て」（二四―③）も、大正一〇年一二月付の序文に、「総督府に於ては本年六月施設上の参考として台湾人を教育する各学校より台湾人生徒児童の長所及短所竝に之に対する当該学校の訓練に関する意見を徴したるが左に掲ぐるは台湾人児童の長所短所に関する回答を要約したるものなり」とある。学務当局が現場教師に対して行った公学校児童の性格・特性に関する意見調査の結果をまとめたもので、全文七ページ。台湾児童の長所として、「記憶力に富む」など一三項目、短所については「研究心乏し」など一四項目が挙げられている。これも、大正一一年「改正教育令」審議の際、参考資料として枢密院に提出された。表紙に「参照　台湾第七号」とある。「朝鮮教育令及台湾教育令両案参照書類」のなかには、謄写版刷りの同文資料もある。後に活字版に差し替えられたものであろう。
（一四）台湾総督府内務局学務課『台湾ニ於ケル学校児童ニ関スル研究』（一二四―②）は、大正一二年一月付序文によれば、「本編ハ本島ニ於ケル内台人児童ノ身体竝心意両方ニ付、元台湾師範学校教諭附属小学校主事平塚佐吉ガ十年間ニ亘ル継続的ノ研究ニシテ有益ナル参考資料ト認ムルニ由リ印刷シ頒ツ」とある。全文三〇〇ページに近い大冊で、解説の部・表の部・図の部の三部で構成されている。解説の部の第一章「緒言」に平塚の研究意図が述べられている。それによれば、従来台湾の気候は内地人児童にとって「健康上不良」「数理ニ関スル学科ノ学習ニ不利」などと言われてきたし、教師からも内地人児童が「気力ニ乏シ」とか「注意散漫」「不規律」などの意見が多かった。これらは「コノ気候風土ガ児童教養上身体竝ニ精神ニ及ボス影響ノ如何ヲ厳密ニ考察シコレヲ教育施設上ニ応用スベク根本的研究ヲ急要」しているとする。解説の部の二章以下をあげれば、「第二章　調査方法」「第三章　気候ト児童ノ身体」「第四章　季節ト児童ノ健康」「第五章　児童身体ノ発育」「第六章　児童ノ生月ト学業成績」「第七章　渡台別ニヨル算術科成績」「第八章　児童ノ精神能力」である。
表の部は二〇七表、図の部は六二表と膨大なものであるが、解説で使われている表は三六表まで、図は四〇図までである。これは、研究は常務の余業であるため材料が古くなるのを恐れて、四年で整理事務を打ち切ったからである。これだけでも調査とその整理の苦労がうかがわれるが、特に「第八章　児童ノ精神能力」についての調査は、平塚が自ら作成し（一号から六号まで）調査したものであったが、原票一二万枚以上を点検した結果、大多数が記入の要件を満たしておらず、再調査・再々調査の必要があり、修正往返をくり返したが、結局自ら直接調査実験した二枚のみで整理せざるを得なかった、とある。観点によっていろいろな利用の仕方ができる研究である。

（一五）台湾教育会『台湾中等学校学力調査成績』（二四―④）は、奥付の横に発行人として三屋静の名前が記されている。三屋は、当時台湾教育会の理事。「序」によれば、本調査報告の趣旨は、次のとおりであった。

「昭和六年十月十九日全島公立中学校・公立実業学校及公立高等女学校　第四学年の学力を調査する一方法として、中学校及び実業学校に於ては英文和訳・和文英訳及代数につき、高等女学校に於ては国語及東洋史につき試験を施行し、之に依って本調査の主目的たる学力の一端を窺知し得たのみならず、平素の教授に際して注意すべきことにつきても亦暗（一字不明）を得たるものあるを認む。乃ち之を印刷に付し教授上の参考資料とす。」

本文は、①英語科英文和訳、②英語科和文英訳、③代数科、④国語科、⑤歴史科（東洋史）の順で、それぞれ出題者（和文英訳のみ高商、他は高校の教授）が、問題、(一)試験問題選定の主旨、(二)採点の方法、(三)各問題別学校別成績、(四)成績に関する感想及び教授上の希望事項、の項目で執筆している。調査対象となったのは、中学校一〇校、実業学校六校、高等女学校一二校と全ての学校である。ちなみに最後に載っている　各学校各学科平均点一覧表をみると、総平均点（いずれも一〇〇点満点）は　英語科英文和訳　二九点、英語科和文英訳　一四・三点、代数科　一九・二点、国語科　三四・四点、歴史科（東洋史）二七・六点、であった。

内容構成〈第四集〉学校経営関係資料　五冊（第二三巻～第二七巻）

冊・巻	文献名	編者・発行者	発行年月	判型	ページ数
第二三巻	①改訂　公学校管理法概要（全）	久住栄一	昭和一〇年四月	四六判変形	一九〇
	②随筆　公学校教育二十年	伊集院一秀	昭和一五年六月	A5判変形	二七七
第二四巻	①台湾公学校新入学児童観念調査成績	台湾総督府学務課	明治四四年五月	A5判	一一六
	②台湾ニ於ケル学校児童ニ関スル研究	台湾総督府内務局学務課	大正一二年一月	B5判	二九六
	③台湾人児童の長所及短所に就て	台湾総督府内務局	大正一〇年一二月		七
	④台湾中等学校学力調査成績	台湾教育会	昭和七年二月		一一七
第二五巻	公一の教育	台北第一師範学校附属公学校研究部	昭和八年四月	四六判	四七七

第二六巻	①台湾に於ける国民学校の経営	木原義行・佐藤源治	昭和一八年一〇月	A5判	三三六
	②実践行事解説	台北第二師範学校附属国民学校	昭和一八年四月	A5判	一六二
第二七巻	①公学校教師論	西巻南平	昭和四年一月	A5判	三九七
	②(秘)台湾ニ於ケル私立学校概況	台湾総督府学務部	大正七年		三七
	③(秘)私立学校概況	台湾総督府内務局	大正一〇年一二月		一〇

解題　第五集「台湾教育関係著書」について

上沼　八郎

I

（一）　本史料集成第五集「台湾教育関係著書」は、台湾教育の歴史的社会的展望を中心とした単著として以下の九点を収録、これを八巻にまとめた。もちろん領台五〇年間には、このほか多くの関係文献が登場するが、それらは第三集などに譲り、ここでは代表的と思われるものを取り上げることとした。

一、台湾教育会『台湾教育沿革誌』昭和一四年
二、吉野秀公『台湾教育史』昭和二年
三、佐藤源治『台湾教育の進展』昭和一八年
四、台湾総督府民政部総務局学務課『台湾教育志稿』明治三五年
五、町田則文『明治国民教育史（部分）』昭和三年
六、台湾教育会『芝山巌誌』昭和八年
七、石坂荘作『御賜之余香』大正一五年
八、J.H.Arnold, *Education in Formosa*, 1908

九、Mosei Lin, *Public Education in Formosa under the Japanese Administration*, 1929

これらは必ずしも出版年次の順にはなっていない。末尾の英文二点を別として、和文については総論的なものをトップにおき、全体から個別に、一般から特殊へと半世紀に及ぶ植民地教育の歩みをたどる行程を語るように配列してある。

（二） この点で補足しておきたいのは、教育史の展開していく背景や基調としての社会の実態、即ち政治や経済・法制や民治上の視野が必要となることである。そのために台湾始政一〇年にあたって刊行された次の二点を参考文献としてあげておきたい。

・伊能嘉矩『領台十年史』（明治三八年六月）

・竹越与三郎『台湾統治志』（明治三八年九月）

（三） 右のうちまず伊能嘉矩（一八六七—一九二五）は、岩手師範学校中退後上京して新聞記者となったが、「新聞紙条例」違反で禁固刑を受けた。その後東京人類学会に入り研究活動を始めた。日本の台湾領有が決まるや、いち早く単身で台湾に渡って総督府民政局の雇員となり、島内の歴史や民俗を始め、原住民の言語なども自学自習に努め、学務部に属して芝山巌事件の事後処理にもあたった。日露戦勝を機に総督府の「施政十年の祝賀記念」が開かれた時著した『領台十年史』（一〇八ページ）は、後藤民政長官の意に適い、「列国の植民経営に貽《おく》るに堪へたる国家的名誉の歴史」（序）であると賞賛された。ここには教育の記事はなく、主として行政立法を中心とする施政を論じている。この書の刊行直後伊能は帰国し、多くの台湾関係の著書論文を遺し、五八歳、若くして逝った。代表作に没後刊行された『台湾文化志』三巻（昭和三年刊）がある。

（四）今一人、竹越与三郎（一八六五―一九五〇）は、一八歳の時に埼玉県から上京、同人社や慶応義塾で学び、福沢諭吉の時事新報や徳富蘇峰の国民新聞で健筆を揮い、西園寺公望の知遇を得て国会議員となり、みずから二度渡島して資料を集め、『台湾統治志』（明治三八年刊、本文五三四ページ）をまとめあげた。地理、人文、産業をはじめ、「蕃地」開拓から教育・宗教・慈善・衛生まで概観し、特に教育面では公学校の普及に注目し、領台一〇年の成果を強調している。

以上、伊能と竹越と、期せずして有能な在野の啓蒙的史論家の手に成る右の二著は、台湾研究の好個の入門書と言っても過言ではあるまい。

（五）ところで、この領台一〇年の視点に対して、領台の終期に入る四〇年の節目にあたって、台湾統治の全体を観望分析した大著を見逃すことができない。総督府税関事務官を勤めあげた井出季和太（一八八〇―？）による浩瀚な『台湾治績志』（昭和一二年二月、一、一二三六ページ）がそれである。

井出は信州佐久の出身、明治四二年（一九歳）で東京帝大（政治学科）を卒え、直ちに樺太庁に職を得るが、大正三年病気で退官、翌年台湾総督府財務局の雇員となり、翌年から税関事務官として淡水、基隆、高雄などの支署長を勤め、対岸華南方面の視察を経て大正一四年（一九二五）台北税関監視部長となった。勤務の傍ら台湾の史料収集や史実の記録に関心を深め、「所見博くして創思に富める読書家」などの評が高かった（中村文生『在台の信州人』大正一四年）。昭和一三年に退官、その後東亜経済調査局嘱託に任じた。この書物は総督府在職時代の研鑽の総決算ともいうべき論著であろう。後に補論として『南進台湾史考』（昭和一八年二月刊）も公にしている。井出には、このほか『南支那農業問題の研究』（昭和一四年）や『南洋と華僑』（昭和一六年）など、華南や南方地域、華僑問題などに関する二〇編を超える著書もある。戦後は法政大学や拓殖大学などで教鞭をとる。経済学博士。昭和二五年には『講和会議と台湾の帰趨』なる一書も著している。

本書は巻頭に前・現総督や前・現総務長官の題字を掲げ、台北帝大総長幣原坦や旧友の図書館長などの「序」を掲げているが、知人の尾崎秀真は、「改隷以来本島百般の歴史を闡明」した「本島文化史上空前絶後の功績」であると激賞を惜しまない。本人も「修史よりも一種の台湾事情調査報告書」であると謙辞を述べる一方、「本島統治の驚異すべき成績を内外に播揚せん」として「歴代総督の事功」を中心に記述したと述べている（「例言」）。

こうして全巻を前・後編に二分し、前編が治績概観、後編が歴代総督の治績から成るが、ここで注目さるべき「教育」問題は、この大著のなかに組み込まれ、溶かしこまれている。

例えば、前編では序論、人口、行政機関、衛生、文化、交通、財政金融、産業、貿易、理蕃政策、土木事業、電気瓦斯事業など全一二章のうち、「教育」は「文化」のなかの第一節と、第三節（国語普及）のみである。また後編では領台以来総督の更代すること一六代、総務長官（行政長官）のそれが一五代、これを中心に編集された章節のなかに「教育」とあるもの六総督、「教化」とあるもの三総督、特に「教育」「教化」いずれもないものが残る七総督である。本書はむしろ「理蕃」や「警察」の中で「教化」に注目する傾きがある。このように台湾統治四〇年の大河の流れの中で教育のおかれた位置づけが分かるが、著者の言うとおり「一種の台湾事情調査報告書」が本書の特色であろう。あえて言うならば、あまりに豊富な写真や資料を用い、あまりに網羅的に論じたためか、巻頭写真と目次が合わず、巻末索引と本文の合わぬ瑕疵がある。

（六）　ここで各論に入る前に、今一つ注意しておくことがある。それは周知のように、台湾統治の上で、初期と終期を彩る二つの悲劇的事件があったという事実である。しかもそれは植民地教育史上消しがたい悲劇であった。前者は最初の学務部が置かれた台北近郊の芝山巌。領台直後の明治二九年（一八九六）元旦学務部員六名は、その日突発した兵乱の結果、全員が馘首されてしまった。

それから領台約三五年、昭和五年（一九三〇）一〇月二七日、漸く「理蕃」の功成り、島内教育の成果を誇りつつあった総督府と日本全国民の心に衝撃が走った。台中州の霧社方面で一部原住民が蜂起し、おりからの運動会の開催に集まった官吏や警官、日本人教員・児童など一三九名が襲われて大半馘首された。

馘首は原住民の悪習で、開化の徹底しない台湾植民史の汚点とされ、正史は多くこの事実に触れることを嫌ったようである。

（七）　したがって、ここに提示した七点の和文著書は、終期の霧社事件については殆んど触れていない。もちろん、昭和五年以前出版されたものは無関係であり、『台湾教育沿革誌』（昭和一四年）と『台湾教育の進展』（昭和一八年）の二冊が該当すると言えよう。むしろ初期の「芝山巌事件」の方が鮮烈な印象を留めており、すべての著書の巻頭を飾るのは、この事件を介しての宗主国日本（人）の「芝山巌精神」の維持と強調のためである。ここでは特に『芝山巌誌』（台湾教育会編、昭和八年）をとりあげ、関連するいくつかの資料も紹介しておきたい。

Ⅱ

（八）なお、後述するようにやや特殊なものとして石坂荘作の『御賜之餘香』（大正一五年）があるが、これは本史料集成第一〇集「社会教育関係資料」に関わるもので、私家版の小史とは言え、台湾の社会教育史の先鞭をつけたものとして、注目さるべきものであろう。

（九）最後にアーノルドの*Education in Formosa*（一九〇八）と、林茂生による*Public Education in Formosa under the Japanese Administration*（一九二九）の英文二点は、前者は米国人、後者は台湾本島人の、いわば日本行政の外部からみた台湾教育史と言うべきもので、その評価と分析には多くの示唆を与えるものがある。

以下、項を改めて各論の解説に入ることにしたい。

Ⅲ

（一〇）各論の冒頭におかれるべきものは、昭和一四年末台湾教育会によって刊行された浩瀚な『台湾教育沿革誌』（二八・二九・三〇所収、一、〇九八ページ）であろう。台湾教育会は半官半民的な教員研修団体で、本土各府県の教育会にならって明治三四年に結成されている。「緒言」によれば、本書の編纂事業はすでに大正一四年八月に企画され北原熊士を嘱託として開始したというが、完成までに一〇年以上もかかっている。途中「諸般の事情により一時之を中止」したためである。編集上組織上に人を得なかったのであろう。発足後九年後の昭和九年四月、会員の三屋静と加藤春城の二人に編纂委員（監修）を依頼、四年後の昭和一三年八月に漸く完結を見た。

（一一）　委員の三屋は明治四一年東京高師を卒業後渡台、教育会を代表して、すでに昭和八年『芝山巌誌』を発行しており、総督府の編修官として文教局編修官を勤めていた。また一方の加藤は、同じく総督府編修官として三屋の下で学務課に勤め、本書の編集代表となっている。明治四一年台湾国語学校師範部甲科を卒業、台北一中などから第一高等女学校教諭を兼任していた（いずれも『台湾人士鑑』昭和一二年九月による）。

（一二）　資料収集の中心は学事行政上の勅令、府令、訓令などすべての法規を含み、改隷以降昭和一二年日中戦争勃発の頃までを対象に積極的に集められた。その際、関連する原議や稟議、上申書や具申書も余さず、総督府文書課や広く図書館を採訪、学事年報や学校沿革誌、新聞雑誌記事なども参考にし、さらに数人の補助によって翌一四年末に出版をみた。以来今日まで、本書は台湾教育史研究上の基本資料として用いられている。

（一三）　さて、本書の特色の第一は、法令中心に学校行政から各学校の諸制度を類別し、研究上にも便宜をはかったことである。即ち全体を八編に、各編それぞれを章と節に分け、主要の「章」の末尾に「附」として「一覧表」を載せている。網羅的に全体を総括したわけで、この点でも必見の書と言えよう。念のため、全体の構成内容を簡略化してつぎに示しておこう。〈　〉内は各節の内容要約を示す。

第一編　総説

第二編　学事行政（全八章四七節）

〈芝山巌学務部（一時閉鎖）。学務部移管（総務局。内務局。民政部。第二次内務局。文教局）〉

第三編　初等教育（全九章七三節）

〈芝山巌学堂ほか。国語伝習所。公学校。小学校。蕃人学校。籍民教育。幼稚園〉
第四編　師範教育（全四章六二節）
〈国語学校。師範学校（その一）。師範学校（その二）。付属学校〉
第五編　中等教育（全三章三五節）
〈中学校。高等女学校。実業学校〉
第六編　高等教育（全二章一四節）
〈専門学校。高等学校及大学〉
第七編　私立学校（全二章一一節）
〈書房。私立学校〉
第八編　特殊教育及社会教育（全二章一三節）
〈特殊教育。社会教育〉

なお本書では、前記の「附」で触れたように、各学校毎に教職員や生徒学生などの「一覧表」（二八点）が整理されており、研究上貴重な資料となっている。

（一四）このうち第三編の「蕃人学校」については、第二次台湾教育令（大正一一年二月）の公布によって、同時公布の公学校規則の中に編入され、従来の蕃人公学校とその分教場の名は廃止された。しかし実際のところ反抗的な原住民による騒擾事件は跡を絶たず、昭和五年一〇月二七日、前述の霧社事件が発生した。本書は簡単につぎのように報じ、以後公式に記述することを止めている。

台中州能高郡霧社方面の一部蕃人蜂起し、霧社公学校運動会場を襲ひ、その為遭難者一三九名を生じ、遂に学校も一時閉鎖の已むなきに至ったが、翌年度に至り初めて開校を見た（四八二ページ）。

（一五）つぎに教育通史として挙げられる代表的な著述は、吉野秀公による『台湾教育史』（三一）である。全文六二六ページよりなり、昭和二年一〇月に公刊された。残念ながら著者の詳しい来歴は不明であるが、巻頭の「自序」によれば、明治三九年末に九州から単身渡台し、「本島教育界の一員として、或は公学校教育の実際に当り、或は郡教育行政に従事し」てから二〇年、「始政三十二回記念日を迎ふるの日」に上梓したとある。当時の文教局長石黒英彦も、本書の「序」文に「教育の方面に於ては全体を通覧し得るやうな著述が一つも見当らない」と述べ、「大体に於て要領を得た好著」だと推薦している。但し、石黒局長が「七百頁に余る教育史」と言うが、実際には六〇〇ページ（全七編、五八章に資料「学制一覧」を含む）で、時代区分もつぎのように六編から成っている。

第一編　総説
第二編　台湾教育の発端（明治二八年～同三〇年）
第三編　台湾教育の基礎時代〈其一〉（明治三一年～同三九年）
第四編　台湾教育の基礎時代〈其二〉（明治四〇年～大正七年）
第五編　台湾人教育確立時代（大正八年～同一〇年）
第六編　台湾教育確立時代（大正一一年以降）
第七編　結語

日本統治下台湾における教育の展開過程に関して、時代区分を明確にしたのは本書が最初であり、しかも第二編から第六編までの五期の冒頭に、それぞれ「概観」を配して各時代の特色に触れているのは卓見と言えよう。例えば、第二編では芝山巌をめぐる草創期の苦心が語られ、第三編では児玉総督と後藤民政長官のコンビによる施政の発展が、第四編では内地人の増加に伴う同化主義の二元性が、また第五・第六編では文官総督の登場に伴う内台融和の促進や実業教育・社会教育を含む学校制度の全面的進歩が語られる。そして各編の末尾に当時の主な「教育界の人々」を紹介し、回想や意見、提言なども盛りこんで具体性を添えている。蛇足ながら、戦後の『台湾教育史』に関する研究の一つとして同名の拙著（昭和五〇年八月、講談社「世界教育史大系」Ⅱ巻所収）がある。ここでは政治経済の背景の上に教育問題を捉え、全体を四期に、即ち台湾教育の「創始」「整備」「確立」「終結」に分けて論じた。吉野氏の筆法に学ぶところがあったと愚考している。

（一六）つぎにあげられるのは佐藤源治『台湾教育の進展』（三三二）である。本書は日中戦争を経た第二次大戦の渦中で書かれたもので、昭和一六年四月施行の「国民学校令」による皇民化教育のスローガンの下で登場している。全文三四二ページ。著者の佐藤氏は当時台北師範学校の教授だったという以外にははっきりしない。奥付には昭和一八年七月一九日発行とあり、終戦二年前のこと。紙の統制の厳しい当時に多少限定されて出版されたものと推定される。

したがって本書には、緊張にみちた時代の空気を敏感に受けとったところが随所に見られる。巻頭の写真は「芝山巌祠」のみであり、台湾を詠んだ明治天皇御製（六首）を掲げ、序文とも例言ともつかぬ例文（五項）を載せ、目次から本文に直入している。即ちここで皇民化教育や皇民錬成という用語をちりばめ、「興亜教育の躍進」に言及する。目次も本島教育の淵源から進展へ、それが「興亜教育の躍進」へとつながり、本土と台湾との一体性を強調、最後に餘論として領台前の清国時代の漢人教育と高砂族教育（約五〇ページ）を掲げ、バランスをとろうとしている。こうした厳しい時代背景を受けとめたところに本書の最大の特色がある。

（一七）以下、一応各章ごとにその構成内容を挙げておこう。

和蘭及西班牙の高砂族教育、鄭氏及清国政府の高砂族教育

付録　台湾教育年表

ここで強調されたのは日本古代の伝統の再認識と、その淵源においては台湾島民との同族という視点であり、「蕃人」も「高砂族」と改称され、内台一致の同化主義の目標が貫徹されるという認識である。したがって霧社事件への言及はなく、領台以降六士先生（六氏は六士となる）のほか殉難者の精神に対する憧憬がある。繰り返し強調される芝山巌精神が主調となり、本文の末尾に「大和魂の錬磨」を示し、「興亜教育の核心も、本島皇民教育の根基も亦ここに存する」と結んでいる。付録「台湾教育年表」は前掲の『台湾教育沿革誌』の年表と並んで活用されうる資料である。

（一八）　前掲の『台湾教育の進展』は、大正期の文官総督の下での融和政策の後をうけ、昭和に入り再び武官総督に代わってから一挙に新しい「進展」へと厳しい転換が進み、終結へと向かうプロセスを語るものであった。ここでは再び領台改隷時代に立ち返り、総督府民政部総務局学務課の手になる『台湾教育志稿』（三三―①）を検討することにしよう。この書物は全文三〇八ページよりなり、明治三五年一月の刊行。先にあげた『台湾教育の進展』末尾の「餘論　領台前の教育」二章は、本書の趣旨を簡略化して紹介したものである。但し、この出典の明示がなされていないのは残念である。

ところで、この『台湾教育志稿』の「序言」によれば、当時の民政部学務課松岡辨は「聖旨ヲ奉戴シ皇化ヲ翼賛スル」趣旨の下に、「国家ノ盛衰人文ノ隆汚ハ教育ニ基因セスンハアラス」と清国旧制の調査にかかり、前後二編のうち前編は領台以前の史実についてまとめ、ついで後編にかかるところで未刊中絶に至ったらしい。沿革

には漢人教育と蕃人教育の二系統があり、和蘭、西班牙、鄭氏、劉銘伝、清国など多様で、後編にゆずるとある にすぎない。このうち劉銘伝については、伊能嘉矩の編んだ『台湾巡撫トシテノ劉銘伝』（明治三八年刊）の一冊が残されていて参考になる。

なお、巻頭には清国の年号と日本のそれとの比較表（漢土・皇国の干支）をあげ、台湾固有の「志略」など二〇冊を列挙している。目次は、「第一章 学制」から「第六章 試験及選挙」までを『台湾教育の進展』ではそっくり引用して第一節〜第六節とし、最後の第七章、即ち聖諭（一件）、訓規（学規七件）、学議（一八件）、碑記（三五件）などは完全に省略してしまった。「第二章 学校志」は一六府県に総計七六校を数えているが、これは第二節として忠実に紹介している。伝統的な中国の儒学を骨子とした教育制度で、領台五〇年、民間の書房や義塾など、遂に全面的には日本の教育制度に従わなかった骨太の伝統を思わせるものがある。

（一九）　ここで関連資料を一点挙げておきたい。『南支ニオケル 教育及ヒ宗教ノ変遷』（大正八年三月、二九二ページ）という一書で、臨時台湾旧慣調査会によって企てられ東川徳治が嘱託として編述している。

著者東川の「自序」によれば、明治三七年の任命から一三年、実地探訪と典籍によって漸く完成、大正八年に至って上梓、内容上南支那五省のうち福建広東二省の調査を主としたが、参考資料不備の点から、清国行政法と台湾私法など「福建ノ一省」に止めたという。

目次によると、「第一編 教育ノ変遷」で「第一章 教育ノ根本主義」として文化と古来の王道や最近の革命の関係を論じ、夏殷周代から元明清代までの学制の変遷を述べる。そして特に第二章で福建省の九府における学制の変遷を紹介している。ついで「第三章 学校以外ノ教化事業」と「第四章 風俗ノ変遷」（福州府以下福寧府まで九府）を説いている。「第二編 宗教ノ変遷」でも、「第一章 宗教ノ重要問題」として「儒教ト宗教トノ異同」を述べ、儒教の経典として特に易経に注目、ついで孔子と宗教（天命）を論じて「儒教ハ宗教ト見ルヘシ」と結論づける。「第二章 宗教ノ種類」では、儒・佛・道・喇嘛・回・基督・斎の七教に雑教を加えて紹介、最後の「第三章 福建省ノ宗教」では、福州府から福寧州に加えて竜巌州まで十府の「宗教ノ状況」を展望している。これは対岸における台湾籍民の教育に関わるものであろう。

（二〇） つぎに領台初期に属する資料として、国語学校初代校長町田則文の代表的な著書の一つである『明治国民教育史（部分）』（三三―②）をあげておこう。この書物は昭和三年東京師範学校構内「茗渓会蔵版」として公刊された。全文五三八ページよりなるが、ここには最後の「第一一（章）新領土台湾島国民教育」（四七九～五三八ページ）のみを収録した。これは、明治二九年六月から同三三年四月までの満四カ年にわたる町田の体当たりの植民学校経営の記録であり、そこには初期の植民地教育の実態の一端がよく示されている。

（二一）「第一一（章）新領土台湾島国民教育」は「地理、地勢、戸口、道路等の大要」から「台湾略史」、「澎湖列島沿革史」の概説を始め、「旧支那時代の官私学院、官庁等」、「学位の種類等」、「台南学事」「吾新領土教育実況の視察」など七節に及んでいる。資料のもととなったのは彼自身の日記で、実際に島内を視察した上での記述がきわめて説得力を持っている。

本書末尾の台湾関係記事以前については、総説、学制頒布の当時、学制頒布前後の公私立学校、維新前後における教科用書並に参考書類、明治一二年より明治一八年までの教育令時代、最初の諸学校令時代、明治二三年小学校令発布当時の状況、盲教育並に聾教育、東京高等師範学校、東京女子師範学校など、自ら遍歴してきたコースについて一〇章をあてている。

「自序」に記しているように、町田は中央の諸学校から地方に転じ、「茨城県に約八箇年、愛媛県に約五箇年、埼玉県に約二箇年、並に台湾総督府に約五箇年就職し」、ついで「明治三三年四月二三日女子高等師範学校教授に任ぜられ、官民生徒等に惜しまれ、涙を揮って本島を辞去した」（『町田則文先生伝』五〇ページ）とある。以後「依願免本官」になるのは明治四三年四月、その後も初代の東京盲学校校長に任命され、各種教育講習会の講師などを卒去する昭和四年一月（七四歳）まで勤めた。

その死の直前に刊行された本書の序文は、東京高等師範学校長三宅米吉が寄せたが、「明治初年以降、教育の事に務め来り、今日尚生存して親しく我が国現時の形勢を観ることを得るもの、町田君の如きは心窃に満足を感ぜらるゝことならん」と書いている。晩年は、三宅の言うように、自分の教育遍歴に対して「心中無限の歓喜を覚え」ていたかもしれない。

（二二）　さて、つぎに領台初期の教育史を最も強く印象づける事件についてとりあげることにしたい。言うまでもなく芝山巌事件である。これには比較的分厚い著書として二冊がある。台湾教育会が昭和八年二月に公刊した『芝山巌誌』（三四所収、三八五ページ）と、ほぼ同時に芝山巌史刊行会から出版された鳥居兼文編『芝山巌史』（昭和七年一二月刊、四四五ページ）がそれである。

着手したのは前者の方が早い。前者の巻頭「例言」によれば、台湾教育会は、すでに大正一一年に『芝山巌誌』（以下『誌』とする）を発行していたが、残部が乏しくなったため、再版増補して、より完全なものにしたいという会員の要望から、昭和四年に八人の編纂委員をきめ、さきに着手していた『台湾教育沿革誌』の編集委員でもある三屋静（教育会出版部長）を中心に文教局の加藤春城、小川昌成、野口敏治や石原静三（嘱託）などが加わり、資料収集に当たった。その間彼らは機関誌『台湾教育』をはじめ島内の各種新聞雑誌から刊行物までもれなく検討を加えたという。しかし途中しばらく編集事務が停滞したこともあり、後者の『芝山巌史』（以下『史』とする）にや、機先を制される結果となった。『誌』も昭和七年一月、総督府総務長官平塚広義に「序文」を仰ぎ、『史』より二カ月遅く、芝山巌祭典の日（二月一日）に漸やく刊行をみた。

ここでは『史』については参考にとどめ、『誌』を正史とみてとりあげたが、まず目次によれば、以下のように全体を八編に分け、各編を三章から一二章まで長短の差を設けながら論述している。（括弧内は要約）

第一編　総説

全三章（台湾教育と芝山巌。改隷前と学務部）

第二編　六氏遭難前の芝山巌

全五章（芝山巌学務部と学堂。第一期伝習生。伊澤学務部長の台南行と上京。樺山総督巡視。）

第三編　遭難の顛末

全八章（匪乱と蜂起情報。六氏遭難の実況。遭難後と匪徒処刑。六氏略伝と靖国合祀。）

第四編　六氏遭難後の芝山巌

全三章（学務部台北移転と芝山巌。総督府直轄学校官制と芝山巌）

第五編　教員養成

（第一回講習生と学童卒業、第二回講習生と一周年祭典。第一附属学校。）

第六編　芝山巌祭典の由来
　全一二章（六氏祭典と建碑。六氏十年祭と二十年祭。大正五年の臨時祭と伊澤氏建碑。六氏三十年祭と昭
　　　和五年臨時祭の亡教育者合祀標準。合祀者略伝。）
第七編　芝山巌改修
　（亡教育者招魂碑。大正四年及び昭和四年の改修工事。）
第八編　芝山巌精神
（附録）
第一編　芝山巌事変記録（六章）
第二編　六士に対する思出（八章）
第三編　芝山巌雑感（六章）
第四編　其の他（四章）

芝山巌事件の詳細は、右のうち第二、三、四編で知ることができるが、その後の祭典の継続が台湾の植民地教育行政に大きく影を落としていることが分かる。この地を拙著（『伊澤修二』昭和三七年刊、一三〇ページ）では「文教的靖国神社」と述べたことがあるが、当たるとも遠からずというところかもしれない。殉難の六氏（楫取、関口、桂、中島、井原、平井の六人）は匪徒たちと勇敢に戦い、芝山巌山麓の露と消えたが（頭部は馘首されて今なお不明、屍体は一部損壊され、平井氏のみ死屍なし）、精神（霊魂）は其の場に遺って植民地教育の権化となっている。――その確信を『誌』は強調している。附録の三編のうち一編は、事件について六人が書いており、最初の学堂に学んだ潘光楷と呉文明の「回顧三十年」が印象的である。第二編の「思出」の筆者八人は、それぞれ

六氏について語り、第三編の「雑感」は、当時の講習生の語った感慨をまとめたものである。

本文の「第八編　芝山巌精神」が本書の結論であり、大正一五年全国中学校長会議が、昭和二年全国師範学校校長会議が、同四年全国高等女学校長会議が台湾で開催され、その都度、語られた芝山巌における「現地講話」が強烈な印象を与えたという。各府県教育視察団の一行も、参拝記念碑を建て、京都教育団の一人は「芝山巌志士の碑に咲く仏桑花」の一句を捧げ、朝鮮の道視学の一人は「朝鮮にも芝山巌のような所があったらどんなによかろう」と呟いたという（本書二六二ページ）。当時の芝山巌参拝者は、団体が年一万三千人、一般人が年一万五千六〇〇人を数えたという。この盛況を見て末尾の一言は（やや生硬であるが）、つぎのように書いている。

台湾教育の大方針は、教育勅語の御趣《（ママ）》を貫徹し、国民精神を涵養し、台湾に住む者は新旧の別なく斉しく聖代の国民として、其の生を励み楽しましむる様に教育することであるが（中略）、芝山巌精神は更にこの教育の大方針を貫徹せん為に、一身を忘れて犠牲奉公に徹底しなければ止まない奮闘忍苦勇往邁進斃れて後已むの精神である。今や世相はますます芝山巌精神的奉公を要することを明示してゐる。（本書二六二ページ）

（二三）　ここで今一つ注意しておくべきことは、第六編第一二章の「合祀者略伝」（一一五～二四七ページ）で、明治二九年元旦の匪難六名から昭和六年九月一四日に病死した本島人訓導王慶瀛まで三四三名の死亡原因である（二二四～二四七ページ）。これを見ると、匪難一五、マラリア九九、チブス五三、脚気二五、赤痢二二、感冒二一、肺臓一五、黒水熱（黒癩か）一四、胃病八、腎臓七、心臓四、脳溢血四、腸カタル三などが目立つ。癌や痔、硬変症、神経衰弱、顔疽疲労などが各一名、ペスト一名もめずらしく、変死や溺死も数名あるが、不明も一三名が数えられる。この三四三名のうちには、大正四年八月の本島人雇黄玉麟（赴任途中溺死）を筆頭に、本島人二七名が合祀されている。

なお、本書（『誌』）の末尾の「附録第四編 其の他」の第四章が「芝山巌の植物（巻末横書）」である。ここでは大正四年頃まで内外の植物学会による調査が試みられ、自然植物のうち「顕花植物及び高等隠花植物総計四一八種」と報告されている。総督府でも「古来士林郷産土神の霊地にして亦本島教育者の霊地なり」として、自然植物の保護林、風致保安林の地域と定めた。

ところで、この『誌』も巻頭に多くの写真（芝山巌祀堂や碑石、六氏や伊澤修二、学堂や宮跡など）を掲げているが、ほぼ同時に刊行された『史』の方も、ほぼ同様の写真を載せている。内容でも類似したところが多く、本書に「序」を寄せて「殉国護教の芝山巌精神」をたたえた台北第一師範学校長志保田鉎吉は、『誌』の編集委員でもある。台北帝国大学総長幣原坦の揮毫と総督府文教局学務課長赤堀鉄吉の「序」を受けたものの、当然教育会と異なる歴史記述はできないであろう。ページ数は『誌』より一〇〇ページほど多いが、死亡者の数において相違がある。（『誌』は昭和六年までに三四三名、『史』は昭和七年までに三五一名、死者が増えたのであろう。なお死亡因について『史』には一切記載がない。）

構成は第一章「台湾の沿革」から第三四章「六氏と合祀亡教育者及び関係者略歴」まで「編」を廃して「章」のみで一貫しているのもめずらしく、特に第二七章「三十年回顧録」から第三三章「芝山巌奉仕生活の回顧」までは、七章（七人）による回顧録から成っている。最後の第三四章は、合祀亡教育者と関係者の略歴から成る全一九六ページに及ぶ編集である。おそらく多くの回想を編者の鳥居氏が求め、追加分を「追補」（目次）に入れるべく試みたが、充当されなかったのであろう。

（二四）　前掲の『史』の序で、志保田校長は、「現今の険悪な世相に対する教育の非常重大なる責任」を痛感、「常に芝山巌の偉勲芳烈を欽慕する」と述べ、編者の鳥居氏も「自序」の中で、「近時澎湃たる思想の危機に直面し、此国士的大精神即ち芝山巌精神の発揚を叫ばざるを得ず」と述べている。背景に霧社事件以来のショックが横たわっていたとも考えられるが、領台と同時に発生した芝山巌の悲劇は、霧社とは異った性質をもっていた。前者は「土民」の、後者は「蕃民」の反乱であった。特に後者には、「近時澎湃たる思想の危機」即ち、総督府の同化政策の矛盾や差別の温存に対するめざめた島民大衆の台頭があった。しかし前者では、士紳の一人潘光松は匪徒と結んだとして事件後斬首されたし、後者では、領台三五年、霧社近傍の原住民は馘首の旧習を忘れず暴発して制圧されていく。

一方的な植民による教育の功は、百年の計を要する。「植穀一年。植樹十年。植人百年。」（管子「権修」）という。児玉総督の下、後藤新平（民政長官）は「植民地はビオロギーで進めよう。島民は三代かからねば開化できぬ」と公言したのもこの見解。

最後に芝山巌事件とその祭典に関する資料を数点あげて、この稿を終えたい。

（関連資料）

一、台湾総督府学務官僚遭難六士十年祭報告（明治三八年元旦　発起人）

二、芝山巌三十年祭記念台湾教育の濫觴附合祀者（大正一五年）

三、『嗚呼六士先生附軍夫小林清吉君』（昭和一五年六月。後藤方泉）

四、芝山岩恵済宮二百四十年記紀年特刊（民国八〇年（一九九一）一〇月）

五、『台湾における六士先生の功績』（見上保、自費出版）

六、『芝山巌事件の真相』（篠原正己、和鳴会、平成一三年六月）
七、台湾における植民地教育行政史の一考察―「芝山巌事件」について―（国立教育研究所紀要第一二一集、平成四年三月、上沼八郎）
前掲のうち三の「軍夫小林清吉」は出身県が不明。昭和六年四月台北建功神社に合祀され、芝山巌祠の境内にも石碑が建てられたが、戦後は不明。なお六では、著者が事件の真相を探るべく、徹底的な踏査と調査の上で事件を分析している。五とともに今後参照すべき資料であろう。

（二五）和文としての最後に注目すべき一点の資料がある。それが前出の石坂荘作『御賜之余香』（三五―①）である。全文一八六ページ、大正一五年三月台湾日日新報社から刊行された。独特の題名であるが、著者の生涯にわたる社会奉仕的努力への謙虚な自負がある。
生前、己を語る所が少ないため来歴がはっきりしないが、明治三年群馬県下に生まれ、小学校を卒えて授業生となり、地元の私塾で漢学や英語を学び群馬師範学校の講習会を経て中学校にも雇われた。ついで日清戦争に従軍、領台後、軍に従って台湾各地を転戦、帰国後郷里の小学校に復職、明治二九年フィリピンに渡るべく退職するが、基隆で下船、同三二年台湾日日新報社に勤めて定住するに至った。「図南」の号はその頃のものか。正業は台日新聞取次と度量衡販売であったが、同三六年「基隆夜学校」（昭和一二年実業学校に昇格）を開設した。貧家に生まれたが向学心強く、学習環境に乏しい台湾の現状を見て単身社会教育の振興を企て、その後大正八年には基隆婦人会を設立（会長）、同一三年には裁縫講習会を組織、これは後年（昭和一一年）技芸女学校に昇格した。「氏ハ高潔ナル人格者ニシテ終始一貫教育方面ニ尽瘁シ其功績大ナルモノアリ」（『台湾人士鑑』一四ページ）とあるように金銭的には恬淡、「基隆聖人」とも呼ばれたという。

領台当初は、総督府の教育政策は伊澤学務部長の言う要急事業と永久事業に分けられ、同化のために全島の学校制度の整備充実に努力中であり、勤労青年男女のための社会教育方面にはまだ眼の届かぬのが実情であった。基隆に土着した石坂は日常接触する青年たちの修養と向上を緊急の課題と考え、身近なところから出発した。それが夜学校であり婦人会であり、読書を通しての自力向上、裁縫等を介しての技芸女学校の開設であった。資金は石坂自身の軍人恩給と商売上の貯金であり、人脈を介しての富裕層の寄付金であった。総督府もこれを放任できない。「序」に言うように、「基隆夜学校に対し三度御下賜金の恩命」を受け、夜学校増改築や石坂文庫の充実には恩賜財団の助成金や、皇太子殿下御成婚祝典の表彰下賜金なども受けた記念として『恩賜之余香』の「一篇を草し、賛襄者各位に一本を呈し、報告に代へんと欲する」と言う。

その内容目次は、巻頭に夜学校や文庫の全景写真を掲げ、私立基隆夜学校の経営と実情（二十四年小史と言う）を詳細に記し、石坂文庫の実況（十五年小史と言う）を示し、基隆婦人会の現在及び将来（八年小史と言う）について述べる。ここで特に注目すべきところは、夜学校生徒の職業年齢別の統計、父兄職業別・生徒府県別などの統計表であり、文庫における図書類別、閲覧貸付図書累年表、婦人会における会員家業別府県別表や金銭出納表などである。大戦末期に米軍機による基隆一帯の空襲のため、石坂苦心の教育施設はすべて灰燼に帰してしまったが、本書は残った。特にこれら統計書は今日得がたい資料となっている。

この言わば前編の全四章（一一〇ページ）に加えて、後編乃至「餘論」として著者の多年抱懐する「青年教育観」（全四章七五ページ）が加えられている。青年教育の心身発達への効果、国家国民への緊密な関係、設備と関心の不備を論じ、最後に「私学推奨論」を強調してこの小冊子を閉じている。自分の体験（貧困から立ち上がり自学自習する勤労青少年への期待と理解）から生涯を異郷に捧げた心情の発露、特に最後の私学中心主義は、例えば『福翁自伝』の最後を飾る私学による国民教育と人民の向上論に匹敵するように思われる。

（二六）この石坂の存在に注目したのが、元国立国会図書館副館長の宇治郷毅氏。つぎの二つの論文において、この隠者のような先覚者の業績に注目している。

一、石坂荘作と「石坂文庫」―日本統治期台湾における先駆的図書館の軌跡を中心に―（同志社大学図書館学年報三〇号・二〇〇四年六月）

二、『石坂荘作と「基隆夜学校」―日本統治期台湾における一私立学校の歩み―』（自費出版・二〇〇五年四月）

この二の「序」で宇治郷氏は、石坂による学校や図書館は台湾「光復後」、公私の手によって復興継承発展させられていると述べている。なお、石坂については第一〇集で再び触れることになろう。

Ⅳ

（二七）最後に、以下二点の英文「台湾の教育」について簡単に解説を試みておきたい。

一、J.H.Arnold, *Education in Formosa*, U.S. Bureau of Education Bulletin 1908, No.5, Whole No. 388, Department of Interior,Washington, 1908（三五―②）

二、Mosei Lin, *Public Education in Formosa under the Japanese Administration, Historical and Analytical Study of the Development and the Cultural Problems*, 1929（三五―③）

がそれである。最初の『台湾の教育』（*Education in Formosa*）（三五―②）は当時台湾北部の淡水におかれていたアメリカ領事館の領事アーノルド（Julean H.Arnold）による報告書で、アメリカ連邦教育局の一九〇八年度紀要第五号（通巻三八八号）に掲載された。英文による最初の台湾教育に関する本格的な調査報告である。当時アメリカは、一〇年前の米西戦争（一八九八年）で勝利した結果フィリッピン群島を植民地に収め、ついでハワイ諸島まで併合してアジアの植民地化を窺っていた。こうした背景もあってか、教育局紀要の冒頭に掲げられた内務省教育局あての「回状」において、内務長官ブラウン（E.E. Brown）は、アーノルド報告書の同紀要への掲載を推奨し、それがフィリッピンに近い台湾での日本総督府による教育行政の動向を知る上で極めて重要な文献であると指摘している。

アーノルド自身も「序文」において、日本とアメリカという太平洋の両国が植民国家として競合することに重大な関心があり、最初の植民地を持ったばかりの日本が台湾の教育制度を作りあげた経過を知りたいと言う。そこでは前任のオランダと中国の教育史をとりあげるが、主題は中国と日本の政策の比較であり、資料については総督府学務課長の持地六三郎氏と助手の小川氏（学務課員小川尚義か）から提供を受けたと記している。

まずその目次を一覧しておきたいが、全体はほぼ三篇二〇章から成り、部分的に小項目を用意している。

Ｉ　オランダ治下の教育（一六二四〜六一年）〈九―一四ページ〉

一、東印度会社

二、台南地区住民の記録

三、オランダによる宣教活動の開始

四、原住民の学校、教授方法

五、宗教教育の規制

五、島民（中国人）のための学校
a）初等公立学校（行政・設立・維持・建築・準備）（教師）（学習と教科書）（学童）
b）中等学校（国語学校・女学校・医学校・農学校・糖業学校）
c）私立学校
六、日本人学校
a）初等学校
b）中等学校（中学校・師範学校・高等女学校）
七、原住民学校
八、要約 日本治下及びオランダと中国治下の教育の比較対照
（附録）教会学校 〈六五―六七ページ〉
a）スペイン教会
b）プレスビテリアン教会（英国）
c）同（カナダ）

以上、全篇の約半分のページを日本治下の教育実態についての記述に割いているのは当然ではあるが、競合するアメリカ側の視線に注目すべきであろう。文中に挿入された統計や写真も客観的合理的な選択がなされている。

（二八）さて、今一つの『日本行政下の台湾の公教育』（*Public Education in Formosa under the Japanese Administration*）（三五―③）は、一九二九年（昭和四）に台湾の学者林茂生（Mosei Lin）が米国コロンビア大

学師範学院に提出・受理された博士学位論文である。彼は一八八七年（明治二〇）台南の「秀才」林宴臣の長男として出生。父が教師と舎監をしていた先駆的なキリスト教系学校の長栄中学校に学び、明治四一年英国長老教会の奨学金で京都の同志社中学に留学、さらに第三高等学校から東京帝国大学に進んで東洋哲学を専攻した。一九一六年（大正五）に台湾出身最初の東大学士となって帰島、母校の教師となり台南高等商業学校、ついで台南高等工業学校（現国立成功大学）の教授となった。一九二七年（昭和二年）総督府派遣の在外研究員としてコロンビア大学に留学、師範学院でポール・モンロー教授（Paul Monroe）に師事、二九年本書を博士論文として提出した。その間、哲学学部のジョン・デューイ教授（John Dewey）の謦咳にも接した。論文の審査員には大学院長のモンロー教授（教育史および比較教育学専攻）のほか、同学院所属の著名な教育学者カンデル（I.L. Kandel）やウイルソン（L.M. Wilson）、カウンツ（G.S.Counts）、キルパトリック（W.H. Kilpatrick）などの諸教授が名を連ねていた。審査の結果林論文は高い評価を受け、台湾最初の哲学博士として帰国した。

帰国後、台湾にあって第二次大戦下の皇民化政策を体験する中で植民地教育の矛盾を痛感した林氏は、戦後国立台湾大学に教授として招かれ、「光復」による教育の復活と進展に努力した。しかし中国共産党との内戦に敗れ、大挙「遷台」してきた国民党が独裁統治を続けるなか、その腐敗・失政に批判的な民族運動の代表の一人とみなされ、一九四七年二月二八日のいわゆる二・二八事件にまきこまれて死亡した。時に年六〇歳、国立台湾大学文学院々長を勤め、また『民報』社長として公平な民論を主導していた。この時有能な台湾の多くの知識人が生命を奪われたが、植民行政の中で厳しく鍛えられてきた台湾最高の知性も姿を消したと言えるかもしれない。

（二九）　林氏の遺著となったこの学術論文は、一般には余り知られていない。日本統治期はもちろんのこと、長期にわたる国民党の戒厳令下では、台湾人の視点に立った近代教育史論に関する著作を公刊することは困難だったからである。しかし民主化・本土化の流れが台湾社会に定着するなか、ようやくその翻訳出版が可能となり、父茂生の死亡時一〇歳だった遺児林詠梅女史が長兄林宗義氏（国立台湾大学医学院教授）の協力を得てこれを中国文に全訳することとなった。林茂生愛郷文化基金会の企画により『日本統治下台湾的学校教育—其発展及有関文化之歴史的分析与探討—』と題して本書が公刊されたのは二〇〇〇年一二月のことである。翻訳書の冒頭には林宗義氏のほか、台湾近代史研究の呉文星・呉蜜察両教授や、李遠哲中央研究院長、高俊明台湾長老教会牧師以下七名による推薦の辞を掲載、本研究の有する歴史的意義を多方面から論じている。日本でも、拓殖大学海外事情研究所華僑研究センターから『日本統治下の台湾の学校教育—開発と文化問題の歴史分析—』（古谷昇・陳燕南共訳）と題して二〇〇四年一月に翻訳・刊行されている。

（三〇）　まずここで本書の特色として注目すべきことは、デユーイ教育理論の影響を受け、経験主義、実証主義の観点から分析している手法である。従来の植民史の評価は、宗主国の政策を一方的に批判するか、逆に全面的に肯定するかであった。日本側の領台施政の視線は、もちろん肯定であり、台湾島民の視線は差別される側からの抵抗と不満と呪咀に近い怨みであった。知日・知米の林氏は公平に両者を見、日本施政の進歩的なところは肯定的に評価し、欺瞞的、差別的な部分はこれを批判すると同時にその克服の道も提言している。

本書はその第三部「問題と結論」において「理論問題」と「実務問題」を提示して将来の植民地の問題を指摘し、その克服の方向を示している。この点で類書にない新鮮な立場を提示したものと言えよう。その「序文」で、つぎのように書いている。

日本は一世代以上をかけて近代化の経験をこの島の近代化に努め、最善を尽くして法と秩序、交通利便、経済発展、生活の向上と衛生の改善に努力し、成功をもたらした。実際に、日本に対する最も厳しい批判者でも、日本が台湾史上において前代未聞の広汎に行き渡った教育制度の難事業を完成させたことを否定できないであろう。

そして三四年間の日本の教育努力を「教育ハ百年ノ大計」という名言を引いて肯定している。

（三一）　本書は第一部「序論」、第二部「日本統治下台湾の学校教育の発展」、第三部「問題と結論」から成り、第一章で民主々義教育論を展開（デューイの主著『民主々義と教育』の展開）し、台湾と他国の教育比較について日本と台湾の文化的同一性に言及している。ここに異質と差別を超えようとする意図が見える。第二部の第三・四章で台湾教育の起原と基礎を論じ、国語学校の活躍を経て初等、中等、師範、実業、専門、私立などの各教育分野の制度の充実を展望し、第五・六章において「第一次台湾教育令」（一九一九—二二年）と「第二次台湾教育令」（一九二二年以降）の公布に伴う同和同融教育実現のプロセスを述べる。この場合、文官総督田健治郎の修正主義を正当に評価しようとしている。同時に植民地朝鮮で行われた「朝鮮教育令」と比較し、第二次の「改正」台湾教育令の進歩性に注目している。

林氏の拘わったのは、同じ人間が支配被支配の関係をもつことの拒否であった。したがって第三部第八章で国語問題と共学問題の矛盾を指摘し、その第四節に'Assimilative Policy Tested by Modern Educational Principles'という一項を設けたのであろう。ここで、ヘンリー・アダムズの言葉を引き「強制は民主的なものの対局にある」と記し、デューイの「教育とは成長である」を引用、「民主々義は知性を自立のために開放することである」と記す。二〇世紀アメリカの傑出した教育学者たち、就中デューイやモンロー、カンデル、カウンツなど林氏の学術論文に関わりのあった学者たちとの接触が、林氏の台湾人としての自立精神を強化したにちがいない。

本書はまた多くの統計資料を駆使しており、日本やアメリカの多くの参考文献にも当たっている。前掲のアーノルドの報告書も例外ではない。アーノルドの指摘した日本人の島民子弟に強制した国語（日本語）と修身の授業に林氏は特に注目していた（Arnold 三五ページ）。

（三二）　本書は一九二九年（昭和四）の時点においては、かなり先覚的なものである。少なくとも、植民地行政に伴う植民地宗主国民と原住民との対立に対して克服の道を示唆している点で注目すべきであろう。強制を排して自立を、互譲をそこでは説いている。資料的制約があったとはいえ、芝山巌や霧社のような悲劇はとりあげられない。むしろ幅広い客観的科学的視点で、公平に分析し冷静に判断する—この手法がここにある。私見を述べて恐縮であるが、拙著の『台湾教育史』（一九七五年刊）も、戦後の新しい観点を模索したものであったが、遥かに及ばぬものを感じた。林氏はアメリカにあって吉野秀公の『台湾教育史』に素材を求めている。当時これより詳細な台湾の近代教育史に関する研究はなく、浩瀚な『台湾教育沿革誌』も未だ刊行されていない。こうした資料的限界をもちながらも、鋭い理論の眼光が紙背に徹っていると知った。これは本書第一の収穫であった。

（三三）　この学術論文の日本語訳は、前述の通り二〇〇四年に拓殖大学から刊行されている。読み易くまとめられており、末尾に同大学図書館所蔵の貴重な「台湾学事統計一覧」（大正一四年版）や「台湾学校分布図」を付するなど細かい配慮もなされているが、時にジョン・デューイを「ドウェイ」とか「ドウイ」と訓んだり、参考文献に関する照合が不充分だったためか、総督府学務当局が日本語で刊行した『台湾学事要覧』や『台湾総督府学事年報』各年版など一連の基本文献を、林論文の記すままに英文名で列挙していることなど、瑕疵が散見されるのが惜しまれる。

（三四）補記

さて、右の英文二点に加えて、つぎに既刊の一冊を参考までに附記しておきたい。

Japanese Colonial Education in Taiwan, 1895〜1945. by E. Patricia Tsurumi, 1977（『台湾における日本植民地教育—一八九五〜一九四五年』H・パトリシア・ツルミ著・三三四ページ・一九七七年・ハーヴァード大学出版、東アジア叢書第八八巻）

著者は日系米人で、本書はハーヴァード大学に提出された学位論文。全体はつぎのように九章から成り、末尾に註解や参考文献、要語集や索引など約八〇ページの「附録」を添えている。

(一) 論旨の背景
(二) 基調（漸進主義と分離主義）
(三) 拡大（植民のための適応主義）
(四) 組織化と統合
(五) 勅（法）令以後
(六) 公学校と日本化

まず「論旨の背景」としては、帝国主義的発展の途上における近代日本の最初の植民地として登場した台湾の教育問題がある。そこで和蘭から鄭成功、清朝を経て日本の領有に至る宗主国の交代を瞥見し、「基調」(Ground Work)として樺山から児玉(後藤)までの漸進的な総督政治が基礎づくりする過程で、伊沢修二(IZAWAではなくISAWAが正しい)などの学務官僚が分離主義を含む同化主義を掲げて植民教育を推進して行く。この領台初期の参考文献には本稿冒頭の伊能や竹越の著書、井出の『台湾治績志』、台湾教育会の『台湾教育沿革誌』などが多くあげられる一方、ジュリアン・アーノルド領事の報告書(*Education in Formosa*, 1908)を一つの基調として、東南アジア各国(インド・フィリピン・ビルマ・満州・朝鮮など)と宗主国(英・米・仏・中・日本など)における植民行政の比較検討という広い視野を伴っている。

台湾の教育制度は、その後二度の法令(台湾教育令)によって組織化と統合が進められ、日本との同化教育(assimilation)が進行するが、台湾民度の向上や適応主義の浸透に伴って、知識階層による自覚と政治参加の要望が高まり、温存された分離差別教育の溝は残存する、と指摘する。そして「結論」(conclusion) において、日本の植民教育の達成は女性の地位の向上や民度の発展など他国民との比較において見るべきものがあったと附記する。

総じて本書は、第二次大戦前後の豊富な関係文献を渉猟し、東アジアの一角としての台湾研究の先鞭をつけたものとして、評価したい。ちなみに本書は、刊行後二十二年を経て台湾史研究者の一人林正芳によって、つぎのように「編訳」されている。

『日治時期台湾教育史』(派翠西亜・鶴見著・林正芳編訳・宜蘭仰山文教基金会・一九九九年六月・三三一ページ)

原著はもとより編訳も日本による台湾植民地教育のかかえた同化と差別の矛盾的同居にふれつつも、一面で「日本教育の成功」(Some of the Success of Japanese education, Tsurumi) を認め、或いは「最優秀的殖民統治者」(林) としての日本への評価は惜しんでいない。

内容構成〈第五集〉台湾教育関係著書 八冊（第二八巻～第三五巻）

冊・巻	文献名	編者・発行者	発行年月	判型	ページ数
第二八巻	台湾教育沿革誌（上）	台湾教育会	昭和一四年一二月	菊判	五六二
第二九巻	台湾教育沿革誌（中）	台湾教育会	昭和一四年一二月	菊判	四〇六
第三〇巻	台湾教育沿革誌（下）	台湾教育会	昭和一四年一二月	菊判	二八〇
第三一巻	台湾教育史	吉野秀公	昭和二年十月	A5判	六二六
第三二巻	台湾教育の進展	佐藤源治	昭和一八年七月	A5判ワイド	三四二
第三三巻	①台湾教育志稿	台湾総督府民政部総務局学務課	明治三五年一月	菊判	三〇八
	②明治国民教育史（部分）	町田則文	昭和三年三月	菊判	八四
第三四巻	芝山巖誌	台湾教育会	昭和八年二月	A5判	四二二
第三五巻	①御賜之餘香	石坂荘作	大正一五年三月	B5判	二〇四
	②*Education in Formosa*	J.H.Arnold U.S.Bureau of Education Bulletin, 1908, No.5, Whole No.388	一九〇八年	菊判変形	七八
	③*Public Education in Formosa under the Japanese Administration*	Mosei Lin	一九二九年	A5判	二一二

解題　第六集「教科書編纂・各科教育関係資料（含：国語教育）」について

佐藤　由美

〔1〕日本統治期台湾における各科教科書の編纂

I

（一）本史料集成第六集「教科書編纂・各科教育関係資料（含：国語教育）」は、台湾総督府の教科書編纂に関わる『編纂趣意書』や『教授要目』、各教科別の教授書および指導上の参考書類、四一種四〇冊を、基本的には時系列で一四分冊に収録している。これを教科別に整理してみると、次のようになる。

①国語（日本語）関係

一、台湾総督府民政局学務部『日本語教授書』明治二八年

二、台湾総督府民政局学務部『国語教授参考書一　初学生徒教案』明治二九年

三、台湾総督府民政部学務課『ゴアン氏言語教授方案』明治三三年

四、台湾総督府民政部学務課『台湾公学校国語教授要旨』明治三三年

五、台湾総督府『蕃人読本編纂趣意書』大正五年
六、台湾総督府学務部『台湾公学校教科書編纂趣意書　第二篇（公学校用国民読本・公学校用国語習字帖）』大正三年
七、台湾総督府内政局『国語普及の状況』大正一〇年
八、台湾総督府『公学校用国語読本第一種編纂趣意書・公学校用国語書き方手本第一種編纂趣意書』大正一一年
九、台湾総督府『公学校用国語読本第一種　自巻五至巻八編纂趣意書・公学校用国語書き方手本第一種自第三学年上至第四学年用下編纂趣意書』大正一三年
一〇、台北第一師範学校附属公学校研究部『言葉の指導』昭和五年
一一、国府種武『台湾に於ける国語教育の展開』昭和六年
一二、国府種武『台湾に於ける国語教育の過去及現在』昭和一一年
一三、国府種武『日本語教授の実際』昭和一四年
一四、台北州『国語保育園　保育細案』昭和一七年

②漢文関係

一五、台湾総督府『公学校用漢文読本編纂趣意書』大正八年

③修身関係

一六、台湾総督府『公学校修身書　巻五巻六編纂趣意書』大正八年
一七、台湾総督府『公学校修身書　巻一巻二修正趣意書』昭和三年？

一八、台湾総督府『師範学校修身科教授要目』大正一一年
一九、台北第二高等女子学校附属公学校『修身科教育の革新』昭和二年
二〇、高雄第三公学校『訓育に関する研究』昭和三年
二一、大甲公学校『公民教育カード』昭和八年

④算数関係

二二、台湾総督府『公学校算術書教師用自第一学年用至第四学年用・児童用自第三学年用至第四学年用編纂趣意書』
二三、台湾総督府『初等科算数　取扱上の注意　第三第四学年用』昭和一八年

⑤地理関係

二四、台湾総督府『公学校地理書編纂趣意書並挿絵の解説』大正一一年
二五、台湾総督府『公学校地理書改訂趣意書』大正一二年？
二六、台湾総督府『公学校地理書　巻一巻二改定趣意書』昭和六年
二七、台湾総督府『公学校高等科地理書編纂趣意書』昭和一一年

⑥理科関係

二八、台湾総督府『公学校理科書編纂趣意書』大正一二年？
二九、台湾総督府『台湾小学校理科教授要目』大正九年

⑦複数の教科にわたるもの

三〇、台湾総督府民政部内務局学務課『台湾公学校教科書使用上ノ注意（第一篇・第二篇）』明治四四年・大正二年

三一、台湾総督府『台湾公学校教科書編纂趣意書第一篇（公学校修身書自巻一至巻四・公学校用国民読本自巻一至巻八・公学校用国民習字帖自第一学年用至第四学年用）』大正二年
三二、台湾総督府『公学校教授要目第一篇　算術科・理科・手工及図画科・商業科』大正二年
三三、台湾教育会『公学校教授要目第二篇（代騰寫）農業科・裁縫及家事科』大正二年
三四、台湾総督府『公学校高等科教授要目（修身・日本歴史・地理・理科・農業・商業・手工・裁縫及家事）』大正一一年
三五、久住栄一、藤本元次郎『公学校各科教授法　全』大正一三年
三六、台南師範学校附属公学校『公学校教授の新研究』昭和二年
三七、台南師範学校附属第一国民学校『教科実践教授案例』昭和一八年
⑧その他
三八、台湾総督府民政局学務部『台湾適用　作法教授書　全』明治二九年
三九、台湾総督府民政部学務課『教育勅諭述義』明治三三年
四〇、台湾総督府民政部学務課『祝祭日略義』明治三三年
四一、台湾総督府内政局『台湾に於ける現行教科用図書に就いて』大正一〇年

(二)　上掲の資料収録状況からも明らかなとおり、台湾における教科書の編纂事業は、国語＝日本語が中心であった。公学校（初等教育機関）における日本語教育こそが、総督府の教育政策の根幹にあったためである。その他の教科の教科書編纂が本格的に行われるには、大正元年（一九一二）一一月二八日「台湾公学校規則」の改正（台

湾総督府令第四〇号）まで待たねばならなかった。このような教科書編纂事業の状況に鑑み、本史料集成第六集では、二編の解題論文を用意した。まず、第一解題で教科書編纂の全体状況を概観し、次の第二解題では教科教育の中心であった国語＝日本語教育に特化し、教授法にも着目しながら述べることにした。

（三）台湾総督府による教科書の編纂は、明治二八年（一八九五）の領台直後、総督府民政局学務部が教育事業に着手すると同時に開始された。当初は日本＝「内地」で使用されていた教科書に台湾語の対訳を付して急場をしのいだが、徐々に教科書の編纂や審査、払下げに関する制度や規則の整備が行われていく。これを台湾と同様に日本統治下にあった朝鮮の場合と比較してみると、明らかに様相を異にしていることがわかる。朝鮮の場合は、明治四三年（一九一〇）の「併合」以前から、韓国政府学部のお雇い外国人であった日本人学務官僚を中心に教科書の編纂が行われており、「併合」に伴う字句の訂正等はあったものの、初等教育用教科書がほぼ全科目にわたって編纂されていた。

（四）日本統治下五〇年間の台湾総督府による教科書編纂事業を、ここでは教科書の発行状況をもとに次の四つに時期区分した。

一、第一期　明治二八年（一八九五）～　明治三一年（一八九八）　国語伝習所時代
二、第二期　明治三一年（一八九八）～　大正一一年（一九二二）「台湾公学校令」の公布以後
三、第三期　大正一一年（一九二二）～　昭和一六年（一九四一）「台湾教育令」の改正以後
四、第四期　昭和一六年（一九四一）～　昭和二〇年（一九四五）「国民学校令」の公布以後

（五） 第一期は、台湾総督府民政局（部）学務部長（心得）の伊澤修二が中心となって、国語伝習所における日本語教育を展開した時期である。伊澤は、台湾の教育計画を緊要事業と永久事業に分け、緊要事業のなかに国語伝習を位置づけて、日本の台湾統治の理解者、伝達者の育成を目指した。伊澤の台湾教育方針は、「本島人の普通教育を振興し、国語を授けて順良なる日本臣民たらしめん」（佐藤源治『台湾教育の進展』八二ページ）ことにあり、初等普通教育機関として国語伝習所が開設されるに至った。明治二九年（一八九六）六月二二日公布の「台湾総督府直轄国語伝習所規則」（台湾総督府令第一五号）によれば、その目的（第一条）は次のように規定されている。

国語伝習所ハ本島人ニ国語ヲ教授シテ其日常ノ生活ニ資シ且ツ本国的精神ヲ養成スルヲ以テ本旨トス

（六） 国語伝習所は、当初台湾全土で一四か所（台北、基隆、宜蘭、淡水、新竹、苗栗、台中、鹿港、雲林、嘉義、台南、鳳山、恒春、澎湖島）に設置され、明治二九（一八九六）年度内にそれぞれ開所した。課程は甲科（年齢一五歳以上三〇歳以下）と乙科（年齢八歳以上一五歳以下）に分かれ、カリキュラムは甲科が国語と読書作文、乙科が国語と読書作文、習字、算術であった。後に「国語伝習所規則中改正」（明治三〇年一〇月三一日府令第五二号）で漢文が加わることになる。教科用書、参考用書は文部省の編纂によるものや、台湾総督府民政局学務部が対訳を付し「台湾適用」として編集したものなどが使用された。

（七）『台湾適用　作法教授書　全』（三六―①）は、明治二九年（一八九六）一一月、台湾総督府民政局学務部の発行で、総頁数三八ページから成る小冊子である。緒言によれば、この書の目的は「日常切実ノ作法ヲ知ラシメ、漸ク文明ノ礼儀ニ嫺ハシメンコト」にあり、「家庭」、「途中」、「学校」、「衛生」、「諸般の作法」の五章二一課で構成されている。本書は学務部の指示のもと、国語学校教諭の前田孟雄が「内地」版の『作法教授書』から日常生活に必要な礼儀作法を抜粋し、台湾の児童向けに編纂したものである。紙面は上下二段に分けられ、下段には同じく国語学校教諭の吉島俊明による対訳が付されている。本書に掲載された礼儀作法を授業の際に反復して行い、定着させることが教師には求められていた。

（八）本史料集成には第一期の教科書・参考書として、『日本語教授書』（三六―④）、『国語教授参考書一　初学生徒教案』（三六―⑤）を収録しているが、その詳細については後掲の第二解題を参照されたい。以下、特に断らないが国語（日本語）関係は同稿で取り上げる。

Ⅲ

（九）明治三一年（一八九八）七月二八日に「台湾公学校令」（勅令第一七八号）、同八月一六日には「台湾公学校規則」（台湾総督府令第七八号）が相次いで公布され、新たな初等教育機関として公学校が設立された。一部の国語伝習所が原住民の教育機関として残ったものの、明治三八年二月の「国語伝習所官制廃止」の公布（勅令第二六号）により、三月末日で完全に廃止となった。この「台湾公学校令」の公布から大正一一年（一九二二）の「改正台湾教育令」の公布までを第二期とした。

第二期は大正元年（一九一二）一一月の「公学校規則」の改正（府令第四〇号）前後で、さらに二分して考えることもできる。

（一〇）『台湾教育一斑』（一―③）によれば、この時期、台湾総督府の教科書政策に関わって左記の法令が制定されている。

明治三一年（一八九八）一二月「台湾総督府民政部学務課出版図書払下規則」改正

明治三三年（一九〇〇）七月「公学校教科用図書審査規定」

明治三四年（一九〇一）四月「台湾総督府図書編集職員官制」

「払下規則」は無償配布されていた教科書の販売方法を規定したもので、地方庁ごとに図書販売人を置き、総督府が定価を定めて、地方庁に送付した教科書を払い下げ販売させる仕組みをいった。後に便宜を考えて総督府から販売人に直接、送付されるようになる。「審査規定」は、民政部に公学校教科用図書審査委員を置き、公学校用教科書についての意見を聴取することを規定した。委員には総督府の高等官が任命される常設委員と、学識経験者が任命される臨時委員があった。「図書編集職員官制」では図書編集の専従職員（編修官二名、編修書記五名）が置かれることが示された。これらは教科書の編纂・発行が徐々に前進したことを意味している。なお、それぞれの条文は『台湾総督府学事法規（明治二九～三五年度）』（第七巻所収）に収録されているので参照されたい。

（一一）「台湾公学校規則」に規定された公学校の目的、教科目は次の通りである。

本島人ノ児童ニ徳育ヲ施シ実学ヲ授ケ以テ国民タルノ性格ヲ養成シ同時ニ国語ニ精通セシムルヲ以テ本旨ト

ス（第一条）

公学校ノ教科目ハ修身・国語・作文・読書・習字・算術・唱歌・体操トシ其修業年限ハ六箇年トス（第四条）

国語伝習所時代と比較すると、公学校では修業年限が四年から六年に二年延長されたほか、教科目が増え、実学と「国民」としての性格養成、国語（日本語）の精通が重視されたことがわかる。

（一二）「国民」としての性格養成に関係の深い教材が『教育勅諭述義』（三六―②）と『祝祭日略義』（三六―③）である。いずれも明治三二年（一八九九）、台湾総督府民政部学務課の発行で、総頁数三〇ページ前後の小冊子である。『教育勅諭述義』の編纂を委嘱されたのは伊藤系の官僚政治家で、源氏物語を英訳した文学者でもある末松謙澄（一八五五～一九二〇）だった。序文にあたる「教育勅諭述義序」（大勲位威仁親王撰）と、明治二三年（一八九〇）の「勅諭」、「教育勅諭述義」の三部構成になっている。いずれも漢文体であるが、「教育勅諭述義」には返り点が付されている。『祝祭日略義』は上下二段の紙面構成になっており、上段が日本文、下段が漢文である。緒言によれば、この二書は「本島公学校書房及諸学校」において、勅語の主旨や天皇の「盛徳鴻業」、祝祭日の由来について取り上げ、「忠君愛国之志気」を養うために編纂されたものである。『祝祭日略義』に収録されているのは、四方拝、元始祭、孝明天皇祭、紀元節、神武天皇祭、皇霊祭、神嘗祭、天長節、新嘗祭の九種の祝祭日である。

（一三）『台湾の教育』昭和六年版（二一―②）によれば、第二期の初期に編纂された教科書には、台湾教科用書国民読本、台湾教科用書国民読本掛図、台湾教科用書国語話方教材、台湾教科用書国民習字帖、台湾教科用書漢文読本、公学校算術科教材がある。残念ながらこの時期の編纂趣意書や教授要目は、現在のところ見出されていないが、『台湾公学校教科書使用上ノ注意』（三七—①）には明治四四年版の「台湾教科用書国民読本正誤表」、「同 漢文読本正誤表」、「同 国民習字帖正誤表」と、大正二年版の「台湾教科用書国民読本使用上ノ注意」、「同 国民習字帖使用上ノ注意」、「同 漢文読本使用上ノ注意」など計六点が収録されている。明治四四年（一九一一）版は計数や事実の変更に伴う字句の訂正、大正二年（一九一三）版は明治天皇の薨去と大正天皇の即位にもとづく教材の異動、字句の訂正になっている。

Ⅳ

（一四） 台湾総督府の教科書編纂事業が各教科に亘って行われるようになるのは、大正元年（一九一二）一一月「公学校規則」の改正（府令第四〇号）以後のことである。この改正によれば、公学校の教科目及び教科書編纂に関わる条項は次のように規定されている。

第三条

修業年限六箇年ノ公学校ノ教科目ハ修身、国語、算術、漢文、理科、手工及図画、農業、商業、唱歌、体操、裁縫及家事トシ農業、商業ハ其ノ一科目ヲ男児ニ課シ裁縫及家事ハ女児ニ課ス

土地ノ情況ニ依リ漢文、唱歌、裁縫及家事ノ一科目若ハ数科目、農業、商業ノ中其ノ一科目ヲ欠クコトヲ得

第四条

修業年限四箇年ノ公学校ノ教科目ハ修身、国語、算術、漢文、手工及図画、農業、唱歌、裁縫及家事トシ

農業ハ男児ニ課シ裁縫及家事ハ女児ニ課ス
土地ノ情況ニ依リ漢文、唱歌、裁縫及家事ノ一科目若ハ数科目ヲ欠クコトヲ得
第六五条
公学校ノ教科用図書ハ台湾総督府ニ於テ編修シタルモノヲ使用スヘシ
前項ノ図書ナキトキハ廳長ハ台湾総督ノ検定ヲ経タル教科用図書ヲ使用セシメ若ハ台湾総督ノ認可ヲ受ケ其ノ他ノ図書ヲ使用セシムルコトヲ得
前項前段ノ場合ニ於テハ廳長ハ豫メ之ヲ台湾総督ニ報告スヘシ

この時期になると、公学校の教科目には実業系の科目が導入されたほか、理科や図画などのようにこれまでなかった新しい教科目も開設された。前掲の『台湾の教育』によれば、公学校修身書（教師用・児童用）、公学校用国民読本、公学校用国民習字帖、公学校算術書（教師用・児童用）、公学校漢文読本、公学校理科帖、公学校図画帖、国語教授書、農業教授書、商業教授書、手工教授書、蕃人読本が編纂・発行されている。

（一五）教科書の編纂にともない編纂趣意書や教授要目も出された。本史料集成に収録した編纂趣意書並びに教授要目を教科ごとに示すと、次のとおりである。ほぼ全教科にわたって編纂趣意書または教授要目が準備されたことがわかる。

一、台湾公学校教科書編纂趣意書第一篇　　大正二年　三七―②
公学校用修身書　巻一―四
公学校用国民読本　巻一―八

公学校用国民習字帖　第一学年用—第四学年用
二、台湾公学校教科書編纂趣意書第二篇　大正三年　三七—③
公学校用国民読本
公学校用国民習字帖
三、蕃人読本編纂趣意書　大正五年　三七—④
四、公学校修身書　巻五巻六編纂趣意書　大正八年　三七—⑥
五、公学校用漢文読本編纂趣意書　大正八年　三七—⑦
六、公学校教授要目
第一篇：算術科・理科・手工及図画科・商業科　大正二年　三七—⑧
第二篇：農業科・裁縫及家事科　大正二年　三七—⑨

（一六）『台湾公学校教科書編纂趣意書第一篇　公学校修身書　自巻一—至巻四編纂趣意書』（三七—②）は、目次と本文一一ページから成り、緒言、用書ノ種類及ビ其ノ配当・体裁（教師用書・児童用書）、教材ノ選択（徳目・例話・訓辞及ビ格言・作法・分量）で構成されている。緒言によれば、修身の教科書はその必要性が早くから認められていたが、国語教授を優先したために着手が遅れたこと、明治三七年（一九〇四）「公学校規則」の改正時に教師用の稿本が作成されたものの、大正元年（一九一二）「公学校規則」の全面改正でそれを反故にし、翌大正三年に改めて公学校修身書教師用巻一～巻四が刊行されたこと、追って教師用巻五・巻六、児童用書を編纂、刊行する旨が述べられている。この緒言の部分には手書きの書き込みがあり（象嵌部分）、それによれば児童用書の巻一～六が「大正八年九月ヲ以テ」完成し、教師用の巻五・巻六が編纂中とある。公学校修身は国定教科書の修身に倣って、教科書は教師用、児童用の二種類とし、各学年一冊ずつを配当した。また低学年には掛図が用意されていた。教材選択の際の「徳目」では国民精神の涵養、従順、誠実、勤労が重視されていた。

（一七）『公学校修身書 巻五巻六編纂趣意書』（三七―⑥）は、大正八年（一九一九）一二月に発行された。目次と本文一〇ページから成る。同趣意書巻一―四が刊行されてから六年が経過している。両者を比較してみると、「用書ノ種類及ビ其ノ配当・体裁」の章がなくなり、第二章「教材の選択」の第四節に「詔勅・御製・御歌・和歌」、第三章に「文章」が加わったのが主な変更点である。初等教育の修身は、ここに児童用書、教師用書、編纂趣意書、掛図と、修身教育に関する教材類がひととおり刊行を終えたことになる。この編纂趣意書は、改正教育令案の策定作業に際し、参考資料（第一四号）として提供された。

（一八）『公学校用漢文読本編纂趣意書』（三七―⑦）は、大正八年（一九一九）九月に刊行された。目次、本文八ページと二点の付録、「総目次表」、「新出文字表」で構成されている。緒言によれば、漢文読本の改訂編纂は大正五年に着手され、一度は脱稿したものの、大正七年三月「公学校規則」の改正で漢文の授業時数が減ったために、さらに改編した後、発行に至るという経緯を踏んでいる。読本の文章は台北師範学校教官の劉克明をはじめ、范亜丕、盧子安の三名によって執筆された。注目すべきは、①これまでの主義を変更して、国語科と連動させることなしに漢文科独自で難易度や繁簡を考えて教材の選択・配列を行うことになった点、②実用に重きを置いた教材（消息文、商業用文、広告文、契約書類）を多く採録し、日常生活に使用する什器、食物、親族などの名称を多用した点が挙げられる。編集上では新出漢字の量を減らし、「練習」という課を設け、教科書の体裁を和装から洋装へと変更したことが上げられている。この編纂趣意書も、改正教育令案の策定作業にあたり、参考資料（第一五号）として用いられた。

（一九）『公学校教授要目第一篇　算術科・理科・手工及図画科・商業科』、『同　第二篇　農業科・裁縫及家事科』（三七—⑧・⑨）は、いずれも大正二年（一九一三）三月の発行である。第一篇の巻頭に「本要目ハ台湾公学校教科目教授要項取調委員ノ調査シタル草稿」であるが、急を要するためにそのまま発行するもので、各公学校において細目を編成するうえで準拠とし、遺漏のないようにして欲しいという台湾総督府民政部からの一文がある。教科ごとに中扉で区切られているが、それぞれの教科の構成は、「〇〇科教授要目実施上ノ注意」、「公学校〇〇科教授要目一覧」、および「公学校〇〇科教授要目」の三部構成になっている。教授要目一覧は学年を横軸に学期を縦軸に、各学年の一年間の教授内容が概観できる表になっている。教授要目は学期を横軸に、縦軸を要目、教授事項、教授上ノ注意に三分割し、各学年の教授内容を具体的に示した表である。いずれも数ページに及んでいる。

V

（二〇）大正八年（一九一九）一月四日、「台湾教育令」（勅令第一号）が制定・公布された。領台以来、台湾の学校教育制度は初等、中等、専門など段階ごとに別個に創設されてきたために、系統的な学校制度にはなっていなかった。朝鮮が「併合」の翌年、明治四四年（一九一一）八月に「朝鮮教育令」を制定し、高等教育こそ欠いていたものの系統的な学校制度を構築していたのとはかなり情況が異なる。台湾教育令の制定にあたっては、朝鮮教育令制定にも関わった学務部長隈本繁吉らが草稿を準備し、同様に日本の統治下にあった台湾と朝鮮の教育制度を統一化することが目指された。「総則」には次のようにある。

第一条　台湾ニ於ケル台湾人ノ教育ハ本令ニ依ル
第二条　教育ハ教育ニ関スル勅語ノ旨趣ニ基キ忠良ナル国民ヲ育成スルヲ以テ本義トス
第三条　教育ハ時勢及民度ニ適合セシムルコトヲ期スヘシ
第四条　教育ハ之ヲ分チテ普通教育、実業教育、専門教育及師範教育トス

台湾教育令の制定により、既にあった台湾の「中学校」は朝鮮のそれに準じて「高等普通学校」と改められた。女子の場合も同様である。

（二一）　教科書編纂事業についてみると、台湾教育令の制定に伴う変更は別段なかった。公学校においては総督府編纂の教科書を使用することになっており、高等普通学校の教科書は大正八年（一九一九）四月二〇日制定の「台湾公立高等普通学校規則」（台湾総督府令第四六号）第一八条で次のように規定された。

公立高等普通学校ノ教科用図書ハ台湾総督府ノ編纂シタルモノヲ使用スヘシ
前項ノ教科用図書ナキトキハ学校長ハ台湾総督ノ認可ヲ受ケ前項以外ノ図書ヲ使用スルコトヲ得

女子高等普通学校や簡易実業学校、実業学校、師範学校に於いても同様に台湾総督府が編纂した教科書、及び認可した教科書を使用することになっていた。

（二二）この時期の教科書については、『台湾に於ける現行教科用図書に就て』（三七—⑤）に詳しい。大正一〇年（一九二一）一二月に台湾総督府内務局が発行した本文一三ページの小冊子である。「一、総説」で総督府の教科書編纂の経緯が述べられ、「二、公学校教科用図書」で各教科の教科書の編纂状況、「三、中等学校教科用図書」では次項に掲げる四種類の教科書の概要が紹介されている。「四、台湾総督府出版教科用図書目録」は、公学校用、中等諸学校用、小学校用、其の他に区分した目録となっており、大正一〇年当時の教科書を把握するのに便利な目録である。なおこの資料は、改正教育令案の策定作業に際し、参考資料（第一六号）として提供された。

同年一月には、朝鮮総督府学務局から『現行教科書編纂の方針』と題する本文一七ページの小冊子が発行されており、内容構成も酷似していて興味深い。

（二三）台湾総督府編纂の中等学校教科書としては、『中等教科国語読本』全四冊、『中等教科女子国語読本』全三冊、『師範学校算術教科書』、『中等国語読本』全二冊の合計四種類、一〇冊が刊行された。ただし前掲の『台湾に於ける現行教科用図書に就て』では、『師範学校算術書』が『中等算術書』となっている。

（二四）『師範学校修身科教授要目』（三七—⑪）は、台湾教育令により新たに発足することになった師範学校のために編纂された。修身は特に重要な教科であるとして、学校教授要目取調委員を設けて編纂にあたったという。本文七ページ、教授要目、要目編纂の要旨、要目取扱上の注意で構成されている。取扱上の注意では、「教師は常に修身科教授の要旨を体得し、自ら儀範を示し、熱誠と確信とを以て之に当り…」、「教育に関する勅語、戊申詔書は、夫々其の全文に就き丁寧慎重に述義し、且之を暗誦暗写せしむべし」などの文言がみられ、修身教育の徹底を図ろうとしていたことが読み取れる。なお、本資料は原典の汚れがひどいため、新組ページを作成したことをお断りしておきたい。

Ⅵ

（二五）「台湾教育令」は大正一一年（一九二二）二月六日、勅令第二〇号により全面改正された。主な条文を挙げると次のとおりである。

第一条　台湾ニ於ケル教育ハ本令ニ依ル
第二条　国語ヲ常用スル者ノ初等普通教育ハ小学校令ニ依ル
第三条　国語ヲ常用セサル者ニ初等普通教育ヲ為ス学校ハ公学校トス
第八条　高等普通教育ハ中学校令、高等女学校令及高等学校令ニ依ル

改正されたのは教育令の対象を台湾人だけでなく、台湾在住の「内地人」にも適用した点である。但し国語を常用する「内地人」は小学校、常用しない台湾人は公学校と、初等教育段階では事実上、別学体制とし、第八条にあきらかなように、高等普通教育（中等教育）以上の段階では共学、内地人と台湾人の学校が一本化された。改正前の台湾教育令により、高等普通学校、女子高等普通学校と改称された中等教育機関は中学校、高等女学校に戻り、教科書は日本のものを用いることとなった。

（二六）　大正一一年（一九二二）四月一日、改正教育令にもとづき「台湾公立公学校規則」（台湾総督府令第六五号）

が制定された。修業年限六年の公学校の教科目は、修身、国語、算術、日本歴史、地理、理科、図画、唱歌、体操、実科、裁縫及家事で、随意科目として漢文があった（第一七条）。さらに大正一二年六月五日公学校及び公学校高等科で使用する教科用図書が、総督府告示第百十一号により定められた。この時期が台湾総督府教科書編纂第三期に当たる。なお、大正一五年（一九二六）九月二六日には総督府令第七一号により台湾公学校規則中に次の改正が行われた。

第四八条　公学校ノ教科用図書ハ台湾総督府ニ於テ著作権ヲ有スルモノタルヘシ但シ文部省ニ於テ著作権ヲ有スル小学校教科用図書ノ中ニ就キ台湾総督之ヲ指定スルコトアルヘシ

国語書キ方、算術、理科、図画ノ教科用図書及地理附図ハ学校長ニ於テ之ヲ児童ニ使用セシメサルコトヲ得

さらに、それに伴い、大正一二年の台湾総督府告示第百十一号に代わり、昭和二年一月一八日台湾総督府告示第三号によって公学校において使用すべき教科用図書が定められた。しかしながら文部省編纂の教科書を台湾総督府で指定することができるようになったことを除けば、両者の間に大きな差異はない。いずれも改正台湾教育令制定の延長線上での教科書編纂事業として位置づけることができる。

（一七）第三期に発行された「教授要目」並びに「教科書編纂趣意書」のうち、本史料集成には次のものを収録した。

一、公学校用国語読本第一種編纂趣意書・公学校用国語書き方手本第一種編纂趣意書

大正一二年　三八―③

二、公学校用国語読本第一種自巻五至巻八編纂趣意書・公学校用国語書き方手本第一種自第三学年上至

第四学年用下編纂趣意書　大正一三年　三八―④
三、公学校修身書　巻一巻二修正趣意書　昭和三年？　三七―⑩
四、公学校地理書編纂趣意書並挿絵の解説　大正一一年　三七―⑫
五、公学校地理書改訂趣意書　大正一二年？　三八―①
六、公学校算術書教師用自第一学年用至第四学年用・児童用自第三学年用至第四学年用編纂趣意書
発行年不明　三八―⑥
七、公学校理科書編纂趣意書　大正一二年？　三八―⑦
八、台湾小学校理科教授要目　大正九年　三八―⑧
九、公学校高等科教授要目　大正一一年　三八―⑤
一〇、公学校地理書　巻一巻二改定趣意書　昭和六年　四四―①
一一、公学校高等科地理書編纂趣意書　昭和一一年　四四―②

（二八）『公学校修身書　巻一巻二修正趣意書』（三七―⑩）は、改正台湾教育令の制定に伴う公学校規則の改正で、修身の時間数に変更が生じたために発行されることになった。修身教科書については、昭和二年（一九二七）より、教科書の編纂にむけて十数回の審議を重ねてきたにもかかわらず、全く新たに起稿することになったことが緒言に示されている。この編纂趣意書の発行年月日は特定できないが、「巻一・巻二共ニ昭和三年度ヨリ使用」とあるところから、昭和三年の早い時期に脱稿、発行されたものと思われる。全一二ページ。緒言、修正方針、題目ニ就キテ、例話ニ就キテ、教師用書ニ就キテ、児童用書ニ就キテ、掛図ニ就キテ、および附録で構成されて

いる。

（二九）『公学校地理書編纂趣意書並挿絵の解説』（三七―⑫）は、大正一一年（一九二二）二月の発行で、本文四四ページから成り、旧教授要目の順序を入れ替えるなど若干の改編が行われた。発行の背景には公学校地理と尋常小学校地理の分量的、内容的な相違があった。公学校地理の教科用図書は、第五学年で巻一、第六学年で巻二を用い、他に第五・六学年共用の附図がある。これは尋常小学地理と同じであるが、週当たりの時間数も違う上に、内容的にも尋常小学地理が「本邦地理と外国地理大要」を教授するのに対し、公学校地理では、「本邦地理と特に台湾に関係ある南文南洋地理」を教授することになっており、この点を考慮して編集されている。目次は、緒言、本書と尋常小学地理書との比較、形式上注意すべき本書の特徴、内容上注意すべき本書の特徴、挿絵の解説、附図に就きて、の六項目で、挿絵の解説に多くのページ数が割かれている。

（三〇）『公学校地理書改訂趣意書』（三八―①）は、大正一一年四月の「公学校規則」の改正で、地理科の教授要旨と教授時数が変更されたことにともない発行された。本文と附録を合わせて二三ページ。緒言、教材ノ選択、教材ノ排列、挿絵及ビ図表、教材ノ分量、取扱ノ注意、附図、附録で構成されている。附録は、題目比較表、題目別分量比較表、挿絵図表比較と三点あるが、いずれも公学校地理書と尋常小学地理書の比較となっている。

（三一）『公学校算術書教師用自第一学年用至第四学年用・児童用自第三学年用至四学年用編纂趣意書』（三八―⑥）は本文五ページから成る小冊子で、発行年は不明である。紙面に「昭和三年十月三十日寄贈」というスタンプと書き込みのあることから、それ以前に発行されたものと推測される。算術書はこれまで小学校算術書を使用してきたが、公学校児童の国語力や日常生活の違いなどを考慮して、応用問題の取材には工夫が必要である旨、指摘されている。

（三二）『公学校理科書編纂趣意書』（三八―⑦）も、改正台湾教育令の制定に伴う「公学校規則」の改正で、従来は第五・六学年に設置されていた理科が第四学年から開始されることになったために改訂、発行された。緒言によれば、大正一一年三月に「公学校理科教授要目」を制定し、従来の第五・六学年用の教科書『理科帖』と大正九年に制定された「台湾小学校理科教授要目」（三八―⑧）を参考に急場を凌いだという背景がある。本文は六ページで、緒言、教材（選択・排列・分量）、文字文章、体裁、取扱上ノ注意で構成されている。これまで使用されてきた『理科帖』は余白が多く、課の終わりに練習問題があって、児童が書き込みのできる体裁になっていたのが、今次の改訂では、歴史地理などの教科書と足並みを揃え、余白、練習問題ともに廃することになった。なお、一一ページから成る付録は、目録表（巻一～巻三、第四学年～第六学年）、教材分類表（各単元を植物、動物、地質・鉱物、物理、化学、生理衛生、天文・地文の七項目で分類）、教材配当表（各単元の学期ごとの授業時数等年間計画）の三部構成になっている。

（三三）『公学校高等科教授要目』（三八―⑤）は、台湾教育令の改訂によって新設された公学校高等科の教授要目で総頁数二二七ページから成る。高等科の教科書編纂が完了するまでの間、教授内容の準拠を提示すべく、学校教授要目取調委員を設置して編纂したものである。修身、日本歴史、地理、理科、農業、商業、手工、裁縫及家事の各教科ごとに緒言、教材一覧、学年ごとの教授内容を示した表で構成されている。表は題目、教授事項、注意事項の三段になっており、題目ごとの教授内容を把握するのに便利である。また、学年学期ごとの時間数も示されている。

（三四）『公学校地理書巻一巻二改定趣意書』（四四―①）は地理的な事実の変更に伴い改定が必要になったために発行されたもので、改定は地方庁や師範学校に照会して、「実際家」の意見を聞いて行ったという。改定の要旨は、教材の分量を増加する、程度を多少向上する、「我が南洋委任統治地」の一章を設ける、都会中心の内容を産業中心にし、交通に関する記事を詳細に記述するなど、六ページにわたって記されている。また、附録の挿絵図表解説に百ページ近い紙数が割かれており、授業を行ううえで教員の助けになったものと思われる。

（三五）　公学校高等科地理では、文部省の『高等小学地理書』を教科書として使用してきたが、内容や程度のうえで公学校の児童にそぐわない点があったために、公学校独自の教科書を編纂することになった。昭和一〇年（一九三五）に巻一、翌年に巻二が刊行されたが、その編纂趣意書が『公学校高等科地理書編纂趣意書』（四四―②）である。構成は緒言、編纂の要旨、附録三点、「高等小学地理書　公学校高等科地理書　題目対照表」、「同挿絵対照表」、「挿絵図表解説」から成るが、なかでも挿絵図表解説に多くのページ数を割いている。

Ⅶ

（三六）　一九二〇年代から三〇年代になると、各地方の拠点校を中心に教科教育法の研究が盛んになってくる。

国語（日本語）教育一辺倒であった公学校の教師たちの関心が、徐々に他教科へも拡がっていく様子が見て取れる。本史料集成には次の五点の資料を収録したが、いずれもそれぞれの教科教育法や教材に関する研究書である。

一、『公学校各科教授法　全』　大正一三年　三九
二、『公学校教授の新研究』　昭和二年　四〇・四一
三、『修身科教育の革新』　昭和二年　四二
四、『訓育に関する研究』　昭和三年　四三—①
五、『公民教育カード』　昭和八年　四三—②

（三七）『公学校各科教授法　全』（三九）は、「師範学校における教授法の教科書、教員講習会や教員検定受験者の参考書」として、台北師範学校の二人の教諭、久住栄一と藤本元次郎が同校訓導の協力を得て編纂した書物である。大正一三年（一九二四）一〇月の発行で、総頁数は四六四ページに及ぶ。目次は総説、修身科、国語科、算術科・日本歴史科・地理科・理科・図画科・唱歌科・体操科、実科、裁縫及家事科、漢文科、複式教授法概説から成るが、国語科に最も多くのページが割かれている。総説は教授法の地位及び価値、教授法研究の必要及び方法、教授法則で構成されており、「台湾教育令」第四条と「公学校規則」第二三条を遵守すべきであると述べられている。

「台湾教育令」第四条

公学校ハ児童ノ身体ノ発達ニ留意シテ之ニ徳育ヲ施シ生活ニ必須ナル普通ノ知識技能ヲ授ケ国民タルノ性格ヲ涵養シ国語ヲ習得セシムルコトヲ目的トス

「公学校規則」第二三条

公学校ニ於テハ台湾教育令第四条ノ旨趣ヲ遵守シテ児童ヲ教育スヘシ

何レノ教科目ニ於テモ常ニ徳性ノ涵養ト国語ノ習熟トニ留意シテ国民ニ必要ナル性格ヲ陶冶セムコトヲ務ムヘシ

知識技能ハ常ニ土地ノ情況ニ鑑ミ生活ニ必須ナル事項ヲ選ヒテ之ヲ教授シ反復練習シテ実用ニ適セシメムコトヲ務ムヘシ

何レノ教科目ニ於テモ其ノ教授ハ児童ノ心身発達ノ程度ニ副ハムコトヲ要ス

男女ノ特性及其ノ将来ノ生活ニ注意シテ各適当ノ教育ヲ施サムコトヲ務ムヘシ

各教科目ノ教授ハ其ノ目的及方法ヲ誤ルコトナク互ニ相聯絡シテ補益セムコトヲ要ス

この他に各科の教授法に共通なものとして、①如何にして教えるかではなく学ばせるかに留意する、②具体より抽象へ、直観を重視する、③既知のものから未知のものへ、児童の経験を基礎とする、④近いところから遠いところへ、児童の環境を顧慮する、⑤易しいことから難しいことへ漸進的に行うこと、の五点が挙げられた。児童の経験を重視する大正期の自由主義教育の片鱗が窺える。

（三八）『公学校教授の新研究』（四〇・四一）は、『公学校教育の第一歩』（大正一三年（一九二四）刊）の改訂増補版として、昭和二年（一九二七）に出版された。「新研究」と名づけたのは、当時の台南師範学校附属公学校のスタッフによる研究の到達点を示しているからだという。この書の目的は、「師範学校生徒ノ教育実習ニ資スルタメ」及び「教員養成ノ講習科生徒ヤ教員検定試験ヲ受ケル者ニ参考書トシテ」使用する点にある。修身科、話方科、読方科、綴方科、書方科、算術科、日本歴史科、地理科、理科科、図画科、唱歌科、体操科、手工科、商業科の一四教科と複式の「教授要義」が収録されている。教授要義は各学科の主任が執筆した。附録には教員を志す者たちの参考として「児童教養上ノ方針及注意」、「児童教養ニ関スル諸規程」、「教生規程」、「各科参考書」が収録されている。原著は総頁数六九二ページで一冊であるが、本史料集成では収録の都合上、上・下二巻に分冊した。

（三九）『修身科教育の革新』（四二）は、昭和二年（一九二七）一二月に台北第三高等女学校附属公学校の主催で行われた初等教育共同研究会の発表要録を編纂したものである。この研究会は修身科教育の改善を目指して開かれたという。当時、修身科は国民教育を行ううえで最も重要なものと認識されながらも、「徳性涵養と実践指導」は「概念の教授や技能の伝達」を目的とする他教科と比較するとなかなか実績があがらない状況にあった。そこで日々、修身科の実践で苦心している者たちが集まり、共同で研究しあい、結果を報告しあうことで、修身科教育の改善に努めようとしたものである。二日間にわたって行われた共同研究会では、各郡市の代表教員たちによる研究発表のほか、研究授業二時間、台北高等学校長の三澤糾と当時台北帝国大学の創設事務に携わっていた（翌年三月同大学初代総長に就任）文学博士、幣原坦の講話が企画されていた。以下、本書の目次を掲載することで、研究会の題目を示すことにする。

第一編　初等教育に於ける修身科教育上改善すべき事項
　文山郡下公学校児童道徳意識の発達に関する調査研究　文山郡　共同研究班
　公学校に於ける修身科教授の使命　羅東蘇澳共同研究班

（四〇）『訓育に関する研究』（四三―①）は高雄第三公学校の教員による研究書である。修身や訓育といった道徳教育が最も重要な領域であることは認識されながらも、その実績が他教科に比べて不振の状態にあることを理由に、高雄州から訓育に関する研究を命じられたのが本書発行の背景となっている。昭和三年（一九二八）の発行で、総頁数二二七ページ。おもな目次は次のとおりである。

第一章　訓育の本質　訓育の意義／訓育の目的／訓育と修身科
第二章　公学校に於ける訓育
　　　　公学校教育の目的／公学校に於ける訓育／訓育の重要
第三章　訓育の方針　訓育上の諸主義／本校の方針
第四章　児童　児童の道徳的発達／高雄市小公学校道徳意識の調査概要／当校における調査
第五章　環境　自然界より受くる影響／家庭／社会
第六章　訓育と教師　教師の感化／教師の修養
第七章　訓育の手段　手段の考察／示範／命令及禁示／賞罰／訓諭及反省
第八章　系統案　系統案の必要／系統案の立て方／要目の選定／本校の要目／校訓級訓及校歌
第九章　訓育の実際　学習時に於ける訓育／自由時間／作業／儀式／会合

（四一）『公民教育カード』（四三―②）は、大甲公学校（台中）が独自に作成した公民教育のためのカードと思われる。奥付から昭和八年（一九三三）一月二三日の発行であることがわかるが、目次や巻頭の説明がないために、編纂の目的や使用法など、それ以上の情報は得られない。カードは右六穴綴で一枚完結型である。内容量によって表面だけのものと裏面にまで書かれているものがある。学年ごとに「公民教育カード一覧表」が初めに付されており、その後一題目につき一枚のカードが続く。カードはそれぞれの題目で何が教えられたのかが具体的にわかる大変に興味深い資料となっている。例えば、一学年の一枚目のカードの題目は「ジコクヲマモレ」である。カードには次のように記されている。

公民教育カード　　修身科　　巻一　　巻二

題目　ジコクヲマモレ

一　学校生活

（教科書による）

二　家庭生活

一　早寝　九時頃まで

二　早起　六時頃まで

三　学習　適当な学習の時刻を定めよ

「ジコクヲマモレ」では、学校生活については修身科教科書の巻一と巻二を利用して進め、家庭生活では朝は六時に起きて夜は九時には寝るように、毎日、学習の時間を定めるように指導していたことがわかる。カードは六学年分全部で一一一枚ある。

Ⅷ

（四二）　昭和一六年（一九四一）の「国民学校令」公布以後、昭和二〇年（一九四五）までが台湾総督府教科

書編纂第四期ということになるが、残念ながらこの時期の史料は未確認のものが多く、本史料集成に収録できたものは以下の二点のみである。

一、教科実践授業案例　　　　　　　　昭和一八年　　四四—③
二、初等科算数　取扱上の注意　第三四学年用　　昭和一八年　　四四—④

(四三)『教科実践授業案例』(四四—③)は、昭和一八年(一九四三)七月三〇日、台南師範学校附属第一国民学校より発行された。昭和一八年という戦時下に、台湾の国民学校でどのような授業が行われていたのかがわかる貴重な資料である。国民科の修身、国語、国史、地理、理数科の算数、理科、体錬科の体操、武道、実業科農業、芸能科の音楽、習字、図画、工作、家事、裁縫の一五教科目の授業案が一点ずつ掲載されている。さしずめ今日の学習指導案といったところだろうか。単元のねらい、単元の指導計画(何時間扱いにするか)、教材、本時の目標、学習指導の過程、指導上の留意点といった内容について、形式は教科目によって異なるが、具体的で詳細に記されている。

(四四)『初等科算数　取扱上の注意　第三四学年用』(四四—④)は、文部省編纂の『初等科算数』を台湾の国民学校教科書として使用する場合、どのような点に注意すべきかが書かれた教師用の指導書である。緒言には、①『初等科算数』で取り上げられた教材が台湾の季節に合わない場合やない場合、台湾に適した代用品を当てる、②台湾の特殊事情を考慮して教材を変換する、③記述が抽象的で充分理解されない虞のあるものを具体化する、④文部省の授業日数年間三八週に対し、台湾は三五週と約一五時間少ないので、時間配当表を変更したなど、工夫点が述べられている。

〔2〕日本統治下台湾における「国語」教育

近藤　純子

I

(一)　日本統治下五〇年間の台湾における日本語教育について語る際には、いくつかの注釈が必要であろう。まず、この時代には日本語教育は「国語教育」と呼ばれていたことである。しかしながら、台湾の日本語学習者にとって日本語は当然のことながら母語ではなかったため、日本語を教育するためには、「内地」の国語教育とは違った教科書や教授法が必要とされた。

次に、台湾における教育は常に日本語教育を主要なものとしていたことである。台湾で出された教育令や教育に関する規則では、教育の主要な目的として「国語の習得」があげられた。明治三一年(一八九八)に台湾で初めて出された「公学校規則」では、次のように位置づけられている。

公学校ハ本島人ノ子弟ニ徳教ヲ施シ実学ヲ授ケ以テ国民タルノ性格ヲ養成シ同時ニ国語ニ精通セシムルヲ以テ本旨トス

国語科は初等教育機関の教授時数の半ばを占め、他教科の教授用語も原則として日本語であったから「台湾の教育は国語教育」と言われていたのである。ちなみに、戦前日本のもう一つの植民地であった朝鮮でも事情はほぼ同様で、「朝鮮教育令」（明治四四年・一九一一年制定）は、朝鮮人のための普通教育機関たる普通学校について、下記のように規定していた（第八条）。

普通学校ハ児童ニ国民教育ノ基礎タル普通教育ヲ為ス所ニシテ身体ノ発達ニ留意シ国語ヲ教ヘ徳育ヲ施シ国民タルノ性格ヲ養成シ其ノ生活ニ必須ナル普通ノ知識技能ヲ授ク

次に、その日本語教育の主たる場は初等教育機関である公学校だったということである。大正一一年（一九二二）に第二次台湾教育令が出されるまで、公学校卒業後の中等教育はほとんど整備されていなかったし、整備された後も公学校卒業後の上級学校への進学率は低かったからである。

最後に、台湾には漢族系の台湾人と原住民の人々がおり、後者には読み書きの能力よりも簡単な日常会話程度の日本語教育が行われたことである。なお、「内地」からの移住者である日本人子弟の「国語教育」についてはここでは扱わない。

（二）　本史料集成第六集「教科書編纂・各科教育関係資料（含：国語教育）」は教科書の編纂や各科教授に関する資料を整理して一四分冊にまとめたものであるが、解題にあたり、上記のような日本語教育の重要性と特殊性に鑑み、これを独立させた。日本語教育を考えるために選んだ資料は以下の二〇点である。

一、台湾総督府民政局学務部『日本語教授書』明治二八年
二、台湾総督府民政局学務部『国語教授参考書一　初学生徒教案』明治二九年
三、台湾総督府民政部学務課『ゴアン氏言語教授方案』明治三三年
四、台湾総督府民政部学務課『台湾公学校国語教授要旨』明治三三年

五、台湾総督府民政部学務課『台湾公学校教科書使用上ノ注意（第一篇・第二篇）』明治四四年・大正二年
六、台湾総督府『台湾公学校教科書編纂趣意書（第一篇）』大正二年
七、台湾総督府『台湾公学校教科書編纂趣意書（第二篇）』大正三年
八、台湾総督府『蕃人読本編纂趣意書』大正五年
九、台湾総督府内務局『台湾に於ける現行教科用図書に就て』大正一〇年
一〇、台湾総督府内務局『国語普及の状況』大正一〇年
一一、台湾総督府『公学校用国語読本第一種編纂趣意書・公学校用国語書き方手本第一種編纂趣意書』大正一二年
一二、台湾総督府『公学校用国語読本第一種自巻五至巻八編纂趣意書・公学校用国語書き方手本第一種自第三学年上至第四学年用下編纂趣意書』大正一三年
一三、久住栄一、富士元次郎『公学校各科教授法』大正一三年
一四、台南師範学校附属公学校『公学校教授の新研究』昭和二年
一五、台北第一師範学校附属公学校研究部『言葉の指導』昭和五年
一六、台南師範学校附属第一国民学校『教科実践授業案例』昭和一八年
一七、国府種武『台湾に於ける国語教育の展開』昭和六年
一八、国府種武『台湾に於ける国語教育の過去及現在』昭和一一年
一九、国府種武『日本語教授の実際』昭和一四年
二〇、台北州『国語保育園　保育細案』昭和一七年

（三）この時代の日本語教育について考えていくにあたっては、次の四つの時期に区分するのが適当であろう。

Ⅰ　草創期……明治二八年（一八九五）～明治三一年（一八九八）

Ⅱ　基盤整備期……明治三一年（一八九八）～大正一一年（一九二二）

Ⅲ　第二次台湾教育令制定後……大正一一年（一九二二）～昭和六年（一九三一）

Ⅳ　満州事変から日中戦争・太平洋戦争へ……昭和六年（一九三一）～昭和二〇年（一九四五）

Ⅱ

（四）第一期の中で、「公学校令」の出される明治三一年（一八九八）以前は、台湾における日本語教育の草創期であり、そこでは初代学務部長を務めた伊沢修二の強力なリーダーシップが発揮された。

日本語教育の必要性を痛感した伊沢は領台直後の明治二八年（一八九五）七月に、台北郊外の士林の芝山巌に教場を設けて芝山巌学堂とし、そこで自ら日本語教育に着手した。

また、明治二九年（一八九六）三月には台湾総督府直轄諸学校官制によって、国語学校、国語学校第一附属学校、国語伝習所（一四か所）が設置された。

この時代に台湾総督府から刊行された日本語教育関係の書籍には、次のようなものがある。

一、『日本語教授書』明治二八年

二、『小学読本教授指針』明治二九年

三、『小学読方作文掛図教授指針』明治二九年

四、『新日本語言集　甲号』明治二九年

五、『台湾十五音及字母附八声附号』明治二九年
六、『台湾十五音及字母詳解』明治二九年
七、『台湾適用会話入門』明治二九年
八、『国語教授参考書一　初学生徒教案』明治二九年
九、『国語教授参考書二　小学読本巻之一訳稿』明治二九年
一〇、『国語教授参考書三　動詞教授資料』明治二九年
一一、『台湾適用国語読本初歩　上巻』明治二九年
一二、『台湾適用会話入門』明治二九年
一三、『台湾適用書牘文』明治三〇年
一四、『台湾適用書牘文教授書』明治三〇年

本史料集成には、これらの中から『日本語教授書』（三六―④）および『国語教授参考書一　初学生徒教案』（三六―⑤）の二点を収録した。

（五）『日本語教授書』（三六―④）は芝山巌学堂での教案をもとに作成されたもので、その後の教員養成においてもテキストとして使用された。

芝山巌学堂で伊沢が教えた人々は漢文の素養のある年齢の高い知識人だったため、日本語を教える際には漢字・漢文が有効に使われた。例えば、仮名を覚えさせるために「アイ　エ　ウエ　ウオ」等の単語を黒板に書き、その傍に「愛　柄　上　魚」と漢字で書いてその意味も教えるわけである。

また、文法を教える際にも、例えば時制を教えるには「現在ハ『去』過去ハ『去了』未来ハ『要去』ニ該当スルコトヲ筆談ニテ教フル」こともできるとしている。

（六）　伊沢は国語伝習所で教える教員を「内地」で募集し、台湾で三か月程度講習を行った後、彼らを教壇に立たせることにした。応募資格は「高等小学校本科正教員の資格を有する者」「漢書を読み漢文を作り得へき者」等で、筆記試験と伊沢による面接を経て四五名が採用された。これらの人々は「講習員」と呼ばれ、第一回の講習員は明治二九年四月に授業を開始し、七月に卒業した。以後第七回まで講習が行われた。講習は主として台湾語（閩南語）の習得にあてられた。伊沢は台湾語を使った対訳法で教えることを意図していたからである。

国語伝習所には甲科と乙科があった。甲科の生徒は年齢が高く漢文の素養も豊かで通訳として養成することになっていたのに対し、乙科には幼少で漢字・漢文の素養の十分でない者が多かった。

『国語教授参考書一　初学生徒教案』（三六―⑤）は、第一回講習員の一人である高木平太郎が、国語学校の第一附属学校で実習したときの教案である。クラスがスタートして一か月ほどで、五十音を学んだ後簡単な名詞を覚えていく段階である。台湾語による対訳法で教えているが、言葉の意味の確認のために漢字も利用している。この学校の場合、当初は国語伝習所甲科生程度の漢字・漢文の素養のある生徒が多かったと見られる。

Ⅲ

（七）　第Ⅱ期においては、日本語教育は公学校で本格的に行われることになる。明治三一年（一八九八）に「公学校令」が出され、国語伝習所は台東地方と恒春地方を除いて廃止となり、公学校として改編された。そこでは、日本語の教授法も新しく「直接法」が採用された。

新しくスタートした公学校は、国語伝習所の乙科を母体とした台湾人に対する初等教育機関で、児童には漢字・漢文の素養はなかった。一方伊沢の養成した教師たちは、わずか三か月の講習では教授用語に台湾語を使って教えることは無理であった。さらに、明治三〇年（一八九七）に、伊沢は学務部長を非職となっており、ここで日本語教育は大きく変化せざるをえなかったとも言える。

（八）　明治三二年（一八九九）の初めごろ国語学校教授であった橋本武が、フランソア・グアン（F. Gouin）の原著の英訳“The art of Teaching and Studying Languages”の前半を抄訳し、対訳によらない外国語教授法を紹介した。これによってグアンの教授法を学んだ教師たちは、国語学校第一附属学校でグアン法の実地研究を行った。その中心になったのは、第二回講習員の山口喜一郎であった。

実習の結果、この方法は以後公学校で採用されることになり、総督府は翌年の七月に橋本の訳本を『ゴアン氏言語教授方案』（三六―⑥）として、また一二月にはこの教授法の解説本を『台湾公学校国語教授要旨』（三六―⑦）として出版した。

（九）　『ゴアン氏言語教授方案』（三六―⑥）で紹介された教授法は、当時ヨーロッパで普及していた学習者の母語を介在させないで教える「直接法」であった。グアンは、幼児が思考の順序によって言葉を用いるのにヒントを得て人間の自然な心理や思考に沿った一連の動作を設定し、学習者に言葉を習得させせようとした。例えば「戸の方へ歩き、近より、戸の所に立ち、腕を延ばし、把柄を持ち、廻し、戸を引く」というもので、この順序で外国語を与えていけば、覚えやすいというのである。

（一〇）『台湾公学校国語教授要旨』（三六―⑦）は、前述したとおりグアン法による授業の解説本として、総督府がその普及のために刊行したものであり、各地の公学校に配られた。「我国ニ在リテハ、未ダ外国児童ニ国語ヲ教授セル例」が少ないために教授に苦慮していると述べた後で「嬰児カ自然ニ、母語ヲ習得スル方法ヲ以テ基礎トスルヨリハ、他ニ頼ル可キモノナキヲ覚ユ」と、グアン法を紹介している。

さらに、「国語科全体ニ於ケル教授ノ方針」として、国語科を「話方、読方、綴方、書方」に分け、「話方」を基本とした授業の運営を説いている。その後で「話方科教授要旨」と「読方科教授要旨」及びそれぞれの「教授例」を載せている。

（一一）明治三四年（一九〇一）から三六年にかけて『台湾教科用書国民読本』全一二巻が刊行された。これは台湾で最初の国語読本で、グアン法による教授法で使用されるべく編纂されたものである。この教科書では表音式仮名遣いが採用されている。さらに、読本の基礎となる「話し方」の参考書として、『国民読本参照　国語科話方教材』も明治三三年（一九〇〇）から明治三七年にかけて刊行された。

明治三七年（一九〇四）に改正された「公学校規則」では、直接法で教えやすいように科目の変更が行われている。すなわち、それまで国語関係の科目は「国語　作文」「読書」「習字」と分かれていたのを、「国語」として一科目にまとめたのである。その際「読書」に含まれていた「漢文」は独立した科目になった。

この改正された「公学校規則」では、旧規則の対訳法を示唆する「土語ト対照」や「土語ニ訳述セシメ」などの文言は消えている。

なお、『台湾公学校教科書使用上ノ注意　第二編』(三七―①)では明治天皇崩御によって「今の天皇陛下」が「明治天皇さま」と変更されたことなどが記されている。

(一二)　グアン法でスタートした「直接法」による日本語教育は次第に現場に浸透し、教授用語も含めてなるべく日本語のみで授業を行うようになっていった。この教授法は当時「エスペルゼン法」と呼ばれていた。『台湾公学校教科書編纂趣意書　第一篇』(三七―②)と『台湾公学校教科書編纂趣意書　第二篇』(三七―③)は、こうした中で大正二年から三年にかけて刊行された『公学校用国民読本』全一二巻と『公学校用国民習字帖』の編纂趣意書である。

『公学校用国民読本』全一二巻が旧教科書と大きく異なるところは、表音式仮名遣いから歴史的仮名遣いに改められたことである。また、ここでは直接法による教育がはっきりと表明されている。旧教科書には台湾語をカタカナで表記した文章が載せられていたが、それは廃止された。編纂趣意書には「台湾語ノ掲示ハ、反リテ対訳ノ弊ヲ馴致スル虞アルヲ以テ全ク之ヲ廃シ、国語教授中ハ一切台湾語ヲ使用セシメザルノ方針ヲ執レリ」とある。また、大正元年には「公学校規則」が改正されるが、ここでは国語科の授業については「国語ハ初ハ主トシテ話シ方ニ由リテ近易ナル国語ヲ授ケ漸次読ミ方、書キ方、綴リ方ヲ課シ進ミテハ平易ナル文語ヲ加フヘシ」とあり、明治三七年の改正からさらに進んだ表現がとられている。こうした直接法による授業の推進に伴って、より使いやすい教科書として『公学校用国民読本』が編纂されたわけである。

この教科書を使って行う授業の参考書としては、総督府から各学年用の『公学校国語教授書』が大正二年

（一九一三）から大正九年にかけて刊行されている。また、『台湾に於ける現行教科用図書に就て』（三七―⑤）の国語科の「現行教科用図書」とは、この『公学校用国民読本』を指し、大正一〇年（一九二一）の時点でこの教科書について解説したものである。

（一三）　原住民（一九三〇年代後半ごろから「高砂族」と公称）に対する教育は、学務部所管のものと警察本署所管のものとの二つに分かれていた。前者は国語伝習所（後に「蕃人公学校」、大正一一年以後は単に「公学校」と改称）で、後者は教育所で行われた。教育所で教育に当たったのは警察官であった。

『蕃人読本編纂趣意書』（三七―④）は蕃人公学校で使われた『蕃人読本』全四巻について書かれたものである。この教科書は大正四年から五年にかけて刊行されたが、一般の公学校に比べて程度は低く、「蕃人ニ対シテハ殆ド漢字ヲ教フルノ必要ヲ認メズ」とし、日常の簡単な会話を習得させることを目的とした。

Ⅳ

（一四）　第三期は、大正一一年（一九二二）の「（第二次）台湾教育令」発布以後の時期である。この教育令により、台湾人のための教育と「内地人」のための教育は一本化され、両者の共学が実現することになった。但し、初等教育のみは小学校と公学校に分け、「国語ヲ常用スル者ノ初等普通教育ハ小学校令ニ依ル」「国語ヲ常用セサル者ニ初等普通教育ヲ為ス学校ハ公学校トス」とされた。だが、「国語ヲ常用スル者」「国語ヲ常用セサル者」という表現を採っても、実際はそれぞれ「内地人」「台湾人」を指すものであり、実質的には大きな変化はない。この名称は朝鮮でも用いられ、事情は同様であった。台湾では、中等学校以上はすべて「内台共学」とされたが、中学校・高等女学校の入学試験はすべて日本語によって行われ、入試問題も小学校の教科書を出典とすることが多かったので、レベルの低い教科書で学ぶ公学校の児童は太刀打ちできるものではなかった。ちなみに小学校で学ぶ台湾人の数は、昭和一〇年（一九三五）になっても小学生総数の一割に達しない状況であった。

『国語普及の状況』（三八―②）は大正一一年枢密院での教育令改訂の審議に際し、台湾総督府内務局が参考資料（第六号）としてまとめたものである。大正九年（一九二〇）一〇月施行の国勢調査によると、「日常普通談話ニ差シ支ナキ程度ノ国語ヲ使用シ得ル台湾人」は、男は四・九三％、女は〇・六六％、全体では二・八六％に過ぎず、微々たるものであったことがわかる。

（一五）『公学校用国語読本第一種編纂趣意書・公学校用国語書き方手本第一種編纂趣意書』（三八―③）と『公学校用国語読本第一種自巻五至八編纂趣意書・公学校用国語書き方手本第一種自第三学年上至第四学年用下編纂趣意書』（三八―④）は大正一一年（一九二二）から一五年（一九二六）にかけて作られた『公学校用国語読本第一種』の編纂趣意書である。それによると、『公学校用国語読本第一種』全一二巻の内容は「内地」の国語教科書と共通の内容を多く含み、かなり高度になっていることが分かる。共学への可能性が生じたことや中等教育進学の可能性が高まったことによって、公学校での日本語教育は進学を意識したものになったのである。しかし、上で述べたように、台湾人の児童が中学校に進学するのはかなり困難だった。

（一六）こうした中で、新しい教授法が開発された。「構成式話し方教授法」と呼ばれたこの教授法については、その開発研究に当たった台北師範学校附属公学校が『話方・地理・理科教授に関する研究』（大正一一年）と『話し方教授に関する研究』（大正一五年）で、詳説している。

本史料集には、この教授法についての参考文献として『公学校各科教授法』（三九）と『公学校教授の新研究』（四〇・四一）を収録している。前者は台北師範学校が、後者は台南師範学校がそれぞれ教授法の教科書として作成したものである。

この教授法では「話し方」は「談話」と「会話」に分けられる。前者はまとまった内容を一人で話すことであり、後者は通常の会話である。これらを習得させるための方法も「言語教授」と「自由発表」の二つに分ける。「言語教授」では教師の側で教えるべき教材を準備するが、「自由発表」は児童に課題を与えるだけで教材は特にない。以上の二つの分野と二つの方法を組み合わせて「談話言語教授」「談話自由発表」「会話言語教授」「会話自由発表」とした。ただし、この最後の「会話自由発表」は実際の生活の中でこそ可能なことであるとして、授業には取り入れないことが多かった。

『公学校各科教授法』（三九）も『公学校教授の新研究』（四〇・四一）もこの「構成式話し方教授法」をより洗練されたものに仕上げていく過程で「聞き方」の重要性を強調している。公学校の日本語教育はこの「聞き方」と「話し方」でひとまず土台を作り、日本語で授業ができるような態勢にもっていくことがまず求められたということであろう。ちなみに、『公学校教授の新研究』は大正一三年（一九二四）に出された『公学校教育の第一歩』の改訂版である。

こうして台北師範学校と台南師範学校を中心に開発されていったこの教授法も、やがて反省の時期を迎える。それを綴ったのが『言葉の指導』（四九―①）である。児童の主体性を重んじて発表に重きを置いた結果、単なるおしゃべりを養成することになっているとか、「読み方」との連絡が不十分で読解力に問題が出ているとかの批判が出たようである。しかし、なんといっても教室内の話し方指導では十分な会話能力は得られないし、自然な日本語で話す能力は身につかないので、あらゆる機会を利用して教えていかねばならないというのが当事者の切実な思いであった。ネイティブ・スピーカーに限りなく近づいていくことが責務となっていたのである。

V

（一七）第四期は、満州事変から日中戦争、太平洋戦争へと向かう戦時色に覆われた時期である。昭和一一年（一九三六）に就任した小林総督は、台湾全島の皇民化と工業化及び南方政策を三大基本目標として掲げた。以後皇民化の主要な手段として、日本語教育の推進にいっそう拍車がかかることになる。

「皇紀二六〇〇年」（昭和一五）に向けて「国語解者」を五〇％以上に、という「国語普及十カ年計画」は五一％という成績で達成された。運動がスタートした昭和六年（一九三一）は二〇・四％であったから、「国語解者」が急激に増えたと言える。この計画のために、日本語教育は学校教育においてのみでなく、社会教育においても本格的に取り組まれた。昭和九年（一九三四）には、総督府と中央教化団体連合会の共同主催で台湾社会教化協議会が開催され、「台湾社会教化要綱」が協議決定されている。そして、この要綱の中で日本語を普及させるために「各市街庄ノ各部落ニ国語講習所又ハ簡易国語講習所ヲ設置スルコト」が提案され、総督府の援助を受けて設置されていった。本期集成の最後に掲げた『国語保育園　保育細案』（四九―②）は幼児のための国語講習所である国語保育園の教育内容についてまとめたものである。冒頭の「緒言」に

国語保育園は国民学校入学前の本島人幼児に対して、その家庭及社会に於ける境遇的欠陥を補ひ、心身を健全に発達せしめ、善良なる性情・習慣を涵養すると共に、国語に習熟せしめ、皇国民たるの資質を育成する

を以て其の目的とする。

とあり、「保育の実際案例」等を紹介している。

（一八）　この時期には相次いで教科書が刊行されている。『公学校用国語読本第一種』全一二巻と『コクゴ・初等科国語』全一二巻がそれである。前者は昭和一二年（一九三七）から一七年（一九四二）にかけて、後者は昭和一七年から一九年（一九四四）にかけて刊行された。前者の編纂趣意書は本史料集成第一集に収められている『台湾教育事情』（三）に紹介されており、旧教科書が刊行されてからすでに一〇年以上を経過しているため刊行された、と説明されている。

しかし、それからまもなく昭和一六年（一九四一）に国民学校制度実施に伴って「台湾教育令」が改正され、「台湾公立国民学校規則」が公布された。そして、「国語」は「国民科」の中の一科目として教えられることになった。こうした変更に対応するため後者が刊行されることになった。

旧台湾教育令では「国語を常用する者」の学校は小学校、「国語を常用せざる者」の学校は公学校とし、台湾公立公学校規則では「国語ハ主トシテ話シ方ニ依リテ近易ナル口語ヲ授ケ」と、直接法による独自の教育を勧めている。

ところが、改正された教育令では「初等普通教育ハ国民学校令ニ依ル」として一括された。ただし、「国語生活ヲ為ス家庭ノ児童ニ対スル課程」「国語生活ヲ為サザル家庭ノ児童ニ対スル課程」といった表現で従来の小・公学校の区別を残してはいた。しかし、この教育令に従って改正された台湾公立国民学校規則では、日本語を母語としない台湾人児童のための日本語教育のみを取り上げることはしていない。ただ、「児童ノ情況ニ依リテハ話シ方教授ヨリ始ムベシ」「児童ノ情況ニ依リテハ特ニ国語ノ生活化ニ力ムベシ」といった表現を取っている。この「児童ノ情況ニ依リテハ」が、日本語を母語としない台湾児童のための教育であることは容易に察知できる。

この時代の日本語教育のキーポイントは「国語の生活化」であった。いかにすれば自然な日本語を台湾の児童が身につけられるかということが課題になってきたのである。それまでの「構成式」で行われた「談話」や「会話」は形式的であるとされ、教室内での教師との日本語によるコミュニケーションが重視された。また、日本語は学校生活全体で、全教科の中で学ばせせようとする傾向が強くなっていった。前掲『言葉の指導』（四九—①）が指摘した点を考慮に入れているとも言える。

『教科実践授業案例』（四四—③）は、この教授法による授業の紹介である。『コクゴ・初等科国語』を教科書として教える際の授業について、台南師範学校が解説したものである。台南師範学校では、この『教科実践授業案例』以前に『国民科国語』（昭和一六年）『国民学校教科実践（国民科）』（昭和一七年）を出している。「国民学校令」が出されたことに対応し、新しい教科書がまだそろわないうちにこうした授業に関する参考書が出されており、現場の緊張感が大きかったことが分かる。

Ⅵ

（一九）　本史料集成で日本語教育を考えるために収めた資料は、冊数に制限があり二〇点にすぎない。これを補うために、国府種武の台湾における日本語教育史の三部作を入れた。『台湾に於ける国語教育の展開』（四五）、『台湾に於ける国語教育の過去及現在』（四六・四七）、『日本語教授の実際』（四八）がそれである。

これらの著作を刊行した当時の国府は、昭和五年から台北第一師範学校附属公学校の主事、昭和八年から一五年までは同校附属小学校の主事を務めている。明治二八年（一八九五）から始まった日本語教育の歴史を振り返るための資料に恵まれた環境にいたと言えるだろう。

（二〇）『台湾に於ける国語教育の展開』（四五）は本文四五四ページで、昭和六年（一九三一）の刊。冒頭の「自序」で、本書は昭和五年（一九三〇）に行われた国文談話会における志保田鉎吉（台南師範学校校長及び台北師範学校校長を歴任）の講演「台湾に於ける国語教授の回顧」を基にまとめたものであると述べている。目次は次のとおりである。

第一章　新教育の創設
第二章　国語による教育
第三章　創設期の国語教育
第四章　明治三一年以後の公学校教育
第五章　明治三一年以後の国語教科書
第六章　明治三一年以後の国語教授

「附録」としては次のものが掲載されている。

一、台湾国語教授年表
二、台湾総督府編纂教科用図書要覧
三、台湾国語教授参考書一覧
四、台湾教育所載公学校国語教授関係記事要覧

五、明治二九年台湾新報所載教育関係記事要覧

（二一）この書物は、伊沢修二による芝山巌での教育から説き起こし、明治三一年（一八九八）の公学校令以後を本格的な教育の開始ととらえ、昭和初年までの教育を、資料を引用しながらまとめたものである。特に伊沢時代のものも含め、使用されたほとんどの教科書の表紙等をコピーして挿入しており、分かりやすいものとなっている。

但し、教授法についてはグアン法のみ取り上げられており、他の教授法の解説までには及んでいない。

（二二）『台湾に於ける国語教育の過去及現在』（四六・四七）は本文六一六ページで、昭和一一年（一九三六）の刊。冒頭に台北帝国大学教授安藤正次が序文を寄せ、国府自身の序では、この書物の刊行について説明を加えており、前著『台湾に於ける国語教育の展開』では「公学校教育の変遷や国語教科書の変遷は最近の部分まで取扱っているのに、国語教授の変遷だけはグアン法時代までしか取扱っていない」ので、その続編のつもりで本書を出したとある。

本書は前編と後編に分かれているが、前編でグアン法以後の国語教授法についてまとめ、これが前著の続編となっている。後編では台北第一師範学校での自らの体験を踏まえて昭和初期の「台湾における国語教授の現在」を説いたものである。目次は以下のとおりである。

前編　グアン法から直接法まで

第一章　橋本主事のグアン法紹介

第二章　渡部教授の補足修正
第三章　グアン法に対する批評
第四章　ベルリッツの言語教授法
第五章　改正された話方教材
第六章　内容中心主義と練習主義
第七章　後藤長官の第一附属学校巡視
第八章　視話応用の訛音矯正
第九章　直接法の出現
第十章　エスペルゼンの「外国語教授法」
後編　話方教授の諸問題
第一章　教材について
第二章　雑談の利用
第三章　遊びと話方指導
第四章　合科学習と話方指導
第五章　新算術書児童用の国語的性格
第六章　公学校用教科書としての新算術書

（一二二）　筆者も序文で断っているように、ここでも国語教授法の歴史は中途で終わっている。「構成式話し方教授法」の記述がないのである。このことについては資料不足であることと、現に行われている教授法を「国語教授史の中に入れなかったとて若干の弁論の余地は」あるだろうと考えたことを理由としてあげている。したがって、ここではグアン法のさらなる詳しい説明と、それに続いて現れたより進んだ直接法による教授法である「エスペルゼン法」の紹介がなされている。

後編では、公学校主事時代の自らの体験をもとに、公学校の児童の日本語教育は単に国語科の中でするのではなく、他の科目、例えば算数科を教える中で行うこともできることが説かれている。

(二四)『日本語教授の実際』(四八)は本文五四二ページで昭和一四年(一九三九)の刊。冒頭には前著に続いて安藤正次が序文を寄せており、「わが領台以来の国語教授の変遷の忠実な記録」で「日本語の東亜進出に関する好個の指針たるべきもの」としている。

国府自身は序文で、この本を「一つには台湾の教育者に読んで貰ふためと、又一つには満州支那で日本語教授に従事している教育者に読んで貰ふために」書いたとしている。そのため、書名には「国語」ではなく「日本語」を使用している。また、序文では、台湾の優秀な日本語教育の歴史を、同じ漢民族に対する日本語教育を行っている満州支那に伝えることが大切であることが力説されている。

目次は次のとおりであるが、一見してわかるようにこれは前二著を合わせたものに「構成式」をつけ加えたものである。

第一章　創設期の国語教授

第二章　公学校の教育

内容構成〈第六集〉教科書編纂・各科教育関係資料（含：国語教育）

一四冊（第三六巻〜第四九巻）

冊・巻	文献名	編者・発行者	発行年月	判型	ページ数
第三六巻	①台湾適用　作法教授書　全	台湾総督府民政局学務部	明治二九年一一月	B6判	四〇
	②教育勅諭述義	台湾総督府民政部学務課	明治三一年三月	A5判変形	二八
	③祝祭日略義	台湾総督府民政部学務課	明治三一年一二月	A5判変形	三四
	④日本語教授書	台湾総督府民政局学務部	明治二八年一一月	B6判	五六
	⑤国語教授参考書一　初学生徒教案	台湾総督府民政局学務部	明治二九年一二月	B6判	一〇四
	⑥ゴアン氏言語教授方案	台湾総督府民政部学務課	明治三三年七月	A5判	二一八
	⑦台湾公学校国語教授要旨	台湾総督府民政部学務課	明治三三年一二月	B6判	六四
第三七巻	①台湾公学校教科書使用上ノ注意（第一篇・第二篇）	台湾総督府民政部内務局学務課	明治四四年四月・大正二年五月	A5判	三二

②台湾公学校教科書編纂趣意書 第一篇（公学校修身書自巻一至巻四・公学校用国民読本自巻一至巻八・公学校用国民習字帖 自第一学年用至第四学年用）	台湾総督府	大正二年七月	A5判	六八
③台湾公学校教科書編纂趣意書 第二篇（公学校用国民読本・公学校用国語習字帖）	台湾総督府	大正三年九月	A5判	五八
④蕃人読本編纂趣意書	台湾総督府	大正五年一一月	A5判	三〇
⑤台湾に於ける現行教科用図書に就て	台湾総督府内務局	大正一〇年一二月	A5判	一六
⑥公学校修身書 巻五巻六編纂趣意書	台湾総督府	大正八年一二月	A5判	一八
⑦公学校用漢文読本編纂趣意書	台湾総督府	大正八年九月	A5判	二〇
⑧公学校教授要目 第一篇算術科理科・手工及図画科・商業科	台湾総督府	大正二年三月	A5判 ？	一二三
⑨公学校教授要目 第二篇（代謄写）農業科・裁縫及家事科	台湾教育会	大正二年三月	A5判 ？	六〇
⑩公学校修身書 巻一巻二修正趣意書	台湾総督府	昭和三年？	A5判 ？	一四

巻	書名	発行	年月	判型	頁数
	⑪師範学校修身科教授要目	台湾総督府	大正一一年三月	?A5判	一四
	⑫公学校地理書編纂趣意書竝挿絵の解説	台湾総督府	大正一一年二月	?A5判	四八
第三八巻	①公学校地理書改訂趣意書	台湾総督府	大正一二年？	?A5判	二四
	②国語普及の状況	台湾総督府内務局	大正一〇年一二月	?A5判	一〇
	③公学校用国語読本第一種編纂趣意書・公学校用国語書き方手本第一種編纂趣意書	台湾総督府	大正一二年	?A5判	三八
	④公学校用国語読本第一種 自巻五至巻八 編纂趣意書・公学校用国語書き方手本第一種自第三学年用上至第四学年用下編纂趣意書	台湾総督府	大正一三年	?A5判	二六
	⑤公学校高等科教授要目（修身・日本歴史・地理・理科・農業・商業手工・裁縫及家事）	台湾総督府	大正一一年三月	?A5判	一二六
	⑥公学校算術書 教師用自第一学年用至第四学年用・児童用自第三学年用至第四学年用編纂趣意書	台湾総督府	不明	?A5判	八

	⑦公学校理科書編纂趣意書	台湾総督府	大正一二年？	A5判？	一八
	⑧台湾小学校理科教授要目	台湾総督府	大正九年三月	A5判	八四
第三九巻	公学校各科教授法　全	久住栄一、藤本元次郎	大正一三年一〇月	A5判変形	四七八
第四〇巻	公学校教授の新研究（上）	台南師範学校附属公学校	昭和二年九月	A5判？	三五八
第四一巻	公学校教授の新研究（下）	台南師範学校附属公学校	昭和二年九月	A5判？	三八四
第四二巻	修身科教育の革新	台北第三高等女学校附属公学校	昭和二年一一月	B6判	五三八
第四三巻	①訓育に関する研究	高雄第三公学校	昭和三年六月	A5判？	二四六
	②公民教育カード	大甲公学校	昭和八年一月	セミB5判？	二四二
第四四巻	①公学校地理書　巻一巻二改定趣意書	台湾総督府	昭和六年一〇月	A5判ワイド	一一〇
	②公学校高等科地理書編纂趣意書	台湾総督府	昭和一一年三月	A5判ワイド	一一〇

巻	書名	著者・編者	発行年月	判型	頁数
	③教科実践授業案例	台南師範学校附属第一国民学校	昭和一八年七月	A5判ワイド	一二四
	④初等科算数　取扱上の注意　第三四学年用	台湾総督府	昭和一八年三月	A5判ワイド	五二
第四五巻	台湾に於ける国語教育の展開	国府種武	昭和六年六月	A5判	五一四
第四六巻	台湾に於ける国語教育の過去及現在(上)	国府種武	昭和一一年九月	A5判	三八六
第四七巻	台湾に於ける国語教育の過去及現在(下)	国府種武	昭和一一年九月	A5判	二五〇
第四八巻	日本語教授の実際	国府種武	昭和一四年一一月	A5判	五五四
第四九巻	①言葉の指導	台北第一師範学校附属公学校研究部	昭和五年一二月	B6判	四二四
	②国語保育園　保育細案	台北州	昭和一七年六月	B6判	九四

解題　第七集「地方教育誌（含：原住民教育・対岸教育・内地留学）」について

弘谷多喜夫
阿部　洋

I

（一）本史料集成第七集「地方教育誌」は、日本統治期台湾における各地方教育誌を中心とし、それに原住民教育や対岸教育および台湾人の内地留学に関する資料・文献類も加えた三三点を分類整理し、これを六巻にまとめたものである。その内容構成を示せば、以下のとおりである。

I、地方教育誌

一、台北州教育課編『台北州学事一覧　大正一五年度』発行年不明
二、台北州内務部教育課編『台北州学事一覧　昭和一〇年版』昭和一〇年刊
三、基隆市役所編『基隆市教育要覧　昭和一〇年』昭和一〇年刊
四、新竹州教育課編『新竹州教育統計要覧　昭和一〇年』昭和一二年刊
五、竹南郡教育会編『（竹南郡）教育要覧　昭和拾四年』昭和一五年刊
六、宜蘭郡教育会編『宜蘭郡教育概況　昭和五年度』昭和五年刊

七、 花蓮港庁編『(花蓮港庁)管内学事概況 昭和八年度』発行年不明
八、 台中庁編『台中庁学事状況一斑 大正五年二月調査』大正五年刊
九、 台中州教育会編『台中州教育年鑑 二五九四年版』昭和九年刊
一〇、台中州編『(台中州)教育状況 昭和二年度』発行年不明
一一、台中州教育課編『台中州教育展望 全』昭和一〇年刊
一二、嘉義郡教育会編『嘉義郡教育概況 昭和一〇年版』昭和一〇年刊
一三、台南州内務部教育課編『台南州管内学事一覧 大正一〇年五月末日現在』発行年不明
一四、台南州内務部教育課編『台南州学事一覧 昭和二年』発行年不明
一五、昭和新報記者柯萬栄編『台南州教育誌』昭和一二年刊
一六、台南州教育課編『台南州学事一覧 昭和一五年版』昭和一六年刊
一七、台南市役所編『台南市教育要覧 昭和一六年度』昭和一七年刊
一八、高雄州編『高雄州学事一覧 大正一四年一〇月調製』発行年不明
一九、高雄州教育課編『高雄州学事一覧 昭和一五年版』発行年不明
二〇、高雄市役所編『高雄市教育要覧 昭和一三年度』昭和一三年刊
二一、台東庁庶務課編『(台東庁)教育要覧 昭和四年』昭和五年刊

Ⅱ、原住民教育

一、台湾総督府警務局編『蕃人教育概況 昭和一〇年度』昭和一〇年刊
二、台湾総督府警務局編『高砂族の教育 昭和一六年』昭和一七年刊

三、台中州警務部編『高砂族教育教化の概況』昭和一五年刊
四、花蓮港庁庶務課編『アミ族教化指導ニ関スル基礎調査　昭和五年調査』昭和七年刊
Ⅲ、対岸教育
一、台湾総督府学務部編『対岸ニ於ケル教育概況』大正七年刊？
二、台湾総督府学務部編『(秘)対岸籍民学校情況　大正六年一一月』大正六年刊
三、在福州総領事林久治郎著「在福州我文化的施設改善論」大正一一年
四、文教局学務課編「南支那ニ於ケル台湾総督府ノ教育施設概況（支那事変以前）」　発行年不明
Ⅳ、内地留学
一、台湾総督府学務部編「内地ニ於ケル台湾留学生概況」大正七年刊
二、台湾総督府内務局編『本島人内地留学者調　大正一〇年九月』大正一〇年刊
三、台湾総督府東京学生事務所編「台湾学生東京在学者数一覧　昭和拾四年度」発行年不明
四、宮川次郎著「高砂寮問題」（台湾・南支・南洋パンフレット八一）昭和三年刊

以下、本編が利用し易いものになるように資料・文献類の性質、各相互の関係、内容等について、ここには収録できなかったものにも触れながら解説を試みることとする。

なお、本稿の作成にあたっては、弘谷がまず叩き台として初稿を作成し、これに阿部が意見を加え、両者の協議結果を踏まえて阿部が最終まとめを行うという形をとった。

（一）地方教育誌を取り上げるに先立ち、地方行政組織の変遷について触れておく必要があろう。明治二八年（一八九五）六月二八日、地方官仮官制以後一年毎に変わったが、行政地域区分の名称から言うと、県及び庁制であった。これが明治三四年（一九〇一）一一月一一日の同改正によって庁制になった。

その後、大正九年（一九二〇）七月二七日の改正以後は州・庁制をとることとなる。これにより台北、新竹、台中、台南、高雄の五州と台東、花蓮港の二庁となり、州には台北、台中、台南の三市及び四七郡があった。郡より下級の行政組織として街，庄を置いた。庁には各支庁が置かれた。

庁にはその後澎湖庁（郡から昇格）が、市には、高雄、基隆、新竹、嘉義（いずれも郡から昇格）、彰化、屏東（いずれも街から昇格）がそれぞれ加わった。

州・庁制以後は、地方分権ではないが地方自治制度が施行され、州、市、郡段階の地方官庁で本編に収録したような地方教育誌が出されるようになった。

（二）編者らは、台湾における植民地教育政策の地方への浸透過程、あるいは教育施策の実施状況を見るための資料として、当時発行された各種地方教育誌の収集に努めた。残念ながら日本国内の関係機関に収蔵されたものは数が少なく、国立中央図書館台湾分館や国立台中図書館、台南市立図書館、宜蘭県史館など、台湾各地の図書館・資料館で収集する外なかった。しかしそこでも関連資料の整備が十分行われているわけではなく、保存状態は必ずしも良好ではなかった。原本の劣化が著しく、またマイクロフィルムの接写不良のため判読不能な個所が多々あり、折角貴重な資料を収集しながら、本編への収録を断念せざるを得ない場合も少なくなかった。そうした状況のなかで、ここには二一編の各種地方教育誌を抽出・収録することとした。

（三）これらの地方教育誌を、各級官庁別に分けて整理してみると、各州のものとしては、次のような一三点が挙げられる。

一、台北州
（一）『台北州学事一覧』大正一五年度（五〇―①）
（二）『台北州学事一覧』昭和一〇年度（五〇―②）

二、新竹州
（一）『新竹州教育統計要覧 昭和一〇年』昭和一二年刊（五〇―④）

三、台中州
（一）『台中庁学事状況一斑 大正五年二月調査』大正五年刊（五〇―⑧）
（二）『（台中州）教育状況 昭和二年度』発行年不明（五一―①）
（三）『台中州教育年鑑 二五九四年版』昭和九年刊（五一）
（四）『台中州教育展望 全』昭和一〇年刊（五二―②）

四、台南州
（一）『台南州管内学事一覧 大正一〇年五月末日現在』発行年不明（五二―④）
（二）『台南州学事一覧』昭和二年度（五二―⑤）

（三）『台南州学事一覧』昭和一五年度（五四―①）
（四）『台南州教育誌』昭和一二年刊（五三）
五、高雄州
（一）『高雄州学事一覧』大正一四年度版（五四―③）
（二）『高雄州学事一覧』昭和一五年度（五四―④）

（四）これに対し、庁や市・郡レベルの教育誌は、以下の八点である。
一、庁
（一）『（台東庁）教育要覧　昭和四年』昭和五年刊（五四―⑥）
（二）『（花蓮港）庁管内学事概況　昭和八年度』発行年不明（五〇―⑦）
二、市
（一）『基隆市教育要覧　昭和一〇年』昭和一〇年刊（五〇―③）
（二）『台南市教育要覧　昭和一六年度』昭和一七年刊（五四―②）
（三）『高雄市教育要覧　昭和一三年度』昭和一三年刊（五四―⑤）
三、郡
（一）『宜蘭郡教育概況』昭和五年度（五〇―⑥）
（二）『（竹南郡）教育要覧　昭和一四年』昭和一五年刊（五〇―⑤）
（三）『嘉義郡教育概況』昭和一〇年版（五二―③）

（五）一見してわかるように、州、庁はともかく、市や郡、とくに郡のものについては数が限られている。発行年代についてみると、大正九年（一九二〇）の地方自治制度施行以前のものは一点のみである。大正一〇年（一九二一）から一五年（一九二六）までに刊行されたものが三点で、全体として大正期は数が限られている。昭和期に入ると、昭和六年（一九三一、満州事変）までのものが四点、昭和七年（一九三二）から一二年（一九三七、日中戦争）までが八点で最も多く、昭和一三年（一九三八）から一六年（一九四一、太平洋戦争）までに刊行されたものが五点である。

Ⅲ

（一）各州教育誌から見ていくことにする。これら州レベルの教育資料と台湾総督府発行の『学事年報』や『学事要覧』との違いを述べると、前者は、州庁別統計を基本としており、後者は、全島統計を基本に沿革と現状を明らかにしようとするものである。

まず台北州の場合については、『台北州学事一覧』大正一五年版（五〇―①）および同昭和一〇年版（五〇―②）を収録した。その目次構成を大正一五年（一九二六）版の場合で見れば、次のようになっている。

一、　管内郡市別戸数人口
二、　学校幼稚園及び社会教化事業郡市別一覧
三、　初等教育
四、　高等普通学校
五、　実業教育

六、　職員
七、　各種学校
八、　書房義塾
九、　社会教育
一〇、各郡市教育研究会行事一覧
一一、州教育費、学事諸費
付録
一二、社会事業
一三、社寺宗教
一四、州市郡教育関係職員

全文一一七ページよりなる。内容的には、他のほぼ全ての地方教育誌に共通する項目が含まれているといってよく、また大正期のみならず昭和期を通しても、ほぼ全てに共通する内容である。

いま「三、初等教育」中の公学校の場合を例に、学校教育に関する記述項目をあげると、以下のような詳細な統計資料が掲載されている。

（一）公学校、学級数、職員、児童数
（二）公学校職員官職資格別
（三）学校学年別児童数
（四）本島人学齢児童

（五）公学校卒業生調
（六）大正一三年度公学校卒業生卒業後ノ状況

また、この『一覧』の特色のひとつとして、他州に比し各種学校および書房義塾関係の記述内容が充実していることがあげられる。

（二）新竹州については、『新竹州教育統計要覧』昭和一〇年（一九三五）版（五〇―④）を収録した。全文四八ページ。収集作業の過程で編者らは、昭和七年（一九三二）版および同一四年（一九三九）版の『要覧』の所在を確認したが、掲載項目は一〇年版とほぼ同一であるため、ここには収録しなかった。いま昭和一〇年版を例に、その内容構成を示せば次のとおりである。

一、行政区画
二、戸数人口
三、教育ニ関スル機関一覧
四、学校教育
五、社会教育
六、社寺、宗教
七、社会事業
八、経理

要覧冒頭には、（一）本島人学齢児童百分比、（二）公学校児童卒業後ノ状況、および（三）本島人国語解者、のグラフ三点が掲げられている。

このうち「四、学校教育」は（一）小学校、（二）公学校、（三）実業学校、（四）中学校、（五）高等女学校、（六）生徒児童健康状況、（七）小公学校学級数及就学児童数（累年別）、（八）幼稚園、（九）私立学校、（一〇）書房、で構成されているが、その詳細内容を公学校の場合でみると、次のような構成になっている。

（一）一覧
（二）職員（人員、官職）
（三）職員異動
（四）学級及児童
（五）児童異動（市立）
（六）児童異動（街庄立）
（七）児童出席率
（八）児童卒業後ノ状況（一）
（九）児童卒業後ノ状況（二）
（一〇）学級編成状況
（一一）本島人学齢児童及就学率（昭和九年度・昭和一〇年度）
（一二）学齢児童中盲者及聾唖者

なお、新竹州に関しては、このほかに『教育統計一覧』昭和四年（一九二九）版も入手したが、保存状態不良のため、ここには収録しなかった。『一覧』のほうは、目次構成からみて上掲の『要覧』とは編集方針に違いがあるようである。そこには戸数人口に続けて、先ず神社、社寺、旧廟などの項目があり、次に社会教化事業が立てられ、その後に中等学校、実業補習学校、そして小学校と公学校が来るという順序構成になっていた。

(三) 次に台中州についてみよう。まず『教育状況　昭和二年（一九二七）版』（五二—①）があげられる。全文一〇七ページ。昭和一二年（一九三七）版もあるが、ここには収録していない。学校教育関係統計の構成を示せば、次のように詳細な内容である。

一、学校、幼稚園、書房及図書館、青年会其他
二、初等普通教育（①小学校、②公学校、③蕃童教育所、④幼稚園）
三、高等普通教育（①中学校、②高等女学校）
四、実業教育（①商業学校、②実業補習学校）
五、私立学校
六、書房

「二、初等普通教育」中にある「③蕃童教育所（昭和一二年度版では教育所）」は、台北州や新竹州の要覧類には見られない項目である。

本要覧はまた、社会教育関係事項も充実しており、(一) 図書館、(二) 博物館、(三) 青年会、(四) 家長会、(五) 主婦会、(六) 国語普及会開催状況、および（七）蕃人社会教化施設状況、で構成されている。

このほか、教育関係事項の末尾に「改隷以前ノ教育」および「改隷以後ノ教育」を掲げ、二〇ページにわたり台中地区における学校教育導入過程の詳細が記録されているのも貴重である。

（四）台中州関係では、これについで旧台中庁の手になる『台中庁学事状況一斑　大正五年二月調査』（五〇—⑧）があげられる。旧台中庁は、大正九年（一九二〇）旧南投庁と合併して台中州になるが、その前後の時期に同じ表題のものが刊行されていたかどうかは不明である。緒言に「教育行政上参考トナルヘキ重ナル事項ヲ摘載シタリ」とあるとおり、本状況報告は小学校および公学校についての統計類をまとめただけの簡単なもので、枚数も五〇ページほどの小篇ではあるが、各戸からの負担金があることや、国語研究会という国語普及施設の端緒が載っていることなど、旧庁時代（一二庁）における唯一の学事関係資料となっている。但し、ここには当時林献堂ら民間有志の拠金で設立されたばかりの公立台中中学校についての記述は見られない。

（五）他に二冊ある。まず『台中州教育年鑑　二五九四年版』（五一）であるが、この年鑑は同州教育会の編纂になるもので、記述内容が詳細かつ的確で、今回収集した地方教育誌の中でも特に重要なものである。編者らは本年鑑の二五九二年版から同九四年版にかけての三か年分を入手したが、ここには最後の二五九四年版のみを収録した。皇紀二五九四年は昭和九年（一九三四）にあたる。これらの年鑑類に皇紀暦が使用されているところに当時の時代状況がよく反映されているといえる。

目次によれば、本年鑑は以下の四部構成となっている。

一、写真
二、本文
三、統計表
四、参考

このうち統計表と参考は、いずれも便宜上、「二、本文」中の関連事項を抽出して目次に掲げただけのもので、実際上の中身は「写真」と「本文」のみである。

「一、写真」は七三葉、公学校の正門・校舎を撮ったもの以外に、例えば、渓湖公（学校）献穀田稲刈式、魚池公（学校）国旗掲揚や、南郭国語講習所第一回修了生、旭青年団神社参拝、新富女子青年団慰問品募集などに、満州事変以後における教育の方向が示されている。

本年鑑の中心部分は「二、本文」で、四三七ページよりなり、A・B二編で構成されている。A編には副題に「昭和八年度を如何に我等は進みつつあるか」、B編には同じく「昭和七年度を如何に我等は歩みきたりしか」とあり、これらにより昭和七年（一九三二）から同八年にかけての台中州における教育施策の具体的展開状況と以後の展望を詳細に窺うことができる。

その概要を示せば、まずA編は（一）州市郡一覧、（二）諸学校大観、（三）社会教化概要、（四）社会事業概況、（五）社寺宗教概観、の五章で構成、今年度における各施設の概況と年次予定などを記すが、（二）諸学校大観が同編の中核をなし、台中第一中学校以下の州内すべての初等・中等学校、幼稚園について、それぞれ校歌・位置・敷地・建物・予算・創立・歴代校長・沿革大要・学級・教員・児童（生徒）の項目をあげて、その現況および沿革を要領よくまとめている。（三）社会教化概要も、これに準じて国語講習所や青年團・図書館・博物館などの現況を伝えている。

一方、B編は、昭和七年度における教育施策の実績をまとめたもので、州評議会における州知事の経過報告を冒頭に掲げ、同年度内に出された学事関係例規がこれに続く。以下、学校教育や社会教育、国語普及、社会事業、社寺宗教界など各分野について関連事項が詳述されているが、学校教育関係では、本島人の就学状況、ことに入学拒絶問題など、新入学児童の募集状況についての記述が興味深い。

(六) もう一つの『台中州教育展望　全』(五二―②) は台中州教育課の手になるもので、「台湾始政四十周年記念出版」の副題が付されている。全文一三〇ページ。序によれば、「本書は本島始政四十周年を記念する意味に於て、本州教育の片影を映出せんとしたもの」で、「州教育の歩み来った足跡を辿り、現にあるままの姿の断面を窺ふのに幾分の介添役となり得れば…」とある。「始政四〇年」は昭和一〇年(一九三五)である。

本文は以下の三部構成で、これにより台中州四〇年間の教育発展の経緯と現状を俯瞰できるようになっている。

一、沿革略史篇

二、学校教育鳥瞰篇

三、社会教育縦覧篇

まず「沿革略史篇」では、四〇年間を「改隷直後における教育」「明治大正時代の教育」「地方制度改正後の教育」および「昭和を迎へ躍進の教育」の四期に区分して略述しているが、各時期の教育状況について、例えば「速成教育の国語伝習所」「白眼視された新教育」「苦難を嘗め来たった公学校教育」「実業補習教育への覚醒」「高まり行く就学気運」「拡がる国語普及の波」などの見出しを付けて、それぞれの時期の特徴をよく捉えている。

次いで「学校教育鳥瞰篇」では、「教育実際化の提唱と実践」「就学・入学・出席の三重奏」「教育費の台所を覗く」などの見出しにより、台中州教育の現状と課題が浮き彫りにされる。最後の「社会教育縦覧篇」では「国語普及と青年教育」が中心で、皇民化教育推進への方向性が明示されている。

Ⅳ

（一）台南州については、台中州の場合とならんで、かなり充実した教育誌を入手することができ、ここには四編を収録した。

まず『台南州管内学事一覧　大正一〇年五月末日現在』（五二―④）があげられる。編者らは、他に同一覧の大正一二年（一九二三）版および一三年版を入手、この中から大正一〇年（一九二一）版を収録することとした。これについで『台南州学事一覧』についても大正一四・五年版、同昭和二・三年版、および六・一〇・一五年版の七か年分を入手したが、ここには昭和二年（一九二七）版（五二―⑤）および同一五年（一九四〇）版（五四―①）の二点のみを収録するにとどめた。すべて台南州教育課の編集になるものである。

（二）すでに明らかなとおり、大正一四年版以降、表題に変更が見られるが、構成内容は基本的には同じである。いまこれを『台南州管内学事一覧』大正一〇年版（五二―④）で示せば、次のとおりで、全文三三ページである。

一、管内学校及社会教化事業郡市別数調
二、州立中等学校
三、簡易実業学校
四、小学校
五、公学校
六、幼稚園

七、私立各種学校

八、州管内社会教化及国語普及事業其他（①青年会、②婦人会、③国語普及、④其他）

九、大正一〇年度教育費歳出予算

（三）ところが、これが『台南州学事一覧』昭和二年版（五二―⑤）になると、基本構成はほぼ同一ながら、分量的には七三ページへと倍増し、詳細なデータが加わって来る。例えば公学校についてみると、次のような項目がおさえられている。

（一）公学校

（二）公学校卒業者数

（三）郡市別教育点呼成績

（四）市街庄別公学校児童就学歩合

（五）公学校就学歩合―大正元年以降比較

勿論、年度ごとに多少の変化もあり、大まかに言えば、満州事変の起こった昭和六年（一九三一）版と日中戦争勃発後の昭和一五年（一九四〇）版では、用語上の変化がみられる。例えば、大正一四年版から入っていた「国語ヲ解スル本島人」が昭和六年版ではなくなり、単に「国語普及会」のみとなり、一五年版ではそれも除かれている。同じく大正一四年版から入っていた「郡市別教育点呼成績」が、昭和六年版では「補習教育」となり、昭和一五年版では除かれている。またそこには図書館、博物館の統計はあるが、青年会、婦人会、体育団体などの社会教化に関する統計は入れられず、分量も五〇ページに減じている。

(四) 第四番目の『台南州教育誌』昭和一二年(一九三七)刊(五三)は、『昭和新報』の記者柯萬栄の編纂になるものである。彼は「自序」のなかで、

「我が台南州を顧るに古くより台湾の主都として夫の文化を全島に誇り教育の早くより発達した点は蓋し他地方の追従を許さざるものがある…過去現在に於ける我が台南の教育状況を探究する事は取りも直さず昨日の台湾教育、今日の台湾教育を物語るものであり彼我の対照に依って又明日の台湾教育をも知る事が出来る…」。

とし、「教育に携わる者、教育を研究せんとする者の参考資料」になるようとの考えのもと本書を編纂したと述べている。編者は自らを「教育に関しては門外漢」とし、本書編纂にあたっては台南州の教育課長や視学など教育行政関係者のほか、台南高等工業学校教授林茂生の指導助言をも得たとある。

内容構成をみると、ほぼ四部に分けられる。まず第一部にあたる部分は、教育勅語に始まり、日本帝国憲法、皇室典範から内閣官制、さらには台湾神社、ゼーランジャ古図、歴代総督及軍司令官竝歴代長官に及ぶ六五ページ。第二部は教育の霊地芝山巌を冒頭におき、文化三百年来の教育状況を略述して清政府時代の教育状況に及ぶ四〇ページ。第三部は改隷以後、「台湾教育令」下の台湾教育の全般状況を概観した五〇ページ。第四部が台南州現下の教育状況をスケッチした二八〇余ページで、本書の中心部分である。

この第四部は、「漸次発展の趨勢を辿りつゝ、ある台南州下の教育状況」との題名のもと、台南高等工業学校、台南師範学校をはじめとして、台南州下すべての中等学校・実業学校および初等学校について、その沿革と現況、各学校の特徴や歴代校長などを逐一記述しており、市郡別に配列された公学校だけでも一九〇校を数える。

その意味で本書は、先にあげた『台中州教育年鑑』(五一)と同様、当時の台南地区における各レベルの学校の具体的状況を伝える貴重な資料ではあるが、記述内容に精粗があり、やや系統性に欠けるのが惜しまれるとこ

ろである。

（五）各州教育誌の最後として、高雄州の『学事一覧』大正一四年版（五四―③）および昭和一五年版（五四―④）の二点を採録した。他に同昭和一〇年版および一四年版も入手したが、ここには入れていない。

目次構成を大正一四年（一九二五）版（五四―③）で見ると、冒頭に「学校、幼稚園、書房、図書館数」の一覧表を掲げて、州内の教育関係機関の全体状況を示し、これをうけて小学校・公学校・中学校・高等女学校・実業補習学校などの各学校および社会教育機関・教育費の関連統計表を配列する方式をとっているが、小学校および公学校中心の編集である。全文二二ページよりなる。

いま公学校の場合を例に、その詳細表を見ると、次のような構成になっている。

（一）学校数、学級数、職員数、児童数、転退学者数、卒業児童数、（二）公学校学年別児童数、（三）本島人学齢児童数、共学児童数、（四）公学校出席歩合、（五）公学校児童卒業後ノ状況、（六）公学校職員官職別、（七）公学校職員島内勤務年数調、（八）公学校児童身体検査状況（附 小公学校職員身体検査状況）

昭和一五年（一九四〇）版（五四―④）もほぼ同様の構成であるが、分量が三〇ページを超え、内容的に整備されている。冒頭に「市郡別戸数及人口」を置き、ついで「学校幼稚園図書館一覧」を掲げて州内の教育機関の全体状況を提示し、以下において各教育機関の関連統計表を列挙する点は以前と同じである。但し、配列は中等学校が先に来る形になっている。

旧版との大きな違いは、公学校が

（一）市街庄立公学校

（二）州立公学校

の二つに分けられ、それぞれ別々の統計としてまとめられていることである。このうち、前者は本島人を対象とするもので一一〇校、これに対して後者は、原住民を対象とする旧蕃人公学校の流れを汲む四校である。このほか、社会教育関係のデータが旧版に比し大幅に充実されている。

なお、本年度版の原本には社寺・宗教関係付録が欠落していたため、前年の昭和一四年（一九三九）度版の該当部分を以て補充した。

V

（一）次に庁及び市・郡の教育誌を見よう。これらは貴重なものであるが、見ることの出来るものは限られている。編者らが利用出来たのはわずか八点で、庁レベルの教育誌としては、『（台東庁）教育要覧』昭和四年（一九二九）版および『（花蓮港庁）管内学事概況』昭和八年（一九三三）版の二点に過ぎない。

（二）まず、『（台東庁）教育要覧』昭和四年版（五四―⑥）について見よう。台東庁管内には中等学校や実業学校が設置されていないため、学校教育は初等教育関係のみである。また同様の理由で、社会教育の項目に図書館、博物館の項目を欠いている。一方、原住民教育関係の記述が豊富に見られるのが本要覧の特徴である。全文八〇ページ。

目次構成を見ると、まず「一、台東庁ノ地勢及戸口」を冒頭に置き、これに次いで

二、学区域内戸数人口及学齢児童

三、初等教育発達ノ状況
四、初等教育
五、幼稚園
六、最近五箇年間教育費
七、本島人出身内地上級学校留学生調
八、蕃人出身上級学校在学者調
九、蕃童教育所

などの項目のもと、教育関係の興味深い多くの調査データが列挙されている。

もともと同庁の人口構成は、原住民七割、本島人二割一分、内地人七分で、ここに学校教育が導入されてくるのは領台後の明治三〇年（一八九七）のことである。その年四月に卑南街（今の台東）に国語伝習所を設置したのが本島人教育の始まりで、五月には馬蘭社および卑南社に分教場を設けて原住民教育の端緒が開かれた。内地人児童の教育は、明治三六年（一九〇三）台東国語伝習所に小学科を併置して開始されている。

本要覧には、それ以後における初等教育の発展や現状についての詳細な統計資料が見られる。これによれば、昭和三年（一九二八）現在、公学校在籍者は本島人一〇二三人、原住民三四七〇人で、原住民児童が州内児童総数の六五％を占める。大半はアミ族で、彼らの就学率は七六％に達し、本島人（就学率五三％）を大幅に凌駕していたとある。州内には他に卑南族や太麻里族の原住民があり、彼らを対象とした蕃童教育所（一九か所・五一七人）の詳細統計も見ることができる。

（六）花蓮港庁については、『管内学事概況』昭和八年（一九三三）版（五〇―⑦）を収録した。全文二四ページの小篇で、内容は「一、学校教育」「二、教育関係予算方面」「三、社会教育並社会事業方面」、および「四、社寺宗教方面」で構成され、項目としては教育誌に共通するものが入れられているが、目次がないこと、暦年の統計はなく当概年のものだけを挙げていること、統計の数字に続けて説明が入っていることなど、現況報告の観がある。

それによれば、管下の学校総数は高等女学校および農業補習学校以下三四校で、うち小学校が一二校、公学校が二〇校。学齢児童数および就学率は内地人二五九五人（九九．四％）、本島人七〇九五人（五〇．三％）、原住民四二五八人（七一．三％）である。これについて、次のような記述が見られる。

「就学歩合、出席歩合共ニ他州庁ニ比シテ決シテ遜色ナシ、…然ルニ当地方本島人ニ於テ蕃人ニ比シ就学歩合ニ著ルシキ差異ヲ生ズルハ如何ナル現象ナルヤ判断ニ苦シム所ナレドモ之結《ママ》極当地方本島人ノ多クハ西部ヨリノ移住者ニシテ定住性ニ乏シク素質割合ニ不良ナル為ナラン…」。

（七）次に、市レベルの教育誌として、『基隆市教育要覧』昭和一〇年（一九三五）版、『台南市教育要覧』昭和一六年（一九四一）版、および『高雄市教育要覧』昭和一三年（一九三八）版の三点を収録した。島内九市のうち三市分のみで、しかも各市とも一冊だけである。収集作業の過程で我々は、台北市の『教育要覧』や『学事一覧』など、二、三の市教育誌の所在を確認したが、保存状態不良のため収録を断念せざるを得なかった。

（八）これらの市教育誌に共通する特徴は、いずれも冒頭に当該市を紹介する項目を置き、次に小学校・公学校関係項目があり、州立中等学校が後に来るという形式を取っていることである。

まず『基隆市教育要覧』昭和一〇年版（五〇―③）を見よう。全文四五ページで、「一、基隆市大観」以下九項で構成されるが、「四、学務」および「五、社会教育」が中心である。市勢概要によれば、同市は大正一三年（一九二四）に台北州下の街から市制に移行した。昭和一〇年（一九三五）現在の人口は約八万二千人。うち本島人五万七千人に対し内地人二万人で、日本内地人の比率が高い（二五．四％）。

「学務」関係は（一）学齢児童、（二）小公学校、（三）私立学校、（四）州立中等学校、（五）本年度主要教育行事で構成、それぞれ必要事項がコンパクトにまとめられている。ちなみに、同市には小学校四校、公学校四校があり、学齢児童の就学歩合は、内地人九七．三％に対して本島人は四九．八四％である。

「社会教育」関係も（一）施設、（二）補助団体、（三）社会教育関係行事で構成、最後に教育上参考となるべき名所旧跡も入れられている。

（九）次の台南市『教育要覧』昭和一六年版（五四―②）は全文七一ページで、市レベルの教育要覧としては、内容が最も充実しており、次のような構成になっている。

第一、　市ノ沿革ト現勢
第二、　教育行政機関
第三、　市ノ教育費
第四、　国民学校概観
第五、　国民学校ノ状況

第六、　実業補習学校概要
第七、　台南市教育会
第八、　市内各種学校一覧
第九、　図書館、歴史館、青年学校、国語講習所
第一〇、社寺一覧
　（付表）

これらのうち、「第四」および「第五」、およびこれに関連して巻末に付けられた付表が貴重である。というのは、昭和一六年（一九四二）は、台湾に「国民学校令」が適用された年であり、本要覧は、台南市における国民学校制度の実施状況に関する詳細な経過報告ともなっているからである。

「第四、国民学校概観」は（一）学校学級及在籍児童数、（二）児童異動、（三）教員数、（四）資格別教員数、（五）教員俸給、（六）教員宿舎、（七）国民学校一覧で構成、これにより課程第一号表による国民学校三校と同第二号表による一〇校それぞれの全般状況が概観出来る。

これをうけた「第五、国民学校ノ状況」は、各学校ごとに（一）学校沿革の大要、（二）校地校舎、（三）修了者数、（四）修了児童の状況で構成、貴重な資料を提供している。

また巻末の付表は、台南市における国民学校制度施行前後の詳細な学事統計で、次のような構成になっている。

（一）内地人学齢児童累年比較表
（二）本島人学齢児童累年比較表
（三）本島人学齢児童年齢別就学状況調

（四）二号表国民学校入学申込者ノ累年比較表
（五）国民学校児童異動累年表
（六）最近五箇年間国民学校学級及児童比較表
（七）共学生就学状況年比較表
（八）義務教育完成迄ノ公学校本科学級数調
（九）教育費累年比較表

（一〇）市教育誌の第三は『高雄市教育要覧』昭和一三年（一九三八）版（五四—⑤）である。全文三七ページで、内容構成は（一）沿革、（二）地理、（三）戸口、（四）史跡名勝、（五）学校教育、（六）社会教育、（七）社寺、（八）教務機関、（九）予算、からなっている。

高雄市は、大正一三年（一九二四）高雄州下の高雄街から市制に移行した。州庁の所在地でもある。昭和一二年現在人口約一〇万であるが、職業別に見ると労働者三五％、商業一三％、農業六％である。日本人約二万四千人、本島人約七万四千人である。

学校教育の項をみると、小学校三校、公学校八校（うち分教場二校）があり、学齢児童の就学歩合は、小学校九九．二％、公学校五九．〇％である。「（五）学校教育」中の「市立学校一覧」および「市立学校沿革概要」には、実業補習学校二校のほか、小学校・公学校それぞれの沿革および現状がコンパクトにまとめられている。

（一一）郡レベルの教育誌としては、『宜蘭郡教育概況』昭和五年版、および『（竹南郡）教育要覧』昭和一四年版、『嘉義郡教育概況』昭和一〇年版の三点を収録した。全島四五郡中、わずか三郡のものしか入手できていない。宜蘭郡に関しては、他に『教育要覧』昭和一一年版の所在も確認したが、ここには採録しなかった。

(一二)『宜蘭郡教育概況』昭和五年(一九三〇)版(五〇—⑥)は、折り畳み表裏二ページのパンフレットで、宜蘭街図、宜蘭郡管内図、および汽車運賃表等が付録として付けられている。第一面が昭和五年現在の「教育概況」一覧で、(一)土地、(二)戸口、(三)教育概況、(四)社会教育、(五)その他、で構成されており、教育概況および社会教育欄には、次のような事項が含まれ、コンパクトにまとまった良い資料となっている。

(三)教育概況:①教育関係者②小学校教員及児童③小学校設立期卒業生及出席歩合④公学校教員及児童⑤公学校設立期卒業者数及出席歩合⑥街庄教育費⑦内地人児童就学歩合⑧本島人児童就学歩合⑨幼稚園⑩夜学校⑪書房⑫青年教習所⑬国語講習所⑭昭和五年度教育会行事表

(四)社会教育:①宜蘭郡聯合同風会②街庄同風会③図書館④国語ヲ解スル本島人調⑤其ノ他

裏面は、(一)宜蘭の沿革、(二)産業、(三)名勝旧蹟、(四)附記で構成、宜蘭郡の概要が紹介されている。

(一一)次に掲げる新竹州竹南郡の『教育要覧』昭和一四年(一九三九)版(五〇—⑤)も、同じく折り畳み表裏二ページの手書き謄写刷パンフレットである。内容的には宜蘭県のそれほどまとまりはない。一覧表は、第一面に竹南郡管内図を載せ、その余白に、学友団、青年団、国語講習所、国語普及状況などの庄別統計表を配する。裏面には郡教育関係職員、各庄別教育関係職員、戸口人口及学令児童があり、学校学級及児童並教育費や教員資格、在籍児童年齢などの統計表が続く。郡内には小学校一校、公学校一〇校があるが、各学校別統計は掲げられていない。また国語普及施設として幼児国語普及施設もあったこと、農繁期託児所があったこと等がわかる。

（一二）郡教育誌の最後として、台南州下嘉義郡の『教育概況』昭和一〇年（一九三五）版（五二―③）があげられる。マイクロフィルム原版が不良で判読困難な個所も多々あるが、他に類例のない貴重な資料なので敢えて収録することとした。全文九一ページで、学校関係分野では、次のような事項が、各学校あるいは各庄ごとに調査項目として挙げられている。

（一）学校調
（二）教育勅語ニ関スル事項
（三）公学校通学区域戸数人口並就学状況
（四）職員（①配置、②健康並勤務状況）
（五）児童（①児童数、②小学校共学生、③児童家庭職業調、④児童異動、⑤昭和九年度卒業児童卒業後ノ状況、⑥児童健康状況、⑦最近五箇年ニ於ケル学級数並児童数、⑧最近五箇年ニ於ケル児童出席歩合）
（六）昭和一〇年度ニ於ケル各学校努力事項並主要施設
（七）施設（①校地、②校舎、③宿舎、④体育設備、⑤実科（農業）教育設備、⑥其他一般設備、⑦昭和九年度ニ於テ実現セル主要設備、⑧昭和一〇年度実現予定主要設備）
（八）経費（①昭和一〇年度教育費予算、②最近四箇年教育費調、③最近四箇年街庄予算ト教育費）
（九）各学校ニ於ケル主要懸案事項

これらを通して、同郡内の小学校五、公学校二三校（うち分教場七校）のそれぞれについて、児童の就学や卒業後の状況、健康状況や家庭背景、各学校の経営をめぐる懸案や今後の運営方針など、詳細な調査結果を見ることが出来る。序文に「郡下教育各般ノ事項ヲ一見明瞭ニシ併テ結果ノ反省及ビ実績ノ検討並ニ将来施設経営計画ノ資料ニ供スルタメニ編録シタルモノナリ」とあることから、本編が行政資料であったことが窺われる。

Ⅵ

（一）次に取り上げるのは、原住民教育関係の文献である。ここには以下の四点を収録した。

一、台湾総督府警務局『蕃人教育概況　昭和一〇年度』昭和一〇年刊（五四—⑦）

二、台湾総督府警務局『高砂族の教育　昭和一六年』昭和一七年刊（五五—①）

三、台中州警務部『高砂族教育教化の概況』昭和一五年刊（五五—②）

四、花蓮港庁庶務課『アミ族教化指導ニ関スル基礎調査』昭和七年刊（五五—③）

（二）原住民教育は、周知のように学務部（文教局）管轄下の平地原住民に対する教育と、警務局管轄下の山地原住民に対する教育の二系統に分けられていた。前者の教育施設は蕃人公学校と称されたが、大正一一年（一九二二）の「改正台湾教育令」以後「公学校規則」の適用をうける学校となり、単に公学校という名称になった。教科書は、普通公学校とは別に編纂した。昭和一〇年（一九三五）当時、これら原住民の児童が就学している公学校は台東・花蓮港両庁下の普通行政区域内に二四校、台中及び高雄両州下特別行政区域に五校、計二九校で在籍児童五〇〇〇余人、就学率七四％である。なお、特別行政区域にある公学校五校のうちの一つが台中州の霧社公学校である。

後者の教育施設は、「蕃童教育所」という名称であった。蕃童教育所は警察官吏駐在所または同派出所に布置され、教員は巡査であった。設置区域は全て特別行政区域である。教育理念、教育内容、施設などについて、「蕃童教育標準」が明治四一年（一九〇八）と昭和三年（一九二八）に制定されている。大正九年（一九二〇）以降の五州二庁の行政区分では、どの管内にも特別行政区域が含まれているので、地方教育誌でも、初等教育学校である公学校とは別に、蕃童教育所の項目を立てて統計を載せている。昭和一〇年段階での教育所数は一八三所、児童数八三〇〇人、就学率六八％である。

（三）さて、ここに収録した資料は、蕃童教育所を直接管轄する警務局が出版した定期刊行物で、最初に紹介する資料の目次からもわかるように、地方教育誌とは別に原住民の教育状況を知るためには必要なものである。一冊づつ見ていこう。

まず最初に取り上げるのは、台湾総督府警務局編の『蕃人教育概況』昭和一〇年（一九三五）版（五四―⑦）である。目次に先立って、「教育ノ任ニアルモノニ下シ給ヒシ　勅語」「青年団ニ下シ給ヒシ　令旨」「明治天皇御製」、次いで「理蕃大綱」「台湾原住民族種族別分布図」、更に「種族別児童就学歩合並国語普及歩合（棒グラフ）」「台北州蘇澳カンケイ祠」以下一二葉の写真（写真には、「昭和七年制定された理蕃善行章と頭目章」などもある）が入っている。

本文の内容構成を示せば、次のとおりである。

一、　総説

二、　改隷前の蕃人教育

三、　改隷後の理蕃
四、　蕃人教育に関する沿革
五、　神社及社祠と宗教的指導
六、　児童教育
七、　上級学校在学者及同卒業者
八、　国語普及
九、　青年及成人教育
一〇、観光及映画教育
一一、表彰及救恤
一二、教育費
一三、教育関係統計
一四、教育所一覧
一五、蕃地内公学校及農業講習所一覧
一六、教育所に於ける教育標準

全文九二ページ。昭和九年度にも同種のものが出されているが、それ以前に刊行されたかどうかは不明である。

(四)次にあげられるのは『高砂族の教育』昭和一六年(一九四一)版(五五—①)で、同じく総督府警務局からの刊行である。全文一一〇ページで、その構成内容は、上掲の『蕃人教育概況』昭和一〇年版に、次の二項が付け加えられた以外は全く同様である。

一七、高砂族国語講習所規程準則

一八、高砂族社会教育要綱

しかし、いうまでもなく大きな変化は「蕃人」呼称から「高砂族」呼称への転換である。このことについては、前年の『概況』出版の背景ともかかわると思われるので触れておきたい。

周知のように昭和五年（一九三〇）一〇月二七日、台中州能高郡霧社地方の原住民二〇〇余名が蜂起し、霧社公学校運動会会場を襲撃、日本人一三二名を殺害した。霧社はこれまで総督府が理蕃事業の模範地区として整備に力を入れてきただけに、この事件は当局を仰天させ、これを機に理蕃政策の見直しが図られていく。当然原住民教育も軌道修正がなされている。

翌、昭和六年（一九三一）に「理蕃費」の追加予算を国会で通過させるとともに理蕃政策の変更を行い、一二月には「理蕃大綱」が決定された。理蕃政策の変更のために原住民の科学的研究を台北帝大に委嘱、その成果として昭和八年（一九三三）には『系統を主とせる高砂族の研究』他一冊がまとめられたが、同書により学問の世界での「高砂族」の名称が確立したといってよい。そして昭和一〇年一〇月から開催された台湾博覧会が、霧社事件以後のこうした理蕃政策の成果を示す役割も果たしたのである。『概況』は、この開催に合わせて出されたのであろう。この博覧会以降、「蕃族」「蕃人」という呼称は少なくなり、「高砂族」という名称や各種族の名称を用いることが一般的になった。

これを機に、『蕃人教育概況』が書名を『高砂族の教育』に改められる訳で、昭和一二年（一九三七）版の存在も確認されている。内容構成は、『概況』に「十七、高砂族国語講習所規程準則」が加えられたのみである。昭和一六年版末尾に付された「十八、高砂族社会教育要綱」は、昭和一四年（一九三九）八月警務局長通牒として公布されたものである。

ちなみに昭和一六年版では、冒頭に「青少年学徒に下し賜はりたる勅語」や「教育ノ任ニアルモノニ下シ給ヒシ勅語」を掲載、これに次いで「神に詣づる蕃童たち」とか「青年団の兵式訓練」などの写真を掲げていることにも明らかなとおり、原住民に対する戦時動員体制が一段と強化されてきたことがよく示されている。『高砂族の教育』最終版の刊行は昭和一八年（一九四三）のことと推定される。

（五）第三に、台中州警務部編の『高砂族教育教化の概況』（五五―②）があげられる。奥付によると、昭和一五（一九四〇）年三月刊行された。全文一三ページ。内容は次の七項目で構成されている。

（一）理蕃大綱、（二）台中州下高砂族戸数人口、（三）高砂族教育の沿革、（四）高砂族児童教育、（五）高砂族教化、（六）神社及社祠、（七）時局下に於ける高砂族

「七、時局下に於ける高砂族」にあるように、「吾が国未曾有の非常時局に際し」台中州警務部が行政参考資料として出したものである。他州には見られないもので、短編ながら、州レベルの原住民教育教化の進展や統計を知ることが出来る貴重な一冊である。

（六）最後にあげられるのは、花蓮港庁編『アミ族教化指導ニ関スル基礎調査』（五五―③）である。花蓮港庁重要施設事項調査会が昭和五年（一九三〇）に行った基礎調査の報告書で、一四四ページよりなる。奥付によると、昭和七年六月同庁庶務課から刊行された。

この調査の目的や方法に関しては、巻末頁にある「擱筆ニ当リテ」に述べられている。それによると、「如上掲載シ来レル資料ハ現在アミ族教化上実施シ来レル指導ノ状況並アミ族ノ過去ノ習慣、生活ノ現況等ヲ教化指導ノ任ニ当レル支庁長、学校長、庄、区長等ノ報告ニ基キ蒐集整理」したもので、その目的は、「此ノ実際資料ヲ基礎トシ今後保持スベキ美風ハ之ヲ助長シ改ムベキハ改メアミ族ヲシテ今後向フベキ道ヲ知ラシメ内地人ト伍シテ遜色ナキニ至ラシムル為、之ガ指導案ヲ作製シ教化方針ヲ確立ス」ることにあった。この調査の主査は同庁視学の長尾正道、調査主任は山本英雄であった。

報告書の目次をみると、

一、　一般調査
二、　衣食住ニ関スル事項
三、　蕃社経済ニ関スル調査
四、　風俗習慣
五、　衛生状態
六、　民族性ニ関スル調査
七、　国語普及ノ程度ニ関スル調査
八、　現在実施セル教化事業ニ関スル調査
九、　蕃社ノ社会事業ニ関スル調査
一〇、アミ族教化指導上本庁ニ於テ直接実施セル施設
一一、結ビ

となっている。

ちなみに、アミ族は、前掲の『蕃人教育概況』によれば、昭和九年（一九三四）末現在、原住民総数一四万八千余人中四万七千余人と最も多数を占め、台湾東部の台東庁・花蓮港両庁下にそれぞれ約半数づつ居住するが、居住地は蕃地ではなく一般行政地である。このため、『蕃人教育概況』『高砂族の教育』の教育統計にはアミ族は除かれている。

Ⅶ

（一）本編第三のテーマとして、対岸教育問題を取り上げる。

周知のとおり台湾総督府は、早くから対岸の福州・廈門・汕頭などで学校の設立を援助あるいは自ら設立して教育事業にかかわった。これら諸学校個々の問題については、本史料集成第八集『学校要覧類』あるいは別集（一）『隈本繁吉文書』で取り上げることとし、ここでは、対岸教育の全般状況に関する文献・資料類を検討の対象とする。次にあげる四点がそれである。

一、台湾総督府学務部編『対岸ニ於ケル教育概況』大正七年刊？（五五―④）

二、台湾総督府学務部編『（秘）対岸籍民学校情況　附日本人小学校』大正六年刊（五五―⑤）

三、在福州総領事林久治郎著「在福州我文化的施設改善論」大正一一年（五五―⑥）

四、文教局学務課編「南支那ニ於ケル台湾総督府ノ教育施設概況（支那事変以前）」　発行年不明（五五―⑦）

（二）これらの諸文献・資料を検討するに先立ち、対岸教育の流れについて概観しておく必要があろう。

周知のとおり、台湾の対岸、福建・広東地方は「台湾人」の出身地である。このため総督府は、発足当初から対岸の動向や台湾との関係に警戒を怠らなかった。他方、日清戦争以後の日本の対中国政策の中で、台湾の領有は、対岸の福建・広東地方に進出の足掛かりを与えるものと考えられた。こうした動きは、中国における日本人の教育活動とも連動しており、その代表的なものとして福州東文学堂があげられる。

総督府でも、日本人の勢力を福建省に及ぼす一手段として日本語学校の設立に乗り出しており、明治三三年（一九〇〇）には新築費一万円を交付して厦門東亜書院を設立させている。また、東文学堂などにも補助金を支給した。しかし、日露戦争前後より情勢は一変し、いずれも廃絶に追い込まれた。

一方、総督府独自の教育課題としては、「台湾人」で対岸に滞在している者（「台湾籍民」と称した。その多くは雑貨商をはじめ、木材、運送、綿布などの小商業を営んでいた）の児童に対する教育を行うことがあった。明治四〇年（一九〇七）に福州在留の台湾籍民の数は三〇三名（学齢児童七五名）、厦門にも在留籍民は多く、九八〇名（学齢児童九〇名）に及んでいた。そうしたなか、総督府は翌四一年公学校教諭を福州に派遣して福州東瀛学堂を開設、同時に厦門にも教諭を派遣して、四三年（一九一〇）には厦門旭瀛書院を設立している。しかし、日露戦後の反日気運の高まりや、欧米系ミッションスクールの精力的な教育活動に圧倒され、籍民の児童は思うようには集まらなかった。その対応策の一つとして、これらの諸学校は中国人の児童も入学させた。そのため純然たる公学校としての性格を保持することは困難となった。

対岸教育「不振の時代」に発展の兆しを与えたのは第一次大戦であった。一時的に欧米の勢力が後退した機会をとらえて、「民国人本位」の教育を推進して積極的な経営を試みていく。東瀛学堂は「福州東瀛学校」と改称して新校舎を建築、また厦門旭瀛書院も分院を増設した。さらにこの頃籍民人口が増大してきた汕頭にも、大正四年（一九一五）に汕頭東瀛学校を設立している。

このように対岸の三校それぞれ発展の途上にあるかにみえたが、一方では早くも当初から抱えていた課題が顕在化してくる。その一つは中国人生徒の入学であり、他の一つは、中等教育機関への進学要望であった。福州東瀛学校では、創設当初から生徒の大部分は中国人に占められていたし、汕頭東瀛学校でも同じ状況であった。厦門では籍民の激増が、彼らの子弟の中等教育機関への進学者を押し上げていた。

新たな課題にも直面していた。一つは、総督府のいわゆる大正期「南進政策」による日本人の対岸への活発な人口移動に伴う日本人小学校の開設との両立であり、他の一つは、籍民子弟で中学校に学ぶ学生達の中国革命への接近であった。

籍民の急増は、治外法権を「護符」として阿片業をはじめ中国官憲の目を潜る籍民を増加させ、中国人の反発を増大させていたし、籍民教育への警戒心を高めていく。大正六年（一九一七）に発生した福州東瀛学校排斥事件には、こうした籍民学校をめぐる課題と問題状況が示されている。直接の契機となったのは、東瀛学校側の中国人生徒を吸収するための経営戦略であり、事件はそれに対する中国側の対抗手段であった。東瀛学校は、中国人教育と籍民生徒双方に対してそれぞれ改革策を講じたが、日本の利益と中国の利益は根本のところで相反していた。こうした状況のなか、後に取り上げる総領事林久治郎の田健治郎総督あての意見書提出などの動きが出て来るのである。

昭和期に入ると、いわゆる教育権回収運動への対応を迫られる。教育権回収運動は、中国ナショナリズムにもとづく欧米系ミッションスクールや外国人経営の学校に対する反対運動である。特に一九二五年の五・三〇事件を契機として激しく燃え上がった。学校側も慎重に対策を練っているが、結論的に言えば教育権回収の動きからは免れた。日中間の政治的な関係が強硬手段を取らせなかったからである。しかし一九二九年以降、中国人生徒は一斉に減少しはじめる。満州事変直後の急激な減少が、中国への日本の侵略の本格化に対する反日・抗日運動の進展の影響であることは論を待たない。そして昭和一二年（一九三七）の日中戦争の勃発と同時に、それぞれの籍民学校は一時閉鎖されるが、日本軍の占領とともに再び復帰して開校され、その後籍民児童の数は拡大していった。昭和一六年（一九四一）には籍民学校は一斉に国民学校と改称されている。

（三）まず、台湾総督府学務部によりほぼ同じ時期に作成された報告書二冊を取り上げることから始めよう。

一、『対岸ニ於ケル教育概況』大正七年（五五—④）

二、『（秘）対岸籍民学校情況　附日本人小学校』大正六年一一月（五五—⑤）

がそれである。これらはいずれも学務部長隈本繁吉在任時期に作成されたもので、前者の『対岸ニ於ケル教育概況』（五五—④）は、対岸における欧米ミッションによる旺盛な教育活動を分析した報告書。全文一五ページ。大正七年（一九一八）七月「台湾教育令」案の枢密院審議に際し、参考資料（第五号）として提出された。

この報告書は、対岸の中国人教育事業について、

（一）「支那人経営ノ支那人教育」

（二）「外人経営ノ支那人教育」

の二つに区分し、中国人自身による教育事業については「官公私立ヲ通シテ其ノ数決シテ寡カラスト雖モ何レモ皆単ニ表面ヲ糊塗スルニ止リ其ノ内容ノ充実シ其ノ成績ノ稍見ルヘキモノヲ求ムレハ殆ト皆無ナリ」と断定する。

一方英米人、ことに米人による教育活動には刮目すべきものがあり、「民国革命以来民心動揺シ教育弛廃セル

ニ乗シ或ハ堂々タル校舎ヲ新築シ或ハ種々ノ施設ヲ画策シ輪奐ノ美以テ之ヲ誘ヒ巧ニ人心ヲ収攬シテ学生ヲ吸収…自国ノ勢力ヲ扶植シツツアリ」と、その盛況ぶりを指摘、これに反して「我ガ帝国公私ノ経営ニイタリテハ秋風落日ノ嘆ナキヲ得ス」と、日本側経営学校の不振低迷を嘆じている。

そして欧米系諸学校のなかでも特に注意を要するものとして、福州の鶴齢英華書院や三一学校、福建協和大学、厦門の英華書院、同文書院などをあげ、その施設の概要と活動状況を紹介している。

『対岸籍民学校情況　附日本人小学校』（五五―⑤）の方は、もともと『隈本繁吉文書』所収のものをここに移して来たものである。大正六年（一九一七）一一月にまとめられ、（秘）扱いとされた。手書き美濃紙謄写刷二一丁。次のような五章で構成されている。

一、総説
二、福州東瀛学校
三、厦門旭瀛書院
四、汕頭東瀛学校
五、日本人小学校

ここでは、まず（一）総説で総督府の対岸教育事業の意義とその沿革を論じ、それを承けた形で、（二）以下で対岸各校の経営状況について、それぞれ（一）沿革、（二）設立意義、（三）学級生徒、（四）職員、（五）経費、（六）設備、（七）其ノ他、に分けて略述している。

（四）次の林久治郎「在福州我文化的施設改善論」（五五―⑥）は、林総領事が着任以来行って来た外人経営学校に関する調査結果を踏まえ、福州東瀛学校や博愛医院など我が国の教育文化施設の現状と問題点を総点検して、その改善策を論じた意見書で、手書き（在福州領事館罫紙）二六丁。大正一一年（一九二二）一月田健治郎台湾総督あてに提出された。内田外相に機密第二号として写しが送付されている。『日本外務省記録』（「文化施設及状況調査関係雑件」在外ノ部第一巻）から抽出した。内容は、次の五節で構成されている。

一、緒論
二、我施設ト其勢力
三、外人施設ト其勢力
四、我文化施設ト改善
五、余論

（五）第四番目の文献「南支那ニ於ケル台湾総督府ノ教育施設概況（支那事変以前）」（五五―⑦）は、総督府文教局学務課の編纂になる。日中戦争の勃発を機に閉鎖された厦門旭瀛書院および同地日本人小学校が、翌一三年（一九三八）九月日本軍の占領後復旧・再開されるに至る経過をまとめたもので、厦門の場合とともに、福州および汕頭における総督府の対岸教育事業の沿革と現状についても略述されている。タイプ刷二一ページで、次のような内容構成になっている。

第一、概況
第二、台湾人子弟教育ノ状況（①福州東瀛学校、②厦門旭瀛書院、③汕頭東瀛学校）
第三、内地人子弟教育ノ状況（①福州日本人小学校、②厦門日本尋常高等小学校、③汕頭日本尋常高等小学校）

Ⅷ

（一）本編第四のテーマは、台湾人の内地留学問題で、以下の関連文献・資料四点を収録した。
一、台湾総督府学務部編「内地ニ於ケル台湾留学生概況」大正七年刊（五五―⑧）
二、台湾総督府内務局編『本島人内地留学者調』大正一〇年九月（五五―⑨）
三、台湾総督府東京学生事務所編「台湾学生東京在学者数一覧」昭和一四年度（五五―⑩）
四、宮川次郎「高砂寮問題」（台湾・南支・南洋パンフレット八一）昭和三年刊（五五―⑪）

（二）日本の統治開始直後から台湾人富裕層の中に子弟を日本に留学させる者があった。総督府は、当初彼らに対して積極的に「内地留学」を働きかけたり、奨励したりした。例えば、明治三二（一八九九）年、「国語学校語学部留学生支給規則」を制定し、一名を農科大学に留学させている。しかしその場合も、留学先はあくまで農、工、商の実業分野に限定していた。文部省も総督府も留学を手放しで肯定的に捉えていたわけではない。ただ二〇世紀初頭、日露戦争当時頃までの留学生数が比較的少ない間は、推移を見ていたといえよう。

総督府が留学生への対策と監督に乗り出すのは、日露戦争後のことである。留学生数の増加によるだけではなく、むしろ留学の結果が台湾統治にとって好ましいものにならないという恐れがあったからである。周知のとおり、この時期は中国人留学生が大挙来日して、その数一万人に達したと言われるほどで、東京は彼らの清朝打倒をめざす民族革命運動の中心地ともなっていた。こうしたなか、総督府は明治四〇年（一九〇七）、地方庁を通じて留学生総数を調査し、東京には留学生監督を置くに至っている。さらに同四五年（一九一二）には、留学生寄宿舎を設置した。旧高砂寮である。そして島内では、地方庁を通して留学への規制強化を行い、留学者の動態把握に努めている。

先にあげた最初の全島調査では、留学生数は六三名であった。ところが四年後の明治四四年（一九一一）には一三一名と倍増している。この時期までの特徴は、例えば四四年の場合、学校種別で在籍状況をみると、小学校四五名、中学校四二名、実業学校二六名、専門学校一五名であることから窺えるように、専門学校以上の学生がまだ多くなかったことである。

その後も留学生は増加の一途をたどり、その数は第一次世界大戦前後から急速に増加し、『台湾総督府学事年報』および『台湾学事一覧』各年版の記すところによれば、大正四年（一九一五）には三二七名となり、同八年（一九一九）五六四名、一一年（一九二二）には七四七名と倍増している。昭和期に入るとその勢いは更に激増の度を加え、昭和六年（一九三一）には一五〇一名を数え、同一三年（一九三八）の四一一三名を経て、同一七年（一九四二）には七〇九一名に達しているのである。

これら統治後半期における内地留学の特徴を見ると、大正前半期までは、初等教育及び中等教育を受ける留学生が絶対多数で、大学・専門教育を受けるものは八分の一程度であった。ところが、以後次第に後者の比率が上昇し、昭和九年（一九三四）には高等教育機関への留学者が半数を超えるに至っている。これらは、近代日本における高等教育の拡大と台湾青年の高等教育への要求の増大を示すものであるが、同時にそれは総督府が、台湾青年に対して高等教育への機会を充分に保障していない現実をそのまま反映するものであった。このため、中等教育を終えた多くの台湾人学生が、学校や専門分野の選択肢も多く、進学できる可能性がより多い日本内地に留学することになるのである。

併し、こうした事態は総督府当局にとっては歓迎すべきものではなかった。社会的にはエリート分子である彼らの言動が、台湾社会に大きな影響力をもつものであったからである。例えば、第一次大戦後の国際情勢を敏感に受け止めた彼らは、台湾青年会を組織して民族運動の端緒を作り、彼らの発行した『台湾青年』は、台湾社会に強烈なインパクトを与えることとなった。

(三)　以下、各資料・文献を見ることにしよう。

最初に取り上げるのは、総督府学務部編「内地ニ於ケル台湾留学生概況」大正七年刊（五五—⑧）で、明治末・大正初期における台湾人内地留学の状況調査である。「台湾ニ於ケル私立学校概況」との合冊で、大正七年七月「台湾教育令」案の枢密院での審議に際し、参考資料（第五号）として提出された。表紙に（秘）とある。本文一一ページよりなり、大正七年（一九一八）現在四六七名を数える台湾留学生の全体状況を概観し、そのうち専門学校以上の学校に学ぶ六二人の在籍学校と専門分野別特性および全体の四五％を占める中学校在籍者の内地留学理由などを分析、監督者および受入れ学校側の見解をも検討して、高砂寮の活動状況に及んでいる。巻末に以下のような統計表（大正七年一月現在）が見られる。

(一)　内地留学生出身庁別表
(二)　内地留学生留学地府県別表
(三)　内地留学生累年比較表（明治四〇年～大正六年）
(四)　内地留学生出身庁別並累年比較表

（四）次にあげるのは、台湾総督府内務局編『本島人内地留学者調　大正一〇年九月』（五五―⑨）である。これは大正一〇年（一九二一）一二月「改正台湾教育令」案の枢密院での審議に際し、総督府内務局が作成・提出した「台湾教育令案参照書類」一八点中のひとつで、「参照　台湾第八号」の整理番号が付されている。表紙に㊙印がある。ここに収められている統計表（大正一〇年九月調）には、次のようなものがある。

（一）本島人内地留学生保護者職業調
（二）本島人内地留学生保護者資産調
（三）本島人内地留学者出身州庁別在学校種別人員表
（四）本島人内地留学者留学地府県別在学校種別人員表
（五）本島人内地留学者ノ専門学校ニ在学セル者ノ学校別人員表
（六）本島人内地留学者累年比較表（大正元年〜一〇年）

ちなみに、この参考資料には「内地留学生ニ対スル将来ノ方針」と題する二枚の説明文書が添えられていたので、合わせて収録することとした。そこには、次のような興味深い一節が見られる。

「台湾ニ於テハ将来大学ヲモ設立セントシ又必要ニ基キ漸次専門教育ノ充実ヲ計ラントスト雖特ニ力ヲ普通教育ニ注キ少ナクトモ普通教育ハ本島内ニ於テ完了スルコトヲ得セシメントスル方針ナルヲ以テ教育令ノ改正ニ依リ台湾ノ学校カ内地ノ諸学校ト同一規定ニ依ルコトトナレハ台湾人生徒カ内地ニ留学スル必要ハ減少スヘシ然シ乍ラ台湾ニ存立セサル種類ノ学校ニ入学ヲ希望スル者其他特ニ内地留学ヲ希望スル者ニ対シテハ大体其意思ニ任セントス　但学資学力等不充分ニシテ成業ノ見込ナキ者ニ対シテハ軽率ニ留学セサル様指導セントス」

「近時内地ニ於ケル台湾人学生ノ気風モ一般社会ノ影響ニ依リテ変化ヲ来シ学生ニシテ往々政治的言議ヲ試ム

ル者アリ　高砂寮ノ如キモ総督府ノ直接経営ヲ避ケ東洋協会ニ委託セリ…」。
末尾に「在京台湾学生学業成績調」（大正一〇年七月）が付されている。

（五）内地留学関係のもう一つの統計資料は、「台湾留学生東京在学者数一覧」昭和一四年版（五五—⑩）で、総督府東京学生事務所の作成になる。全文八ページ。昭和一四年（一九三九）四月末現在の台湾人学生の在籍学校名とその人数を、以下の分類にもとづいて整理している。

（一）中学校、（二）中等実業学校、（三）男子専門学校、（四）高等学校、（五）大学、（六）各種学校、（六）予備学校、（七）女子実業学校、（八）高等女学校、（九）女子専門学校

末尾に、まとめとして「在京台湾学生出身州庁並在学学校別人員表」および「在京台湾学生累年比較表」（昭和元年〜昭和一四年）の二表が付されており、それによれば、次のことが明らかとなる。

一、在京の台湾人学生は、昭和元年（一九二六）五九五名であったものが、昭和一四年（一九三九）には三八七九名に達した。

二、彼らの在籍学校を段階別にみると、昭和一四年当時、高専・大学在籍者が一六二二名で、全体の三七％を占め、これに続いて予備校・各種学校、および中学校・高等女学校の在籍者が、それぞれ二七％（一〇五二名）、二六％（一〇〇〇名）であった。

三、出身州庁別では、台中州が一二七四名で全体の約三三％を占め、これに台南州・高雄州がそれぞれ二四％（九三九名）、一五％（五九三名）と続いている。

四、男女別構成では、男子が三二五五名で全体の八四％を占め、女子は六二四名（一六．〇％）であった。

（六）終わりに、内地留学関連の論説として、宮川次郎著「高砂寮問題」（五五―⑪）をあげておこう。一〇ページ程度の小冊子で、拓殖通信社発行の『台湾・南支・南洋パンフレット』（第八一号）として他の論説（「厦門の鮮人的排日」）との合冊で、昭和三年（一九二八）四月に刊行された。

高砂寮は、もともと総督府により東京留学生のための寄宿舎として、大正元年（一九一二）東京東洋協会専門学校内に設置されたものである。大正一二年（一九二三）関東大震災で倒壊したため、台湾官民の義捐金により小石川区茗荷谷に新寮を建設、同一四年に竣工したが、経営の方針が定まらず、昭和二年に至り学租財団に委譲してようやく開寮した。しかし、当時台湾留学生の間には台湾文化協会の影響の下、民族解放思想・運動の高揚が見られ、そうしたなか、高砂寮の運営をめぐって寮生たちが運営当局と激しく対立する事態がしばしば起こり、寮の空き家状態が続くといった有様であった。本論説は、こうした高砂寮をめぐる紛糾を取り上げたもので、内容は（一）高砂寮紛糾経緯、（二）中村寮長袋叩き、（三）当局の選択と寮費、（四）批判大会と民報の報、からなっている。

なお、著者の宮川次郎および拓殖通信社、同パンフレットについては、本史料集成第三集『教育施策』第一七巻所収の解題を参照されたい。

内容構成〈第七集〉地方教育誌

（含：原住民教育・対岸教育・内地留学）　六冊（第五〇巻～第五五巻）

冊・巻	文献名	編者・発行者	発行年月	判型	ページ数
第五〇巻	①台北州学事一覧　大正一五年度 附　社会社寺宗教一覧	台北州教育課	不明	B5判	一一八
	②台北州学事一覧　昭和一〇年版	台北州内務部教育課	昭和一〇年一〇月	A5判	六四
	③基隆市教育要覧　昭和一〇年	基隆市役所	昭和一〇年一〇月	A5判	六二
	④新竹州教育統計要覧　昭和一〇年	新竹州教育課	昭和一二年三月	A5変形判	一〇〇
	⑤（竹南郡）教育要覧　昭和拾四年	竹南郡教育会	昭和一五年二月	特大折込 表・地図	一〇
	⑥宜蘭郡教育概況　昭和五年度	宜蘭郡教育会	昭和五年九月	A5判？・ 含：表・地図（折込）	二二
	⑦（花蓮港庁）管内学事概況　昭和八年度	花蓮港庁	不明	B5判	二六
	⑧台中庁学事状況一斑　大正五年二月調査	台中庁	大正五年三月	A5判	五八
第五一巻	台中州教育年鑑　二五九四年版	台中州教育会	昭和九年二月	A5判	五一六
第五二巻	①（台中州）教育状況　昭和二年度 附　社寺及宗教概覧	台中州	不明	A5判	一一六
	②台中州教育展望　全	台中州教育課	昭和一〇年一一月	四六判？	一四〇
	③嘉義郡教育概況　昭和一〇年版	嘉義郡教育会	昭和一〇年一〇月	A5判？	九四

	④台南州管内学事一覧　大正一〇年五月末日現在	台南州内務部教育課	不明	A5判	三八
	⑤台南州学事一覧	台南州内務部教育課	不明	A5判	七八
第五三巻	台南州教育誌	柯萬栄（昭和新報記者）昭和新報台南支局	昭和一二年八月	A5判？	四六六
第五四巻	①台南州学事一覧　昭和一五年版	台南州教育課	昭和一六年一月	A5判	五六
	②台南市教育要覧　昭和一六年度	台南市役所	昭和一七年二月	A5判	八〇
	③高雄州学事一覧　大正一四年一〇月調製　附　社寺概覧	高雄州	不明	B5判	二八
	④高雄州学事一覧　昭和一五年版　附　社会教育・社寺宗教一覧	高雄州教育課	昭和一六年五月	B5判	四二
	⑤高雄市教育要覧　昭和一三年度	高雄市役所	昭和一三年一二月	A5判	四四
	⑥（台東庁）教育要覧　昭和四年　附　社会事業及社寺、宗教一覧	台東庁庶務課	昭和五年二月	四六判？	九八
	⑦蕃人教育概況　昭和一〇年度	台湾総督府警務局	昭和一〇年一〇月	A5判	一一四
第五五巻	①高砂族の教育　昭和一六年	台湾総督府警務局	昭和一七年二月	A5判	一三〇
	②高砂族教育教化の概況　昭和一五年	台中州警務部	昭和一五年三月	A5判	二〇
	③アミ族教化指導ニ関スル基礎調査　昭和五年調査	花蓮港庁庶務課	昭和七年六月	B5判？	一五二
	④対岸ニ於ケル教育概況	台湾総督府学務部	大正七年？	A5判？	一八

⑤(秘)対岸籍民学校情況　大正六年一一月 附　日本人小学校	台湾総督府学務部	大正六年一一月	B5判	四二
⑥在福州我文化的施設改善論	林久治郎(在福州総領事)	大正一一年一月	B5判	五二
⑦南支那ニ於ケル台湾総督府ノ教育施設概況 (支那事変以前)	台湾総督府文教局学務課	不明	B5判	二六
⑧内地ニ於ケル台湾留学生概況	台湾総督府学務部	大正七年		一二
⑨本島人内地留学者調　大正一〇年九月 附　内地留学生ニ対スル将来ノ方針	台湾総督府内務局	大正一〇年九月	B5判	二〇
⑩台湾学生東京在学者数一覧　昭和拾四年度	台湾総督府東京学生事務所	不明	A5判	八
⑪高砂寮問題	宮川次郎	昭和三年四月	四六判	二四

解題　第八集―(1)「学校要覧類」(上) について

近藤純子
弘谷多喜夫

Ⅰ

(一) 本史料集成第八集―(1)「学校要覧類(上)」は、日本統治期台湾における初等・中等学校、女学校、実業学校、特殊教育・教護および対岸籍民教育関係の学校一覧や記念誌等計七一点を収録、これを以下のとおり一二巻にまとめたものである。

一、初等学校	四巻（第五六～第五九巻）
二、中等学校	三巻（第六〇～第六二巻）
三、女学校	三巻（第六三～第六五巻）
四、実業学校	一巻（第六六巻）
五、特殊教育・教護および対岸籍民学校	一巻（第六七巻）

これら諸文献・資料類の解題にあたっては、一～四、すなわち初等・中等教育、女子教育、実業教育関係は近藤純子、五の特殊教育・教護および対岸籍民教育関係については弘谷多喜夫がそれぞれ担当した。

（二）ここに収録した学校一覧や記念誌等は、そのほとんどが大正一一年（一九二二）の「改正台湾教育令」公布後に刊行されている。この教育令によって、それまで別々に行われていた「台湾人のための教育」と「内地人のための教育」が一本化され、両者の共学が標榜された。そのため、これらの学校一覧や記念誌では、中等学校、女学校、実業学校の場合は、統計等で「内地人」「本島人」等の区分けをしている。但し、初等教育のみは「国語ヲ常用スル者ノ初等普通教育ハ小学校令ニ依ル」「国語ヲ常用セサル者ニ初等普通教育ヲ為ス学校ハ公学校トス」というふうに分けられ、実際上「内地人」は小学校で、「本島人」は公学校で学ぶということになったため、そのような区分けはなされていない。このことに留意して読む必要があろう。

なお、資料中「本島人」と記載されているのは、圧倒的多数を占めていた漢族系住民の当時の呼称で、「本」とのみ記載されていることもある。また、「蕃人」とか「高砂族」と呼ばれた先住民族の場合は、「蕃」や「高」と表記されている場合もある（以下、本解題では、「　」を外す）。

Ⅱ

（一）まず、初等学校について取り上げる。

ここに収録したのは、以下のとおり二三点で、これらは、尋常高等小学校一校と尋常小学校一校を除いて、すべて公学校のものである。

一、　士林公学校『開校四十周年記念誌』昭和一二年

二、　台北市太平公学校『創立三十五周年記念誌』昭和八年

三、台北市松山公学校『開校四十周年記念誌』昭和一四年
四、淡水公学校同窓会『淡水公学校創立三十周季記念誌』大正一五年
五、和尚州公学校『創立四十周年記念誌』昭和一五年
六、竹南公学校『(創立四十周年)記念会誌』昭和一四年
七、宜蘭公学校『創立四拾周年記念誌』昭和一四年
八、同上『宜蘭公学校沿革概況』大正七年(?)
九、同上『公学校要覧 昭和九年度』昭和九年
一〇、宜蘭市旭国民学校『学校要覧』民国三五年
一一、鳳山公学校「鳳山公学校現今ノ情況概要」明治三二年
一二、台北市大橋公学校『創立十周年記念誌』昭和一一年
一三、台北市龍山公学校『創立満十五周年記念誌』昭和一〇年
一四、宜蘭女子公学校『創立二十周年記念誌』昭和一四年
一五、基隆市寶公学校『本校概覧 昭和十年度』昭和一〇年
一六、彰化女子公学校『創立二十周年記念誌』昭和一二年
一七、大竹公学校(松村逸雄)『創立二十週年記念誌』昭和一三年
一八、白川公学校『開校二十周年記念誌』昭和一三年
一九、新営東国民学校『学校概覧 昭和十七年度』昭和一七年
二〇、台南女子公学校『学報 創刊号』昭和二年

二一、大湖公学校『大湖公学校創立四十周年祝賀記念誌』昭和一六年
二二、花園小学校『創立四十周年記念誌　花園』昭和一三年
二三、宜蘭尋常高等小学校『創立四拾周年記念誌』昭和一六年

Ⅲ

（一）台湾では、明治三一年（一八九八）の「公学校令」により、それまで主として日本語教育に当たってきた国語伝習所を母体として、台湾人のための初等教育機関である六年制の公学校が設立された。この年の一〇月一日に設置された公学校は、台北県で二一校、台中県で一七校、台南県で一四校、宜蘭庁で三校の計五五校である。本史料集成では、これらのうち八校の記念誌を収めている。上掲リストの第一から第一一までがそれにあたる（リスト中、七～一〇は同一校）。そのうち七校目の宜蘭公学校は宜蘭庁、八校目の鳳山公学校は台南県の管轄で、それ以外の六校はすべて台北県の所管である。ともあれ、それら最も古い公学校が一九三〇年代に創立三十周年あるいは四十周年を迎え、上掲のような記念誌を相次いで刊行したわけである。

（二）まず、士林公学校『開校四十周年記念誌』（五六―①）を見よう。士林公学校は台北に設置された二一校のうちの一つで、台湾における日本語教育の発祥の地として知られる芝山巌学堂を前身とする。初代学務部長だった伊沢修二が領台直後に自ら日本語教育にあたったことは、植民地期台湾の教育の第一ページを飾るものとしてよく知られているが、芝山巌はその教育が行われた場所であった。

(三)記念誌に収録された「士林公学校沿革」には、この伊沢の教育活動について、明治二八年(一八九五)「七月二六日(一六日とも云ふ)郷紳子弟一〇名を集め国語を伝習し、傍ら教科書編纂教法の研究をなし台湾教育の方針を定む、実に本島に於ける教育、特に国語教育の嚆矢にして、又光栄ある本校の起源なり」とある。続いて明治二九年一月一日に発生したいわゆる「芝山巌事件」について触れ、伊沢と共に教育に当たっていた学務部員で、抗日ゲリラの犠牲となった「六士」の名前を記載している。

同校は、明治二九年四月には国語学校附属芝山巌学堂となるが、この年国語学校第一附属学校と改称した。その後明治三一年の公学校設置に際して八芝蘭公学校となり、大正一〇年(一九二一)には士林公学校と改称した。この学校は、国語学校第一附属学校と改称した明治二九年六月一日を創立記念日としているので、昭和一一年(一九三六)に開校四十周年を迎えたわけである。

(四)記念誌は全二〇二ページ、昭和一二年(一九三七)三月の発行で、名門校らしく祝辞その他の寄稿には、台湾教育界の著名人の名が並ぶ。(一)口絵、(二)式辞、(三)告辞、(四)祝辞に次いで、(五)恩師並会員児童寄稿の欄があり、ここには、伊沢が教育に当たった当時の日本語学習者(伝習生と呼ばれた)の回顧談が並ぶ。当時甲組で学んだ柯秋潔は「三〇年前の在職懐古」を、丙組で学んだ呉文明は「芝山巌事件」の犠牲となった六人の教師について書いた「六士先生最後のお言葉」を寄せる等、日本語教育発祥の地にゆかりの人々がまだ存命しており、「芝山巌事件」も含めて当時の貴重な資料を提供している。

続いて、昭和一一年一〇月一七日に行われた開校四十周年の(六)行事記録、(七)士林公学校概況、および(八)会員名簿を載せている。ちなみに、一二八ページに校長の田淳吉が、伝習生の一人だった潘迺文に対して明治二八年一〇月付けで授与された「日本語伝習第一期」の修了証書が学校に保存されていて、「わが校の宝物」となっていると書いている。

同校の昭和一一年度の児童数は、高等科（「改正教育令」により六年制公学校に設置することが認められた）を含めて計一五四〇人であり、職員数は二五人であった。職員二五人の内、一三人が内地人、一二人が本島人である。

（五）次にあげる太平公学校は、設立時の校名は大稲埕公学校で、もともとは明治二九年設立の日本語学校がその後台北国語伝習所となり、大稲埕公学校になったものである。その後、明治三二年から同三五年にかけて台北師範学校の附属公学校として代用され、大正一一年（一九二二）には台北市太平公学校と改称した。台北の繁華な場所に設置された大規模校であり、前掲の士林公学校と同様古い歴史を誇る。

（六）台北市太平公学校『創立三十五周年記念誌』（五六―②）は本文全七〇ページの後に、現職員、旧職員及び卒業生の名簿（一部欠落）が掲載されており、昭和八年（一九三三）三月の発行。まず、目次に続く最初のページに「皇太子殿下行啓」とタイトルのついた写真が掲載されている。大正一二年（一九二三）四月一八日に当時の皇太子（後の昭和天皇）が来台時に当校を訪れ、それを記念して「皇太子殿下行啓記念碑」が建立されたことが報告されている。

記念誌は、昭和七年一〇月一日から三日間にわたって行われた創立三十五周年記念祝賀会の「行事顛末」を詳しくまとめたものである。三十五周年を記念して寄せられたゆかりの人々の寄稿の中には、後に貴族院議員となった辜顯榮や、元同校校長で公学校教育に当初から携わってきた加藤元右衛門等の名前も見られ、当校の歴史を物語るものとなっている。

末尾の「太平公学校現況」によると、児童数は一八八三人で職員数は三五人、職員三五人のうち、校長と校医及び書記を含む一九人が内地人、一六人が本島人である。

（七）松山公学校は、設立時の校名は錫口公学校で、大正一〇年に校名を変更した。昭和一三年（一九三八）に開校四十周年を迎えている。

『開校四十周年記念誌』（五七―①）には、末尾に「松山公学校概況」として、「沿革」や「創立以来学校職員児童卒業生一覧表」等が載せられていて詳しい学校案内となっており、昭和一三年度の児童数が高等科を入れて一六六九人であることや、職員数が二八人であること等が報告されている。また、「児童文苑」として在校生の作文を多数掲載、台湾人児童たちの生活ぶりや日本語能力を知るのに貴重な資料ともなっている。日中戦争の戦時下ということもあって、「支那兵」とか「支那に膺懲」等の言葉がこれらの作文にも使用されているのが目を引く。

（八）第四番目の淡水公学校は、前身が淡水国語伝習所で、明治三一年に公学校としてスタートしたときは滬尾公学校であったが、大正元年（一九一二）に改称した。『淡水公学校創立三十周季記念誌』（五七―④）は同窓会会報の創刊号を兼ねており、淡水公学校同窓会が大正一五年（一九二六）に発行したもので、淡水国語伝習所設立から数えて三十周年としている。

内容としては、（一）学校沿革大要、（二）学校教育概要、（三）現旧学校職員一覧に続いて、（四）創立三十年記念事業要覧が載せられており、末尾には（五）同窓会員名簿が三〇ページ近くにわたって掲載されているのが目を引く。本記念誌は前述したように同窓会の絆を求めて会報として刊行されたため、ここに力を入れたのであろう。

（九）次の和尚州公学校は、前身が前掲の淡水国語伝習所の和尚州分教場。『創立四十周年記念誌』（五七―⑤）には貴重な投稿が二篇載せられている。本文五六ページ。但し、一部欠落がある。大橋捨三郎の「四十年前の思い出」と石原静三の「あの頃の和尚州公学校」がそれである。大橋は明治三〇年（一八九七）に渡台し、淡水国語伝習所書記を経て伝習所教師となった。執筆当時在台四〇年に及んでおり、分教場の主任として開校の任にあたった当時の事情を仔細に語っている。

石原は和尚州公学校の第四代校長で、明治四一年（一九〇八）に赴任している。学校経営の内幕として、六年生がゼロになったときは卒業生を呼び戻して穴埋めにしたことなどを語っている。両人とも台湾教育界に長く身を置いた人物であるだけに、貴重な資料と言える。

（一〇）竹南公学校は、大正一〇年に校名を変更するまで中港公学校と言い、前身は新竹国語伝習所中港分教場。『（創立四十周年）記念会誌』（五七―⑥）中の「歴代校長肖像」に記されている第二代校長の高木平太郎は、日本語教師として養成するために伊沢修二が「内地」で募集した「講習員」として渡台し、その後台湾教育界で練達した教師として活躍した。記念誌には、多数の台湾人を含む学校にゆかりのある人々の「回顧・回想」や「在校生文集」が載せられている。高木の思い出を語ったものもある。また、文集には「戦地のお父さんへ」とか「排日侮日抗日といふ悪い考へを持っている支那国民政府」など、時世を映した内容の作文が目立つ。

（一一）次に、宜蘭公学校について見よう。明治三一年に宜蘭公学校となった同校の前身は、明治二九年三月に設立された宜蘭国語伝習所であるが、宜蘭庁ではすでに明治二八年七月から明治語学校を設立して夜間の日本語授業を行っており、『創立四拾周年記念誌』（五八—③）の「宜蘭公学校沿革ノ大要」には、これが前身校として挙げられている。初代校長は台湾教育界に功績のあった三屋大五郎で、『記念誌』には彼の直筆の書が載せられている。また、祝賀会の様子が詳しく報告されている。

「宜蘭公学校沿革の大要」の「現況」によると、昭和一三年度の児童数は高等科を入れて一九五四人であり、職員は内地人一六人、本島人一五人で、計三一人である（内地人の校長、本島人の校医を含む）。

（一二）宜蘭公学校については、他に学校要覧類三冊を収録している。その一つ『宜蘭公学校沿革概況』（五八—①）は、手書きで「旧政府時代に於ける教育概況」として清朝時代から説き起こし、「大正五年一月調」として学校の現況を伝えている。それによると、児童数は、本校と三つの分校を合わせて計九六三人である。次の『学校要覧　昭和九年度』（五八—②）も、手書き謄写刷である。「沿革の大要」に続いて「歴代学校長　学級数　児童数　出席歩合　卒業生」として、それぞれの校長の時代の児童数等を報告している。昭和一〇年度の児童数は高等科を入れて一三八八人である。また、「昭和十年三月一日現在」の「在籍生徒数」「児童出席状況」等を報告している中に「卒業生志望別」とあり、公学校本科卒業生一五七名中五〇名が高等科、二八名が中等学校への進学を希望している。かなり進学熱が高かったことが分かる。なお、「九年度中重ナル行事一覧」も掲載されている。

（一三）第三冊目の宜蘭市旭国民学校『学校要覧』（五八―④）も手書き謄写刷で、民国三五年の発行。つまり、昭和二一年（一九四六）「光復」後の台湾で出された学校要覧である。同校沿革には、昭和一六年（一九四一）に宜蘭公学校から宜蘭市旭国民学校と改称し、さらに民国三四年一一月二一日中華民国に接収後、「台湾省宜蘭市旭国民学校」となった、とある。民国三四年、つまり一九四五年一一月から学校はその「国籍」を変えたわけである。

このあわただしい時期の学校の様子を、要覧は冷厳な数字で報告している。それによれば、在籍児童数は民国三五年三月一日現在、一年生から高等科二年まで総計一七二五人。これらはすべて接収以前に入学した児童たちであろう。出席歩合はさすがに悪く、平均五一・〇一とある。前年度が八九・六四であるから、かなりの動揺があったと推察される。「現在職員調」によると、その構成は「日本人八人、本省人一七人」となっており、まだこの時点では接収前の教員が学校に残っていたことが分かる。

「民国三四年度重要行事一覧」によると、中華民国に接収された一一月二一日は「新黄樹雲校長着任」と記されているのみだが、以後新体制下の学校行事が展開されていったことが記録されている。「光復」を迎えた旧公学校の様子を伝える貴重な資料である。

（一四）以上の史料はいずれも四十周年や三十周年の記念誌であるが、八校目の鳳山公学校の「鳳山公学校現今ノ情況概要」（五九―④）、およびその付録として収められた「鳳山公学校沿革概略」は、設立直後の明治三二年（一八九九）の調査結果をまとめたものである。『後藤新平文書』（国立国会図書館憲政資料室所蔵）に収録（七―八七）。いずれも一〇ページにも満たない手書きの小冊子であるが、草創期の公学校の様子を率直に伝えている点で貴重である。

例えば、「現今ノ情況概要」の「教授及管理一班」には、日本語で日本語を教えるいわゆる「直接法」導入前の、台湾語を積極的に取り入れた日本語の授業の様子が報告されている。また、「父兄ノ学校ニ対スル意向」には、当時父兄の多くが台湾在来の教育機関である書房・義塾に重きを置き、公学校はただ日本語を習得するためだけのものだと思い込んでいることを嘆いた一文も見える。

末尾の「鳳山公学校状況一覧表（明治三十二年九月調）」には、第三学年までと「速成科」に計一七七人の「学籍生」がいるが、「出席生徒数」は九九人であること、職員は本島人一人を含めて四人いること等が報告されている。

Ⅳ

（一）上述したもの以外の公学校については、まず台北にあったものから見ていくことにする。五五校でスタートした公学校の数は以後順調に増え、生徒数で台湾在来の教育機関である書房のそれを抜いた明治三七年度（一九〇四）には一五三校になり、二度の教育令を経た大正一四年度（一九二五）には七二八校にも達している。そして、昭和八年（一九三三）になると、七六九校で三〇万人余りの児童が学び、就学率は三七％に達していた（台

湾教育会編『台湾教育沿革誌』（二一八）所収）。

台北市大橋公学校は昭和一〇年（一九三五）に創立十周年を迎え、『創立十周年記念誌』（五六―③）を刊行した。記念誌の大半は記念祝賀会の様子を伝えるもので、「大橋公学校創立十周年記念祝賀会行事顛末」「当日の実況」と題してまとめている。なお、同校はこの年に『台北州委託研究　話シ方教授ニ関スル研究』を上梓しており、日本語教育における優れた実践で知られた学校である。

末尾には「現職員名簿」と「旧職員名簿」が載せられており、それによると現職員三二人の内、校長を含む二三人が内地人、九人が本島人である。

（二）台北市龍山公学校は昭和九年に創立十五周年を迎え、『創立満十五周年記念誌』（五七―②）を刊行した。この学校の沿革はやや複雑であるが、「台北市龍山公学校沿革概要」に加えて、記念式当日の学校長による「式辞」や同窓生等による「祝詞」、創立当時に教師として在籍した人などの寄稿によってそれを詳しく知ることができる。特に同校の元教師であった田淳吉の「創立当時の思ひ出」は、台湾でも有数の大規模校になった同校の創立当時の様子を詳しく伝えている。

大正八年「台湾教育令」により国語学校が師範学校となるに伴い、国語学校の附属校であった艋舺公学校が艋舺第一公学校となり、別に艋舺第二公学校が新設されて台湾公立台北女子高等普通学校の附属公学校に代用されることになった。同女子高等普通学校に置かれた師範科の教育実習の場として利用するためであった。この艋舺第二公学校が龍山公学校の前身である。後に男子生徒も入学するようになり、大正一一年には龍山公学校と改称された。引き続き台北州立台北第三高等女学校附属代用となっていたが、昭和三年にこの附属代用は廃止されている。

なお、記念誌末尾には大正九年三月の第一回卒業生から昭和九年（一九三四）三月の第一四回卒業生までの名簿が載せられており、住所、職業、氏名が記載されている。

(三) 宜蘭女子公学校の『創立二十周年記念誌』(五八―⑤)は、冒頭で創立当時の校舎の写真を紹介しており、そこには教師や児童の姿も写されている。同校は大正七年に創立され、当初は先に見た宜蘭公学校から転入した女児一七五名と新入児童九八名で授業を始めたという。記念誌の大半は、昭和一三年（一九三八）一〇月に行われた記念祝賀会行事の様子を伝えるものである。ちなみに、同校の昭和一三年度の児童数は一三三四人、職員数は二一人であった。

(四) 基隆市寶公学校の『本校概覧　昭和十年度』(五七―③)は一〇ページ足らずの小冊子で、以下の項目についての簡潔な報告となっている。

(一) 沿革、(二) 設備、(三) 職員、(四) 学級編成、(五) 児童、(六) 保護者職業、(七) 卒業児童　(八) 将来緊急施設

このうち、「(五) 児童」については、①通学区域、②本居地、③本年度出席状況、④累年出席状況、⑤身体状況、⑥年齢、⑦転学状況、⑧累年異動状況、⑨学年末成績などが記録されており、当時の公学校における児童の具体的な状況を見る上で参考になる。これによると、同校の児童数は高等科を入れて一七六五人であり、職員数は二九人である。また、二九人の内「男二四名、女五名」とあり、訓導が二四人、教員心得が五人となっている。

（五）台中州については、彰化市の二校の記録を収録した。彰化女子公学校および大竹公学校のそれで、いずれも創立二十周年の記念誌である。

このうち彰化女子公学校『二十周年記念誌』（五八—⑦）は一二〇ページにも及ぶ大部なものである。昭和一一年（一九三六）に二十周年を迎えた同校では、現職の校長が「創立二十周年記念の歌」を作詞するなど、格別に力を入れていたことがうかがえる。

内容は（一）創立二十周年記念祝賀状況、（二）本校の沿革並に学事概況、（三）回顧感想、（四）在校生文集、（五）名簿、となっており、それぞれにかなりのページが割かれている。特に「（三）回顧感想」には、かつてこの学校で教壇に立った教師が、自らも台湾語の学習に励んで検定試験を受けようと思い、周囲の台湾人に教えてもらったという体験談など、興味深い回顧録が寄せられている。ちなみに、同校の昭和一一年度の生徒総数は一三二四人で職員数は男一五人、女七人計二二人であった。

（六）大竹公学校は大正七年（一九一八）に創設され、昭和一三年（一九三八）に二十周年を迎えた。『創立二十週年記念誌』（五八—⑥）の巻頭には、これを記念して作成された現校長作詞になる校歌が載せられている。同校長は「二十周年を迎へて」と題して、この記念式典に寄せる思いを綴っているが、その中に「七月七日支那事変が突発したのでその成行をまっていた処、事変は愈長期戦に入ったので、記念式典を三月三日にあげることに準備を進めた……」とある。

同記念誌には、（一）校歌、（二）口絵、（三）校長の「二十周年を迎へて」を受けて、（四）創立二十周年祝賀状況、（五）思ひ出草、（六）学校沿革の概況、（七）現況一覧、（八）旧職員一覧表、（九）児童文集などの項目が続いている。

「(六) 学校沿革の概況」によれば、この学校は当初四年制で番社口公学校という校名であったが、大正一〇年(一九二一)に六年制となり、その年大竹公学校と改称したとある。

「(九) 児童文集」には「先生が私共を注意なさるのは、私達を立派な日本人にしやうとお思ひ下さるからです……」という一節がある。書いたのが台湾人児童であること、この後遠からずして、台湾が「光復」したことに思いを致すべきだろう。

「現況一覧」によれば、昭和一二年度の同校の児童数は男二六三人、女九六人、計三五九人で、職員は男五人、女一人、計六人である。

(七) 台南州からは三校の記録を収録した。

まず、昭和一二年に開校二十周年を迎えた嘉義の白川公学校について見る。この学校は、大正六年(一九一七)に当時の嘉義公学校から分離して女子公学校としてスタートし、昭和八年(一九三三)に男女共学の学校となり、白川公学校と改称したものである。『開校二十周年記念誌』(五九—①)は、冒頭で記念式典及び記念運動会の様子を伝える写真を多数紹介している。それ以外は、他校の記念誌のような記念行事の記録等はなく、二十周年に対して寄せられた祝辞や卒業生の回顧録、在校生の作文を掲載して簡素な体裁となっている。

在校生の作文には、「この非常時にこんなにたのしく運動会が出来たのも、みんな天皇陛下の御かげや支那で勇しくはたらいて下さる兵隊さん達の御かげです……」等と書いたものが多数あり、時勢を敏感に反映した当時の児童の作品として参考になる。

（八）新営東国民学校は、大正六年に当時の査畝営公学校の新営分校として設立され、大正九年に独立して新営公学校と改称されたものである。その後、昭和一六年（一九四一）三月に「台湾教育令」が改正され、全島の小・公学校の教育は「国民学校令」に依ることとなり、一斉に国民学校と呼ばれることになったため、新営東国民学校と改称した。『学校概覧　昭和十七年度』（五九―②）は、国民学校になってからの公学校の様子を伝えるものとして貴重である。但し、一斉に国民学校と呼ばれるようになったとはいっても国民学校は三種類に分けられ、「課程第一号表に依る国民学校は、国語生活を為す家庭の児童を収容するもので、主として内地人子弟がこれに収容され、課程第二号表及第三号表に依る国民学校は、国語生活を為さざる家庭の児童を収容するもので、主として本島人児童之に収容する」（台湾総督府編『台湾事情　昭和一九年版』）とされ、台湾人と内地人が別々の学校で学ぶ状況は続いていたのである。

『概覧』の内容は（一）位置、（二）沿革の大要、（三）現在状況、（四）教育施設ノ大要、（五）社会教化、（六）昭和一七年度新営東国民学校行事予定表などからなり、戦時下における初等学校の運営状況をよく伝えている。

これらによると、昭和一七年五月末日現在、同校の児童数は高等科を入れて男一一二〇人、女六四六人で、計一七六六人である。また、校長を含む職員二四人について、「俸給」や出身校に至るまでの詳しい報告が掲載されている。

（九）明治四五年（一九一二）創立の台南女子公学校は、昭和元年（一九二六）に創立十五周年を迎え、それを記念して雑誌が発刊された。それが『学報　創刊号』（五九―③）である。二〇ページあまりの小冊子であるが、昭和初期の公学校の様子を伝えている点で貴重である。たとえば、同校には創立以来勤務している教職員が校長を含めて三人いるが、これらの人々の略歴が紹介されている。また、昭和元年度の「学年、学級、児童数、担任教師名」を報告した欄があり、それで見ると、低学年は台湾人の女性教師が担当していたこと等が読み取れる。

また、末尾の児童の文集には「台湾語を使ふことはわるいことであると心得ているが、直さうと思っても直されない」でいると記した一節があり、また学校内で教師から「此の後台湾語を使ふやうな人は国語の点数を引きます」と注意される児童の日常が描かれたりしており、当時の「日本語強要」の証拠とも言える資料となっている。

同校では大正一五年四月に高等科が設置されており、昭和元年度の児童数は、その高等科一年生五四人を入れて一四一三人である。

（一〇）最後に、高雄の大湖公学校『創立四十周年祝賀記念誌』（五九—⑤）をあげておいた。これは、昭和一五年に同校が創立四十周年を迎えた記念として作成されたものである。創立は明治三三年（一九〇〇）であるから、「公学校令」公布直後に創立されたかなり古い歴史をもつ学校の一つである。記念祝賀行事の様子を中心に伝えた小冊子であるが、そこに収録されている「回想」（李掌）は、台湾人が公学校の創設について詳しく述べた珍しい資料である。

また、「学校一覧」中の「沿革ノ大要」には、「当地ニ公学校ノ設立ヲ見タルハ、本島縦貫鉄道工事ノ為内地人ノ当地ニ入リ込ム者甚多ク、国語ノ必要ヲ」感じて、土地の台湾人有志が当局に働きかけた云々とあり、公学校の設立事情を示す興味深い逸話となっている。

Ⅴ

（一）小学校に関しては、花園小学校の『創立四十周年記念誌　花園』（五九―⑦）と宜蘭尋常高等小学校の『創立四拾周年記念誌』（五九―⑥）の二編を収録した。

「内地人」のための初等教育は、まず明治三〇年（一八九七）に台湾総督府国語学校第四附属学校で行われることになったが、翌三一年には第四付属学校が廃止されて第二附属学校で行われることになった。さらにこの年には台湾総督府小学校官制が公布され、その後台湾各地に小学校が設立されていった。花園小学校や宜蘭尋常高等小学校は、いずれもこの草創期に設立された古い歴史をもつ学校で、昭和一三年（一九三八）および同一五年に、それぞれ四十周年を迎えたわけである。

その後小学校の数はさほど多くはないが公学校同様順調に伸び、昭和八年（一九三三）には一三五校の小学校で四万人近い児童が学んでいた。なお、大正一一年の「改正教育令」では共学制が謳われたが、初等教育に関しては、前述したように「国語ヲ常用スル者」の教育は小学校で、「国語ヲ常用セサル者」に対する教育は公学校で行うとされた。そのため、わずかな例外を除いて、小学校で学んだのはほとんどすべて内地人であった。こうした状況が国民学校と名称が統一されてからも続いたことは、前述したとおりである。

（二）明治三一年に設立された台湾総督府の小学校は四校あったが、花園小学校の前身である台南小学校はその一つである。その後、台南尋常高等小学校、台南第一尋常高等小学校と改称したが、大正一〇年には高等科が独立したため竹園尋常小学校となり、大正一二年には花園尋常小学校と改称した。

『創立四十周年記念誌　花園』は、(一) 式辞・訓辞・祝辞、(二) 記念式典・慰霊祭・記念行事状況、(三) 本校の沿革と現況概要などに続いて、(四)追憶集、(五)随想集などを収録、そこには旧職員や卒業生が思い出を、現職員が学校に寄せる思いを綴った文章を寄せている。

台湾統治は五〇年に及んだ。当然台湾で生まれ育ち、台湾を故郷と思って成長した「内地人」も少なくない。「追憶集」にはそうした卒業生の台湾や母校に寄せる思いが綴られている。戦後の回想記とは異なった植民地に生きる「内地人」の当時の思いを把握するための資料ともなっている。なお、昭和一三年一一月現在の同校の児童数は、高等科を入れて八九七人、一八学級の担任職員は男一四人、女四人で全員内地人である。

(三) 宜蘭小学校が設立されるのは明治三一年のことで、その後明治三五年（一九〇二）には高等科を併置して、宜蘭尋常高等小学校と改称した。『創立四拾周年記念誌』(五九―⑥) は、一〇〇ページを超える大部なもので、記念式と記念諸行事の報告等に続いて、詳しい「学校概況」を載せている。その内容は、①変遷一覧、②校地及校舎、③児童通学範囲、④児童異動、⑤児童出生別、⑥保護者職業別、⑦児童身体の状況、⑧寄宿舎並に収容児童で構成されている。

興味深いことに、「⑤児童出生別」を見ると、出生地が「内地」の児童は一八・八八%で、「台湾」は八〇・七三%である。内地人がほとんどを占める小学校でも、昭和一〇年代になると、台湾生まれの児童が圧倒的に多くなっていることが分かる。また、保護者の職業は多い順に、「巡査・看守」「官吏」「交通業」となっている。

記念誌の最後には在校生の作文も載せられており、これを公学校の記念誌に載せられた台湾人児童のそれと比べてみるのも興味深いことである。

Ⅵ

（一）中学校については、以下の一七冊を収録した。

一、台湾総督府台北中学校『台湾総督府台北中学校一覧　大正四年四月編』大正四年
二、台北第二中学校『台北州立台北第二中学校一覧　昭和十二年四月末調』昭和一二年
三、基隆中学校『台北州立基隆中学校一覧表　昭和五年八月一日現在』昭和五年
四、公立台中中学校『台湾公立台中中学校要覧』大正六年
五、公立台中高等普通学校『台湾公立台中高等普通学校規則』大正一〇年
六、台中第一中学校『台中州立台中第一中学校要覧』昭和四年
七、台中第一中学校『台中州立台中第一中学校一覧　昭和十七年版』昭和一七年
八、台中第二中学校『台中州立台中第二中学校要覧　昭和十五年度』昭和一五年
九、台南第一中学校『台南州立台南第一中学校要覧　昭和十四年度』昭和一四年
一〇、台南第二中学校『台南州立台南第二中学校一覧表　昭和十三年四月末調』昭和一三年
一一、嘉義中学校『台南州立嘉義中学校一覧表　昭和十三年四月三十日現在』昭和一三年
一二、嘉義中学校校友会『校友会雑誌　創立拾周年記念号』昭和九年
一三、屏東中学校（升友保）『高雄州立屏東中学校一覧表　昭和十六年七月一日現在』昭和一六年
一四、私立台南長老教中学校友会『私立台南長老教中学校友会会報　第一号』昭和六年
一五、台南長老教中学学友会『輔仁　第十三号』昭和一二年

一六、私立淡水中学校・私立淡水高等女学校『学則及諸規程』昭和一四年
一七、私立台北中学校『私立台北中学校一覧　昭和十四年』昭和一四年

以下、台北、台中、台南、最後に私立校三校の順で取り上げることにする。

(二)台湾では、中学校は内地人の子弟のための学校として、まず設立された。明治三一年四月に国語学校第四附属学校に付設された尋常中学科がそれである。明治四〇年には国語学校から離れ、台湾総督府中学校となった。大正三年(一九一四)には台南にも中学校が開設されたため、同校は台湾総督府台北中学校と呼ばれることとなる。次いで大正一〇年(一九二一)には、地方制度の改正により中等学校は州に移管され、それらは台北州立台北中学校および台南州立台南中学校と改称、更に翌大正一一年「改正教育令」のもと共学制が実施されるのに伴って、それぞれ台北州立台北第一中学校および台南州立台南第一中学校となった。

一方、台湾人のための中学校は大正四年に初めて設立された。台湾公立台中中学校がそれである。それまで台湾人子弟が公学校卒業後に進学できる学校としては、国語学校と医学校くらいしかなく、台湾人の間で早くから上級学校の設立を望む声があり、台中中学校の創設は、林献堂を初めとする台湾人有志の総督府に対するねばり強い働きかけの結果として、ようやく実現したものであった。但し、実際に設立された中学校は四年制で、内地人の中学校に比べて修業年限が短く、また英語が随意科目であることなど、内容的にもかなり程度の低いものになっていた。こうした台中中学校の設立経緯の詳細については、別集(二)『隈本繁吉文書』において改めて取り上げる。

大正八年「台湾教育令」が公布され、台湾人子弟の上級学校進学の幅がかなり広げられ、台湾人の中等教育は

「高等普通学校」「女子高等普通学校」で行うことになった。これにより公立台中中学校は公立台中高等普通学校と改称された。その後大正一一年には、台中州立台中第一中学校となって共学校となり、台中には新たに台中州立台中第二中学校が設立された。ちなみに、台北や台南では、内地人の学校を前身とする学校が第一中学校となっているが、台中の場合のみは、第一中学校は台湾人の学校を前身としている。

以上のような中学校の変遷について、実感を伴って理解していくには、各学校の要覧や一覧を紐解くのが最適であろう。上述した簡単な解説を補いながら、以下の資料を読んでいくことにしたい。大正一一年以後の資料には、同じ学校で学ぶ内地人と台湾人の人数や比率が明記されており、共学がどの程度達成されているか知ることができる。本解題ではそこに注目してみたい。

（三）『台湾総督府台北中学校一覧　大正四年四月編』（六〇—①）は、「台湾教育令」がまだ公布されていない時代の学校要覧である。同校は台湾で最初の中学校であり、その沿革をたどることは台湾の中学校の歴史をたどることになる。『一覧』の記録をもとに同校の沿革を記せば、次のとおりである。

明治三一年（一八九八）四月……国語学校第四附属学校付設の尋常中学科
同年　　　　　　　　　八月……国語学校第二附属学校付設の尋常中学科
明治三二年（一八九九）三月……国語学校第二附属学校付設の中学科
明治三五年（一九〇二）三月……国語学校中学部
明治四〇年（一九〇七）五月……台湾総督府中学校
大正　三年（一九一四）………台湾総督府台北中学校

その後、同校が大正一〇年（一九二一）には台北州立台北中学校となり、さらに翌年には台北州立台北第一中学校となった経緯については、前述のとおりである。

(四) この要覧は全一六六ページで、次のような内容構成になっている。

(一) 学年歴、(二) 沿革、(三) 法規、(四) 本校規則及諸規定、(五) 第一部教育の要旨、(六) 職員、(七) 生徒、(八) 卒業生、(九) 敷地及建物、(一〇) 附録

上の「(五) 第一部教育の要旨」にある「第一部」とは、この中学校の第一部のことである。明治四〇年に台湾総督府中学校になったとき、第一部と第二部が設置された。同年に発布された「台湾総督府中学校規則」の第三条に、次のようにある。

「中学校ニ第一部、第二部ヲ置ク。第一部ノ修業年限ハ六箇年トシ、之ヲ前期三箇年後期三箇年ニ分ツ。第二部ノ修業年限ハ五箇年トス」

第二部が「中学校令」による普通の中学校であるのに対し、第一部は中学校令に依らない特殊な学校で、『要覧』は「(五) 第一部教育の要旨」において、次のような項目をたてて詳しく説明している。

①第一部の修業年限、②学科目及配当、③第一部教育の特色、④学寮、⑤毎週行事、⑥外出外泊、⑦食事、⑧被服、⑨寝具、⑩学資

それによれば、第一部教育の特色として、少人数教育で全寮制であるため、個々の生徒に注意を行き渡らせることが出来ること、また智徳意の三育を平等に行うため毎日二時間以上遊技または実科を課すること、学業成績だけで評価はしないことなどが挙げられている。

第一部が極めて特色のある学校であったことは、後年語り継がれたことでもあるが、何と言っても、全寮制で西洋人の女性を寮母とし、その監督の下にきびしく紳士教育がなされたことで知られている。「(六)毎週行事」にその生活ぶりがうかがえる。しかし、この第一部は、経費があまりにもかかりすぎることや、「内地」の上級学校と連絡がないことなどのため継続困難となり、大正六年(一九一七)に生徒募集を中止し、同一〇年には廃止されている。

(五)要覧の「(七)生徒」には、①氏名、②府県別人員表、③庁別人員表、④生徒年齢統計表、⑤生徒数及入学志願者数累年統計表、⑥身体検査年別比較表の項目があり、大正四年四月調査の詳細を見ることができる。

それらのなかから二三興味ある事例をあげてみると、「②府県別人員表」は、親の出身地に従ったものと思われるが、生徒は日本全国から集まっており、ことに熊本や鹿児島、東京が多いことが分かる。また「⑧卒業生」には、明治三七年(一九〇四)三月の第一回から大正四年三月の第八回卒業までの全員の氏名と現在の職業等が記されており、卒業生の多くが「内地」の学校に進学していたことが分かる。

(六)前述したとおり、大正一一年に「改正台湾教育令」が出され、中等程度以上の学校で台湾人と内地人の共学が実現した。この年誕生した台北州立台北第二中学校は、昭和一二年(一九三七)に『台北州立台北第二中学校一覧 昭和十二年四月末調』(六〇—②)を出している。一覧に記載されているのは、次のような項目である。

(一)創立、(二)位置、(三)沿革、(四)経費、(五)職員、(六)生徒、(七)生徒出身地方別、(八)通学状況、(九)第一学年入学調(最近五箇年)、(六)生徒入学前ノ教育、(七)卒業後ノ状況(最近五箇年)、

（一〇）生徒異動（最近五箇年）、（一一）生徒年齢別、（一二）生徒身体検査状況（昭和十二年四月検査）、（一三）学資金年額、（一四）寄宿　食費、（一五）父兄職業別、（一六）本校施設要項

「（一六）本校施設要項」には①校是、②教授、③訓育、④校友会、⑤校歌などが記されている。

（七）この一覧から、いくつかの興味深い事実が見て取れる。

まず生徒数についてである。一覧の「（六）生徒」によると、昭和一二年四月の調査段階で、同校の第一学年から五学年までの全生徒数は内地人二〇三人、本島人四七八人である。

一方、「（九）第一学年入学調（最近五箇年）」によると、昭和一二年度の入学志願者に対する入学者の比率は、内地人が五六・一八であるのに対し、本島人は一六・三九である。これにより、生徒の構成比では確かに台湾人の方が多いものの、入学時の競争率は、両者間に大きな差があったことが分かる。

この学校一覧が作成された昭和一二年当時、台北には州立中学校が三校あった。州立台北第一、第二及び第三中学校がそれである。但し、第三中学校は昭和一二年に設立されたばかりであり、第一中学校の生徒はほとんどが内地人であった。そのため、第二中学校は当時台湾人にとって比較的入りやすいと言われていたが、そのような中学校でさえ、彼らにとって入学するのがいかに難しいものであったかが理解されよう。台湾人にとっては共学とは言いながら、中学校への進学は依然狭き門だったのである。

次に「（六）生徒入学前ノ教育」を見ると、小学校や高等小学校を卒業した台湾人がかなりの数見受けられる。また、生徒中最も多いのは「公学校高等科第一学年修了者」で、同高等科の卒業者も少なくない。これらのことから見て、台湾人にとっては、初等教育のときから小学校で学ぶか、公学校卒業後さらに高等科で学ぶかしなけ

れば、容易に第二中学校に進学できなかったことも分かる。

ちなみに、「(一六)本校施設要項」中の「校是」には「国語常用」が謳われ、「教授」では「増加科目」として「国語」があげられており、第一学年と第二学年に「話シ方」の授業を特別に行っている。これは台湾人向けのものであろう。

(八)台北州立基隆中学校は、昭和二年(一九二七)に「共学」を前提として創設された学校である。調査時には第四学年までしか生徒は在籍していない。『台北州立基隆中学校一覧表　昭和五年八月一日現在』(六〇―③)は、上掲の台北第一中学校のそれとほぼ同様の構成内容となっている。本一覧は大判横長の図表であるため、これを本集成の判型に納まるよう裁断の上、収録した。

「現在生徒数」によれば、全校生徒数三四三人中、内地人二三九人に対し、本島人は「蕃一ヲ含ム」として計一〇四人となっており、人口比から見て圧倒的に内地人が多かったことが分かる。また「生徒募集応募状況」には、志願者数や受験者実数、棄権者、入学許可者のほかに、「入学者ノ入学志願者ニ対スル百分比」が記録されているが、それによると、昭和二年度から同五年度までの入学者率は、内地人の場合、それぞれ五四・一九、三九・四七、五二・五一、四五・〇四であるのに対し、本島人は一五・九五、一六・六七、一四・七一、一五・〇三となっており、ここにもやはり台湾人にとって中学校への入学がいかに狭き門であったかが示されている。

ちなみに、「昭和四年度学年成績」によれば、落第者の人数は、内地人が二九人、本島人が六人であった。

(九)『台湾公立台中中学校要覧』(六〇―④)は、前述したように大正四年(一九一五)台湾人有力者たちの強い要望によって設立された台中中学校の要覧で、発足早々の大正六年一〇月の調査にもとづいて作成されたものである。内容構成は次のようになっている。

（一）本校学暦、（二）沿革大要、（三）官制及関係法規、（四）本校規則、（五）教授及訓練ノ概況、（六）職員、（七）生徒、（八）統計

学校の状況は「（七）生徒」と「（八）統計」に詳しく報告されている。「（七）生徒」によれば、学校の所在地は台中であるが、台湾人の入れる唯一の中学校とあって、全島から生徒が集まっている。大正四年度から同六年度にかけての入学志願者数は三〇六名、一八〇名、二九〇名で、入学者数はそれぞれ一〇〇名、一一四名、一一五名であった。

「（八）統計」は二〇ページ余りにも及ぶ詳しいもので、以下のような調査結果を表にして報告している。

①現在職員一覧表、②生徒異動表、③入学生徒表、④現在生徒表、⑤生徒出席歩合、⑥生徒発育状況、⑦本島学生体格比較表、⑧罹病生徒調、⑨学年試験成績表、⑩本校学暦、⑪教科書配当表、⑫学寮

なお、この要覧には末尾に「台湾公立台中中学校一覧表　大正六年一〇月末日調」が添えられている。同時期の調査で、要覧の内容を簡便にまとめたものとなっている。

前述したとおり、この公立中学校は、大正八年「台湾教育令」により「高等普通学校」と改称されるが、ここには参考として、同年四月二〇日府令第四六号として発布された『台湾公立台中高等普通学校規則』（六〇―⑤）を付しておいた。

（一〇）『台中州立台中第一中学校要覧』（六〇―⑥）は、昭和四年（一九二九）に刊行されている。要覧は全一

五〇ページの大部なもので、その内容構成は次のとおりである。

（一）本校沿革略、（二）中学校関係諸令規、（三）本校諸規定、（四）本校校友会規則

「（一）本校沿革略」には、学校の歴史が以下の四期に分けて詳細に記録されている。

Ⅰ　台湾公立中学校時代

Ⅱ　台湾公立高等普通学校時代

Ⅲ　台中州立台中高等普通学校時代

Ⅳ　台中州立台中第一中学校時代

この学校は台湾人子弟のための中学校としてスタートしたものの、前述したとおり大正八年「台湾教育令」により高等普通学校となり、さらに学校が州立となったため州立台中高等普通学校と改称され、大正一一年「改正台湾教育令」によって、台湾人も内地人も入学できる中学校として台中第一中学校になったわけである。

要覧の（二）（三）（四）は、それぞれ規定や規則をそのまま印刷したもので、前述した『台湾公立台中中学校要覧』に記載のあった「教授及訓練ノ概況」や「職員」「生徒」「統計」等がここにはないので、当時における同校の具体的な教育の状況や学業成績、学校生活を知ることはできない。

（一一）次にあげる『台中州立台中第一中学校一覧　昭和十七年版』と『台中州立台中第二中学校要覧　昭和十五年度』は、ほぼ同時期に出されており、両校を比較するのに便利である。

この時期、台湾もすでに戦時下にあった。日中戦争開始後、台湾では「皇紀二千六百年」（昭和一五年）に向けて「国語解者」を五〇％以上にするという「国語普及十カ年計画」が打ち出され、日本語教育が強力に推進さ

れていた。その一環として、「国語常用家庭」という制度を設けて日本語のできる家庭には便宜を与えるなどしている。また、昭和一五年には日本人の名前に改める「改姓名」が奨励された。この二冊の学校要覧にも戦争の影が色濃く写し出されている。

（一二）『台中州立台中第一中学校一覧　昭和十七年版』（六〇—⑦）には、次のような項目が記載されている。

（一）面積、（二）沿革概要、（三）職員定員及現員、（四）職員一覧、（五）現在学級生徒、（六）生徒身体状況、（七）父兄職業別、（八）父兄ノ国語使用状況、（九）入学志願者状況、（一〇）卒業生数、（一一）卒業生状況、（一二）昭和十七年度上級学級入学者状況

本一覧は大判横長の図表であるため、これを本集成の判型に合わせて裁断の上、収録した。

これにより、上掲の昭和四年刊行の『台中州立台中第一中学校要覧』から十数年経った同校の運営状況を窺うことができる。「(五）現在学級生徒」によると、第一学年から五学年までの生徒数は、内地人が四一人、本島人が七二〇人であり、「(九）入学志願者状況」は昭和一七年度の場合、本島人は九四八人受験して一五〇人が入学しているのに対し、内地人はそれぞれわずか七人と六人で、台湾人の学校として創られた同校の生徒は、共学制のもとにあっても、圧倒的多数が台湾人であったことが分かる。

「(八）父兄ノ国語使用状況」という項目も、同校が台湾人の学校であることを印象付けるものである。これによると、同校生徒の家庭の場合、改姓名は九・八%と低いが、日本語を常用する家庭として認定された「国語の家」は四一・〇五%と半数に近い。日本語を「全解」できる父親は七九・四九%となっており、「半解」と合わせると、ほとんどの家庭で父親は日本語が理解できていたことになる。これからも同校生徒の家庭環境が理解さ

れよう。

（一三）『台中州立台中第二中学校要覧　昭和十五年度』（六〇―⑧）の主な項目は、次のとおりである。

（一）沿革、（二）歴代学校長、（三）職員、（四）学科課程及毎週教授時間表、（五）入学志願者、（六）入学許可者、（七）生徒異動、（八）現在生徒（父兄）現住所、（九）生徒本籍別、（一〇）生徒出身学校、（一一）生徒父兄職業、（一二）生徒出生地別、（一三）生徒年齢、（一四）昭和十四年度生徒出席歩合、（一五）生徒宿所別、（一六）生徒通学状況、（一七）卒業生ノ状況（昭和十五年七月調）、（一八）昭和十五年上級学校入学者状況、（一九）卒業生就職状況（昭和十五年七月現在）、（二〇）生徒学資金概算年額、（二一）本校施設概要

台中州立台中第二中学校は、前述したとおり「改正教育令」公布後に設立された学校であり、共学制の下でスタートしている。しかし、「（五）入学志願者」と「（六）入学許可者」を見てみると、この学校は内地人の学校であることが一目瞭然である。昭和一五年度の場合、入学志願者は内地人一六一人、本島人五〇人であるのに対し、入学許可者はそれぞれ一五〇人、一〇人であった。

第一中学校は台湾人、第二中学校は内地人の学校という「住み分け」が整然と存在していたことが分かるであろう。

（一四）「改正教育令」によって共学制が実現し、第一中学校と第二中学校の二校が並立することになるのは、台北州、台中州のほか、台南州でも同様であった（台北の場合は、昭和一二年に第三中学校が設立されている）。

以下、台南の二校について取り上げることにする。幸いなことに『台南州立台南第一中学校要覧　昭和十四年度』（六二―①）と『台南州立台南第二中学校一覧表　昭和十三年四月末調』（六二―②）がほぼ同時期に出されており、両校を比較するのに便利である。

第一中学校は、大正三年（一九一四）に台北に続く内地人のための二番目の中学校として誕生した台湾総督府台南中学校を前身としている。一方、第二中学校は「改正教育令」発布後に新設されたものである。

（一五）『台南州立台南第一中学校要覧　昭和十四年度』（六二―①）には、以下のような項目が上げられている。

（一）沿革大要、（二）歴代校長、（三）本校教育の眼目、（四）学科課程及毎週教授時数表、（五）経費、（六）設備、（七）職員、（八）生徒数、（九）生徒宿所別、（一〇）生徒本籍地別、（一一）入学志願者別、（一二）生徒出身学校別、（一三）生徒年齢別、（一四）生徒身体検査成績（昭和十三年）、（一五）昭和十三年度生徒出席統計、（一六）生徒学資金概算年額、（一七）卒業生状況

本要覧も大判横長の図表であるため、これを本集成の判型に合わせて裁断し、収録した。

「（八）生徒数」によると、第一学年から五学年までの全校生徒のうち、内地人は六三七人、本島人は八〇人、高砂族は一人で、圧倒的に内地人が多く、台北第一や台中第二と同様、ここは内地人の学校であったと言える。

「（一一）入学志願者別」からは志願者と入学許可者の数を知ることができる。それによれば、共学になって以降、昭和一四年度までの志願者総数は、内地人は三六〇八人、本島人は一〇一五人である。一方入学許可者は、同じく内地人二〇九一人に対し、本島人は二九七人である。

（一六）『台南州立台南第二中学校一覧表　昭和十三年四月末調』（六二―②）の内容構成も、同様に多岐にわたっている。「生徒及学級」によれば、同校の第一学年から五学年までの全生徒数は、本島人が六一八人、内地人が七一人で、第一中学校とは数字が逆転しており、台湾人の中学校になっていることが分かる。

同校の教育方針については、「本校特殊施設要項」に詳細を見ることができる。そこには、①教授上ノ施設、②訓練上ノ施設、③体育上ノ施設、④時局ニ対スル施設などに分けて説明がなされている。例えば、「①教授上ノ施設」では「話方科ノ特設」があげられ、「国語熟練ノタメ話方科ヲ特設シ、第一・二学年ニ於テ毎週一時間宛談話ノ指導」を行い、自発的に練習ができるように、日常会話のための通俗語辞典を編集し配布するなどとある。中学校入学後もまだ日本語の学力が十分でない台湾人生徒が多かったためであろう。

また「②訓練上ノ施設」では「神社参拝」が、「④時局ニ対スル施設」では「節約献金ト皇軍慰問」があげられており、戦時下の学校生活の一端を物語っている。

（一七）台南州立嘉義中学校については、昭和一三年（一九三八）発行の『台南州立嘉義中学校一覧表』と、昭和九年（一九三四）に発行された同校の『校友会雑誌　創立拾周年記念号』を収録した。

『台南州立嘉義中学校一覧表　昭和十三年四月三十日現在』（六一―①）には、次のような項目が見られる。

（一）沿革、（二）職員、（三）現在学級及生徒数、（四）入学ノ状況、（五）出身地方学校別、（六）生徒入学前ノ学歴、（七）内地人生徒出生地別、（八）生徒宿所別、（九）生徒学資金概算年額、（一〇）生徒本籍府県州別、（一一）父兄職業別、（一二）生徒身体検査ノ状況、（一三）卒業生、（一四）卒業生上級学校入学状況、（一五）本校施設要項、（一六）嘉義中学校配置図

「(三) 現在学級及生徒数」によると、この学校の生徒数は第一学年から五学年まで計六八三人で、そのうち本島人が三一八人、内地人が三六五人である。これまでに見てきた中学校に比べると人数は拮抗しており、人口比を考慮しなければ、数の上では共学が実現していると言える。ただし、「(四) 入学ノ状況」によると、大正一三年度から昭和一三年度までの「入学者ノ志願者ニ対スル百分比」は、内地人が五一・〇%であるのに対して、本島人は一五・七%となっており、台湾人にとってはやはり狭き門であることには違いがなかった。

(一八) 同中学校は、「改正教育令」後の大正一三年に創設され、昭和九年に創立十周年を迎えた。それを記念して同校の校友会雑誌六号が『校友会雑誌　創立十周年記念号』(六一―②) として発行された。

この『校友会雑誌』は全四三九ページの大部なもので、発行者は台南州立嘉義中学校校友会となっている。学校長の「就任の辞」に始まり、「十周年記念記録」として、(一) 祝辞、(二) 記念式及行事、(三) 学校沿革、(四) 本校現在、(五) 校友会沿革、(六) 同窓会のことども、(七) 感想などの記事が編まれており、この十周年関係の記事の後には「学校記事及雑録」も付されている。

最も多くのページが割かれているのは「(七) 感想」で、百数十ページにわたって旧職員や卒業生、在校生等のエッセイを掲載している。トップを飾っているのは初代校長を務めた三屋静のもので、十周年を記念して校歌を作るにあたり、作詞を依頼されたこと等を綴っている。三屋は、明治三四年 (一九〇一) に国語学校師範部を卒業後、国語学校第一附属学校で教師生活をスタートさせた台湾教育界生え抜きの人物で、執筆当時は文教局編修課長であった。

最後の「学校記事及雑録」の中の「卒業生だより」には、興味深い記事がある。この中学校を卒業して進学した学生たちの近況報告が載せられており、中学校での学業をふり返ったり、進学の際苦労した点などを率直に語ったりしているのだが、その中の「農専便り」には、台湾人の場合「国語」の実力が足りないので農林専門学校に入りにくいと述べたものがあり、図らずも共学の問題点が指摘されている。

（一九）州立中学校の最後として、屏東中学校の例をあげておいた。『高雄州立屏東中学校一覧表　昭和十六年七月一日現在』（六二―③）がそれである。内容構成は上掲の諸学校とほぼ同様で、（一）沿革、（二）経常費、（三）職員定員及現員、（四）職員、（五）学科課程及毎週教授時数表、（六）学資金、（七）生徒状況などの項目があり、「（七）生徒状況」では①生徒入学前学歴、②通学別、③年齢別、④生徒身体状況、⑤保護者現住地別、⑥生徒本籍地別、⑦保護者職業別に分けて生徒の詳細状況を伝えている。

本一覧表も大判横長の図表であるため、本集成の判型に納まるよう裁断して収録した。

同校は昭和一三年（一九三八）に設立された新しい学校で、調査時の在学生は第四学年までである。この一覧表には全校生徒数は記載されていないが、その他の報告から計算することは可能である。それによると、内地人が二五二人、本島人が一四一人で、内地人が二倍近い人数となっている。

（二〇）次に取り上げるのは、私立学校三校についてである。

大正一一年（一九二二）六月、「改正台湾教育令」にもとづいて「私立学校規則」（府令第一三八号）が発布された。これによって、私立の中等教育機関に台湾公立中学校規則、台湾公立高等女学校規則が準用されることになった。この時点で、台湾には総督府が正式に認定した私立中学校も私立高等女学校も存在はしていなかった。

ここで取り上げる三校は、「私立学校規則」発布後私立の教育機関として認定はされたものの、中学校・高等女学校として正式に認定されるにはいくつかの条件を満たしていかねばならなくなった。正式に認定されなければ上級学校へ進学できないため、これは生徒や保護者にとっても悲願であった。しかし、これらの学校は以下に取り上げるように、すでにこのときまでに中等教育機関としてかなりの実績をあげていたのである。このうち、私立台南長老教中学および私立淡水中学校・同高等女学校はキリスト教系、私立台北中学校は仏教系の中等教育機関である。

（二一）イングランド長老教会は、明治九年（一八七六）台南に長老教神学校を設立したが、その予備教育機関として、明治一八年（一八八五）に創設されたのが長老教会中学であった。後で触れるが、開校後一貫して同校の生徒はほとんどすべて台湾人で、台湾の中等教育機関が台湾人には入りにくい状況の下にあって、唯一とも言えるほど「台湾人の学校」として存在していた。この学校はキリスト教主義の学校である前に、そうした特徴をもっていたと言える。

同校は設立後何度も校名を変更し、大正一一年（一九二二）には台南長老教中学、同校が総督府から正式に私立中学校として認可された昭和一四年（一九三九）には台南市私立長栄中学校と改称した。以下、認可に至るまでの動きを簡単にまとめてみると、次のとおりである。

まず、上掲の「私立学校規則」では、私立中学校を設立するには財団法人を設立することや、教員には原則として教員免許状が必要とされた。この条件を満たすためには財政的な基盤が必要で、同校では寄付金を集めるため、大正一三年（一九二四）に台南長老教中学後援会が組織された。こうした努力の結果、昭和二年（一九二七）

台湾総督府から財団法人の設置が認可されている。この動きの中心になったのが林茂生である。長老教会中学の出身である林は、第三高等学校を経て大正五年（一九一六）東京帝国大学を卒業、母校の教頭として勤務する傍ら、台南師範学校嘱託を兼任、同九年台南商業専門学校（後に台南高等商業学校）教授に就任した。昭和二年（一九二七）には、総督府の在外研究員としてアメリカのコロンビア大学に留学。帰台後は台南高等工業学校教授となり、その傍ら長老教中学理事として同校の運営に携わっていたのである。ちなみに、本集成第五集所収の *Public Education in Formosa under the Japanese Administraion*, 1929（三五―③）は、彼が同大学ティーチャーズカレッジに提出、受理された博士学位論文である。

ともあれ、同校が私立中学校としての認可を得るためには、その後も多くの困難を克服しなければならなかった。その一つが神社参拝である。大正一一年四月制定の「台湾公立中学校規則」の第三七条には、「台湾神社例祭日ニハ職員及生徒学校ニ参集シ、学校長ハ台湾神社ニ関スル誨告ヲ為シ、一同北白川宮能久親王ヲ奉祀セル神社ニ参拝又ハ遥拝ヲ為スベシ」とあり、これが準用される私立中学校として認定されるには、避けて通れない問題であった。同校の学則では「台湾神社例祭日ニハ職員及生徒学校ニ参集シ、礼拝式ヲ行フ」となっていたのである。総督府の干渉が深まる中で、日本人職員、台湾人職員及び後援会、英国人宣教師等々の葛藤を経て、同校が神社参拝を挙行したのは、昭和九年（一九三四）一〇月のことであった。後で取り上げる昭和一二年刊行の『輔仁　第十三号』に掲載されている同校の学則では、「台湾神社例祭日ニハ職員及生徒学校ニ参集シ、学長ハ台湾神社ニ関スル訓話ヲナシ、一同台湾神社ニ参拝ス」となっている。「礼拝式ヲ行フ」が「台湾神社ニ参拝ス」と変えられて、「台湾公立中学校規則」とほぼ同じ内容となっている。

また、満州事変に続く日中戦争の開始に伴って、一九三〇年代には皇民化教育が標榜され、それまでにもまして教育の場では同化政策が推し進められた。学則の「第一章　目的」で「基督教主義ニ基キ」と謳い、学科目に「聖書」を掲げていた同校の教育は、一般社会の批判にもさらされることになる。神社参拝以外でも、昭和一〇年にはそれまでのイギリス人学校長に替わって日本人の校長を誕生させ、「聖書」を随意科目とするなど、大きな「改革」が行われた。こうして同校は、昭和一四年（一九三九）に至り、ようやく正式に私立中学校として認定されるのである。

なお、同年私立台南長老教女学校も、昭和一二年に日本人校長を誕生させるなどして認定を受け、私立台南長栄高等女学校となった。

（一二）『私立台南長老教中学校友会会報　第一号』（六二―⑥）は昭和六年（一九三一）に刊行されている。全文日本語で、同校の卒業生を中心とした同窓会である私立台南長老教中学校友会の会報である。目次は次のような構成になっている。

（一）会長刊行の辞、（二）校友会振興会記事、（三）一九三〇年総会記事、（四）会則、（五）校友会役員、（六）役員会例会、（七）校友会行事及報告、（八）会計報告、（九）校友会支会、（一〇）母校現勢要覧、（一一）校友名簿、（一二）希望

「（一）会長刊行の辞」では、昭和五年の総会で校友会会長に選ばれた林茂生が「我ガ母校ノ前途ハ、尚ホ多難多艱デアリマス」として、この会報も会員相互の連繫を保つためのものであると述べている。そのため、「（一一）校友名簿」に全三六ページ中二〇ページ近くを割いてこれに充て、この会報の刊行が遅れたのもこの名簿の編纂に力を入れたためであると、林は説明している。名簿には住所・氏名の他に職業が書かれているが、内地の大学

等に留学中の人が多いことが目を引く。

この校友会は、名簿に見られるように、卒業生を中心とした幅広い人脈で構成されており、「（一一二）希望」には、この会報は従来のものとは違って在学生の学友会とは分離したものであるとしている。私立学校として認定されるべく、卒業生としての結束を高めるために刊行されたものであろう。

（一一三）『輔仁　第十三号』（六二―⑦）は昭和一二年（一九三七）に刊行されている。同校が私立中学校として認定される直前のことである。表紙には「台南長老教中学学友会」、目次には「学友会誌　第十三号」とあり、発行人は台南長老教中学で、上掲『私立台南長老教中学校友会会報　第一号』とは違って在学生を対象としている。
長老教中学が発行した雑誌は、以下のような経緯をたどった。まず『私立台南長老教中学校友会雑誌』の第一号が大正一三年六月に刊行され、第四号まで続いた。この雑誌は第五号から『輔仁』と改称し、第一三号まで刊行された。その後『暁声』と改称して月刊誌となったが、昭和一五年（一九四〇）には再び『弥栄』と改称して年一回の発行に戻り、第二号から第五号までを刊行している。この間、昭和一五年五月には、同校が私立学校として認定されたことを祝う「認定記念号」として『輔仁　第十六号』が刊行され、実質的にはこれが『弥栄』の第一号ともされるといった複雑な経緯がある。

この『輔仁　第十三号』は全一四三ページよりなり、内容は大きく四つに分けられる。まず、新しく校長となった日本人校長加藤長太郎の「所感」や教師の随筆が載せられている。次は「本校本年の動向」「私立台南長老教中学々則」「昭和十一年度学校行事要録」。そして、その後に生徒の作文が一〇〇ページ余りにもわたって掲載されており、それらが本誌の主要部分を占めている。最後に「学友会各報」として、図書部や水泳部など生徒の課外活動の報告がある。

掲載されている作文は、生徒の氏名から見て全員台湾人によるものと推察されるが、そこには時勢を反映して「私も日本国民であり、日本男児である以上、国恩を忘れることなく我が日本帝国を世界一の国になるやう奮闘する考へであります」とか、「我等は此の日本を背負って立つ第二の国民」などという文章も見える。イングランド長老教会が日本の統治以前から台湾人の子弟を教育してきたこの学校が、すでに日本色に満ちた教育の場と化していた様子が窺える。

（二四）『学則及諸規程』（六二―⑤）は、私立淡水中学校と私立淡水高等女学校によって昭和一四年に刊行されたものである。

私立淡水中学校（設立当初は淡水中学校）は大正三年（一九一四）に、私立淡水高等女学校（設立当初は淡水婦女学堂）は明治一七年（一八八四）に、それぞれカナダ長老教会によって設立された。両校が昭和一一年（一九三六）に台北州庁に接収され、「維持財団」により運営されることになり、昭和一三年（一九三八）四月には私立淡水中学校、同淡水高等女学校として認可されるまでには、上掲の私立台南長老教中学の場合と同様の苦難の歴史があった。『淡江中学校史』（台北県立淡江中学編）及び『台湾基督長老教会百年史』（台湾基督長老教会編）を資料として、以下にまとめてみる。

上述した「私立学校規則」によって、両校は大正一一年（一九二二）に私立の教育機関として総督府の認定を受け、私立淡水中学、私立淡水女学院と改名してスタートした。しかし、正式な中学校・高等女学校として認定されていないため、生徒が卒業後上級学校に入学できないという問題を抱えており、認定は両校にとっても大きな課題であった。

ところが、一九三〇年代に入り、上述したように台南長老教中学で神社参拝問題が起こると、同じキリスト教系の学校である両校も、その経営が非愛国的であるという非難を「皇政会」を中心とする右翼団体から受けることになる。激しい排撃運動の中で日本人教員が辞めていき、学校は混乱を極めた。さらに、台南の神社参拝問題の関係者である今川淵なる人物が台北州知事に赴任してきて、同知事の名義において宣教師会に両校の経営を移すよう迫った。このようにして、両校は台北市に接収されてしまうのである。

『学則及諸規定』が刊行されたのは、私立中学校・私立高等女学校として正式に認可を受けた後のことである。全文一八〇ページの大部なもので、その目次は次のとおりである。

中学校の学則の第一条は、「本校ハ男子ニ須要ナル高等普通教育ヲ施シ、国民性ノ涵養ニ力メ、忠良有為ノ国民ヲ養成スルヲ旨トシ、特ニ左ノ事項ニ留意シテ生徒ヲ教養ス」であり、次のような項目が挙げられている。

「一、教育ニ関スル勅語ノ旨趣ニ基キ、学校教育ノ全般ヨリ道徳教育ヲ行ハンコトヲ期シ、常ニ生徒ヲ実践躬行ニ導キ、殊ニ国民道徳ノ養成ニ意ヲ用ヒ、我ガ建国ノ本義ト国体ノ尊厳ナル所以トヲ会得セシメ、忠孝ノ大義ヲ明ニシ、其ノ信念ヲ鞏固ナラシメンコトヲ期ス」

「五、国語ノ使用ヲ正確ニシ且其応用ヲ自在ナラシメ、以テ国語教育ノ徹底ヲ期スルト共ニ、国民性格ノ涵養ニ資センコトニ努ム」

学科目には聖書の授業はなく、「台湾神社例祭日ニハ職員及生徒学校ニ参集シ、学校長ハ台湾神社ニ関スル訓話ヲ為シ、一同台湾神社ニ参拝又ハ遥拝ヲ為ス」と、神社参拝が義務付けられている。ちなみに、中学校として認定される前の私立淡水中学時代の学則では、「台湾神社ニ関スル誨告ヲ為シ、一同謹ミテ敬意ヲ表ス」となっていた。「台湾公立中学校規則」に忠実に作られた学則は、キリスト教系の学校のものとはとても思えない。私立淡水高等女学校も文言に多少の差はあるにしろ、ほぼ同じ趣旨である。

（二五）『私立台北中学校一覧　昭和十四年四月』（六二―④）は全四四ページで、他の学校の「一覧」や「要覧」に比べると、かなり大部なものである。目次構成を示せば、以下のとおりである。

（一）学校名、（二）所在地、（三）設立者、（四）学校沿革ノ大要及維持方法、（五）曹洞宗務機構一覧表、（六）教育上ノ施設一覧表、（七）学校ノ施設状況、（八）校則、（九）生徒、（一〇）校友会、（一一）卒業生調、（一二）養護上特ニ留意セル事項、（一三）学校ト家庭トノ連絡方法、（一四）事業計画、（一五）同窓会

「（四）学校沿革ノ大要及維持方法」によると、同校の前身は大正六年（一九一七）に開校した私立台湾仏教中学林で、同一一年には私立曹洞宗台湾中学林として認可されている。その後、昭和一〇年に私立台北中学と改称

し、昭和一三年に中学校として正式に認可され、私立台北中学校となった。「財団法人　私立台北中学校維持財団寄付行為」の第四条に「理事長タル理事ニハ曹洞宗台湾布教総監ヲ推戴ス」とあるように、曹洞宗経営の学校であった。

「(五)　曹洞宗務機構一覧表」によれば、曹洞宗の「特別布教」の一つとして台湾布教があり、教育の部の宗立学校として台北中学校が挙げられている。ちなみに、台北中学校以外では、内地の駒澤大学や世田谷中学の名も見える。

同校は五年制であるが、「(九)　生徒」によると調査時の在校生は第四学年までで、計四六五人。これら在校生の中で内地人はわずか一〇人で、圧倒的に台湾人が多く、「台湾人の学校」であることが分かる。ただし、昭和一三年度の場合、本島人入学志願者は四六四人であるのに対し、入学許可者は一五九人と、ここもやはり台湾人にとっては狭き門であった。

Ⅶ

(一)　女学校については、以下の九冊を収録した。

一、台北第一高等女学校『台北州立台北第一高等女学校一覧　昭和九年度』昭和九年

二、台北第一高等女学校校友会及同窓会『創立二十五周年記念』昭和四年

三、台北第三高等女学校同窓会学友会『創立満三十年記念誌』昭和八年

四、台北第三高等女学校同窓会学友会『台北第三高等女学校創立三十五周年記念誌』昭和八年

五、台南第一高等女学校（馬場栄吉）『校友会雑誌第七号　創立十周年記念』昭和二年
六、嘉義高等女学校『台南州立嘉義高等女学校一覧表　昭和十三年度』昭和一三年
七、虎尾高等女学校『台南州立虎尾高等女学校一覧　昭和十五年度』昭和一五年
八、屏東高等女学校『高雄州立屏東高等女学校一覧　昭和十三年六月現在』昭和一三年
九、花蓮港高等女学校『花蓮港高等女学校一覧　昭和九年四月三十日現在』昭和九年

（二）内地人女子のための中等教育機関は、まず明治三七年（一九〇四）に国語学校第三附属学校として設置され、翌年には国語学校第三附属高等女学校と改称した。さらに、明治四〇年には国語学校中学部が台湾総督府中学校となったことにともない、台湾総督府中学校附設高等女学校となるが、明治四二年（一九〇九）には台湾総督府高等女学校として独立した。

大正六年（一九一七）台南にも高等女学校が新設され、これにともない台湾総督府台北高等女学校、および台湾総督府台南高等女学校という校名になった。その後両校とも大正一〇年からは州の所管となり、それぞれ台北州立台北第一高等女学校、台南州立台南高等女学校と呼ばれた。

大正八年にこれら両校とは別に、地方税支弁の高等女学校が新設された。台湾公立台北高等女学校および台湾公立台中高等女学校がそれである。いずれも二年制で、高等小学校を付置、高等小学校卒業後に進学するというコースになっていた。これらの公立高等女学校も大正一〇年には州に移管され、台北州立台北第二高等女学校、台中州立台中高等女学校となる。

以上に見た内地人のための女学校は、大正一一年「改正教育令」以後、台湾人も入学できる共学校となった。

一方、台湾人女子のための中等教育機関は、明治三一年（一八九八）に設立された国語学校第三附属学校を以て始まりとすべきであろう。この学校には本科と手芸科が設置され、手芸科は一四歳以上二五歳以下というかなり年長の女子を対象としており、ここで手芸を中心に学んだ女子たちは、卒業後公学校の教師となるケースが多かった。その後明治三五年には第二附属学校と改称、三九年には本科を廃止、手芸科を技芸科と改称して、台湾人女子教員養成の学校として本格的に経営されることになる。その後明治四三年には国語学校附属女学校となり、台湾人女子に普通教育を行う唯一の中等教育機関となった。

大正八年の「台湾教育令」により、男子の高等普通学校と並んで、女子の中等教育機関として女子高等普通学校が設置されることになり、国語学校附属女学校は台湾公立台北女子高等普通学校となった。他に、台中に台湾公立彰化女子高等普通学校も開設された。

これらはいずれも大正一〇年には州に移管され、翌一一年の「改正教育令」後は、それぞれ台北州立台北第三高等女学校、台中州立彰化高等女学校となり、共学校となった。

以上が高等女学校の変遷の概略であるが、内地人と台湾人の学校が大正一一年まではそれぞれ別個に存在し、共学制が採られた後もなお、その内実は台湾人にとって入りにくかったことは、中学校の場合と同様である。

㈢　まず、『台北州立台北第一高等女学校一覧　昭和九年度』（六三—①）から見ていくことにする。

この学校は、前述したところからも明らかなように、台湾で最初の内地人女生徒のための中等教育機関であった。『一覧』は次のような内容構成になっている。

（一）位置、㈡面積、㈢沿革、㈣職員、㈤経費、㈥学級数　生徒数、（七）生徒入学、（八）

生徒学歴、（九）生徒出身学校、（一〇）生徒生年別、（一一）生徒渡台年別、（一二）生徒出身府県別、（一三）生徒出身州庁別、（一四）生徒宿所別、（一五）生徒父兄職業別、（一六）生徒学資金年額、（一七）生徒体格、（一八）卒業生、（一九）半途退学

本一覧は大判横長の図表であるため、これを本集成の判型に納まるよう裁断して収録した。

「（三）沿革」には、上に見た同校の歩みが記されている。昭和九年度（一九三四）と言えば、大正一一年に実現した共学制から一〇年以上経過している。ところが、この学校は依然として内地人の学校であった。「（六）学級数　生徒数」には、内地人と台湾人とは分けて報告されてはいない。しかし、「（七）生徒入学」の中の「入学志願者　入学許可者」を見ると、昭和九年度の場合、内地人の入学志願者は四五〇人、入学許可者は二二九人であるのに対して、本島人の場合はそれぞれ一四人と一〇人とある。このことから、この学校は内地人にとってもかなりの難関であったが、台湾人にとっては受験する気にもならないほど壁が高かったであろうことが推察される。入学志願者はわずか一四人である。但し、合格率から言えばこちらの方が高い。

「（一一）生徒渡台年別」を見ると、第一学年から四学年までに補習科を加えた全校生八三九人のうち、五九七人が台湾生まれで、二四二人が台湾以外で生まれたことになる。この項目には内地人と本島人の区分けはないが、台湾生まれの五九七人の中には多くの内地人が含まれていると推察できる。また、「（一五）生徒父兄職業別」によると、「官公吏」が全体の四〇％を超える。

（四）『創立二十五周年記念』（六三—②）は、同校の校友会及び同窓会によって発行されている。上で見たとおり、この学校の生徒はほとんどが内地人だったので、この記念誌も投稿その他に台湾人の名前が出てくることは

ない。

記念誌は全一三六ページで、その内容構成は次のようになっている。まず二〇ページ以上にわたって校舎や職員、また修学旅行や運動会等学校生活を紹介する写真が掲載されている。その後に校歌、寮歌、記念日の歌が音符つきで紹介され、清水校長の「創立二十五周年に当りて」があり、さらに「仰欽」と題して、皇太子を初めとする皇族の「御台臨」についてまとめられている。

その後は一〇〇ページ近くを使って同校の「沿革」が述べられている。そこには、(一)本校沿革、(二)学寮沿革、(三)校友会沿革、(四)校友会各部沿革、(五)同窓会沿革の項目があり、これに続いて「感想」と題して旧・現職員および同窓生の回顧録が載せられている。

回顧録の中には、「思ひ出づるまま」と題して、加藤春城が国文を教えた思い出を語ったものがある。加藤は明治四一年(一九〇八)に国語学校師範部を卒業し、附属公学校で教師生活をスタートさせた。台湾における日本語教育の教授法等に尽力したことで知られているが、後年は台北第一中学校や、この台北第一高等女学校で国語の教師を務めた。同窓生の回顧録はすべて内地人のもので、エリート校で学んだ日々を懐かしんでいる。台湾を故郷とする内地人の思いを知るには好個の資料であろう。

(五)『創立満三十年記念誌』(六四・六五—①)と『台北第三高等女学校創立三十五周年記念誌』(六五—②)は、いずれも台北第三高等女学校同窓会・学友会によって刊行されたものである。同校は昭和八年(一九三三)に創立三十五周年を迎えており、同じ年に創立三十周年の記念誌を出したことになる。このことについて『創立満三十年記念誌』は、記念誌を昭和三年の創立三十周年記念日に配布する準備を進めていたが、資料についてなお検討を要するものが多かったため発行を延期した、と説明している。

『創立満三十年記念誌』は全五八〇ページで、これだけ大がかりな記念誌は本史料集成の中でも珍しい。『創立三十五周年記念誌』の方は全一〇六ページで、同校の学友会と同窓会の共通の会報である『扶桑』の特別号として出されたものである。「発刊の辞」には、同時に刊行される『創立満三十年記念誌』の続編として読んでほしいと書かれている。この二冊で同校三五年間の歴史が分かるように編集されているわけである。

台北第三高等女学校は、すでに見たとおり台湾人女子のために設置された最初の中等教育機関たる国語学校第三附属学校からスタートし、幾度かの変遷を重ねてきた。この二冊の記念誌を読むことで、同校が昭和三年に台北第一師範学校に女子の演習科が開設されるまで、台湾人女子教員の養成機関として重要な役割を果たしてきたことがよく分かる。特に大正八年の「台湾教育令」により、同校が台湾公立台北女子高等普通学校となった際には一年制の師範科が、また大正一一年の「改正教育令」後に台北州立第三高等女学校となった際には一年制の講習科が付設され、ここで多くの公学校女子教員が養成されるのである。

（六）『創立満三十年記念誌』の内容構成は、次のとおりである。

まず「口絵」は、（一）巻頭写真及図版、（二）本校の光栄写真、（三）創立満三十年記念祝賀行事の概況写真である。そのあとに「祝辞」「訓示」「式辞」が続き、本編に入る。その構成は次のとおりである。

第一編　本校の光栄

（一）第一章　皇太子殿下行啓　（二）第二章　宮殿下御台臨　（三）第三章　御真影及勅語謄本の御下賜

（四）第四章　献上及御買上の光栄

第二編　本校の沿革

（一）創立前　台湾女子教育準備時代（自明治二八年六月至同三一年九月）

（二）第一期　国語学校附属学校時代（自明治三一年一〇月至同四一年四月）

（三）第二期　国語学校附属女学校時代（自明治四一年四月至大正八年三月）

（四）第三期　台北女子高等普通学校時代（自大正八年四月至同一一年三月）

（五）第四期　台北第三高等女学校時代（自大正一一年四月至昭和三年一二月）

第三編　本校諸会の沿革

（一）台北第三高等女学校学友会の沿革　（二）台北第三高等女学校学芸奨励会の沿革　（三）台北第三高等女学校同窓会の沿革

第四篇　本校創立当時の台湾

（一）本校創立当時の台湾概況　（二）三十年前の本島教育　（三）士林女学校開始当時の島状　（四）衛生上より見たる三十年前の本島

第五編　記念物其他

第六編　旧職員、関係者並卒業生の感想

（一）第一期　国語学校附属学校時代　（二）第二期　国語学校附属女学校時代　（三）第三期　台北女子高等普通学校時代　（四）第四期　台北第三高等女学校時代

第七編　創立満三十年祝賀状況

第八編　名簿

以上で明らかなとおり、この記念誌は台湾の女子教育について知るにはこの上ない貴重な資料になっているが、何といっても「第六篇　旧職員、関係者並卒業生の感想」は興味深い。それぞれの時代の教職員や卒業生が、自分が教えたり学んだりした時代の思い出を語った文章が七〇編以上載せられているのは、圧巻である。

（七）『台北第三高等女学校創立三十五周年記念誌』は、上に見た『創立満三十年記念誌』と同様の構成であるが、前者を補う資料や三十周年後の五年間の報告等が載せられており、目次は次のような構成になっている。

口絵は「本校の光栄」「校舎の変遷」「行事の実況（其の一）」「行事の実況（其の二）」で、「発刊の辞」が続き、本編に入る。そこには次のような項目が見られる。

（一）第一章　本校の光栄　（二）第二章　本校三十五箇年の概観　（三）第三章　本校沿革略年表　（四）第四章　本校最近五箇年史　（五）第五章　各種統計　（六）第六章　感想　（七）第七章　創立三十五周年記念行事予定

このうち、「（五）各種統計」は上掲の『三十年記念誌』にはなかったもので、この学校の具体像を得るのに貴重な資料となっている。

その中の「生徒入学状況累年比較」「生徒共学状況累年比較」「生徒種族別比較」を見ると、この学校の共学状況は年を追って進んでおり、四年制の高等女学校に講習科が付設されてスタートした大正一一年度の生徒数は内地人九人、本島人三四八人、蕃人一人であったのが、昭和八年度（一九三三）には内地人一二九人、本島人四六八人になっている。また、入学志願者に対する許可者の割合は、台湾人の方が高く、昭和八年度の本科生の場合、内地人は三二・七七％であったのに比し、本島人は四八・五四％であった。教員養成課程としての講習科の場合は、廃止される前年の昭和二年度には、それぞれ二一・四三％、三九・四七％で、台湾人の方がはるかに高い。興味深い結果である。

こうした同校の事情を「(六) 感想」に収録された旧職員の「共学生教養の苦心及修学旅行に就ての思ひ出」が詳しく語っている。それによると、内地人女子学生で公学校の教員になろうとする者が、その養成課程としての同校を志望したことが、内地人増加の一つの要因になっていたものと推察される。

また「台湾家事の研究及教授上の苦心」の項目では、元教師が台湾人生徒の日本語能力が低いことや、教師が台湾事情に疎いことから来る教育上の苦労が率直に語られている。

(八)『校友会雑誌第七号　創立十周年記念』(六三―③)は、台南第一高等女学校々友会が発行したものである。同校は上述したとおり、大正六年（一九一七）台湾総督府高等女学校としては二番目に設立された学校で、これにより台湾総督府台北高等女学校と並んで、同校が台湾総督府台南女学校と呼ばれることになった。それから一〇年たった昭和二年(一九二七)に出されたのが、この記念誌である。その内容は次のような構成になっている。まず、二〇ページ余りにもわたって写真が掲載されている。そこには「開校式（大正六年十月十一日）」「開校式当日仮校舎前に於ける記念撮影」といった貴重な写真や、同窓会員の写真、記念式典の写真等が多数収録されている。文教局長や台南州知事の祝辞の後、「我が校十周年に就て」「本校沿革」「現在」と続く。「現在」には、生徒に関する次のような統計資料を見ることができる。

(一) 学級及生徒数、(二) 入学前ノ生徒学歴、(三) 出席状況、(四) 生徒生地別、(五) 生徒出身州及学校別、(六) 生徒本籍府県別、(七) 生徒家庭職業別

さらにその後に、旧職員や卒業生の六〇編余りの回想記が掲載されている。

上掲の「(一)学級及生徒数」には、内地人、本島人別の統計がないので、共学がどこまで進んでいたかを知ることはできない。ただ、「(六)生徒本籍府県別」を見ると、第一学年から四学年までと補習科を合わせた全生徒四一二人のうち、「台湾」とあるのは一六人のみで、これらの生徒のみが台湾人ではなかったかと推察される。収録された回想記の筆者名も台湾人と思われる名前は一名のみで、台北第一高等女学校と並ぶ名門高等女学校である同校は、生徒のほとんど全員が内地人であったものと思われる。

(九)以下に取り上げるのは、いずれも大正一一年以後に新設された高等女学校の一覧類である。発行されたのは昭和九年(一九三四)から同一五年にかけてのもので、構成も似通っており、ほぼ次のような項目が上げられている。

(一)沿革、(二)職員、(三)学級及生徒、(四)生徒出生地別、(五)生徒宿所調、(六)保護者職業別、(七)生徒本籍地別、(八)生徒入学前学歴、(九)入学状況調、(一〇)生徒出身学校別、(一一)生徒学資金年額概算

(一〇)台南州立嘉義高等女学校は、大正一一年に設立された。『台南州立嘉義高等女学校一覧表　昭和十三年度』(六五―④)によると、生徒は第四学年までと補習科を入れて、内地人三九三人、本島人一七四人である。台湾人が半数近くを占めており、同じ台南の台南第一高等女学校に比べると共学は進んでいるように見えるが、「入学状況調(最近十ケ年間)」を見ると、入学志願者に対する入学許可者の割合は、昭和一三年度の場合、内

地人が五八・四二％であるのに対し、本島人は二一・五六％である。台湾人にとっては、やはりかなりの難関であったことが分かる。

ここには「本校施設事項」が記載されており、「教授上ノ施設」中の「課外教授」の項に、「第一、第二学年ノ本島人生徒ニ国語科」の課外授業を行うとある。難関を突破して入学してきた生徒でも、日本語の能力は十分ではなかったのだろうし、半数近くを台湾人が占めているとなれば、授業を進めて行く上でも問題になっていたのであろう。なお、本一覧表は大判図表であるため、これを本集成の判型に合わせて裁断の上、収録した。

（一一）同じく台南州立の高等女学校である虎尾高等女学校は、昭和一五年（一九四〇）に創設されたもので、『台南州立虎尾高等女学校一覧　昭和十五年度』（六五―⑤）が出されたときは、まだ生徒が一年生しか在籍しておらず、その範囲内での報告である。本一覧も大判図表であるため、前資料と同様に裁断の上、収録した。

ここには生徒数は発表されていないが、入学志願者と入学許可者の人数は記載されている。それによると、内地人はそれぞれ八一人に対して七二人で、入学率は八八・八九％。これに対し本島人では、二九七人に対し四四人で、入学率は一四・八一％である。内地人はほとんどのものが合格し、台湾人は容易には合格できない状況であったことが分かる。

なお、「生徒教養上ノ施設」には「本校教育ノ方針」として「本島生ヲ併セ収容セル本校トシテハ、意ヲ特ニ皇民化ニ注ガントス。今次ノ支那事変ハ本島民ノ皇民化促進上最モ好機ト思惟スルヲ以テ、鋭意之ニ努力セントス……」などとある。

（一二）『高雄州立屏東高等女学校一覧　昭和十三年六月現在』（六五―⑥）によると、同校は昭和七年（一九三二）に設立され、生徒数は四学年に補習科を含めて全四〇六人で、そのうち内地人が二六四人、本島人が一四一人である。台湾人が半数近くを占めてはいるが、ここには入学志願者に対する入学許可者の割合が記載されていないので、台湾人にとってどの程度難関であったかは明らかでない。なお、本一覧も大判図表であるため、前資料と同様に裁断して収録した。

（一三）『花蓮港高等女学校一覧　昭和九年四月三十日現在』（六五―③）の「沿革」によると、同校は昭和二年（一九二七）に設立されており、第一学年から四学年までの全校生徒一九九人の小規模な学校で、ここには本島人は一三人しかいない。「保護者職業別」の項では、半数近くの八二人が「官公吏」で、これら内地人子女のために作られた学校といった趣がある。

VIII

（一）実業教育は、中学校や高等女学校の場合と同様、「改正教育令」の時点までは、内地人向けの学校と台湾人向けのそれとは、それぞれ別個に存在した。

内地人のための学校としては、大正六年（一九一七）に台湾総督府商業学校が、翌七年に台湾総督府工業学校がそれぞれ設立されている。それに対して、台湾人のための実業教育が本格的に検討されるようになるのは大正八年の「台湾教育令」の時からである。この教育令により、中等教育機関としての高等普通学校および女子高等普通学校と並んで、公立の農業学校、工業学校、および商業学校が開設されるからである。具体的には、台湾公立嘉義農林学校、台湾公立台北工業学校、台湾公立台中商業学校が相次いで発足している。

但し、それまでに台湾人のための実業教育機関が存在しなかったわけではない。上記の公立台北工業学校の前身は、大正三年（一九一四）発足の台湾総督府工業講習所で、明治四五年（一九一二）創設の学務部附属工業講習所がそのもとになっていた。また、明治三六年（一九〇三）に創設された台湾総督府農事試験場は、その前身が同三三年設立の台北県農事試験場であるが、大正八年の農業学校開設まで、台湾人のための農業教育に従事してきたのである。

(二)大正八年頃から多少の広がりを見せつつあった台湾人のための教育が大きく変わるのは、大正一一年の「改正教育令」以後のことである。

共学制は実業教育のあり方にも大きな変化をもたらすことになった。例えば、台湾総督府工業学校を前身とし、大正一〇年当時は台北州立第一工業学校という校名になっていた内地人のための学校と、同じく台湾公立台北工業学校を前身とし、台北州立第二工業学校という校名になっていた台湾人のための学校とが合併して、台北州立台北工業学校になったのは、その典型例である。また台湾公立台中商業学校（大正一〇年には台中州立台中商業学校と改称）は、もともとは台湾人のための学校として設立されたものであるが、これに内地人子弟が入学するようになったのもこの時からである。このほか、共学を前提とする新設校も作られていった。

(三) 本集成では、商業学校三校、工業学校二校、農林水産関係学校五校、私立の商工学校一校を取り上げた。

以下に示すとおりである。

一、台北州立台北商業学校『台北州立台北商業学校一覧　昭和十五年八月調』昭和一五年
二、台北州立台北第二商業学校『台北州立台北第二商業学校一覧　昭和十三年度』昭和一三年
三、台中商業学校『台中州立台中商業学校要覧（創立二十周年）』昭和一四年
四、台北州立台北工業学校『台北州立台北工業学校一覧　大正十五年十月調』大正一五年
五、台中州立台中工業学校『台中州立台中工業学校一覧　昭和十四年六月一日現在』昭和一四年
六、台湾商工学校『台湾商工学校一覧　大正九年六月末調』大正九年
七、台湾商工学校『財団法人私立台湾商工学校一覧』昭和四年
八、台湾総督府農事試験場『台湾総督府農事講習生一覧』大正四年
九、台北州立宜蘭農林学校『台北州立宜蘭農林学校一覧表　昭和九年四月』昭和九年
一〇、台南州立嘉義農林学校『台南州立嘉義農林学校一覧表　昭和十三年四月末日現在』昭和一三年
一一、高雄州立屏東農業学校『高雄州立屏東農業学校一覧表　昭和十三年四月末日現在』昭和一三年
一二、台湾総督府水産講習所（林純道）『台湾総督府水産講習所案内』昭和一四年

（四）台北州立台北商業学校は、大正六年（一九一七）に創設された内地人のための商業学校であり、創設当時の校名は台湾総督府商業学校であった。大正一〇年に台北州立商業学校、翌年には台北州立台北商業学校と改称された。

『台北州立台北商業学校一覧　昭和十五年八月調』（六六―①）には、次のような内容項目が見られる。

（一）創立、（二）沿革、（三）歴代校長、（四）学科目課程及毎週教授時数、（五）経費予算、（六）職員、（七）生徒、（八）出身学校州庁別、（九）入学志望者ト収容数及移動数、（一〇）卒業生、（一一）校舎及校地

「（七）生徒」によると、五年制の同校の生徒総数は九六四人で、そのうち内地人は九二三人、本島人はわずか四一人である。「（九）入学志望者ト収容数及移動数」には、内地人・本島人別の入学志望者に対する入学許可者の比率等は発表されていないが、おそらく台湾人にとっては極端に難関だったと推測できる。この一覧は昭和一五年（一九四〇）度に刊行されたもので、大正一一年「改正教育令」の発布からかなりの時間がたっている。共学がいかに難しかったかが分かるであろう。本一覧も大判図表であるため、本集成の判型に合わせて裁断の上、収録した。

（五）台北州立台北第二商業学校は昭和一一年（一九三六）に創られた新設校である。この学校は公立の実業学校としては当時唯一の四年制で、授業は夜間に行われ、生徒の多くは昼間は職業を持っていた。

『台北州立台北第二商業学校一覧』（六六—②）は昭和一三年度版で、その内容構成は上掲の台北州立台北商業学校に比し、やや項目が少ないが、ほとんど変わらない。本一覧も大判図表であるため、前資料と同様に裁断して収録した。

この学校は、調査時点の昭和一三年度には三年生までしか在籍しておらず、その範囲内での調査結果であるが、全生徒数二八二人のうち内地人は一七二人、本島人は一一〇人で、共学制がかなり進んでいることが分かる。但し、入学志望者や入学許可者等に関する詳細な統計は出されていないので、それぞれの入学比率を知ることはできない。

この学校の特徴として、生徒が昼間は職業を持っていたことがあげられるが、「生徒就職別」の項目でその職業を見ることができる。それによれば、内地人の場合は「官公衙」が目立って多く、「銀行・会社」がそれに続く。一方本島人の場合は「官公衙」「銀行・会社」もわずかながらいるが、「未就職」が最も多い。「未就職」は内地人にもかなりおり、これらは働きながら学ぶために夜間を選んだというより、全日制の学校の入学試験に合格できなかったため、ここに進学したのではないかと思われる。

また保護者の職業を「保護者職業別」の項目で知ることができるが、ここは内地人と本島人に分けて記載されてはいない。どの学年も「官公吏」が最も多いが、これは内地人の親の職業であろう。

(六) 台中州立台中商業学校は、「台湾教育令」にもとづき大正八年四月に台湾人子弟のために新設されたもので、『台中州立台中商業学校要覧(創立二十周年)』(六六―③)が出された昭和一四年の時点では、共学制により内地人も学ぶ学校になっていた。要覧は創立二十周年を記念して刊行。全三一ページの簡素な造りで、次のような項目について報告がなされている。

(一)校舎配置図、(二)沿革大要、(三)設備大要、(四)歴代校長、(五)旧職員、(六)生徒卒業状況、(七)卒業生就職状況、(八)現職員、(九)現在生徒、(一〇)学科目課程、(一一)本校教育大綱、(一二)本校施設要綱、(一三)本校ノ国民精神総動員

「(二)沿革大要」によると、この学校は大正八年に台湾公立台中商業学校という校名でスタートし、同一〇年には台中州立台中商業学校と改称した。そして「改正教育令」後の大正一二年、それまでの三年制から五年制になった。

「(六) 生徒卒業状況」からは、「共学制」の非常に皮肉な実態を垣間見ることができる。この学校で初めて内地人の卒業生が出たのは大正一三年(一九二四)度のことであり、彼らが入学したときは、内地人の受験者は一八人で入学許可者は七人であった。これに対して本島人の方は、二九八人が受験して入学許可者は七一人で、こちらの方がはるかに倍率は高い。その前年までは台湾人のみの受験で、大正一二年度の卒業生の場合、九五二人が受験して七七人が入学許可という難関校であった。その入りにくい学校に、共学が実現した結果として、内地人がかなり楽に入学できるようになったというわけである。以後、五年制になってからはますます内地人が増え、昭和一三年度の卒業生が受験した時は、内地人の入学許可者は四四人で、本島人の六一人に接近していた。そして、これが昭和一四年度の「(九) 現在生徒数」となると、全校の生徒数は内地人三一二人に対し本島人は二九一人と、完全に逆転してしまうのである。もともと台湾人のための学校であったものが、内地人によって蚕食されていく様子がよく窺えるであろう。

「(七) 卒業生就職状況」には会社、銀行、商店、官庁、教員など、卒業生の就職先が挙げられているが、残念ながら、内地人と台湾人に分けていないので、詳しい実態はつかめない。

「(一三) 本校ノ国民精神総動員」には、(一) 主旨、(二) 指導方針について、(三) 実施事項として「敬神尊皇」「国体讃仰」「遵奉精神ノ徹底」「国語尊重」および「生活緊張並ニ風紀粛清」を掲げ、「内台融和」を強く打ち出している。

(七) 工業学校で取り上げるのは、『台北州立台北工業学校一覧 大正十五年十月調』および『台中州立台中工業学校一覧 昭和十四年六月一日現在』の二点である。

台北州立台北工業学校は、大正一二年（一九二三）に工業講習所と台湾総督府工業学校を前身とする二つの学校を統合して開設された。同校『一覧』の「沿革略」によれば、工業講習所は明治四五年（一九一二）台湾人子弟のために台湾総督府民政部学務部附属工業講習所として発足、その後大正八年（一九一九）には「台湾公立実業学校官制」にもとづき、台湾公立台北工業学校と改称、さらに同一〇年には台北州立台北第二工業学校となった。これに対して台湾総督府工業学校は、内地人子弟を対象に大正七年に設立され、同一〇年に台北州立台北第一工業学校と改称されていた。

上述したように、これら両校が「改正教育令」により、大正一二年に合併して五年制の台北州立台北工業学校となったわけである。共学制のもと、どの学校も内地人・台湾人の別なく入学できることになったが、この学校のようにそれまで別々の学校であったものが統合して一校になったというのは珍しいと言わねばならない。ちなみに統合前においては、第一工業学校は五年制、第二工業学校は三年制であった。

（八）『台北州立台北工業学校一覧　大正十五年十月調』（六六―④）は、全一七六ページよりなる大部なもので、次のような内容構成になっている。

（一）学年暦、（二）沿革略、（三）令規、（四）内規、（五）職員、（六）生徒、（七）卒業生、（八）統計（九）教科用図書、（一〇）教科書配当表、（一一）附録

「（八）統計」は、①在学生科別学年別、②在学生府県別、③在学生出身学校別、④卒業生就職方面別、⑤科別卒業生徒数の項目にもとづき統計数字を整理しているが、そこには内地人・本島人といった分類がないので、共学の達成度を見ることはできない。但し、「③在学生出身学校別」で公学校出身者は台湾人と見ていいだろう。

また、「(六) 生徒」には、全校生徒の氏名が記載されており、これを以てそれぞれの人数を把握することはできる。それによると、「本科」の場合、機械科、土木科、応用化学科、電気科、建築科の五学科があるが、第五学年まで各科で、多い場合でも台湾人が半数を超えるところはなく、ほとんどが数名程度である。但し、三年制の「専修科」になると、台湾人が半数を超えるところが多い。

なお、「(七) 卒業生」には、統合前の両校の卒業生の住所や就職先などが記録されている。

(九) 台中州立台中工業学校は昭和一三年(一九二四)に造られた新設校である。そのため、『台中州立台中工業学校一覧 昭和十四年六月一日現在』(六六―⑤)が刊行された昭和一四年の時点では、まだ一年生と二年生しか在籍していない。この一覧も大判図表であるため、本集成の判型に合わせて裁断の上、収録した。『一覧』の項目は、「(一) 設立・開校・位置」「(二) 沿革概要」「(三) 内容」「(四) 現在職員」「(五) 現在生徒」である。

「(五)現在生徒」には、①在籍生徒数、②生徒種族別、③地方別、④通学別、⑤生徒異動、⑥学資金年額概算、⑦保護者職業別、⑧生徒身体検査ノ状況、⑨生徒出身地方別、⑩入学志願者及入学者などがまとめられている。「③地方別」調査によれば、同校生徒数は、内地人一二七人、本島人一六七人で、人数が拮抗している。但し「⑩入学志願者及入学者」で見ると、昭和一四年度の場合、内地人では志願者七八人に対して入学者は五八人であるのに対し、本島人ではそれぞれ七五〇人、九七人である。内地人が楽々と入れる学校に、本島人はなかなか入学できないという実情は、上述した中学校や高等女学校の場合と同様であった。

（一〇）以上の商業・工業の諸学校に続けて、私立台湾商工学校について見ることにしよう。

財団法人私立台湾商工学校は、その誕生から台湾の政財界と深く結びついていた特異な学校である。明治三一年（一八九八）第二代台湾総督桂太郎を会頭として台湾協会が設立されるが、その目的は「台湾ニ関スル諸般ノ事項ヲ論究シ、台湾ノ経営ヲ裨補スル」（同会規約）こととあり、その事業の一環として、明治三三年（一九〇〇）にアジアで働く人材の養成を目的として台湾協会学校（後の拓殖大学）を東京に設立した。台湾協会は、日露戦争後の明治三九年（一九〇六）東洋協会と改称、その活動対象を台湾から朝鮮を含む東洋全体に拡げることになるが、私立台湾商工学校はこの東洋協会台湾支部の事業の一部として、大正六年（一九一七）三月に設立されたものである。設立当初の名称は東洋協会台湾支部附属私立台湾商工学校であったが、同年六月に財団法人私立台湾商工学校と改称している。その後大正一一年には私立学校として認定され、昭和一四年（一九三九）には財団法人私立開南商業学校・私立開南工業学校として、総督府から正式の実業学校に認定されている。

なお、同校では創立以来校長は常任理事の殖産局長がその任にあたっており、専任の校長が就任するのは昭和二年（一九二七）以後のことである。

（一一）『台湾商工学校一覧　大正九年六月末調』（六六―⑥）が刊行されるのは、第一回の卒業生を出した大正九年（一九二〇）のことで、これにより草創期の同校の様子を窺うことができる。全九八ページで、目次構成は次のとおりである。

（一）口絵、（二）沿革紀要、（三）寄付行為、（四）校則、（五）校内諸規定、（六）生徒心得、（七）校務分掌規程、（八）成績考査規定、（九）職員、（一〇）寄宿舎諸規定、（一一）設備、（一二）卒業生、（一三）校

友会規則、（一四）同窓会規則、（一五）統計
なお、末尾には開校式や卒業証書授与式の式辞や訓辞等が付されており、田総督の訓諭も見える。

「(四）校則」の第一条には「本校ハ、内地人及本島人男子ニ簡易ナル商工業上ノ智識技能ヲ授ケ、主トシテ台湾、南支那及南洋ニ於テ商工業ニ従事セントスル者ニ適応ノ資質ヲ得セシムルヲ以テ目的トス」と、「共学」を謳っている。また、「(二）沿革」に「本校ハ台湾ニ於ケル内地生及本島生共学実施ノ嚆矢」とあるように、「改正教育令」以前の段階から、内地人と台湾人のいずれをも受け入れていた。

修業年限は三年で、商科と工科が置かれ、入学資格は「小学校又ハ公学校（六年）卒業者、若ハ之ト同等以上ノ学力ヲ有スル者」となっており、教授内容で特徴的なのは、本島人には「国語」が商科で週六時間、工科では四時間課されていること、他方随意科として「台湾語又ハ支那語又ハ馬来語又ハ西班牙語」が置かれていることである。後者は内地人向けの科目で、本島人・内地人ともに互いの母語を学べるようになっていた。

「(一二）卒業生」の項には、大正九年三月に卒業した第一回卒業生の就職先が紹介されており、卒業式の「学校長訓辞」によれば、官庁、銀行、会社等からの雇用の申し込みは一〇〇人を超え、卒業生全員をもってしてもその半数に届かなかったとある。

「(一五）統計」では、①現在生徒調、②生徒年齢別調、③父兄職業別調、④大正九年度入学者調、⑤入学志願者並入学者四箇年比較などがまとめられている。それによれば、大正九年六月現在の同校の生徒数は三九七人で、そのうち内地人は一一一人、本島人は二八六人である。本島人のうち、五一人のみが工科生で、大半が商科の生徒であった。工科は内地人・本島人の在籍生徒数がほぼ同数である。但し、「共学」を謳った同校でも、台湾人にとってはやはり入学するのは容易ではなかった。大正九年度で見ると、商科の場合、内地人は志願者一〇

六人に対し合格者は四〇人で比較的入り易かったのに比べ、本島人ではそれぞれ七七九人に対して一〇五人である。ただし、工科の場合は内地人・本島人の間で合格率に差はない。

（一二）『財団法人私立台湾商工学校一覧』（六六―⑦）は、開校して一〇年余り経った昭和四年（一九二九）に出されたものである。学校が着実に生徒を集め、開学の目的を達成しつつあることが報告されている。

『一覧』の項目は、（一）沿革、（二）学則ノ大要、（三）現在職員、（四）現在生徒及寄宿舎、（五）昭和四年度入学志願者及許可者、（六）昭和四年度予算、（七）昭和四年八月現在財産目録、（八）卒業生ノ状況、（九）学科目、（一〇）本校ノ業蹟（一一）内容ノ充実改善、（一二）校舎配置図などである。

「（一〇）本校ノ業績」中の「卒業生就職状況」には、内地人・本島人別に開校以来の就職先が報告されている。それによれば、内地人の場合は「官衙」が圧倒的に多く、「銀行会社及組合」がそれに続くが、本島人の場合は、「独立自営」が最も多く、「官衙」、「銀行会社及組合」がそれに続く。またその記述中には、卒業生が「台湾ノ統治産業ト南支南洋ニ於ケル商工業ノ発展」に貢献しつつある、との紹介もある。

「（四）現在生徒及寄宿舎」により共学の進捗状況を見ると、全校生徒五六〇人のうち内地人二一〇人に対し、本島人は三五〇人で、本島人の方がかなり多いのは開学当時と変わらない。但し、「（五）昭和四年度入学志願者及許可者」の記載には内地人・本島人の区分がないため、それぞれの入学試験における競争率は分からない。

なお、「（一〇）本校ノ業蹟」中の「中等学校入学難ノ緩和」の項には、台湾の中等教育の抱える問題について触れた箇所がある。近年台北における「一中、二中、商業及工業」の入学志願者が増えて進学できない生徒が多いことに鑑み、当校はこれらの学校の入学試験後に生徒を募集することで、入学難の緩和に努めているという趣旨である。

（一三）農業教育に関しては、『台湾総督府農事講習生一覧』、『台北州立宜蘭農林学校一覧表　昭和九年四月』、『台南州立嘉義農林学校一覧表　昭和一三年四月末日現在』、および『高雄州立屏東農業学校一覧表　昭和十三年四月日末日現在』の四点を収録した。

台湾人に対する農業教育は、明治三三年（一九〇〇）に台北県農事試験場と台南県農事試験場に講習生制度が設けられ、それぞれ五名と七名の講習生が入所したことを以て始まると見てよいであろう。（ちなみに、明治三七年には糖業講習生、明治四二年には林業講習生の制度も設けられている。）その翌年には台湾総督府農事試験場と改称、台北、台中、台南の三か所に置かれ、さらに三六年にはこれらを廃して新たに台湾総督府農事試験場を台北に設置した。この時、殖産局長心得であった新渡戸稲造が同場長心得を兼任した。

明治四一年（一九〇八）には農事試験場に教育部を設置、同四四年には「予科」「農科」「獣医科」を置き、公学校を修了した台湾人子弟のための本格的な教育機関となった。しかし、大正一一年の「改正教育令」制定後、公立農業学校や実業補習学校等が設立されたため、この年の三月に廃止されている。

『台湾総督府農事講習生一覧』（六六―⑧）は、二一〇ページにも及ぶ大部なもので、大正四年（一九一五）の刊行。次のような構成である。

（一）沿革、（二）講習生規定、（三）講習生規程細則、（四）寄宿舎舎則、（五）教育部職員、（六）講習生ニ関スル諸表、（七）現在生、（八）卒業生、（九）実習状況、（一〇）農産物品評会及国語研究会

それぞれの章の記述は詳細で、同校の教育内容が具体的に理解できるようになっている。「（三）講習生規程細

則」の「教科」には、「予科」「農科」「獣医科」それぞれの科のカリキュラムが報告されており、「(六)講習生ニ関スル諸表」には、「講習生現在者出身庁別表」「農事講習生志願者及入場許可者累年比較表」など、多岐にわたって講習生に関する調査結果が記載されている。これらの中でも「(八)卒業生」は、明治三四年(一九〇一)から調査時までの卒業生の就職先についてまとめたもので、興味ある資料となっている。

(一四)台北州立宜蘭農林学校は、大正一五年(一九二六)に新設された五年制の農業学校で、『台北州立宜蘭農林学校一覧表　昭和九年四月』(六六―⑨)には、次のような多くの調査結果が記載されている。

(一)創立年月日・位置、(二)規定、(三)沿革、(四)経費、(五)定員及現員、(六)敷地面積、(七)現在生徒数、(八)生徒出身地方別、(九)種族別調、(一〇)生徒募集状況、(一一)生徒入学許可状況、(一二)前年度生徒異動、(一三)入学者学力別調、(一四)入学者年齢調、(一五)学年成績、(一六)生徒宿所及通学別、(一七)汽車通学生、(一八)卒業生ノ状況、(一九)卒業生年齢、(二〇)卒業者ノ状況、(二一)生徒保護者職業別、(二二)寄宿舎ノ状況、(二三)学費年額概算

「(七)現在生徒数」によれば、第五学年までの生徒数は、内地人六七人に対して本島人が三八三人、蕃人が五人と、台湾人が圧倒的に多い。しかし、「(一〇)生徒募集状況」や「(一一)生徒入学許可状況」によると、昭和五年度から九年度までに、内地人は一六〇人が志願して七七人が入学を許可されているのに対し、本島人はそれぞれ一二六九人中四二六人、蕃人はそれぞれ一八人中六人とあり、ここもまた台湾人にとって入学はかなりむずかしかったことが分かる。なお、「(一〇)生徒募集状況」や「(一一)生徒入学許可状況」では、より詳細な地域区分がなされている。

（一五）台南州立嘉義農林学校は、大正八年に設立された台湾人のための農業学校で、公立嘉義農林学校が大正一〇年州立となり、改称されたものである。「改正教育令」以後、この学校も三年制から五年制となり、内地人と共学の学校になった。『台南州立嘉義農林学校一覧表　昭和十三年四月末日現在』（六六―⑩）は、上述した台北州立宜蘭農林学校の一覧などとほぼ同じような内容構成となっている。この一覧表も大判図表であるため、本集成の判型に合わせて裁断の上、収録した。

「生徒地方別」によると、第五学年までの全生徒数は、内地人が一四四人であるのに対して、本島人は三二一人、高砂族が四人である（なお、ここでは内地人の出身は府県まで、台湾人は州庁まで表記されている）。商業学校や工業学校に比べると、台湾人の割合は高いと言えるが、この学校もまた台湾人にとっては狭き門であったことは「志願者並ニ入学者数」から容易に理解できる。例えば、昭和一三年度の場合、内地人では志願者六五人に入学者は三四人であるのに対し、本島人の場合は、それぞれ五四二人に対して六六人であった。

「卒業後ノ状況」では、「街庄吏員」が最も多く、「官衙雇員」「製糖其他諸会社農業技術員」と続くが、ここには内地人・本島人の区分けはないので、詳しい事情はつかめない。

（一六）高雄州立屏東農業学校も昭和三年（一九二八）に新設されたもので、農業科と畜産科を持つ五年制の学校である。『高雄州立屏東農業学校一覧表　昭和十三年四月末日現在』（六六―⑪）の内容構成は、これまで見てきた他校のそれとほぼ同様である。

それによると、調査時の生徒数は、内地人九二人に対し本島人が三四四人と圧倒的に多数を占めている。しかし、「入学志願者及入学許可者」によれば、昭和一三年度の農業科の場合、内地人は志願者二〇人で入学者は一五人であるのに対し、本島人の場合は、それぞれ二五〇人、三八人である。この学校もまた台湾人にとっては難関であったことが分かる。「学科課程並毎週教授時数」には農業科と畜産科の詳しいカリキュラムが掲載されていて、貴重な資料となっている。この一覧表も大判図表であるため、本集成の判型にあわせて裁断し、収録した。

（一七）最後に、台湾総督府水産講習所について見よう。

同講習所は総督府殖産局の所管で、昭和一一年（一九三六）七月七日基隆に開設された。『台湾総督府水産講習所案内』（六六―⑫）は昭和一四年の発行で、第一回卒業生を出した当時のものである。表紙を含めてわずか五ページの小冊子ながら、「使命」「教育方針」「課程」「寄宿舎」「漁撈科の内容」「養殖科の内容」「製造科の内容」「学費概算」などが簡潔にまとめられている。

それによれば、講習所の使命は、台湾の水産業で働く中堅従業員を育成することにあり、生徒に台湾を中心とする南支南洋の水産業に必要な知識や技能を授けることを教育方針に掲げている。内地人・台湾人の共学で、修業年限は三年。高等小学校卒業程度の学力を有する者につき、試験の上入学させる。第一学年で水産一般の基礎的教育を行った後、漁撈科、養殖科、製造及水産指導科に分けて専門科目を学ばせるとある。実習中心の教育を受けた第一回卒業生の就職は良好で、引く手あまたであったことが当時の新聞記事に掲載されている。

Ⅸ

（一）「学校要覧類」（上）最後の一巻に収めているのは、次の二種類の学校要覧である。ひとつは盲唖教育ならびに教護教育に関するもの、他のひとつは対岸籍民教育に関するもので、それぞれの資料は、以下の通りである。

Ⅰ　盲唖教育・教護教育に関するもの

一、台北州立台北盲唖学校『台北州立台北盲唖学校一覧』昭和八年

二、台南州立台南盲唖学校『台南州立台南盲唖学校一覧』昭和五年

三、成徳学院『台湾総督府成徳学院要覧』昭和一〇年

Ⅱ　対岸籍民教育に関するもの

四、福州東瀛学校『在支那福州東瀛学校概況　大正六年五月』

五、福州東瀛学校「福州東瀛学校規則」大正六年

六、福州東瀛学校「東瀛学校調査　昭和二年五月」昭和二年

七、廈門旭瀛書院『廈門旭瀛書院要覧』大正七年

八、（廈門）旭瀛書院『旭瀛書院　昭和二年四月十日調』昭和二年

九、廈門旭瀛書院『支那事変と旭瀛書院』昭和一五年

一〇、汕頭東瀛学校『汕頭東瀛学校概況』昭和五年

一一、汕頭日本居留民会長貴志政亮「汕頭日本人小学校及東瀛学校ニ関スル件」（部分）昭和四年

以下、順を追って解説を試みる。

X

（一）盲唖教育・教護教育に関する三点のうち、最初の二点は盲唖教育についてのものである。それらの解題に先立ち、台湾における盲唖教育の沿革やその背景を概観しておこう。

日本における近代学校の成立以来、特殊教育と言われてきた心身にハンディキャップをもった子どもの教育の中で、最初に関心を持たれたのは盲・聾児教育で、盲者および唖者に対し国民教育の課程を学習させると共に、技芸を修得させ自活の道を与えようとするものであった。明治二〇年を過ぎた頃のことである。

台湾でも比較的早い時期、すなわち明治三三年（一九〇〇）には、後に見るように総督府による事業が始まっている。但し、学校教育の施設ではなく、病院の付属事業としてであった。また当初は盲人教育のみで、唖者の教育を併せて行うようになるのは大正四年（一九一五）のことで、台南盲唖学校がそれである。ここには『台南州立台南盲唖学校一覧』昭和五年発行（六七―②）を収録した。

（二）もともと、台湾における盲唖教育事業の創始は日本の領台前のことである。台南市所在の新樓病院内に明治二三（一八九〇）年イギリス人宣教師（長老教会）ウィリアム・キャンベル（Rev. William Cambell）が訓盲院を設け、盲人に対して聖書、点字、算術、手芸等を授けたのがその濫觴である。キャンベルは一八四一年の生まれ、一九二一年八〇才で没しているが、一八七一年（明治四年）から一九一七年（大正六年）に至る四六年間台湾で布教活動に携わった。新楼病院は、前任者のジェームス・マックスウェル（Dr. James Maxwell）が伝道の傍ら、一般の診療を兼ねて開いたものである。キャンベルは盲人信徒の影響で一八八四年（明治一七年）盲人教育を開始している。

（三）日本の領台後、キャンベルの事業は明治三三年（一九〇〇）までに二八人の修了者を出して、総督府の事業の一環である台南慈恵院の付属事業として継承される。その後、大正四年（一九一五）に新校舎を建設、名称を台南盲唖学校とした。

ちなみに、台南慈恵院は、明治三二年に領台時まで存続していた社会事業機関である養済院、育嬰堂、栖流所などの事業を再興するため、これらの所属財産を合併して台南市に創設されたもので、窮民救助、救療、巡回診療、行旅病人受託収容等の事業を行う施設である。大正一一年（一九二二）、この台南慈恵院の付属事業であった台南盲唖学校を独立させて官立に移管、台南州立台南盲唖学校と呼ばれることになるのである。

（四）『台南州立台南盲唖学校一覧』（六七—②）は全九一ページよりなり、昭和五年八月の刊行。その内容構成を示せば、以下のとおりである。

目次、写真、（一）第一章　沿革、（二）第二章　令規、（三）第三章　学校諸規程、（四）第四章　職員、（五）第五章　卒業生、（六）第六章　生徒、（七）第七章　経費、付：平面図

大正一一年制定の「台湾公立盲唖学校規則」によれば、同校は盲人および聾唖者に普通教育を施し、且つ生活に須要な技芸を授けることを目的とする。学校は盲生部と唖生部の二部で構成され、各部に普通科と技芸科を置

く。修業年限は、各六年、四年である。普通科の生徒は、三学年以上の者に希望により技芸科の一分科を兼修できる。技芸科としては、盲生部には鍼按分科を、唖生部には靴工分科と裁縫分科をそれぞれ置く、とある。

昭和五年当時の状況では、盲生部に男子三七人女子二五人の計六二人、唖生部に男子五五人女子一四人の計六九人の児童生徒が在籍している。盲、唖生計一三一人の児童生徒のうち一一八人が寄宿舎生、一三人が通学生であった。職員は、学校長一人、教諭七人、教諭心得一人、教務嘱託二人、医務嘱託一人、書記一人である。教諭の内二人と教務嘱託の二人が台湾人であった。明治三三年に台南慈恵院教育部となってからの卒業生は、盲生一三八人、唖生六五人の計二〇三人で、職業別では、盲生一〇九人が鍼按業、唖生六五人が靴工となっている。

（五）台北にも盲唖教育の機関が置かれていた。『台北州立台北盲唖学校一覧　昭和八年三月現在』（六七―①）によれば、この学校は、前掲の台南盲唖学校より暫く遅れて、昭和三年（一九二八）に設立された。ここも民間の事業を引き継いでおり、前史として、在台日本人による盲唖教育の事業があった。すなわち、台北庁（後台北市）に胃腸医院を開いていた木村謹吾夫妻が、大正六年（一九一七）病院内に木村盲唖教育所を設置したのがその嚆矢である。大正九年私立台北盲唖学校の認可を受け、昭和三年までに八回の卒業式を行っている。台北州に移管後、昭和八年までに新校舎の建設、運動場の拡張などが行われた。

『学校一覧』は全二九ページで、その目次構成は次のようになっている。

沿革略、生徒教養の方針、学科修業年限、教科目、学級編制、各学年生徒数、生徒出身州庁別、生徒年齢別、寄宿生、在籍生徒数、寄宿生徒数、卒業生、職員、卒業生及卒業後状況、盲生徒失明原因、失明年令、盲生徒中心視力、盲生徒ノ現在症、盲唖生徒失官原因、附録（台北州盲及聾唖者調、国際的盲人調査表、本

島盲唖者数）

学校は盲生部と唖生部の二部で構成され、各部に普通科と技芸科および専修科を置く。技芸科は普通科を、専修科は技芸科を修了して進む。修業年限は、盲生部で普通科六年、技芸科鍼按分科四年、同按摩分科二年、専修科二年で、唖生部は普通科六年、技芸科木工分科・裁縫分科各五年、専修科三年である。

（六）同校の教育方針について見ると、目的として「教育ニ関スル勅語ノ御趣旨ヲ奉戴シ、盲人及聾唖者ニ普通教育ヲ施シ、且ツ生活ニ須要ナル智識技能ヲ授ヶ、併セテ国民道徳ノ涵養ニ力ム」とあり、教育勅語の奉戴と国民道徳の涵養を強調していることがわかる。さらに、特に留意する事項として、（一）職業教育、（二）身体衛生上の注意、および（三）聾唖部口話式教育の三つが挙げられている。

昭和八年当時の学校状況を見ると、児童生徒数は盲生部男子四六人、女子一八人で、唖生部男子五〇人、女子二三人で、合計一三七人が在籍している。寄宿生は盲生男子二六人、女子六人、唖生男子七人、女子一人の合計四〇人であった。卒業生の状況については、大正八年（木村盲唖教育所の卒業生）以来昭和六年までに盲生男子五三人、女子二〇人、唖生男子九四人、女子四四人が卒業している。

XI

（一）次に、教護教育について見る。

近代日本において児童福祉が国家的施策の中に位置づけられていくのは、まず非行少年を対象とする感化救済事業においてであった。明治末期のことである。背景には明治二〇年代から突入する工場制工業の進展がもたらした都市スラム街の形成があった。感化法は明治三三年（一九〇〇）に公布され、はじめて純然たる訓育主義に立つ感化制度を確立したものとして、画期的な立法とされる。しかし、同法の運営の実際は取り締まり的懲戒的要素がなお強く、公教育との連携も欠いており、実質的な治療教育の効果は少なかった。また各府県に府県立感化院が設置されるのは、明治四一年（一九〇八）国庫補助の途が開かれてからのことである。

台湾でも、このような日本国内の動きを背景に、感化院設立を急務として、本願寺大谷派台北別院が、明治四二年に総督府と民間有志の援助により、財団法人台北成徳学院を設立している。

（二）『台湾総督府成徳学院要覧』（六七―③）によれば、本院の設立は大正一一年（一九二二）のことで、前掲の財団法人台北成徳学院がその前身である。

周知のとおり、大正三（一九一四）年に勃発した第一次世界大戦は、日本にも大きな影響をもたらしたが、台湾においても思想的、経済的に大きな衝撃となり、総督府の諸施策も各分野で対応が迫られていた。社会事業の面では、大正一〇年（一九二一）総務長官より依命通達が出され、その中の社会教育に関する条項に、次のような一節が見られる。

「不良児、浮浪児及犯罪児ノ保護教養ニ関シテハ、其ノ地方ノ官公吏、小公学校職員ノ活動ニ依リテ適当ナル方法ヲ以テ遷善感化ヲ為シ、尚ホ感化院ニ収容スルノ必要アリト認メラルル者ニ付イテハ、台北成徳学院ニ入院ノ手続キヲ為スコト（大正十年度収容定員六十名ニシテ、現ニ収容中ノ者ヲ除キ猶三十名ノ収容余力アリ、同院ニ於イテ収容スヘキ不良児ノ標準ハ大体ニ於テ感化法ニ依ル）」

総督府は不良少年調査の結果も踏まえ、感化事業を徹底して行い、保護の実をあげるために、大正一一年府立感化院を設立、台北成徳学院を解散させて、土地建物その他物件全部を国庫に寄付させると共に、生徒二九人を引き継いだ。直後に勅令で感化法の一部を施行、台湾総督府成徳学院とした。その後、昭和九年（一九三四）に日本で感化院を少年教護院と改称したのに伴い、名称は成徳学院となった。

同要覧は全四一ページで、次のような内容構成になっている。

成徳学院院歌、写真、（一）沿革、（二）入院を要する少年、（三）入院の手続きと入院費、（四）参観者の心得、（五）関係法規、（六）生徒ニ関スル調査表

本院は創設以来台湾における唯一の教護機関であったが、女子は収容していなかった。昭和一〇年現在の在籍者は四七名である。一人一人の少年の記録については見るべくもないが、「（六）生徒ニ関スル調査表」に見られる①年度別入退院、②地方別入退院、③入院時ノ年令及学年、④退院時ノ年令及学年、⑤性質及不良行為、⑥入生時ノ生育状態、⑦保護者トノ続柄及不良化ノ原因などを分析することで、教護に関わる教育学的に共通する問題と台湾社会の特殊性を議論できよう。

XII

（一）第三の問題として、対岸籍民教育について見よう。

まず、その沿革についてであるが、明治二七・八年の日清戦争に勝利した日本は、台湾を領有したことで、対岸福建に中国進出の足掛かりを築くことが重要な課題となった。その際、政治的・経済的工作とならんで、文化

的工作が重要な位置を占めた。

台湾総督府は、明治二九年に廈門駐在員を任命して対福建工作を開始する。翌三〇年には東亜会員を援助して「福報」（日刊紙）を買収して「閩報」を発行せしめ、また後で触れるように明治三一年には福州東文学堂を創設し、同三三年廈門に東亜書院の経営を開始している。さらに時期は下るが、廈門（一九一八年）、福州（一九一九年）、広東（一九一九年）に日華合弁による博愛会経営の病院を設立させ、病院の建設費や敷地購入金の補助、経営補助、医師の派遣などを行っている。

日本政府は、明治三一年（一八九八）福建省不割譲に関する日清間公文を交換しているが、時を同じくして始まった光緒帝の変法自強宣布による改革への動きを支持し、維新派の康有為らに積極的な働きかけを行う。新教育を実施するための学校を建設することを勧めたのもその一つであった。こうした背景の下、台湾総督府の援助によって、明治三三年日本語学校としての廈門東亜書院が設立されるのである。

この学校は、台湾総督府が新築費のほか、補助金を支出し、名実共に総督府の学校であったが、学校運営にあたっては日清協同を建前とした。しかし、直後の廈門事件（本願寺の焼打ち）により一時閉鎖を余儀なくされた。同三五年日英同盟を反映して対日感情が好転したことで、生徒数も若干持ち直したものの、カリキュラムが実利性を欠いていたことや、日本企業などへの就職の特典にも乏しかったことなどにより、概して不振であった。その後三五公司に経営を移したものの、同公司の事業不振に伴い明治四二年（一九〇九）には閉鎖、翌年廃校となった。

（二）福建に於けるもうひとつの重要な工作拠点は省都福州であった。福州では、同地在住の東亜会（後、東亜同文会に改組）会員によって康有為らを支持するいわゆる福州維新派への働きかけが行われた結果、明治三一年福州東文学堂が創設されており、台湾総督府はこの学堂にも補助金を支給して援助を行った。しかし、康らの変法自強改革は保守派のクーデター（戊戌政変）によって挫折し、学堂もまた苦境に追い込まれることになる。

その後、明治三六年（一九〇三）中国側の役員は、師範教育の重要性を認識し、政府の補助を得て東文学堂を改組して全閩師範学堂を開設した。このため、福州における台湾総督府の教育事業は一時途絶することになる。

ところで、福州にはこの頃すでに台湾籍民が約二七〇～八〇人在住していた。彼らの七、八割は雑貨商を営み、他に材木商、運送、綿布、質舗などの業を営んでいたが、通常中国人と交際する場合は清国人と称し、必要に応じ日本人と称して租税を免れ、清国官憲の追及を逃れるという態度で、その生活ぶりは中国人と変わらず、子弟も清国の学校に行っていた。

ちなみに、台湾籍民とは、日本の領台によって日本国籍を取得した台湾の漢族系住民で、対岸の廈門を中心とする中国各地、さらには南洋等の地に居住する者を指す。呼称は日本統治者の造語であるが、台湾の漢族系住民を対岸、特に閩南、粤東の住民から切り離そうとするものであった。

こうした状況のもと、明治三三年領事館の働きかけで同郷団体として東瀛会館が結成され、東文学堂が廃校に追い込まれてからは、彼ら籍民の子弟に対する日本語教育のための学校を会館内に設立することが計画されていた。明治四〇年（一九〇七）領事館からこの学校への補助金支給の要望が提出されたのを機に、台湾総督府は台湾公学校のカリキュラムに則った学校を設け、公学校教員を派遣して教育にあたるのが得策であるとし、学務課長持地六三郎を派遣して交渉に当たらせた。その結果、公学校に準ずる学校として、明治四一年東瀛会館内に教室を設けて東瀛学堂を開設、それに公学校教員一名を派遣することとなる。

しかし、東瀛学堂への籍民子弟の入学者はそれほど多くはなく、そのため清国人で入学を希望する者も受け入れた。ちなみに、最初の生徒数は三三人、うち台湾籍四、未籍一二、清国籍一七、年令も九才から二〇才までと区々であった。

(三)一方、学務課長持地六三郎は、福州出張の際、廈門や汕頭にも足を伸ばし、それぞれの教育事情調査を行っていた。その結果、廈門は当時籍民の数すでに二〇〇名を数え、学校設立の必要があることを認め、廈門領事との間で協議を進めた。その結果、前年成立の台湾公会をして学校設立を計画させ、それに台湾総督府が一名の教員を派遣するということで合意が成立、同四三年旧東亜書院の施設・備品を引き継ぐ形で、旭瀛書院が開校されることとなった。

これについで汕頭でも、日本人協会の手で籍民学校設立の計画が進められた。そして福州、廈門にやや遅れる形で、大正四年(一九一五)同地領事は総督府に対して教諭の派遣を稟請している。それを受けて台湾総督府は、福州や廈門と同様、下記のような条件で汕頭にも学校を設立・運営することとなった。すなわち、(一)教員一名を派遣し、その俸給は総督府の支弁とする、(二)教育の本旨及び教則は台湾公学校令に依る、(三)設置維持、教員旅費等は在留籍民の負担とする、(四)教員の執務に関しては毎月報告する、などがそれである。

XIII

(一)本巻には、対岸籍民教育関係の資料として八点を収録した。そのうち、福州東瀛学校および廈門旭瀛書院関係がそれぞれ三点、汕頭東瀛学校関係が二点である。

まず、福州の場合について見る。最初に取り上げるのは、『在支那福州東瀛学校概況　大正六年五月』（六七―④）である。手書きの謄写刷で全一二ページ、発行は大正六年五月。もともとこの文書は『隈本繁吉文書』に収録されていたのをここに移したものである。

本校は、すでに見たように明治四一年（一九〇八）に東瀛学堂として開校、同四三年頃には生徒数二〇～三〇人の間を往来している状況であった。このため市内の猥雑な中国市街にあった会館を、外人居留地に地所と洋館二棟を購入して移転し、これとともに学校設備の改善、カリキュラムの改正を行い、漢文時間を増加し、授業料を全廃するなど思い切った措置をとった結果、中国人子弟の入学希望者も漸次増化するに至った。

『在支那福州東瀛学校概況』は、次のような内容構成となっている。
（一）沿革、（二）校舎、（三）学校ノ目的、（四）籍民及関係支那人、（五）生徒及職員、（六）籍民ノ学校ニ対スル意向、（七）支那側ノ学校ニ対スル意向、（八）英米人側ノ学校ニ対スル意向
これによれば、大正三年（一九一四）には同校の在籍者は一一一名を数え、これを五学年に編成、台湾から一名の助教の派遣を得てこれに対応した。当時の職員数は、校長と助教の外、雇員二名、通訳一名の合計五名となっている。なお、大正四年東瀛会館を福州台湾公会と改称したのに伴い、学校名も福州東瀛学校と改め、同五年には校舎の新築を行うとともに、日本語速成科と卒業生の修学希望に応じる補習科を設けている。
（二）「福州東瀛学校規則」（六七―⑤）は、大正六年一二月付けで在福州領事代理森浩から台湾総督府民政長官下村宏宛に送られた文書「福州東瀛学校規則改正ノ件」に付されたもので、全文一九丁、外務省記録『在外本邦

学校関係雑件』福州東瀛学校の項に収録。これにより新旧の学校規則（旧規則は「福州東瀛学校章程」）を比較対照して見ることができる。

旧章程は「日本語並びに普通教育を教授し、以て優良の国民を養成し、兼ねて日本留学の予備教育を施す」ことを目的に掲げ、本科と特別科を置く。修業年限は本科六年、特別科一年である。特別科の教科は、日本語会話、日本語読解、日本作文、繕字の四教科で官話を加設できることになっている。章程の最後に、「◎注意」として、「特別科並びに本科の卒業生で、日本各種の学校或は台湾総督府医学校に留学を希望する者に対しては、本校で入学を周旋し、且つ各種の利便を与える」と記し、「台湾総督府医学校特別科規則」が付されている。

一方新規則は、全文三〇条からなるが、そこには学校の目的についての規定は無く、「第一章　編制」から始まっている。それによると、同校は普通部と高等部の二部構成で、修業年限は普通部六年、高等部は予科三年、本科四年である。入学資格は、普通部は満七歳以上一四歳以下とのみ定めて学歴は定めていない。高等部は予科については、普通部の卒業生又は満一三歳以上一八歳以下で高等小学校以上の卒業者、若しくは同等以上の学力を有する者とし、本科は予科修業生となっている。特徴が見られるのは「第五章　特典」の規定で、そこには①品行方正学力優等、あるいは出席の特に顕著なものについては、特待生として授業料免除或いは学費の一部補助すること（第一八条）、②品性及学力が相当と認められ相当の保証人があれば、先の入学資格によらないで編入できること（第一九条）、③学力が特に優秀な者は学期末で進級させること（第二〇条）、④優等卒業生で日本各地の学校へ留学しようとするときは、無試験で入学できるよう取り計らうこと（第二一条）などが謳われている。授業料についても、普通部については当分徴収せず、必要と認めた場合学用品を支給するとある。この改正規則は大正七年三月一日から実施されるものであった。

これらの比較から、学校規則の改正にあたっては、中国側の誤解を招くような虞のある「学校の目的」についてはこれを明文化しない一方で、欧米の学校との対抗上「中等教育」機関の体裁を兼ねたものにし、また種々の特典によって優秀な中国人生徒を獲得しようとしたことなど、学校側の苦心のほどが窺われる。

こうした背景として、一九一一年辛亥革命と一九一四年第一次世界大戦の勃発が、対岸教育にも複雑でかつ大きな影響を与えたことが挙げられる。

一九一五年の対華二一ヵ条要求は中国全土の反日感情を一挙に高揚させ、中国人生徒を多く入学させてきた籍民学校にもその波浪が及んできた。しかし、大戦によって欧米の勢力が一時的にアジアから退いたことは、日本の南進政策を強力に推し進める好機ともなった。このため、台湾総督府は積極的な南進を策していく。すなわち大正五、六年頃から大正一二年関東大震災頃まで、台湾総督府の南支・南洋施設費、航海補助費などは最大を計上した。福州や（七）～（一〇）に見る廈門、汕頭の各学校の相次ぐ新校舎の建設、教育課程の改革などによる中国人教育の推進は、そのような政策の一環であった

（三）次に掲げる「東瀛学校調査」（六七—⑥）は、昭和二年五月一〇日付で在福州領事西澤義徴から外務大臣田中義一宛に送られた文書「在外日本人学校ニ関スル件」に、別紙として付された調査報告で、西澤領事が東瀛学校に命じて作成させたものである。東瀛学校の罫紙に手書きで五丁、外務省記録『在外日本人学校教育関係雑件』学校調査関係第二巻に収録。調査項目は、次に掲げる廈門旭瀛書院のそれと同じで、文書の末尾に学則として、「福州東瀛学校簡章」第一～十一条（漢文）が添付されている。参考のため、調査項目を挙げれば、次のとおりである。

（一）学校ノ名称、（二）学校所在地、（三）経営者、（四）各学年男女別在籍児童数、（五）学級編制及担任者名、（六）職員氏名一覧、（七）学校設立以来ノ年度及男女別卒業生総数、（八）御真影又ハ勅語謄本ノ下付、（九）当該年度民会又ハ民團ノ総予算、（一〇）当該年度教職員ノ俸給及手当ノ総額、（一一）授業料徴収ノ有無、（一二）学校医又ハ衛生ニ関スル施設ノ有無、経費、（一三）学務委員設置ノ有無及其権限、（一四）前年度ニ国庫補助ヲ受ケタル其支途、（一五）本省以外ヨリ補助ノ有無及其金額、（一六）他官庁ヨリ教員ノ派遣アル場合、（一七）当該年度ニ於ケル教員ノ補充及次年度教員ノ補充計画、（一八）将来管内ニ学校設立ノ必要アル地点、（一九）次年度ニ於テ校地校舎ノ増設、（二〇）次年度ニ要スヘキ補助額及其理由、（二一）学則

調査書により昭和二年当時の同校の様子を見ると、児童生徒の在籍数は、本科男子一〇八人、女子六〇人、専修科男子八六人、補習科男子六人、女子二人で、計二六二人であった。学級編制は、本科男子が四学級、同女子が二学級、専修科二学級、補習科一学級である。職員は、校長一人、教員一一人、校医一人で、校医を除く全員が台湾総督府の派遣によるものであった。

（四）廈門旭瀛書院関係では、資料三点を収録した。これら諸資料の旭瀛書院史における位置を見るため、同書院の沿革を少したどる必要があろう。

明治四三年（一九一〇）旭瀛書院が、東亜書院の後を承ける形で開校されるに至る経緯については既に見たとおりであるが、実際に開校事務を担当したのは公学校教諭小竹徳吉であった。同年五月廈門出張を命じられた小竹は、早速公会役員との協議、学校の命名、東亜書院からの図書等の移管、嘱託教習の雇用などを行い、三七人

の入学者のクラス編制および授業の開始、さらには児童生徒の身体検査、教具の作成、服装、学帽、徽章の制定、中国人学校との交際、児童の家庭との連絡、開院式の開催など、マラリアと流行性感冒に冒されながらこれにあたったという。

翌四四年辛亥革命が勃発したため、半ヶ月の休校処置をとることもあったが、小竹の努力で書院は日増しに盛況に向かい、大正二年（一九一三）には全校生徒一三五名に達していた。そのため校舎も狭隘になり、校舎の新築が計られている。折りしも台湾人と廈門人紀姓との衝突(台紀事件)が勃発し、前日まで病床にあった小竹は、病躯をおし練達な台湾語を駆使して寝食を忘れ、事件の解決のために奔走するが、事件が沈静に帰し、新校舎に学童の通学も成った時点で、過労のため殉職した。

総督府は同年末、当時学務部編輯課で公学校教科書の編纂にあたっていた岡本要八郎を後任院長として廈門に派遣した。岡本は、小竹とは明治三二年国語学校の同期卒業の盟友で、彼は小竹の遺志を継いで鋭意書院維持に当たることとなる。

大正四年同院では、六年制の本科のほか、台湾および内地留学者の便を計るため専修科（修業年限一年）を設け、国語、算術等を速成的に専修させている。また、同六年には修業年限二箇年の高等科を置いている。その後生徒の増加に伴い、本院のほか三分院の設置を見るほどであった。

（五）『廈門旭瀛書院要覧』（六七—⑦）は、大正七年一月の発行で、全文五六ページ。冒頭に書院長岡本要八郎の序文を掲げ、凡例、目次、校歌、写真七葉と統計図四枚のあと、本文が続いている。その内容構成を示せば、次のとおりである。

（一）沿革、（二）校舎　図面九枚、（三）職員、（四）教科、（五）学級及児童、（六）卒業生及留学生、（七）寄宿舎、（八）経費及設備、（九）旭瀛書院規則、（一〇）付録

「（一）沿革」には、明治四三年八月二四日創立に先立っての動きから、年月日を追ってその歩みが記されており、「（一〇）付録」には①廈門地方一般状況、②廈門地方教育概況、③廈門台湾公会、④大礼記念旭瀛書院の新築などの項目があり、旭瀛書院をめぐる廈門の社会・教育状況を知るうえで貴重である。

　これにより大正六年当時の学校の様子を見ると、児童生徒の在籍数は、本科男子二一四人、女子九四人、高等科男子八人、特設科男子一〇人、計男子二三二人、女子九四人で、本科七学級、高等科と特設科は各一学級の編制。本科は、修業年限六年、教科は台湾公学校に準じた修身、国語、算術、漢文、図画、唱歌、体操の外に、男子には四学年から英語と支那官話、女子には二学年から裁縫が課せられていた。高等科は「当分本書院卒業生ノ補習ヲ目的トシ」とあり、修業年限や入学資格については定めていない。特設科は「当初台北台湾総督府医学校特設科留学ノ目的ヲ有スル者ニ速成ニ国語ヲ教授セントシテ之ヲ設置セリ」とあり、修業年限と入学資格については定めていない。職員構成は教諭二人、訓導五人、嘱託四人、校医一人で、教諭及び訓導は総督府派遣職員。うち日本人は教諭二人と嘱託一人である。

（六）次の「（廈門）旭瀛書院　昭和二年四月十日調」（六七―⑧）は、昭和二年五月二四日付で在廈門領事代理高井末彦から外務大臣田中義一宛に送られた文書「在外日本人学校ニ関スル件」に付されたもので、前掲の福州東瀛学校のそれと同時期に提出された調査報告書である。廈門の場合は、廈門日本尋常高等小学校および廈門博愛医学校と合わせた三校分がまとめて一括報告されている。全文二二丁のうち旭瀛書院関係は九丁で、同書院の

罫紙に手書きされており、報告の表紙には「昭和二年四月十日調　在支那廈門旭瀛書院　経営者廈門台湾公会」とある。外務省記録『在外日本人学校教育関係雑件』学校調査関係第二巻に収録。

この調査報告によれば、在籍児童生徒の状況では、本科で台湾籍民男子一二七人、女子六五人、中国籍男子一四九人、女子八八人であり、高等科で台湾籍民男子八人、女子一〇人、中国籍男子一人、女子一人であった。学級編制は本院と三つの分院を合わせて一四学級である。職員構成をみると、書院長以下訓導一四人、訓導心得一人、嘱託七人、校医二人で、訓導は台湾総督府よりの派遣である。

特設科、商業科も併置していた。もともと大正一二年から商業学校設立の計画があったが延期されていたもので、昭和五年商業補習学校として許可されるとともに、商業科の名称で分院を校舎として使用した。

（七）廈門旭瀛書院に関する第三番目の資料は、『支那事変と旭瀛書院』（六七―⑨）である。全文一五四ページで、昭和一五年六月二一日の発行。最初に写真一〇葉と目次があり、それに書院長庄司徳太郎の序文が続く。本文の内容構成は、次のようになっている。

（一）書院沿革大要、（二）事変直前に於ける廈門、（三）事変勃発より引揚げ迄、（四）書院の被害、（五）校舎及宿舎の復旧、（六）引揚後に於ける職員の活動並に児童の異動、（七）共励同窓会員の活動、（八）復帰後に於ける主要行事、（九）従軍所感、（一〇）幼き者の記録

前掲の内容から窺えるとおり、本書は日中戦争の勃発が書院に与えた影響とその処理の顛末を詳細に記録し、これを後代に残そうとしたものである。

日中戦争勃発当時院長だった庄司は、昭和三年（一九二八）岡本の後を受けて来任、特に満州事変以後の排日

風潮の強まる中で書院の経営に当たった。その間、商業科の新設のほか、校地の拡張や校舎の増築、職員宿舎の新築なども着々と進め、書院の充実に努めた。しかし昭和一二年日中関係はついに全面戦争へと突入し、廈門における一万を超える居留民にも遂に引揚げ命令が出され、開院以来二七年の歴史を有する書院も、同年八月二〇日を以て閉鎖を余儀なくされた。その間同校を巣立った児童生徒は約一千名であった。

旭瀛書院が再開されるのは、それから一年後の昭和一三年九月一日のことで、日本海軍の上陸による廈門島攻略により、居留民とともに書院の教職員も復帰することができたためである。本書のなかで、略奪のためほとんど廃墟と化した書院が再開され、一年有余にわたり復旧、復興されて行く過程が克明に記録されている。

（八）最後の資料二点は汕頭東瀛学校についてのものである。

まず「汕頭東瀛学校概況」（六七―⑩）を見る。これは、昭和五年（一九三〇）六月二八日付け在汕頭領事別府熊吉より外務大臣幣原喜重郎あての文書に添えられた調査報告書で、前掲の福州東瀛学校、廈門旭瀛書院の場合と同様、外務省からの指示にもとづき別府領事が同校に命じて作成させたものである。「汕頭日本人小学校概況」と合わせて提出された。手書き謄写刷一二ページ。外務省記録『在外日本人学校教育関係雑件』学校一覧表関係第二巻に収録。その目次構成は以下のとおりで、同校の設立運営状況がコンパクトにまとめられていて、便利である。

（一）台湾対岸ニ於ケル台湾籍民及支那人教育、（二）本校ノ概要（一、位置　二、設置者　三、沿革大要）、（三）各年度在籍児童数並学級数、（四）職員ニ関スル事項、（五）学級編制及担任、（六）開校以来ノ卒業生数、（七）卒業後ノ状況、（八）児童及生徒ノ原籍調、（九）資産ニ関スル調汕頭における籍民教育の創始経緯についてはすでに見たとおりで、明治末年頃には、籍民人口の増加とともに、その子弟教育のための機関設立への機運が高まりつつあった。当地にはまだ籍民による団体はつくられていなかったが、領事館は在留日本人協会の手によって公学校課程に準じた学校を設立させる事とし、大正四年（一九一五）同地領事は台湾総督府に対して経費の補助と教員の派遣を要請している。

公学校教諭村岡賎夫が総督府の命を受けて汕頭に着任、学校創立事務にあたることになるのは大正四年（一九一五）三月初めのことである。早速民屋を借り入れて開校式をあげ、同月二三日には授業を開始している。当初の在籍児童数は二〇名であった。以後学年の進行に伴い児童数も増加し、大正六年には総督府より巨額の補助を受けて校舎と職員宿舎新築に着手、二度にわたる自然災害を克服して、大正八年（一九一九）には完成を見ている。その間日本居留民会が発足、以後これが東瀛学校の運営にあたることになる。

その後、同校は着々と整備を進め、大正九年市内に分校を新設した外、台湾および内地留学生のため日本語専修の特設科を設け、同一一年本校卒業者のために補習科、さらに同一三年には補習科に代わって実務科を置くなど、先にみた福州、廈門の各学校と同様な対応を行っている。

昭和五年当時の汕頭東瀛学校の運営状況を見ると、児童生徒数は本科男子一七五人、女子五四人、日本語専修科男子九人、商科男子二七人で、計男子二一一人、女子五四人であった。学級編制は本校五学級、分校三学級の計八学級である。職員は本校分校あわせて訓導八人、准訓導一人、教員心得一人、嘱託三人で、訓導と准訓導は総督府の派遣であった。訓導のうち三人が日本人である。

（九）「汕頭日本人小学校及東瀛学校ニ関スル件（部分）」（六七—⑪）は、当時における同校の経営方針について検討したものである。もともとこの文書は、昭和四年八月一三日付け台湾総督府文教局長の指示にもとづき、日本居留民会長貴志政亮が作成したもので、同年一二月四日付けで汕頭領事別府熊吉に提出、汕頭日本小学校に関する報告書と合わせて、外務大臣幣原喜重郎に送付された。外務省記録『在外日本人各学校関係雑件』在南支ノ部に収録。手書き謄写版刷で、汕頭東瀛学校分は一七ページ、後半部分に汕頭東瀛学校簡章（漢文）が付されている。

そこには昭和五年度における児童の新規募集や学級編制予定など、一九項目にわたって学校運営方針が具体的に記述されている。例えば、「一、本科ノ授業料ハ年四弗随時徴収トセルモ、之ガ為貧民誘致ノ懼レアルニ付、年六弗即収ト改ム」とか「一、実務科（商科）特設科（日語専修科）ハ分校ニ移転ス」「一、商科ハ此後ハ日本小学校卒業生ヲモ収容シ、且又広ク支那人学校ニモ募生スルコト」などがそれである。

ここから、本科では中国人児童の入学を抑えること（報告書につけられている別府熊吉の前文で「籍民本位トシ、支那人ハ優良ナル者ノミ入学セシム」とある）、実務科、特設科の生徒を本科の児童から切り離すこと（反日的な言動の影響を受けさせせないようにする）など、学校経営にあたっての苦心の様子が窺われる。

（一〇）終わりに、その後の同校の状況を概観しておくことにしよう。昭和六年（一九三一）の満州事変を機とする反日・抗日機運の高まりのなか、特に翌七年（一九三二）上海事変が起こると、同校をめぐる状況も緊迫の度を増してくる。教職員や児童の身辺が危険になってきた外、同校在籍の中国人生徒数も大きく減少するに至る。中国人生徒の減少傾向は、既に昭和四年頃から見られるが、上海事変後はわずか四名に激減、その後再び大きく増加することはなかった。

こうした状況は福州、廈門でも同様で、昭和一二年（一九三七）日中戦争の勃発は、遂に各地の居留民の総引き揚げという事態となり、籍民学校も閉鎖に追い込まれるに至ることは、廈門旭瀛書院の項で見たとおりである。

その後、昭和一三年に福州と廈門が、同一四年には汕頭も日本軍の占領するところとなり、この軍事占領を背景にして、籍民移住者の著しい増加がみられ、各学校の籍民児童も増加し、国民学校への移行を経て、敗戦時まで学校は存続することになるのである。

内容構成〈第八集〉―(1)学校要覧類（上）

一二冊（第五六巻〜第六七巻）

冊・巻	文献名	編者・発行者	発行年月	版型	ページ数
第五六巻	①（士林公学校）開校四十周年記念誌	台北州七星郡士林同窓会	昭和一二年三月	A5判	二三六
	②（台北市太平公学校）創立三十五周年記念誌	台北市太平公学校	昭和八年三月	A5判	一七八
	③（台北市大橋公学校）創立十周年記念誌	台北市大橋公学校	昭和一一年三月	A5判	一〇〇
第五七巻	①（台北市松山公学校）開校四十周年記念誌	台北市松山公学校	昭和一四年四月	A5判	七四
	②（台北市龍山公学校）創立満十五周年記年誌	台北市龍山公学校	昭和一〇年一一月	A5判	八八
	③（基隆市寶公学校）本校概覧　昭和十年度	基隆市寶公学校	昭和一〇年	A5判	一六
	④淡水公学校創立三十周季記念誌	淡水公学校同窓会	大正一五年一一月	A5判	八二
	⑤（和尚州公学校）創立四十周年記念誌	和尚州公学校	昭和一五年六月	A5判	七〇
	⑥（竹南公学校創立四十周年）記念会誌	竹南公学校創立四十周年記念事業委員会	昭和一四年九月	A5判	一六八
	①宜蘭公学校沿革概況		大正七年（?）	不明	二八
	②（宜蘭公学校）学校要覧　昭和九年度	宜蘭公学校		B5判	一〇
	③（台北州宜蘭公学校）創立四拾周年記念誌	台北州宜蘭公学校	昭和一四年一〇月	A5判	一四二

第五八巻	④(宜蘭市旭国民学校) 学校要覧 民国三五年三月	宜蘭市旭国民学校	民国三五年三月	B5判	一二
	⑤(宜蘭女子公学校) 創立二十周年記念誌	宜蘭女子公学校	昭和一四年三月	A5判	八六
	⑥(大竹公学校) 創立二十週年記念誌	松村逸雄	昭和一三年六月	B5判	六四
	⑦(彰化女子公学校) 創立二十周年記念誌	彰化女子公学校	昭和一二年	A5変形判	一五〇
第五九巻	①(白川公学校) 開校二十周年記念誌	白川公学校開校二十周年紀念祝賀会	昭和一三年七月	B5判	一四八
	②(新営東国民学校)学校概覧 昭和十七年度	新営東国民学校	昭和一七年七月	A5判	二八
	③(台南女子公学校) 学報 創刊号	台南女子公学校	昭和二年三月	A5判	二六
	④鳳山公学校現今ノ情況概要	『後藤新平文書』	明治三二年	A5判	二四
	⑤大湖公学校創立四十周年祝賀記念誌	高雄州岡山郡大湖公学校	昭和一六年四月	四六判	四六
	⑥(宜蘭尋常高等小学校)創立四拾周年記念誌	古荘廣幸	昭和一六年三月	B5判	一一四
	⑦(花園小学校) 創立四十周年記念誌 花園	花園小学校	昭和一三年一二月	A5判	九二
	①台湾総督府台北中学校一覧 大正四年四月編	台湾総督府台北中学校	大正四年五月	四六判	一八二
	②台北州立台北第二中学校一覧 昭和十二年四月末調	台北州立台北第二中学校	昭和一二年四月	大判図表	二

第六〇巻	③台北州立基隆中学校一覧表　昭和五年八月一日現在	台北州立基隆中学校	昭和五年九月	大判図表	二
	④台湾公立台中中学校要覧	台湾公立台中中学校	大正六年	B5判	六八
	⑤台湾公立台中高等普通学校規則	公立台中高等普通学校	大正一〇年四月	大判図表	一
	⑥台中州立台中第一中学校要覧	台中州立台中第一中学校	昭和四年七月	不明	一六六
	⑦台中州立台中第一中学校一覧　昭和十七年版	台中州立第一中学校	昭和一七年	大判図表	一
	⑧台中州立台中第二中学校要覧　昭和十五年度	台中州立第二中学校	昭和一五年	大判図表	二
第六一巻	①台南州立嘉義中学校一覧表　昭和十三年四月三十日現在	台南州立嘉義中学校		大判図表	三
	②（嘉義中学校）校友会雑誌　創立拾周年記念号	嘉義中学校校友会	昭和九年一〇月	A5判	四七二
	①台南州立台南第一中学校要覧　昭和十四年度	台南州立台南第一中学校	昭和一四年	大判図表	二
	②台南州立台南第二中学校一覧表　昭和十三年四月末調	台南州立台南第二中学校		大判図表	二

巻	資料名	編者・発行者	発行年月	判型	頁数
第六二巻	③高雄州立屛東中学校一覧表　昭和十六年七月一日現在	屛東中学校（升友保）	昭和一六年七月	大判図表	二
	④私立台北中学校一覧　昭和十四年	私立台北中学校	昭和一四年四月	不明	五八
	⑤（私立淡水中学校・高等女学校）学則及諸規程	私立淡水中学校・私立淡水高等女学校	昭和一四年一一月	不明	一九六
	⑥私立台南長老教中学校友会会報　第一号	私立台南長老教中学校友会	昭和六年八月	A5判	四四
	⑦（台南長老教中学学友会）輔仁　第十三号	私立台南長老教中学	昭和一二年三月	A6判	一六二
第六三巻	①台北州立台北第一高等女学校一覧　昭和九年度			大判図表	二
	②（台北第一高等女学校）創立二十五周年記念	台北第一高等女学校交友会及同窓会	昭和四年一〇月	A5判	一八四
	③（台南第一高等女学校）校友会雑誌第七号創立十周年記念	台南第一高等女学校　馬場栄吉	昭和二年一二月	A5判	二九四
第六四巻	（台北第三高等女学校）創立満三十年記念誌（上）	台北第三高等女学校同窓会・学友会	昭和八年一〇月	A5判	六六四
	①（台北第三高等女学校）創立満三十年記念誌（下）	台北第三高等女学校同窓会・学友会	昭和八年一〇月	A5判	六六四
	②台北第三高等女学校創立三十五周年記念誌	台北第三高等女学校	昭和八年一〇月	A5判	一一二

第六五巻	③花蓮港高等女学校一覧　昭和九年四月三十日現在	花蓮港庁立花蓮港高等女学校	昭和九年	大判図表	一
	④台南州立嘉義高等女学校一覧表　昭和十三年度	台南州立嘉義高等女学校		大判図表	二
	⑤台南州立虎尾高等女学校一覧　昭和十五年度	台南州立虎尾高等女学校		大判図表	一
	⑥高雄州立屏東高等女学校一覧　昭和十三年六月現在	高雄州立屏東高等女学校		大判図表	一
	①台北州立台北商業学校一覧　昭和十五年八月調		昭和一五年八月	大判図表	二
	②台北州立台北第二商業学校一覧　昭和十三年度		昭和一三年	大判図表	二
	③台中州立台中商業学校要覧(創立二十周年)	台中商業学校	昭和一四年一〇月	B5判	四〇
	④台北州立台北工業学校一覧　大正十五年十月調	台北州立台北工業学校	大正一五年一一月	B5判	一七六
	⑤台中州立台中工業学校一覧　昭和十四年六月一日現在		昭和一四年六月	大判図表	一

第六六巻	⑥台湾商工学校一覧　大正九年六月末調	財団法人私立台湾商工学校	大正九年一二月	B5判	九八
	⑦財団法人私立台湾商工学校一覧	財団法人私立台湾商工学校	昭和四年九月	大判図表	一
	⑧台湾総督府農事講習生一覧	台湾総督府農事試験場	大正四年三月	不明	二三〇
	⑨台北州立宜蘭農林学校一覧表　昭和九年四月	台北州立宜蘭農林学校	昭和九年	大判図表	二
	⑩台南州立嘉義農林学校一覧表　昭和十三年四月末日現在		昭和一三年四月	大判図表	二
	⑪高雄州立屏東農業学校一覧表　昭和十三年四月末日現在		昭和一三年四月	大判図表	二
	⑫台湾総督府水産講習所案内	台湾総督府水産講習所	昭和一四年	不明	六
	①台北州立台北盲唖学校一覧　昭和八年三月現在	台北州立台北盲唖学校	昭和八年三月	A5判	四六
	②台南州立台南盲唖学校一覧	台南盲唖学校	昭和五年八月	B5判	一〇四
	③台湾総督府成徳学院要覧	成徳学院	昭和一〇年	不明	五〇
	④在支那福州東瀛学校概況　大正六年五月			B5判	一四
	⑤福州東瀛学校規則	福州東瀛学校	大正六年	B5判	三八

第六七巻					
	⑥東瀛学校調査　昭和二年五月	福州東瀛学校	昭和二年五月	B5判	一六
	⑦厦門旭瀛書院要覧	厦門旭瀛書院		A5判	九〇
	⑧（厦門）旭瀛書院　昭和二年四月十日調	旭瀛書院	昭和二年五月	B5判	二八
	⑨支那事変と旭瀛書院	厦門旭瀛書院	昭和一五年六月	A5判	一七六
	⑩汕頭東瀛学校概況	汕頭東瀛学校	昭和五年六月	B5判	一四
	⑪汕頭日本人小学校及東瀛学校ニ関スル件（部分）	汕頭日本居留民会長貴志政亮	昭和四年一二月	B5判	二八

編著者紹介

阿部　洋（あべ・ひろし）

1931年生まれ、九州大学大学院博士課程修了。九州大学助手、福岡工業大学助教授、国立教育研究所室長・同部長を経て福岡県立大学教授・同附属図書館長・大学院研究科長を歴任。国立教育政策研究所名誉所員、福岡県立大学名誉教授、中国・南京師範大学名誉教授。近代東アジア教育史・比較教育学専攻。

主著に『中国教育近代化論』（明治図書、1972年）、『韓国近代教育史』（共訳、高麗書林、1979年）、『日中教育文化交流と摩擦―戦前日本の在華教育事業―』（編著、第一書房、1983年）、『米中教育交流の軌跡―国際文化協力の歴史的教訓―』（編著、霞山会、1985年）、『中国の近代教育と明治日本』（福村出版、1990年）、『中国近代学校史研究―清末における近代学校制度の成立過程』（福村出版、1993年）、『「対支文化事業」の研究―戦前期日中教育文化交流の展開と挫折―』（汲古書院、2004年）、『「改革・開放」下中国教育の動態―江蘇省の場合を中心に―』（編著、東信堂、2005年）など。また、資料集（共編）に『日本植民地教育政策史料集成（朝鮮篇）』全75巻（龍溪書舎、1987-1991年）や『近代日本のアジア教育認識』〈韓国の部〉全9巻（龍溪書舎、1999年）、同〈中国の部〉全22巻（同上、2002年）、同〈台湾の部〉全15巻（同上、2009年）などがある。

現住所：〒225-0011　横浜市青葉区あざみ野４－１－５－108

日本植民地教育政策史料集成（台湾篇）　総目録・解題・索引　第１巻

2019年12月　第１刷

編著者　阿部　洋
発行者　北村正光
発行所　株式会社　龍溪書舎

〒179-0085　東京都練馬区早宮２－２－17
電話03（5920）5222
FAX03（5920）5227

揃ISBN978-4-8447-0159-0

印刷製本：勝美印刷

阿部　洋　編著

日本植民地教育政策史料集成（台湾篇）

総目録・解題・索引

第二巻

龍溪書舎

目次（第二巻）

解題

解題［第八集⑵〜別集Ⅱ］

解題　第八集―⑵「学校要覧類」(下)について

阿部　洋
上沼八郎

I

(一) 本史料集成第八集―⑵「学校要覧類(下)」は、日本統治期台湾における師範学校、高等専門学校および台北帝国大学関係の学校一覧や記念誌等三五点を収録、これを以下のとおり一〇巻にまとめたものである。

一、師範学校(含:国語学校)　五巻(第六八～第七二巻)
二、高等専門学校　三巻(第七三～七五巻)
三、台北帝国大学　二巻(第七六～第七七巻)

これら諸文献・資料類の解題にあたっては、一の師範学校(含:国語学校)関係は上沼八郎、二・三の高等専門学校および台北帝国大学関係、それに全体としてのまとめは阿部洋が担当した。

Ⅱ

（一）まず、師範学校関係（含：国語学校）について取り上げる。ここに収録したのは、以下のとおり六校一八点である。

一、国語学校

①『台湾総督府国語学校一覧　明治三十九年三月』明治三九年六月

②『台湾総督府国語学校一覧　自大正六年至大正七年』大正六年一〇月

③「（国語学校）生徒募集」明治三九年七月

④「台湾総督府国語学校第三附属学校規程」明治三一年八月制定

⑤「台湾総督府国語学校第四附属学校規定　明治三十年六月制定（明治三十一年三月四日改正）」

⑥『町田則文先生伝』（部分）昭和九年一月

二、台北師範学校

①『台湾総督府台北師範学校一覧　大正九年』大正九年一〇月

②『台北師範学校創立三十周年記念誌』大正一五年一〇月

三、台北第二師範学校

①『台湾総督府台北第二師範学校一覧　昭和三年』昭和三年一一月

②『（台北第二師範学校）創立十周年』昭和一二年一〇月

③『芳蘭　第十一号（台北第二師範学校）十周年記念号』昭和一三年二月

四、台南師範学校

①『(台南師範学校) 創立拾周年記念誌』昭和三年一〇月

②『台湾総督府台南師範学校要覧 (昭和十三年十月一日現在)』

③「台南師範学校附属公学校内規」昭和四年七月

五、台中範学校

①『(台湾総督府台中師範学校) 創立十周年紀念誌』昭和八年一〇月

②『台湾総督府台中師範学校一覧　昭和十三年十月一日調』

③『台湾総督府台中師範学校要覧　昭和十七年十月』

六、屏東師範学校

①『台湾総督府屏東師範学校一覧表　昭和十五年度』昭和一五年七月

Ⅲ

(一) 国語学校および師範学校関係の要覧類を取り上げるに先立ち、台湾教育創業の中心人物・伊沢修二について紹介して置く必要があろう。内容的には、既刊の第三集「教育施策関係資料」第一九巻とも関連する。伊沢は台湾総督府初代学務部長として、領台初期の五里霧中の状況のなか、その言語風俗など多方面について深い関心をもち、新領土 (植民地) の開拓について構想を練っていた。伊沢が特に注目したのは、「国語」と「師範」の二文字で、その教育機関の普及を強力に推進した点で突出していた。

（二）維新直後の明治三年（一八七〇）、信州の小藩高遠の貢進生に選ばれて大学南校で英学を学び、同五年には文部省出仕、第一番中学幹事に抜擢された伊沢は、同七年（一八七四）新設の愛知師範学校長に任命されたが、翌年には文部省学監D・E・モルレーの推薦で「師範学科取調べ」のため、髙嶺秀夫、神津専三郎と共にアメリカに派遣され、それぞれニューヨーク州の三師範学校に学んだ。二年後の明治一〇年卒業と同時に帰国した伊沢は、文部省学務課兼任の東京師範学校長となり、その後も体操伝習所長や盲唖学校長などを兼務、傍ら『学校管理法』や『教育学』など一連の著述に励んだ。こうして文部省在任十余年、編集局長として文教官僚の中堅に立つが、明治二二年（一八八九）一〇月帝国憲法発布の当日文部大臣森有礼が暗殺されたのを機に野に下り、大臣の遺志をつぐべく「国家教育社」を創立、小学校教育費国庫補助運動を展開していった。

その頃たまたま日清戦争も終局を迎え、台湾は日清両国間の賠償割譲の対象となった。かねてから伊沢は日清間の互譲友好の必要性から中国語の研究に努めており（研究の集大成は『支那語正音発徴』大正四年刊）、初代総督の樺山資紀を訪ね、用意していた簡単な学習テキスト『日清字音鑑』を提示し、日中彼我の交流を活発にし、まず台湾本島人の「精神ヲ征服シ新国民ノ精神ヲ発揮」させ、「日本化セシメザルベカラズ」と論じた（『国家教育』第三二号）。樺山大将も渡りに船、「自ラ局ニ当タレ」と応じ、直ちに大本営付陸軍省顧員、学務部長心得を委嘱、ともに台湾に赴いた。明治二八年（一八九五）一〇月のことである。

（三）こうして翌二九年四月の民政局官制のなかに学務部が初めて登場する。尤も当初から大本営台湾事務局の委員原敬（後の政友会長・首相）がこだわった台湾の位置づけが先行する。つまり台湾を一般の「コロニー（植民地）」とは見ず、「内地ト多少制度ヲ異ニスルモ植民地トハ看做サザルコト」（『秘書類纂・台湾資料』三〇二ページ）という認識であった。台湾領有は、日本にとっても最初の国民的体験であったためにまず国法上の調整を必要とし、伊沢も英・仏・独など西欧各国の先例を勘案し、自主・自他・混融の三主義のうち混融主義による漸進政策の方向に方針を定めた。そして前述のように台湾を「コロニイノ類トハ看做サザル植民地」と解し、「将来内地ト区別ナキニ至ルコト」という同化主義の基調の下に、教育活動を精力的に展開することになる。

（四）これはともかく、明治二九年の元旦に総督府に年賀を述ぶべく出かける途中、芝山巌の麓で匪徒数百人に囲まれて非命に斃れた総督府雇員の同志六人（楫取道明、関口長太郎、中島長吉、桂金太郎、井原順之助、平井数馬）とともに台湾を埋骨の地と定めていた伊沢にとって、民政長官水野遵の采配に抗し、同三一年六月わずか三か年の台湾学政の任を解かれた伊沢の不満たるや察するに余りあり、その後三か年顧問として台湾学政に関わるに止まった。当時水野は植民官制優遇の方針を樹て収税吏や典獄、警吏らの待遇を喫緊の業務と見て、教員よりも優先する策を企て乃木総督の許可を得ていた。伊沢はすでにこの時台湾公学校法制化と教員定員の維持を計っていたため、直ちに総督宛てに具申書を送り、「新領土永久ノ保安富貴ノ基礎ハ教育」であると強調、「小官ニ委スルニ学校官制改正ノ任ヲ以テ」するように要求、容れられぬ場合は「自ラ決スルノ外出ズル所ナシ」と職を賭して抗議した。それが伊沢一流の非職に至るこれまでのコースであり、上司の民政長官の方針に悖るところでもあった。総督府内部では慰留の声も高く、学務顧問を承諾したが、僅かに数か年、明治三二年（一八九九）八月東京師範学校長に転ずるまで後事委嘱に従った。勿論伊沢の心情には同志「六士」への同感と芝山巌神社開山の使命があり、遭難碑の傍らに自分の遺髪を埋めた直後の大正六年（一九一七）五月、この強力な風雲児も突然世を去った（享年六七歳）。

（五）記述が前後したが、伊沢が樺山総督に提示した「台湾学事施設一覧」（明治二九年）という詳細な「教育施設原案」がある。六士と同じく内地から招致した総督府講習員（ベテランの地方教員の有志たち）を中心に国語伝習所（一六か所）を島内各地に設けて地元から講習員（七五名）と伝習生（百名）を募り、それぞれ甲種（教員）と乙種（吏員）に分けて国語と土語を学び（二〇歳～三〇歳までの青壮年）、四か年から四か月国語・土語・修辞・歴史・理科などを速成教授させ給与も与える「要急事業」。つぎに「永久事業」として「国語学校」を甲乙丙丁の四課程に分け、師範部（甲）、語学部（本国語学科・土語学科（乙）、国語学校附属学校三校（丙）、国語学校附属小学校（丁）に選別し、原地や内地人の青年を収容養成するという案を示したが、極めて緻密な設計案であった。この原案骨子が伊沢の帰国後もしだいに実現していくことになる。

同時にこれら計画の実施に当たっては、伊沢たち七人が最初の実地教場と定めた芝山巌学堂において近隣の士紳たちの子弟数名を集め、土語と日本語の交換練習を始めた。彼らはそのための簡便なテキストを用意し、北京官話の四声ではなく、対岸の厦門語系の八声練習に大いに苦しみ、それでも一か月半、雷公と綽名された伊沢の雷（叱咤激励）の下で大いに速成の功を挙げたという。

（六）伊沢はついで上京してかねて計画中の総督府講習員を集めて芝山巌に連れ帰る仕事があった。たまたま師団長北白川宮は重病（匪害による風評多し）のため人事不省の境にあり、帰京する直前であったが、伊沢が付き添って帰ることになった。その留守中に前述の芝山巌の悲劇が生じた。従って新講習員たちはすべて決死の念を以て渡台し、改めて六士の慰霊を祭ったが、この時生きのこった伊沢部長は血涙滂沱、弔文も途中で途切れて「泣祭り」となったという。

こうして新領土台湾での日本化の出発点は、全国からよりすぐった壮年の教育者四五人の決死の覚悟によって染められ、六士先生の遺志を胸に全島に散った。芝山巌学堂におけるこれら講習員たちは「日本語教授法、支那公用文、博物、衛生法、兵式体操、徒手各個訓練」も改めて学び、言語不通をのりこえ全島に赴任したが、特に澎湖島など僻遠の地を希望する者が多かったという。これも芝山巌捨身の精神の現われに他なるまい。

ちなみにこの第一回講習員四五人の三〇年後の残存者はわずかに五名。途中死亡者は匪害による者二名、風土病による死者一三名。しかしてその後国語学校師範部が発足して教員養成が軌道に乗るまで第七回（明治三三年一一月）まで続き、この間の講習員は総計三七一名、途中挫折した者を除けば二六四名を数えた。

（七）さて、この芝山巌学堂の遺跡は現在かつての状況に近い形で復活もされているようであるが、昭和六〇年（一九八五）頃筆者がここを訪ねた時はすっかり変貌していた。社殿は壊されて跡かたもなく、総理大臣伊藤博文の揮毫によって大書された一丈三尺の碑石「学務官僚遭難之碑」は一部破壊の跡を残しつつも健在、しかし横倒しのまま観光客の椅子に代わり、その他教育者亡魂の名跡ある石碑や「六士先生の碑」もどこにあるか分からぬ有様、「何者かの心なき仕業」と見る外はなかった。今次大戦後に日本人たちの総引揚げのあった直後の現象であろう。そこには史実の違う別の碑記が建てられており、植民の歴史に対する厳しい対応を改めて思い知らされたことを記憶している。近年この地を訪ねた日本人研究者から、「学務官僚遭難之碑」や「六士先生の碑」などの遺跡がほぼ旧状に近い形で復元されていることを知らされた。石碑の側には台北市政府文化局により設置された説明板（民国九二年〈二〇〇三〉一二月付）があり、そこには近年の台湾における歴史の見直しの流れのなか、光復直後に建てられた碑記と並置される形で、「学務官僚遭難之碑」などの遺跡が古い写真をもとに復元されるに至った経緯が詳述されているという。

Ⅳ

（一）本巻冒頭に取り上げる国語学校は、領台直後の総督府による最も代表的な教育機関であり、なおかつ植民地教育機関の中心に位置する教員養成の牙城ともいうべき存在であった。ここに収録するのは、『台湾総督府国語学校一覧　明治三十九年三月』（六八―①）および『台湾総督府国語学校一覧　自大正六年至大正七年』（六八―②）を中心とし、明治三九年（一九〇六）当時における同校師範部の「生徒募集」案内（六八―③）、および初代校長町田則文の足跡をまとめた『町田則文先生伝』（六八―⑥）を以て補充し、これに附属学校関係の「台湾総督府国語学校第三附属学校規程」（六八―④）、「台湾総督府国語学校第四附属学校規定」（六八―⑤）を付した計六点である。これらにより領台当初の国語学校の動静を窺うことができるが、そこに見られるのは、日本化の原則としての国語普及の一事であり、国語学校を主体とする師範学校開設の過程に尽きる。

（二）台湾は元来地理的にも日本に近く、同文・同教・同種の地であり、このため「我国語を彼に教へ、彼の言葉を我に習ふと言ふことは是が融和の第一着」というのが、伊沢学務部長の認識であった。前述の「台湾学事施設一覧」の前に樺山総督に提示した伊沢の原案は、「目下急要ノ教育関係事項」と「永遠ノ教育事業」の二点であった。このうち前者では「彼我思想交通ノ途ヲ開ク」「文教ヲ尊ブノ主意ヲ一般人民ニ知ラシム」「宗教ト教育トノ関係ニ重キヲ置ク」の三点を強調し、後者の事項はすべて伊沢の専門領域の五点であった。

一、台湾総督府所在地ニ師範学校ヲ設ケ、之ニ模範小学校ヲ附属セシムベキ事。
二、師範学校用及小学校用ノ教科書ヲ編輯スベキ事。
三、各県所在地ニ漸次師範支校ヲ置キ、各之ニ模範小学校ヲ附属セシム。
四、総督府所在地又ハ各県設置ノ模範小学校整備スルニ至レバ、漸次各地ニ小学校ヲ設置スベシ。
五、師範学校ノ学制整備スルトキハ、之ニ併シテ農業、工業等ノ実業科ヲ設クルヲ要ス。

これらの提案は樺山によってすべて伊沢に一任され、伊沢も留米師範教育の友人神津専三郎を台湾に招いて総督府編輯課に属させた直後、神津は風土病（腸チフス）のため落命した。

（三）明治三〇年（一八九七）一〇月二〇日、総督府国語学校は台北城内南門街の新築校舎で盛大な開校式を挙げた。乃木総督をはじめ民政局長、知事等の文武官一七〇余名、職員生徒五〇〇余名が参列し、町田則文校長が勅語を奉読、総督の祝辞も「教育ノ急務」「聖意奉体」「皇化宣布」などの言葉が続き、学務部員中の碩学加部厳夫の「開校式の歌」がしめくくった「日本心ハ経ノ糸、唐紅ハ緯ノ糸、ソノ経緯ニ乱レナク、織レヨ錦ヲアカル栲」と。

（四）『台湾総督府国語学校一覧』明治三九年版（六八―①）は、創立後一〇年近くを経た国語学校の概況を示したもので、明治三九年六月の刊行。冒頭に校舎正門から校舎、附属学校の幼童や女子組の写真を配し、本文は（一）沿革、（二）法規、（三）国語学校細則、（四）職員生徒卒業生、（五）雑則の五編および付録で構成、二三八ページよりなる。

「沿革」によれば、国語学校は明治二八年七月学務部長伊沢らにより始められた学務部付設の学堂での本島人生徒一〇名を対象とする国語伝習を以てその起源とされる。翌二九年元旦の学務部員六名の遭難事件による一時的中断を経て、同年三月末「台湾総督府直轄学校官制」にもとづき、台湾総督府国語学校芝山巌学堂として再開され、四月には内地から到来した講習員四五名を対象に講習を開始した。これと相前後して本島人に対する授業も再開され、六月初め着任した町田則文校長のもと着々と学校の態勢が整備されていった。新校舎が竣工し、学校が台北城内南門街に移るのは明治三〇年九月のことである。

（五）初代校長町田則文の活動ぶりについては、『町田則文先生伝』（六八―⑤）にその詳細を見ることができる。町田則文先生謝恩事業会により昭和九年（一九三四）に編集・公刊されたもので、ここにはその中から年譜および台湾関係の個所を抽出した（全三二八ページ中四八ページ）。前述したとおり、台湾の学校教育の基礎づけは伊沢学務部長の手によって推進されたが、運営にあたる人材の登用は文部省がこれにあたっていた。特に国語学校長の選任については厳密が期待され、東京高等師範学校教授の町田則文が適任であるとされた。清廉で実直、豪強の風貌性格が認められて台湾には相応しい適材と思われた。

町田は明治九年（一八七六）東京高等師範学校に学び、同一一年茨城第三中学校長を経て、同二二年には愛媛県尋常師範学校長、同二四年埼玉県尋常師範学校長を勤め、翌二五年一一月からは東京高等師範学校教授に任じていた。彼が台湾に赴くのは明治二九年六月のことで、台湾到着後伊沢部長とは直ちに接見、多少意見の対立もあったがのち解消、国語学校の運営に入った。その後四年にわたり精力的に教育活動を展開し、台湾語の研究にも関わったが、明治三三年（一九〇〇）東京女子高等師範学校教授に任命され帰国した。以後「創業時代の台湾教育」(『教育時論』)など雑誌や講演を通して、台湾教育の問題について健筆を揮った。伊沢部長とともに台湾教育の「創始」を担った人材の一人であった。

(六)上掲の『国語学校一覧』によれば、明治三九年(一九〇六)当時における同校の組織は、(一)師範部、(二)中学部、(三)国語部、および(四)実業部で構成されていた。先に見た講習員制度は、明治三四年三月第七回卒業を以て終了し、以後国語学校師範部において本格的な国語伝習所および公学校教員の養成が行われることとなる。

当初ここでは内地人のみを対象とし、本島人の公学校教員養成機関としては、別に明治三二年(一八九九)三月台北、台中および台南の三か所に師範学校が設立されたが、公学校の普及が予定どおり進まないため、同三五年に台北・台中の両師範学校が、三七年には台南師範学校がそれぞれ閉校となり、そこでの事業は国語学校師範部に統合された。それに先立ち三五年七月「国語学校規則」の改正が行われ、師範部は内地人を収容する「甲科」と本島人のための「乙科」で構成されることとなった。甲科は、年齢満一八歳以上二五歳以下で、中学校卒業程度の学力を有するものを収容し、修業年限は一年三か月、乙科は年齢満一四歳以上二三歳以下で、公学校卒業以上の学力を有するものを収容し、修業年限は四年であった。

このほか、国語学校には内地人青年を対象に高等普通教育を施す中学部や、本島人青年に国語を教授し、高等普通教育を授ける国語部、それに国語部第二・第三学年の課程を修了した者に農業・電信などの科目を教授する実業部があり、附属学校としては、「公学校規則」にもとづき本島人児童に初等普通教育を授ける第一附属学校(艋舺)、公学校卒業程度の本島人女子に対して師範教育または技芸教育を施す第二附属学校(士林)、および内地人女子を対象に高等普通教育を行う第三附属高等女学校（台北）の三校があった。

（七）この時点における同校の教職員構成は、町田の後を承けて明治三四年六月校長に就任した田中敬一のもと、教授一三名、助教授一七名、教務嘱託一四名などよりなり、舎監（一〇名）はこれら教職員の兼任としていた。このほか、第一附属学校（主事・鈴江団吉）に教諭九名および雇四名、第二附属学校（主事・加藤元右衛門）に教諭三名、雇六名、第三附属高等女学校（主事事務取扱・大橋捨三郎）には教諭三名、嘱託二名がそれぞれ配置されている。

生徒の在籍状況を示せば、師範部甲科五〇名、同乙科一六五名、中学部一五九名、国語部五八名、実業部二六名の計四五八名で、ほかに第一附属学校四六九名（男三四五名・女一二四名）、第二附属学校一六〇名、第三附属高等女学校九九名があった。

（八）明治三九年（一九〇六）当時における同校「生徒募集」案内（六八—③）を見ると、師範部甲科（内地人給費生）では、試験のうえ三〇名を募集する。応募資格は満一八歳九か月以上二五歳以下で、中学卒業程度の学力を有する者とされ、入試科目は国語、漢文、英語、歴史、地理、数学、物理化学と博物の八科目、試験は一〇月三一日から一一月二日までの三日間、道庁・各府県庁内および本校内で実施するとある。一年三か月の修業期間中学資が補給され、兵役免除の特典もあり、卒業後三年間台湾総督府指定の職務に従事する義務があった。

（九）附属学校に関しては、規則類二点を参考のため収録した。「台湾総督府国語学校第三附属学校規程」（六八—

④）および「同第四附属学校規定」（六八―⑤）がそれである。それらの開設経緯を見ると、まず最初の国語伝習所である芝山巌学堂が第一附属学校（士林）となり、本校は台北、第二附属が艋舺、第三附属が大稲埕に、更に三〇年には第一附属に女子分教場を開設、同年六月には増大する内地人児童用に第四附属校を開設し、翌年には内地人用の尋常中学校（中学部の原型）を附設した。以後、原地人の入学志望者の増大に伴い公学校令の公布による校名変更など、附属学校の統廃合がめまぐるしく繰り返されている。

右のうち「第三附属学校規程」（明治三一年八月制定、全一二条）によれば、「国語学校規則第四条ニ依リ本島人ノ女子ニ普通学及手芸ヲ授ク」（第一条）とある。本科は普通学（六か年）、手芸科は手芸（三か年）を教授する。普通学とは「修身、国語、読書、習字、算術、唱歌及裁縫」を指し、本科の卒業生で手芸科に編入した者には「編物、造花、刺繍」を課し、「修身、国語、読書、習字、算術」の四科目を免除した。

（一〇）「第四附属学校規定」は、明治三〇年六月の制定であるが、翌年三月に一部再改正されている（全文二五条）。内地からの流入人口が増えるのに伴う対応であった。第一条に「国語学校規則第四条ニ依リ本島ニ在ル内地人ノ幼年者及青年者ヲ教育スル」とされ、本土に従って「小学科及尋常中学科」を開設、小学科六年、尋常中学科五年と定めた。小学科の教科目は「修身、読書、作文、習字、算術、日本地理、日本歴史、理科、図画、唱歌、体操、裁縫（女児）」、尋常中学科は「倫理、国語及漢文、英語、歴史、地理、数学、博物、物理及化学、習字、体操」である。なお、小学科には二年の補習科が設けられ、そこでは男児には土語、習字、漢文、体操、女児には裁縫が課された。また体操では男児に兵式体操、女児には普通体操か遊技が課されている。

（一一）次に『台湾総督府国語学校一覧』大正六年版（六八―②）を見よう。国語学校は、大正八年（一九一九）制定の「台湾教育令」により「台北師範学校」に改組される。そのため本一覧は、同校の最終段階における運営状況を示すものとなっている。全二七八ページで、内容的には明治三九年版と類似するところが多く、冒頭の「学校暦」や「沿革」「法規」などは同文と見ても差支えない。これによれば、大正六年当時における同校の校内組織は、（一）小学師範部、（二）公学師範部、（三）国語部、および（四）実業部よりなり、これに附属学校三校が加わる形となっている。

（一二）小学師範部は、明治四三年（一九一〇）五月国語学校規則の改正により設置されたものである。前述のとおり国語学校は、従来専ら公学校教員の養成を目的とし、小学校教員は内地からの供給に依っていたが、近来における小学校の学級増加に伴う教員需要の激増に対応して、国語学校師範部で小学校教員の養成にもあたることになるのである。これに合わせて従来の師範科は「公学師範部」と改められ、甲・乙両科に分け、甲科は内地人を、乙科は本島人を収容した。修業年限は小学師範部・公学師範部甲科ともに一年で、入学資格は年齢満一七歳以上二五歳以下の内地人で中学校卒業程度の学力を有する者とされた。

一方、公学師範部乙科の修業年限は四年。入学資格は満一四歳以上二三歳以下の本島人で、修業年限六年の公学校卒業以上の学力を有するものとされた。その教科目を示せば、以下のとおりである。

小学師範部―修身、教育、国語、数学、理科、歴史地理、図画手工、農業、商業、音楽、体操、台湾語
公学師範部甲科―修身、教育、国語、台湾語、理科、歴史地理、図画手工、農業、商業、音楽、体操
公学師範部乙科―修身、教育、国語、漢文、歴史地理、数学、理科、習字、図画、音楽、手工、農業、

商業、体操

なお、大正七年七月には国語学校の分校が台南に新設され、公学師範部乙科の生徒を入学させている。公学校教育の普及拡大による教員需要の急増に対応するためであった。

（一三）大正六年（一九一七）当時における国語学校の教職員構成を見ると、明治四四年二月学校長に就任した隈本繁吉（台湾総督府視学官・学務課長兼任）のもと、教授九名、助教授三四名（兼任を含む）、嘱託一〇名などよりなり、生徒監（一三名）は専任教員の兼務であった。

一方生徒の在籍状況は、小学師範部一六名、公学師範部甲科六八名、公学師範部乙科六二〇名、および国語部一四一名で、附属校では女学校一七三名、小学校五三七名、公学校一、〇七二名であった。

V

（一）国語学校は大正八年（一九一九）「台湾教育令」により「台北師範学校」と改められ、以後も継続して台湾師範教育の中核的存在としての役割を果たすのであるが、ここには関連文献として、『台湾総督府台北師範学校一覧　大正九年』（六九―①）および『台北師範学校創立三十周年記念誌』（六九―②・七〇）の二点を収録した。

（二）『台湾総督府台北師範学校一覧』大正九年版（六九―①）は、発足早々の同校の運営状況をまとめたもので、本文二六二ページよりなる。大正九年（一九二〇）一〇月の刊行で、内容は（一）学校暦、（二）沿革、（三）法規、（四）台北師範学校職務規程、（五）訓練ニ関スル規程、（六）職員生徒及卒業生で構成される。以下、「沿革」や「法規」により同校の成立過程を見ておこう。

大正八年一月公布の「台湾教育令」は、台湾人教育に関する最初の統一的規程で、教育を普通教育、実業教育、専門教育および師範教育に分け、師範教育に関して次のように規定した。

第二七条　師範教育ヲ為ス学校ヲ師範学校トス

第二八条　師範学校ニ予科及本科ヲ置ク予科ノ修業年限ハ一年トシ本科ノ修業年限ハ四年トス

入学資格については、予科は修業年限六年の公学校卒業程度、本科は予科修了程度の学力を有する者とした（第二九条）。ついで同年三月末「台湾総督府師範学校規則」（府令第二三号）が発布され、予科・本科の教科目およびその教授要旨が設定された。そして生徒教養上注意すべきこととして、「何レノ教科目ニ於テモ徳性ノ涵養ト国語ノ熟練トニ留意シ国民性格ヲ確立セシメ師表タルヘキ品性ヲ具ヘシムルコト」に力めるよう指示された。

（三）同年四月「台湾総督府師範学校官制」が公布され、これにより従来の国語学校は「台北師範学校」と改称、分校は「台南師範学校」として独立することとなった。同官制はまた、内地人のため師範学校に「公学師範部」および「小学師範部」を付設することができるとし（第三条）、次いで公布された「師範学校内地人教員養成規則」（府令第二四号）により、公学師範部・小学師範部ともに修業年限は一年で、入学資格は中学校卒業程度と決められた。

発足当時の台北師範学校の状況を見ると、学校長太田秀穂（台湾総督府視学官兼任）のもと、教授九名・助教授三五名（いずれも兼任を含む）・生徒監一五名（専任教員の兼務）・嘱託七名などで構成された。

生徒の在籍状況は、本校では小学師範部八名、公学師範部四一名、本科五六八名、予科一二一名、講習科四〇名の計七七八名で、このほか国語部に四〇名があった。附属校では、小学校（尋常科・高等科）五九七名、小学校分教場四一名、公学校一、〇五二名が在籍していた。

（四）『台北師範学校創立三十周年記念誌』（六九―②・七〇）は、同校発足七年後の大正一五年一〇月に刊行された。七〇〇ページを超える巨冊で、これを上下二部に分けて収録した。綿密な考証にもとづき、領域ごとに細大もらさず事実を系統的に積み上げた苦心の編集と見られる。この記念誌は、先に『学校要覧類』（上）で取り上げた台北第三高等女学校『創立満三十年記念誌』（六四・六五―①）と並んで、日本統治期に出された各種学校誌中の白眉ともいうべきものである。

巻頭には「皇太子殿下行啓」以下口絵写真十数葉が掲げられ、次いで総督・総務長官の訓辞、学校長志保田鉎吉の挨拶と続くが、志保田はそのなかで開校以来五千名の卒業生を送り出していることや、台湾において本校が教育勅語奉戴の先鞭を切ったこと、さらには芝山巌事件における「六士先生」殉職の直系である勤続教員をかかえることを挙げ、この学校が台湾師範教育の中心校として重要な地位に立つことを誇示している。これに続く「本校の光栄」では、大正一二年四月の「皇太子殿下本校行啓」の感想以下、八家の宮家の訪問について特筆、「台覧授業」に対する生徒たちの感想も載せられている。

（五）記念誌の中心部分をなすのは、「本校の沿革」および「感想」である。

まず「本校の沿革」では、これまでの三〇年間を次の三期に分けて、同校の発展過程を詳述する。

(1)「芝山巌時代」明治二八年七月〜同二九年五月（一年間）

(2)「国語学校時代」明治二九年五月〜大正八年三月（二三年間）

(3)「台北師範学校時代」大正八年四月〜現在（六年間）

そして「台北師範学校時代」の六年間については、これを（一）旧台湾教育令の時期と、（二）改正台湾教育令の時期に区分して、現状の紹介に及んでいる。

大正八年に発足した台北師範学校が大きく改編されるのは、大正一一年（一九二二）三月公布の「改正台湾教育令」（勅令第二〇号）によってである。この新教育令にもとづき台湾の教育制度は抜本改訂され、原則として内地に準ずるものとなり、初等普通教育に関してのみ「国語を常用する者」と然らざる者の間で小学校と公学校との二種の学校を併置した外は、中等以上の学校は「内台共学」となった。そして師範教育については、

第一三条　師範学校ニ小学校師範部及公学師範部ヲ置ク

第一四条　師範学校ノ修業年限ハ六年トシ普通科五年演習科一年トス但シ女子ニ在リテハ修業年限ヲ五年トシ普通科ニ於テ一年ヲ短縮ス

と規定、これにより台北師範学校では従来の予科・本科が廃止され、新に小学師範部・公学師範部のもと普通科・演習科が編成されることとなった。普通科の修業年限は五年で従来より一年延長され、これに演習科一年が加わる。女子の場合、普通科の年限は四年である。入学資格については普通科は年齢一二年以上で尋常小学校卒業程度の学力を有する者、演習科は年齢一七年以上で普通科を修了した者、または中学校卒業者とされた。その上に研究科も新設されている。その他公学校教員養成のための講習科（修業年限三年）も置かれた。附属学校と

しては、小学校と同分教場および附属公学校があった。

（六）いま、大正一五年九月現在における同校生徒の在籍状況を示せば、次のようになる。

(1)小学師範部　普通科二一四名、演習科一八名、計二三二名

(2)公学師範部　普通科三三九名、演習科七〇名、計四〇九名

(3)公学校教員養成講習科九六名

(4)研究科八名

これを種族別に見ると、内地人三四八名、本島人三九一名、原住民六名で、合計七四五名であった。

なお、この三〇年間に本校を卒業したものは内地人(元小学師範部・元師範部・元師範部甲科・元中学部など)一、八六八名、本島人（元公学師範科・元師範部乙科・元国語科・国語部・実業部など）二、九八一名で、合計四、八四九名を数えた。

（七）「感想」は、「回顧拾遺」と合わせると四三七ページで、『記念誌』全体の過半を占める。（一）旧職員の部と（二）会員の部で構成され、前者は二八点、後者は会員による感想六八点で、このうち内地人の執筆になるもの三七点、本島人のそれが二七点である。そこには創立以来のさまざまな風景や表情が刻まれており、各編ともに繰り返し読むべき好資料となっている。なかでも冒頭の町田則文校長の「創立満三十年」を始め、初期講習員の加藤元右衛門の「芝山巌懐旧録」、土性善九郎（明治三八年師範部甲科）の「附属公学校時代の回顧」その他の力篇に当時の努力が偲ばれる。また宋登才（大正一五年本科）の「栄光輝く母校三十年史の回顧」なども価値

ある記録である。

「回顧拾遺」は、他の書籍や雑誌から抽出した沿革史関係の貴重な記録や論説など十数編よりなり、伊沢修二の「伊沢学務部長の学制意見」や「台湾教育に対する今昔の感」、あるいは加藤春城の「台湾公学校に於ける国語教授法小史」や「公学校に於ける国語問題」、金須武之の「国語学校の十年前と今日」など、いずれも台湾教育史研究のための貴重な資料である。

巻末所載の「現職員氏名」によれば、大正一五年現在の台北師範学校の教職員は、志保田校長のもと、教諭三五名、書記五名、嘱託一一名、雇五名などで構成されていた。附属小学校には主事（渡辺節治）のもと、訓導二一名、嘱託四名、雇一名、附属公学校には主事（関野栄）のもと、訓導三一名、嘱託二名がそれぞれ在籍している。

（八）台北師範学校は、昭和二年（一九二七）五月「台湾総督府諸学校官制中改正」（勅令第一一三号）により、台北第一師範学校と台北第二師範学校の二校に分割された。その結果、第一師範学校は小学師範部（普通科・演習科）および研究科で構成、主として小学校教員の育成にあたり、これまでの南門校舎を継続使用する。一方、第二師範学校は公学師範部（普通科・演習科）および講習科（公学校乙種本科正教員養成講習科）で構成、大安地区に移り、そこで公学校教員の育成にあたることとなった。

すでに「改正教育令」の下「内台共学」制度が施行されているなかで、敢えて両校分割を行う理由について、閣議請議案「台湾総督府諸学校官制中改正ノ件」（昭和二年五月六日付）は、「其ノ規模膨大ニ過キ且ツ組織複雑ニシテ……教授ノ徹底、訓育ノ統一ニ欠陥ナキヲ期シ難シ」としていた。

「理由書」によれば、（一）当時台北師範学校は二一学級・生徒数約八〇〇名よりなり、彼らを寄宿舎に収容して集団生活させるが、これに対する職員は教諭・書記・舎監など計四六名にとどまる。(二)同校の組織内容を見ると、小学師範部・公学師範部の外に講習科・研究科があり、生徒は内地人・本島人よりなり、本島人のなかも福建系・広東系の別があり、そのうえ更に少数の原住民さえも雑じる複雑な状況にある。そのため生徒に対する教授訓育は徹底を欠き、近年は生徒の教職員に対する反抗的態度も屡々見られるようになり、さらには警察官との衝突事件さえ起こり、生徒に対する「懲戒的処罰」件数も多数に上っている。これらの理由により、この際台北師範学校を二校に分割するのが最も適当とされるのである。

(九)ここに挙げられた警察官との衝突事件というのは、大正一一年(一九二二)二月に起こった台北師範生と大稲埕派出所巡査との衝突に端を発した本島人生徒数百名による騒擾事件を指す。この時生徒四五名が司法当局により検挙されたが、結局全員起訴猶予となり事件は一応落着している。『台湾総督府警察沿革誌』(第二編・中巻一七一～一七三ページ)によれば、当時台北師範学校本島人生徒は、林献堂ら文化協会の民族主義啓蒙運動の強い影響下にあった。そのため、この事件を機に『台湾日々新報』は長文の社説を掲げて文化協会を激しく攻撃、各学校当局は生徒に対し同会からの脱会を強要し、文化協会側はこれらに強く反発するという事態となっていた。こうしたなか本島人生徒の民族的反感は急速に険悪化し、内地人生徒との反目も高まって小紛擾が絶えず、その結果翌々年の大正一三年一一月本島人生徒による修学旅行ボイコットを機に、第二の紛擾事件が惹起された。学校当局は強硬姿勢を以て直ちに一週間の休校措置をとり、これに対して文化協会側は帰省生徒の不復校を呼びかけ、紛擾は「組織的争議」の様相を呈し、学校側は遂に生徒三八名を退学処分とし、これにより事件は一応解決を見ている。ちなみにこれらの退学生は、大部分が東京あるいは中国に転じて学業を継続、それぞれ思想運動に身を投じ、後年台湾社会運動の闘士として活躍したという。

（一〇）ともあれ、上述のような経緯の下で設立された台北第二師範学校は、昭和二年（一九二七）五月二五日志保田第一師範学校長が本校校長を兼任して新発足することになる。ここには関係文献として『台湾総督府台北第二師範学校一覧　昭和三年』（七一―①）および『（台北第二師範学校）創立十周年』（七一―②）、『芳蘭　第十一号（台北第二師範学校）十周年記念号』（七一―③）の三点を収録した。

このうち、『台北第二師範学校一覧』昭和三年版（七一―①）は発足早々の学校概況を紹介したもので、内容は（一）学校暦、（二）沿革略、（三）法規、（四）本校諸規程、（五）職員、（六）生徒、（七）卒業者修了者よりなり、全二六六ページ。それによると、同校の学科構成は次のようになっていた。

(1)公学師範部　普通科（五年）・演習科（一年）

(2)公学校乙種本科正教員養成講習科（三年）

在籍生徒数は、公学師範部二六三名（普通科一八三名、演習科七五名）、講習科八一名の合計三四四名。これを種族別に見ると、内地人四八名・本島人二九三名・原住民三名である。附属公学校の在籍児童は六六〇名であった。

教職員について見ると、当時は校長根井久吾のもと、教諭二二名（兼任二を含む）、舎監六名（兼任）、配属将校一名、書記四名、主事一名（兼任）、訓導一八名、嘱託八名、雇九名の計六一名で構成されていた。ここに配属将校が初めて登場しているが、これは大正一四年（一九二五）四月「陸軍現役将校学校配属令」（勅令第一三五号）により、中等学校・師範学校・実業学校以上の諸学校の男子生徒に対し、教練を実施するため現役将校が配属されることとなったのに伴うものである。

（一一）次にあげる『創立十周年』（七一―②）および『芳蘭　第十一号　十周年記念号』（七一―③）は、昭和一二年（一九三七）同校の創立一〇周年を記念して刊行されたものである。

『創立十周年』は全文四〇余ページの小冊子であるが、冒頭に校旗・校歌、次いで三代の校長や現職員、さらには校舎・寄宿舎などの写真を掲げ、学校の沿革および現況がコンパクトにまとめられている。昭和一二年一〇月の公刊。序文によれば、創立十年記念のための行事や出版物など各種準備を進めていたが、図らずも今次の事変（日中戦争）に際会、国民精神総動員の声が高まっている折柄とて、一切の記念事業の計画を中止し、記念誌も学校史十年の概要を録するだけの簡単なものにとどめたとある。

これにより同校の学科組織を見ると、発足時と同様（一）公学師範部（普通科・演習科）および（二）講習科で構成されているが、その内容に変更があり、公学師範部の修業年限が一年延長されて六年となり、従来一年だった演習科が二年に改められた。これは昭和八年（一九三三）三月の「台湾教育令中改正」および「台湾総督府師範学校規則」の改訂により、師範教育の内容充実が図られたもので、内地における師範学校修業年限の延長に対応していた。その際従来画一的だった学科課程が改訂され、これを以下のように「基本科目」と「増課科目」の二種に分けた。

基本科目　修身、公民科、教育、国語漢文、台湾語、歴史地理、英語、数学、理科、実業、図画手工、音楽、体操

増課科目　国語漢文、台湾語、国史、地理、英語、数学、理科（博物・物理及化学）、実業、図画、手工、音楽

基本科目では師範教育として共通に必要な知識技能を修めさせ、増課科目では「生徒ノ志望、趣味、性能等ニ依リ適宜科目ヲ選択」させ、教授の効果を増大させるという趣旨であった。

（一二）昭和一二年当時における同校の運営状況を見ると、教職員は校長藤谷芳太郎のもと、教諭一九名、訓導一九名（兼任一名）、書記一名、配属将校一名、教務嘱託二名、主事一名（兼任）、舎監六名（兼任）など、六二名で構成されている。

生徒の在籍状況は、公学師範部普通科一九〇名、演習科九八名、講習科一〇二名、合計三九〇名で、これを種族別に見ると、内地人二五五名、本島人一三五名である。一〇年の間に、内地人生徒が急増し、同校における内台人の構成比率が逆転していることが分かる。

ちなみに、同校発足以来の十年間における卒業・修了生は、合計九四八名（公学師範部六一五名・講習科三三三名）であった。

（一三）『芳蘭　第十一号　十周年記念号』（七一―③）は、昭和一三年（一九三八）二月同校校友会の記念誌として刊行されたもので、一五六ページよりなる。冒頭の口絵には先の十年誌と同様の校旗・校歌や歴代校長や校舎・寄宿舎・校庭、生徒の活動を描いた写真数葉や「創立十周年記念歌」などが加わえられている。内容も豊富で、むしろこれら二冊を合わせることで当初企画されていた創立十周年記念誌が成り立つと見るべきであろう。

巻頭には校長藤谷芳太郎の「十周年偶感」、ついで初代校長志保田鉎吉による「創立十周年を迎えて」と題する長文の祝辞が続くが、そこには本校の設立経緯や当時の学校運営をめぐる諸困難などの詳細が語られていて貴重である。このほか根井第二代校長の祝辞や旧職員の回想記十数編、それに在校生や卒業生たちが寄せた数々の文章も、同校十年間の推移の諸相を伝えて興味深い。

これらの回想記の間には、「時局下の断片」や「国民精神総動員週間実施事項」「本校関係出征応召従軍者」などの記事が挿入されていて、戦時下の厳しさを伝えている。なかでも元教員の一人は応召されて中国各地に転戦、名誉の戦死を遂げるが、その直前に生徒たちに送った手紙が掲載されていて印象深いものがある。

Ⅵ

（一）昭和一〇年当時台湾には、師範学校として上掲の台北第一・第二師範学校のほか、台南師範学校と台中師範学校の計四校があった。このうち、台北第一師範学校には小学師範部（普通科・演習科）および研究科が置かれ、主として小学校教員の育成を担当、他に公学師範部女子演習科も付設されていた。これに対して台北第二師範学校、台南師範学校および台中師範学校の三校は、いずれも公学師範部（普通科・演習科）および講習科で構成され、公学校教員の養成にあたっていた。

これら三校のなかで、最も早く設立されたのは台南師範学校である。もともと大正七年（一九一八）国語学校の分校として出発、翌八年「台湾教育令」により台南師範学校と改められた。ここには関連文献として『（台南師範学校）創立拾周年記念誌』（七二―①）、『台湾総督府台南師範学校要覧（昭和十三年十月一日現在）』（七二―②）、および『台南師範学校附属公学校内規』（七二―③）の三点を収録した。

（二）『（台南師範学校）創立拾周年記念誌』（七二―①）は昭和三年（一九二八）一〇月の刊行で、一三〇ページよりなる。内容構成は上掲の『台北師範学校三十年記念誌』の体裁を踏襲、皇太子殿下行啓を冒頭に、歴代校長と校舎・教職員・生徒・寄宿舎・付属公学校などの口絵写真や学校平面図を掲げ、序文「創立十周年記念式を挙行するに当りて」がこれに次ぐ。そのあと「本校ノ光栄」、「台南師範学校ノ大要」「台南師範学校現状」「感想」と続き、巻末は教職員や卒業生・修業生の名簿となっている。

「本校ノ光栄」は皇太子殿下の行啓および朝香宮御成の関係記事で、記念誌の中心部分をなすのは「沿革大要」と「台南師範学校現状」および「感想」である。但し、枚数的には名簿が全体の三分の一を占める。

（三）「沿革ノ大要」は（一）台湾総督府国語学校分校時代、（二）台湾総督府台南師範学校時代で構成。それによれば、大正七年七月国語学校分校の開設にあたっては、台南市の名跡赤崁楼内にあった旧陸軍衛戍病院の古い建物を仮校舎とし、台南高等女学校長志保田銈吉が分校主任を兼務した。生徒は応募者九六〇名中から二次にわたる試験を経て八〇名を選抜して授業を開始したとある。

大正八年「台湾教育令」により同校は「台南師範学校」と改称、「台湾総督府師範学校官制」にもとづいて予科一年・本科四年で構成されることとなった。学校長には分校主任志保田が就任、同年四月まず本科第一学年生徒七八名が入学、翌月には予科生徒一二〇名も入学し、いずれも寄宿舎に収容された。翌九年四月には二期生として予科生徒一二〇名が入学している。同年新寄宿舎が完成し、これを教室にあてて授業が行われた。大正一〇年四月には台南第一公学校が師範学校代用附属公学校に指定されている。

翌一一年二月「改正台湾教育令」が発布され、これにより同校は公学師範部普通科五年・演習科一年で構成、修業年限が一年延長された。翌一二年からは修業年限三年の講習科（公学校乙種本科正教員養成講習科）生三八名の授業も開始されている。沿革史を見ると、当時同校ではこのほか、臨時公学校講習会（期間一一か月）や公学校教員養成講習会（期間四か月・六か月）、学力補充講習会（同三か月）など、公学校教員の需要急増に対応するための各種応急措置も取られていたことが分かる。こうした臨時措置は「改正台湾教育令」公布以後もしばらく続けられたようである。大正一一年四月新校舎がようやく完成を見た。

（四）昭和三年当時の学校状況を見ると、職員組織は第二代校長田中友二郎のもと、教諭二〇名、配属将校一名、舎監（兼任）八名、書記四名、嘱託六名などで構成。在籍生徒は、公学師範部普通科一九一名、演習科七八名、計二六九名、および講習科（公学校乙種本科正教員養成講習科）八九名、合計一〇学級・三五八名であった。これを種族別に見ると、内地人九一名、本島人二五九名、原住民八名である。

発足以来一〇年間における同校の卒業・修了生は、大正一〇年度本科卒業の七四名を筆頭に、以後昭和二年まで一四七二名であった。

（五）「感想」は（一）創立関係者や（二）旧職員、（三）現職員、（四）卒業生修了生の順で構成され、量的には卒業生たちの文章が最も多く、二十数点を占める。それらのなかで印象深いのは、国語学校台南分校の開設事情について記した隈本繁吉（当時国語学校長・学務部長）の「祝辞」や、学校発足時の苦労を詳述した分校主任・初代校長志保田鉎吉の「思い出」である。それらによれば、台湾南部の大都邑・台南に師範教育機関を設置する件は、学務部が大正初年から提案、ようやく同七年に至って国語学校台南分校として実現されたものであった。

同年八月赤崁楼内の陸軍衛戍病院の旧建物を仮校舎として発足するが、そこは「丈なす草と山なす塵に埋められた廃屋」で、想像を絶した「陋穢朽敗狭隘不便」、構内の一部には衛戍病院時代の死体室や伝染病室さえ残っているなか、応急措置によりようやく開校に漕ぎ着けたとある。分校発足当初から長年書記を勤めた金成茂生の「感想」も、開校時やその後の学校運営をめぐる関係者の悪戦苦闘ぶりを語って余すところがない。

(六)『台南師範学校要覧』昭和一三年版(七二―②)は大判図表一枚で、学校の創立と位置・目的、および部科修業年限などのほか、沿革略や職員・生徒の状況など主要事項がコンパクトにまとめられている。生徒については(一)出身地別、(二)入学前学歴、(三)種族別、(四)年齢別、(五)身体検査成績、(六)保護者職業別、(七)最近三ヶ年募集状況、(八)卒業生修了生出身地別などが収録されている。

これによれば、昭和一三年(一九三八)当時同校の教職員は校長一名、教諭二二名、配属将校一名、訓導一九名、舎監(兼)七名、書記四名、教務嘱託七名など六三名で構成されている。

(七)生徒の在籍状況を見ると、公学師範部普通科(五年)一八八名、同演習科(二年)一三〇名、および講習科(三年)一一九名で、合計一二学級・四三七名であった。出身地で見ると、最も多いのが台南州二一一名、高雄州六五名で、これら南部出身者が圧倒的多数を占め、同校が台湾南部地域の教員供給源となっていることが分かる。

種族別構成では、内地人二七五名・本島人一六二名で、内地人が生徒全体の六割以上(六三%)を占め、内台構成比が当初のそれから逆転している。それを学科別でみると、内地人が普通科で一三二名(七〇%)、演習科で一一六名（八九％）を占め、卒業後「公学校甲種本科正教員」となるべき課程を彼らがほぼ独占した状態である。これに対して本島人は、普通科・演習科合わせて七〇名（二三％）にとどまり、講習科（公学校乙種正教員養成講習科）では逆に一一九名中九二名と八割近く（七七％）を占めている。

このように公学師範部において内地人生徒が激増した理由として、当時師範学校生徒の募集が日本国内でも広く行われ、内地で上級学校の受験に失敗した者や台湾に教職の夢を託した若者の多くが受験したことが挙げられる。台南師範学校では、昭和四年以後「普通科ヲ経ザル」演習科生徒の募集が始められており、厳しい経済不況・就職難のなか、中学校卒業の内地人生徒が台湾の師範学校、ことに公学師範部演習科に殺到したであろうことが想像される。先に見た台北第二師範学校の場合も同様であった。

（八）台南師範学校関係第三の文献として、「附属公学校内規」（七二―③）を採録した。昭和四年の刊行で、一八〇ページよりなる分厚い資料。他に類例のない貴重なもので、内容は（一）沿革、（二）法令、（三）内規、（四）年中行事の四編よりなる。

沿革によれば、台南第一公学校は明治三一年（一八九八）国語伝習所の後を承け、孔子廟・海東書院を仮校舎として発足した。大正六年新校舎に移転、大正一〇年四月台南師範学校の代用附属学校となったが、昭和三年（一九二八）四月同校から二〇学級、児童一、〇四二名を移管、台南師範学校附属学校として独立した。

（九）本書の中心となるのは（三）内規で、第一章「児童教養ノ方針及注意」に始まり、以下第二章「教科及編成」、第三章「儀式及集会」、第四章「就学」、第五章「職員」、第六章「児童」、第七章「教生」、第八章「保護者」、

第九章「雑則」で構成、それぞれ詳細な規定がなされている。

たとえば、第一章「児童教養ノ方針及注意」では「児童教養ノ要旨ハ教育ニ関スル勅語ノ趣旨ヲ奉体シ公学校ノ本旨ニ準拠スベキモノ」とされ、特に留意すべき事項として、(一)「教授ノ方針」「教授上ノ注意」、(二)「訓練ノ方針」「訓練上ノ注意」、(三)「養護ノ方針」、「養護上ノ注意」をあげている。「教授ノ方針」について見ると、

一、如何ナル場合ノ教授ニ於テモ国語ノ熟達ト国民性ノ涵養トヲ念頭ニ置クベシ

二、教授ノ材料ハ生活上必須ナル事項ヲ選択スベシ

三、成ルベク児童自ラヲシテ学習セシムベシ

四、既授ノ知能ハ反復練習シテ習熟セシムベシ

などとし、「教授上ノ注意」では「教授前必ズ教室ノ整頓教具ノ準備児童心身ノ状態ニ注意スベシ」とか「言語ハ明瞭簡易ニシテシカモ温情ヲ含ムベシ」など、事細かに注意点を列挙している。第六章「児童心得」では、「君ニ忠義ヲ尽シ親ニ孝行ヲスル立派ナ人ニナリナサイ」「国語デオ話ヲシナサイ」「正直デナケレバナリマセン」「清潔ニシナサイ」など、分かりやすい表現となっている。

(一〇) 台中師範学校については、『(台湾総督府台中師範学校) 創立十周年紀念誌』(七二―④) および『台湾総督府台中師範学校一覧　昭和十三年十月一日調』(七二―⑤) と『台湾総督府台中師範学校要覧　昭和十七年十月』(七二―⑥) の三点を収録した。

（一一）最初の『創立十周年紀念誌』（七二―④）は昭和八年の刊行で、全一三五ページ。冒頭の口絵にまず校旗・校長の写真を掲げ、次いで創立当時の仮校舎と完成後の鉄筋三階建ての本館、創立当初の職員・生徒と現在の教職員・生徒、更には建築工事中の寄宿舎や本館などの写真を並べて配し、一〇年間の整備過程が一瞥できるようになっている。本文の内容もこれに対応して（一）過去・現在、（二）回想・感想、（三）雑録の三部で構成されている。

（一二）「（一）過去・現在」によれば、同校は大正一二年四月公学師範部普通科生徒九五名を台中市内の民屋仮寄宿舎に収容、台中公学校構内の一隅にバラック建ての仮校舎を設置して開業した。初代校長には大岩栄吾が就任、翌一三年一部落成の寄宿舎に移転して仮校舎とした。一四年には普通科のほか、講習科生徒の授業も開始されている。本館が完成するのは昭和三年のことで、附属公学校もこの年同校寄宿舎の一部を借用して開校した。

昭和八年現在、同校の教職員は、大岩校長のもと教諭二一名、配属将校一名、嘱託三名、書記四名、雇六名の計三六名で構成。在籍生徒は、公学師範部普通科五学級一八二名、演習科二学級二四〇名、講習科（公学校乙種本科正教員養成講習科）一学級六六名で、総計一〇学級・三三六名。種族別構成で見ると、内地人一七五名、本島人一五八名、原住民三名で、その構成比率は内地人五二％、本島人四七％である。

この一〇年間に同校が送り出した卒業生・修了生は計四八八名を数える。種族別では内地人二〇〇名、本島人二八八名である。出身地別に見ると、内地人は全国各府県にまたがっているが、特に鹿児島二九名、熊本二七名、福岡二〇名など、九州出身者が多い。一方本島人では、台中州が二七七名と群を抜いている。卒業・修了後の赴任地についても同様で、台中州三五八名、台南州六二名、高雄州一九名、新竹州一五名など、台中州が八割近くを占めている。同校が台湾中部地域の教員養成を一手に担っていることが容易に理解されよう。

（一三）同校の教育概要について見ると、「生徒教育の根本方針」として、本校特殊の事情に鑑み、「内台両者の親和融合」に努め、「着実穏健にして醇厚中正なる公学校教員」を養成することを目指すことを明示。そして訓育の方法・施設として「国体観念、国民精神の涵養」「敬神崇祖の心情陶冶」「国語使用の徹底」「奉仕的精神の養成」「強き実践力の陶冶」などを掲げて、その実践に全力を傾注していることを強調している。そこに昭和初期の師範学校の雰囲気をよく窺うことができる。「行事一覧」をみても、そのなかには軍事講話が何度も加わり、警備演習や海軍・陸軍記念日に芝山巌の六士追悼文が入るのも感銘を禁じ得ない。寄宿舎生活に関しても、健全な舎風を築き上げるため遵守すべきものとして、「常に国語を使用すること」「親愛協同の美徳を発揮すること」「校規舎則を遵守すること」「師長を尊敬すること」などが挙げられている。

「回想・感想」には、旧職員・卒業生たちによる文章十数編を収録、そこには学校創立当時を中心に、学習活動や仮寄宿舎での生活など、様々な場面が豊富に綴られていて興味がつきない。

（一四）このほか台中師範学校に関しては、『台中師範学校一覧』昭和一三年版（七二―⑤）および『台中師範学校要覧』昭和一七年版（七二―⑥）の二点を収録している。いずれも大判図表で、本集成の版型に納まるよう裁断してある。

二つの学校要覧類は、同校の現況を一覧表としてコンパクトにまとめたもので、内容構成もほぼ同様である。昭和一三年版で見ると、まず学校全般について（一）位置、（二）創立・開校、（三）沿革、（四）敷地及建物坪数、（五）職員定数・現在職員、（六）学級編成、（七）学科目及毎週教授時数などを紹介。生徒状況に関しては、（一）生徒種族別、（二）最近五箇年生徒募集状況、（三）生徒入学前の学歴、（四）生徒身体検査成績、（五）生徒出身地方別、（六）生徒父兄職業別、（七）卒業・修了生や、（八）附属公学校などの項目がある。

昭和一七年版との相違点は、前者にのみ「教育施設大綱」が収録されていることで、そこには同校が現在取り組んでいる教育実践の基本方針とその関連施設・行事の趣旨などが簡潔にまとめられている。（一）国民精神涵養、（二）国民的風習ノ修得、（三）時局対応施設、（四）其ノ他ノ訓育施設、（五）教授上ノ施設、（六）養護上ノ施設、（七）卒業修了生指導などがそれである。

（一五）これら二つの学校要覧により、昭和一〇年代における同校の運営状況の詳細を窺うことができる。これを生徒の在籍状況について見ると、昭和一三年度の在籍者総数は三四一名で、公学師範部普通科一八〇名、演習科一三五名、講習科二六名よりなる。種族別では内地人二七六名、本島人六五名で、内地人生徒が全体の八割以上（八一％）を占めている。上掲の昭和八年度の場合と比較すると、五年間に内地人生徒は一七五名から二七六名へと急激にその数を増やし、一方本島人生徒の数は一五八名から六五名へと激減し、在籍者総数中に占める比重も、かつての四三％から一挙に二割以下（一九％）にまで急落していることが分かる。

在籍者構成の劇的な変動をもたらしたのは、公学師範部演習科における内地人生徒の存在である。この五年間に彼らは三六名から一挙に一二七名へと四倍近くの増加を見せ、それが更に五年後の昭和一七年度には二六四名にまで倍増、演習科在籍者全体二八八名中の九割以上（九二％）を占めるまでに至るのである。台湾の師範学校における生徒募集のあり方や、厳しい経済不況や就職難などが内地人生徒の台湾師範学校進学への促進要因となったであろうことは先に見たとおりである。またそこには、後述のように就学児童数が急増するなか、応急策として各師範学校演習科の学級増が実施されたという時代状況も考えられる。ちなみに昭和一三年度の場合、同校の演習科在籍者一三五名のうち、普通科を経由したものは二八名であるのに対し、「普通科ヲ経ザル者」、すなわち中学卒業後直接演習科に入学したものは一〇七名で圧倒的多数を占め、それらはすべて内地人生徒であった。同一七年度ではこの傾向は更に強まり、普通科を経ないで演習科にそのまま入学したものは、同科在籍者二八八名中二二〇名（七六％）を占め、本島人生徒はそのうち二名にすぎなかった。

Ⅶ

（一）師範学校関係要覧類の最後として、『台湾総督府屏東師範学校一覧表　昭和十五年度』（七二―⑦）を取り上げる。昭和一五年（一九四〇）七月の刊行。この一覧表も大型図表であるため、本集成の判型に合うよう裁断のうえ収録した。

内容構成は、まず学校全般について（一）創立、（二）位置、（三）沿革、（四）設備、（五）経常費、（六）職員などをあげる。生徒状況に関しては（一）学級数・生徒数、（二）生徒入学前の学歴・職業、（三）生徒出身地方別、（六）生徒年齢別、（七）生徒身体状況、（八）生徒学資金額などがあり、（九）附属公学校の項目もある。末尾には現職員に関する紹介が付されている。

沿革によれば、同校は昭和一五年三月の創立で、四月高雄州立屏東高等女学校長坂上一郎が校長に就任。屏東市内の竹園公学校を附属公学校とし、同年五月民屋を借受けて仮寄宿舎にあて、高雄州立農業学校校舎の一部を借りて校舎とし、演習科生徒八〇名を収容して授業を開始したとある。

(二) 同校の創立は、「台湾総督府諸学校官制中改正」(勅令第三二三号・昭和一五年三月三〇日付) にもとづくものである。同請議案の説明によれば、今次事変 (日中戦争) を機に台湾島民の間に向学心が高まり、公学校就学児童が著しく増加、学級数も年々激増し、昭和一四年度だけでも増加学級数が七五一に達した。それに伴い初等教員が著しく不足し、現在の師範学校卒業・修了生だけでは到底今後の教員需要を充足できない状況となっている。そのため師範学校を急遽拡充増強する必要があるが、当面の方策としては、普通科を経ない公学師範部演習科を増設するのが最も捷径であるとし、次のような方策が立てられた。

(1)昭和一五・一六両年度で同演習科九学級ずつ計一八学級を増設し、これにより約三四〇名の卒業生を増加する。

(2)既存の台北第二師範学校と台南・台中の師範学校の三校に演習科各二学級、計六学級を増設する。

(3)別に屏東・新竹両師範学校を新設し、演習科六学級ずつ、計一二学級を設置する。

以上のような経緯のなか、屏東師範学校は昭和一五年三月新竹師範学校とともに新設されることになるのである。

(三) 本一覧は、発足早々の屏東師範学校の概況をまとめたもので、それによれば在籍生徒は一学年のみで三学級・八二名。彼らの大半 (七一名) は中学校卒業で、他に農学校・商業学校、師範講習科などの出身者がいる。出身地別では、内地各府県が五四名、台湾は二八名で、七割近く (六六%) が内地出身である。教職員は坂上校長のもと、教諭六名、訓導一八名、書記二名、配属将校一名、教務嘱託一三名など、計四五名で構成されていた。

（四）以上に見るとおり、台湾では昭和一五年の時点で師範学校が六校あった。しかし三年後の昭和一八年（一九四三）には整理統合されて三校になっている。以下、その後の師範学校をめぐる動きを略述して、本稿の結びとする。

まず挙げられるのが、昭和一八年における師範学校の整理統合である。「台湾総督府諸学校官制中改正」（勅令第三〇〇号・昭和一八年三月三〇日付）によるもので、この時台北第一・第二師範が統合されて「台北師範学校」となり、台中・新竹の両校が「台中師範学校」に、台南・屏東の両校が「台南師範学校」として、それぞれ一校にまとめられた。

その背景には、同年三月八日公布の「台湾教育令中改正」（勅令第一一四号）がある。この教育令改正により台湾の師範教育は全面改訂され、内地と同様「師範教育令」によることになり、従来中等学校だった師範学校が専門学校程度に昇格した。これにより、師範学校本科の入学資格は中等学校卒業者および予科修了者（修業年限四年）とし、修業年限は三年とされた。但し台湾の特殊事情から、初等教員の需要を円滑にするため講習科（修業年限一年）を置くことができた。この台湾教育令改定問題の詳細については、本集成別集(1)『教育関係公文書』第一部「台湾教育令関係文書」（一〇〇）に見ることができる。

ともあれ、この制度改正により師範学校教育を専門学校程度にレベルアップする必要から、上掲の師範学校の統合整理が進められたことが理解されよう。

（五）ところが、翌一九年には新に彰化青年師範学校が開設されている。「台湾総督府諸学校官制中改正」（勅令第二一五号・昭和一九年三月三一日付）によるもので、太平洋戦争が緊迫化するなか、台湾では昭和一七年に志願兵制度が導入され、将来の徴兵制施行も踏まえて本島人青年に対する教育訓練の徹底が喫緊の課題となり、「青年学校拡充計画」のもと青年学校の増設が急ピッチで進められていた。彰化青年師範学校の新設はこれに対応するもので、昭和一九年四月一日公布の「台湾総督府青年師範学校規則」によれば、「青年師範学校ハ皇国ノ道ニ則リテ青年学校教員タルベキ者ノ錬成ヲ為スヲ以テ目的トス」（第一条）とあり、修業年限は三年。別に修業年限一年の講習科も置かれた。『台湾統治概要』（六―④）によれば、昭和一九年四月当時の同校在籍者数は、本科二四六名、講習科一一四名、計三六〇名であった。

（六）なお、以上に見た師範学校関係とは別のことながら、同じく教員養成に関わる動きとして、昭和一七年三月戦時下の教育非常措置として台北高等学校に「臨時教員養成所」が付置され、そこで中等学校理数科教員の養成が行われたことについても付記して置く必要があろう。その概要は本稿後半の該当箇所を参照されたい。

Ⅷ

（一）次に、高等教育について見る。ここで取り上げるのは、以下の高等専門教育機関七校一七点である。

一、台北医学専門学校

①『台湾総督府医学校一覧　明治三十八年九月』

②『台湾総督府台北医学専門学校一覧（昭和二年）』昭和二年一一月

二、商業専門学校

①『台湾総督府商業専門学校一覧　大正八年九月調』

②『台湾総督府商業専門学校一覧（大正十一年三月十五日現在）』

三、台北高等商業学校

①『台湾総督府高等商業学校一覧（大正十二年二月現在）』大正一二年四月

②『台湾総督府台北高等商業学校沿革（本校開設十周年記念）』昭和四年六月

③『台北高等商業学校一覧　昭和十二年度』昭和一二年九月

四、台北高等農林学校

①『台湾総督府高等農林学校一覧（自大正十一年至大正十二年）』大正一一年一二月

②『台北帝国大学附属農林専門部一覧（自昭和十三年至昭和十四年）』昭和一三年一二月

五、台南高等工業学校

①『台湾総督府台南高等工業学校一覧　昭和十五年度』昭和一五年七月

六、台北高等学校

①『台湾総督府台北高等学校一覧（自昭和三年至昭和四年）』昭和四年二月

②『台湾総督府台北高等学校一覧　昭和十九年度』

七、台北帝国大学

①『台北帝国大学一覧　昭和三年』昭和三年一二月

②『開学記念　台北帝国大学概況』昭和一一年五月
③『台北帝国大学一覧　昭和十二年』昭和一二年九月
④『台北帝国大学一覧　昭和十八年』昭和一九年三月
⑤『台北帝国大学学生生徒生活調査　昭和十三年十一月調査』昭和一四年四月

日本統治五〇年間における台湾の高等専門教育機関は、戦時下の昭和一八年（一九四三）に設立された台北女子専門学校（私立）を除き、他はすべて総督府直轄の官立学校であった。

（二）まず、台北医学専門学校について見よう。この学校は専門教育機関として最も古い沿革をもつ。台湾総督府医学校がその前身である。ここには関係要覧として『台湾総督府医学校一覧』明治三八年版（七三―①）および『台湾総督府台北医学専門学校一覧（昭和二年）』（七三―②）の二点を収録した。

（三）最初に取り上げる『台湾総督府医学校一覧』明治三八年版（七三―①）は全九六ページで、内容は（一）学暦、（二）沿革略、（三）規則、（四）教科目、（五）職員、（六）生徒、（七）実験及実習、（八）寄宿舎、（九）衛生、（一〇）経費の一〇章で構成、付録として後藤民政長官卒業式訓諭、および高木医学校長報告・同訓辞が添えられている。

「（二）沿革略」によれば、台湾総督府医学校は、明治三〇年（一八九七）四月総督府が台北医院付属として医学講習所を開設し、本島人子弟に医学教育を授けることを目的に、同医院の医師・薬剤師をして公務の余暇に医学および普通学を講じさせたのが起源で、同三二年三月医学校として独立した。校長は病院長山口秀高が兼務し、講習所の在籍者一五名を引継ぎ、公学校卒業者から予科生七〇名を募集して授業を開始したとある。「台湾総督府医学校規則」によれば、同校は「本島人ニ医学ヲ授ケ医師ヲ養成スル所トス」(第一条)とし、修業年限は本科四年、予科一年であった。

創設当時、授業は医院の一部を利用して行われ、同年一〇月校舎の一部完成後これに移った。当初は生徒の確保も容易ではなく、毎年総督府衛生課員を地方に派遣して募集を行い、若干の手当を支給することで、ようやく生徒四〇~五〇名を確保したという。明治三四年(一九〇一)には四学年までの学内組織が完成し、在籍者総数一〇八名。翌三五年最初の卒業生三名を送り出している。

(四)職員構成を見ると、明治三四年三月山口に代わって高木友枝(一八五八―一九四三年)が校長に就任し、その下で永野純蔵ら教授六名、助教授七名、講師七名が勤務したが、いずれも台北医院医師の兼任であった。

高木は明治一八年(一八八五)東京帝大の卒業。北里柴三郎の門下で、内務技師や血清薬院技師兼内務技師として活躍、民政局長後藤新平の招きにより台湾に赴任した。以来台北医院長・医学校長・総督府技師を兼任し、台湾総督府中央研究所創立後は初代所長に就任。大正四年(一九一五)学校長を堀内次雄に譲り、中央研究所長専任となるまで十余年にわたり同校の基盤整備にあたるとともに、広く台湾の医学衛生行政、教育全般に大きな業績を残した。後に乞われて台湾電力会社社長となっている。

明治三八年(一九〇五)四月当時の同校在籍生徒数は予科三八名・本科一四〇名で、応募者および卒業者は年とともに増加、学校運営は逐次軌道に乗って行くことになる。

（五）次に挙げる『台湾総督府台北医学専門学校一覧』昭和二年版（七三―②）は、昭和二年（一九二七）一一月の刊行で一六六ページよりなる。内容構成は上掲一覧とほぼ同様であるが、冒頭に昭和二年九月現在の学校概覧を掲げ、また巻末に累年入学志願者卒業及事故者一覧表、累年職員生徒一覧表や現在生徒及卒業生地方別一覧表、卒業生就職状況一覧表など、各種統計が付されていて便利である。

（六）「沿革略」により、明治三八年以降における同校の推移をたどって見よう。

まず指摘する必要があるのは、明治四〇年（一九〇七）六月「医学校官制中改正」により、同校の役割に公医候補生の教習および熱帯医学の研究が加えられたことである。当時「公医」は、「島内枢要ノ地」に配置され、警察と協力してペストやコレラ、マラリアなど伝染病の検疫や予防、種痘の普及、阿片の取締りなど、衛生行政一般の担当者として活動していた。この制度は総督府衛生顧問後藤新平の発案になるもので、台湾社会に近代医療を提供し、これにより総督府の行政が地方に浸透して行くうえで重要な役割を果たしたとされる。当初は内地在住の医師あるいは医師免許保持者から公募し、数か月間台湾の地方病や衛生事情など医務の練習を施した後、各地に派遣していた。これを医学校卒業生からの採用に改めたのは、公医の質的向上と普及に資するためであった。なお、この官制中改正を機に校長の専任制も導入されている。

（七）大正四年（一九一五）五月、高木に代わって堀内次雄（一九七三―一九五五年）が第三代校長に就任した。堀内は第二高等中学校医学部の卒業で、近衛師団の軍医として従軍した後、後藤新平の勧めで台北医院に勤務し、明治三二年（一八九九）医学校助教授となりドイツに留学、同四一年教授となった。大正四年以後は医学校、更には医学専門学校の校長としてその整備充実にあたり、昭和一一年（一九三六）同校が台北帝国大学付属医学専門部に改組されるまで、二十余年にわたり校長の職にあった。

（八）その間、制度面では、「医学校規則」の改正により、大正四年五月同校に中国人や華僑子弟など外国人のための特設科（修業年限三年）が新設された。これに続いて同七年六月には、従来の予科・本科のほか、熱帯医学専攻科（修業年限一年）が開設されている。公医候補生制度を一歩進めたものであった。

これに次ぐ制度上の改編は、大正七年七月「医学校官制中改正」（勅令第二五七号）により本校に医学専門部を付設、初めて内地人子弟を収容したことである。そこでは内地の医学専門学校と同様、文部省「専門学校令」にもとづく医学教育を行った。修業年限は四年、生徒数は一二〇名であった。

次いで、大正八年公布の「台湾教育令」にもとづき、医学校は専門学校に昇格、「台湾総督府医学専門学校」と改称された。これにより修業年限は予科四年・本科四年の八年となり、予科が一年延長された。生徒数は予科・本科各二〇〇名であった。この制度改正にともない、本校の所管はこれまでの警務局から内務局に移されている。

（九）医学専門学校にとっての抜本的制度改正は、大正一一年二月公布の「改正台湾教育令」によるものであった。これにより医学専門学校は名実ともに内台共学となり、「専門学校令」によることとなった。同校規則もその趣旨に沿って改訂されるが、それによれば、「本島ノ内外ニ於テ医師タラムトスル男子ニ須要ナル教育ヲ施ス」（第一条）とあり、修業年限は四年、入学資格は中学校卒業程度となった。

その後、昭和二年（一九二七）五月同校は「台北医学専門学校」と改称されている。文部省直轄学校や朝鮮総督府諸学校の例に倣って、台湾総督府の直轄学校も所在地の地名を上に付することとなり、医学専門学校もこれに準じたのである。

（一〇）当時における台北医学専門学校の運営状況を見ると、教授陣には校長堀内次雄のもと、於保乙彦、横川定など専任教授二〇名、兼任一五名のほか、助教授専任五名、兼任一名、講師専任五名、兼任四名などがあり、在籍生徒は第一学年から第四学年まで、それに旧制本科および熱帯医学専攻科、研究科を加えて総計二八五名、卒業生は総数一、〇四九名（専門部二一八名、本科七六五名、熱帯医学専攻科二一名、特設科三四名）であった。

同校は、その後昭和一一年（一九三六）台北帝国大学医学部の発足にともない、組織を変更して大学の付属施設となり、「台北帝国大学附属医学専門部」と改称している。その間の経緯や、その後における医学専門部の運営状況などの詳細については、本集成別集(1)『教育関係公文書』第二部「台北帝国大学関係文書」（一〇二）所収の各種関連文書や、後掲の『台北帝国大学一覧』各年版（七六・七七）などに見ることができる。

Ⅸ

（一）大正八年一月公布の「台湾教育令」は、専門教育に関して次のように規定した（第四章）。

第二二条　専門教育ハ高等ノ学術技芸ヲ授クルコトヲ目的トシ兼テ徳性ノ涵養ニ留意スヘキモノトス

第二三条　専門教育ヲ為ス学校ヲ専門学校トス

第二四条　専門学校ノ修業年限ハ三年又ハ四年トス

専門学校ニハ修業年限三年又ハ四年ノ予科ヲ置クコトヲ得

この規定にもとづき、前掲の台北医学専門学校と並んで、商業専門学校（台南）および農林専門学校（台北）の二校が新設されることになった。

（二）まず商業専門学校について見よう。ここには関係文献として『台湾総督府商業専門学校一覧　大正八年九月調』（七三―③）および『台湾総督府商業専門学校一覧　大正十一年三月十五日現在』（七三―④）の二点を収録した。

最初の『商業専門学校一覧』大正八年版（七三―③）は、大判の一覧表で大正八年九月調。内容は（一）学校規則・同細則の概要、（二）沿革略、（三）学科目及毎週教授時数、（四）職員構成、（五）生徒状況の詳細などからなり、これにより商業専門学校の発足事情や初年度の運営状況を窺うことができる。

（三）それによれば、同校は大正八年四月台南市に設立され、「本島人男子ニ商業ニ関スル専門ノ教育」を授けることを目的とした。同年三月末に提出された閣議請議案「台湾総督府商業専門学校官制制定ノ件」によれば、「台湾ニ於ケル産業ノ発達ニ伴ヒ、台湾教育令ニ依リ商業ニ関スル専門教育ノ機関ヲ設ケ、子弟ニ高等ノ学術ヲ授クル為」とある。修業年限は予科三年・本科三年であった。

生徒募集は同年三月末から開始され、五月に行われた入試では、本科には応募者二二名中四名が合格し（いずれも台南長老教中学出身）、他に公立台中高等普通学校卒業の二〇名が無試験で入学、予科は二九一名の応募者中四〇名が合格した。

　発足時の教授陣は、加藤正生校長のもと、教授二名、助教授三名、その他で計九名、生徒数は予科四〇名、本科一七名であった。その学科目を示せば、予科は修身、国語及漢文、英語、地理歴史、数学、理科、図画、唱歌、体操で構成。本科は修身、国語及漢文、作文、算術、簿記、地理、商品、商業要項・商業実践、経済・法規、英語、馬来語、体操で、その内容程度は、内地人を対象とする後掲の高等商業学校（台北）に比べて実務的で、低レベルであった。

（四）商業専門学校の運命を大きく変えたのは、大正一一年公布の「改正台湾教育令」である。この教育令は、初等教育を除く外は「内台共学」を原則とし、学校制度は大体内地のそれに準拠し、専門教育に関しては「専門学校令」によるとした。そして附則第二七条において、医学専門学校および農林専門学校の二校を、高等商業学校とともに、新教育令にもとづく専門学校とみなすと規定した。
　これに対し、商業専門学校に関しては「現ニ在学スル生徒ノ卒業スル迄旧令ニ依リ存続スルコトヲ得」とした。これにより商業専門学校は、以後新規の生徒募集を行わず、在校生の卒業を待って廃校されることになるのである。その意味で、「改正教育令」の公布は、商業専門学校にとっていわば死刑宣告であった。

（五）次の『台湾総督府商業専門学校一覧』大正一一年版（七三―④）は、廃校を運命づけられたこの学校最後の要覧である。大正一一年三月調、本文四七ページで、（一）学校規則類、（二）沿革略、（三）職員状況、（四）生徒状況、（五）経費・設備、（六）生徒名簿などよりなる。以下、「（二）沿革略」および関連資料により、同校の廃止に至る経緯をたどって見ることにしよう。

商業専門学校は、発足以来その運営は順調で、大正一一年三月当時加藤校長のもと、教職員は教授七名、助教授六名、嘱託四名、兼任二名、書記二名、雇二名の計二四名、在籍生徒数は本科三六名・予科一五〇名、全七学級一八六名であった。その前年四月には、「商業専門学校官制中改正」（勅令第一二七号・大正一〇年四月二三日付）により、生徒定員が一五〇名から三〇〇名へと増員され、予科第一学年の学級増が行われている。「南支南洋ニ於ケル経済界ノ発展ニ伴フ人材ノ要求」に鑑み、学校の拡張が「目下ノ急務」というのが、その理由であった。

ところが、翌一一年「台湾教育令」の改訂により、商業専門学校は一転して廃校処分となり、以後学級数が逐年減少し、大正一五年（一九二六）度末を以て閉鎖されることとなるのである。

（六）この商業専門学校廃校措置に対して、同校の在学生や卒業生、保護者など学校関係者は勿論、台南市民も激しく反発した。そして、廃校の決まった商業専門学校に代えて、これを高等商業学校とするよう求める彼らの昇格運動は猛烈な高まりを見せ、総督府としてもこの動きを無視出来ない情勢となった。その結果、大正一五年四月台南に高等商業学校が開設されるに至る。同年四月一日付の閣議請議案「台湾総督府諸学校官制中改正ノ件」は、台南市に高等商業学校を新設する理由として「近年専門教育ヲ受ケムトスル者ノ増加ニ応シ、適切ナル教育機関ヲ増設スル必要」があること、そこでの教育内容として「南支南洋ニ関スル事項」を重視すべきことを挙げていた。台南高等商業学校が実際発足するのは同年八月のことで、校舎は旧商業専門学校のそれを引継ぎ使用した。

（七）ところが、法制局は台南高等商業学校の設立には当初から強く反対しており、やがて総督府部内でも、台湾に高等商業学校が二校あるのは多すぎる、むしろその一つである台南高商を廃止し、それによって生ずる財政上の余裕を以て新に高等工業学校を設置すべきだとする意見が逐次強くなっていった。その結果、総督府は昭和四年（一九二九）初め遂に台南高商を廃止し、これに代えて高等工業学校を新設することを決定するのである。

これにより、台南高等商業学校は開設後わずか三年で廃校処分となり、同校の教官・生徒は台北高等商業学校の所属とされた。そして台南に台北高商の「分教場」が設置されるが、これも翌昭和五年三月末には閉鎖となる。

（八）上に見た商業専門学校とは別に、総督府は大正八年五月内地人子弟のための商業専門教育機関として、高等商業学校を開設した。「専門学校令」によるもので、後の台北高等商業学校である。当時内地人のための高等専門教育機関は、先に見た医学専門学校専門部と本校の二校のみであった。ここには関連文献として『台湾総督府高等商業学校一覧（大正十二年二月現在）』（七三―⑤）、『台湾総督府台北高等商業学校沿革（本校開設十周年記念）』（七三―⑥）、および『台北高等商業学校一覧　昭和十二年度』（七三―⑦）の三点を収録した。

（九）最初の『台湾総督府高等商業学校一覧』大正一二年版（七三―⑤）は本文六二ページで、大正一二年四月の刊行。内容は（一）沿革略、（二）法令、（三）本校諸規定、（四）職員、（五）生徒、（六）卒業生、（七）敷地及建物などからなり、これによって開設当初における同校の概況を見ることができる。

大正八年四月「台湾総督府高等商業学校官制」（勅令第六一号）にもとづいて制定された同校規則は、その設立趣旨について「本島ノ内外ニ於テ商業ニ従事セムトスル内地人ノ男子ニ須要ナル高等ノ教育ヲ施ス」と規定。

修業年限は三年、生徒数は一五〇名で、入学資格は中学校卒業あるいはそれに準ずる資格を有する者とされた。この高商新設の背景には、大正七年の臨時教育会議を機とする高等教育機関拡充・整備の大きな流れがあった。

開校は大正八年六月のことで、旧総督府庁舎内の仮校舎において、隈本繁吉（総督府師範学校長兼視学官）が校長に就任、小規模のスタッフ（教授二名、嘱託三名）でスタートし、生徒数は四〇名であった。学科目には修身、書法及商業文、英語、第二外国語、商業数学、簿記及計理学、商業地理及商品学、経済及財政、南支及南洋経済事情、法律、商業学及商業実践、工業大意、体操があった。

（一〇）次に挙げる『台湾総督府台北高等商業学校沿革（本校開設十周年記念）』（七三―⑥）は、開校前後の同校の様子を見る上で有用である。学友会文芸部の編集になるもので全三二ページ、昭和四年（一九二九）六月の刊行。内容は（一）グラフィック、（二）記事の二部構成であるが、グラフィック部分の劣化が著しいため、ここには（二）記事部分のみを採録した。その際原版がタブロイド判の大型であるため、本集成の版型に納まるよう縮小のうえ見開きで収録した。

記事は、（一）本校の沿革、（二）校友会各部沿革、（三）台北高商南支南洋経済研究会沿革、（四）淡水寮沿革、（五）懐古談などよりなり、「本校の沿革」では、本校の創立、本校の開校、第一期「旧庁舎時代」（大正八年六月～大正一一年三月）に分けて開校前後の状況を詳述。それ以後を第二期「新校舎へ移転より校舎の完成迄」、第三期「学科目改正以後」に分けて、運営状況を要領よくまとめている。

これらにより開校以後の状況を見ると、まず大正九年（一〇二〇）一二月生徒数が一五〇名から三〇〇名に倍増されたことが挙げられる。「台湾総督府高等商業学校官制中改正」（勅令第一二六号）の説明書によれば、この定員増は「南支南洋ニ於ケル経済界ノ発展ニ伴フ人材ノ要求ニ鑑ミ……」とある。先に見た商業専門学校の場合と同様で、その背景には世界大戦後における列国間の経済競争の激化があった。それについて『沿革』は、「台湾は帝国南進の策源地にして、世界大戦後は列国が東亜殊に南支南洋に其の勢力を伸張して、茲に盛んなる経済競争を展開するに至るは想像の難からざる処なるを以て……」と記している。

（一一）大正一一年二月「改正台湾教育令」が公布され、高等商業学校もこれにもとづく専門学校となり、同校規則中から「内地人」を削除することなど、「内台共学」実施に必要な学校規則の改訂が行われた。同校当初の四年間はあくまで内地人の学校としての色彩が鮮明で、総督府の「内訓」にもとづき、大正八年末から内台共学の「試行」がなされたが、本島人の入学はほとんど見られず、大正九年四月の第二回入学生四五名中わずか一名にすぎなかった。その後も大きな変化はなく、大正一二年段階においても在籍者数は三学年合わせて一五八名、うち本島人は一名にとどまった。

その間、前年の四月には新校舎の一部が出来上がってこれに移転。全部完成するのは一四年（一九二五）三月のことであった。

（一二）第三番目の資料は『台北高等商業学校一覧』昭和一二年版（七三―⑦）である。本文一七八ページで、昭和一二年九月の刊行。内容は（一）沿革略、（二）本校規則以下の諸規定、（三）職員、（四）生徒、（五）卒業生及修了生、（六）諸統計、（七）参考法令などで構成。巻末の「（六）諸統計」には関連統計が系統的にまとめられていて便利である。

これにより「改正教育令」以後における同校の運営状況とその推移を見ると、まず指摘すべきは、大正一四年（一九二五）四月学校規則の改正により、「南支南洋」関係の教育・研究態勢が強化されたことである。学科目としては、文部省直轄各高商と同種の科目のほか、特に（一）台湾事情、（二）南支南洋経済事情、（三）植民地法制、（四）熱帯衛生学、（五）馬来語及和蘭語・台湾語、（六）民族学などの諸科目が加えられた。

この学校では、すでに大正一一年教職員や生徒・卒業生を会員として「南支南洋経済事情研究会」（初代会長・片山秀太郎）が発足しており、「南支南洋ニ関スル経済其他ノ事項ニ関スル調査研究」を掲げて、機関誌『南支南洋研究』その他パンフレットの刊行や、各種講演会・展覧会の開催など、精力的な活動を展開していた。また、生徒（二・三年生）による「南支南洋」方面への調査旅行も、この学校の特色となっていた。

翌大正一五年八月には、「台湾総督府諸学校官制中改正」により「台北高等商業学校」と校名が改められた。台南高等商業学校の開設に対応するものであった。ところが、すでに見たとおり台南高商は、発足後わずか三年後の昭和四年（一九二九）三月には廃校となり、台北高商の「台南分教場」とされた。これにより同年四月台北高商は旧台南高商の第二・三学年四学級を吸収して、一〇学級編成となっている。

（一三）その後における制度上の変化としては、昭和一一年（一九三六）三月「貿易専修科」が付設されたことが挙げられる。「南支南洋開発の第一線に活躍する人材」を養成するというのがその趣旨で、「高等商業学校規則」によれば、「貿易専修科ハ南支那、南洋其ノ他海外貿易ニ従事セントスル男子ニ須要ナル教育ヲ施スヲ以テ目的トス」とあり、定員四〇名、修業年限は一年とされた。

初年度の応募者は六二名で、うち三五名が合格、そのなかには本島人が多数含まれていた。一年後の同科第一期卒業生三一名中、本島人は一六名であった。

(一四) 同校生徒全体としての民族別構成については、本集成第一集所収の『台湾学事年鑑 昭和一五年度版』(四)や『台湾の学校教育』昭和一四年度版・同一六年度版(六—①②)などに見ることができる。これによれば、昭和一三年(一九三二)の場合、三年制の本科では、在籍者総数二二七名中、内地人二一五名、本島人一二名で、内地人が圧倒的多数を占めていた。その一方、一年制の貿易専修科では、在籍者総数二八名中内地人一四名に対し、本島人は一四名で半数を占める。そこに台北高商における「内台共学」の実態が如実に示されていたといえる。

(一五) 戦時期における台北高商の状況については、上掲資料のほか、『台湾統治概要』昭和二〇年刊(六—④)などに見ることができる。

それらによれば、戦時態勢に対応するため、昭和一五年(一九四〇)四月「第二部(支那科)」一学級が増設された。閣議請議案「台湾総督府諸学校官制中改正ノ件」によれば、「南方企業経営ノ中軸タルベキ人材」を養成するのがその目的で、修業年限は三年。ここでは従来第一部(本科)の主要学科目を課するほか、特に「支那語及支那ニ関スル商業・経済・法制」等に重点を置いて教授するとある。昭和一六年四月現在の在籍者は内地人七六名、本島人一〇名の計八六名であった。

これに次いで、翌一六年(一九四一)四月には「東亜経済専修科」も開設されている。設立趣旨は上と同じで、「支那に於て商業に従事せんとする男子に須要なる知識を授け、確乎たる信念を有する人材を養成する」ことが目的であった。修業年限一年の夜間教授で、昭和一六年度の在籍者数は、内地人三八名、本島人四〇名の計七八名であった。

その後昭和一九年四月には、「教育ニ関スル戦時教育非常措置」にもとづき、本校は「台北経済専門学校」と改称された。それにともない南方占領地域への経済活動に資するため学科課程も改訂されている。その際「貿易専修科」は「南方経済専修科」に改組され、熱帯地域に関する関連科目が増やされた。この年在籍生徒数は、本科三三五名、南方経済専修科四六名、東亜経済専修科五六名であった。

X

（一）次に、農業および工業関係の専門教育機関について見よう。台北高等農林学校および台南高等工業学校がこれにあたる。

まず、台北高等農林学校を取り上げる。ここには関係要覧として、『台湾総督府高等農林学校一覧（自大正十一年至大正十二年）』（七四―①）および『台北帝国大学附属農林専門部一覧（自昭和十三年至昭和十四年）』（七四―②）の二点を収録した。

最初の『台湾総督府高等農林学校一覧』大正一一年版（七四―①）は本文一二六ページで、大正一一年一二月の刊行。内容は（一）沿革、（二）法令、（三）細則及諸規定、（四）元台湾総督府農林専門学校規則及細則、（五）職員、（六）生徒、（七）付録からなっている。

この学校は、もともと「改正台湾教育令」にもとづき台湾総督府農林専門学校が昇格して発足したものである。

従って前身校たる農林専門学校の沿革から見ていく必要があろう。

(二)　農林専門学校が、医学専門学校や商業専門学校とともに、本島人のための専門教育機関として、大正八年「台湾教育令」にもとづいて設立運営されたことは、前述したとおりである。その設立趣旨は、「台湾総督府農林専門学校官制制定ノ件」(大正八年四月一八日)に「本島ニ於ケル産業ノ発達ニ伴ヒ、台湾教育令に依リ農業及林業ニ関スル専門教育ノ機関ヲ設ケテ、台湾人子弟ニ高等ノ学芸ヲ授ケ益其ノ発達ニ資セシムル為」とある。同校規則によれば、修業年限は予科三年・本科三年で、本科は農業科・林業科で構成。生徒数は予科・本科各一五〇名、計三〇〇名。予科に入学し得る者は修業年限六年の公学校を卒業した者、本科の入学資格者は予科を修了した者、および高等普通学校卒業程度の者とされた。

(三)　授業は、大正八年六月一九日総督府旧庁舎を仮校舎として開始された。当初のスタッフは教授一名、助教授二名で、初年度の入学者は予科三〇名であった。翌九年五月総督府技師大島金太郎(一八七一―一九三四年)が学校長事務取扱(兼務)に就任した。

大島は札幌農学校出身で、大正七年総督府殖産局長の任にあった新渡戸稲造の薦めで、北海道帝国大学農科大学教授兼任のまま台湾総督府技師となり、大正九年には台湾総督府農業試験場技師、同試験場長及糖業試験場長を兼任していた。その後も中央研究所技師・台湾総督府技師として台北高等農林学校長、更には台北帝国大学理農学部長・付属農林専門部主事をも兼任し、台湾の農業・糖業開発に大きな役割を果たしたことで知られる。

翌一〇年(一九二一)四月「台湾総督府農林専門学校官制中改正」(勅令第一二八号)にもとづき「農林専門

学校規則」が改正され、従来予科・本科を通じて三〇〇名だった生徒数が一挙に六〇〇名に倍増され、予科一年が二学級となった。その理由として、従来予科では各学年一学級を収容したが、本科でこれを農業科・林業科に分かつ時、その間に生ずる半途退学者を控除すると、高等普通学校卒業者を収容しても、なお一学級の人員が甚だ少ないこと、また予科入学志願者が頗る多いことが挙げられていた。

(四) この農林専門学校が、大正一一年公布の「改正台湾教育令」にもとづき専門学校令による高等農林学校に昇格、「内台共学」制をとることになるのである。同年四月に公布された「台湾総督府高等農林学校規則」によれば、同校は「本島ノ内外ニ於テ農業、林業ニ従事セムトスル男子ニ須要ナル高等ノ学術技芸ヲ教授スル」ことをもって目的とし、学科は農学科および林学科で構成。各科の修業年限は三年、入学資格は年齢一七年以上で、中学校卒業またはこれに準ずる者とされた。

改組・昇格後における高等農林学校の運営状況を見ると、大島が継続して学校長事務取扱に就任し、そのもとで教授陣は教授九名(うち兼任二名)、助教授一二名(うち兼任三名)、講師六名で構成、その多くが北海道帝国大学出身者であった。大島校長の影響が大であったとされる。初年度の生徒募集は農学科のみで、入学者は二三名であった。

(五) 昭和二年(一九二七)五月、先に上げた医学専門学校の場合と同様、この学校も校名の上に所在地を付して「台北高等農林学校」と改称された。

ところが、「台北高等農林学校」の名称が用いられたのはわずか一年だけのことで、翌三年四月台北帝国大学が発足するや、同校は「台北帝国大学附属農林専門部」に改組されることとなった。台北帝国大学が文政・理農の両学部体制で発足するにあたり、理農学部とほぼ研究対象を同じくする高等農林学校は、これを特置するよりもむしろ付属専門部として大学に付置したほうが、学問研究や学生・生徒養成上は勿論、財政上からも適切だとされたためであった。その間の経緯の詳細については、本集成別集(1)『教育関係公文書』第二部「台北帝国大学関係文書」（一〇一）に見ることができる。

付属農林専門部の教員組織は、主事一名、教授一四名、助教授七名とされ、当時すでに理農学部長となっていた大島金太郎が主事事務取扱に就任、高農時代の教官がひきつづき任用された。発足にあたっての生徒募集は変則的で、初年度は林学科のみとして、二五名が入学。農学科の募集は行われなかった。昭和三年度における在籍生徒総数は、農学科五三名、林学科六〇名、計一一三名であった。その後昭和九年（一九三四）一月大島が急逝し、後任として八谷正義教授が主事に就いている。

（六）『台北帝国大学附属農林専門部一覧』昭和一三年版（七四―②）は、改組後一〇年を経過した時点での付属農林専門部の概況を示すものである。全文一七二ページで、昭和一三年一二月の刊行。内容構成は前掲の『台湾総督府高等農林学校一覧』大正一一年版とほぼ同じである。

この時点での教員組織は、昭和一三年（一九三八）五月八谷主事の転出に伴い教授野田幸猪が主事に就任、その下で松本巍など教授二四名（大学兼任一〇名）、配属将校一名、助教授六名（同二名）、講師二〇名（同三名）で構成、在籍生徒数は一五九名（農学科九六名・林学科六三名）、そのうち本島人は八名であった。

制度面での補強策としては、翌一四年四月従来の農学・林学両学科に加えて、「農芸化学科」が新設されたことが挙げられる。「我国南方発展策ノ上……拠点タルベキ台湾ニ於テ広ク農林産物ノ加工利用ニ関スル技術ヲ考究シ、優秀ナル技術者ノ養成ヲ図ルハ甚ダ緊要」(「台北帝国大学官制中改正」)という趣旨によるものであった。

(七)その後農林専門部にとって、制度上の大きな変更は、昭和一八年(一九四三)三月台北帝国大学から分離して「台中高等農林学校」として独立したことである。

これは戦時下における台北帝国大学の拡充強化策の一環として、その年工学部の新設とともに、理農学部の分離・拡充が行われたことに伴うもので、閣議講議案「台湾総督府諸学校官制中改正ノ件」(昭和一八年三月二〇日付)によれば、「大東亜共栄圏建設ニ伴フ南方進出人材ノ緊要」であることに鑑み、付属専門部を「高等農林学校」として分離独立させ、農林専門教育の拡充を図るという趣旨であった。教員組織は学校長一名、教授一八名、生徒主事一名、助教授九名とし、生徒定員は二七〇名で、農学科・農芸化学科・林学科各学年三〇名であった。一〇月初め、新校舎の完成を待って台中市に移転した。

なお、同校は翌昭和一九年三月には名称を変更して「台中農林専門学校」となっている。台湾総督府所属の台北高商および台南高工が、それぞれ台北経済専門学校、台南工業専門学校に改称したのと同様、全国の専門教育機関の呼称変更に対応するものであった。この時点における同校の在籍生徒数は、農学科一七八名、農芸化学科一四三名、林学科一五三名で、総計四七四名である。

(八)次に、専門教育機関の最後として、台南高等工業学校について見ることにしよう。ここには『台湾総督府台南高等工業学校一覧　昭和十五年度』(七四―③)を収録した。本文一七三ページで、昭和一五年七月の刊行。

内容は（一）学年歴、（二）沿革略、（三）学則、（四）細則、（五）職員、六）生徒、（七）卒業生氏名、（八）敷地及建物、（九）関係法規などよりなる。

「（二）沿革略」によれば、台南高工設立の動きは、昭和三年（一九二八）第五六議会における台南高等工業学校創設準備費新営費の可決に始まり、これを受けて総督府は早速創設準備に着手、同五年一月総督府文教局長杉本良らを台南高工創立委員を任命した。翌六年一月七日「台湾総督府諸学校官制中改正」（勅令第二号）により台南高等工業学校の設立が正式決定し、これを承けて総督府は同月一五日付けで「台南高等工業学校規則」を制定するとともに、総督府視学官若槻道隆を同校校長に任命した。

（九）すでに見たとおり、台南高等工業学校は、廃校処分となった台南高商の後を承けて設立されたものであるが、若槻によれば、昭和二年（一九二七）一〇月上山総督の諮問「実業的教育の普及徹底に付執るべき方策」への答申で、評議会が「工業に関する専門学校の速やかな設置」を要望したことを機に、総督府は高等工業学校の設置に本格的に取り組むことになったという（「台南高等工業学校の開校に当りて」『台湾時報』第一三九号、昭和六年六月）。当時の状況について、若槻は「当時島内に於ても、本島に二の高等商業学校を置くのは多きに過ぐるを以て、寧ろ其の一を廃しても高等工業学校を設くべしとの世論が相当に強かった……」と記している。

（一〇）こうした経緯のもと、総督府が拓務省を経て台南高工新設に関する請議案「台湾総督府諸学校官制中改正ノ件」を閣議に提出するのは、昭和五年一二月のことである。それによれば、同校の設置は「台湾ニ於ケル工業発達ノ要求ニ応ジ台湾産業ノ発展ニ資スル為」であるとし、具体的理由として（一）台湾には医学・農業・商業の専門教育機関は設置されているにかかわらず、工業教育機関が欠如していること、(二) 従来、島内における工業技術者は悉く内地からの提供に俟つのみで、島内在住者子弟で工業専門学校に入学を希望する者は内地に赴くしかなく、然もその数は年々増加する傾向にあること、(三) 近年台湾における各種工業の発展は著しく、工業技術者に対する需要が増大していること、などを挙げていた。授業は昭和六年度から開始され、修業年限は三年。学校発足にあたっては、差当り島内工業に比較的関係の多い機械工学・電気工学・応用化学の三学科を設置し、生徒定員は各学科とも一学年三〇名とした。

発足時の教員組織は、学校長若槻道隆のもと、機械工学科は教授二名、助教授三名、電気工学科は教授三名、助教授二名、助手一名、講師二名、応用化学科は教授四名、助手一名、講師一名、共通学科は、教授五名、助教授一名、講師一名であった(『台南高等工業学校一覧』昭和七年度版)。第一回入試は三月二四日に行われ、応募者四〇九名中七二名(機械科二五名・電気工学科二五名・応用化学科二二名)が合格している。

(一一)その後同校では、昭和一五年(一九四〇)三月末には機械工学科および電気工学科で各一学級を増加し、毎学級三〇名を四〇名に増員するとともに、新に電気化学科を増設した。近年台湾における各方面の工業の急速な発達に対応するため既設学科を充実するとともに、特に勃興が顕著な電気化学工業の技術員の養成が緊切であるという趣旨によるものであった。当時における同校の教員組織は、若槻校長のもと、次のような構成であった。

(1) 機械工学科　教授四名、助教授二名、助手二名、講師一名
(2) 電気工学科　教授五名、助教授三名、助手一名、講師五名

⑶応用化学科 教授四名、助教授一名、助手一名、講師二名

⑷電気化学科 教授一名、助教授二名、講師一名

⑸共通学科 教授八名、助教授一名、講師一名

（一二） 生徒の在籍状況を見ると、昭和一五年三月末現在で、（一） 第一学年は機械工学科二学級七四名、電気工学科二学級七六名、応用化学科一学級三一名、電気化学科（新設）一学級二九名で、計六学級二一〇名、（二） 第二学年は機械工学科一学級七三名、電気工学科一学級三名、応用化学科一学級二四名で、計三学級七八名、（三） 第三学年は機械工学科一学級二五名、電気工学科一学級二九名、応用化学科一学級二〇名で、計三学級七四名、（四）総数では一二学級三六二名。これを民族別構成で見ると、内地人三一五名、本島人四七名であった。

その後、昭和一九年（一九四四）三月他の高専と同様、校名が「台南工業専門学校」と改められるが、その際土木工学科および建築学科の二学科が増設されている。生徒数はいずれも一クラス四〇名で、「台湾ニ於ケル工業ノ飛躍的振興並ニ南方圏建設ニ伴フ土木建築技術者ノ需要増大」に対応するというのが、その趣旨であった。

XI

（一） 最後に、台北高等学校および台北帝国大学について見よう。

台北高等学校は、当初「台湾総督府高等学校」と呼ばれたが、昭和二年他の高専と同様、地名を付して「（台湾総督府）台北高等学校」と改称した。ここには関係要覧として『台湾総督府台北高等学校一覧（自昭和三年至

昭和四年)』(七五―①)および『台湾総督府台北高等学校一覧　昭和十九年度』(七五―②)の二点を収録した。

(二)『台湾総督府台北高等学校一覧』昭和三年版(七五―①)は、昭和四年二月の刊行で、本文一七九ページ。内容は(一)沿革略、(二)台湾総督府諸学校官制(抄)、(三)台湾総督府高等学校規則、(四)同台北高等学校細則、(五)諸規程、(六)生徒心得、(七)職員、(八)生徒、(九)卒業者氏名、(一〇)関係法規などで構成されている。

台北高等学校の設立は大正一一年の「改正台湾教育令」によるものである。この教育令が、内地延長主義にもとづいて台湾学校制度の抜本改訂を行い、中等以上の学校における「内台共学」制を確立したことは前述のとおりで、従来なかった高等学校についての規定が初めて見られるのもこの教育令においてであった。次の条文がそれである。

第八条　台湾ニ於ケル高等普通教育ハ中学校令・高等女学校令・高等学校令ニ依ル

第一一条第三項　高等学校ノ設立ニ関シテハ台湾総督ノ定ムルトコロニ依ル

(三)台湾における高等学校設立の背景には、大正七年(一九一八)の臨時教育会議を機とする高等専門教育機関の拡充・整備の大きな流れがあった。同会議の答申をもとに「大学令」とともに「高等学校令」が制定され、これにより高等学校は、従来の帝国大学の予科的存在から高等普通教育の完成を目指すものへと性格を大きく転換した。また、官立のほかに公立・私立も認め、修業年限は高等科三年・尋常科四年の七年制を原則とすることが定められた。但し、高等科のみを置くこともできた。これによりいわゆるナンバースクールのほかに、全国各地に官公私立の高等学校が多数設立されるに至る。

そうしたなか、台湾では大正八年一〇月着任の文官総督田健治郎のもと、下村宏民政長官により内台人の共学や医・農・文科大学設置に向けての調査立案が進められ、それがやがて大正一一年「改正教育令」下の抜本的制度改革、そこでの高等専門学校の昇格や新設、台北帝国大学の設立へとつながって行くことになる。

（四）台北高等学校設立に向けての具体的ステップとしては、大正一一年三月三一日「台湾総督府諸学校官制」（勅令第一五七号）が公布され、これを承けて四月一日「台湾総督府高等学校規則」（府令第八四号）が制定された。これにより同高等学校は尋常科・高等科をもつ七年制高等学校として設立されることとなる。当時全国各地に設立された高等学校は三五校を数えたが、その大半が高等科のみで、七年制高校は、台北高校や東京高校、武蔵高校など九校にすぎなかった。この学校はまた、当時いわゆる「外地」に設立された唯一の高等学校でもあった。

（五）高等学校創設にあたり、その準備作業の中心になったのは台北第一中学校長の松村傳である。松村は東京帝大史学科の出身。大正四年（一九一五）下村民政長官の勧めで三重県立中学校長から台北中学校長に転じたもので、大正八年末からは台北中学校長兼任のまま高等学校尋常科の設立準備にあたり、同一一年四月初代台北高等学校長に就任、以後三年にわたり同校の基盤整備にあたった。

尋常科の第一回入試は本校および台南一中の二か所で第一・第二学年同時に選抜試験を行う形を取り、それぞれ四一名、四〇名が合格。その後も尋常科の入学試験は本校および台南一中で継続して実施された。ちなみに、大正一二年度は応募者二九七名（うち台湾人六二名）のうち四〇名（同一名）が合格、同一三年度も応募者二二〇名のうち合格者は四一名で、その後もほぼ同様の傾向が見られた。

その間新校舎の一部が落成し、仮校舎および台北一中校舎の一部を用いて授業が行われたが、昭和三年（一九二八）一一月には新校舎本館が完成を見ている。

（六）高等科が発足するのは大正一四年（一九二五）四月のことで、それを機に松村は退任、その後を承けて三沢糾が第二代校長となった。三沢は東京帝大卒業後アメリカに留学してＰｈ・Ｄを取得。帰国後は浪速中学、高津中学での新教育実践により名声を馳せ、台北高校に招かれたもので、四年余の短い在任期間ながら、同校のリベラルな学風形成に大きく貢献したとされる。

当時の教員組織は、三沢校長のもと、教授二六名、助教授五名（うち兼任四名）、講師八名、教諭一五名（うち兼任五名）、嘱託四名などよりなり、在籍生徒数は、昭和三年（一九二八）一一月現在、高等科（文科・理科各二クラス）四三三名、尋常科一六六名で、総数五九九名。民族別構成で見ると、高等科は四三三名中、内地人三五四名・本島人七九名、尋常科は同じく一六六名中、内地人一四〇名・本島人二六名で、内地人が八割以上の圧倒的多数を占めていた。

（七）高等科の入学者選抜試験は本校および内地の双方で実施された。大正一五年の第二回入試の場合を例にすると、まず一月末入学志願者無試験合格者が決定され、その後三月末本校において第一選抜試験を実施し、四月初めに第二高等学校（仙台）および福岡高等学校で第二選抜試験が行われている。その応募状況は、文科・理科合計で入学志願者一、〇一四名(内地人九〇五名・本島人一〇四名・朝鮮人五名)で、うち合格者は一一四名(内地人一〇四名・本島人一二名)であった。高等科の第一回卒業生が出るのは昭和三年三月のことである。

(八)その後の推移を、『台湾総督府台北高等学校一覧』昭和一九年版(七五―②)でたどって見よう。この一覧は同校が刊行した最後の学校要覧で、全一七六ページ。内容構成は昭和三年度版とほぼ同様ながら、全般的に戦時色が濃厚に出ている。

歴代校長を見ると、昭和四年一一月三沢の後を承けて、下村虎六郎が第三代校長に就任するが、学生のストライキの責任を取って昭和六年九月二年足らずで辞任。その後下村は内地に戻って文筆活動に入り、『次郎物語』などの名著を残した。

下村辞職の後を承けて第四代校長に就任したのは谷本清心で、以後昭和一六年(一九四一)までの一一年間、同校の整備充実に尽力した。その後終戦までの数年間同校を率いたのは下川履信で、昭和一九年(一九四四)当時の教員組織を見ると、教授二五名(うち兼任一名)、助教授八名(うち兼任五名)、配属将校二名、教諭一八名(うち兼任一二名)、講師九名(含:外国人雇教師一名)よりなる。在籍生徒数は高等科三一一名(文科一〇二名・理科二〇九名)、尋常科一一九名であった。この外に、付置臨時教員養成所二学年五五名(数学科二五名・物理化学科三〇名)があり、在籍生徒総数は四八五名であった。

臨時教員養成所は、戦時下における理数科教員の極端な不足に対処するため、昭和一七年(一九四二)三月台北高等学校に付置された。修業年限三年、入学資格は中学校卒業程度で、昭和一九年四月現在、在籍生徒数は数学科四一名、物理化学科四四名、計八五名(内地人七五名・本島人一〇名)であった(『台湾統治概要』四一ページ）。

（九）このほか、戦時下の教育非常措置として行われたものに、修業年限の臨時短縮があった。昭和一七年一二月「高等学校令中改正」によるもので、他の高専・大学と同様、ここでも第一六回生（昭和一七年九月卒業）～第一八回生（昭和一九年九月卒業）は、半年繰上げての卒業となっている。

その間昭和一九年一〇月までに同校を卒業したのは全一八回で、総数二、三一六名（文科一、一六七名・理科一、一四九名）を数え、これを民族別に見ると、内地人一、七八五名、本島人五三一名であった。

彼らの卒業後の進路状況を『台湾の教育　昭和十二年度』（二―④）で見ると、昭和八年度の場合、全国の帝国大・官立大各学部への入学者一四五名中、台北帝大に進んだものは四〇名（文政学部二二名・理農学部一八名）、同じく昭和一〇年度では一一五名中一八名（同八名・一〇名）、昭和一二年度では一五九名中六〇名（文政一八名・理農一四名・医学三三名）と、医学部の場合を除いて少数にとどまり、内地の帝国大学や官立大学に進むものが圧倒的に多かった。この傾向はその後も変わることはなく、このことが昭和一六年（一九四一）に至り、台北高校とは別に台北帝国大学に「予科」を設置させる一つの要因になったとされる。

XII

（一）台北帝国大学は、昭和三年（一九二八）戦前日本の帝国大学九校中七番目に設立された。京城帝大と並んで、いわゆる「外地」に設立された帝国大学の一つである。本史料集成では、台北帝大関係資料を三グループに分けて整理している。すなわち、一、第三集「教育施策関係資料」において設立準備関係を、二、別集(1)「教育関係公文書」において閣議・枢密院での審議関係について取り上げた。ここでは、三、『台北帝国大学一覧』各年版など、同大学の刊行物五点をとおして、開学後の運営状況を見ようとする。『台北帝国大学一覧　昭和三年』（七六―①）、『開学記念　台北帝国大学概況』（七六―②）、『台北帝国大学一覧　昭和十二年』（七六―③）、および『同　昭和十八年』（七七―①）、それに『台北帝国大学学生生徒生活調査　昭和十三年十一月調査』（七七―②）がそれである。

(二)『台北帝国大学一覧』昭和三年版（七六―①）は本文一六八ページで、昭和三年一二月の刊行。内容は（一）沿革略、(二) 法令、(三) 規程、(四) 職員、(五) 学生生徒、(六) 学友会会則、(七) 敷地建物など、七章で構成されており、これにより発足初年度の同大学の概況を見ることができる。

「(一) 沿革略」の冒頭には、大学発足に至る経緯が次のように簡潔に述べられている。

明治二十八年本島改隷以来初等普通教育、高等普通教育、実業教育、専門教育、師範教育等各種ノ学校ハ年ヲ逐ヒテ備ハルニ至リ、大正十一年勅令第二十号台湾教育令ノ公布トナリ、始メテ台湾ニ於ケル大学教育ノ拠ルヘキ所ヲ規定セラル。爾来大学設置ニ関スル計画ヲ進メ、大正十四年度ヨリ大学創設準備費ヲ計上シ、又大正十五年度ヨリ大学新営費ヲ計上シテ、教官ノ外国派遣、校地ノ買収、校舎ノ建築等着々準備ノ歩ヲ進メ、昭和三年三月十七日勅令第三一号ヲ以テ台北帝国大学官制ヲ公布セラレ、茲ニ愈々本大学ノ開設ヲ見ルニ至レリ。

(三) これを承けて、発足当初の主要事項として、次のような項目が列挙されている。

一、昭和三年三月一七日

(1)「台湾帝国大学官制」(勅令第三一号)、「台北帝国大学ノ学部ニ関スル件」(勅令第三二号)、「台北帝国大学講座令」(勅令第三三号) など関係勅令の公布

(2)「台北帝国大学通則」「同文政学部規程」「同理農学部規程」の制定

(3)総長幣原坦・文政学部長藤田豊八・理農学部長大島金太郎 (中央研究所技師兼任) の任命

二、同年三月三一日 付属農林専門部の設置 (主事事務取扱大島金太郎)

三、同年四月三〇日 第一回入学宣誓式

四、同年五月五日 授業開始

(四) 発足時における文政・理農両学部の学科構成は、文政学部は哲学科・史学科・文学科および政学科の四学科、理農学部は生物学科・化学科・農学科および農芸化学科の四学科で構成され、教員組織は次のようになっていた。

(1)総長 幣原坦

(2)文政学部 (学部長藤田豊八) 教授一二名、助教授四名、講師四名

(3)理農学部 (学部長大島金太郎) 教授一一名、助教授一〇名、講師三名

(4)付属農林専門部 (主事事務取扱大島金太郎) 教授二八名 (大学・中央研究所等との兼任九名)、助教授九名 (総督府技手等との兼任二名)、配属将校一名、講師 九名

（五）学生生徒の在籍状況を見ると、文政学部は二〇名（うち本島人三名）、他に選科生五名があり、理農学部は四〇名（うち本島人三名）、付属農林専門部は九九名（うち本島人五名）で、志願者・入学者状況では、文政学部は志願者五一名中入学者二〇名、理農学部は志願者五五名中入学者四〇名であった。

これら入学者の出身学校別状況は、文政学部では、高等学校出身一三名（うち台北高等学校八名）、他の七名は横浜高等商業学校や台北高等商業学校など、いわゆる「傍系」が三五%を占めていた。一方理農学部の入学者はいずれも高等学校出身者が四〇名で、うち台北高等学校出身は三三名であった。

（六）次に挙げる『台北帝国大学一覧』昭和一二年版（七六―③）は、本文二八八ページ。内容構成は、基本的には昭和三年版と同じであるが、後半部分に卒業生氏名（文政・理農・付属農林専門部）および文政・理農両学部の出版目録が加えられ、ページ数も倍増している。

「（一）沿革略」により、昭和三年大学発足から昭和一二年に至る同大学の推移を見ると、そのなかで最も重要な事項は、昭和一一年（一九三六）における医学部の開設である。これにより台北帝国大学は文政・理農両学部に医学部を加えた三学部よりなる総合大学としての体裁が整うこととなった。いま医学部の開設に至る経緯をたどって見ると、次のようになる。

一、昭和九年六月一日

「台北帝国大学官制中改正」（勅令第一五一号）による医学部開設の準備措置

二、昭和一〇年一二月二六日

(1)「台北帝国大学学部ニ関スル件中改正」（勅令第三一八号）による医学部の開設

(2)「台北帝国大学講座令中改正」(勅令第三一九号)による医学部に七講座の設置

三、昭和一一年

(1)一月七日　「台北帝国大学医学部規程」の制定

(2)三月二三日　医学部長三田定則(東大名誉教授)の任命

(3)四月一日　「台北帝国大学官制中改正」(勅令第四二号)による付属医学専門部の設置(三田定則主事事務取扱)

(4)四月一五日　「台北帝国大学附属医学専門部規程」の制定

(5)四月一六日　文政・理農・医学部の入学宣誓式

(6)五月一七日　開学式挙行

(七)『開学記念　台北帝国大学概況』(七六—②)は、昭和一一年(一九三六)五月開学式の挙行に合わせて刊行されたもので、本文四一ページ。冒頭に「創立当初の総長学部長」として総長幣原坦、および藤田豊八(文政学部・故人)、大島金太郎(理農学部・故人)、医学部長三田定則の写真を掲げ、これに台北帝国大学全景、大学正門、文政学部、理農学部、医学部及付属医学専門部、付属農林専門部、付属図書館、競技場の写真がつづく。以下、本文は(一)台北帝国大学開学ニ関スル上山総督宣明書、(二)概説、(三)講座、(四)職員、(五)学生・生徒、(六)卒業生、(七)土地建物ト新営費で構成。巻末に開学式に合わせて開催された研究資料・標本・図表類の展覧、実演一覧が付されている。

（八）このうち、「第一　台北帝国大学開学ニ関スル上山総督宣明書」は、昭和三年（一九二八）四月三〇日台北帝国大学第一回入学宣誓式において当時の上山総督が表明したもので、台北帝国大学設立の趣旨とその果たすべき役割、および今後への期待が、次のような簡潔な言葉で表明されている。

我カ国家、台湾ヲ統治スルコト已ニ三十余年、……百般ノ施設亦漸ク整ヒ、今ヤ最高ノ学府ヲ剏立シ、以テ島民生活ノ向上充実ニ資スヘキノ機運既ニ熟セリ。而シテ我カ台湾ハ、東・南両洋ノ自然的事象、竝人文ヲ研究スルニ適ス。故ニ此ノ地ニ大学ヲ設クルハ、特リ統治上ノ全功ヲ収メ国運ノ進展ニ寄与スル所以ノミナラス、東洋ノ先進文明国タル帝国ノ責務ヲ全クスル途ナリ……。

本大学ハ、固ヨリ一般科学ヲ研鑽スルヲ目的ト為スト雖、東洋・南洋ニ関スル特色ヲ発揮スルヲ要ス。是ヲ以テ台湾ノ地位ト沿革トヲ審カニシ、人文科学ハ特ニ東洋道徳ヲ骨髄トシテ文明ノ顕微・闡幽ニ勉メ、自然科学ハ、熱帯・亜熱帯ニ於ケル特異ノ事象ヲ講究スルヲ以テ其ノ使命ト為サヽルヘカラス。本大学ノ学部ノ組織、講座ノ配置、教官ノ人選、竝教授・指導等ニ関スル諸般ノ方法及施設ハ、尽ク叙上ノ趣旨ヲ以テ設立計画ノ当初ニ於テ既ニ深ク注意スル所アリタリ。而シテ今後ハ益々此ノ方針ノ徹底ヲ期セサルヘカラス。

（九）「第二　概説」は、台北帝大の創設から医学部の開設に至るまでの推移を略述、これを承けて「第三　講座」「第四　職員」「第五　学生及生徒」「第六　卒業生」が、昭和一一年四月段階における台北帝大の現況を詳細に記している。これにより講座や職員構成、学生・生徒状況などを概観して見よう。

（一〇）当時における講座の状況を示せば、下記のとおりである。

一、文政学部（二四講座）
国語学・国文学第一、同第二、東洋文学、西洋文学、言語学、国史学、東洋史学、南洋史学、西洋史学・史学・地理学、東洋哲学、哲学・哲学史、東洋倫理学・西洋倫理学、心理学、教育学・教育史、土俗学・人類学、憲法、行政法、政治学・政治史、法律哲学、経済学第一、同第二、民法・民事訴訟法第一、同第二、刑法・刑事訴訟法
二、理農学部（二四講座）
植物学第一、同第二、動物学第一、同第二、地質学、数学、物理学、気象学、化学第一、同第二、生物化学、農学・熱帯農学第一、同第二、同第三、同第四、農芸化学第一、同第二、同第三、植物病理学、応用菌学、昆虫学・養蚕学、畜産学、農産製造学・精糖化学、農業工学
三、医学部
(1)創設当初であるため、基礎学に関する以下の七講座のみである。
解剖学第一、同第二、生理学第一、同第二、生化学、病理学、細菌学
(2)次年度以後における開設予定講座は次のとおりで、完成年度には二四講座となる。
病理学、寄生虫学、薬理学、衛生学、内科学第一、同第二、同第三、外科学第一、同第二、産婦人科学、精神病学、法医学、小児科学、眼科学、皮膚科学・泌尿器科学、耳鼻咽喉科学、歯科学

（一一）教職員構成は次のようになっている。
(1)総長　幣原坦

(2)文政学部　教授二〇名、助教授一三名、講師一二名
(3)理農学部　教授二四名、助教授二四名、講師一三名（中央研究所・農林専門部等との兼任を含む）
(4)医学部　教授八名、講師一名
(5)付属農林専門部　教授二四名、助教授九名、講師一四名（中央研究所・理農学部との兼任を含む）
(6)付属医学専門部　教授三二名、助教授四名、講師一二名（中央研究所・付属医院等との兼任を含む）

（一二）学生・生徒の在籍状況を見ると、（一）学部では、文政学部五五名（うち本島人一四名）、理農学部四二名（一〇名）、医学部四〇名（一六名）、大学院三名（一名）で、合計一四〇名（四一名）、（二）付属専門部では、農林専門部一四二名（一一名）、医学専門部二六七名（一三六名）、合計四〇九名（一四七名）である。

その間、卒業生は昭和六年（一九三一）三月以後昭和一一年三月までの六年間に文政学部一四二名、理農学部一六五名、合計三〇七名、付属農林専門部は八年間に二八二名の卒業生を出している。

（一三）『台北帝国大学　学生生徒生活調査』（七七―②）は昭和一三年一一月同大学学生課が実施した「学生生徒生活調査」のまとめで、本文五〇ページ、昭和一四年（一九二九）の刊行。同時期に出された『東京帝国大学学生生活調査報告』（昭和一四年四月刊）によれば、この調査は「学生生活の実際を明かにし、学生指導の参考に資し、併せて学生自身の生活反省に対する材料に役立てる」ことを目的に、五年毎に行われるもので、台北帝大としては今回が初参加であった。

調査報告書の内容は、図表および統計表の二部よりなる。冒頭に「生活調査票」が配置されており、調査の結

果は、統計表二七項目にまとめられ、主要な一四項目につき図表が掲げられている。統計表の概要を示せば、次のとおりである。

（一）申告学生生徒数調、（二）出身学校調、（三）年齢並配偶者の有無、（四）出生地、（五）父兄の現住所調、（六）父兄職業調、（七）家族調、（八）支那事変に応召せる家族調、（九）家族の生活程度調、（一〇）卒業後の方針調、（一一）下級学校卒業後本学入学迄の年限調、（一二）病気休学調、（一三）地方別居所調、（一四）通学調、（一五）食事場所調、（一六）保健調、（一七）運動の種類調、（一八）趣味娯楽調、（一九）嗜好調、（二〇）講義外の一日平均勉強時間調、（二一）読書調、（二二）修養調、（二三）宗教調、（二四）加入団体調、（二五）暑中休暇利用状況調、（二六）友人調、（二七）学資調

（一四）以下、調査結果のなかから興味ある事項を二三抜き出して見よう。

対象となった学生・生徒は、文政・理農・医学の三学部学生二一三名および農林・医学両専門部の生徒三一六名で、合計五二九名（在籍者総数の九一・七％）であった。以下、学部の場合を例に見る。

彼らの出身学校を、三学部合計で見ると、総数二一二名中台湾学校の出身者は一六九名（うち台北高校一五七名）に対し、内地学校出身者は四二名で、すでに台湾学校出身者が、全体の約八割（七九・七％）を占めるに至っている。彼らの民族別分類は、本調査では不明であるが、『台湾学事年鑑』昭和一五年度版（四）で見ると、昭和一三年四月末現在、三学部合計で二三〇名中、内地人一六〇名（六九・六％）、本島人六九名（三〇・〇％）、朝鮮人一名となっている。この頃になると内地人の中に台湾育ちが多数を占めるようになったことが分かる。保護者の職業では、官公吏（二〇・八％）、医師（一三・七％）、会社銀行員（一三・七％）、商業（一二・三％）

で六割（六〇・五％）を占めていた。

（一五）卒業後の方針について見ると、学部によりかなりの差があり、文政学部では官公吏（二四・六％）、会社銀行員（一八・〇％）、教師（一六・四％）で六割近くを占める（五九・〇％）。理農学部では会社銀行員（三二・六％）、学術研究（二一・七％）で五割を超え（五四・六％）、医学部では開業医（四六・七％）、学術研究（一八・一）で六割を超えている（六四・八％）。

彼らの生活実態の一端を覗くと、愛読書には『大地』『麦と兵隊』『人生論』『若い人』『カラマーゾフの兄弟』が挙げられており、著者としては、夏目漱石、トルストイ、パールバック、芥川龍之介、火野葦平などの名前が見える。講読雑誌には『キング』『中央公論』『文藝春秋』『改造』などがあり、また尊敬する人物には、西郷隆盛、野口英世、乃木大将、東郷平八郎、楠木正成、孔子、ヒットラー、父母、パスツール、吉田松陰、内村鑑三などが挙げられていた。

（一六）おわりに、『台北帝国大学一覧』昭和一八年版（七七―①）を見よう。昭和一九年（一九四四）三月の刊行で、本文四一六ページ。同大学最後の『一覧』である。その内容構成は、基本的には前掲の昭和一二年版と同じであるが、「学位録」が加えられ、ページ数も大幅に増えている。これにより戦時下の同大学の運営状況を窺うことができる。

いま「沿革略」により、昭和一一年医学部開設以後における台北帝大の主要な動きをたどって見ると、次のようになる。

⑴昭和一二年九月　幣原坦総長依願免官により、三田定則総長に就任
⑵昭和一四年四月　熱帯医学研究所の開設
⑶昭和一六年四月　予科の開設
⑷同年　　　四月　三田定則総長依願免官により、安藤正次総長に就任
⑸同年　　一二月　修業年限短縮に伴う各学部・付属専門部の卒業式挙行
⑹昭和一七年九月　修業年限短縮に伴う各学部・付属専門部の卒業式挙行
⑺同年　　一一月　文政・理農・医学部の入学宣誓式挙行
⑻昭和一八年三月　南方人文研究所および南方資源科学研究所の開設
⑼同年　　　一月　工学部の発足
⑽同年　　　三月　理農学部の分離による理学部および農学部の発足
⑾同年　　　四月　付属農林専門部の分離独立（台中高等農林学校の発足）
⑿同年　　　九月　修業年限短縮に伴う各学部・付属医学専門部の卒業式挙行
⒀同年　　一一月　文政・理農・工・医各学部・付属医学専門部の入学宣誓式

これにより、昭和一〇年代後半に入り台北帝国大学が文政・理学・農学・医学・工学の五学部体制となり、そのもとに予科および付属医学専門部を配し、熱帯医学研究所および南方人文・資源科学両研究所を付置する堂々たる官立綜合大学として、その教育・研究機能を急速に整備・拡充して行った様子を見ることができる。

その一方、修業年限の臨時短縮により各学部・付属専門部の卒業繰上げが行われるなど、戦時非常措置も相次いで取られたことも窺える。

（一七）昭和一八年当時における台北帝大の概況を見ると、まず教職員構成は下記のとおりであった。

(1)総長　安藤正次
(2)文政学部（学部長岡野留次郎）　教授二四名、助教授一三名、講師一〇名
(3)理学部（学部長青木文一郎）　教授一一名、助教授一一名、講師一一名
(4)農学部（学部長三宅捷）　教授二〇名、助教授一五名、講師一八名
(5)医学部（学部長小田俊郎）　教授二三名、助教授二一名、講師二二名
(6)工学部（学部長安藤一雄）　教授一五名、助教授六名、講師二名
(7)予科（予科長西田正一）　教授一四名　助教授一名、講師八名
(8)付属医学専門部（主事安達島次）　教授二六名(含：大学教授・助教授等兼任)、助教授一二名(含：大学助手等兼任)、講師一〇名
(9)熱帯医学研究所（所長下条久馬一）　教授一七名、助教授六名
(10)南方人文研究所（所長移川子之蔵）　教授一二名、助教授六名
(11)南方資源科学研究所（所長浜口栄治郎）　教授二二名、助教授四名

学生・生徒の在籍状況では、文政学部二二二名（本島人二名）、理学部五三名、農学部一三三名、医学部一八八名（同五一名）、工学部五三名、学部合計で六四九名（同五三名）である。これに予科三五九名（同一八名）、付属医学専門部二六七名（同六五名）が加わり、在籍者総数は一、二七五名（本島人一三六名）であった。

内容構成〈第八集〉-(2)「学校要覧類」(下)

一〇冊(第六八巻〜第七七巻)

冊・巻	文献名	編者・発行者	発行年月	判型	ページ数
第六八巻	①台湾総督府国語学校一覧　明治三十九年三月	台湾総督府国語学校	明治三九年六月	A5判	二六八
	②台湾総督府国語学校一覧　自大正六年至大正七年	台湾総督府国語学校	大正六年一〇月	四六判	二九〇
	③(国語学校)生徒募集	台湾総督府国語学校	明治三九年七月	A4判	一
	④台湾総督府国語学校第三附属学校規程	台湾総督府国語学校第三附属学校		四六判	一二
	⑤台湾総督府国語学校第四附属学校規定　明治三十年六月制定(明治三十一年三月四日改正)	台湾総督府国語学校第四附属学校		四六判	三四
	⑥町田則文先生伝(部分)	町田則文先生謝恩事業会	昭和九年一月	A5判	五六
第六九巻	①台湾総督府台北師範学校一覧　大正九年	台湾総督府台北師範学校	大正九年一〇月	四六判	二七六
	②台北師範学校創立三十周年記念誌(上)	台北師範学校創立三十周年記念祝賀会	大正一五年一〇月	A5判	七五二
第七〇巻	台北師範学校創立三十周年記念誌(下)	台北師範学校創立三十周年記念祝賀会	大正一五年一〇月	A5判	七五二

第七一巻	①台湾総督府台北第二師範学校一覧　昭和三年	台湾総督府台北第二師範学校	昭和三年一一月	B6判	二八四
	②（台北第二師範学校）創立十周年　昭和十二年十月	台湾総督府台北第二師範学校	昭和一二年一〇月	B5判	七四
	③芳蘭　第十一号（台北第二師範学校）十周年記念号	台北第二師範学校校友会	昭和一三年二月	A5判	一七〇
第七二巻	①（台南師範学校）創立拾周年記念誌	台南師範学校	昭和三年一〇月	A5判	一五六
	②台湾総督府台南師範学校要覧　昭和十三年十月一日現在			大判図表	一
	③台南師範学校附属公学校内規	台南師範学校附属公学校	昭和四年七月	B6判	一九二
	④（台湾総督府台中師範学校）創立十周年紀念誌	台湾総督府台中師範学校	昭和八年一〇月	B5判	一六四
	⑤台湾総督府台中師範学校一覧　昭和十三年十月一日調			大判図表	一
	⑥台湾総督府台中師範学校要覧　昭和十七年十月			大判図表	一

	⑦台湾総督府屏東師範学校一覧表　昭和十五年度			大判図表	一
第七三巻	①台湾総督府医学校一覧　明治三十八年九月	台湾総督府医学校		A5判	一〇二
	②台湾総督府台北医学専門学校一覧（昭和二年）	台湾総督府台北医学専門学校	昭和二年一一月	A5判	一八二
	③台湾総督府商業専門学校一覧　大正八年九月調			大判図表	一
	④台湾総督府商業専門学校一覧（大正十一年三月十五日現在）			不明	五四
	⑤台湾総督府高等商業学校一覧（大正十二年二月現在）	台湾総督府高等商業学校	大正一二年四月	A5判？	七六
	⑥台湾総督府台北高等商業学校沿革（本校開設十周年記念）	台湾総督府台北高等商業学校学友会文芸部	昭和四年六月	タブロイド判	二〇
	⑦台北高等商業学校一覧　昭和十二年度	台北高等商業学校	昭和一二年九月	B6判	一九六
	①台湾総督府高等農林学校一覧（自大正十一年至大正十二年）	台湾総督府高等農林学校	大正一一年一二月	B6判	一三四

第七四巻	②台北帝国大学附属農林専門部一覧（自昭和十三年至昭和十四年）	台北帝国大学附属農林専門部	昭和一三年一二月	B6判	一八四
	③台湾総督府台南高等工業学校一覧　昭和十五年度	台湾総督府台南高等工業学校	昭和一五年七月	B6判	一八八
第七五巻	①台湾総督府台北高等学校一覧（自昭和三年至昭和四年）	台湾総督府台北高等学校	昭和四年二月	B6判	一八八
	②台湾総督府台北高等学校一覧　昭和十九年度			B6判	二二八
第七六巻	①台北帝国大学一覧　昭和三年	台北帝国大学	昭和三年一二月	B6判	一八〇
	②開学記念　台北帝国大学概況	台北帝国大学	昭和一一年五月	A5判	六八
	③台北帝国大学一覧　昭和十二年	台北帝国大学	昭和一二年九月	B6判	三〇六
第七七巻	①台北帝国大学一覧　昭和十八年	台北帝国大学	昭和一九年三月	B6判	四二四
	②台北帝国大学学生生徒生活調査　昭和十三年十一月調査	台北帝国大学学生課	昭和一四年四月	B5判	九〇

解題　第九集「学事統計類」について

佐野通夫

Ⅰ

（一）本史料集成第九集『学事統計類』は、主として台湾総督府の教育担当部署（民政部総務局学務課→民政部内務局学務課→民政部学務部→内務局学務課→内務局文教課→内務局学務課→文教局と変遷）が作成した教育関係の統計資料二四点を収録、これを九冊（第七八巻～第八六巻）にまとめたものである。内容的には次の三つのグループに分けられる。すなわち、

Ⅰ．『学事一覧』類

一、台湾総督府内務局学務課編『台湾学事統計一覧』大正一〇（一九二一）年度
二、台湾総督府内務局学務課編『台湾学事統計一覧』大正一三（一九二四）年度
三、台湾総督府文教局編『台湾学事一覧』昭和二（一九二七）年度
四、台湾総督府文教局編『台湾学事一覧』昭和五（一九三〇）年度
五、台湾総督府文教局編『台湾学事一覧』昭和七（一九三二）年度

六、台湾総督府文教局編『台湾学事一覧』昭和一〇（一九三五）年度
七、台湾総督府文教局編『台湾学事一覧』昭和一二（一九三七）年度
八、台湾総督府文教局編『台湾学事一覧』昭和一四（一九三九）年度
九、台湾総督府文教局編『台湾学事一覧』昭和一六（一九四一）年度

Ⅱ・『学事年報』類

一〇、台湾総督府民政部総務局学務課編『台湾総督府学事第一年報』明治三五（一九〇二）年度
一一、台湾総督府民政部総務局学務課編『台湾総督府学事第三年報』明治三七（一九〇四）年度
一二、台湾総督府民政部内務局学務課編『台湾総督府学事第七年報』明治四一（一九〇八）年度
一三、台湾総督府民政部学務部編『台湾総督府学事第一一年報』明治四五・大正元（一九一二）年度
一四、台湾総督府民政部学務部編『台湾総督府学事第一四年報』大正四（一九一五）年度
一五、台湾総督府内務局学務課編『台湾総督府学事第一八年報』大正八（一九一九）年度
一六、台湾総督府内務局文教課編『台湾総督府学事第二一年報』大正一一（一九二二）年度
一七、台湾総督府文教局編『台湾総督府学事第二四年報』大正一四（一九二五）年度
一八、台湾総督府文教局編『台湾総督府学事第三〇年報』昭和六（一九三一）年度
一九、台湾総督府文教局編『台湾総督府学事第三三年報』昭和九（一九三四）年度
二〇、台湾総督府文教局編『台湾総督府学事第三六年報』昭和一二（一九三七）年度
二一、Section of Educational Affairs, Taiwan Sotokufu, *Sixth Annual Report on Education in Formosa, 1907*

Ⅲ．その他

二二、台湾総督府編「台湾教育ノ現況諸表」昭和八（一九三三）年
二三、台湾総督府編「（台湾の教育状況）」昭和一五（一九四〇）年
二四、台湾省行政長官公署統計室編『台湾省五十一年来統計提要』中華民国三五（一九四六）年
がそれである。

（二）もとより、台湾統治五〇年間の全年度にわたる統計資料をすべて収録することはできないので、ここでは特徴的な年度のものを収録することにした。これにより、その時点での台湾教育の姿を観察することができ、またここに収録されたものを比較することを通して、その間における台湾教育の推移や展開を知ることもできよう。以下、各年度の特徴、前巻との異同などを中心に記すこととする。

Ⅱ

（一）まず、『学事一覧』類から見ていくことにしよう。

冒頭にあげた『台湾学事統計一覧』大正一〇（一九二一）年度版（七八―①）は、台湾総督府内務局学務課の編集になるもので、大正一〇（一九二一）年六月の発行である。ここには、それまで統一的な教育制度を欠き、個々の学校規則等により律せられてきた台湾における教育が、朝鮮にならい統一的な教育法令である「（第一次）

台湾教育令」(一九一九年制定公布)によって律せられるようになった後の台湾教育の姿が示されている。『朝鮮諸学校一覧』として冊子の形で公刊されていた朝鮮に比べ、規模が小さかった台湾では、一枚もので中等教育以上の各学校の校名、生徒数、教職員数まで記されている(但し、初等学校の校名までは示されていない)。

その一方で、「本島人内地留学者数」、「教育費(大正一〇(一九二一)年度経常費予算)」、「面積及人口」、そして各学校について「本年度入学志願者」、「同上入学者数」、「同上入学志願者数ニ対スル入学者ノ百分比」まで示されていることは、朝鮮にはなかった点である。

また、「対岸教育状況」、「支那籍民子弟本島中等学校及専門学校留学状況」は当時、中国との関係で台湾の置かれた位置を示している。「対岸教育」とは、福州や厦門、汕頭などを中心に福建・広東両省に居住し、自らが大日本帝国臣民であると任ずる者、所謂「台湾籍民」を対象として、台湾総督府が運営した東瀛学校、旭瀛書院などの教育である。

(二)「台湾教育令」は一九二二年抜本改訂され、同年二月「(第二次)台湾教育令」として制定公布された。これにより、初等教育が「国語ヲ常用スル者」(日本人、以下当時の呼称に従い「内地人」)のための小学校と、「国語ヲ常用セザル者」(台湾人、以下同様に当時の呼称に従い「本島人」、ただし以下それぞれに記すように「本島人」と称するときに、原住民(同じく当時の呼称として「蕃人」のち「高砂族」)を含む場合とそうでない場合がある)を対象とする公学校の「別学」制をとることを除き、中等教育(当時の用語では「高等普通教育」)、「実業教育」、「師範教育」「専門教育」では、内地人・本島人の「共学」となり、学校名称も日本内地のそれに統一された。『台湾学事統計一覧』大正一三(一九二四)年版(七八―②)は、この「改正台湾教育令」のもとでの教育状況を示したもので、台湾総督府内務局学務課により大正一三（一九二四）年九月に発行された。冒頭に「台湾ニ於ケル学校教育系統図」が、裏面に「台湾学校分布図」が掲げられている。なお、「改正台湾教育令」の概要およびその下での諸学校の運営状況については、本史料集成第二巻所収の『台湾の教育』昭和二（一九二七）年版（二—①）を参照。

上述のように「改正台湾教育令」のもとで中等教育以上は「共学」とされたが、そこに記された内地人・本島人生徒の在籍状況からは、内地人主体の学校、本島人主体の学校がそれぞれ分かれていたことが明確に見て取れる。また、「学齢児童就学歩合」、「中等学校在学者出身地方調」が付されて、内地人・本島人間の就学機会の格差も窺うことができる。

なお、「対岸教育状況」、「本島人内地留学者数」、「教育経常費一覧」、「本年度入学志願者」、「同上入学者数」、「同上入学志願者数ニ対スル入学者ノ百分比」まで示されていることは、以前の『一覧』から継続している。一方、「支那籍民子弟本島中等学校及専門学校留学状況」はなくなり、「面積及人口」は「人口」となり、代わりに「国語普及ノ状況」が掲げられている。それによれば、「国語ヲ解スル者」は、大正一二（一九二三）年一二月段階において「本島人」で人口千中六三、「蕃人」で同七五であった。

（三）次に掲げる『台湾学事一覧』昭和二（一九二七）年版（七八—③）は、台湾総督府文教局の編集による。文教局は、一九二六年台湾総督府官制の改正により従来の内務局学務課が昇格したもので、以後学事関係統計類は、文教局の名前で編集・刊行されることとなる。但し『学事一覧』の所載事項やその表示様式は以前のままで、昭和二（一九二七）年版は、前掲の大正一三（一九二四）年版のそれを踏襲している。但し、ここでは「学齢児童就学歩合」について、内地人・本島人のほか、「蕃人」という項目が作られ、また「各学校卒業者」欄が作られ、「私立学校書房」が一つの欄とされた。このほか「盲唖学校」、「感化院」、「蕃童教育所」欄も加えられた。その一方、「国語普及ノ状況」、「人口」が所載項目から消えている。なお、ここには収録していないが、『台湾学事一覧』大正一四（一九二五）年版の場合も、表示様式は同じである。

（四）『台湾学事一覧』昭和五（一九三〇）年版（七八―④）では、昭和三（一九二八）年に台北帝国大学が創設されたことに伴い、「大学」欄が新設されるとともに、横組みとなっている。

「大学」欄でも「本年度入学志願者」、「同入学者数」、「同入学志願者数ニ対スル入学者ノ百分比」（横組みのため「同上」が「同」となる）が提示されている。「本年度入学志願者」、「同入学者数」は内地人・本島人に分けられているが、「同入学志願者数ニ対スル入学者ノ百分比」は、他の校種も同様であるが、内地人・本島人すべてをひっくるめての比率である。「盲唖学校」、「感化院」の項目は再び消えている。なお、裏面に縮尺六〇万分の一の「台湾学校分布図」が付されている。

（五）『台湾学事一覧』昭和七（一九三二）年度版（七八―⑤）からは、これまでの一枚ものから折りたたみ小冊子に代わっている。所収項目・内容が逐次増加して来たことに対応したもので、「盲唖学校」、「州庁別人口及面積」の項目が再び登場している。『台湾学事一覧』昭和一〇（一九三五）年度版（七八―⑦）も、表示様式は昭和七（一九三二）年度版のそれを踏襲。

（六）これら二つの『学事一覧』とほぼ同時期の統計資料として、「台湾教育ノ現況諸表」（七八―⑥）を収めた。全文三三ページ。これは、一九三三年師範学校の修業年限延長のため行われた「台湾教育令中改正」案の枢密院での審議にあたり、参考資料として台湾総督府が作成・提出したもので、各学校段階ごとの統計資料（昭和七（一九三二）年四月末現在）が二五項目にわたりコンパクトにまとめられ、末尾に現行学校教育系統図が付されている。そこには小・公学校における複式編成の地区別状況など、興味深い関連資料も見出される。ちなみに師範学校の修業年限延長に関する「台湾教育令中改正」の審議経過については、本集成別集(1)『台湾教育関係公文書』第一部「台湾教育令」関係文書の（Ⅲ）「（昭和八年）台湾教育令中改正」（九七―①）を参照。

（七）次に掲げる『台湾学事一覧』昭和一二（一九三七）年度版（七八―⑧）も折りたたみ小冊子で、所載事項の表示様式は上掲の昭和七（一九三二）年度版のそれを踏襲している。但し、「蕃人」の表記が「高砂族」と変更されている。昭和一〇（一九三五）年に「高砂族」という呼称が作られたことに伴うもので、この名称変更は、ここには収録していないが、昭和一一（一九三六）年度版からのことである。

（八）『台湾学事一覧』昭和一四（一九三九）年度版（七八―⑨）では、学齢児童の就学状況に関する統計資料が注目される。そこでは、「学齢児童就学歩合」が「内地人学齢児童」、「本島人学齢児童」と書き分けられ、その中が「既ニ就学ノ始期ニ達シタル者」「就学者（男女計）」、「不就学者（男女計）」、「合計（男女計）」、「就学歩合（男女平均前年）」、「未ダ就学ノ始期ニ達セザル者（男女計）」、「総計（男女計）」と詳細に区分されている。それによれば、内地人の就学率がほぼ一〇〇パーセントに達しているのに対し、本島人（「高砂族（普通行政区域内居住者ノミ）ヲ含ム」）のそれは、前年に比べ上昇しているとはいえ、未だ半数程度の就学にとどまっていることが見て取れる。

（九）次の『台湾学事一覧』昭和一六（一九四一）年度版（七八―⑪）は、昭和一七（一九四二）年三月の刊行。所収項目・内容が益々増加したため、この版は本文五七ページの他、凡例、目次、奥付を含む冊子型となった。

一九四一年四月から、台湾でも内地に準じて国民学校制度が施行されることとなり、「国民学校令」にもとづいて「台湾公立国民学校規則」が制定され、これまでの小学校・公学校の名称がすべて国民学校に統一された。そのため、学事統計の「凡例」に（参考）として、児童の民族的背景をもとに教科課程を別表第一号表から第三号表に分けるという「台湾公立国民学校規則」第三五条が掲げられている。すなわち、これまでの小学校が「国語生活ヲ為ス家庭ノ児童ニ対スル課程」として「別表第一号表」による国民学校となり、公学校は「国語生活ヲ為サザル家庭ノ児童ニ対スル課程」として「別表第二号表」による国民学校となり、さらに年限短縮のされた国民学校（公学校）については「別表第三号表」によるとしたのである。学齢児童の就学状況に関しては、これまで「内地人」、「本島人」の区分のみであったものが、「内地人」、「本島人」、「高砂族」に分けられるとともに、「本島人高砂族合計」も設けられている。

また、これまで台北高等学校等から進学し、予科の設けのなかった台北帝国大学に予科が設けられている。これにより台湾内での大学進学資格を取得する者がほぼ倍増することになる。

（一〇）国民学校制度の施行関係の資料として、ここには「（台湾ノ教育状況）」（七八―⑩）を付け加えておいた。この統計資料は、一九四一年三月「国民学校令」の台湾への適用に必要な「台湾教育令中改正ノ件」の枢密院での審議にあたり、参考資料として台湾総督府文教局が作成、拓務省経由で提出したもので、拓務省文書『昭和一五（一九四〇）年 本邦ニ於ケル教育制度並状況関係 台湾関係』中の「台湾教育令中改正の件」から抽出した。全文二八丁。そこには「小学校調」「公学校調」「小学校ニ於ケル共学調」「学齢児童就学歩合」「国語講習所及簡易国語講習所調」「神社参拝者数調」など二八項目にわたり、古くは大正一〇（一九二一）年からの統計類がコンパクトにまとめられている。ちなみに、本件に関する「台湾教育令中改正」の枢密院での審議経緯については、別集(1)『台湾教育関係公文書』第一部「台湾教育関係公文書」中の（Ⅴ）「（昭和一六年）台湾教育令中改正」（九九）を参照。

Ⅲ

（一） 次に、第二グループとしての『学事年報』を見ていくことにする。

台湾総督府は、施政開始二年後の明治三〇（一八九七）年七月『台湾総督府民政事務成績提要』第一編を発行（編集担当・民政部文書課）、以後毎年これを継続編集・刊行して民政事務成績の概要を記述し、その第八章を「学務部事務」にあてていた。教育担当部署が、これとは別に『学事年報』を発行するようになるのは、明治三七（一九〇四）年に至ってのことである。

（二） 最初の学事年報が『台湾総督府学事第一年報（明治三五（一九〇二）年度）』（七八—⑫）として刊行され

るのは明治三七（一九〇四）年八月のことで、編集を担当したのは民政部総務局学務課である。本文一二一ページおよび凡例一ページ、目次八ページよりなる。

第一次年報の「凡例」によれば、「領台以来明治三十五（一九〇二）年ニ至ルマテノ本島学事ニ関スル事項ヲ輯録」するとあり、内容は以下の三篇で構成された。

第一篇　総説：「本島帰図以来学事ノ大要」

第二篇　統計：「明治三十五（一九〇二）年［暦年］及明治三十五（一九〇二）年度［会計年度］中ノ学事ニ関スル諸統計及累年比較図表」

第三篇　附録：「明治三十五（一九〇二）年以前ノ学事諸統計」

「第一篇」では、時代を第一期民政組織時代、戦時組織時代（一八九五年八月六日から）および第二期民政組織時代（一八九六年四月一日から）の三つの時期に区分して、草創期学事行政の概要を記述している。

「第二篇」においては、「学校数」「児童生徒数」「教員数」などはもちろん、「生徒日々出席平均及在籍人中出席比例」や「職員俸給」、「児童年齢平均」に至るまで詳細に掲載している一方で、私立学校の項において「設立国人種別」が「内地人」とされ、校主名もそれぞれ記されている「東門学校、殖民行政学校、簡易商工学校及稲江義塾」について「各校別教員数、生徒数及卒業生等明ナラス」と記され、その合計人数で記されている。「第一篇」中でも「各種学校ノ汎称ニシテ其数僅少ナリ。且一二ノ学校ヲ除クノ外興廃常ナク、学科程度区々ニシテ其成績等、特ニ記述スヘキモノナシ」（句読点は編者、以下同じ）とされているが、各校別人数なしに合計人数が把握され得るとも考えにくく、しかも内地人の設立した学校であっても把握されていないことに、当時の台湾総督府の統計整備について、もしくは総督府の対私立学校政策について検討を要する点であろう。

「第三篇」においては、「教員及生徒」について、明治三〇（一八九七）年から明治三四（一九〇一）年の各年別の、教育費についても明治二九年から同三四年度に至る各年度別の統計が示されており、第二篇に至るまでの変遷をたどることができるようになっている。

（三）次の『台湾総督府学事第三年報（明治三七（一九〇四）年度）』（七九—①）は、民政部総務局学務課の手で、明治三九（一九〇六）年三月に刊行された。本文一三三ページ、外に図表七、凡例一ページ、目次九ページ。この年報から、『第一年報』にあった「第一篇」に相当する部分が省かれ、単年度の学事成績を記録することとなった。それにともない、年報の内容は「総説」および「統計」の二篇で構成されることとなった。その詳細を示せば、以下のとおりである。

第一篇　総　説
　第一章　学事行政機関
　第二章　教育機関ノ構成及種別
　第三章　学務提要
　　第一節　学事上施設ノ要領
　　第二節　学事観察
　　第三節　学事会議
　　第四節　教員講習会

第五節　教員検定
第六節　図書編纂及審査
第七節　公学校建築費補助
第八節　公立学校職員恩給
第四章　学事ニ関スル法令
第五章　学事関係職員
第六章　教育費
第七章　学　租
第八章　本島人子弟ノ教育
第一節　初等教育
第二節　師範教育
第三節　中等教育
第四節　実業教育
第九章　内地人子弟ノ教育
第一節　普通教育
第二節　高等普通教育
第十章　蕃童教育
策十一章　書　房

第十二章　私立学校
第十三章　幼稚園
第十四章　図書館
第十五章　教育会
第二篇　統　計
国語学校
国語伝習所
小学校
公学校
書房、私立学校、幼稚園及図書館
教員検定
経済

各章の記述は簡潔で、本年度中の出来事を主としている。記述より統計表が詳細である。また上の目次に見るように教育の実態よりも行政組織、行政の行事を先に記すのが特徴的である。

しかし、その記述の中でも、第八章「本島人子弟ノ教育」の第一節「初等教育」において、「公学校ノ設立ハ、各街庄社ノ出願ニ依リ、其ノ経費ヲ負担スルニ堪フルヲ認メ、庁長之ヲ認可スルノ制ナリ」として、公学校の設立が恩恵的であることを記しながら、その一方小学校の設置は、次の「小学校派遣教授」の記述に見られるように、当然のこととして記されるなど、当時の内地人・本島人間の教育観の差異を見て取ることができる。

すなわち、小学校の設置がかなわないときには、第九章「内地人子弟ノ教育」第一節「普通教育」において「内地人ノ家族ヲ率ヰ来住スルモノ年々累加シ、今ヤ小学校ノ設ナキ所ニ在テモ学齢児童増加シ、新ニ小学校ヲ設置スヘキ必要アルニ至リタルモ、経費ノ関係上随所ニ之ヲ新設スルコト困難ナルニ依リ、応急ノ施設トシテ、本年内特ニ其ノ地方附近ノ公学校ニ新ニ小学科ヲ担任スヘキ教員一名宛ヲ配置シ、僅ニ小学科ノ教授ヲ施スコトヽシタルモノ……六校ニ及ヘリ」と記述されるように「小学校派遣教授」がなされている。

一九〇五年七月に出された「小学校派遣教授施行ノ件」（民政長官通達）によれば、従来僻地に居住する内地人児童に対し、応急の方法として、当該地方の公学校に就学させ、同校教諭をして小学校教諭を兼任させ「小学科」の教授を担当させて来たが、これら内地人児童の修学・卒業資格は台湾小学校のそれと何ら関係がないなど「就学上ノ不利益」が少なくなかった。そのため、今後は当該公学校教諭中「台湾小学校本科正教員」以上の免許状を有する者を選び、彼らを（何）小学校の教諭の兼任とし、その資格において小学科の教授を担当させ、児童の修業・卒業に関しては（何）小学校の修業証書又は卒業証書を交付する、という方式を取ることにしたとある（本集成『台湾学事法規』（八）参照）。

これに関連して、次の『第七次年報（明治四一（一九〇八）年度）』には、「尋常高等小学校四校ヲ附設シ、（五校の）公学校内ニ尋常小学校派遣教授ヲ施行セリ、而シテ此等小学校ノ新設又ハ寄宿舎ノ設備ニ依リ、他ノ小学校ニ就学ノ便ヲ有スルニ至リシヲ以テ（六校の）公学校内ニ附設セシ尋常小学校派遣教場ハ之レヲ廃止セリ」という記述が見える。

その後、明治四三（一九一〇）年四月には「小学校派遣教授担任教諭ノ資格ニ関スル件」（民政長官通達）が発せられ、公学校内に施行されている小学校派遣教授担任教諭はすべて小学校教諭を以て充てるべきことに改められている。

ちなみに前掲『台湾学事法規』所収の「小学校派遣教授名称位置」によれば、大正二（一九一三）年六月現在、小学校派遣教授は全島で五庁二〇個所（台北四、宜蘭三、新竹三、台中四、台南六）であった。「台北第一尋常高等小学校新庄派遣教授」「新竹尋常高等小学校北埔派遣教授」などがそれである。ただしこの「小学校派遣教授」については、『学事年報』第二篇「統計」には掲記されておらず、児童数などは把握できない。

このほか、旅費計算のためかとも思われるが、「附録」「諸学校」として「総督府迄」、「地方庁迄」の「陸路、汽車路、汽船路」が記されていることも興味深い。

（四）『台湾総督府学事第七年報（明治四一（一九〇八）年度）』（七九―②）も、同じく民政部内務局学務課により、明治四四（一九一一）年五月に発行された。本文二〇九ページ、外に図表六、凡例一ページ、目次一〇ページとボリュームが増している。

「凡例」によれば、「本年報ハ従来暦年調査ナリシモ、明治四十一（一九〇八）年五月訓令第七十九号ヲ以テ報告例ヲ改正シ、学事ニ関スル年報ハ年度調査ト為シ、従テ本年報亦年度調査ニ改メタリ。而シテ前年報トノ連絡ヲ保チ、四十一（一九〇八）年一月乃至三月間ノ事実ハ極メテ必要ナルモノニ限リ、之ヲ記述又ハ輯録セリ」とされ、「児童異動」などには「明治四十一（一九〇八）年一月乃至同三月ノ入学、半途退学及死亡並同三月末卒業者」などが、明治四一（一九〇八）年度と別に記されている。

本文の内容は、基本的には上に掲げた第三年報（明治三七（一九〇四）年）と同様で、第一篇「総説」および

第二篇「統計」で構成されている。

第八章「本島人子弟ノ教育」の第一節「初等教育」において、「本島ニ於ケル諸事業ノ勃興ニ伴ヒ国語ヲ解スル本島人ノ需要ヲ増加シ、且本島人ニアリテモ漸次母国人ト接スル機会多ク、為ニ国語教育ヲ受クルノ必要ニ迫ラル、等、自発的向学思想普及スルニ従ヒ、益々進歩発達ノ実況ヲ呈シ、学校ノ新設生徒ノ増加等逐年多キヲ加フルニ至レリ……」と記し、第三年報の本島人教育観と異なるものを見せている。また内地人を「母国人」と表記していることも他には見られないことである。

第一編（目次と本文で編の字が異なる）「総説」第一章「学事行政ノ組織」において「前年ニ異ナラズ」としながらも、「系統的図解」が示されている。

（五）次に掲げる『台湾総督府学事第一一年報（明治四五・大正元（一九一二）年度）』（八〇―①）は、民政部学務部の編集により、大正五（一九一六）年三月に刊行された。本文三三六ページ、凡例一ページ、目次一七ページよりなり、これまでと同様、第一編（目次においても「編」となった）、第二編の二部で構成されている。

第一編「総説」は、「曩ニ学事第六年報ヲ編纂スルニ方リ、学事行政並学制ノ大要及沿革ヲ叙述シ、以テ本島教育ノ大体ヲ知ルノ便ニ供シタリ。爾来茲ニ五年、此間時運ノ進歩ニ伴ヒ幾多ノ変遷ナシトセズ。依テ茲ニ更ニ本島教育ノ沿革並制度ノ概要ヲ掲載ス。若シ第六年報ト比較対照セハ、以テ其ノ間ニ於ケル本島教育ノ発達ヲ察スルニ足ラム」と述べ、第一章「本島教育ノ沿革」を加え、施政開始以来の台湾教育の推移・展開状況を約一ページ略述している。

第三年報の制限的・恩恵的な本島人教育観と異なり、第九章「本島人子弟ノ教育」第一節「初等教育」では、

「公学校ニ関シテハ前年度ノ施設ヲ継続シテ、益々普及発達ヲ図リタリ」としている。

先に「総説」で「本島教育ノ発達」と記していたが、この間の制度の変化としては一九〇七年に国語学校の中学部及び附属高等女学校を廃止し、独立の中学校および附設高等女学校を設け、さらに、一九〇九年には附設を廃止し、高等女学校も独立としたのみであるので、ここでの「発達」は第九章「本島人子弟ノ教育」第一節「初等教育」の項で述べていたように量的拡大を言っていることと思われる。

また、第二篇「統計」においては、これまでの児童生徒数、教員数を中心とした学校別記述に加えて、「学校衛生」が取り上げられ、児童生徒身長、体重胸囲、脊柱其他、疾病について詳細な統計データが提示されている。これらのデータにより内地人・本島人間の体位比較等を試みることも可能であるが、公学校児童の年齢が七年から二五年に分布していることなども、当時の教育の実相を照らし出してくれる。

（六）これに続く『台湾総督府学事第一四年報（大正四（一九一五）年度）』（八一）も、同じく民政部学務部による編集で、大正六（一九一七）年七月の刊行。そこでは、例えば第一篇「総説」の第一章「学制」においても生徒、学級の増加に伴う教員の定員増をいう程度で、年報の内容・形式ともに前年報のそれを踏襲している。本文三三五ページ、凡例一ページ、目次一八ページ。

（七）五〇年にわたる統治期間中、欧文による『学事年報』が刊行されたのは極めて稀れであった。管見によれば、ここに掲げた“Sixth Annual Report on Education in Formosa, 1907”（八〇―②）が唯一のものである。本文BOOK 1（GENERAL REMARKS）五二ページ、BOOK 2（STATISTICAL TABLES）六一ページ。編者は'Section of Educational Affairs, Taiwan Sotokufu'（台湾総督府学務課）、一九〇九年六月の刊行となっている。

これは、序文（Preface）に「年報の日本語原文（The Japanese original of the present report）」という文言があるように、『学事第六年報（明治四〇年度）』を全文英訳したもので、序文には、記述期間、四捨五入等について触れられており、日本語版の凡例と同趣旨である。但し、日本語版の場合と異なり、英文版の序文には当時学務課長の職にあった持地六三郎（ROKUSABURO MOCHIJI）の署名がなされている。ちなみに、本英文年報の構成を示せば、次のとおりである。

BOOK 1
　GENERAL REMARKS
Chapter 1. Organization of Educational Administration
Chapter 2. Outlines of the School System
Chapter 3. General Sketch of School Affairs
　Section 1. Outline of Educational Transaction
　Section 2. Educational Inspection
　Section 3. The Council for School Affairs
　Sedion 4. Teachers' Summer Institutes
　Section 5. License Examination for Teachers

Section 6. Compilation of Books and Charts
Section 7. Grants-in-aid for Kō Gakko Buildings
Section 8. Pensions to Retired School 0ffcials and to the Families of Deceased School Officials
Section 9. Personal Guidance and Supervision given to the Formosan Students in Japan
Chapter 4. Officia1 Orders relating to Educational Affairs
Chapter 5. Education for the Japanese
Section 1. Primary Genera1 Education
Section 2. Higher General Education
Chapter 6. Education for the Natives
Section 1. Primary Education
Section 2. Education for the Training of Teachers
Section 3. Intermediate Education
Section 4. Technical Education
Chapter 7. Education for the Aborigines
Chapter 8. Compilation of Books and Charts
Chapter 9. Officia1s
Chapter 10. Expenditure
Chapter 11. Shobō Schools

Chapter 12. Private Schools
Chapter 13. Libraries
Chapter 14. Educational Societies
BOOK 2
STATISITICAL TABLES

本書の目次最後にList of Illustrationsが付せられているように、ここには日本語版には見られない写真が多数収められている。

なお、当然ながら、本英文年報は所収巻巻末から見ることとなる。そのため、時系列順序と異なり、この位置に配置した。

（八）『台湾総督府学事第一八年報（大正八（一九一九）年度）』（八二―①）は、大正一〇（一九二一）年七月総督府内務局学務課により、編集・刊行された。『学事年報』は第一六年報（大正六（一九一七）年度）から横組みとなっている。本文二六七ページ、凡例一ページ、目次一四ページ。表紙は従前の「台湾総督府学事第十八年報」であるが、「凡例」「目次」のページには「台湾総督府学事第十八年報統計書凡例」「台湾総督府学事第十八年報統計書目次」と記されている。この体裁は、ここには収録しなかったが、『第一六年報（大正六（一九一七）年度）』においても同じである。また、本文前の中扉には、「記述年報」とある。

「凡例」によれば、「元殖産局所管ナリシ博物館ハ、内務局学務課ノ所管ニ入レリ。故ヲ以テ本年度年報ヨリ博物館ニ関スル事項ヲ附加掲載」し、「学校衛生ニ関スル事項ハ、学校生徒及児童身体検査統計書トシテ毎五年一回之ヲ調査発表シ、大正八（一九一九）年其ノ第一輯ヲ発刊セリ。依テ本年報ニハ之ヲ省略……」とある。ただし、博物館に関しては、陳列品数、閲覧人数、開館日数のみの六行ほどの記述である。

すでに見たとおり、この年「台湾教育令」が施行された。第一編「総説」の第一章「学制」でも、「本年度ハ台湾教育令ノ実施ニ伴ヒ、本島人教育ノ中等程度以上ノ学校ノ新設セラレタルモノ及名称ヲ変更セラレタルモノ尠カラス」としている。すなわち、本島人の中等学校名称を高等普通学校、女子高等普通学校としたのである。ちなみに「台湾教育令」の制定過程やその内容、特徴などについては、別集(1)『台湾教育関係公文書』第一部「台湾教育令」関係文書の（Ⅰ）「台湾教育令」（九五）を参照。

（九）次に掲げる『台湾総督府学事第二一年報（大正一一（一九二二）年度）』（八二―②）は、台湾総督府内務局文教課の編集により、大正一四(一九二五)年三月刊行された。本文一七三ページ、凡例一ページ、目次七ページと、逆にコンパクトになっている。「凡例」においては「台湾総督府学事第二十一年報凡例」となり、目次においては「台湾総督府学事第二十一年報統計書目次」となったが、中扉に「記述年報」とある体裁は、前年度の年報と同じである。

この一九二二年二月に「（第二次）台湾教育令」が制定公布された。第一篇「総説」第一章「学制ノ大要」は、これについて次のように記述している。

「台湾ノ教育制度ハ、大正十一（一九二二）年勅令第二十号台湾教育令ノ改正公布ニ依リ其ノ面目ヲ一新セリ。即チ改正前ノ学制ニ於テハ、台湾ニ於ケル本島人ノ教育ハ大正八（一九一九）年公布ノ台湾教育令ニ依リタルモノニシテ、主トシテ内地ノ教育制度ニ則リテ行ヒタル内地人ノ教育トハ自ラ別個ノ系統ニ属シ、相互ノ連絡ハ全ク之レナカリキ。然ルニ大正十一（一九二二）年公布ノ台湾教育令ニ於テハ、台湾ニ於ケル教育ニ内地人ト本島人トノ区別ニ依ル特殊ノ制度ヲ設ケサルコトヲ原則トセリ。換言スレハ新教育令ハ台湾特殊ノ事情ニ鑑ミ初等普通教育機関ヲ公学校及小学校ニ分チ、且其他ニモ幾分ノ特例ヲ設ケタル部分アリト雖、殆ント内地同様ノ学制ヲ採用シ、而シテ内地人ト本島人トニ基ク教育上ノ差別ヲ撤廃セリ」

これにより、「（第一次）台湾教育令」で高等普通学校、女子高等普通学校となった中等学校の名称は、再び中学校、高等女学校となった。しかし、すでに見たとおり、内地人と本島人の間にある就学機会の格差は明らかであった。

ちなみに、この「（第二次）台湾教育令」は「朝鮮教育令」と同時に制定公布され、趣旨や制度の基本的枠組みにおいて両者間に多くの共通点があった。しかし朝鮮では、台湾の場合と異なり、内地人との「共学」に対しては、朝鮮人としての教育を抹殺するものだとして反発が強く、初等段階において「国語ヲ常用スル者」と「常用セサル者」という区分によって小学校と普通学校を分けることは同じであるが、中等段階においても、従来と同様、内地人については中学校、高等女学校、朝鮮人については高等普通学校、女子高等普通学校の名称が継続して用いられた。朝鮮において学校名称の統一が実現するのは、初等段階も含め、一九三八年の「（第三次）朝鮮教育令」からのことである。なお、「改正台湾教育令」の制定経緯と内容・特質については、別集(1)『台湾教育関係公文書』第一部「台湾教育令」関係文書の（Ⅱ）「改正台湾教育令」（九六）に、その詳細を見ることができる。

（一〇）『台湾総督府学事第二四年報（大正一四（一九二五）年度）』（八三）が出されるのは、昭和二（一九二七）年一〇月のことで、本文四八一ページ、凡例一ページ、目次七ページ、図表七よりなる。編者は台湾総督府文教局。前述のとおり文教局が新設されるのは一九二六年一〇月のことで、以後『学事年報』も文教局による編集・刊行となる。この版から、年報の体裁も変わり、「統計書」、「記述年報」という文言はなくなった。ただし、本文第一ページに「台湾総督府学事第二十四年報　第一編　総説」と記している。その本文前の冒頭にグラフを示して、台湾教育の発展を誇示する形をとっている。

また、従前の本章冒頭の行政組織、行政の行事が簡略となり、

第一章　学制ノ大要

第二章　学事ニ関スル法令

に続いて、

第三章　官公立学校

として、教育の実態が述べられている。

本年報で注目されるのは、義務教育についての記述である。従来の年報（例えば『第二一年報』）では、小学校についても「入学年齢ニ達シタル児童ノ保護者ニ、未タ其ノ児童ノ就学セシムルノ義務ヲ負ハシムルニ至ラス」と、義務制のないことのみを述べていたが、ここでは、「本島ニ於テハ、諸種ノ事情ニ依リ未タ義務教育ノ制ヲ布クニ至ラサルハ、学制上ノ一特例ニ属ス……」という記述になり、内地人については義務制のないことは「特例」であるとしている。ただし、本島人の義務教育についての言及は見られない。

なお、『第二二年報（大正一二（一九二三）年）』から、「内地人」「本島人」の各項目と並ぶ形で、「蕃人」に

ついて、「蕃人人口及学齢児童」「蕃人学齢児童就学及不就学事項別」「蕃人学齢児童就学及不就学市街庄区別」「蕃人学齢児童百人中就学」「蕃人学齢児童中盲者、聾唖者、盲聾唖者」の項目が掲載されている。

ここにはまた、一九二三年皇太子（後の昭和天皇）の台湾行啓の際の下賜金による恩賜財団台湾済美会、翌一九二四年の皇太子（同上）結婚の際の下賜金による恩賜財団台湾奨学会の設立、その他の団体についての記述も見られる。このほか、文教課（年報の記述内容が大正一四（一九二五）年現在であるため）職員名も記載されている。

（一一）次に掲げる『台湾総督府学事第三〇年報（昭和六（一九三一）年度）』（八四）は、昭和八（一九三三）年九月の刊行で、本文四五七ページ、凡例一ページ、目次八ページ。冒頭のグラフはなくなった。この版では、義務教育に関して、小学校の場合、「未ダ義務教育ノ制ヲ布クニ至ラズ」という表現になり、『第二四年報』の「特例」という表現はなくなった。ちなみに、ここには収録しなかったが、すでに『第二六年報（昭和二（一九二七）年度）』において、同様の表現が見られた。その一方、この年報において初めて公学校の場合が取り上げられ、「未ダ義務教育制度ヲ採用セザルコトハ、小学校ニ於ケルト同様ナリ」と、本島人の義務教育について言及がなされた。公学校における義務教育については、『第三〇年報』でも同様の記述が見られる。

本年報では、台北帝国大学に関する記述が出て来る。同大学は一九二八年に文政・理農の両学部が開設され、それに伴い、台湾総督府高等農林学校が台北帝国大学附属農林専門部に改編される等の変化もあった。

ちなみに、帝国大学に関する動きを見ると、一九二二年、朝鮮および台湾で同時に制定公布された「改正教育令」の規定を受けて、両地で相前後して帝国大学が設立されることになるが、京城帝国大学の場合、一九二四年に予科を開設することから始められ、一九二六年に法文・医学の両学部がそれぞれ発足する形をとった。これに対して台湾では、一九二二年に、まず台湾総督府高等学校（のち台北高等学校、尋常科四年、高等科三年よりなる）を開設することから大学設立に向けての動きが始められ、一九二八年に台北高等学校高等科の第一回卒業生が出るのを待って、台北帝国大学が発足することになるのである。

なお、『台湾総督府学事第三三年報（昭和九（一九三四）年度）』（八五）は昭和一一（一九三六）年三月の刊行であるが、内容・形式ともに上掲の『第三〇年報』を踏襲、本文第一編六八ページ、第二編三五九ページ（ページ立ては「第一編」と「第二編」で分けられる）、凡例一ページ、目次八ページである。

（一二）『台湾総督府学事年報』の最後に掲げた『第三六年報（昭和一二（一九三七）年度）』（八六―①）は昭和一五（一九四〇）年三月の刊行、本文第一編六六ページ、第二編三二五ページ、凡例一ページ、目次七ページである。現在のところ、これ以降の『学事年報』は見出されていない。

この年報では、これまで用いられて来た「蕃人」の名称が「本島人中高砂族」と改められている。これに伴い第六章「蕃人児童教育」も「高砂族児童教育」に変えられた。ただし、別記の形式・内容に大きな変更はない。

また、注目される事項として、第三章「官公立学校」の第五節「専門教育及大学教育」での台北帝国大学医学部の創設（一九三六年）、およびこれに伴う台湾総督府台北医学専門学校の同大学附属医学専門部への改編がある。このほか、第八章「社会教育」関係の記述に、「本島人ニ対シ日本国民トシテノ資質ノ向上」という文言が現れ、「国民精神総動員」という節が新に加わったこともあげられる。

（一三）最後に、台湾総督府下の学事統計類の参考資料として、『台湾省五十一年来統計提要』（八六―②）から教育関係統計類を抽出・掲載した。編者は台湾省行政長官公署統計室で、中華民国三五（一九四六）年一二月出版である。

台湾省行政長官公署というのは、一九四五年八月、台湾の「光復」（日本統治の終了）をうけて、中国・国民政府により同年九月「台湾省行政長官公署組織条例」が公布され、一〇月、これを正式に発足成立させたもの（初代行政長官・陳儀）。同行政長官公署は台湾総督府に代わって台湾の立法・行政・司法の全権を掌握、接収事業を推し進めることとなる。

本提要「序文」によれば、統計類に関しては、同公署秘書処統計室が台湾総督府総督官房統計課を接収し、留用日本人（接収事業遂行のため、留め置いた日本人技術者等）を用いて、台湾植民地化以後の五一年間の主要統計をまとめることとなったとある。提要の内容は「類次」あるいは「表次」に示されるように、天文・気象から行政の各分野を網羅し、全二四類で構成、総一三八二ページに及ぶ巨冊である。

ここには、そのうち第二十一類「教育」部分を採録した。一八表、四二ページよりなる。その構成を示せば、以下のとおりである。

表四六六　学制系統
表四六七　最近本省教育概況
表四六八　歴年全省学校及員生数
表四六九　歴年大学教育概況

表四七〇　歴年専門教育概況
表四七一　歴年師範教育概況
表四七二　歴年中学教育概況
表四七三　歴年実業教育概況
表四七四　歴年国民学校概況
表四七五　歴年盲唖学校概況
表四七六　歴年特種学校概況
表四七七　歴年私塾概況
表四七八　歴年幼稚保育概況
表四七九　歴年山地教育所概況
表四八〇　歴年図書館一覧
表四八一　歴年学齢児童
表四八二　歴年各種学校学生投考人数及入学人数
表四八三　歴年学齢児童盲聾唖人数

これにより、一八九九年から一九四四年の日本統治終了直前までの五〇年に及ぶ教育関係統計の推移を俯瞰することができる。

内容構成〈第九集〉学事統計類

九冊（第七八巻～第八六巻）

冊・巻	文献名	編者・発行者	発行年月	判型	ページ数
第七八巻	①台湾学事統計一覧　大正一〇年度	台湾総督府内務局学務課	大正一〇年六月	一枚もの	一
	②台湾学事統計一覧　大正一三年	台湾総督府内務局学務課	大正一三年九月	一枚もの	一
	③台湾学事一覧　昭和二年	台湾総督府文教局	不明	一枚もの	一
	④台湾学事一覧　昭和五年版	台湾総督府文教局	不明	一枚もの	一
	⑤台湾学事一覧　昭和七年度版	台湾総督府文教局	不明	不明 経本折	四二
	⑥台湾教育ノ現況諸表	台湾総督府	昭和八年	不明	六八
	⑦台湾学事一覧　昭和一〇年度版	台湾総督府文教局	不明	不明 経本折	四四
	⑧台湾学事一覧　昭和一二年度版	台湾総督府文教局	不明	不明 経本折	四四
	⑨台湾学事一覧　昭和一四年度版	台湾総督府文教局	不明	不明 経本折	四八
	⑩（台湾の教育状況）	台湾総督府	昭和一六年（?）	不明	六二
	⑪台湾学事一覧　昭和一六年度	台湾総督府文教局	昭和一七年三月	A5判	六八
	⑫台湾総督府学事第一年報（明治三五年度）	台湾総督府民政部総務局学務課	明治三七年八月	B5判	一六六

第七九巻	①台湾総督府学事第三年報（明治三七年度）	台湾総督府民政部総務局学務課	明治三九年三月	B5判	一六四
	②台湾総督府学事第七年報（明治四一年度）	台湾総督府民政部内務局学務課	明治四四年五月	B5判	二三八
第八〇巻	①台湾総督府学事第一一年報（明治四五・大正元年度）	台湾総督府民政部学務部	大正五年三月	B5判	三七二
	②英文学事年報 *Sixth Annual Report on Education in Formosa, 1907*	Section of Educational Affairs, Taiwan Sotokufu	一九〇九年	菊判	一六〇
第八一巻	台湾総督府学事第一四年報（大正四年度）	台湾総督府民政部学務部	大正六年七月	B5判	三七二
第八二巻	①台湾総督府学事第一八年報（大正八年度）	台湾総督府内務局学務課	大正一〇年七月	B5判	二九八
	②台湾総督府学事第二一年報（大正一一年度）	台湾総督府内務局文教課	大正一四年三月	B5判	二〇二
第八三巻	台湾総督府学事第二四年報（大正一四年度）	台湾総督府文教局	昭和二年一〇月	B5判	五〇八
第八四巻	台湾総督府学事第三〇年報（昭和六年度）	台湾総督府文教局	昭和八年九月	B5判	四七二
第八五巻	台湾総督府学事第三三年報（昭和九年度）	台湾総督府文教局	昭和一一年三月	B5判	四四四
第八六巻	①台湾総督府学事第三六年報（昭和一二年度）	台湾総督府文教局	昭和一五年三月	B5判	四〇六
	②台湾省五十一年来統計提要	台湾省行政長官公署統計室	中華民国三五年（一九四六）一二月	B5判	六四

解題　第十集「社会教育関係資料」について

佐藤由美

I

（一）台湾における社会教育が総督府文教局を中心に組織化されるのは、大正一五（一九二六）年一〇月一二日の勅令第三二一号「台湾総督府官制中改正」の公布により文教局が設置され、学務課、社会課の二課体制が構築されてからのことである。『台湾総督府事務成績提要』には、第三三編（昭和二年）以降、文教局の部に「学務課」と並んで「社会課」の事務成績がまとめて報告されることとなった。そこに掲載されたのが「神社ニ関スル事項」、「宗教ニ関スル事項」、「社会事業ニ関スル事項」そして「社会教育ニ関スル事項」である。「社会教育ニ関スル事項」には、図書館、博物館、国語普及会、青年団、家長会及主婦会、活動写真、社会教育講習会、国語講習会などの関係項目が含まれている。本史料集成第十集には、これら「社会教育ニ関スル事項」に関連する資料二六点を収録した。

（二）本編に収録する資料類を分類して示せば、以下のとおりである。

Ｉ　台湾における社会教育の概要

(1)台湾総督府文教局社会課『台湾社会教育概要　昭和七年三月』
(2)台湾総督府『昭和十二年二月　台湾社会教育概要』
(3)台湾総督府『台湾の社会教育　昭和十六年度』
(4)中越栄治『台湾の社会教育』昭和一一年

Ⅱ　台湾各地方における社会教育の状況

(5)台北市役所『台北市社会教育概況　昭和十四年度』
(6)台中州教育課『台中州社会教育概況　昭和七年十二月』
(7)台中州『台中州社会教育要覧　昭和十五年』
(8)台南州共栄会『台南州社会教育要覧　昭和五年二月』
(9)台南州『社会教育要覧　昭和十二年度』
(10)高雄州『社会教育概要　昭和十三年』

Ⅲ　国語普及・皇民化推進関係

(11)台湾総督府学務部「風俗改良及国語普及ニ関スル最近ノ施設及成績」大正七年
(12)新営郡『国語講習所に於ける教授訓練の研究』昭和一〇年
(13)台湾総督府社会課『総督府台北州指定都市教化研究発表要項　台北市　基隆市　昭和十五年五月』
(14)台湾総督府文教局社会課『優良男女青年団実績概況　昭和十二年一月』
(15)鷲巣敦哉『皇紀二千六百年記念出版　台湾保甲皇民化読本』昭和一六年

Ⅳ　図書館・博物館関係

⒃台湾総督府図書館『台湾総督府図書館一覧表（大正八年七月三十一日調）』
⒄台湾総督府図書館『台湾総督府図書館一覧（自昭和三年四月一日至昭和四年三月三十一日）』
⒅台湾総督府図書館一覧『台湾総督府図書館概覧　附島内図書館表（昭和十二年度）』
⒆新竹州立新竹図書館『新竹州立新竹図書館一覧（自昭和四年四月一日至昭和五年三月三十一日』
⒇基隆図書館『基隆市立基隆図書館要覧　昭和十一年一月』
(21)台中州立図書館『台中州立図書館一覧　昭和四年九月編』
(22)台南市立台南図書館『台南市立台南図書館一覧（大正十三年）』
(23)台南図書館『台南市立台南図書館一覧』昭和一二年五月
(24)石坂文庫『私立石坂文庫第一年報』明治四一三年一〇月
(25)石坂文庫『基隆石坂文庫第十年報　自大正七年十月一日至大正八年九月三十日』大正八年一〇月
(26)台湾総督府博物館協会『台湾総督府博物館案内（第三版）』昭和一二年三月

Ⅱ

（一）まず、台湾における社会教育概況に関する資料四点から見ていくことにしよう。最初に取り上げるのは『台湾社会教育概要』昭和七年版（八七―①）である。扉には「本概要は本島社会教育の概況を蒐録し当該事務の参考に資せんとするもの」とある。ページを捲ると「教育勅語」にはじまり、「戊申詔書」、「国民精神作興ニ関スル詔書」など数編の詔勅類が掲載され、目次に至る。本文のページ数は八七ページある。昭和七（一九三二）年三月の時点で、台湾総督府文教局社会課が管轄していた社会教育機関がどれくらいあったのか、どのような事業を行っていたのか、その全体像を把握するために以下に目次を挙げることにする。

第一、台湾の社会教育の目標
第二、統制機関
第三、重なる社会教育団体
（一）社団法人台湾教育会
（二）財団法人台湾体育協会
（三）各地方的社会教育団体
第四、社会教育奨励団体
（一）恩賜財団台湾教化事業奨励会
（二）恩賜財団台湾済美会
（三）財団法人伊澤財団
第五、全島社会教育施設
一、国語普及施設
（一）国語講習所
（二）簡易国語普及会
（三）常設的不就学児童教育施設
二、青少年団体

（一）男子青年団
（二）女子青年団
（三）少年団
三、青年訓練所
四、其の他の青少年教育
（一）青年教習所　公民講習所
（二）卒業生指導講習
五、成人教育
（一）家長会
（二）主婦会
（三）倫理運動団体
イ　修養団
ロ　興国同志会台湾支部聯盟
ハ　乃木講
（四）婦人会
六、宗教団体の教化施設
七、図書館
（一）総督府図書館

（二）公立、私立、図書館
（三）台湾図書館協会
八、博物館
（一）総督府博物館
（二）台中州立台中教育博物館
（三）台南州立台南教育博物館
（四）嘉義市立嘉義通俗博物館
九、常設的観覧施設
（一）動物園
（二）植物園
（三）商品陳列館
（四）衛生参考館
一〇、各種展覧会
一一、各種会館
一二、各種学会及協会
一三、各種講演会及講習会
一四、新聞雑誌刊行物
一五、公園

一六、運動場、水泳場
一七、運動競技会
一八、音楽会
一九、活動写真
二〇、ラヂオ及レコード
二一、主なる民謡及青年歌
二二、各種標語
第六、全島に於ける社会教育関係経費
第七、社会教育関係法規

(二) 同書には、台湾における社会教育の目標が「国民資質の向上と社会の進歩、改善を図」るものであると明記され、「国民精神の涵養、国語の普及、情操の陶冶、職業に関する知能の啓培、公民的精神の養成、体位の向上」に重点を置くとしている。

そもそも台湾における社会教化事業の起源を辿れば、「領台」直後の明治三〇年代まで遡ることができる。国語伝習所で「幻燈会や理化学実験を行ひ、民智の開発に留意した地方」があれば、「公学校内に国語夜学会、国語普及会等を設け、奉仕的に実行に着手した」ところもあった。総督府も「通俗教育実施の必要を認め、明治四一年五月博物館を、大正二年動物園を、同三年総督府図書館を設置し、同年又学租財団所属の幻燈及活動写真器を台湾教育会に貸与し、地方の依頼に応じ通俗教育会を行」うこととしていた(台湾教育会『台湾教育沿革誌』

第八編第二章「社会教育」参照)。しかしながら、これらの諸活動は、当時台湾総督府の部局が管理統制する「社会教育」事業として位置づけられてはいなかった。

(三) 社会教育の統制機関として、総督府文教局に社会課が誕生したのは、先述のとおり大正一五(一九二六)年のことである。実務担当は「社会教育係」であり、中央にあって台湾の社会教育全般を管理し総括的な事務を掌った。地方では各州の内務部教育課に社会教育係があり、各庁、郡、市では庶務課または教育課に係を設置し、街庄では庶務係が事務を担当した。こうして中央の総督府から地方末端の行政機関に至るまでの組織、指示系統が構築されたことになる。また、目次が示すように社会教育が対象とする事業の範囲が明確になった。

(四)『台湾社会教育概要　昭和十二年二月』(八七―②) は①の後継書である。社会課は数年ごとに『台湾社会教育概要』を刊行していたと推測され、五年後の昭和一二年版ということになる。全八六ページ、章だてが改編され、(1)総説に続き、(2)公民教育、(3)青少年教育、(4)一般社会教育、(5)本島に於ける社会教育奨励団体、(6)本島に於ける社会教育団体となったが、社会教育の対象に大きな変化はない。巻頭には詔勅類の掲載がなくなり、代わりに台湾総督府、博物館、図書館、「部落集会所」、国語講習所の授業風景の写真が掲載されている。

社会課では、国語を理解する者が人口の三二・九パーセントしかなく、学校教育や青年団などの社会教育施設で教育を受けた者も八〇万の中堅青年のうち二五万程度であることを憂い、社会教育教化施設の普及と充実の必要を訴えている。社会教育の目標には「生活改善」が追加され、六項目から七項目となった。

（五）さらに、この時期に特徴的なものとして民風作興運動が挙げられる。この運動について、社会課は次のように説明していた。

我が国内外の情勢並に本島の重要なる地位に鑑み、島民生活の全面に亘り国民精神を作興してその透徹を図るを経とし、その国民的文化水準の向上に対する全島民の自発的協同意識を喚起して内台一如の実を挙げしむるを緯とし、以て本島領有の大精神を完成せんとする教化運動である。

（旧字を新字に改めた。また、引用文の句読点は編者による：以下同じ）

昭和九（一九三四）年三月、台湾総督府と中央教化団体聯合会の共同主催で台湾社会教化協議会が開催された。協議会のメンバーは総督、総務長官、総督府内各部局長、各課長、各州知事、庁長、台北帝国大学総長、直轄学校長、総督府評議会員、教化関係者等、一三〇名以上に及んだ。この協議会において慎重な協議の末に決定されたのが「台湾社会教化要綱」である。「台湾社会教化要綱」は指導精神、教化施設、奨励方策の三部で構成されており、巻末にその全文が収録されている。ここでは大項目のみ列挙し、その趣旨を見ておくことにしよう。

指導精神

一、皇国精神の徹底を図り国民意識の強化に努むること

二、融合親和一致協力の美風を作興助長すること

三、公民的精神を涵養し其の訓練を徹底せしむること

四、実際的智識技能の啓培に努め質実の気風を養ふこと

五、生活の改善を図り之が向上を期すること

教化施設

一、神社崇敬
二、国語の普及
三、青少年訓練
四、教化網の完成
五、其他の社会教化

奨励方策
一、有効適切なる教化事業及優良教化団体に対し補助金、奨励金を交付すること
二、社会教化功労者、美事善行者、及篤行者の表彰を行ふこと
三、国語家庭、国語部落、優良市街庄の選奨を行ふこと
四、教化関係者をして内外の優良教化状況を視察せしむること
五、教化大会其の他社会教化の促進を目的とする会合を開催すること
六、社会教化の研究調査を助長すること
七、教化強調週間を実施すること

（六）また、昭和一一（一九三六）年七月には、全島から軍官民の有力者を召集して民風作興協議会が開催された。目的は「国民精神の振作と同化の徹底」である。各地方には部落振興会や農事実行組合等があり社会教化活動を行ってきたが、時局に鑑み益々の徹底が必要となったことを告げ、地方の末端にまで民風作興運動が展開するような組織づくりを行うことを目指したのである。民風作興協議会の答申には、以下の六項目が具体的方策と

して掲げられている。

一、国民精神の振作は帝国臣民としての信念を明確にし、之を実践躬行するにあり。特に社会先覚の士は身を以て範を示し、内台一如の実を挙ぐることを期すべし

二、総督府、各州、庁、郡、市、街、庄に官民有力者を以て民風作興委員会を組織し、本運動の中心たらしむること

三、各州、庁、郡、市、街、庄に於ては、それぞれ其の地方に於ける官民を以て民風作興協議会を開催し、全島的に民風の作興を図ること

四、地方に於ける民風作興運動は町、部落を単位とする部落振興会等の活動を促し、これが徹底を図ること

五、民風作興運動の徹底を期する為、官公衙、学校、会社、銀行、宗教、新聞、其他諸団体等に対しては率先本運動の実行に当らしむる様、適当なる方策を講ずること

六、民風作興に関する運動は、概ね左の事項に及ぶこと

（一）教化に関する事項　（以下、小項目は略）

（二）同化に関する事項

（三）弊風打破に関する事項

（四）農事改良に関する事項

（五）衛生に関する事項

巻末には民風作興運動に関連する規約類が収録されている。順に挙げると、「教化委員設置要項」、「台湾教化団体聯合会々則」、地方教化団体規則（「台北州教化聯合会規則」、「財団法人新竹州同光会々則」、「台中州教化聯盟

規約」、「台南州共栄会々則」、「高雄州教化聯合会規約」）である。

（七）『台湾の社会教育　昭和十六年度』（八七―③）は、昭和一六年度における台湾の社会教育の概況を纏めたもので、発行は昭和一七（一九四二）年八月である。従来、台湾総督府学務局から発行されていた『台湾の教育』（本史料集成第一集「教育要覧類」所収）が昭和一三年以降、『台湾の学校教育』と『台湾の社会教育』に分離し、それぞれが独立して刊行されるようになった。その背景には日中戦争下で社会教育の役割が重視されたことがある（本史料集成第一集『教育要覧類』解題二七ページ参照）。「戦時下の社会教育」という点で前の二誌とはその内容を異にしており、総ページ数も二三六ページとほぼ三倍の厚みとなった。巻頭写真には台湾神社、芝山巌祠、芝山巌学堂、台湾総督府国民精神研究所《ママ》、神拝、台湾総督府勤行報国青年隊台北訓練所、同花蓮港訓練所が新たに掲載された。

目次の章立てをみると、⑴総説、⑵部落教化運動、⑶国語普及、⑷青少年教育、⑸台湾総督府国民精神研修所、⑹図書館、⑺博物館並教育的観覧施設、⑻一般社会教育、⑼本島に於ける社会教育奨励団体、⑽本島に於ける社会教育団体、⑾社会教育費調、⑿附録となっている。参考までに前掲の『台湾社会教育概要　昭和一二年二月』と比較してみると、公民教育の章にあった部落教化運動と国語普及がそれぞれ一章となり、一般社会教育の章にあった図書館、博物館並教育的観覧施設がそれぞれ一章となった。新設された章は台湾総督府国民精神研修所と社会教育費調である。しかし、内容やページ数を細かく見ていくと、部落教化運動は五ページから一八ページに、国語普及も五ページから二三ページに拡大している。以前はなかった国語保育園や国語常用家庭が新たに追加されたためである。また、青少年教育の章には青年学校が加わった。附録は社会教育に関する法規集となっており、附録部分だけで一〇二ページある。

（八）本書は総説の三節「本島社会教育の沿革」のなかで、その起源を初代学務部長伊澤修二が芝山巌に創設した国語伝習所であるとし、芝山巌事件についても二ページ以上を割いて説明している。これまで社会教育の概説書に芝山巌が持ち出されることはなかった。また、社会教育の目標は七項目であることは変わらないが、⑴国民精神の涵養、⑵国語の普及、⑶時局の認識、⑷職域奉公、⑸生活文化の醇化向上、⑹情操の陶冶、⑺体位の向上となり、以前の「職業に関する知能の啓培」が「職域奉公」に、「公民的精神の養成」が「時局の認識」に変わっている。「支那事変」から太平洋戦争へと逼迫した時代に入り、社会教育は皇民化教育推進の担い手として以前より期待されたようである。社会教育の対象や内容、方法が多様化、拡大化したことが読み取れる。

（九）なお、この時期から創設された諸制度について簡単に触れておきたい。

青年学校は、昭和一四（一九三九）年五月一一日に府令第六〇号「台湾青年学校規則」によって制度化された教育機関で、「男女青年ニ対シ国体観念ヲ明徴ニシ、其ノ心身ヲ鍛練シ徳性ヲ涵養スルト共ニ職業及実際生活ニ須要ナル智識技能ヲ授ケ、以テ皇国臣民タルノ資質ヲ向上セシムルヲ目的」（第一条）として設置されることになった。基本的に市街庄、及びその組合が設置主体となり、私立も認められた。詳細は附録の同規則を参照されたい。

台湾総督府国民精神研修所も同時期の創設である。社会教育の指導者養成のための教育機関であり、昭和一三年八月四日の訓令第五七号「台湾総督府国民精神研修所規程」がその法的な根拠となる。台湾神社の敷地内に「国民精神ノ陶冶ニ力メ統治ノ本義ニ基ク教化ノ信念、理論及実際ヲ研究習得セシムル所」として瓦葺、檜造の平屋建ての日本建築で建設された。昭和一四年二月一二日より初の講習会を開催し、その後、各種指導者の講習会を合宿体制で開催している。国民精神総動員、皇国臣民錬成教育といった戦時体制下の社会教育の全体像が把握できる資料である。

（一〇）中越栄治の『台湾の社会教育』（八八―①）は昭和一一（一九三六）年に刊行された。序文は文教局社会課長の王野代治郎によって書かれている。著者の中越栄治は、台湾において長年、地方の社会教育に携わって来た人物で、社会教育が盛んになるにつれて適当な参考書がないことに気付き、一念発起して台北で参考書の執筆を始めた。そこで上梓されたのが本書である。もともと地方官僚と推察され、文教局社会課とも交流があったようである。本書は本文三二三ページ、附録二四ページから成る大著である。ここでは内容のわかる程度に目次を紹介しておくことにする。

(1)総説：社会教育の意義、我国社会教育の史的観察、本島社会教育の沿革
(2)本島社会教育の指導精神：一視同仁の御聖旨、統治方針より見たる指導精神、指導大綱、民風作興
(3)社会教育の方法：本島社会教育の対象、方法的分類、本島の社会教化施設、方法形式、関係例規
(4)国語普及：国語と国民精神、本島統治と国語普及、国語普及の沿革、国語普及状況と一〇箇年計画、国語講習所、其他国語普及奨励施設、国語普及補助、関係例規
(5)公民教育：公民教育とは何か、我国に於ける公民教育の歴史的背景、英国及スイスの公民的特性、公民教育の方法、学校に於ける公民教育、社会教育としての公民教育、公民訓練案

(6)青年教育：世界に於ける青年教育の現状、本島に於ける青年教育観、青年団、青年団統制機関、青年訓練所と青年学校、其他の青年教養施設、関係例規
(7)部落教化：部落振興会の起り、部落振興会の組織、部落振興会の特徴、部落振興会と教化委員制度、部落振興会の事業、部落振興会の運営に就て、部落教化施設の現況、部落振興会と五人組制度、関係例規
(8)教化団体連絡統制機関：関係例規
(9)其の他の社会教育：少年団、図書館、展覧会及品評会、映画教育　附　蓄音器、ラヂオ、釈放者保護教化、民間の社会教育団体、教化強調運動
(10)附録：本島に於ける敬神思想の普及施設、本島社会事業の現況、本島に於ける農事実行団体の概況

時期的に前掲の『台湾の社会教育概要』昭和七年版（八七―①）と同昭和一二年版（八七―②）の間に位置する資料である。全体の枠組みは他の資料と大きな差異はないが、外国との比較など独自の視点も盛り込まれている。

Ⅲ

（一）次に、各地方（市・州）における社会教育の概況を示す要覧類について見る。資料（八八―②）から資料（九一）までの六点がこれにあたる。北から順に取り上げることにしよう。

『台北市社会教育概況　昭和十四年度』（八八―②）は台北市役所による発行である。本文は一三六ページであるが、巻頭に「台北市民歌」と「吾等の台北」の楽譜、各種行事の写真、詔勅類が収録されている。目次の章立

ては、(1)総説、(2)国語普及、(3)青年学校、(4)青年団、(5)少年団、(6)映画教育、(7)教化聯合会、(8)社会教育関係諸会、(9)私立学術講習会、(10)体位向上、(11)愛国婦人会及日本赤十字社、(12)国民精神総動員運動となっている。台北市には社会教育課がある。もともと大正九（一九二〇）年一〇月一日に台北市制が開始した当時は、社会教育事業は庶務課の教育兵事係の所管であったが、同係が大正一五年に教育社会課と改称、昭和三（一九二八）年には教育課と社会課が分かれ、教育課に学務係と社会教育係が設置された。その後、昭和一三（一九三八）年の訓令第三号によって学務課、社会教育課の二課に分かれて昭和一四年度に至っているということである。社会教育課には国民精神総動員や青年学校、青年団に関する事項を担当する庶務係、国語講習所や生活改善に関する事項を担当する教化係、愛国婦人会係、出征軍人後援会慰問部係がある。

（二）台北市社会教育課では、社会教育の目標として次の三点を掲げている。

一、日本精神の涵養徹底を図り国民的自覚を強調すること

二、自治的観念の養成に努め公民的訓練の徹底を期すること

三、実際的知識の啓培に努め自力更生以て生活の醇化向上を期すること

がそれである。さらに、ここでは省略するが、一には六項目、二には九項目、三には一〇項目の小項目がそれぞれ用意されている。

また、本資料には統計や一覧が多数掲載されている。例えば第二章の国語普及では、台北市における国語の普及状況が述べられた後、一二点の一覧表が掲載されている。(1)「国語を解する本島人調」（昭和七年度から一四年度の男女別数値）、(2)「台北市国語普及基本調査」（国語の普及率）、(3)「公立国語講習所一覧」、(4)「私立国語

講習所一覧」、(5)「公立国語講習所生徒出席状況」、(6)「私立国語講習所生徒出席状況」、(7)「公立国語講習所修了生累年一覧」、(8)「私立国語講習所修了生累年一覧」、(9)「台北市国語報国所」(区別の所数)、(10)「国語普及功労者」(大正九年から昭和一四年までの表彰者・団体名)、(11)「昭和十二年度以降認定家庭」(国語家庭の軒数)、(12)「昭和十四年度認定せられたる国語家庭」(個人名の一覧)といった具合である。以下の各章においても同様であり、台湾総督府による全国的な概要とは異なる、より具体的な社会教育の実態を把握することのできる資料である。

(三) 次の二点、『台中州社会教育概況　昭和七年十二月』(八九—①)、および『台中州社会教育要覧　昭和十五年』(八九—②)は、いずれも台中州の社会教育に関する資料であるが、その内容は異なっている。前者は台中州の「青年団」の概況であり、後者は台中州の社会教育全般を対象にした要覧である。

『台中州社会教育概況　昭和七年十二月』(八九—①)は、巻頭に「国運進展ノ基礎ハ青年ノ修養ニ須ツコト多シ。諸子能ク内外ノ情勢ニ顧ミ恒ニ其ノ本分ヲ尽シ、奮励協力以テ所期ノ目的ヲ達成スルニ勗メムコトヲ望ム」という令旨があり、青年団の記念写真五枚が掲載されている。ページ数は本文だけで一九八ページある。目次には、(1)台中州男女青少年団総括表、(2)台中州社会教化委員規程、(3)台中州教化聯盟規約準則、(4)台中州国語講習所規則、(5)台中州国語講習所講師任用規程、(6)青年団体ニ関スル件、(7)青年団設置要項、(8)青年団規約準則、(9)青年団状況調、(10)少年団状況調、(11)図書館一覧表、(12)博物館、(13)青年訓練所、(14)台中州映画協会とあるが、青年団状況調、少年団状況調に一五九ページが割かれているので、印象としては青年団・少年団一覧といったところである。各青年団・少年団の名称、沿革大要、組織及編成、経費、試算、集会月日時、施設事業の七項目に対する調査結果が掲載されている。

（四）『台中州社会教育要覧　昭和十五年』（八九—②）は、台中州の社会教育について網羅的に取り上げた要覧であり、三七四ページから成る。巻頭には台中州立図書館、台中州教化会館、台中州立教育博物館の他、社会教育に関する行事の写真一五点が掲載されている。さらにページを捲ると、教育ニ関スル勅語、国民精神作興ニ関スル詔書、青年ニ対スル令旨と奉答、台湾総督小林躋造の「青年ニ告グ」と続き、「台中州歌」、「台中州聯合青年団歌」、「皇軍を讃ふる歌」、「島の総動員」、「新体制音頭」と五曲の歌詞だけが掲載されている。いずれも台中州の選定となっている。さて、目次であるが、(1)総説、(2)社会教育団体、(3)教化指導員、(4)社会教化委員、(5)公民教育（国語普及、部落教化）、(6)青少年教育、(7)一般社会教育（図書館、博物館等）、(8)国民精神総動員、(9)台中州報国総動員となっており、同時期の台湾総督府や台北市の要覧と同様であった。台中州では社会教育の目標を、総督府の方針に基づいて次の三点としていた。

一、建国の精神を体し新日本文化の建設を期す
二、台湾全島住民を挙げて一団とし、帝国臣民たる一単位の下に渾然融合する社会の建設を期す
三、理想的市街庄建設の為社会教化の普及徹底を期す

がそれである。

（五）台南州共栄会編『台南州社会教育要覧　昭和五年二月』（九〇—①）、および台南州編『社会教育要覧　昭和十二年度』（九〇—②）は、いずれも台南州の社会教育要覧である。台南州共栄会は、大正一四（一九二五）

年一〇月三〇日に創立された組織で、会長は台南州知事、副会長は内務部長及び警務部長、事務所は台南州庁内の教育課にあった。各郡守、市尹は所轄する郡、市の支会長となり、街庄長は街庄の分会長となった。昭和五年の時点で、台南州には一一の支会と六七の分会があった。要するに共栄会は、台南州教育課が統括する州内の社会教育を担う行政組織と言えるだろう。会則によれば、「文化ノ向上社会ノ改良ヲ図リ以テ健実ナル民風ヲ作興スル」ことが目的で、風教作興、国語普及、体育奨励、社会改良、救恤慈善に関する事業と共栄会の目的を達する為に必要と認める事業を行った。

共栄会が編纂した『台南州社会教育要覧　昭和五年二月』（九〇―①）についてみると、奥付がないので発行年月日は不明であるが、全一一七ページで、その内容構成は独特である。まず、巻頭には「朝見式ニ賜リタル勅語」、「御即位式当日国民ニ賜フ勅語」、「国民精神作興ニ関スル詔書」、「令旨」、「奉答文」、「御沙汰書」が掲げられ、目次に至る。本文は「令規」、「方針」、「現状」、「参考」の四部構成になっており、「令規」には文部省訓令など一〇点が収録されている。「方針」は一般的方針と部分的方針、奨励助成すべき事項に分けられ、一般的方針は以下に挙げるとおりであるが、部分的方針は「社交修養団体」、「教化運動」、「教化施設」が目指す方針について個別具体的に数行程度で述べられ、奨励助成すべき事項は項目ごとに箇条書きされている。

一、邦家内外ノ情勢ニ鑑ミ益々国民精神ノ作興ニ努ムルコト

一、国語ノ普及ヲ奨励シ補習教育ノ徹底ヲ期スルコト

一、社会ノ実際的要求ニ応シテ積極的ノ指導奨励ヲ加ヘ自発的活動ヲ促スコト

一、各種教化団体ノ連絡統一ヲ保ツコト　各方面施設ノ中心点ヲ定メテ主力ヲ注グコト

「現状」は「各種団体」と「教化運動及教化施設」の二部構成になっており、「各種団体」には順に、台南州共

栄会、青年団（会）、処女会、婦人会、国語普及状況、国語普及会、宗教的社会教化団体、少年義勇団、以上ニ属セザル社会教化団体が取り上げられ、「教化運動及教化施設」には順に、建国祭、学校拡張施設、児童保護施設、市民講座、講習会、民衆娯楽、台湾体育協会台南支部、民衆教育、補習教育成績並経費一覧、管内公私立図書館、博物館、補習学校一覧表、社会教育ニ関スル刊行物、社会教育費、台南州社会教育事務担当者、活動写真映写状況、台南州管内所有活動写真映画、ラヂオ聴取機設備学校団体調が挙がっている。その殆どが一覧表の掲載となっており、資料的性格が強い。「参考」には選奨教化団体、社会教育功労者、国語普及功労者、選奨者の団体名、個人名が列挙されており、其他は空欄であった。

（六）『社会教育要覧　昭和十二年度』（九〇—②）は台南州の編纂で、全二六七ページから成る。巻頭には壇上に縦に掛けられた「日の丸」が印象的な「州指定新化郡主催青年団指導法研究大会（知事訓示）」の写真をはじめ、「北門神社」、台南一中の武道場における「台湾神職会主催敬神生活指導者講習会ノ一部」、部落振興会の所事業の写真が合計で一四点収録されている。目次は順に、(1)台南州社会教育ノ概況、(2)台湾教化団体聯合会々則、(3)台南州共栄会々則、(4)台南州民風作興委員会ニ於ケル協議決定事項、(5)台南州部落振興会指導要綱、(6)台南州部落振興会指導委員会要綱、(7)台南州例規、(8)社会教育施設、(9)附録（行事予定表、知事訓示等）となっている。共栄会編纂の昭和五年二月版（九〇—①）の目次立ては継承していない。

ところで、前掲の『台湾社会教育概要　昭和十二年二月』（八七—②）に明らかなように、昭和一一（一九三六）年は民風作興協議会が開催され、地方の末端にまで民風作興運動が展開できるような組織づくりが目指された年であった。民風作興協議会の答申中、「六、民風作興に関する運動は概ね左の事項に及ぶこと」には、（一）

教化に関する事項、（二）同化に関する事項、（三）弊風打破に関する事項、（四）農事改良に関する事項、（五）衛生に関する事項があり、これを各州がどのように実践したのかは興味深いところである。目次の内、(4)「台南州民風作興委員会ニ於ケル協議決定事項」（昭和一一、八、四）には、台南州での協議結果が収録されている。それによると、上記の五項目に「道路交通ノ整備ニ関スル事項」、「保安ニ関スル事項」が追加されており、台南の実情に即した協議が行われたことが推察される。(7)「台南州例規」は、学校映画に関する取り扱いの内規や国語講習所、青年訓練所、国語常用などに関する件の例規集となっており、総督府、他地域の要覧には見られないものであった。(8)「社会教育施設」は各施設の一覧になっている。

（七）高雄州の『社会教育概要　昭和十三年』（九一）は、本文三八〇ページ、巻頭の写真と詔勅類を加えると四〇〇ページに及ぶ大著である。巻頭写真は、高雄州庁にはじまり、高雄州青年会館、高雄州民風作興大会実況、勤労奉仕作業実況など、合計で一三点収録されている。なかには、「少年団ヒットラーユーゲント交歓大野営（山中湖畔）」、「高雄州少年団内地視察」などといった写真も含まれている。目次は、順に(1)総説、(2)公民教育、(3)国語普及、(4)青少年教育、(5)一般社会教育、(6)教化団体聯合統制機関、(7)国民精神総動員、(8)社会体育関係主要例規規竝通達となっており、同時期の台湾総督府編纂『台湾社会教育概要　昭和十二年二月』（八七—②）の「総説」や目次立てを踏襲して編集したようである。「総説」のなかの「本州社会教化の目標」は、『台湾社会教育概要』中の「社会教育の必要」に酷似しており、数字や若干の文言を入れ替えただけのように見受けられる。一方で、第二章の公民教育以後の一覧類や記録については充実している。例えば、「全村学校的国語普及施設」の開設要項や施設一覧、「第十九回高雄州国語演習会出演番組」などは興味深い資料である。後者では、発表順、種目、題目、所属団体、（日本語の）学習程度、氏名、年齢が一覧表になっており、当日の知事の訓示も収録されるほど詳細な記録となっている。

Ⅳ

（一）第九二・九三巻所収の資料五点は、国語普及・皇民化推進関係資料である。

台湾総督府学務部による「風俗改良及国語普及ニ関スル最近ノ施設及成績」（九二―①）は、大正七（一九一八）年六月に開催された庁長会議に於いて各庁長が報告した内容を摘録した手稿（ガリ版刷り）で、一五ページから成る。「台湾教育令」案の枢密院での審議にあたり参照資料の一つとして提出された。報告内容は「風俗改良ニ関スル施設及成績」と「国語普及ニ関スル施設及成績」の二部構成になっており、風俗改良では、大正四年の施政二〇周年を記念して全島各地に「解纏足会」を組織したところ、老人を除いて纏足を解くに至ったことや、同様に断髪についても一部の頑固者や老人を除いて断髪するようになったことが述べられている。その他、各庁に設置された社会教育を担う組織がどのような活動を行ったかが個別に報告されている。国語普及は庁ごとに報告内容が収録されているが、いずれも国語講習会、夜学会、婦人会（庁によって名称はさまざま）の設置数、学習期間、会員数、教師について報告がなされている。台北庁と台南庁では書房が国語教育を担っていたことも報告されている。

（二）新営郡共栄支部編『国語講習所に於ける教授訓練の研究』（九二―②）は、昭和一〇（一九三五）年一二月の発行で本文一一一ページから成る。新営郡は台南州のほぼ中央に位置する。同郡視学渡邊貫吾が記した序によれば、国語講習所は「本島に於ける特殊教育施設」であって、「国語を常用せない成規の学校教育を受けられない者」に「短期間に速成的に国語を授け」る機関であるから「実際教育作業上幾多研究を要することは言を俟た」ないと述べ、新営郡では「一層国語講習所の実績向上を図るため」に研究に着手したという。また、その過程で州から「教授法研究」の指定を受けることになった。渡邊は、国語講習所における教育は「効果教育であり生活教育であり激励教育である」と断じ、「形式方面に重きを置き多分に注入的な傾向を含めた取扱ひをし、其の実績を挙げたい」と、その方針を明確に述べている。

(三)　本書には国語講習所主事による四編の論文が収録されている。

(1)白河国語講習所主事　仲谷幹雄「国語講習所に於ける話し方取扱ひの実際」

(2)菁寮国語講習所主事　中井安一「国語講習所に於ける読み方取扱ひに就て」

(3)番子厝国語講習所主事　伊良皆高要「国語講習所唱歌教育に就き」

(4)鹽水国語講習所主事　宮崎才治「国語講習所訓練に関する諸問題」

がそれである。そこには教案例や教授細目等も収録されており、国語講習所における国語教育の具体相を知ることができる。

(四)　台湾総督府社会課編『総督府台北州指定都市教化研究発表要項　昭和十五年五月』(九二―③)は、昭和一五(一九四〇)年五月二四日、二五日に台北市太平公学校で行われた「総督府台北州指定都市教化研究会」の

発表収録である。全四二ページから成る。巻末に研究会の開催要項が掲載されているが、初日が台北市の発表と映画、視察、二日目が基隆市の発表となっていた。参考までに、発表題目を挙げておくと以下のとおりである。

〈台北市〉

(1)台北市助役　古屋義輝「教化実践組織としての町会」
(2)台北市社会教育課長　谷垣藤三郎「台北市社会教育一般」
(3)下奎府町第三区区長　楊漢龍「区教化徹底策としての常会」
(4)救世軍精華国語報国所指導員　廖述寅「特殊地区幼児教育の実際」
(5)台北市城北第三区国語報国所指導員　頼海清「一視同仁の聖恩に感激して」
(6)趣味登山会幹事長　星野一郎「体位向上とハイキング」
(7)台湾繊維工業株式会社専務取締役　中島道一「工場教化の実際」
(8)慈恵国語講習所設立者　黄聯発「特殊地区国語講習所の経営竝に浮浪者教化の実際」
(9)台北市国語家庭会長　蔡式穀「社会教化と国語家庭会の使命」

〈基隆市〉

(10)基隆市教育課長　吉開三郎「基隆市社会教育の一般に就て」
(11)基隆市同風会理事長　何鵬「基隆同風会の皇民化運動について」
(12)基隆炭礦株式会社労務主任　丁瑞鉠「炭礦労務者竝にその子弟の教化に就て」

これらの中には論文収録時にタイトルが変更されているものもある。例えば、(1)台北市助役の古屋義輝「区制度について」が「教化実践組織としての町会」となり、(12)基隆炭礦労務主任の「労務者教育について」が「炭礦労務者竝にその子弟の教化に就て」となっている。いずれの場合も、それぞれの市における社会教育の全体状況について行政職が説明した後、社会教育を担っていた組織・機関による具体的な活動報告という構成になっている。繊維会社や炭鉱会社など民間企業の報告も興味深い資料である。

（五）台湾総督府文教局社会課編『優良男女青年団実績概況　昭和十二年一月』（九二―④）は、全二一一ページから成る。総督府が奨励金を下付している一七の男女青年団の施設や経営の状況を収録し、青年団関係者の参考に資することがねらいである。昭和一一（一九三六）年四月末現在、台湾には男女青年団が九四二（男子青年団が六三〇、女子青年団が三一二）あり、団員数は三三、三〇六名（男子が二三、三五四名、女子が九、九五一名）であった。（合計人数が合わないが資料のママである。）

本書に実績概況が収録された優良青年団を順に挙げると、(1)台北州台北市西門青年団、(2)同宜蘭郡宜蘭青年団、(3)同基隆市基隆双葉女子青年団、(4)新竹州桃園郡蘆竹青年団、(5)同竹南郡後龍青年団、(6)同新竹郡香山青年団、(7)台中州大屯郡北屯第一青年団、(8)同豊原郡潭子女子青年団、(9)同東勢郡大茅埔男子青年団、(10)台南州東石郡六脚青年団、(11)同虎尾郡馬公厝青年団、(12)同東石郡朴子女子青年団、(13)高雄州屏東郡長興青年団、(14)同東港郡佳冬青年団、(15)同潮州郡五溝水女子青年団、(16)台東庁大武支庁大麻里青年団、(17)花蓮港庁花蓮支庁吉野青年団である。青年団ごとに、所在地、沿革の大要、組織経営の実際、施設事業の一般、団体及団員の長所・短所、将来への計画、其他、参考といった共通の項目で記載されている。

（六）また本書には、附録として「昭和十一年　内地に派遣せられた優良青年団の視察記」も収録されている。

四〇ページに及ぶ詳細な視察記録で、当日の天候、行程、視察内容、行動が克明に綴られている。執筆者は台湾総督府文教局社会課の川島正規で、視察旅行の引率者であった。視察旅行は昭和一一（一九三六）年四月一五日から五月一四日までの三〇日間である。高千穂丸で基隆港を出航し、神戸三宮から、大阪、奈良、京都、伊勢、名古屋、横須賀、東京、日光、安房鴨川の順に途中、名所旧跡、青年団施設などを見学しながら鉄道で北上し、最後は盛岡まで足を延ばし六原道場に宿泊している。本書の巻末には、参考として「岩手県立六原青年道場概要」（全五ページ）も収録されている。尚、視察団員は川島の他には高雄州教育課の稲垣彦九郎、さらに各優良青年団から一名ずつの団員が参加したようである。一行二〇名であるが、所属青年団の名称を見ると、必ずしも上記の一七青年団とは一致していなかった。視察記は「団員各位が帰郷後如何に青年団運動の最前線に於て活躍されるかを期待して止まない」と、締め括られている。

（七）『皇紀二千六百年記念出版　台湾保甲皇民化読本』（九三）は、昭和一六（一九四一）年一一月二〇日に刊行（第三版）された。奥付には初版が同年六月二一日発行、訂正増補再版が八月三一日発行とある。第三版巻頭の「筆者のことば＝改訂の辞」には、本書のねらいや改訂の経緯が次のように述べられている。「紀元二六〇〇年の内地各地の聖域及都鄙の見学旅行をなして帰台してから、本島皇民運動の現状について感ずるところがあり、この運動に地方で最も重要な役割を有してゐる保甲壮丁団幹部を始め、地方指導階級の諸氏を前にして、所謂皇民化運動の真の意義について、独自の意見を、忌憚なく繰返し〳〵、諄々説いて聴かせる体裁で書いたもの」で、「保甲壮丁団存立に関し、再認識を促したもの」であるという。さらに印刷に手間取っている間に時局が急展開し、皇民奉公会が結成され、志願兵制度が発足したこともあって、「全篇に改訂を加へ、更に第四部に時局と島民の奉公を追加」したとある。

筆者の鷲巣敦哉（一八九六―一九四二）は総督府警察沿革史編纂嘱託で、長く台湾総督府の下級警察官吏であった。鷲巣は鹿児島県の生まれであるが、父親の赴任に伴って幼少期を台湾で過ごした経験がある。大正六（一九一七）年、二一歳の時に台湾総督府巡査となって再び台湾に赴き、その後、四六歳の時に病気で亡くなるまで台湾で過ごしている。『台湾総督府警察沿革誌』の編者としても知られるが、その著作は私家版も合わせて数多くあり、それらは中島利郎・吉原丈司編『鷲巣敦哉著作集』全五巻（二〇〇〇年、緑蔭書房刊）に収録されている。中島によれば、鷲巣の著作には、長年統治の最前線にあった警察官としての率直な統治者観、社会観、民衆観が述べられていて、台湾における日本統治史を複眼的にとらえる上で貴重な歴史的証言を提供している（Ⅳ『台湾統治回顧談』解説五ページ）。

（八）『台湾保甲皇民化読本』は全三九六ページに及ぶ大著である。まずは目次を挙げて主な内容を概観することにしよう。なお、本書には六九点の写真がそれぞれの内容と関連するページに収録されており貴重な資料となっている。

一　日本の国体と臣民たる道　二　一視同仁の台湾統治　三　これまでの本島人の進歩
四　皇民化運動上大切なこと　五　皇民化への実際問題
第四部　時局と島民の奉公
一　支那事変の真因と軍人への感謝　二　本島民心の覚醒と時局への貢献　三　真の非常時とその克服
四　台湾の皇民奉公運動

第一部では清朝時代から日本の統治時代にかけて台湾がどのような状況にあったのか、特に「土匪」の平定問題について説明されている。第二部は保甲壮丁団についての詳細な説明である。鷲巣によれば、保甲とは台湾全島にあった「自衛組合」のことで、その主な目的は「武器を有して、常に惨忍な行為をする土匪のはびこるのを防ぐ」ことにあり、各保甲は壮丁団を組織してそれに備えていたという。第三部、第四部は、皇民化と台湾における皇民化運動について台湾人のメンタリティを鼓舞するように説明し、本人が巻頭の「筆者のことば＝改訂の辞」で述べたとおり、「独自の意見を、忌憚なく繰返しく、諄々説いて聴かせる体裁で書い」ている。戦局の緊迫化に伴い台湾人の動員に拍車がかかっていく様子が読み取れる資料となっている。本書はこれらの内容を伝えることによって保甲壮丁団の皇民化教材としての役割も果たしていた。

（九）前掲の『鷲巣敦哉著作集』では、吉原丈司が「Ⅲ『台湾保甲皇民化読本』解説—『台湾保甲皇民化読本』と保甲制度」と題して、保甲制度の概要を説明している。同解説によれば、保甲制度はもともと中国に古くからあった制度で、台湾総督府が台湾統治のために台湾人に適用する制度として活用したものであり、法的な規定は明治三一（一八九八）年八月三一日の律令第二一号「保甲条例」および明治四二（一九〇九）年一〇月五日の律令第五号「保甲条令中改正」にある。改正では各街庄区長の職務を補助する目的で「保甲役員」が配置されるようになった。「保」には「保正」、「甲」には「甲長」、その他に「保甲書記」が置かれ、保甲書記は警察官吏派出所に詰めて保甲の事務処理を行っていた。さらに「保甲壮丁団」が「外来的危外の予防排除」のために設置されていた。しかし、もともと台湾人からは撤廃要求のあった制度であり、昭和一八（一九四三）年五月一日の律令第一三号で保甲壮丁団に関する条項が削除され、昭和二〇年六月一七日には保甲制度そのものが廃止された。

V

（一）最後に、図書館・博物館関係資料について見る。

台湾各地の図書館関係資料を見るのに先立ち、台湾における図書館の開設状況を概観しておく必要があろう。日本図書館協会『近代日本図書館の歩み　地方篇』（一九九二年三月二六日）収録の宇治郷毅「台湾の図書館」に依りながら、その流れを見ることにしよう。

台湾における近代図書館の出発は民間人によって行われた。その嚆矢となったのが、明治三四（一九〇一）年一月に台北城内書院街淡水館内に設立された台湾文庫である。在台日本人向けの図書館で、蔵書数は六千冊近かったが、明治三九年八月に財政難と区画整理のため休館となった。ちなみに、これらの蔵書類は、後に台湾総督府図書館に引き継がれていくことになる。一方、これにやや遅れる明治四二（一九〇九）年、基隆においても民間人の石坂荘作の手で私立図書館「石坂文庫」が設立されている。その詳細は後述する。

台湾総督府が図書館の開設に着手するのは、大正三（一九一四）年のことで、同年四月一四日、勅令第六二号を以て「台湾総督府図書館官制」が公布された。全八条と附則から成る。その第一条には、「台湾総督府図書館ハ台湾総督管理ニ属シ、図書ノ蒐集保存及公衆ノ閲覧ニ関スル事務ヲ掌ル」とある。また、第二条では台湾総督府図書館に、館長、司書官、司書、書記を置くこと、第三条では「館長及司書官ハ台湾総督府高等官、司書及書記ハ台湾総督府判任官ノ中ヨリ台湾総督之ヲ命ス」ること、第四条以降ではそれぞれの職務内容が規定された。

これにより同年八月、図書館長に隈本繁吉学務部長（兼任）が就任、九月に元帝国図書館司書官太田為三郎が図書館事務嘱託となり、同年一一月には台北市内艋舺祖師廟内に仮事務所を設けて業務を開始した。台湾における唯一の官立図書館である。創立目的に「学術攻究上参考資料ヲ供セムコトヲ期シ、殊ニ本島ノ位置ニ鑑ミ南支南洋等ニ関スル研究資料ハ普ク蒐集シ…」とあるように、その使命は台湾における参考調査図書館であること、「南支南洋」等に関する資料を収集することにあり、国策上の位置づけが明確になっていた。

地方における図書館の創設状況をみると、図書館行政が開始されるのは、大正一二（一九二三）年四月六日の府令第四三号「公立私立図書館規則」の公布以降のことである。「公立私立図書館規則」は全六条と附則から成る。第一条には、「州、庁地方費、市街庄、市街庄組合若ハ街庄組合又ハ私人ハ、図書ヲ蒐集シ公衆ノ閲覧ニ供セムカ為、図書館ヲ設置スルコトヲ得」とあり、以下、第二条、第三条は図書館の設置認可、第四条は館則、第五条は閲覧料の徴収、第六条は経費予算の報告についての規定となっていた。

この規定以後、大正一二（一九二三）年に六館、大正一三年に一六館、大正一四年に一〇館といった具合に図書館が各地に設立されていった。設立状況で特徴的なのは、州立や市立といった大規模図書館が極めて少なく、小規模の街庄立図書館が多いこと、また私立図書館が少ないことなどが挙げられる。台湾総督府がこれらの地方図書館に期待したことは、「内台融和」のための「国語（＝日本語）普及」と「内地の文化を注入し同時に親しむ機会を多」くすることであった。本史料集成には台中州立図書館、新竹州立図書館、基隆市立図書館、台南市立図書館の一覧を収録している。

（二）『台湾総督府図書館一覧表（大正八年七月三十一日調）』（九四―①）は表裏一枚ものの資料である。台湾総督府図書館は大正三（一九一四）年四月一四日に創設され、翌年八月九日に開館した。資料表面には、⑴沿革ノ大要、⑵敷地及建物、⑶蔵書冊数、⑷閲覧人、⑸閲覧図書冊数、⑹開館日数等、⑺経費、⑻職員、⑼台北市街戸口が記載されている。また、蔵書冊数から開館日数等までの各項目は大正四年度から大正七年度（経費は大正五年度から大正八年度）のデータが掲載されており、その推移を知ることができる。裏面は諸規程である。「台湾総督府図書館規則」（大正四年三月府令第一一号）、「台湾総督府図書館長職務規程」（大正四年六月訓令第七七号）、「庶務細則」（大正四年六月図達第一号）、「図書館規則」（大正四年七月一七日認可）、「図書館閲覧時間」（大正四年八月告示第九六号）が掲載されている。閲覧時間は五月から九月が午前八時から午後九時、一〇月から四月が午前九時から午後九時であり、いずれも一二時間以上、閲覧に供していた。

（三）『台湾総督府図書館一覧（自昭和三年四月一日至昭和四年三月三十一日）』（九四―②）は六三ページから成り、巻頭には台湾総督府図書館の全景、大閲覧室、児童室の写真、他に巡回書庫分布図が収録されている。目次は前掲の一覧表の項目とほぼ一致しているが、⑴図書相談部、⑵巡回書庫が新たに加わった。図書相談部は大正一三（一九二四）年二月に開設され、地方在住者に便宜を図ったり、研究者の相談に応じており、利用者数も増加していると紹介されている。巡回書庫は大正一一年九月から始まった事業で、廻付表と閲覧表により図書がどこに廻付されたか、閲覧者がどのくらいいたのかを把握することができる。廻付先をみると、地方図書館だけでなく、台北高等学校や日新公学校、日本赤十字社台湾支部など多岐に亘っていたことがわかる。閲覧表には閲覧者数が「内地人」「本島人」別に示してある。また「本島人」のなかに「蕃」とあり、原住民の閲覧者も把握できる。付録には「島内公私立図書館一覧」、「台湾図書館協会規則」、「和漢図書目録編纂概則」が収録されている。

（四）『台湾総督府図書館概覧　〈附〉島内図書館表（昭和十二年度）』（九四―③）は全二五ページから成り、昭和三（一九二八）年の『台湾総督府図書館一覧』（九四―②）と比較するとかなりコンパクトになっている。内容は⑴沿革、⑵敷地及建物、⑶経常費予算、⑷館員、⑸蔵書附増減表、⑹閲覧人員、⑺閲覧冊数、⑻巡回書庫、⑼規則、⑽島内公私立図書館表でほぼ同様であるが、昭和三年の一覧が、図書館が開館した大正四年からの数値を全て掲載しているのに対し、昭和一二年度の概覧は単年度のみの数値となっている。紙面も縦組みから横組みに変わり、文字のポイント数も小さくなった。昭和一二年度の開館日数は三二九日、閲覧者は一日平均、成人が三五六・五名、児童が一〇六名、閲覧冊数は一日平均、成人が五三五・五冊、児童が二五七・六冊とある。開館時間もこの頃になると夜一〇時までに延長されている。

巻末の「島内公私立図書館表」は台湾の図書館状況が州別に示されており利用しやすい資料となっている。掲載項目は、⑴図書館名、⑵公立私立の別、⑶所在地、⑷認可年月、⑸管内人口、⑹昭和13年度経常費予算、⑺蔵書冊数、⑻開館日数、⑼昭和十二年度閲覧人員、⑽昭和十二年度閲覧冊数、⑾館長名である。北から順に図書館数を挙げておくと、台北州は公立一七館、新竹州は公立七館、台中州は公立二七館、私立一館、台南州は公立二二館、私立二館、高雄州は公立七館、台東庁は公立一館、花蓮港庁は公立一館、澎湖庁は私立一館であった。館長は州立図書館では州の教育課長、市立図書館では市助役であったが、その他の図書館では、多くの場合、街庄長がその任に就いていた。

（五）以下の四点の資料は「島内公私立図書館表」にある各州の個別の図書館の一覧である。新竹、台中、台南は州都であり、基隆は開港都市である。いずれも蔵書数二万冊前後で利用者の多い図書館であった。

『新竹州立新竹図書館一覧（自昭和四年四月一日至昭和五年三月三十一日）』（九四―⑤）は本文と附録を合わせて二七ページから成る。目次は順に、⑴概況、⑵沿革、⑶敷地及建物、⑷経費、⑸職員、⑹蔵書、⑺本館閲覧人員（職業別表、種族男女別表）、⑻本館閲覧冊数、⑼巡回書庫（巡回書庫閲覧状況表）、⑽館則、⑾新聞雑誌、⑿最モ多ク読マレタル書、⒀附録、州下公私立図書館一覧、⒁同、新竹州立新竹図書館分類表、⒂同、新竹州立新竹図書館『図書館だより』発行規程となっており、総督府図書館一覧に準じて作成されたようである。建物の写真はないが巻頭には本館平面図があり、玄関を入ると右手に新聞閲覧室、左手に雑誌閲覧室があり、普通閲覧室の他、児童閲覧室、特別婦人閲覧室があることが読み取れる。沿革には、この図書館の創設は、皇太子行啓の記念事業として大正一二（一九二三）年の新竹州通常協議会に提案、可決され、当時の知事、佐藤勧が六〇万の住民に三四、六〇〇円の寄付を募集し、それを図書購入費と建設費に充て、大正一四年八月三一日に開館に至ったことが述べられている。「近世式鉄筋コンクリート洋風平家」の建物であったという。一覧には図書館が定期購読していた新聞、雑誌、児童用雑誌、州報などの誌名や、最もよく読まれている「文学及語学ニ関スル書」、「其他ノ書」の書名が具体的に挙がっており、興味深い資料となっている。

（六）『基隆市立基隆図書館要覧　昭和十一年一月』（九四―④）は二三ページから成る。目次は順に、⑴沿革、⑵基隆市戸数及人口、⑶予算、⑷開館時間其ノ他図書館案内、⑸図書館概要、⑹図書蔵書冊数、⑺図書閲覧人員調、⑻閲覧図書冊数調、⑼学校別閲覧者数調、⑽児童室閲覧者学年別調、⑾一般室閲覧者町別調、⑿過去五ヶ年間閲覧者数調、⒀館則及規定、⒁備付新聞雑誌、⒂新着図書目録、⒃職員となっている。

これらのなかでも目を引くのが、昭和一〇（一九三五）年六月から一一月の学校別閲覧者数調である。基隆市内の各学校の児童生徒の利用状況を示したもので、市内では基隆中学校が一、〇八三名と最も多いが、他市の中学校の利用者が一、三七七名とこれを上回っている。また、「基隆夜学」（明治三六年、石坂荘作創設の夜学校で、昼間は労働に従事する日本人及び台湾人が通学）の利用者が六二名で、基隆高等女学校の利用者五〇名を上回っていた。また、日本人の児童が通う二葉小学校の利用者は一、七一七名、台湾人児童の通う寿公学校の利用者は二、六一二名であった。

ところで、基隆市立図書館は昭和七年二月二五日に設立認可を受けて、同年六月四日に開館しているが、この図書館には前身があった。石坂図書館である。明治四二年六月、民間人の石坂荘作が一般民衆の読書機関がないことを憂い、私財を投じて創設したのが始まりで、その後、大正一四年に財団法人公益社に移管、昭和七年に基隆市立図書館となったのである。なお、石坂図書館については後述する。

（七）『台中州立図書館一覧　昭和四年九月編』（九四―⑥）は、台中州立図書館で初めて編纂されたもので、全二四ページから成る。目次は、順に⑴総叙、⑵沿革ノ大要、⑶敷地及建物、⑷経費、⑸本館閲覧人員、⑹本館閲覧冊数、⑺規則、⑻新築セラレタル本館と続き、⑼附録には、元宮城県図書館司書で台中州図書館嘱託の小林藤吉による「新館に登館者を迎ふるに当りて」が収録されている。沿革によれば、台中州立図書館は大正一二（一九二三）年三月三一日に台中州令第一五号「台中州立図書館規則」が定められ、五月一五日より閲覧を開始し、一二月二七日に設立認可を受けている。当初は台中市栄町の台中クラブ内にあったが、大正一四年に大正町大屯郡役所跡に移転、その後、昭和四（一九二九）年度より同地に新築された本館での閲覧が開始された。新設の本館は「煉瓦造二階建テ外ハ化粧煉瓦張リ近代的様式」であったという。また書庫も煉瓦造りの三階建てで耐火装置を施しており、五万冊以上の図書を収蔵することが可能となった。なお、附録の小林藤吉の論稿には図書館を利用する学生の心構えが綴られている。

（八）『台南市立台南図書館一覧（大正十三年）』（九四—⑦）と『台南市立台南図書館一覧（昭和十二年五月）』（九四—⑧）は、いずれも台南図書館の一覧である。そもそも台南図書館は、大正八（一九一九）年九月に財団法人台南公館の附属事業として同敷地内に創設された。その後、閲覧者が増加したため建物の狭隘が問題となったが、富豪の辜顕栄氏より三万円の寄付金を得て、大正一二年に本館を新築することになった。これを機に台南図書館は台南市に移管され、設置認可を受けることになったという。

さて、『台南市立台南図書館一覧（大正十三年）』は、同館が台南市に移管されて間もない時期の一覧である。全二七ページから成り、巻頭には台南市立台南図書館の、向かって左前方より撮影した写真が掲載され、二階建ての図書館の図面が収録されている。図面から一階には児童室、倉庫、新聞閲覧室、宿直室、便所があったこと、二階には大閲覧室、婦人室、書庫室、事務室があったことがわかる。目次は順に、⑴概況、⑵創立及沿革、⑶近況、⑷蔵書、⑸閲覧人及閲覧図書、⑹経費、⑺職員、⑻規則、⑼寄贈図書、⑽参考となっている。「寄贈図書」は書名が掲載されているのではなく、寄贈者名が「図書及報告書類之部」、「雑誌之部」、「新聞之部」にそれぞれ掲載されている。個人名や台湾総督府関係部署名が多いが、日本の府県立図書館や早稲田大学、慶応義塾大学からの寄贈もあった。参考は「島内公私立図書館表」を指すものと思われる。

『台南市立台南図書館一覧（昭和十二年五月）』は、全二五ページから成る。巻頭に写真、図面が掲載されている。図面を見ると、前掲書では「将来増築閲覧室」と点線で囲われていた場所に、一階は児童室、二階は婦人室と製本所があり、予定どおりに増築されたことが読み取れる。目次は順に、⑴創立及沿革、⑵近況、⑶建物、⑷蔵書、⑸閲覧人員、⑹閲覧冊数、⑺経費、⑻館員、⑼規則となっており、大きくは変わらないが、蔵書、閲覧人員、閲覧冊数、経費の各項目では、大正一〇年度から昭和一一年度までの数値の推移を読み取ることができる。

（九）『私立石坂文庫第一年報（明治四十三年十月）』（九四―⑨）と『基隆石坂文庫第十年報（大正八年十月）』（九四―⑩）は、ともに石坂文庫の年報である。石坂文庫は基隆在住の日本人篤志家、石坂荘作（一八七〇―一九四〇）が私財を投入して創設した私立図書館である。沿革には次のようにある。石坂は明治三二（一八九九）年一一月より基隆に居住し、土地管理業に従事していた。当時、基隆には官立の小学校と公学校があったが、青年子弟を教育すべき機関がなかったので、小学校長の佐藤謙太郎とともに基隆夜学会を立ち上げた。その延長線上で、「読書趣味を喚起し以て風教を矯制すると同時に、彼の夜学会と関連して文庫を設立せん」という志を以て、私財、労力、時間を傾注して、この事業に着手したという。宇治郷毅の研究「石坂荘作と『石坂文庫』―日本統治期台湾における先駆的図書館の軌跡を中心に―」（『同志社大学図書館学年報』三〇号別冊／通巻第一五号抜刷、二〇〇四年六月三〇日）を参照してさらに詳しくみておこう。

石坂は明治三年群馬県吾妻郡原町の生まれで、原町の小学校を卒業後、郷里や水戸で漢学を学んだ。日清戦争に従軍し帰還した後に縁あって台湾に行き、さまざまな職業を経験。その後、基隆で度量衡器と煙草専売の石坂商店を開業し、七一歳で喘息の病で亡くなるまで基隆の名士として活躍した。商売の傍ら、基隆や台北州でさまざまな公職に就き、台湾の行政、産業、教育、衛生、社会、文化の発展に尽力したという。その事業には、女性の社会的地位の向上を願って設立した「基隆婦人会」の設立及び「基隆技芸女学校」の経営、他に「石坂公園」の建設、労働に従事している日本人、台湾人青年のための「基隆夜学会（後に基隆夜学校）」の創設、台湾研究の成果をまとめた書籍の刊行などがある。

（一〇）「石坂文庫」の開館は明治四二（一九〇九）年一〇月一日のことである。建物は二階建てで一階に喫煙談話室、二階に書庫と閲覧室があった。閉架式で、利用者は「閲覧証」に氏名等を記入して図書を請求したようである。満一二歳以上の市民が利用することができ、年間平均三四五日開館し、利用時間は午前九時から午後四時までであった。蔵書は寄付に依るものが多く、開館当初は和漢書、洋書、和洋雑誌、掛図類の合計八、四一六点であったが、大正一二（一九二三）年には二万五千点を数えるほどになった。宇治郷は、石坂文庫の成果として次の六点を挙げている。

一、日本人、台湾人に平等に公開された。
二、利用者は、無料でこの図書館の資料を利用できた。
三、独自の建物、設備、資料、職員及び法規を有した。
四、台湾内だけでなく、中国沿海都市及び沖縄にも館外貸出しサービスを行なった。

五、三つの分館と一つの新聞雑誌閲覧所を有した。分館の一つは、台湾人居住区に設置されていた。
六、一三年間にわたり内容の充実した年報を発行した。

(一一)本史料集成には上掲の「六」に挙げられた年報のうち二冊を収録している。『第一年報』と『第十年報』である。『第一年報』(九四―⑨)は、目次、口絵(石坂文庫と其創設者)、石坂文庫設立の趣意(明治四十二年六月一日)、設立文庫小啓(漢文による趣意)、石坂文庫規定と続き、本編に入る。本編は全一八ページで、目次は順に、(1)沿革、(2)設備、(3)文庫の会計、(4)統計、(5)寄贈図書であるが、寄贈図書の「図書寄贈芳名(受付順)」に一〇ページが割かれている。

『第十年報』(九四―⑩)は大正八(一九一九)年の発行であるから、文庫創設から一〇年後ということになる。全三五ページで、本編と附録から成る。目次は順に、(1)創立梗概、(2)建物及設備、(3)支館及巡回書庫、(4)庶務概要、(5)会計、(6)寄贈金品、(7)寄贈図書、(8)購入図書、(9)蔵書、(10)閲覧人及貸付図書、(11)石坂文庫規定、(12)石坂文庫巡回書庫規程であり、附録に総務長官法学博士の下村宏による「石坂文庫に寄す」、文学博士内田銀蔵による「東航雑談」の二編が収録されていた。石坂文庫は大正一三(一九二四)年一二月に財団法人基隆公益社に全てを無償で譲り渡す条件で閉館した。蔵書数や利用者数の増大から個人経営では賄いきれないと判断したためである。さらにその後は前述の如く、基隆市立図書館に継承されていった。

(一二)『台湾総督府博物館案内(第三版)』(九四―⑪)は、台湾総督府博物館協会が編集・発行した案内書である。第三版は昭和一二年三月の発行で全二六ページから成る。巻頭には展示品や総督府博物館の写真が収録され、観覧要項、陳列品概要といった内容になっている。展示品（収蔵品）は⑴歴史、⑵土俗、⑶動物、⑷植物、⑸地質鉱物の五部に大別できる。収蔵品は一三、七三八点に及んでいる。開館日の観覧人数は平均で五、三五八名であり、累計では「内地人」が六三三、五一一名、「本島人」が約六三五、五〇八名、「内蕃族」が一〇、〇四〇名、「外国人」が八八一名であった。台湾総督府博物館は明治四一（一九〇八）年五月二四日の創立である。もともと総督児玉源太郎と民政長官後藤新平の「治世功績を顕彰する記念建築物」として創設された博物館であり、現在も博物館として利用されているこの建物の一角には、児玉と後藤の像がある。

内容構成〈第十集〉「社会教育関係資料」

八冊（第八七巻～第九四巻）

冊・巻	文献名	著者・発行者	発行年月	判型	ページ数
第八七巻	①台湾社会教育概要　昭和七年三月	台湾総督府文教局社会課	昭和八年	A5判	一〇八
	②台湾社会教育概要　昭和十二年二月	台湾総督府	昭和一二年	A5判	一〇四
	③台湾の社会教育　昭和十六年度	台湾総督府	昭和一七年	A5判	二五六
第八八巻	①台湾の社会教育	中越栄二	昭和一一年	四六判	三七八
	②台北市社会教育概況　昭和十四年度	台北市役所	昭和一五年	四六判	一七二
第八九巻	①台中州社会教育概況　昭和七年十二月	台中州教育課	昭和八年	四六判	二一〇
	②台中州社会教育要覧　昭和十五年	台中州	昭和一六年	A5判	四〇六
第九〇巻	①台南州社会教育要覧　昭和五年二月	台南州共栄会		A5判	一三〇
	②（台南州）社会教育要覧　昭和十二年度	台南州	昭和一二年	A5判	二八四
第九一巻	（高雄州）社会教育概要　昭和十三年	高雄州	昭和一四年	四六判	四〇六
第九二巻	①風俗改良及国語普及ニ関スル最近ノ施設及成績	台湾総督府学務部	大正七年	B6判	一六
	②（台南州新営郡）国語講習所に於ける教授訓練の研究	新営郡共栄支会	昭和一〇年	A5判	一一二

	③総督府台北州指定都市教化研究発表要項　台北市・基隆市	台湾総督府社会課	昭和一五年	A5判	五二
	④優良男女青年団実績概況	台湾総督府文教局社会課	昭和一一年	四六判	二四二
第九三巻	台湾保甲皇民化読本	台湾警察協会	昭和一六年	A5判	五八〇
第九四巻	①台湾総督府図書館一覧表　大正八年七月三十一日調	台湾総督府図書館	大正八年	大判図表	二
	②台湾総督府図書館一覧（自昭和三年四月一日至昭和四年三月三十一日）	台湾総督府図書館	昭和四年	A5判	七六
	③台湾総督府図書館概覧〈付〉島内図書館表（昭和十二年度）	台湾総督府図書館	昭和一三年	A5判	二八
	④基隆市立基隆図書館要覧	基隆市立基隆図書館	昭和一一年	A5判	二八
	⑤新竹州立新竹図書館一覧（自昭和四年四月一日至昭和五年三月三十一日）	新竹州立新竹図書館	昭和五年	四六判	三四
	⑥台中州立図書館一覧　昭和四年九月	台中州立図書館	昭和四年	A5判	二八
	⑦台南市立台南図書館一覧　大正十三年	台南市立台南図書館		A5判	三六
	⑧台南市立台南図書館一覧	台南図書館	昭和一二年	A5判	三四

⑨石坂文庫第一年報	石坂文庫	明治四三年	A5判	二六
⑩基隆石坂文庫第十年報（自大正七年十月一日至大正八年九月三十日）	石坂文庫	大正八年	A5判	四二
⑪台湾総督府博物館案内（第三版）	台湾総督府博物館協会	昭和一二年	四六判	三六

解題　別集(1)「台湾教育関係公文書」について

阿部　洋

はじめに

(一)本史料集成別集(1)「台湾教育関係公文書」は、日本統治下台湾における教育関係公文書を整理したもので、全一二巻よりなり、以下のような三部で構成されている。

(二)ここに収録した教育関係公文書の大部分は、国立公文書館および外務省外交史料館所蔵の公文書中より抽出したものである。

このうち、国立公文書館所蔵のものは、主として『公文類聚』、『枢密院会議記録』および『御署名原本』から採ったもので、収録にあたっては、同館付属アジア歴史資料センター所蔵のデジタル文書をダウンロードして利用した。

外交史料館所蔵のものは、『茗荷谷研修所旧蔵記録』(以下、『茗荷谷文書』と略称)中の『拓務省記録』あるいは『内務省記録』などが中心で、抽出整理にあたっては、ゆまに書房作成のマイクロフィルム版を利用した。その際、広瀬順晧編『茗荷谷研修所旧蔵記録　戦中期植民地行政史料　総目録』教育・文化・宗教篇(二〇〇三年ゆまに書房刊)が有用であった。

これら各種の公文書を整理するにあたり、不鮮明な個所や欠落部分が発見された場合は、両館所蔵の原文書に遡ってそれらを再確認することとした。このほか、台湾総督府発行の文書類も一部採録した。

膨大な植民地教育関係公文書の整理・分析を進めるにあたっては、久保義三『天皇制国家の教育政策』(一九七九年勁草書房刊)や、由井正臣編『枢密院の研究』(二〇〇三年吉川弘文館刊)所収の諸論文、ことに岡本真希子のそれに示唆を得るところ大であった。

〈第一部　「台湾教育令」関係文書〉

Ⅰ

(一)まず、第一部「台湾教育令」関係から見ていくことにする。

「台湾教育令」関係文書は、以下の六巻(第九五巻〜第一〇〇巻)で構成した。

(二) 戦前日本の植民地教育令は、まず明治四四年（一九一一）八月に「朝鮮教育令」が、次いで大正七年（一九一八）一二月に「台湾教育令」が、ぞれぞれ制定されたことに始まる。以後、朝鮮・台湾両教育令は昭和一八年までに数次にわたる改訂（全文あるいは部分改正）が行われるが、いずれも「勅令」として制定公布された。

周知のとおり、戦前期日本の特徴として、教育に関する重要事項は、教育財政等を別にして、法律によらずに「勅令」、すなわち天皇の親裁により制定されるという形をとった。いわゆる教育法規における「勅令主義」である。植民地の場合も同様で、勅令の公布にあたっては、天皇の署名・捺印の後、内閣総理大臣の単独もしくは拓務大臣あるいは内務大臣と連名の副書がなされていた。

(三) そして、教育勅令の制定にあたっては枢密院が関与するのが慣例となっていた。枢密院は「天皇ノ諮詢ニ応ヘ重要国務ヲ審議」する最高輔弼機関（憲法第五六条）で、年齢四〇歳以上の旧官僚および政治家などから選任された二十余名の顧問官と閣僚により構成された。その役割に関して、明治三三年（一九〇〇）四月に出された「枢密院諮詢事項ニ関スル御沙汰書」に、次のように規定されていた。

「枢密院官制第六条第六ニ依リ、諮詢スヘキ事項中別記ノ勅令ハ最モ重要ナルモノニ付、自今同院ノ審議ニ付セシム

一、教育制度ノ基礎ニ関スル勅令

一、内閣官制ニ関スル勅令

一、各省官制通則ニ関スル勅令

一、台湾総督府官制ニ関スル勅令

一、高等官官等ニ関スル勅令」（以下、文官任用・服務規律関係など五項目省略）

枢密院に諮詢すべき最も重要な勅令として上げられた一〇項目のうち、その冒頭に「教育制度ノ基礎ニ関スル勅令」が位置づけられているのである。

（四）尤も、この教育勅令の制定にあたっての枢密院の関与は、植民地の場合、当初から明確にされていた訳ではなかった。事実、最初の植民地教育令たる「朝鮮教育令」案が明治四四年八月朝鮮総督寺内正毅から内閣総理大臣桂太郎を経て閣議に提出された際、「特ニ差迫リ発布ヲ要スル事情アリ」との理由により、枢密院の諮詢を経ないまま、総理大臣の口頭による上奏を経て勅令として公布されるという経緯があった。明治四四年八月一九日付け桂内閣総理大臣の閣議稟請文書「朝鮮教育令制定ノ件」に付された拓殖局書記官江木翼のメモ（明治四四年九月一三日付）は、その間の経緯について次のように記している。

「法制局ニ於テハ、朝鮮教育令ヲ枢密院ヘ御諮詢相成可然意見ヲ附セリ。之ニ対シ内閣書記官長ノ意見左ノ如シ。而シテ内閣ニ於テハ書記官長意見通リ決定。

御沙汰書ニ所謂教育制度ノ基礎ニ関スル勅令トハ、内地ノ教育ニ付之ヲ謂フモノニシテ、新領土ノ如キハ其ノ予想セラレサル所ナルヘキヲ以テ、本件ハ枢密院ヘ御諮詢ヲ要セサルモノヲ認ム。又仮ニ御沙汰書ニ付疑義アルモノトスルモ、本件ハ特ニ差迫リ発布ヲ要スル事情アルヲ以テ追テ右疑義ヲ決定スルコトトシ、本件ハ特ニ御諮詢ヲ経スシテ発布ノコトニ特別ノ御詮議ヲ仰カレ然ルヘクヤ、尤モ以上ノ如ク決定相成候上ハ、総理大臣ノ命ニ依リ法制局上申書中枢密院云々ノ文字ヲ削除シ、口頭ヲ以テ総理大臣ヨリ右勅裁ヲ仰カルルヲ穏当ナリトス」(「朝鮮教育令沿革」『昭和一五年　本邦ニ於ケル教育制度並状況関係雑件』茗荷谷文書、句読点は編者による、以下同じ)。

ちなみに、先にあげた桂総理大臣の閣議稟請文書「朝鮮教育令制定ノ件」の欄外には「特急」という文字が大書されていた。

以上のような結果として、ここで取り上げる大正八年一月公布の「(第一次)台湾教育令」が、枢密院に諮詢される最初の植民地教育令ということになるのである。なお、この「朝鮮教育令」の枢密院への諮詢不奏請から「台湾教育令」の諮詢に至る間において、枢密院と内閣との間で植民地教育令の取扱をめぐって確執が繰り返されるのであるが、その経緯については別集(2)『隈本繁吉文書』の項で改めて取り上げることとする。

(五) いま、「(第一次)台湾教育令」の場合を例に、教育勅令の成立過程を概観してみると、次のようになる。

一、閣議決定(大正七年七月五日):内閣総理大臣名で提出された請議案「台湾教育令制定ノ件」を閣議で審査・決定した後、天皇に上奏する。

二、天覧・枢密院への諮詢（大正七年七月六日）：上奏を受け、天覧・天皇採択の手続きを経て、同勅令案は枢密院に諮詢される。

三、枢密院の審査（大正七年七月一一日～一二月一八日）：本案件審査のため、枢密院に「審査委員会」が特設され、詳細検討の結果、原案に対する修正が行われる。本会議では、審査報告書をもとに修正案を承認・決議し、これを上奏する一方、内閣に通知する。

四、閣議決定（大正七年一二月二三日）：内閣では、枢密院の審査結果を確認の上、再度閣議決定を行い、その裁可を天皇に奏請する。

五、勅令の裁可（大正七年一二月二九日）：勅令第一号「台湾教育令」として裁可される。大正八年一月四日公布。

以上に見るとおり、教育勅令の成立過程は、大きく見て①閣議決定、②枢密院審議、および③勅令裁可・公布、の三段階にまとめることができるであろう。

Ⅱ

（一）まず、「（第一次）台湾教育令」（九五）について見ることにする。

内閣総理大臣寺内正毅が請議案「台湾教育令制定ノ件」を閣議に提出するのは、大正七年（一九一八）七月五日のことである。提出の趣旨に次のようにある。

「台湾土人教育ノ根本方針ヲ定メ、其ノ範囲程度ヲ限定スル為、台湾教育令制定ノ必要ヲ認ム」。

台湾教育のあり方を総括的に規定したこの教育令案は、全文五章二五条および附則からなり、冒頭の第一章総則には次のようにあった。

「第一条　台湾ニ於ケル台湾人ノ教育ハ本令ニ依ル
第二条　教育ハ教育ニ関スル勅語ノ旨趣ニ基キ、忠良ナル国民ヲ育成スルヲ以テ本義トス
第三条　教育ハ時勢及民度ニ適合セシムルコトヲ期スヘシ」

この総則は、「朝鮮教育令」の条文をそのまま踏襲したもので、以下の各章もほぼ朝鮮の場合を基準に、普通教育、実業教育、専門教育および師範教育について規定していた。

(二) ここで注目すべきは、次にあげる第二章「普通教育」の条項である。

「第五条　普通教育ハ児童身体ノ発達ニ留意シテ徳育ヲ施シ、生活ニ必須ナル普通ノ知識技能ヲ授ケ、国民タルノ性格ヲ涵養シ、国語ヲ普及スルコトヲ目的トス
第六条　普通教育ヲ為ス学校ヲ公学校トス
第七条　公学校ノ修業年限ハ四年トス。但シ土地ノ情況ニ依リ之ヲ短縮スルコトヲ得
第八条　公学校ニ入学スルコトヲ得ル者ハ年齢八年以上ノ者トス」

このように全文わずか四条で構成され、そこには初等教育機関たる公学校についての規定があるのみで、中等教育機関については全く言及がなされていない。しかも公学校も従来六年だった修業年限を四年に減じ、就学年齢もこれまでの七歳を八歳以上とするなど、現行制度を大幅にレベルダウンした内容のものとなっていた。そして三年前の大正四年（一九一五）林献堂ら地元有志の拠金をもとに、ようやく発足したばかりの公立台中中学校

についてはその存立を認めず、附則に「台湾公立中学校ハ、現在ノ生徒ノ在学スル間仍之ヲ存続セシムルコトヲ得」と規定、在籍生徒の卒業を待って同校を閉鎖するとしていたのである。

㈢　こうした抑制主義の教育方針は、「四、枢密院決議」中の「台湾教育令委員会書類」所収の「台湾教育令制定理由説明書」に極めて明確な形で提示されている。それによれば、

（1）「植民地土人ノ教育ニ関スル問題ハ植民政策上最モ重要ナル事項ニ属シ、一度其ノ施設方針ヲ誤ランカ、国家ニ永遠ノ禍害ヲ貽スモノ尠シトセス」（傍点は原文のまま。以下同じ）との基本認識に立つ。

（2）そのため、朝鮮では明治四三年（一九一〇）併合の翌年、「朝鮮教育令」を制定して教育の根本方針を定め、その範囲程度を明らかにした。

（3）ところが台湾では、これまで一定の根本方針を宣布することなく、ただ「総督ノ権限」に委ね、箇々の場合に即して適宜処置して来た。その結果として、「近時台湾土人ノ向学心ハ日ニ月ニ向上シ、徒ラニ高度ノ知識ヲ希求」してやまないような事態がもたらされた、というのである。これが林献堂ら台湾郷紳層による私立中学校設立運動の高まり、およびその結果としての大正四年（一九一五）における公立台中中学校の設立に至る動きを指していることはいうまでもない。

（4）したがって、遅ればせながらも「今ニシテ之カ準縄ヲ定メ其ノ拠ル所ヲ知ラシムルニ非サレハ、弊竇ノ及ホス所遂ニ国家百年ノ計ヲ誤ル」ことになる。そのため、朝鮮を範としつつ、更に厳しい条件を付した台湾教育令を制定する必要がある。

というのである。

（四）この抑圧主義的な植民地教育の方針に関しては、請議案に付された『（秘）台湾教育令参考書』（大正七年六月）が好個の資料を提供している。この文書は、台湾教育令案の提出に際し、拓殖局が教育令案の趣旨やその背景、制定の経緯などについてまとめたもので、本文わずか二〇ページの小冊子に過ぎないが、その前後に台湾総督府から公刊された『台湾学事要覧』（本史料集成（一）所収）や『台湾の教育』各年版（同上（二）所収）などとは異なり、総督府や中央政府の植民地教育に関する基本的な考え方、その本音ともいうべきものが、ストレートな形で表明された極めて興味深い文献であるといえる。そこには、台湾人の教育要求の高まりに対する抑制策としての「台湾教育令」制定構想が浮上して来る経緯とその趣旨が、次のように簡潔かつ直裁に記述されている。

「之カ制定ノ目的ハ……教育ノ施設ニ対シ予メ一定ノ範囲限界ヲ設ケ、以テ殆ト底止スル所ナキ土人向学心ノ向上ヲ適宜抑制シ、学校ノ系統及程度ヲ簡約ニシテ民度ノ実際ニ適合セシメ、専ラ実用ニ適スル施設タラシムコトヲ期シ、従テ抽象的知識ノ伝授ハ可成之ヲ避ケ、生産的技能ノ普及ヲ以テ教育ノ主眼ト為サムトスルニ在リ……」（傍点編者、以下断りない限り同じ）。

そして「台湾教育令案ノ要旨」を摘記して、次のように述べるのである。

(1) 教育勅語の旨趣に基き「忠良ナル国民」を育成することを本旨とする。

(2) 普通教育は国民教育の基礎であり、特に「国民タルノ性格ヲ涵養シ国語ヲ普及」し、生活に必須な知識技能を授けることを目的とする。

(3) 「抽象的知識」を授ける「高等普通教育」は、「或ハ高等遊民ヲ生シ、且ツ徒ニ土人ノ自覚心ヲ高ムルノ虞」があるため、「中学校ノ如キ種類ノ学校」は認めない。

(4) 学校教育を卒えて上級の学校に進学することを希望する者に対しては、なるべく指導して医学、農業、工業、商業など、実業に関する学校に入学させるようにする。

(5) 学校は官立あるいは公立として設置することを原則とし、私立学校は現に存在するもの以外はなるべく認めない。

この「台湾教育令」原案は、同日付けで閣議決定され、直ちに上奏された。

(五) これをうけて枢密院は、七月六日諮詢にもとづき、以下のメンバーからなる審査委員会を組織した。

委員長　金子堅太郎

委員　曽我祐準・小松原英太郎・岡部長職・一木喜徳郎・久保田譲・富井政章

審査委員会は、早速七月一一日に第一回会合を開き、寺内首相から提案理由や要旨の陳述を受けた後、台湾教育令案に関する検討に着手し、以後審査会は六回にわたって開催された。

その間における教育令案審議経過の詳細は、「②枢密院審議関係」所収の「一、枢密院委員録」「二、枢密院審査報告」「三、枢密院会議筆記」および「四、枢密院決議」に見ることができる。すなわち、(1)審査委員会の開催日時、そこでの審議内容の概要および審査のまとめについては「一、枢密院委員録」および「二、枢密院審査報告」により、また(2)審査経過やその過程で用いられた台湾教育令原案、およびその制定理由、それに対する委員会の修正案（修正基礎案・同修正確定案）、更には各種参考資料については「四、枢密院決議」に一括してまとめられている。(3)「三、枢密院会議筆記」は本会議の記録である。

なお、ここで用いられた参考資料類は十数点に上り、そのなかには「台湾ニ於ケル私立学校概況」や「内地ニ於ケル台湾留学生概況」「対岸ニ於ケル教育概況」「風俗改良及国語普及ニ関スル最近ノ施設及成績」など、当時の台湾教育の実況に関する貴重な資料が多く含まれている。そのため本史料集成では、これらをそれぞれ最も関連の深い期・巻に移して収録することとした。以下の各巻でも同様のやり方をとっている。

（六）ともあれ、上掲の審議記録を見ると、枢密院では一一月末まで約四か月にわたり審議が中断されたことが分かる。そこには米騒動を機に九月二八日寺内内閣が倒壊し、これに代わって最初の政党内閣たる原敬内閣が登場したことが背景にある。その間、台湾総督も安東貞美（第六代）から明石元次郎（第七代）に代わっている。委員会が本格的な活動を再開するのは一一月二九日の第二回会合からのことで、以後一二月にかけて審議は急ピッチで進められ、一二月一三日の第七回会合で、これまでの審議結果にもとづき金子委員長による「審査報告」のまとめが行われ、枢密院議長山県有朋あてに報告書が提出された。

（七）枢密院本会議が開催されるのは一二月一八日のことである。会議の冒頭、金子委員長の「台湾教育令案」審査に関する経過報告が行われた。それによれば、委員会は「台湾教育令」政府原案の問題点として、次の三点を指摘した。

(1) 公学校の修業年限を現行の六年から四年に短縮し、また入学年齢を現行の満七歳から満八歳に引き下げていること。

(2) 現在台中に島民の希望で設置されている公立中学校は、これを廃止すること。

(3) 師範教育では、現行の公学校入学から卒業まで一〇年の制度を改めて九年に短縮すること。

そして、委員会としては、下記の理由にもとづき、全会一致で政府原案を斥け、現行制度をもとに修正案を提出することにした。

(1) 普通教育をわずか四年の公学校に止めようとするのは、明らかに「抑制ニ失スルノ譏」を免れない。「島民向学ノ欲求ハ必然ノ趨勢」であり、これに適度の満足を与えることが「施政ノ要諦」である。それ故、公学校の修業年限は従来どおり六年とし、入学年齢も満七歳に据え置くのが妥当である。

(2) 現在の公立中学校は、島民からの拠金により特に設置したという経緯があり、これを廃止するのは穏当の措置とは言えない。朝鮮には同程度の高等普通学校があり、これとの間に差別を立てるべきではない。

(3) 師範教育の年限短縮も得策ではない。

(八) 本会議での議論をリードしたのは顧問官末松謙澄である。彼は、金子委員長の報告をうけて、次のような賛成発言を行っている。

「……修正ノ精神ハ、現在ヨリ退却シテ現ニ許容セルモノヲ禁止スルコト可ナルカ、或ハ少クトモ現ニ許容セルモノハ禁止セサルコト可ナルカノ点ニアリ。委員会ニ於テハ、現ニ許容セルモノヲ引下クルハ不可ナリトノ見解ヲ採レリ。本官ハ勿論此ノ見解ニ賛成スルモノニシテ……」。

本会議では、寺内案の極端な抑制方針＝「愚民政策」に対して批判が集中し、委員会報告の修正案に全員が賛成した。

こうした枢密院の姿勢には、何よりも寺内の後を受けて登場した原敬内閣による植民地統治方針の転換が影響していたことはいうまでもない。本会議に出席した原首相も、委員会修正案に対して、次のような支持発言を行っていた。

「本案ニ対スル委員会ノ修正ニ付テハ、内閣ニ於テハ全然同意ナリ。元来本案ハ前内閣ニ於テ提出シタルモノニシテ、現内閣ニ於テハ其ノ見込ヲ以テ相当ノ修正ヲ為スヘキ次第ナルカ、大体ニ於テ当院ノ御審議ニ委ネ然ルヘシト認メ、本案撤回ノ手続ヲ取ラサリシナリ」。

この発言に関連して『原敬日記』（大正七年一二月三日付）の次の一節は注目に値する。

「……尚ほ金子（堅太郎）は、台湾教育令の事に付、枢密院委員会は一致して年限短縮即ち土人に可成十分の教育をなさざることに反対にて、余の意見を聞きたしとの事なりと云ふに付き、……余は原則として土人を可成同化せしむるには、彼等を愚にするが如き旧策は取らさる所なるにより……」。

これは、審査委員会の申し合わせにより金子委員長が行った内閣側との交渉経緯についての記述であると思われる。また台湾教育令案の策定をめぐって、枢密院や法制局あるいは拓殖局など、中央政府関係部局との折衝にあたった学務部長隈本繁吉ら台湾総督府側の働きかけの成果も反映していると言われるが、その間の経緯については、改めて別集(2)『隈本繁吉文書』の項で検討することとする。

(九)　本会議において、「台湾教育令」修正案が全員一致により議決成立するのは、大正七年一二月一八日のことである。その日直ちに清浦枢密院副議長による上奏と内閣への通知が行われた。清浦副議長の上奏に次のようにある。

「臣等台湾教育令諮詢ノ命ヲ恪ミ、本月十八日ヲ以テ審議ヲ尽シ之ヲ修正可決セリ。乃チ原案ヲ墨書シ院議ノ決スル所ヲ朱書シ、謹テ上奏シ更ニ聖明ノ採択ヲ仰ク」。

ちなみに、資料本文の編集にあたり、台湾教育令原案と修正案との対置が明確になるよう、特に国立公文書館の許しを得て、原本からのカラー撮影による複写を行った。

（一〇）枢密院からの通告を受けて、政府は一二月二三日「台湾教育令」案を再度閣議決定し、同日付け内閣総理大臣名で同勅令案の裁可を奏請、ここに「台湾教育令」は大正七年一二月二九日勅令第一号として裁可され、大正八年一月四日付けで公布された。これをうけて総督府は、二月二日府令を以て本令を四月一日より実施することを決めた。それに先立ち、総督明石元二郎は、「台湾教育令施行に関する諭告」を発し、そのなかで、「帝国の台湾を統治すること二十有余年、揚文興化の跡歴然見るべきものあり。今や教育の方針を確定し、洽く庶民をして其の率由するところを知らしむるは蓋し刻下の急務なるべし。是れ台湾教育令の発布を見るに至りたる所以なり」。

と前置きして、台湾教育令の概要を示し、次のようにその趣旨を宣明した。

「要するに台湾の教育は現時世界に於ける人文発達の程度を観察し、島民をして之に順応するの智能を啓発せしめ、徳性を涵養し国語を普及せしめ、以て帝国の臣民たるべき資質と品性とを具備せしめんとするにあり……」（『詔勅、令旨、諭告、訓達類纂』（一七）所収）。

（一一）ここに制定を見た「台湾教育令」は、当初の政府案を大幅に修正し、全六章三二条および附則で構成されることとなった。但し、冒頭の「総則」は、政府原案のそれを踏襲していた。以下の各章は、基本的には「朝鮮教育令」の関連条項に準拠しつつ、台湾従来の経緯を考慮に入れた形で普通教育、実業教育、専門教育および師範教育について規定している。これにより台湾教育の各分野は、次のような構成となった。
(1)　普通教育では、現行制度を基準に公学校の六年制が確立し、中学校は高等普通学校と改称、修業年限は四年。入学資格は従来の公学校四年修業程度から六年卒業程度となり、学校程度がレベルアップし、卒業後専門学校への連絡の道が開かれた。また女子のための女子高等普通学校も新設された。
(2)　国語学校を廃止して師範学校を新設。
(3)　実業学校を新設。
(4)　専門教育では、医学校が医学専門学校に昇格、農林専門学校および商業専門学校が新設された。

(一二)　教育令の公布を前に、台湾教育会は『台湾教育』第二〇〇号(大正八年一月)を「教育令記念号」として発刊、その巻頭言「台湾教育令公布せらる」において、

「(教育令により)本島人教育の本義・種類・系統一々整然として備はる。これによりて従来区々に分れたる本島人教育が整理統一せらるゝは勿論、教育の程度に於て又其の範囲に於て一層拡張せられたるを見る。……本令が本島現下の時勢及民度に照して善を尽し、美を尽したるものにして、之が実施の暁には本島教育が更に駸々乎として長足の進歩を遂げんことは、吾人の確く信じて疑はざる所なり」。

と述べ、この台湾教育令を以て、「啻に本島教育に新紀元を画するのみならず、広く本島精神界の発達に一新時期を開くもの」と断じて、その制定を慶賀した。

但し、すでに明らかな如く、新制度の下での台湾人向け諸学校は、内地人のための小・中学校および高等女学校・高等専門学校とは全く系統を別にするもので、修業年限・教育内容ともに、内地人諸学校のそれより低めに

抑えられていた。その一方で「教育勅語ノ旨趣」にもとづく「忠良ナル国民」の育成を目指す「同化」主義教育の方針はあくまで貫徹され、この教育令のもと、「同化」と「差別」の二つの原理にもとづく植民地教育の基本方針が改めて確認されるものとなっていた。

Ⅲ

（一）次に、大正一一年（一九二二）制定の「改正台湾教育令」（九六）について見る。

内閣総理大臣高橋是清が「台湾教育令」の改訂案を閣議に提出するのは、大正一〇年（一九二一）一一月二九日のことである。提出の趣旨に次のようにある。

「台湾人向学ノ現況ニ鑑ミ、内台人ノ共学ヲ認メムカ為、台湾教育令改正ノ必要ヲ認ム」。

「朝鮮教育令」改訂案と同時に提出された。

教育令案は全文二七条よりなり、主要条項をあげると、次のようにある。

「第一条　台湾ニ於ケル教育ハ本令ニ依ル
第二条　内地人ノ初等普通教育ハ小学校令ニ依ル
第三条　台湾人ノ初等普通教育ヲ為ス学校ハ公学校トス
第八条　高等普通教育ハ中学校令、高等女学校令及高等学校令ニ依ル
第九条　実業教育は実業学校令ニ依ル
第十条　専門教育ハ専門学校令ニ、大学教育及其ノ予備教育ハ大学令ニ依ル
第十二条　師範教育ヲ為ス学校ハ師範学校トス

第十三条　師範学校ニ小学師範部及公学師範部ヲ置ク
第二十一条　特別ノ事情アル場合ニ於テハ、台湾総督ノ定ムル所ニ依リ内地人ハ公学校ニ、台湾人ハ小学校ニ入学スルコトヲ得」

これによると、初等普通教育および師範教育は台湾の事情を反映した制度であるが、それ以外の高等普通教育、実業教育および専門・大学教育は、いずれも内地の規定に準ずるものとなっていた。

(二)　台湾教育令改訂の詳細理由、および同条文の現行教育令との比較対照は「四、枢密院決議」の「(秘)朝鮮教育令及台湾教育令参照」に見ることができる。そこに収録されている「台湾教育令改正理由並要領」によれば、

「現行ノ台湾教育令ハ大正八年勅令第一号トシテ発布セラレタルモノニシテ、当時ニ於ケル台湾ノ実況ニ鑑ミ、内地人ト全然其ノ教育ヲ区別スルノ主義ニ依リ制定セラレタルモノナリ。然ルニ之カ実施後僅ニ二年余ニ過キサルモ、此ノ間ニ於ケル台湾ノ進歩、発達ハ特ニ顕著ニシテ、差別教育ハ時勢ト民情ニ適応セサルヲ以テ、現行教育令ヲ根本的ニ改正スルノ必要ヲ認メ、調査ノ結果、今日ニ於テハ初等教育ハ国語其ノ他ノ関係上止ムヲ得ストスルモ、中等程度以上ノ諸学校ハ大体内地ノ教育制度ニ依拠シ、内地人ト同様ニ教育ヲ為スノ適当ナルヲ認メタリ……」。

とあり、現行教育令が制定後僅か三年足らずで改訂を行うに至った理由として、

(1)　台湾の進歩発達が特に顕著となった。
(2)　内地人との差別教育が台湾人に多くの不便を生じることになった。

の二つをあげ、「民情ニ適応シ台湾人ノ不便ヲ除去」するには、現行教育令を抜本的に改正する必要が出て来たためであるとし、「改正ノ要領」として、次の六項目を挙げていた。

「一、内地人台湾人ノ教育ヲ同一ノ教育令ニ依ラシム
二、初等普通教育ヲ除ク外、内地人台湾人ノ共学ヲ原則トス
三、台湾ノ学制ハ、特殊ノ事情ナキ限リハ内地ノ学制ニ依ルコトトシタルコト
四、内地ノ学制ニ依ル場合ニ於テ、台湾総督ハ特例ヲ設クルコトヲ得ルコト
五、私立学校ノ設立ニ関スル制限ヲ寛ニシタルコト
六、現行令総則第二条及第三条ノ規定ヲ省キタルコト」

それによれば、(1)初等教育では、国語其の他の関係上、小学校・公学校と別学主義をとることは止むを得ないが、(2)中等程度以上の諸学校では大体内地の教育制度に準拠し、内地人同様に教育を行うこと。また(3)従来内地人の教育は内地の制度に準拠し、本島人のそれは台湾教育令によって規定するというように教育制度を区別して来たが、差別意識によって台湾人に不信感を持たせることのないようこれを統合して、新教育令では内地人教育についても併せて規定することにした、というのである。

(三)ここで注目されるのは第六項の規定で、「現行令総則第二条及第三条ノ規定」を削除すること、その理由に「教育ノ趣旨ハ同様ナルモ、特ニ規定セサルモ可ナリト認メ」たとあることである。これら二つの条項というのは、いうまでもなく、

「第二条　教育ニ関スル勅語ノ旨趣ニ基キ、忠良ナル国民ヲ育成スルヲ以テ本義トス

第三条　教育ハ時勢及民度ニ適合セシムルコトヲ期スヘシ」を指す。この「教育勅語ノ旨趣」にもとずく「忠良ナル国民」の育成と「時勢及民度ニ適合スル教育」、換言すれば、「同化」（＝日本化）と「差別」の原理こそ、これまで朝鮮・台湾における植民地教育の二大眼目として最も重視されて来たものである。教育令の改訂にあたり、この条項を削除したことは、従来の植民地教育政策が挫折し、これを大きく転換させる必要があったことを意味しているからである。

(四)同時に閣議に提出された「朝鮮教育令」案も、台湾の場合とほぼ同一の形式をとっている。それによれば、「朝鮮ニ於ケル教育ハ、事情ノ許ス限リ内地ト同様ノ制度ニ拠ルヲ至当ト認ム」とあり、全文三二条よりなる。そして「朝鮮教育令」改正の理由として、次のようなことが上げられていた。

(1)現行の「朝鮮教育令」（明治四四年制定）は、朝鮮人の教育に関し、「国民精神ノ涵養ト国語ノ普及」に注意し、「簡易ニシテ実際ニ適切ナル教育」を行うこととしたが、近年における朝鮮の社会経済や文化の顕著な発達により、教育制度に根本的改正を加える必要が出て来た。

(2)そのため、大正九年一一月取り敢えず教育令の一部改正を行い、普通学校の修業年限を四年から六年に延長するとともに、高等普通学校の補習科（二年制）の設置を行った。

(3)但し、これはあくまで応急措置に過ぎず、その後根本的改正のため、臨時教育調査委員会を組織して調査を進めた。その結果、「朝鮮ニ於ケル教育制度ハ、民度事情ノ許ス限リ内地ノ教育制度ニ準拠スルコト」「向学心ヲ尊重シ、事情ノ許ス限リ之ニ応スル施設ヲ為スコト」などの基本方針が確認され、これをもとに「改正教育令」原案の策定が進められた。

(4) これにより、台湾の場合と同様、朝鮮の学制も基本的には内地の小学校令、中学校令、高等女学校令、高等学校令、実業学校令、専門学校令、および大学令に準拠することになった。

そして、ここでも台湾の場合と同様、「改正要領」の第二に「現行令ノ綱領ハ之ヲ規定ニ現ハス必要ナシト認メ、之ヲ削除セリ」とあり、従来の植民地教育政策の二大眼目を削除することが明記されていた。

(五) これら台湾・朝鮮両教育令の改訂は、原敬首相の「内地延長主義」にもとづく植民地統治方針の転換、および教育政策における融和策の表明であった。その背景には、第一次大戦後における世界的な民族自決主義思潮の高揚、直接的には朝鮮における三・一運動の勃発や台湾における林献堂ら文化協会による民族運動の高まりがあり、斉藤実朝鮮総督による「武断政治」から「文化政治」への転換、最初の文官総督田健治郎の台湾統治における内地延長主義にもとづく教育重視の方針が、これに対応するものであったことは周知のとおりである。

(六) 台湾・朝鮮両教育令改訂の眼目は、いずれも「内地人並み」の教育の実現にあり、台湾の場合、すでに見たとおり、中等程度以上の学校から「内台共学」を実施する方策がとられた。閣議請議案に付された参照文書に「共学主義ヲ採ル理由」として、

「一、教育上ノ差別撤廃ニヨリ一般内台人ノ融和ヲ促進スルコト

二、内台人生徒ノ親近ニ依リ相互ノ理解ヲ深カラシメ、其ノ思想態度ヲシテ一層正当ナラシメ、在学中ノミナラス他日社会ニ於テ真ニ提携ノ実ヲ挙ケ得ヘキコト」

などが挙げられ、中等教育機関(高等普通教育)は、中学校、高等女学校の名称に統一された。

（七）これに対して朝鮮では、同様に「内地人並み」の教育が標榜され、実業学校、師範学校、専門学校、大学予科及び大学では共学を行うこととしたが、中等教育（高等普通教育）はあくまで別学主義を採り、内地人の中学校・高等女学校に対し、朝鮮人のそれは以前の高等普通学校、女子高等普通学校の名称のままであった。そして、共学を行わない理由として、次のような事項があげられていた。

「一、歴史、慣習、思想等内地ト朝鮮トハ相違セルモノアリ。為ニ共学ハ内鮮人両者ノ為ニ共ニ適切徹底セル教育ヲ施シ難シ

二、内鮮人共ニ共学ヲ希望セス。強テ之ヲ共学スレハ朝鮮人ハ同化ヲ強制セラルヘシト誤解シ、内地人ハ学校ノ程度ヲ低下セラルヘシト考ヘ、双方ノ反抗ヲ起スヘシ

三、普通学校、高等普通学校及女子高等普通学校ナル名称ハ既ニ相当期間慣用シ来リタル所ニシテ、朝鮮人ニ何等ノ悪感ヲ与ヘサルヲ以テ、現今名称ハ問題トナリ居ラス、只教育ノ程度卒業後ノ特権ニ付差別ノ撤廃ヲ希望スルニ過キサレハ、殊更ニ之ニ変改ヲ加ヘ、却テ之ニ付朝鮮人ノ感情ヲ刺激スル如キ事ハ得策ナラス」

これに関して注目されるのは、「（第三次）朝鮮教育令」（昭和一三年三月制定）の「朝鮮教育令改正要綱」に掲げられた次のような指摘である。そこには、よりストレートな形で「共学不採用」の理由が表明されていた。

「現行朝鮮教育令ニ於テ、普通教育ニ付国語ヲ常用スル者ト然ラザルモノトニ依リ教育機関ヲ異ニスルコトトセラレタルハ、主トシテ内鮮人両者ニ於ケル言語・風俗・習慣等ノ相異ルモノアリテ、普通教育ガ言語・文化・歴史等ヲ背景トシテ行フモノ多キガ為教育上ノ便宜ヲ考慮セラレタルニ他ナラズト雖、当時未ダ騒擾ノ後ヲ亨ケテ民心ノ帰趨ヲ欠キ、一般ニ民族的色彩濃厚ニシテ輿論又斯教育ニ於ケル両者ノ分離教育ヲ希ミテ共学

ヲ欲セザルノ傾向ニ在リタルヲ以テ、国民教育ノ中枢ヲ為ス普通教育ニ於テハ、帝国臣民トシテ同化セシムル上ニ於テ本来両者ノ共学ヲ理想トスルニ不拘、此等情勢ノ機微ニ察シテ教育機関ヲ分ツノ制度ヲ執リタル所ニシテ……」(『公文類聚』第六二編・昭和一三年・第七二巻・学事・学制)。

(八) これによっても朝鮮の場合に比べて、台湾では共学への志向が強く打ち出されていたことが分かる。台湾では、大正初期以来林献堂らにより内地人並みの教育を求める運動が息長く続けられて来たが、容易に成果を見ないままであった。大正四年に至りようやく設立を見た公立台中中学校も、その修業年限・内容ともに内地人中学校に比べてレベルが低く、大正八年台湾教育令案検討の過程では、この種の中等教育機関でさえ危うく閉鎖されるかねない状況であった。すでに見たとおり、枢密院での審議で極端な抑制主義の政府原案は斥けられ、同校は高等普通学校として存続することになるが、その制度内容の低い状況は依然続き、その卒業生が内地人中学校卒業者と同一の資格を認定されることはなかった。これに対する台湾人、ことに上流層の不満は強く、彼らは高等教育への進学を企図して早くからその子弟を内地に送り、小学校あるいは中学校に入学、大学・専門学校に進ませる外なかったのである。

(九) 総督府が大正八年一二月に内訓「内地人台湾人共学ニ関スル件」を発して、事情により台湾人は内地人小学校に入学することが出来るとの方針を示したのは、上述のような台湾人側の不満への対応策であった(『台湾学事法規』(一一)参照)。

しかし、この「内台児童共学」の実験も、児童本人の教育程度、ことに国語熟達度は勿論のこと、家族の教育程度や地位、資産まで厳しく制限されており、大正九年度（一九二〇）に許可を得た台湾人児童の小学校入学者はわずか五六人、翌一〇年も二一五人にとどまり（『台湾総督府学事第一九・第二〇年報』参照）、当局者自らも認めるとおり、それは弥縫策の域を出ず、台湾人側の差別教育撤廃要求に応えるためには、教育令の抜本改訂が今や不可避な情勢となっていた。この間の事情を、内務局長末松偕一郎は次のように述べていた。

「……（田総督）は其の救済法として旧法の下に共学の試みを実行することになった。然し本来制度其のものが内地と個々別々である以上は、如何に弥縫策を講じた処が根本的に教育令を改正して差別教育主義を撤廃するに非るよりは、倒底《ママ》完全に目的を達する事の不可能なるを感ぜしめた。是即ち昨年（大正一〇年）以来督府に於て教育令改正の議起りて調査の歩を進めたる所以である。偶々昨夏朝鮮教育令の改正案が内閣に提出されたる為め、同案の審議に際しては必然台湾教育令に波及する所あるべしとの法制局の注意により、至急台湾教育令の改正案を提出することになった……」（「世界的植民政策の革新と我新教育令」『台湾時報』第三三号、大正一一年四月）。

これによっても、朝鮮における臨時教育調査委員会の活動など、教育令改正の動きが、台湾総督府における教育令改訂案策定に向けての動きを加速させたことが分かる。

（一〇）「台湾教育令改正ノ件」は、「朝鮮教育令改正ノ件」と併せて、大正一〇年一二月五日閣議決定の後直ちに上奏され、枢密院では、一二月九日諮詢にもとづき早速両教育令について審議するため、以下の顧問官七名よりなる審査委員会が組織された。

委員長　浜尾　新

（一一）審査委員会は、一二月一四日より同二八日まで前後五回にわたって開催された。以下、審議の具体的経過を、「一、枢密院委員録」や「二、枢密院審査報告」「四、枢密院決議」によりながら、「台湾教育令」の場合を中心に追跡してみよう。

委員　安広伴一郎・岡部長職・一木喜徳郎・久保田譲・富井政章・平山成信

（1）第一回審査委員会（大正一〇年一二月一四日）では、浜尾委員長および委員六名のほか、高橋内閣総理大臣および説明委員として田台湾・斉藤朝鮮両総督、それに川村拓殖局長官、馬場法制局参事官、末松台湾総督府内務局長、山本法制局参事官、鵜沢朝鮮総督府参事官、田中朝鮮総督府視学官、生駒台湾総督府学務課長が出席、二上書記官長以下書記官五名も同席した。

会議では、まず高橋首相から両案の大体につき説明があり、一木顧問官から朝鮮・台湾両植民地における教育方針の基本や、両教育令立案の理由ならびにその要旨についての質問、更には中等学校における内地人との共学をめぐる台湾と朝鮮との差異などについて質問があり、斉藤・田両総督から詳細な弁明が行われた。そこでの審議は「台湾教育令案」および「台湾教育令改正理由竝要領」、「台湾教育令案参照条文」、これに「朝鮮教育令台湾教育令案対照」などの資料がもとになっていた。

（2）以後、同月二八日にかけて四回にわたる詳細審議が行われることになるが、その際十数点にのぼる多くの資料が参考書類として提出された。「四、枢密院決議」所収の「台湾教育令案参照書類」にみられる「台湾学事統計一覧」や「台湾ニ於ケル私立学校」「国語普及の状況」「台湾人児童の長所及短所に就て」「本島人内地留学者調」「台湾教育一班」などがそれである。

第二回委員会（一二月一六日）では、これら各種資料をもとに、まず両教育令改正の眼目や台湾における中等教育における共学問題、朝鮮における私立大学の認可問題、あるいは朝鮮・台湾における内地留学とそれに対する監督問題などについて質疑応答が行われた。その後逐条審議に入り、そのなかで中心テーマとして、朝鮮における私立大学設立問題や、教育令条文中の内地人・朝鮮人の名称区別撤廃の問題が提起された。

(3) 第三回委員会（一二月一九日）では、逐条審議の結果を踏まえて、大学設置問題、および学校名称や修業年限、共学問題、法文上朝鮮人・台湾人を重視する体裁を取ることなどが検討され、これらの審査結果を一七項目に整理のうえ、これを当局と協議するよう二上書記官長に託された。

(4) 第四回委員会（一二月二六日）では、書記官長から当局との間で行った協議結果についての報告が行われた。その詳細は「委員会書類」中の「(秘) 当局ト交渉シタル事項」に見ることができる。この日の審議は、それをもとに下記のような問題を中心に進められた。

一、普通教育の学校の名称統一
二、内地人と朝鮮人、台湾人の名称の区別を改めること
三、両教育令中内地人を本位とする書法を改めること
四、高等普通学校の目的規定に関する法文の用語の件
五、単科大学を認めないこと

などがそれである。委員会としては、特に朝鮮で行われている民立大学設立の動きを抑制するため、官立大学の設立を急ぐ必要があるとの認識で一致した。

（5）委員会の最終会合に先立ち、浜尾委員長は一二月二四日これまでの議論を踏まえて朝鮮・台湾両教育令の修正私案を作成、一二月二八日の第五回委員会では、これをもとに審議が行われた。そして前回積み残しになっていた「国語常用」など用語上の修正問題や、朝鮮における大学予科問題を検討、最後に下記の二項目の希望条件を付して、委員会修正案を可決、審査報告書の作成は委員長に一任された。

一、朝鮮に私立大学の設立に先立ち、速やかに官立大学を設立すること

二、学事の監督を厳格に行うべきこと

（一二）本会議は大正一一年一月二五日に開催された。会議の経過については、「三、枢密院会議筆記」にその詳細を見ることができる。

会議は冒頭、「審査報告書」にもとづく浜尾委員長の朝鮮・台湾両教育令改訂に至る詳細な報告からスタートし、両教育令改訂案を比較対照のうえ、両者間の共通点と差異を概観した後、浜尾は教育令改訂の趣旨について、次のように述べていた。

「本案改正ノ主眼トスル所ハ、形式ニ於テハ朝鮮又ハ台湾ニ於ケル内地人ト朝鮮人又ハ台湾人トノ学制ヲ併合統一シ、実質ニ於テハ内鮮人又ハ内台人ノ間ニ或ル範囲ノ共学ヲ実行シ、且朝鮮人又ハ台湾人ニ対スル教育ノ程度ヲ引上ケテ、成ルヘク内地人ニ対スルモノト同等ナラシメムコトヲ期スルニ在リ……」。

そして委員会としては、慎重審議の結果両案は「大体ノ趣旨ニ於テ非議スヘキモノ」はないが、「多少ノ修正」を加える必要のあるものが数か所あるとし、これら修正事項とその理由を上げた。そのなかで特に強調したのが、両原案にある「内地人」「朝鮮人」「台湾人」という用語の問題で、こうした民族的な差別感を抱かせるよう

な呼称は避け、これを「国語ヲ常用スル者」「国語ヲ常用セサル者」という用語を以て代えるという点であった。先にあげた当局との協議結果を踏まえたもので、浜尾委員長の報告に次のようにあった。

「二原案トモ、内地人及朝鮮人又ハ台湾人ノ呼称ヲ以テ両者ヲ殊別シテ、学校ノ系統ヲ規定シタルハ必スシモ適当ナラス。蓋シ斯ノ如キ重要ノ法制ニ於テ、民族ノ種別ニ依リ待遇ヲ異ニスルカ如キ条項ヲ設クルハ、両者ノ一視同仁ヲ以テ統治ノ要諦ト為スノ趣旨ニ合スルモノニ非ス。且両者ハ相互ニ転籍スルノ途ナキニアラサルカ故ニ、之ヲ以テ学校ノ系統ヲ別ツヘキ的確ナル準縄ト為スコトヲ得ス。是レ修正案ニ於テ『内地人』ニ代フルニ『国語ヲ常用スル者』ヲ以テシ、『朝鮮人』又ハ『台湾人』ニ代フルニ『国語ヲ常用セサル者』ヲ以テスル所以ナリ」。

これにより、教育令案の関連条項は、下記のように修正された。

「第二条　国語ヲ常用スル者ノ初等普通教育ハ小学校令ニ依ル
第三条　国語ヲ常用セサル者ノ初等普通教育ヲ為ス学校ハ公学校トス
第二十一条　特別ノ事情アル場合ニ於テハ、台湾総督ノ定ムル所ニ依リ国語ヲ常用スル者ハ公学校ニ、国語ヲ常用セサル者ハ小学校ニ入学スルコトヲ得」

(一三) これとならんで注目されるのは、閣議決定の項でも取り上げた現行教育令の第二・第三条の削除問題への対応である。この条項については、すでに政府原案において「特ニ規定セサルモ可」(台湾教育令)、「之ヲ規定ニ現ハス必要ナシ」(朝鮮教育令) として削除されていたが、審査委員会では改めてこの削除方針が再確認されるのである。浜尾委員長は次のように述べていた。

「現行規程ニハ、教育ハ教育ニ関スル勅語ノ旨趣ニ基キ忠良ナル国民ヲ育成スルコトヲ本義トシ、時勢及民度ニ適合セシムルコトヲ期スヘキ旨ノ規定ヲ掲ケタルモ、本令ニハ之ヲ存セス。此ノ削除ノ理由トシテ当局ノ弁明セラルル所ハ、教育勅語ノ旨趣ハ学校ニ於テ主要ノ目的トスル徳育ノ本義ニシテ、内地ノ教育勅令中ニモ之ヲ掲載セラレサルノミナラス、斯ノ如キ条項ヲ本令ニ存置スルトキハ往々朝鮮人ノ反感ヲ買ヒ、却テ統治ニ不利ヲ来スノ虞アルカ故ニ、寧ロ之ヲ削除スルヲ可トスト言フニ在リ」。

彼はまた「台湾教育令」の関係個所でも同様な説明を行い、「此ノ改正ノ理由ニ関スル当局ノ弁明ハ、略々朝鮮教育令改正案ニ於ケルモノト同様ナリ」としていた。この委員長説明に対し、顧問官たちからは何らの異見も表明されなかった。

(一四) 枢密院本会議では、以上のような委員長報告の最後に、審査委員会の特に希望する事項として、(1)学事の監督を厳格に行うべきこと、および(2)朝鮮における私立大学に先んじての官立大学の設立を急ぐべきこと、の二点を上げ、その意図するところを詳述した後、委員会修正を付した教育令原案が全員一致で可決された。委員長が掲げた希望事項の一つ、学事に関する厳格な監督には、次のような一節があった。

「凡ソ教育ノ効果ヲ完カラシムル為ニハ、其ノ施設ヲ充実スルト共ニ、之ニ対シテ剴切ナル監督ヲ施行スルコト当局ノ最モ意ヲ用フヘキ所ナリトス。蓋シ教育ノ事タル、諸般ノ基礎ヲ為シ其ノ效力ノ著大ナルト共ニ、若シ其ノ方法ヲ誤ルモノアルトキハ不測ノ弊害ヲ醸成シ、思想上影響ヲ及ホスコト尠少ニ非スト思料ス。這般朝鮮及台湾ニ於ケル根本ノ学制ニ重要ナル改正ヲ施シ、自今益々其ノ教育ノ拡充ヲ期図セラルヘキカ故ニ、所定ノ制度ヲシテ十分ノ成果ヲ収メシメムカ為、当局ニ於テ深ク力ヲ学事ノ監督ニ致サムコト、本官等ノ希望ニ堪へサル所ナリ」。

この委員長報告に対し、高橋首相も「政府ハ全ク之ニ同意シテ何等異存ナシ」と賛成意見を表明、本会議はこれを受けて全員一致で台湾・朝鮮両教育令案を併せて可決、即日上奏するとともに内閣に通知した。

（一五）これを受けて政府は、大正一一年一月三〇日枢密院議決の通り閣議決定を行った上、内閣総理大臣名で勅令案の裁可を奏請、「台湾教育令」は、二月四日付け勅令第二〇号として裁可され、二月六日公布のうえ、同年四月一日より施行されることとなった。「朝鮮教育令」も同じ日勅令第一九号として裁可、公布されている。

改正教育令の施行にあたり、四月一日田総督は諭告を発して次のように述べ、「一視同仁」の聖旨の実現を慶賀した。

「……茲ニ教育令ヲ改正シ、内台人間ノ差別教育ヲ撤廃シ教育上全ク均等ナル地歩ニ達セシメ得タルハ、本総督ノ洵ニ欣快トスル所ナリ」（『台湾学事法規　完』（一三）所収）。

総督府の機関誌『台湾時報』も、新教育令の実施を「台湾統治史上の一新紀元」「内台人無差別主義に依る世界に誇るべき植民政策の実現」と自賛し（第三三号、大正一一年四月）、『台湾教育』も記念号（第二三八号、大正一一年三月）を組んで、各界からの祝辞を掲載していた。

（一六）確かに、このたびの改正教育令により、高等普通教育は中学校令、高等女学校令、および高等学校令に、実業教育は実業学校令に、専門教育は専門学校令に、また大学教育およびその予備教育は大学令に依ることとなり、中等程度以上の学校で「共学」が実現した。そして従来本島人向けの学校と内地人向けのそれとの間にあった入学資格や修業年限における格差も解消され、台湾の教育は制度上大きな革新を遂げることとなった。

こうした教育令改訂の成果については、次巻所収「(昭和八年)台湾教育令中改正(師範学校の修業年限延長)」(九六)の「参考資料」にある⑮「大正一一年教育令改正ニ依リ齎シタル結果」が良いまとめを行っている。それはまず、「之ガ改正ノ眼目ハ、原則トシテ内台人教育ノ区別ヲ撤廃スルニアリキ」と、教育上における内台人の差別的待遇撤廃が本島人の同化および内台人融和に裨益する処大であったことを強調する。そして具体例として、初等教育における内台人共学者が大正一〇年度(一九二一)の二二五名から昭和四年度(一九二九)には二、一二〇名と激増したことや、師範教育の年限が一年延長され、卒業後の内台人の資格待遇を平等にした結果、優秀な本島人教員を得るに至ったことなどを上げる。また各級学校の増設により、就学・進学率も急速な上昇を見たとして、大正一〇年度と昭和七年度(一九三二)とを対比して、その間に見られる各級学校数の増加状況を例示し、児童の就学率も本島人の場合、大正一〇年二七%だったものが、昭和六年度(一九三一)には三四%に高まったことなど、「改正後ノ成果」を強調するのである。

(一七)但し、こうした制度上の平等の実現や各級学校の増設がそのまま台湾人に実質的な教育機会の平等を約束するものでなかったことはいうまでもない。彼らにとって不利な状況に変わりはなかった。例えば、中学校の入学試験一つとっても、その試験の内容は主として小学校の教科書を中心としたもので、内地人には有利なハンディキャップが与えられていた。事実新教育令実施後の昭和元年度(一九二六)における中等学校在籍者は、内地人生徒六、八五六人に対し台湾人は四、六四二人で、台湾人は在籍者総数の四割(四〇・三%)にとどまっていた。ちなみに同年における初等教育在籍者は、内地人二三、七一一人に対し台湾人は二一〇、七二七人で、九倍近い人数である。台湾人にとって中等教育への門戸が如何に狭いものであったかが知れよう。この傾向は、高等学校・専門学校となると一層顕著で、内地人在籍者六九七人に対し台湾人は二七九人で、総数のわずか三割以下（二八・六%）に過ぎなかった（『帝国主義下の台湾』（二二）参照）。

（一八）以下、矢内原の提示する統計数字を借りて、昭和元年の時点における高等専門教育機関在籍者の民族別構成を見ると、高等学校では内地人三七八人に対し台湾人四三人、医学専門学校では同じく一二三人対一六八人、高等農林学校で一一一人対七人、高等商業学校（および商業専門学校）では二四三人対七六人と、医学専門学校の場合を除き、内地人学生が圧倒的多数を占めるに至ったことが分かる。

こうした状況を踏まえて、矢内原は、改正教育令下の台湾教育の構造とその特質について、次のように鋭く指摘していた。

「……斯くの如き本島人児童と国語を母語とする内地人児童とが小学校（内地人）卒業程度にて国語の入学試験を受け、その他の科目についても国語をもって答案を認むる制度に於ては、単に言語の上より言ふも本島人の入学困難なるは明白である。況んや国語修身歴史等の試験科目に於て日本歴史国体観念などの問題を包含するに於ては、新付ようやく三十年なる本島人が競争上困難なる立場にあるは言ふを俟たない。中等教育の入学が斯くの如くして本島人に不利たる以上、上級学校へ進むことも従って当然にハンディキャップを付せられて居るわけである。加之、医学専門学校及び台南高等商業学校を除き、他の高等諸学校は何れも其の入学試験を内地に於ても施行し、以て内地学生の吸引を計って居る。之等の結果は当然高等程度諸学校の生徒の大部分が内地人によりて占められることに帰した。教育制度の同化によりて事実上本島人は高等専門教育を奪はれたに類する。大正一一年迄は本島人の教育程度を低からしむることによりて内地人を指導者的支配者的地位に置かんとしたが、今や本島人の高等教育参加そのものを制度上平等となすことによりて事実上甚だしく制限し、これによりて内地人の支配的地位を一層確保した」。

このように論じて矢内原は、改正教育令下の教育改革により「中等程度以上の諸学校を全部統一し、内地人本島人の共学を実施することによりて、台湾の学校制度を全部内地化すると共に、事実上内地人の教育機関に変質せしめた」と断ずるのである。

Ⅳ

（一）「台湾教育令」は、上に見た大正一一年の抜本改訂以後、昭和一八年（一九四三）年までに数次にわたり改正が行われるが、いずれも部分的改訂であった。その際、「朝鮮教育令」でも同趣旨の改訂が合わせて行われている。この部分改訂の最初が、昭和八年（一九三三）三月に公布された「台湾教育令中改正」で、師範学校の修業年限延長に関するものである。「台湾教育令」関係の第三巻目（九七）を以てこれにあてる。

（二）拓務大臣永井柳太郎により請議案「台湾教育令中改正」が内閣総理大臣斉藤実あてに提出されるのは、昭和七年（一九三二）八月四日のことである。その趣旨は、台湾における師範教育改善のため、師範学校の修業年限を一年延長するというもので、その理由として、

「台湾ニ於ケル初等普通教育ノ重要ナルニ鑑ミ、師範教育ノ充実ヲ図リ一層優良ナル教員ヲ養成スル為、其ノ修業年限ヲ一年延長スルノ要アルニ由ル」。

が上げられていた。説明書によれば、台湾現行の師範学校制度は、小学師範部および公学師範部の二部で構成され、その入学資格は尋常小学校卒業程度、修業年限は普通科五年（女子は四年）、演習科一年で、六年間の課程修了者を以て師範学校卒業とする。中学校卒業者は演習科に入学する。これに対し内地の場合、師範学校は第一部および第二部で構成、第一部の入学資格は高等小学校第二学年修了程度、修業年限は五年（女子は四年）で、第二部は中学校卒業者を対象とし、修業年限は一年である。尋常小学校卒業後の全修学年限を比較すると、内地七年に対し台湾は六年で一年短い。

ところが、台湾の師範教育は、言語習慣を異にする台湾人子弟の教育を包含する関係上、教員養成に際しては、台湾語など内地の師範教育には必要ない科目が含まれる。また台湾人教員には、国語を習熟させるため、内地より特に多くの授業時間を割く必要がある。そのほか、地理的事情のため、台湾では衛生体育方面の指導や実業学科の充実など、特別の訓練も必要である。その意味で、台湾人子弟に対する国民的訓育を徹底するには、内地におけるよりも寧ろ多くの教授時間を以てこれにあて、教員たるべき者に対して徹底した教育を行うことが必要であり、師範教育の充実は一日も忽にすることが出来ない問題である。従って、内地においてこのほど（昭和六年）第二部の修業年限が一年から二年に延長されたことに鑑み、台湾でも教育令の改正を行い、演習科の修業年限を二年に延長して、修業年限の不足を補おうとするのである。

（三）請議案は、一一月一七日閣議の承認を経て即日上奏され、枢密院は諮詢を受けて同月三〇日審査委員会を発足させた。その構成メンバーは以下のとおりである。

委員長　富井政章

委員　黒田長成・桜井錠二・鎌田栄吉・水町袈裟六・岡田良平・元田肇

遅れて同年一二月二八日、朝鮮からも同趣旨の請議案「朝鮮教育令中改正ノ件」が提出され、年を越しての昭和八年二月一六日諮詢を受けた枢密院では、両案件を合わせて審議することとなり、審査委員は兼任とされた。

(四) 審査委員会が開催されるのは二月二八日のことである。審議は順調に進められ、それにもとづき、富井委員長は、以下のような審査報告書をまとめた。

(1) 本案件は、台湾・朝鮮における初等教員養成の重要性に鑑み、現制の師範学校演習科の修業年限を一年延長して師範教育の内容を充実し、優良な教員を養成しようとする趣旨に出るもので、別に支障の廉はない。

(2) 但し、台湾・朝鮮の教育に関しては、「此特殊地域ニ於ケル教育ノ重要性ニ鑑ミ、能ク其方法ヲ誤ルコト無カラシムルコトヲ望ム」旨注意を与えるのが必要であるとし、全会一致を以て、次のような「希望事項」を付することを決議した。

「此等特殊地域ノ教育ノ事タル、自ラ内地ト大ニ其ノ趣ヲ異ニスル所ナカルヘカラス。若シ其ノ方法ヲ誤ルモノアルトキハ、或ハ不測ノ弊害ヲ醸成シ延テ統治上ニ憂フヘキ結果ヲ招来スルコトナキヲ保セス。乃チ当局ニ於テハ深ク此ノ点ニ留意シ、苟モ其ノ措置ヲ謬ルナカラムコトヲ望ム」。

(五) 枢密院本会議は、これを受けて三月四日に開催された。会議では、富井委員長による報告「朝鮮教育令中改正ノ件外一件審査報告」が、先に審査委員会が付した「希望条件」をつけてそのまま全員一致で承認され、直ちに上奏された。その結果、三月一〇日付けで「台湾教育令中改正」が勅令第二四号として裁可・公布されることとなった。それによれば、次のようにある。

「台湾教育令中左ノ通改正ス

第一四条　師範学校ノ修業年限ハ七年トシ、普通科五年、演習科二年トス。但シ女子ニ在リテハ修業年限ヲ六年トシ、普通科ニ於テ一年ヲ短縮ス」

「朝鮮教育令中改正」も、勅令第二三号として同日付で裁可・公布された。

(六)これにもとづいて台湾総督府は、昭和八年三月二五日師範学校規則の改正を行った。一二年ぶりの全面改訂である。府令第第四八号として公布された「台湾総督府師範学校規則」は、全文九章六〇条及び附則よりなる。規則改訂の趣旨について、『台湾教育沿革誌』(二九)は次のように説明していた。

「現行師範学校規則は、制定以来既に一二年間を経過し、その間数次の一部改正を行ったが、師範学校の本義に照し尚遺憾な点が尠くないので、今回台湾教育令中師範教育年限の延長を機会に之が改正を行ひ、教育の内容を充実すると共に、教育者の徳操識見を一層向上せしめ、優良教員の育成を行ひ、国民教育の徹底を期せんとしたものである」。

そして改正の要点として、次のような四項目を上げた。

(1)「生徒教養の要旨」を明示したこと

(2)学科課程を改めたこと

(3)学科目および其の内容を改めたこと

(4) 講習科の修業年限および入学資格を改めたこと

このなかで特に注目されるのは、(1)「生徒教養の要旨」の件である。現行規定では、それは「小学師範部及公学師範部」の「学科目及其ノ程度」中に生徒教育上の注意として一条が設けられていたに過ぎないのに対し、改正規則では、特に第一章を「生徒教養ノ要旨」と題して、師範学校規則の冒頭に掲げ、「師範学校ニ於テハ、特ニ左ノ事項ニ注意シテ生徒ヲ教養スヘシ」として九項目を掲げ、これを強調しているのである。そのうち、主要な条項を上げれば、次のとおりである。

「一、忠君愛国ノ志気ニ富ムハ教員タル者ニ在リテハ殊ニ重要トス。故ニ平素忠孝ノ大義ヲ明ニシ、国民タルノ志操ヲ振起セシメムコトヲ要ス

二、精神ヲ鍛錬シ徳操ヲ錬磨スルハ教員タル者ニ在リテハ殊ニ重要トス。故ニ生徒ヲシテ平素意ヲ此ニ用ヒシメンコトヲ要ス

三、身ヲ持スルコト堅ク対スルコト敦キハ教員タル者ニ在リテハ殊ニ重要トス。故ニ生徒ヲシテ平素規律、自重、礼譲、親切ノ諸徳ヲ尚ビ、以テ師表タルノ品位ヲ養ハシメンコトヲ要ス

四、身体ノ強健ヲ図ルハ教員タル者ニ在リテハ殊ニ重要トス。故ニ生徒ヲシテ平素体育及衛生ニ留意シ、以テ健康ヲ増進セシメンコトヲ要ス

五、勤労ヲ尚ビ熱誠事ニ当ルハ教員タル者ニ在リテハ殊ニ重要トス。故ニ生徒ヲシテ平素意ヲ此ニ用ヒシメンコトヲ要ス

六、国語ノ使用ヲ正確ニシ其ノ応用ヲ自在ナラシムルコトハ教員タル者ニ在リテハ殊ニ重要トス。故ニ生徒ヲシテ平素国語ノ練達ニ精励シシメンコトヲ要ス」

これら「生徒教養ノ要旨」が、先に枢密院が本教育令中改正の件を決議するに際して提起した「希望事項」への対応であったことはいうまでもない。

（七）本案件の閣議および枢密院での審議にあたり、拓務省は以下の二種類の参考資料を提出した。(1)「台湾教育令中改正案参考資料」および(2)「台湾教育令改正説明資料」がそれである。いずれも当時の台湾における師範教育の具体的状況を見る上で貴重な資料である。

このほか、参考のため台湾総督府編の『台湾学事一覧』『文教の施設』『台湾の教育』「台湾教育ノ現況諸表」など、昭和七年当時の台湾教育の実況に関する各種資料も、枢密院審議のために提出された。

（八）(1)台湾総督府編「台湾教育令中改正案参考資料」に収録されている資料一五点は、

一、台湾教育令（抄）
二、台湾の師範学校（小学師範部・公学師範部）の教育内容に関する分析表
三、台湾の教員需給関係調査表（大正一一年度～昭和一〇年度）
四、師範学校卒業者見込数（昭和七年度～昭和一〇年度）
五、「大正一一年教育令改正ニ依リ齎シタル結果ノ概要」

などからなる。

そのうち、第二項の「台湾の師範学校（小学師範部・公学師範部）の教育内容に関する分析表」が九点を占める。いずれも台湾の師範学校（小学師範部・公学師範部）の各学科目別毎週教授総時数を、内地の師範学校のそ

れと詳細に比較対照することで、台湾の師範学校の教育内容の特徴を示そうとしたものである。

（九）しかし、これらの比較対照表は詳細に過ぎるとされたためであろうか、拓務省は、審査委員会に対して、改めて(2)「台湾教育令改正説明資料」を追加資料として提出した。制度改革の趣旨が分かるよう、簡略化して「小学師範部、公学師範部各学科目毎週教授総時数比較表（現行及改正案）」四表にまとめ直したものである。

それにより、このたびの制度改正では、従来画一的だった師範学校演習科の学科課程を改めて、これを「基本科目」および「増課科目」の二種に分かち、基本科目では師範教育として共通に必要な知識技能を修めさせ、増課科目では「生徒ノ志望、趣味、性能等ニ依リ適宜数科目ヲ選択サセ、教授ノ効果ヲ一層大ナラシメン」とした改正意図が、より理解しやすくなるよう整理されている。

（一〇）これら両種の資料には、このほか一連の教員需給関係の調査表も添えられている。そこには改正教育令施行の大正一一年から昭和一〇年に至る十余年間の教員需給の推移（小学校男女教員・公学校男女教員）を教員数・新任者数・就学率・学級数などの変化として提示、また制度改革前後（昭和七年度〜一〇年度）における師範学校卒業者見込数調（小学師範部・公学師範部・男女別・内台人別）などもまとめられており、それらを通して台湾の教員養成に関し、多くの興味あるデータを読み取ることができる。また、当時の師範学校四校（台北第一師範学校・同第二師範学校・台中師範学校、台南師範学校）の学級数の推移をまとめた統計表も見える。

他に、『茗荷谷文書』所収の「外地ニ於ケル普通教育ノ現状」（拓務省管理局地方課）も、補充資料として添付した。そこには、台湾における師範教育の沿革や初等・中等教員の資格・任用、あるいは採用状況などを、内地や朝鮮などと比較対照した興味深い資料類が幅広く集められている。

V

（一）次いで「台湾教育令中改正」が制定公布されるのは昭和一〇年（一九三五）三月のことで、実業補習教育に関するものである。このたびの関係文書は、枚数の関係から上下二巻（九七・九八）に分けて収録した。閣議請議案「台湾教育令中改正ノ件」は、昭和一〇年三月九日拓務大臣児玉秀雄から内閣総理大臣岡田啓介あてに提出された。三月六日付けで台湾総督中川健蔵から児玉拓相あてに提出された稟議がもとになっている。提案の趣旨は次のとおりであった。

「内地ニ於テハ青年学校令ノ制定ニ伴ヒ実業学校令中改正ヲ加ヘ、実業補習学校ヲ廃止スルコトトナリタルモ、台湾ニ於テハ其ノ特殊事情ニ鑑ミ、実業補習学校ノ制度ハ仍之ヲ存置スルノ要アル為、台湾教育令中改正ノ必要ヲ認ム」。

同じ日、朝鮮総督からも拓務大臣経由で同趣旨の請議案「朝鮮教育令中改正ノ件」が閣議に提出された。

（二）青年学校は、昭和一〇年四月勅令を以て設立された勤労青少年教育機関で、戦時教育施策の一環として、当時主として実業的知識の修得をねらいとしていた実業補習学校と、主として軍事的訓練をねらいとしていた青年訓練所とが制度的上併存していたのを、勤労青少年教育の軍事的再編の意図のもと統合強化したものである。目的規定に次のようにある。

「青年学校ハ、男女青年ニ対シ其ノ心身ヲ鍛練シ徳性ヲ涵養スルト共ニ、職業及実際生活ニ枢要ナル知識技能ヲ授ケ、以テ国民タルノ資質ヲ向上セシムルヲ目的トス」。

青年学校は、(1)普通科二年、本科五年(女子三年)、それに研究科一年で構成、(2)普通科は尋常小学校卒業者又はこれに相当するものを入学させ、本科は普通科修了者、高等小学校卒業者又はこれに相当するものを入学させる。(3)教授・訓練科目としては、普通科は修身及公民科・職業科・体操科、女子にはこれに家事及裁縫科を加え、本科では、男子に対して体操の代わりに教練科を課する、とある。その時間配当を本科三~五年男子の場合で見ると、修身及公民科二〇時間、普通学科九〇時間に対し、教練科は七〇時間で、教授及び訓練の総時数(一八〇時間)中、四割近くを占めていた。

(三) 実業補習学校は、もともと明治中期に、尋常小学校卒業後一六・七年までの青少年を収容して低度の実業教育を行う機関として発足した。大正九年(一九二〇)「実業補習学校規程」の改正により、その目的を「実業補習学校ハ、小学校ノ教科ヲ卒ヘ職業ニ従事スル者ニ対シテ、職業ニ関スル知識技能ヲ授クルト共ニ、国民生活ニ須要ナル教育ヲナス」(第一条)と明示し、職業教育とともに公民教育をも行う実業補習教育機関とされた。それにともない課程を前期二年・後期二~三年に分け、それぞれの重点とすべき学科内容を明らかにし、教授時数の標準を定め、以後大正・昭和初期を通じ勤労青少年教育機関としての整備が進められた。

一方、青年訓練所は、大正一五年(一九二六)四月陸軍省と文部省との協力のもと、勤労青少年を対象に軍事訓練に重点を置く教育機関として成立を見たものである。第一次大戦後の世界的な軍備縮小の動きのなか、弱体化が予想される兵力の補充策として、中等学校以上の学生生徒に対する配属将校の下での兵式教練の実施と並んで、一般の勤労青年に対する兵式教練実施のための機関設置の必要性が高まったことが、その背景にあった。

「青年訓練所令」によれば、「青年ノ心身ヲ鍛錬シテ国民タルノ資質ヲ向上セシムル」ことを目的に、一六歳～二〇歳の男子を対象に訓練を行うとある。訓練期間は四年間（八〇〇時間）、そのうち修身および公民一〇〇時間、普通学科二〇〇時間、職業科一〇〇時間に対し、教練に四〇〇時間を課すことになっていた。

青年訓練所は、市町村の設立運営になるものが多く、実業補習学校に併置されるのが普通で、同令公布直後の昭和二年（一九二七）四月制定の「兵役法」により、青年訓練所の訓練を修了した者の在営期間が六か月以内短縮できることになったため、急速な普及を見たものである。この結果として、男子勤労青少年がその教授訓練を実業補習学校と青年訓練所の二つの教育機関で受けることになったこと、また両者における教授訓練の内容に多分に共通するところがあり、実際問題として市町村当局が両機関の二重運営に悩まされることも多々あったことから、両者を統合して単一の教育機関にすべきだとする声が次第に高くなり、昭和一〇年（一九三五）一月「文政審議会」の答申にもとづいて、青年学校の設置が決定された。それにともない実業補習学校および青年訓練所は廃止されることとなるのである。

(四)　これに対して台湾の場合、事情が異なっていた。拓務大臣請議案に付された「説明書」の言うところを見よう。

(1)　台湾の勤労青年教育は、内地とは相異なる背景がある。実業補習学校は概ね農村に発達し、主として本島人生徒が入学し、教育内容は、実業および国語の習熟に重点が置かれている。これに対し、青年訓練所は都市に発達し、内地人生徒が入所しており、内容は訓練および実務的教育である。そのような相異なる実質を以て今日に至ったものであり、台湾では強いて両者を統合して青年学校とする必要性は認められない。

(2) 台湾における青年訓練所は、昭和五年頃内地に準じて、比較的内地人の多数居住する地方に自発的に開設され始め、陸軍・文部両省告示第一号により青年訓練所の課程と同等以上と認められたもので、昭和九年末現在一七か所、在籍者は一、一六五人である。今日直ちにこれを廃して、内地同様の青年学校を新設するよりも、現在の施設のままで教育を徹底するほうが台湾の実情に合致している。

(3) 台湾の実業補習教育は、大正元年(一九一二)に初めて公学校に修業年限二年の実業科を置いたことに始まり、これが後に実業補習学校になったもので、運営も通年・昼間授業の学校方式で発達して来た。昭和九年八月現在三五校、在籍者は二、四七二人である。台湾の現状からすれば、実業補習学校を存続して「簡易ニシテ実際的」な実業教育の普及徹底を図るのが適当である。

(4) 本島人の初等教育就学率は、昭和八年現在ようやく三七%に過ぎず、また実業補習学校についてみると、内地では一五、〇八三校を数え、小学校を一〇〇とすれば五九に達するのに対し、台湾では三五校にすぎず、小・公学校(計九〇九校)一〇〇に対し、わずかに四に満たない状態である。従って本島人に対しては、青年学校によるのではなく、従来どおり実業補習学校を存続させ、台湾の実情に即した教育を施してその充実を図ることとし、現在台湾にとって教育施策上の最要課題たる初等普通教育の拡充に精力を集中すべきである。

ちなみに、朝鮮総督府側からの提議にも同様の趣旨説明がなされていた。

(五) 請議案に付された参考資料「(秘) 台湾教育令中改正説明資料」は、趣旨説明のための詳細資料で、台湾総督府文教局の作成になる。内容としては、青年学校制度を台湾に実施しない理由から、現在台湾で行われている実業補習教育や青年訓練、更には社会教育・国語普及のための施設について、その現状や沿革、運営方針などについて、具体的なデータにもとづいて記述されている。主要な項目に次のようなものがある。

「①　青年学校制度ヲ台湾ニ実施セザル理由（現状維持理由如何）
②　実業補習学校及青年訓練所ノ現状及将来ノ方針如何
③　青年学校制度ハ将来之ヲ実施スルノ意志ナキヤ
④　実業補習学校及青年訓練所ト内地ノ実業補習学校、青年訓練所及青年学校トノ相違点
⑤　実業補習学校及青年訓練所ニ関シ、将来青年学校ノ指導方針ヲ採入ルヽ必要ナキヤ」

（六）「台湾教育令中改正ノ件」は、三月一二日付けで「朝鮮教育令中改正ノ件」とともに閣議決定された後、直ちに上奏、枢密院に諮詢された。これを受けて枢密院は三月二三日審査委員会を開催、「朝鮮教育令中改正ノ件外一件」として、書記官長により審議のまとめが行われた。

三月二七日開催された本会議では、まず、村上書記官長による審査報告が行われた。それによれば、このほど内地では「青年教育ノ普及徹底ヲ図ル」目的で「青年学校令」を制定し、同時に実業学校令中実業補習学校に関する条項を削除し、それとともに青年訓練所令を廃止した。しかし朝鮮・台湾では事情が異なる。両地ともに、それぞれ「成ルベク簡単ナル方法ニ依リ短期間ニ職業的知識ヲ習得シ、併セテ国語ニ習熟セシムルコト」を本旨として実業補習学校が設立・運営されている。また青年訓練所は、内地の青年訓練所規程に準拠して開設され、兵役法の適用を受ける内地人を対象に訓練を実施している。

これらは、いずれも内地とはやや趣を異にし、特殊の意義を有するだけでなく、朝鮮・台湾ともに今なお主力

を初等教育の普及徹底を急務としている。従って、今俄に内地の例に倣って両者を統合して青年学校とするのは妥当ではなく、内地の改制に拘わらず、朝鮮・台湾では引き続き実業補習学校および青年訓練所を存置させる必要がある。そのため今回朝鮮・台湾両教育令に必要な改正を加えようとするもので、審査委員会としては、本案はこのまま可決して然るべきだと判断した、とある。

（七）以上の報告に対し、顧問官からは、朝鮮・台湾ともに実業補習学校や青年訓練所の普及が現在なお不十分な理由やその教育状況について質疑が行われた。いずれも現在両地の教育中最も重要な課題は初等教育、ことに国語教育の普及で、それに全力を集中しているとの回答があった程度で、他に発言はなく、本案は全会一致で可決、上奏された。

その結果、昭和一〇年三月三〇日「台湾教育令中改正」が勅令第四五号として裁可され、四月一日付けで公布された。「朝鮮教育令中改正」も同じ日勅令第四四号として裁可、公布されている。

（八）本案件には、前掲の参考資料「（秘）台湾教育令中改正説明資料」（昭和一〇年二月）とは別に、その裏付けのための基礎資料として、参考資料四点が審査委員会の審査時に提出された。いずれも、昭和九年当時における台湾の実業補習教育に関する詳細な資料・統計類で、昭和一〇年二月の発行となっている。いま、資料名およびその内容の概要を示せば、以下のとおりである。

(1)「台湾教育令中改正関係法令」本文三六ページ

「台湾教育令中改正案」関係の各種教育令・法規・通牒・訓令など一四点を収録。そこには次のような資料が含まれている。

一、内台実業補習学校規則比較：修業年限、入学資格、教授時数、学科目、卒業生指導

二、国語教育・青年訓練・青年補導教育に関する訓令

三、台北州青年教習所・新竹州公民講習所など、各地における青年訓練施設に関する訓令・設置要項

(2)「台湾実業補習学校ニ関スル諸調査」本文一四ページ

一、実業補習学校の学校数・教職員数・生徒数・経費別累年比較（昭和五～九年）

二、昭和九年現在の実業補習学校の詳細統計：学校数・教員数・生徒数・学科別・経費

(3)「台湾青年訓練所ニ関スル諸調査」本文九ページ

一、青年訓練所の施設数・生徒数・職員数・経費調

二、昭和九年現在の青年訓練所の詳細統計：教職員数・職種別生徒数・学歴別生徒数調

(4)「台湾教育令中改正ニ関スル諸調査資料（補充）」本文二五ページ

上掲ニ調査資料の補充版

（九）最後に補充資料として、台湾総督府文教局が昭和七年四月実業補習学校全三三一校を対象に行った詳細調査の結果をまとめた『全島実業補習学校調』を付した。全文三〇四ページ。これら三三一校の概況を示せば、次のとおりである。

(1)地域別：台北州三校、新竹州一〇校、台中州三校、台南州九校、高雄州四校、台東庁一校、花蓮港庁一校、澎湖庁一校

(2) 種類別：農業二六校、商工二校、商業一校、水産三校

本調査報告書は、これらの各実業補習学校を各州庁別に整理、下記の項目について記録、昭和七年段階での各校の活動状況やその特徴を詳述している。

①組織 ②職員 ③学級及生徒 ④校地 ⑤建物 ⑥校具 ⑦経費 ⑧前年度実習収支状況 ⑨本年度実習計画 ⑩教授(一、各学年学科課程並毎週教授時数 二、教科書一覧) ⑪生徒の学資概算(年) ⑫学校ノ特長(現在ノ特別施設) ⑬将来施設セントスル事項(施設計画) ⑭巻末付録(一、実業補習学校要覧 二、実業補習学校実習収支状況調)

Ⅵ

(一) 昭和一六年(一九四一)二月、内地では「国民学校令」が制定公布され、小学校が国民学校と改称された。これに対応して台湾でも、朝鮮とともに「教育令中改正」により国民学校令が適用されることになる。本巻(九九)は、台湾教育令関係の第五巻目として、国民学校制度の施行問題を取り扱う。

(二) 拓務大臣秋田清が、「国民学校令」の施行に関して、請議案「台湾教育令中改正ノ件」を閣議に提出するのは、昭和一六年一月二〇日のことである。台湾総督長谷川清からの稟議を受けてのものであった。提案理由に次のようにある。

「今回内地ニ於テ小学校令ヲ国民学校令ニ改正セラルルニ伴ヒ、台湾ニ於テモ之ニ即応シテ教学ノ刷新ヲ期スルト共ニ、台湾ノ実情ニ鑑ミ、初等普通教育ニ於テ国語ヲ常用スル者ト然ラザル者トニ付教育ヲ異ニスル現行

制度ヲ改メテ、斉シク国民学校令ニ依ラシムルノ要アルニ依ル」。

「説明書」によれば、台湾の教育は、教育勅語の趣旨にもとづく「忠良有為ナル国民」の育成を目指し、制度上、「一視同仁」「内台共学」を原則とするが、初等教育のみは国語常用・非常用により系統を別にしている。これは当時島民の大部分が国語を常用しないことによる「一時ノ権宜」で、修業年限・学科目およびその程度内容において両者間に殆ど差異はない。また特別の事情ある場合は共学も可能である。

台湾現下の情勢を見ると、本島人の間における「内地人ト同一ノ教育」への熱意は極めて旺盛で、初等普通教育において内台人の教育機関を統一することが、「刻下ノ急務」として、その実現が待望されている。この秋にあたり、現行の台湾教育令を改正して初等普通教育は「国民学校令」によることとし、「内台同心一家」の精神を顕揚して時艱を克服することが喫緊事だというのである。

昭和一六年三月一日閣議は、本請議案「台湾教育令中改正ノ件」を承認、内閣総理大臣近衛文麿はこれを直ちに上奏した。その際、朝鮮総督から出されていた同趣旨の「朝鮮教育令中改正ノ件」も、合わせて上奏された。

(三)　ここで「国民学校令」について、その由来および趣旨を概観して置く必要があろう。周知のとおり、我が国の教育は昭和六年（一九三一）満州事変以後、ことに昭和一二年（一九三七）の日中戦争を機に、著しい変貌を遂げることになるが、そのシンボルともいうべきものが国民学校の登場であった。「教育審議会」の答申にもとづくものである。

教育審議会は、内閣直属の諮問機関として昭和一二年一二月に設置され、初等教育から中・高等教育、青年学校、師範学校、社会教育、教育行政に至る全体制を検討して答申を行い、戦時下の教育の方向づけを行った。答申は、学制の基本構成はそのまま、その制度のなかで「皇国民」育成の基本方針の確立・実現を企図したところに特徴があった。そして、これにもとづく改革で最も大きな変化を遂げたのが初等教育であり、全般の改革に対して基本の方向を示すものともなっていた。

答申にもとづき、昭和一六年二月二八日勅令第一四八号として制定公布された「国民学校令」は、第一条に次のようにその目的を規定していた。

「国民学校ハ、皇国ノ道ニ則リテ初等普通教育ヲ施シ、国民ノ基礎的錬成ヲ為スヲ以テ目的トス」。

これにより小学校は国民学校と改称され、その教育は「皇国ノ道ニ則リテ」教育を行うこととされていた。「皇国ノ道」とは、教育勅語に示す「斯ノ道」すなわち「皇運扶翼ノ道」とされ、「教育勅語」を基本として皇国民の基礎的錬成をめざすことが国民学校教育の目的であり、「……従来の教育学の唱へる自我の実現、人格の完成と云ふが如き単なる個人の発展、完成のみを目的とするものとは本質を異にする……個人を完成することに非ずして、皇国の道を体現する所の皇国民の育成でなければならぬ」と説明されていた（森田俊介「国民学校令と台湾初等教育義務制」『台湾時報』第二五〇号、昭和一五年一〇月）。

そして、国民学校の特徴は、(1)義務教育年限が六年から八年に延長されたこと、(2)国民学校課程を初等科六年・高等科二年としたこと、および(3)最大の特徴は、教科の根本的再編成を行ったことで、従来の細分化された教科目を国民科、理数科、体練科、芸能科に統合（高等科ではこれに実業科が加わる）されたことにあり、また(4)方法的には、主知主義的教授を排して心身一体の「錬磨育成」を原理としたことも特徴であった。但し、義務教育の延長は、戦争の激化により後に延期され、実現を見ることはなかった。

（四）このたびの「台湾教育令中改正ノ件」は、この国家主義的傾向の強い教育を植民地台湾にも適用しようとするもので、「朝鮮教育令中改正ノ件」とともに、閣議決定を受けて昭和一六年三月一日近衛首相により上奏された。

（五）これを受け入れる台湾・朝鮮では、それぞれ事情の違いがあった。

朝鮮の場合、「皇民化」教育の施行に関しては、台湾より先行していた。ここでは、日中戦争を機に、総督南次郎のもと「皇民化」のための運動が精力的に展開された。運動の中核となったのは国民精神総動員朝鮮連盟で、皇国精神の顕揚、内鮮一体の完成、生活の刷新、勤労報国を綱領に掲げ、毎朝の宮城遙拝や神社参拝の励行、「皇国臣民ノ誓詞」の斉唱、国旗掲揚の励行国語常用、創氏改名などが、国民運動として盛んに行われた。「朝鮮教育令」の第三次改正もその一環として行われたものであった。

「朝鮮教育令」が、「国体明徴」「内鮮一体」「忍苦鍛錬」の三大教育方針を掲げて制定公布されるのは、昭和一三年三月四日のことである。改正の趣旨は、

「時勢ノ進運ト朝鮮ノ実情トニ鑑ミ、普通教育ニ於テ国語ヲ常用スル者ト然ラザル者トニ付教育ヲ異ニスル現行制度ヲ改メテ、国語ヲ常用セザル者ニ付テモ小学校令、中学校令及高等女学校令ニ依ラシムルノ必要……」

があるとし、

(1)　従来内地人・朝鮮人それぞれ別個であった普通教育の体系を、すべて小学校・中学校・高等女学校の名称で統一する。

(2)　教授上の要旨、教科目、教科課程に関しては、朝鮮語を除き、すべて内地人・朝鮮人同一とする。

(3) 従来必須科目だった朝鮮語を、小学校・中学校・高等女学校では随意科目とする。

「内鮮人間の差別撤廃」の名の下、徹底した日本化＝「皇民化」のための教育の実現を目指す教育令の改正であった。

教育目的に関しても「皇国臣民ノ育成」が前面に打ち出されていた。「小学校規程」第一条（府令第二四号、昭和一三年（一九三八）三月一五日制定）に、次のようにある。

「小学校ハ、児童身体ノ健全ナル発達ニ留意シテ国民道徳ヲ涵養シ、国民生活ニ必須ナル普通ノ知能ヲ得シメ、以テ忠良ナル皇国臣民ヲ育成スルニ力ムベキモノトス」。

この条項中の「忠良ナル皇国臣民」なる字句は、内地の小学校規程には見られないものであった。このことからも明らかなとおり、朝鮮では、すでに「皇民化」の徹底を目指す教育が内地や台湾に先んじて行われていたことが分かる。

(六) 実は、もうひとつ重要なことがあった。それは上掲の「教育令」改正とほぼ同時に、「陸軍特別志願兵制度」の実施が閣議決定されたことであった。特別志願兵制施行の件は、昭和一二年一二月二四日「朝鮮統治ノ現況ニ関スル略式閣議」で確認されたもので、昭和一三年一月一五日総理大臣に代わって拓務大臣が行った上奏に、次のようにある。

「朝鮮人ヲ同化融合シ皇国臣民タルノ自覚ヲ与ヘ、内鮮一体東洋永遠ノ平和ノ基礎ヲ堅クスルハ朝鮮統治ノ大本ニシテ、臣等夙夜恐惶トシテ聖旨ニ副ヒ奉ラムコトヲ期シツツアリ……、此ノ秋ニ方リ、朝鮮統治ノ大本ヲ更ニ明徴ニシ、朝鮮人心指導ノ根本方針ヲ闡明スルノ要切ナルモノアルヲ思ヒ、茲ニ左記ノ施策ヲ講シ依テ以

テ朝鮮ノ日本化ヲ促進シ、朝鮮併合ノ聖慮ニ副ヒ奉ラムトス

記

一、朝鮮ノ学校教育ヲ刷新シ半島在住国民ヲシテ皇国臣民タルノ自覚ト資質トヲ強化向上セシム
二、朝鮮人志願兵制度ヲ採用シ内鮮一体ノ国防ニ寄与セシム（但シ之カ為朝鮮人ノ参政権ヲ拡張スルノ意志ヲ有セス）
三、神社崇敬ノ念ヲ涵養シテ我国体観念ヲ明徴ナラシメ、旧来ノ陋習ヲ改メ内地ノ良俗ヲ採リ、国語ヲ普及シ進テ思想ノ善導ヲ図ル等皇国臣民タルノ意識ヲ培養ス
四、（略）」（「台湾ニ志願兵制ヲ施行ノ件」付録、『公文類聚』第六五編・昭和一六年・第一〇七巻・軍事一・陸軍・海軍、（一〇四）所収）。

（七）「朝鮮教育令改正」案が閣議に提出されるのは、「朝鮮人陸軍兵志願者制度」の実施が確定した四日後のことである。

京城に朝鮮総督府陸軍兵志願者訓練所が設置されるのは昭和一三年四月のことで、朝鮮人で陸軍特別志願兵たらんとする者約四〇〇名に対する訓練が開始された。そこでの訓育に関して、次のような規定が見られた。

「訓育ハ、教育ニ関スル勅語並ニ軍人ニ賜リタル勅諭ノ趣旨ニ基キ、皇国精神ヲ涵養シ之ヲ実践躬行ニ導クヲ以テ要旨トス」（「朝鮮総督府陸軍特別志願兵訓練所規程」）

日中戦争の遂行のため、朝鮮人から兵員を調達、訓練する必要があること、日本陸軍の兵員たるには、国語力・体力・志操堅固な忠誠心が不可欠で、そのために徹底した「皇民化」の教育を行う必要があるとされたので

ある。「朝鮮教育令改正及特別志願兵令公布ニ際シ朝鮮総督ノ諭告」に、次のような一節がある。

「……朝鮮統治ノ目標ハ斯域同胞ヲシテ真個皇国臣民タルノ本質ニ徹セシメ内鮮一体、倶ニ治平ノ慶ニ頼リ、東亜ノ事ニ処スルニ在リ。……偶這次事変ニ際リ……竟ニ国防ノ重任ヲ分荷スル志願兵制ノ実現ヲ迎ヘ皇国臣民タルノ名実愈備ハリ、人心自ラ興起スルモノアルハ真ニ同慶ニ堪ヘズ、惟フニ之レ新ニ点睛ヲ加ヘタル学制ト形影相伴ヒ、彼此交倚シテ統治ノ一新時期ヲ画スベキヲ信ジテ疑ハザルナリ」（『朝鮮学事例規』昭和一三年度）。

「皇民化」教育の徹底を目指す「（第三次）朝鮮教育令」の制定は、正しく志願兵制施行のための不可欠の前提条件として、実施されたものであることが分かる。

（八）一方台湾では、昭和一一年（一九三六）九月小林躋造は、総督就任にあたり「皇民化・工業化・南進基地化」の「台湾統治三原則」を掲げ、島民に対し「斉しく皇国臣民たるの資質を体得し、相携へて国運の興隆に貢献する覚悟を新にする」ことが緊要だとし、以後新聞の漢字欄の廃止や国語常用運動、神社参拝の強制、寺廟の廃止、旧正月行事の廃・禁止、改姓名などの諸施策を相次いで打ち出し、「皇民化」政策を精力的に推進した。

そして皇民化の徹底のためには、初等教育の刷新、国民的訓練の徹底が不可欠であるとして、昭和一三年（一九三八）初等教育義務化計画に着手し、「初等義務教育実施要綱」にもとづき、昭和一八年度からの義務教育制度の施行を決定するのである。その経緯については、後に取り上げる。

但し、これを更に進めて、朝鮮におけるような「皇民化」教育徹底のための「教育令改正」にまで踏み込むことはなかった。「陸軍特別志願兵制」の実施が見送られたためと思われる。この時点での台湾における志願兵制の不採用は、戦争相手が台湾人の旧祖国・中国であるという事情が配慮されたためであった（大江志乃夫編『支那事変大東亜戦争間　動員概史』一九八八年不二出版刊）。後に見るとおり、台湾に志願兵制の導入が決定されるのは、朝鮮より四年遅れの昭和一六年六月で、「国民学校令」の施行から二か月後のことである。

（九）「国民学校令」の台湾へ適用は、昭和一六年三月一三日枢密院に諮詢された。近衛内閣総理大臣の上奏「朝鮮教育令中改正ノ件外三件」を受けてのもので、これにより朝鮮・台湾両教育令中改正の件が、併せて審査されることになった。以下、台湾の場合を中心にその経過をみることにしよう。

堀江書記官長の「審査報告」によれば、

(1)　内地における国民学校制度の実施にあたり、台湾では、「忠良有為ナル国民」の錬成を目指すという教育の本旨に鑑み、また台湾各般の文化・経済の現況に照し、かつ内地との連絡関係をも考慮して、朝鮮の場合と同様、内地と歩調を一にして、国民学校制度を実施する必要がある。

(2)　ことに台湾人の初等普通教育は、教育令改訂後すでに一九年を経過し、内地人のそれと遜色ない状況となり、国語の普及も著しく、満州事変以後における台湾人の国民的自覚の深まりも顕著である。

(3)　本来「台湾教育令」は、内台人の共学を主旨としている。従って、台湾でもこれに準じて初等教育を国民学校令に準拠することとし、初等教育機関の小学校への統合が実現されている。すでに朝鮮では、初等普通教育は国語の常用者たると否とを問わず、国民学校令によることと改める。

(4)　但し、国民学校令の適用にあたっては、台湾の特殊事情にもとづく特例を設ける。

というものであり、趣旨において是認し得べく、規程の条項にも別に支障はなく、そのまま可決して差し支えない、とあった。

（一〇）枢密院本会議は三月一九日に開催、上掲の書記官長による報告があり、それを受けて石塚顧問官の質問と秋田拓相の答弁が行われた。

石塚の質問は、先年来「内鮮共学」が実施されている朝鮮とは異なり、台湾はなお公学校が存続しており、このたびの国民学校による統一は「二段ノ進歩」をなすことを意味するが、国語常用者と非常用者の区別を一挙に撤廃することに無理があるのではないか、これを支障なしとするだけの「確タル説明」を示せ、と迫るものであった。

これに対する秋田拓相の答弁は、制度改定により初等教育機関は一変するが、既存の学校については沿革を重視し、現状維持を原則とする。内地人児童の多く入学する学校と、本島人児童の多く入学する学校とは事実上区別し、生活環境・風俗・習慣などの相異については慎重な考慮を払うこと、そのために総督府令を以て特段の規則や教科課程・授業時数などに配慮し、無理のないように実施する方針である旨答弁していた。このほか、この問題に関連して、国民学校入学に際しての創改姓措置の行き過ぎをたしなめる質問も行われていた。

この質疑応答をもって、討議は終了し、本案件は全会一致で可決上奏された。

（一一）本案件の審査にあたり、拓務省は二種類の参考資料を作成・提出した。補充資料(1)「(秘) 台湾教育令中改正案説明資料（一問一答)」および同(2)「(秘) 台湾教育令中改正ニ関スル説明資料」がそれである。

「(秘) 台湾教育令中改正案説明資料（一問一答)」は、①「台湾ニ於テ国民学校制度ヲ実施スル理由如何」、

②「台湾ニ於テ小学校ト公学校ノ区別ヲ廃シ、斉シク国民学校トスル理由如何」、③「台湾ニ於ケル国民学校制度ト内地ノ国民学校制度トノ相違点如何」に始まり、㉚「台湾ニ於テ学校教育上留意ヲ要スル点ナキヤ」に至るまで、国民学校制度の実施方針や措置、運営上の留意点やその理由など、台湾での国民学校制度の導入に直接関係する事項について、三〇項目にわたり詳細な説明を行っている。

一方、「(秘) 台湾教育令中改正ニ関スル説明資料」は、「台湾教育令中改正」に関する背景説明を中心にまとめたもので、①「台湾教育ノ根本方針」、②「台湾ニ於ケル教育方策」、③「台湾教育令制定ノ眼目」などに始まり、⑥「初等教育ノ普及状況」、⑦「内台人共学ノ状況」、⑮「国語普及状況」、⑱「国民学校制度実施ニ伴フ対策」、⑳「義務教育制度実施計画要綱」など、教育施策の実施状況や各種関連統計などを収録している。

(一二) それらによれば、台湾における国民学校は、基本的には同じく「皇国臣民の育成」を目指すものであるが、内地にはない特徴として、(1)国民科の時間配当における国語の重視や、(2)男子の実業教育、女子の家事教育の初等科での実施、(3)土地の事情により高等科・初等科を区別せず、修業年限六年の国民学校を置くことが出来ること、また(4)就学に関して、保護者に児童就学の義務を負わしめないことや、(5)授業料を徴集し得るとしたこと、などがあった。

教育の実際に当たっては、被教育者の実状を考慮して、三種類の課程表が作成された。(1)「国語生活ヲ為ス家庭ノ児童 (第一号表)」、(2)「国語生活ヲ為サザル家庭ノ児童 (第二号表)」、および(3)「土地ノ状況ニ依リ初等科高等科ヲ区別セズ修業年限ヲ六年トスル国民学校 (第三号表)」がそれである。昭和一七年当時における三種の課程表にもとづく学校状況の詳細については、後掲の第三部「戦時期台湾の教育政策」所収の義務教育関係文書

「台湾ニ於ケル初等普通教育ノ現状竝ニ其ノ沿革」に見ることが出来る。

（一三）「台湾教育令中改正ノ件」が、朝鮮のそれと合わせて枢密院で可決上奏されるのは、昭和一六年三月一九日のことである。それをうけて三月二五日内閣総理大臣・拓務大臣連名により裁可を奏請、同日付け勅令第二五五号として裁可（「朝鮮教育令中改正」は勅令第二五四号）、昭和一六年三月二九日公布され、四月一日より国民学校制度が実施されることとなった。

Ⅶ

（一）日本統治下台湾における最後の教育令改正は、昭和一八年に出された「台湾教育令中改正」である。「台湾教育令」関係の第六巻目（一〇〇）を以てこれにあてる。

同請議案が臨時内務大臣東条英機により閣議に提出されるのは、昭和一七年一二月二六日のことである。提出の趣旨は次のとおりであった。

「中学校令、高等女学校令及実業学校令廃止セラレ、新ニ中等学校令制定セラルルニ伴ヒ、又師範教育ニ於テ現行制度ヲ改メ師範教育令ニ依ラシムルノ要アル……」。

この案件は、高等学校および大学予科の修業年限短縮の件と合わせて提起されているが、これについては別の個所で取り上げる。

（二）既に見たとおり、昭和一二年に設置された教育審議会は、初等教育以下、多方面にわたる改革案を答申し、戦時下日本の教育の方向付けに決定的な役割を果たした。昭和一六年国民学校令の制定をうけ、昭和一八年三月には中学校令・高等女学校令および実業学校令を廃止して中等学校令が制定され、更に高等学校令、専門学校令および大学令の一部改正、それに加えて師範教育令の全面改正などが行われた。そこに一貫する教育目的は「皇国ノ道ニ則ル国民錬成」で、以下にあるのがその例である。

「中等学校ハ、皇国ノ道ニ則リテ高等普通教育又ハ実業教育ヲ施シ、国民ノ錬成ヲ為スヲ以テ目的トス」

「師範学校ハ、皇国ノ道ニ則リテ国民学校教員タルベキ者ノ錬成ヲ為スヲ以テ目的トス」

（三）このたびの東条内相による請議案「台湾教育令中改正ノ件」は、上掲のような内地での各学校令改訂に対応して、台湾でも同様な改革措置を取ること、ことに抜本改訂となった「中等学校令」および「師範教育令」に準じて、台湾教育令の関係条項を改正しようとするもので、これと同趣旨の請議案が朝鮮からも提出されていた。

「説明書」によれば、台湾における教育の本旨は教育勅語の趣旨にもとづく「皇国ノ道」の錬成にあり、このことに関しては内地の場合と毫末の差異もない。このたび内地では「時勢ノ進展」に鑑み、中等学校を制度上統合して「皇国臣民」の錬成を共通の目的に掲げた。台湾でもこれに即応して教育令中改正を行い、高等普通教育および実業教育は中等学校令に依ることとする、というのである。これにより中学校の修業年限は一年短縮して四年、高等女学校は三年（土地の状況により高等女学校は二年）となり、実業学校（男子）は三年とすることになった。

また師範教育に対しては、師範教育令の全面改定に準じた教育令中改正により、内地と同様従来中等学校だった師範学校を専門学校程度に昇格させようとするもので、その理由として、国民学校教員たるべきものは国民の基礎的錬成の重任を負うものであるから、高度の素質を有するものでなければならない、とあった。これにより師範学校本科の入学資格は中等学校卒業者および予科修了者とし、修業年限は三年とされた。但し、台湾の特殊事情から、国民学校教員の需給を円滑にするため講習科を置くことが出来るとされた。入学資格は中学校あるいは高等女学校卒業程度で修業年限一年、国民学校高等科修了程度では修業年限三年である。

（四）本案件は、昭和一八年一月二五日閣議決定の後、「朝鮮教育令中改正ノ件」とともに直ちに上奏、枢密院に諮詢されることとなった。

枢密院では、早速台湾・朝鮮の両教育令中改正案の審査にあたるが、審査委員会では、これに加えて「大学学部等ノ在学年限又ハ修業年限ノ臨時短縮ニ関スル件」など二件を合わせ、合計四件についての検討を行うこととなり、それらをまとめた審査結果報告書が、昭和一八年年二月一二日付けで書記官長堀江季雄から提出された。

本会議が開催されるのは二月一七日のことで、まず堀江書記官長から「審査報告」が行われた。堀江は、大正一一年の改正台湾教育令制定以来の台湾教育の概要及び制度改革の推移を略述し、⑴台湾・朝鮮いずれも特殊の事情のない限り日本内地の教育制度に倣って来たこと、および⑵今回の教育令中改正が、内地における中等学校令の制定および師範教育令の改正に即応するものであることを説明、「其ノ趣旨ニ於テ妥当トスベク、其ノ条項ニ於テ別ニ支障ノ廉ヲ認メズ」と、このまま可決して差し支えないとした。

会議では、別に顧問官からの発言はなく、そのまま全員一致で可決。二月一七日付けで枢密院副議長鈴木貫太郎の名で上奏され、三月八日勅令第一一四号として裁可、翌九日付けで公布された。同じ日「朝鮮教育令中改正」

も勅令第一一三号として裁可・公布された。

(五) 本件に関連した資料として、編者は『茗荷谷文書』中から二点を抽出し、これを参考に付することにした。補充資料（一）「台湾教育令中改正ニ関スル説明資料」および同（二）「(秘) 台湾教育令中改正案説明要領」がそれである。いずれも拓務省経由で台湾総督府から提出されたものである。

(六) 補充資料（二）「台湾教育令中改正ニ関スル説明資料」には、一五項目にわたって今次「台湾教育令中改正」に関する主要事項がまとめられている。以下主要な項目について簡単な紹介をしておこう。

(1) 第一項「台湾教育令ニ於テ国民学校令、中等学校令、師範学校令、高等学校令、専門学校令及大学令ニ依ル場合、内地ノ当該教育令ニ対シ台湾総督ニ於テ定ムル特例事項」は、国民学校令および中等学校令それぞれについて特例事項をまとめたもので、次のような項目で整理されている。

一、国民学校令：①教科科目関係、②教科用図書関係、③就学関係、④職員関係、⑤設置、⑥設備、⑦経費負担及授業料、⑧管理及監督

二、中等学校令：①設置廃止関係、②経費負担関係、③教科用図書関係

(2) 第四項「教育概況」は、昭和一七年四月現在の台湾教育の概況表で、後掲補充資料(2)所収の⑦「台湾ニ於ケル教育概況」(昭和一八年四月末現在) とともに、日本統治終末期台湾教育の貴重な統計資料で、学校教育概況、および社会教育概況、の二部で構成されている。

(3) 第五項「台湾ニ於ケル国民学校教員ノ需給状況」および第六項「台湾ニ於ケル中等学校教員ノ需給状況」

は、当時における国民学校および中等学校の教員の需給状況に関する数少ない資料で、前掲の「昭和一六年台湾教育令中改正」関係補充資料⑵所収の⑧「台湾ニ於ケル師範学校ノ組織及状況」及び⑨「台湾ニ於ケル初等教員ノ需給関係」と照合することで、義務教育の実施および中等教育機関の拡充を前にしての当時台湾における教員需給をめぐる逼迫した状況や、対応策としての内地教員の招致、各師範学校における速成的な教員養成のための「臨時講習」、あるいは台北高等学校への臨時教員養成所の付設など、具体策に関する詳細な統計資料を見ることができる。

(4) 第一五項「台湾ニ於テ昭和一八年度ヨリ師範学校教育ヲ改メ師範教育令ニ依ラントスル理由」には、優秀な国民学校教員を確保するには、師範学校教育を専門学校程度にレベルアップする必要があるとされたためであるが、彼らには学校内における教育活動にとどまらず、地域における思想善導・部落教化における指導的役割も期待されていた。そのほか、彼らには南方占領地域において華僑との連絡提携の役割を果たすことも想定されており、そのためにも師範教育を通して彼らの「皇民錬成」を更に高度化する必要がある、とする認識が総督府側にあったことが知られる。

(七) 補充資料（二）「(秘) 台湾教育令中改正案説明要領」は、このたびの教育令改正により改訂される各条項についてその趣旨を説明したもので、それぞれ関連資料が付されている。二三の例をあげてみよう。

(1) 第一項および第二項では、台湾教育令第八条および第九条での中学校・高等女学校および実業学校に関する部分がそれぞれ中等学校令の該当部分に改められることを説明、各学校の学校数、学級数、職員数、生徒数などの詳細統計が添付されている。

(2)　第三項は台湾の特殊事情にもとづく規定に関する説明で、国民学校の三種類の課程表相互間の比較表、および国民学校および中等学校教育に見られる内台間の差異についてのまとめが興味深い。

(3)　第四項は、師範教育に関する部分で、制度改正の趣旨を説明した後、現行師範教育の組織概要、および制度改正後より完成に至るまでの台北・台中・台南の三師範学校の学級編成（予科・本科・講習科および研究科）および職員生徒状況の推移表（昭和一七～二〇年）が示されている。台湾の特殊事情にもとづく講習科の制度およびその現状の詳細も窺うこともできる。

Ⅷ

（一）「台湾教育令」関係文書（全六巻）の最後として、『拓務省記録』に収録されている「台湾教育令沿革調書」を補編として付け加えることとした。

この調書は、『茗荷谷文書』中の『昭和一〇年本邦ニ於ケル教育制度並状況関係雑件　台湾教育令沿革』所収のもので、大正八年制定の「(第一次) 台湾教育令」から「(昭和一〇年) 台湾教育令中改正」に至る前後四回にわたる「台湾教育令」の制定あるいは改正の趣旨をコンパクトにまとめたもので、拓務省の担当官が執務用の参考として作成したものと思われる。わずか数ページの短編に過ぎないが、台湾教育令の制定ないし改正に関して、それぞれ、(1)公布年月日、(2)勅令番号、(3)関係学校種別、(4)制定及改正事由、の各項目が略記されている。特に(4)制定及改正事由には、各台湾教育令の制定ないし改正の主旨が要領よくまとめられていて、便利である。

（二）まず、大正八年（一九一九）一月制定の「(第一次) 台湾教育令」(勅令第一号) の場合を見よう。そこには「学校種別」として、公学校以下一連の学校名が列挙され、「制定事由」には、次のような叙述がなされている。

「植民地土人ノ教育ニ関スル問題ハ植民政策上最モ重要ナル事項ニ属シ、一度其ノ施設方針ヲ誤ランカ国家ニ永遠ノ禍害ヲ貽スモノ尠シトセス。茲ニ於テ乎、曩ニ朝鮮ノ我カ版図ニ帰スルヤ、明治四十四年朝鮮教育令ノ発布ニ依リ土人教育ニ関スル根本方針ヲ定メ、其ノ範囲程度ヲ闡明セラレタリ。然ルニ台湾ニ於ケル土人教育ニ関シテハ、未ダ一定ノ根本方針ヲ宣布セラレタルモノナク……近時台湾土人ノ向学心ハ日ニ月ニ向上シ、徒ラニ高度ノ智識ヲ希求シテ已マサルニ至ラントスルモノアリ。今ニシテ之カ準縄ヲ定メ其ノ拠ル所ヲ知ラシムルニ非サレハ、弊竇ノ及ボス所遂ニ国家百年ノ計ヲ誤ルナキヲ保セス……」。

これは、「(第一次)台湾教育令」案の提出に際し、寺内内閣総理大臣が述べた「制定理由説明書」(九五所収)の中心部分を抽出したもので、政府の植民地教育令制定の趣旨、換言すれば、植民地教育の基本方針を、最も率直あるいは露骨に表明した歴史的記述とみることができよう。

(三) 次に、大正一一年(一九二二)二月制定の「改正台湾教育令」(勅令第二〇号)の場合を見ると、「学校種別」には、小学校・公学校以下一連の学校名が列挙され、それをうけて「改正事由」には、次のような説明が付されている。

「……之(現行の台湾教育令)カ実施後僅ニ二カ年ヲ経過セルニ過キサルニ、此ノ間ニ於ケル台湾ノ進歩発達ハ特ニ顕著ナルモノアルノミナラス、差別教育ハ台湾人ニ於テ種々ノ不便ヲ感スルコト少カラス……現行教育令ヲ根本的ニ改正スルノ必要アルヲ認メ……」。

これは、大正一〇年一一月「台湾教育令改正ノ件」を高橋内閣総理大臣名で閣議に提出した際に付された「改正理由」（九六所収）をほぼ全文転記したものである。

（四）第三番目に出て来るのは、昭和八年（一九三三）三月制定の「台湾教育令中改正」（師範学校の修業年限延長）の要旨である。その「改正事由」には、次のような記述が見られる。

「師範教育ガ国民教育上極メテ重要ナルハ言ヲ俟タザル所ニシテ、殊ニ台湾ニ於ケル初等教育ハ、言語、風俗、習慣ヲ異ニスル者ニ対シ国民精神ヲ涵養シ、国体観念ヲ明徴ニシ、質実敦厚ノ気風ヲ培ヒ、以テ健全ナル国民ヲ育成スルヲ本旨トスルガ故ニ、初等教育ニ従事スル教員ノ資質ニ関シテハ格段ノ注意ヲ払フヲ要シ、之ガ改善ヲ計ルニ於テ遺憾ナキヲ期セザルベカラズ。加之台湾ニ於ケル教員ノ養成ニ付テハ、其ノ地方ニ於ケル特殊事情ヲ理解セシメ、国語ヲ常用セザル者ニハ国語ヲ、国語ヲ常用スル者ニハ台湾語等ノ特殊科目ヲ課スルト共ニ、職業教育ノ充実徹底等ニ特ニ留意セザルベカラズ。最近ニ於ケル社会進運ノ趨勢ニ鑑ミ、且上述ノ如キ事情ニ対応シ、国民教育ノ振興充実ヲ期スルガ為、今般師範学校演習科ノ修業年限ヲ一年延長シ、以テ初等教育ニ従事スル者ノ資質向上ヲ計ラントス」。

これは、「教育令中改正」案の閣議提出の際付されていた制定理由や説明書の趣旨（九七所収）がもとになっているが、更にこれに、枢密院で本件審査の際委員から出された下記のような危惧と希望事項「……此等特殊地域（朝鮮および台湾）ニ於ケル教育ノ事タル、自ラ内地ト大ニ其ノ趣ヲ異ニスル所ナカルヘカラス。若シ其ノ方法ヲ誤ルモノアルトキハ、或ハ不測ノ弊害ヲ醸成シ、延テ統治上ニ憂ルヘキ結果ヲ招来スルコトナキヲ保セス。乃チ当局ニ於テハ深ク此ノ点ニ留意シ、苟モ其ノ措置ヲ謬ルナカラムコトヲ望ム」（同上）の趣旨を付け加えてまとめられたものである。

（五）第四番目に出ているのは、昭和一〇年（一九三五）四月制定の「台湾教育令中改正」（実業補習学校の存置）の要旨である（九七所収）。その「改正事由」は、実業補習学校を内地の場合とは異なり、なお存置する必要があることを、次のようなコンパクトな文章でまとめている。

「……今回内地ニ於テハ、青年学校令ノ制定ニ伴ヒ……実業補習学校ノ制度ハ廃止セラルルコトト為リタルガ、台湾ニ於テハ内地ト其ノ事情ヲ異ニシ、実業補習学校ト青年訓練所トハ、沿革上ヨリ見ルモ実際上ヨリ見ルモ其ノ教育対象ヲ異ニシ、……故ニ今直ニ両者ヲ廃止シテ之ヲ統合シタル青年学校ヲ新設スルハ時期尚早ト認ムルヲ以テ、青年教育ニ関シテハ従前ノ制度施設ノ下ニ本島ノ実状ニ即スル教育ヲ為スコトトシ、他面台湾教育ノ現状ヨリ観テ、最モ主力ヲ尽サザルベカラザル初等普通教育ノ拡充ニ最善ノ努力ヲ払フノ急務トセル実状ニ在ルヲ以テ、実業補習学校ノ制度ハ仍之ヲ存置セントスルモノナリ」。

（六）なお、本文書の末尾には、昭和一六年三月に制定公布された「台湾教育令中改正」（国民学校令の適用）に関する事項も、後に拓務省担当官の手で書き加えられているが、「改正事由」に関する部分が未完成のままになっている。

〈第二部　台北帝国大学関係文書〉

Ⅰ

（一）台北帝国大学関係文書は、以下の三巻（第一〇一巻〜第一〇三巻）で構成される。すなわち、

一、台北帝国大学の創設：昭和三年（一九二八）文政・理農両学部体制で発足…………（一〇一）

二、台北帝国大学の整備：昭和一一年（一九三六）医学部の増設による総合大学としての整備…（一〇二）

三、台北帝国大学の拡充：昭和一六年予科の新設、同一八年における工学部の開設と理農学部の分離・拡充、および昭和一四年の熱帯医学研究所、同一八年の南方人文研究所および南方資源科学研究所の設置……………………………………………………（一〇三）

がそれである。

（二）関係文書類の整理作業を進めるにあたり、松本巍著・荊通林訳「台北帝国大学沿革史」（手稿、一九六〇年）や鄭麗玲『帝国大学在殖民地的建立与発展—以台北帝国大学為中心—』（国立台湾師範大学博士論文、二〇〇一年）のほか、小林文男・馬越徹・呉文星・呉密察・許進発・劉書彦などによる先行研究にも示唆を得た。また『台北帝大理農学部創立六十年記念』（同学部同窓会編、昭和六三年刊）、『東寧四十年　台北帝大医学部とその後五十年』（東寧会編、一九七八年刊）、『芝蘭—台北帝国大学予科創立五十周年記念誌』（同記念誌編集委員会編、一九九四年刊）、『鐘韻—台北帝国大学工学部の五十年』（同記念誌編集委員会編、一九九三年刊）などの同

窓会誌も参照した。

Ⅱ

(一) まず、台北帝国大学の創設(一〇一)について見る。

本集成第三集「教育施策」で見たとおり、台北帝国大学の設立に向けての準備が始められるのは、大正八年(一九一九)最初の文官総督として着任した田健治郎時代のことである。そして大正一一年(一九二二)制定の「改正台湾教育令」第一〇条「大学教育及其ノ予備教育ハ大学令ニ依ル」の規定により、その制度的根拠が明記された。同時に制定公布された「改正朝鮮教育令」第一二条にも同趣旨の規定が見られる。

大学設立に向けての制度化の動きは朝鮮のほうが早く、すでに大正一三年(一九二四)には「京城帝国大学官制」が公布され、同年四月には京城帝国大学予科が発足している。当時朝鮮民間人の間に民立大学設立運動が大きな高まりを見せており、この動きを牽制するため、早急に官立大学を設立する必要があったことが背景にあると思われる。

これに対して台湾では、大正一一年台湾総督府高等学校尋常科の設立から始められ、最初の卒業生が出る昭和三年(一九二八)に至って台北帝国大学が設立されるという形をとった。もっとも、総督府による大学創設のための具体的な準備作業は、すでに伊沢多喜男総督のもと大正一四年(一九二五)には着手されていた。その年大学創設事務委員会が発足、総務長官後藤文夫や準備委員幣原坦らを中心に業務が着手され、創設趣意書や官制案の起草、大学の組織内容・予算案の策定や教授の人選などが進められたことについては前述したとおりである。

大正一四年度大学創設準備費として八一〇、四四九円が、翌一五年度には大学新営費二、七九三、七三一円がそれぞれ予算に計上され、教官候補者の外国派遣や校地の買収、校舎の建設なども開始された。

(二) 内閣総理大臣田中義一が請議案「台湾帝国大学ニ関スル件」を閣議に提出するのは、昭和三年二月二五日のことである。提出の趣旨に次のようにある。

「時運ノ進展ニ伴ヒ台湾ニ綜合大学ヲ設立スルニ至レルヲ以テ、帝国大学ニ関スル事項ヲ定ムルノ必要アルヲ認ム」。

当初、大学名は「台湾帝国大学」とされていた。

請議案に付された説明書によれば、本大学は台湾を中心とする自然科学・人文科学の総合的研究並びに修学を目的とする必要上、総合大学とするのが適当であり、また「帝国ノ学術上ノ権威」を南海に樹立し、「台湾統治ノ威信」を確保するため、帝国大学令による必要があるとする。

(三) この請議案は、二月二八日閣議決定の後直ちに上奏されるが、これに併せて以下の関連三勅令案も提出され、いずれも同じ日に閣議で承認された。

一、「台湾帝国大学官制制定ノ件」
二、「台湾帝国大学学部ニ関スル件」
三、「台湾帝国大学各学部ニ於ケル講座ノ種類及其ノ数ニ関スル件」

これら関連三勅令案の趣旨を示せば、以下のとおりである。

(1) 「台湾帝国大学官制制定ノ件」：大学開設のため、総長以下の職員を置くとして、総長・教授以下の職員の職務を規定。参考諸表として文政・理農両学部の講座開設年度表や講座職員配置表など七表が付せられている。

(2)「台湾帝国大学学部ニ関スル件」：大学は、文政・理農両学部で構成する。

(3)「台湾帝国大学各学部ニ於ケル講座ノ種類及其ノ数ニ関スル件」：両学部ともに以下のような四学科・二四講座で構成する。

一、文政学部—哲学科・史学科・文学科・政学科

二、理農学部—生物学科・化学科・農学科・農芸化学科

初年度は文政学部七講座、理農学部六講座で発足、三年間で段階的に整備して行く計画である。ここには参考諸表として、両学部の講座開設年度表や学科目・授業時間数表、学生定員など五表が付されている。

いま、これにもとづき文政・理農両学部の完成年度における講座構成を示せば、次のとおりである。

(1) 文政学部

国語学、国文学（二講座）、国史学（一講座）、東洋哲学（一講座）、東洋史学（一講座）、南洋史学（一講座）、西洋史学・史学地理学（一講座）、哲学・哲学史（一講座）、心理学（一講座）、東洋倫理学・西欧倫理学（一講座）、教育学・教育史（一講座）、言語学（一講座）、西洋文学（一講座）、土俗学・人種学（一講座）、憲法（一講座）、行政法（一講座）、政治学・政治史（一講座）、経済学（二講座）、民法・民事訴訟法（二講座）、刑法・刑事訴訟法（一講座）、法律哲学（一講座）　計二四講座

(2) 理農学部

植物学（二講座）、動物学（二講座）、地質学（一講座）、数学（一講座）、物理学（一講座）、気象学（一

講座)、化学（一講座）、生物化学（一講座）、農学・熱帯農学（四講座）、農芸化学（三講座）、植物病理学（一講座）、応用菌学（一講座）、昆虫学・養蚕学（一講座）、畜産学（一講座）、農産製造学・製糖化学（一講座）、農業工学（一講座）　計二四講座

学生定員は毎年文政学部七〇名、理農学部四〇名ずつを収容、完成時には合計三三〇名となることになっていた。

(四)これら三勅令案にはそれぞれ「理由書」「説明書」が付されており、いずれも「台湾帝国大学ニ関スル件」と同趣旨であるが、詳細かつ具体的な記述となっている。以下、各勅令案についてこれを見よう。

まず、「台湾帝国大学官制制定ノ件」では、制定趣旨が次のように述べられている。

(1)　列国間の文明競争の中、東洋南洋太平洋方面の学術研究は、我が国が先進文明国としてその進展に寄与すべきところである。そして台湾はこの方面の学術研究に最も便利な位置にあるが故に、最高学府をここに開き、その自然と人文とを利用して我が先進文明国たるの実績を挙げることが、我が国「至高ノ責務」である。

(2)　これに加えて、台湾在住者には近年向学心の顕著な上昇が見られ、大学進学を望む者が著しく増加する傾向にあるが、台湾には大学がないため、多くが大学教育を受けるため、内地やアメリカ、対岸中国に赴いている。ところが、そこでは台湾の特殊事情を考慮しない教育が行われるため、修学の結果予想せざる欠陥が生じ、台湾の将来に悪影響が生じている。従って台湾に大学を開設し、学生の教導に意を用いることによってこれらの欠陥を避けることが出来る。

(3) また、台湾では先に高等学校を設立する際、将来大学を台湾に開設することを前提とした。その生徒が昭和三年三月には卒業する予定で、これを収容すべき大学の設置が必要となる。

(4) 台湾総督府では大学の開設にあたり、将来綜合大学とする予定であるが、現段階で差向き文政学部と理農学部の開設にとどめ、人文科学及び自然科学の基礎を置くと同時に、台湾における特殊研究の道をも開こうとする。

(5) 本大学は、「帝国ノ学術的権威」を新領土に樹立して、「統治上ノ威信」を確保する方針にもとづき、これを帝国大学とする必要がある。

(五) 第二の「台湾帝国大学学部ニ関スル件」では、台湾帝国大学が文政・理農両学部でスタートするにあたっての、両学部設置の趣旨が次のようにまとめられている。

(1) 台湾帝国大学における学術研究の使命は、主として東洋南洋方面の人文並びに自然科学に関する総合的研究にある。

(2) 文政学部では、人文科学中特に東洋南洋における文学史学哲学の研究から政治法律、経済方面にわたり学界未発の新研究を行う。これにより我が国在来の学問の不足を補うとともに、世界文化に寄与するところ大である。また台湾学生で内地の大学に学ぶものの過半が政治経済法律に関する学問を修める状況にあり、この傾向を善用して思想方面から台湾の人心を善導することが極めて重要である。従って文学に配するに政治経済法律を以てその思想を練り、識見を養い、「理智ニ偏セス、穏健ニシテ広ク常識ニ富メル有用ノ人材」を養成することが、台湾の実状に鑑み特に緊要である。

(3) 理農学部は、理学の基礎に加えて、台湾を中心とする熱帯・亜熱帯を対象とする農学研究を行うもので、これは他地域には求め得ない新開拓の領域であり、これによって「帝国学術界ノ特色ヲ発揮」することができる。

(六) 第三の「台湾帝国大学各学部ニ於ケル講座ノ種類及其ノ数ニ関スル件」によれば、

(1) 文政・理農両学部は、それぞれ四学科で構成されるが、両学部ともに「東洋南洋及熱帯ノ諸研究ニ於テ……既設ノ他大学ニ多ク見サル特色」を有し、その特色として次のような諸点が上げられる。

(2) 文政学部には、他の大学にはその類を見ない南洋史学があり、土俗学、人種学の講座も特に台湾において意義を有する。また心理学も民族心理学を重視し、言語学でも教材を東洋南洋の言語に取ることが多い。このほか、従来の倫理学も西洋の倫理学のみでなく、講座中に特に東洋倫理学を配したことも特徴である。このほか、従来の「支那哲学」「支那文学」を「東洋哲学」「東洋文学」に改め、研究対象を広く東洋一般に拡大したことも他に見られないところである。

(3) 理農学部においては、すべての学科目が台湾を中心とした熱帯亜熱帯の対象により講究を進め、その特有の動物植物生産物などに資料を取ることで著しい特徴を発揮できる。

(七) 上掲の四勅令案は、いずれも二月二八日付けで閣議決定され、直ちに田中内閣総理大臣の名前において上奏された(「御下付案」)。その際、文書中の「台湾帝国大学」の名称は「台北帝国大学」と改められた。京城帝国大学の例にならったもので、改称は内閣法制局の意見によるものと思われる。これにより、それまでに提出されていた関係文書中、該当箇所たる台湾の「湾」に白紙を貼付け、そこに捺印の上、朱で「北」と書き加えられた。

Ⅲ

(一) 二月二九日諮詢を受けた枢密院では、早速以下の顧問官七名よりなる審査委員会が組織された。

委員長　富井政章

委員　平山成信・古市公威・松室　致・江木千之・桜井錠二・鎌田栄吉

委員会が開催されるのは三月五日のことで、そこでは水野文部大臣による趣旨説明、後藤台湾総督府総務局長による補足説明の後、質疑応答が行われ、江木・桜井両顧問官や富井委員長らにより、台湾人の内地留学や大学設置の趣旨あるいは教授陣の人選、大学における台湾の特色を生かした研究、更には台北高校における台湾人の入学割合などの問題が論じられた。そして、委員会としては、「台湾ニ官立綜合大学ヲ設置シ、之ヲシテ帝国大学令ニ準拠セシムルハ、其ノ施設経営宜キヲ得ルニ於テハ統治ノ完璧ヲ期スルニ付相当ノ効果」ありとして、請議案を承認した。但し、最近における諸帝国大学の実状に鑑み、特に植民地における大学教育については「国家観念ノ涵養」を重視すべきことを要望する旨、希望条件を付することとした。

富井委員長によってまとめられた審査報告書は、三月七日に提出され、そこには(1)本年三月台北高校の卒業生が出るのを待って台北帝大を開設すること、これに(2)「新付ノ領土」における帝国大学においては、「国家観念ノ涵養」に「格別ノ注意」をなすべきだとする「希望条件」を付することで全会一致で議決した、とある。

（二）委員会での審議に際し、参照された資料類（「委員会参考資料」）は全部で九点あり、そこには「台北帝国大学通則」「同文政学部規程」「同理農学部規程」など規則類のほか、「台北帝国大学ニ関スル概況」などが収められている。

この「台北帝国大学ニ関スル概況」は、「大学設置主旨」以下「学生」に至る七項目よりなり、これまで検討された四勅令案の趣旨がコンパクトにまとめられ、これを通して、台北帝国大学の設立構想の全体像を概観できるようになっている。ちなみに「大学設置主旨」には、次のような記述が見られた。

「台湾ノ領治既ニ三十年ヲ超エ　皇恩辺陬ニ及ビ社会百般ノ事漸ク充実スルニ随ヒ、茲ニ精神上ノ帰趨ヲ定メテ、我ガ学術文化ノ権威ヲ南海ニ樹立スルヲ適当トスルノ時機ニ到達セリ。而シテ台湾ハ其ノ地理的関係上、東南西洋ノ自然及人文ノ研究ニハ頗ル便宜ノ地位ニアリ、特ニ東洋ノ道徳学ヲ基調トセル文化ノ闡明ニ適セルガ故ニ、最高学府ヲ設ケテ以テ這般ノ研鑽ヲ進メ、併セテ学徒ノ教養ヲ為サントス。之レ啻ニ台湾統治ノ完璧ヲ期シ我ガ帝国ノ進運ニ寄与スル所以ナルノミナラズ、又以テ東洋ニ於ケル先進文明国タルノ責務ヲ履行スル所以ナリ。而シテ此ノ大学ハ台北高等学校卒業者トノ連絡ヲ考慮シ、昭和二年度ニ於テ之ヲ設置シ、昭和三年四月ヨリ開講スルノ運ビトナレルモノトス」。

他に重要な資料として、在外研究員(文政一七名・理農一九名、計三六名)の研究事項およびその帰朝年月や、本島人の内地・外国留学の詳細状況を示す統計資料がある。これによれば、大正一四年当時島外留学者は一、五九六名（内地一、二三〇名・外国三六六名）で、そこには在中国留学生の地区別・大学別在籍状況を見ることも出来る。

（三）枢密院本会議は三月一四日に開催され、委員長による審査報告が行われた。そこでは本案件の承認にあたり、大学教育における「国体観念ノ涵養」を重視すべしとの「委員ノ意見」を条件とすることが強調された。他に特に異見はなく、本案件は全員一致で可決。倉富枢密院議長により即日上奏され、内閣にもその結果が通報された。

これにより、田中内閣総理大臣は同日付けで裁可を奏請、「台北帝国大学ニ関スル件」は、三月一六日付け勅令第三〇号として裁可された。合わせて関連三勅令も第三一号「台北帝国大学官制」、第三二号「台北帝国大学学部ニ関スル件」、および第三三号「台北帝国大学講座令」として裁可され、いずれも翌三月一七日付けで公布された。

これを受けて、昭和三年三月一七日付けで総長幣原坦のほか、文政学部長に藤田豊八、理農学部長に大島金太郎がそれぞれ任命された。

（四）この日、附属農林専門部設置の件が「台北帝国大学官制中改正」として、田中総理大臣名で閣議に提出されている。台湾総督府台北高等農林学校を台北帝国大学の附属農林専門部とするためである。その理由は、台北帝大に理農学部が開設されるにあたり、研究対象を同じくする高等農林学校は、これを特置するよりも、むしろ附属専門部として大学に付置するほうが、学問研究や学生の養成上は勿論、財政上からも適切であるというにあった。この件は三月二六日付けで閣議決定され、三月三〇日勅令第四八号として裁可、翌三一日付けで公布された。

(五) 台北帝国大学の第一回入学宣誓式が挙行されるのは、昭和三年四月三〇日のことである。開学にあたり、上山総督は特に声明を発して、台北帝国大学設立の趣旨や学部構成、その果たすべき使命について述べ、教育方針の徹底を期するよう期待を表明した。その原文は、本集成所収の『詔勅、令旨、諭告、訓達類纂』(一七)に見ることができる。

参考のため、開学初年度の台北帝大の運営状況(昭和三年九月一日現在)を示す資料を補充資料として付け加えた。「台北帝国大学官制中改正」(昭和三年一二月一七日付)の添付資料から抽出したものである。そこには、次のような事項を見ることができる。

(1) 発足時における文政・理農両学部の講座名・担当教授の構成
(2) 完成年度における講座及その職員配置表
(3) 増設講座担当在外研究員表
(4) 学生定員・現員表
(5) 両学部の志願・入学者状況

(六) このほか、次巻(一〇二)所収の「台北帝国大学ノ状況」も、発足後一〇年を経過した同大学の運営状況を示すものとして、ここに紹介しておこう。この資料はもともと医学部創設関係の補充資料としてまとめられたものであるが、昭和一二年当時の文政・理農両学部の詳細状況を示す好個の資料となっている。それによれば、

(1) 文政・理農両学部は予定どおり昭和三年五月に授業を開始し、昭和五年度において当初計画した各二四講座の設置を終え、昭和六年三月に第一回卒業生を出した。

（2）現在文政学部は哲学科・史学科・文学科・政学科の四学科に分ち、二五講座を置く。理農学部は生物学科・化学科・農学科・農芸化学科の四学科に分ち、二六講座を置く。

（3）教職員（現員）は教授四二名・助教授三二名。学生数では、文政学部は定員七〇名対し五八名、うち内地人四九名、本島人九名。理農学部は定員四〇名に対し四九名、うち内地人三六名、本島人一三名である。

（4）入学志願者・入学者状況は、昭和一〇～一二年度通計で見ると、次のとおりである。

一、文政学部：入学志願者七一名（内地人五八名、本島人一三名）に対し、入学者は五五名。うち内地人四六名、本島人九名。志願者中台北高等学校出身者は四〇名（内地人三三名、本島人七名）。内地高等学校出身者は二名（内地人二名）、その他の学校出身者は二九名（内地人二三名、本島人六名）であった。

二、理農学部：入学志願者六八名（内地人四八名、本島人一五名・朝鮮人三名・中国人二名）に対し入学者四八名。うち内地人三四名、本島人一三名、中国人一名。志願者中、台北高等学校出身者は三六名（内地人二三名、本島人一〇名）、内地高等学校出身者は三名（内地人三名）、その他の学校出身者は二九名（内地人一九名、本島人五名、朝鮮人三名、中国人二名）であった。

Ⅳ

（一）台北帝国大学の設立に関連して、学位授与問題について見ておこう。

昭和六年度（一九三一）は台北帝国大学の発足後三年目の完成年度にあたるが、その間京城帝国大学や旅順工科大学、満州医科大学などいわゆる「外地」の大学は、すでに相当数の卒業生を出し、学術研究の成果や業績も逐次上がっているのに、学位授与に関しては不便な状況に置かれていた。いずれの場合も「学位令」が施行されていないため、学位取得のためには、内地の大学研究科で二年以上研究に従事しなければ、論文審査を受ける資格を取得出来なかったからである。台北帝国大学の場合もこれと同様であった。

ちなみに、旅順工科大学は大正一一年（一九二二）公布の「旅順工科大学官制」（勅令第一六〇号）によるもので、関東局の所管。前身は明治四三年（一九一〇）創立の旅順工科学堂である。一方満州医科大学は、前身が明治四四年創立の南満医学堂（在奉天）で、南満州鉄道株式会社の経営になり、関東局の所管。大正一一年四月に「大学令」により昇格していた。

（二）この案件は、請議案「朝鮮台湾関東州及南満州鉄道附属地ニ於ケル学位授与ニ関スル件」として、昭和六年（一九三一）九月一七日若槻礼次郎内閣総理大臣（兼拓相）により閣議に提出された。

請議案はもともと五月一五日拓務大臣原脩次郎から提出されたが、内容修正のうえ再提出されたものである。というのは、当初案では「朝鮮、台湾、関東州及南満州鉄道附属地ニ於ケル学位授与ニ関シテハ学位令ニ依ル。但シ同令中文部大臣ノ職務ハ朝鮮ニ在リテハ朝鮮総督、台湾ニ在リテハ台湾総督、関東州及南満州鉄道附属地ニ在リテハ関東長官之ヲ行フ」とあったことから、枢密院審査委員会において、但書の個所に関し「学位乱授」の恐れありとの疑義が出された。検討の結果、学位認可権は文部大臣に与えるのが至当との結論になり、条文中但書き以下の個所を削除し、「学位令ニ依ル」と修正のうえ、若槻内閣総理大臣の名で改めて提出されたものである。

これを受けて、審査委員会は、その年一〇月一六日第三回委員会を開催、再提出された修正下付案を承認、一〇月二八日開催の枢密院本会議も全会一致でこれを可決した。そして一一月四日勅令第二六八号「朝鮮台湾関東州及南満州鉄道附属地ニ於ケル学位授与ニ関スル件」として裁可、翌五日に公布された。

(三) これにもとづき台北帝国大学は、昭和七年六月一八日文部大臣の認可を得て「台北帝国大学学位規程」を制定した(『台北帝国大学一覧』昭和七年版参照)。規程は全文一二条よりなり、第一条に「本学ニ於テ授与スル学位ハ左ノ四種トス」として、文学博士、法学博士、理学博士、農学博士を上げ、第二条に次のような規定がなされていた。

「本学大学院ニ於テ二年以上研究ニ従事シタル者ハ、其ノ在学中又ハ退学後一年以内ニ其ノ研究シタル事項ニ付論文ヲ総長ニ提出シテ学位ヲ請求スルコトヲ得」

V

(一) 次に、医学部の開設(一〇二)について取り上げる。

台北帝国大学に医学部を設置することは、大学創立計画の当初から論議されていた。しかし、財政上の理由から、まず文政・理農両学部で発足した。その経緯の詳細は、本集成第三集「教育施策」所収の大学設立準備関係資料に見るとおりである。

台湾は、日本内地と気候風土を異にする熱帯・亜熱帯にあり、その統治体制の整備確立、開発計画推進のためには、医療・衛生の態勢整備が不可欠であった。しかし、領台以来すでに三十余年を経過、医学研究や医療・医育機関の状況はなお遺憾な点が多々あり、ことに熱帯医学の研究・医療設備の充実が緊急の課題となっていた。

昭和三年台北帝国大学の発足以後、医学部設置への社会的要望は愈々大きくなり、財政状況の好調を背景に、総督府は医学部設置に向けての具体的動きを開始するに至る。

こうした医学部の設置をめぐる状況については、総督府が提出した文書「台北帝国大学医学部創設計画」（昭和九年三月）に、次のようなコンパクトな説明が見られる。

「台北帝国大学ニ医学部設置ノ必要ナルコトハ、大学計画ノ当初ヨリ論議セラレタル処ニシテ、当初ハ之ガ設置ノ計画ナリシモ、其ノ実現ヲ後年度ニ俟ツコト丶シテ先ヅ文政・理農ノ二学部ヲ置カレタリ。然レドモ本島ハ其ノ位置熱帯及亜熱帯ニ位シ、内地ト気候風土ヲ異ニシ、不健康地ニシテ各種ノ流行病風土病ハ勿論、一般ノ疾病ニ於テモ内地ヨリ極メテ多キ為、本島ノ医事衛生ノ向上ニ関シ、学識経験ニ富メル優秀ナル医学者ヲ招致シ、医療設備ヲ完全ナラシムルコトハ目下ノ急務ナリ。然ルニ本島ノ医学研究機関、医療機関、医育機関ノ現状ハ遺憾ニ堪ヘザルモノアリ、殊ニ民衆ノ直接関係ヲ有スル医療機関ニ於テハ、設備不完全ナルガ為ニ台北医院及赤十字支部医院ニ於テサヘ治療ヲ為スコト能ハズシテ、患者ヲ内地ニ赴カシムルコト屡々アリ。斯ノ如キ実情ニ付、現代科学ノ応用ニ於テ最高ノ権威アル病院ヲ設クルノ要アルモ、現在ノ組織ニ於テ完璧ヲ期スルコトハ困難ナリ。依テ台北医学専門学校及台北医院ヲ基礎トシテ医学部ヲ設置シ、医学研究機関、医療機関、医育機関ノ整備向上ヲ図ラントス」。

㈡　拓務大臣永井柳太郎が請議案「台北帝国大学官制中改正ノ件」を閣議に提出するのは、昭和九年（一九三四）四月一四日のことである。それによれば、医学部創設の準備事務は昭和九年度から着手し、昭和一一年度から授業を開始する、とある。
請議案に付された「説明書」は、上に見たような医学部開設の社会的需要やその背景について述べた後、医学部創設の理由として次の三つを上げて、これを詳述していた。

一、医学研究機関、医療機関、医育機関ノ整備向上ヲ計ル必要アルコト

(1) 医学研究機関ノ整備、向上ノ必要ナルコト

医学の進展には基礎医学と臨床医学とが相関連し、臨床の完璧を期するためには基礎医学の研究機関が必要である。ことに台湾は内地と気候風土が異なり、基礎医学の研究機関を整備し、疾病予防と治療に力を尽さなければならない。現在台湾の研究機関としては中央研究所衛生部と医学専門学校があるが、いずれの組織設備も不満足な状態で、大学医学部を設置して医学特に熱帯医学の研究を進めることが緊要である。

(2) 医療機関ノ整備、向上ノ必要ナルコト

現在台湾には、医療機関としては官立台北医院と赤十字支部病院がある。赤十字支部病院は医学専門学校の代用付属医院となっているが、規模が小さく、施設設備も老朽化している。また官立台北医院は、台湾での医療の最高権威ではあるが、これも施設改善の必要に迫られている。医学部の設置にあたり、台北医院の内容を充実してこれを大学の付属病院として整備する計画である。

(3) 医育機関ノ整備、向上ノ必要ナルコト

現代の進歩した医学修得には専門学校では不十分である。そのため文部省は「大学令」(大正七年一二月公布)にもとづき医学専門学校をすべて廃止してこれを医科大学に昇格させた。現在内地には専門学校は存在せず、帝国大学医学部ないし医科大学のみ存在する。これに対し台湾には医学専門学校が一校あるのみで、内地に対しては勿論のこと、朝鮮(京城帝国大学医学部および京城医学専門学校を設置)・

満州（満鉄経営による満州医科大学がある）に比べても遜色がある。従って台湾にも医学部を開設して、高い教養を有する医師を養成する必要がある。

二、医学部ノ設置ハ社会ノ要望ナルコト

医学部の設置については、台北帝大の創立当初から社会的要望が強く、それは大学設置後ますます盛んとなった。また台北高等学校卒業生の就学上からも医学部の開設は必須の情勢である。台北帝大はもともと台北高等学校卒業生を収容すべき大学として計画されたものであるが、その卒業生中医学部入学を希望する者が年々増加し、昭和九年段階で理科乙類の八割が医学部志望となっている。その点からも医学部の開設は急を要する。

㈢「台北帝国大学医学部創設計画」によれば、医学部は台北医学専門学校及び台北医院を基礎として創設する。その計画概要を示せば、次の通りである。

(1) 昭和九・一〇年度を準備期間にあて、必要な施設設備を増改築し、昭和一一年度から開講する。

(2) 台湾の置かれた現状から、医学専門学校をなお存続させる必要があるので、専門学校の組織を変更し、医学専門部として大学に付設する。

(3) 完成時における学生・生徒数は、以下のとおりである。

一、大学　一六〇人（一学年四〇人）

二、専門部　一六〇人（一学年四〇人）

(4) 講座数は、完成時二四講座とし、昭和一一年度七講座で発足、以後逐年講座を増設し、昭和一四年度を以て完成する。

(5)医学部創設に関する経費は、以下のとおりである。

一、臨時費　二、六二一、九二〇円

二、完成年度における歳出経常費　一、二九四、六六二円

参考のため、ここに補充資料「台北帝国大学官制及関係勅令改正ニ関スル説明資料（台湾ノ衛生状態及医師分布）」（昭和一〇年一一月）を付した。この資料は、もともと昭和一〇年一二月医学部の発足を前に永井拓相が提出した「台北帝国大学官制中改正ノ件」以下三勅令案のために拓務省により作成されたものであるが、医学部の設立背景に関する好個の説明資料と思われるので、ここに置くことにした。

そこには、台湾のおかれている衛生状態や医師の分布状況など、各種のデータが豊富に収められている。例えば、(1)当時台湾ではマラリア患者が年間八万人を数えるほどで、風土病・伝染病の予防になお多くの課題があり、死亡平均年齢も内地三一・二歳に対し台湾は二一・七歳と、大きな差があった。(2)医師の分布は、内地の医師一人あたり人口一、二七三人、人口一万人あたり医師七・八五人に対し、台湾は一人あたり三、三五四人、人口一万人あたり二・九八人に過ぎなかった、などとある。

Ⅵ

(一)請議案「台北帝国大学官制中改正ノ件」は、昭和九年（一九三四）五月二八日閣議で承認された後、直ちに内閣総理大臣斉藤実により上奏され、同年六月一日勅令第一五一号として裁可、翌二日に公布された。これにもとづき、以後医学部創設計画が着々と進められることになる。

医学部の発足を前にした昭和一〇年一二月一八日、拓務大臣児玉秀雄より以下の三勅令案が閣議に提出された。

一、「台北帝国大学官制中改正ノ件」（勅令第三一七号）
二、「台北帝国大学学部ニ関スル件中改正ノ件」（勅令第三一八号）
三、「台北帝国大学講座令中改正ノ件」（勅令第三一九号）

がそれである。いずれも医学部の発足に必要な措置で、第一の「官制中改正ノ件」は、授業開始に先立ち、学生の募集・試験、開講に関する各般の準備をする必要上教職員の増員を行うもの。第二の「学部ニ関スル件中改正ノ件」は、台北帝国大学官制中に医学部を加えること。第三の「講座令中改正ノ件」は、初年度に七講座を開設、以後年度を追って講座を増設、昭和一四年度二四講座を以て完成する。台北帝国大学医学部の講座の特色は「熱帯及亜熱帯地方ニ於ケル現象」を研究対象とし、寄生虫学など「特ニ熱帯衛生、熱帯病ノ研究」に特色を発揮し、島民の福祉、人類の幸福増進に寄与するとともに、「帝国ノ南方国策」にも貢献することを目指す、としている。

これらの勅令案の説明書には、医学部講座の開講年度表や講座担当者年次別配置表、授業科目及毎週教授時数表などが付されている。これにより台北帝国大学医学部の講座構成を、完成年度の時点で見ると、以下に示すような二四講座となる。

解剖学（二講座）、病理学（二講座）、寄生虫学（一講座）、薬理学（一講座）、生理学（二講座）、生化学（一講座）、細菌学（一講座）、衛生学（一講座）、内科学（三講座）、外科学（二講座）、産科学・婦人科学（一講座）・精神病学（一講座）、法医学（一講座）、小児科学（一講座）、眼科学（一講座）、皮膚科学・泌尿器科学（一講座）、耳鼻咽喉科（一講座）、歯科学（一講座）

（二）医学部発足直前の昭和一一年三月二六日には、もう一つの勅令案「台北帝国大学官制中改正ノ件」（勅令第四二号）が拓務大臣永田秀次郎から閣議に提出された。医学専門学校を大学付属医学専門部に組織変更することに関するものである。

説明書によれば、台湾の現状においては、大学に医学部を設置しても、医学専門教育はなお存続する必要がある。但し、設備その他の関係上専門部の生徒数は、従来の定員を半減して四〇名にする、とある。

（三）こうして台北帝大医学部が昭和一一年（一九三六）正式に発足し、初代医学部長には東京帝国大学医学部名誉教授三田定則が就任、同年四月から開講されることとなった。当時のことを、幣原坦は『文化の建設』（二一）のなかで、次のように述懐していた。

「医学部の特色としては、他の地方で出来ない熱帯病の研究と治療とが、思う存分に行われる事である。凡そ世界は広しと雖も、熱帯病の研究所は、当時二箇所より無かった。その一は英国に、一は独逸にあるのだけれども、何といっても患者が得られない為に、英国のは始めより振はず、漸く独逸のがハンブルグの一の名物の如くなっていたものの、実験は飼育動物で満足する外なかった。……台湾に医学部が開設されて、熱帯病の精査が行届くようになったならば、世界の熱帯病研究の中心は、自然台湾に移り、一国の文化の上にも、人類の福祉の上にも、画期的の貢献が出来るのかと喜びに堪えなかった」。

ちなみに、医学部発足をうけて同年五月一七日台北帝国大学の開学式が挙行された。開学式にはフィリピン・マニラ大学総長ロス・サントス博士が来賓として招かれ、高雄港を経由して台北を訪問、臨席した。また、開学記念として『開学記念　台北帝国大学概況』も刊行され（昭和一一年五月一〇日付）、記念行事として開学記念大講演会が前後三日間にわたり台北・台中・台南・高雄などで開催、同校の教授陣を総動員して、専門分野での文化記念講演が行われた（末松欣也『日本統治時代の台湾　五十年の軌跡』二〇〇四年刊）。

（四）ここには医学部創設に関連する補充資料として、「台北帝国大学医学部ニ関スル官制改正資料」（昭和一二年一〇月）を付することとした。「医学部設置計画ノ概要」ほか五点の関連資料が収録されており、開設初年度および第二年次における医学部の状況、例えば昭和一二年九月末現在の医学部講座別職員の氏名やその研究活動や、校舎並びに授業の状況などについての詳細を窺うことができる。ちなみに、当時の医学部教官として、森於菟（解剖学）、金関丈夫（解剖学）、永井潜（生理学）、横川定（寄生虫学）、杜聡明（薬理学）などの名前が見える。

発足当時の学生状況について見ると、在籍学生数は第一年次四一名（内地人一九名、本島人二二名、但し前年入学者中休学者一名を含む）、第二年次三八名（内地人二三名、本島人一五名）、計七九名。志願・入学状況を昭和一一年度（初年度）の場合で見ると、入学志願者六七名に対し入学者四〇名、うち台北高校出身者は志願者中五七名で、合格者中三四名であった。

専門部に関しても同様のデータを見ることができる。それによれば、同じく昭和一二年九月末現在、在籍生徒総数は二四六名（内地人一二六名、本島人一二〇名）。志願・入学状況を昭和一二年度で見ると、志願者二九〇名（内地人五八名、本島人二三二名）に対し、入学者四〇名（内地人一九名、本島人二一名）であった。

これらのほか、ここには「台北医院ノ状況」や「赤十字台湾支部医院ノ状況」、「台北帝国大学ノ状況」なども収録されている。

（五）最後に、補編として初代総長幣原坦の関連資料を添付した。

上述のような経緯を経て医学部が発足し、台北帝国大学も三学部を擁する総合大学としての体制も整い、大学の経営も軌道に乗ったとして、幣原は昭和一二年（一九三七）九月台北帝国大学総長を退任した。後任の総長は医学部長三田定則。

総長退任にあたり、拓務大臣大谷尊由の稟申にもとづき、内閣総理大臣近衛文麿の奏請により、幣原は親任官に叙せられた。近衛奏請に付された幣原の「功績調書」および「経歴」には、明治二六年（一八九三）鹿児島高等中学教授就任以来、大正九年（一九二〇）文部省図書局長を経て、昭和三年（一九二八）台北帝国大学総長に就任、同大学の創業発展に尽力した官歴の詳細が記されており、これを先に上げた『文化の建設』（第二一巻所収）巻末の年譜略と照合することで、幣原坦の教育研究や学術行政に関する活動など、多方面にわたる活動の全体像を見ることができる。

Ⅶ

（一）台北帝国大学関係の第三巻（一〇三）として、戦時下における同大学の拡充問題を取り上げる。まず、予科の新設について見ることにする。

医学部を加え、三学部よりなる官立綜合大学としてその態勢を整えた台北帝国大学は、戦時下、南進国策の拠点としての台湾の重要性が高まるなか、果たすべき役割は急速に大きくなって行く。それにもとづき、昭和一四年（一九三九）には付置研究所として熱帯医学研究所が設置され、ついで昭和一六年（一九四一）には工学部の増設に向けての準備が開始された。

こうしたなか、大学の整備・充実の前提として、すぐれた人材確保のために予科を開設すべきだとする動きが急速に具体化した。すでに昭和一四年には学内に予科設立委員会が設立され、活動を開始している。

（二）拓務大臣秋田清により、予科新設のための請議案「台北帝大官制中改正ノ件」が閣議に提出されるのは昭和一六年三月一九日のことで、予科の新設および工学部の創設準備のため、関係職員の増置を求めるものであった。この案件は、四月一日閣議決定のうえ直ちに上奏され、四月四日に裁可、翌五日には勅令第三八八号として公布された。

説明書によれば、近年上級学校進学希望者が逐年増加し、昭和一五年度には高専入学志願者が三、五二九名に達したが、入学者はわずかにその二九％、九五二名に過ぎず、しかもこれら入学者の四割が内地の諸学校に入っている状態である。これは本島在住者子弟の教育上極めて遺憾なだけでなく、統治上にも支障を来す恐れがあり、入学難の緩和を図ることが急務である。また昭和一八年度からは工学部の開設が予定され、それに伴い相当数の学生を確保するとともに、現下における有為な人的資源の著しい不足に対処し、既設各学部の学生の充実・素質向上を図ることも緊要である。こうした理由にもとづき、昭和一六年度より台北帝国大学に予科を新設して、学生を養成する、というのである。

（三）予科開設の直接の促進要因となったのは、台北高等学校卒業生の進学先をめぐる問題である。すでに見たとおり同校は、もともと卒業生の大半を台北帝国大学に収容することを名目に設立されたものであったが、実際上卒業生の大半は内地の諸帝国大学に進み、台北帝大に進学するものは三割にとどまっていた。統計によれば、開設以来一〇年間（昭和三年～一二年）の台北高校卒業生の地元進学は一、二三五人中三八〇人（文科二五％・理科三六％）に過ぎず、台北帝国大学は毎年二次試験を行ってようやく一定の学生数を確保するという有様で、しかもこれら入学生の大半は高等学校以外のいわゆる「傍系」出身者によって占められていた（『芝蘭―台北帝国大学予科創立五十周年記念誌』一九九四年刊）。総督府としては、「台北に腰をすえて学問研究に専念する学徒の確保が何よりも重要」との認識のもと、大学に予科を付設し、予科修了者をすべて台北帝国大学各学部に進学させ、優秀な人材として養成するというのである。その際、京城帝国大学予科のケースが参考とされた。

予科の編制は、台北帝国大学第一学年の学生定員総数二五五人（工学部を含む）の約六割を基準に、生徒定員を一五〇人とし、これを文科一学級三〇人・理科甲類二学級八〇人・理科乙類一学級四〇人で構成するというものであった。総督府としては、予科は昭和一六年四月に開業、校舎は三年継続で竣工し、初年度は差当たり大学構内で授業を開始するという構想であった。発足時のスタッフは、予科長西田正一のもと、教授一三人、助教授一人、生徒主事一人であった。

(四)予科関係の参考資料として、ここには「台北帝国大学学部別出身地別入学者調」、「台北高等学校卒業者ノ入学先調」、「予科学級数及生徒数年度別調」などの詳細統計のほか、予科の学科課程表、毎週授業時数など九点を収録した。二三の例を上げてみよう。

(1)「台北帝国大学学部別出身地別入学者調」により、各学部の入学者状況を昭和一一年～一五年の五か年平均でみると、次のとおりである。

一、文政学部：合格者二五名、うち台北高校出身一〇名、その他（専門学校等）一五名（台湾人四名、内地人一一名)。

二、理農学部：合格者二五名、うち台北高校出身八名、内地高校出身二名、その他一五名(台湾人三名、内地人一二名)

三、医学部：合格者三七名、うち台北高校出身三二名、内地高校出身三名、その他二名(内地人二名)

(2)「台北高等学校卒業者入学先調」(昭和一一年〜一五年平均)によれば、

一、内地帝国大学志願者：当年度卒業八六名(入学六〇名)、前年以前卒業四三名(入学二九名)

二、台北帝国大学志願者：当年度卒業四六名(入学四五名)、前年以前卒業九名(入学七名)

これら二表から、医学部の場合を除き、台北帝大入学者における「内地から・傍系」の顕著な傾向とともに、台北高等学校卒業生における「内地帝大志向」の傾向を容易に見出すことができよう。

(五)このほか、補充資料として、設置一年後における予科の状況を示す資料四点を、請議案「台北帝国大学官制中改正ノ件」(昭和一七年三月二三日付)の付属資料から抽出・収録した。それにより初年度(昭和一六年)における予科の入学志願者・入学者状況を見ると、次のようになる。

(1)文科：志願者五二〇名(内地人四五一名、台湾人六九名)に対し、合格者は四三名(うち台湾人一名)、合格率は平均一二・一倍(内地人一〇・八倍、台湾人六九倍)

(2)理科理農類：志願者一七三名(内地人一四四名、台湾人二九名)に対し、合格者四一名(うち台湾人一名)、合格率は平均四・二倍(内地人三・六倍、台湾人二九倍)

(3)理科工類：志願者四五七名(内地人三九四名、台湾人六三名)に対し、合格者四〇名(うち台湾人二名)、

合格率は平均一一・四倍（内地人一〇・四倍、台湾人三一・五倍）

（4）理科医類：志願者七一二名（内地人二七七名、台湾人四三五名）に対し、合格者三三名（うち台湾人一一名）、合格率は平均二一・六四倍（内地人一二・六倍、台湾人三九・五倍）

（5）合計：志願者一、八六二名（内地人一、二六六名、台湾人五九六名）に対し、合格者一五七名（内地人一四二名、台湾人一五名）、合格率は平均一一・九倍（内地人八・九倍、台湾人三九・七倍）

ちなみに、台北帝大予科の第一回入学試験は、昭和一六年五月一〇日〜一三日（四日間）台北および福岡で行われた。この時期、内地の高等学校の入試がすべて終わった二か月後だったこともあり、当時の新聞によれば、約四千人の志願者が殺到した（『芝蘭』）とあるが、上の数字で見ると、多少誇張された報道であったように思われる。

Ⅷ

（一）次に、工学部の創設について見る。

昭和一六年三月一九日秋田拓相が閣議に提出した請議案「台北帝国大学官制中改正」は、予科の新設と合わせて、工学部の開設準備にあたる関係職員の増員を求めるものであった。この案件は、すでに見たとおり同年四月四日勅令第三八八号として裁可・公布された。

それに先立ち、昭和一五年（一九四〇）総督府内に台北帝国大学工学部創設準備委員会が組織され、工学部開設構想の検討が開始された。準備委員会は、丹羽重光東京帝国大学工学部長のほか、台北帝大からは三田総長以下、森於菟、浜口栄治郎ら同大学教授、他に松岡一衛殖産局長ら総督府幹部、台湾電力社長林安繁など委員一〇名で構成、幹事には亀山直人東京帝国大学教授や森田俊介ら総督府事務官など一五名が加わっていた。専門家として招かれた丹羽・亀山両教授によれば、台北帝国大学工学部開設の根本方針は「台湾の工業化を第一に考え、併せて我が国南方進出の基地たらしめる」ことにあり、「台湾工業化および南方開発に必要な技術者を供給する」という目的の下、次のような内容で組織するとしていた。

(1) 学科の種類：少数でも完全な学科とし、種類としては機械・電気・応用化学・土木の四学科を置く。次いで採鉱・冶金を設ける。

(2) 収容者数：一学科一五～二〇名とする。

(3) 学生の質を良くするため、予科を設置する必要がある。入学者は予科出身者のほか、高等学校・高等工業学校身者で構成する。但し、予科出身は全体の半数以上、多くとも三分の二は超えないものとする（丹羽重光・亀山直人「工学部創設委員として」『台湾時報』第二五〇号、昭一五年一〇月）。

（二）秋田拓相が閣議に提出した前掲の請議案「台北帝国大学官制中改正ノ件」は、説明書のなかで工学部設置の必要を、次のように述べていた。

(1) 台湾では近年工業化の急激な躍進により工業技術者への需要が激増しているが、現在技術者養成機関としては、台南高等工業学校と中等教育機関の工業学校二校（うち一校は乙種工業）があるだけで、工業技術者、ことに高級技術者の不足が深刻である。

(2) 日華事変を機に、台湾の工業化は一段の重要性を加え、これに対応して高級技術者の需要が激増しているが、内地からこれを需めることは困難な状勢にある。そのため速やかに台湾において技術者養成を図る必要がある。

(3)　台湾の軍事上、経済上「帝国南方発展ノ拠点」としての重要な使命を達成するため、高級な人的資源の確保と相俟って、工業に関する学術の研究および指導機関を設置し、台湾の工業技術水準の一層の向上を図ることが緊要である。

(4)　そのため台北帝国大学に工学部を設置し、本島最高の工学教育機関と兼ねて本島工業技術の中枢的研究機関、指導機関たらしめる。

そして、次のような構想にもとづいて工学部創設計画を進める、とある。

(1)　学科は、機械・電気・応用化学・土木の四学科とする。

(2)　講座は、一学科に付き六講座とし、別に共通講座七講座を置き、計三一講座とする。

(3)　開講年次は、昭和一六年度より校舎新営および教官の養成に着手し、昭和一八年度より学生を収容して授業を開始する。

この請議案とともに、同日付けで「台北帝国大学学部ニ関スル件中改正」も秋田拓相から閣議に提出され、勅令第三九一号として、工学部の設置が裁可・公布された。

なお、工学部創設準備関係の参考資料には、講座開設年度表（昭和一七年〜二〇年）や、創設準備事務の概要（各年度）、在外研究員の派遣計画のほか、台湾における技術者需給状況調や工業生産額や工場および従業者数など、台湾における工業の発達状況に関する統計資料を収録した。

(三)　工学部が正式開講するのは昭和一八年（一九四三）一〇月のことで、これに先立ち同年三月二六日内務大臣湯浅三千男から請議案「台北帝国大学講座令中改正ノ件」が閣議に提出された。それによれば、工学部発足初年度にあたり、機械工学講座など一六講座を新に設置する、とある。本案件は三月三〇日勅令第二九九号として裁可され、翌日公布された。初年度開設の一六講座名を示せば、下記のとおりである。

機械工学（二講座）、電気工学（三講座）、応用化学（四講座）、土木工学（三講座）、材料強弱学（一講座）、工業物理学（一講座）、応用数学・力学（一講座）、工業分析学（一講座）

これらの講座は昭和一八年七月より設置し、開講に要する諸準備を整えたうえ、同年一〇月から授業を開始する予定とある。

（四）初年度講座開設関係の参考資料として、ここには「台北帝国大学工学部開設計画概要」や「工学部ノ学科及講座竝講座開設年度表」「工学部講座職員ノ講座別増員年度表」「工学部各学年学生定員表」など、五点を収録した。この参考資料には、特に「工学部開講ノ為三ヶ月ノ準備期間ヲ必要トスル理由」が付されており、そのなかで⑴輸送関係の不便又は困難、および⑵台湾島内に「前例トシテ利用シ得ベキ人的若ハ物的施設殆ント皆無ナル状況」にあることが上げられていた。関係者の回想によれば、戦況の悪化により工学部開設に必要な材料・機器の輸送が、アメリカ潜水艦による船舶の攻撃などにより支障を来すことが度々であったという（『芝蘭』）。

Ⅸ

（一）昭和一八年度には、工学部の開講と並んで、理農学部の分離・拡充も行われた。

この学部はすでに明らかな如く、昭和三年台北帝大創立に際し、便宜的措置として文政学部とともに二学部を構成してスタートしたものであるが、太平洋戦争下、「南方政策」の一環として、分離・拡充による整備が企図されたものである。ちなみに、自然科学分野のみの拡充整備は戦前期の教育政策の特徴であった。

ともあれ、これにより台北帝国大学は文政・理・農・工・医の五学部および大学予科を擁し、加えるに付置研究所として熱帯医学研究所および南方人文・南方資源両研究所をもつ官立総合大学としての威容を整えるに至る。

（二）湯浅内相が理農学部の分離・拡充のため「台北帝国大学官制中改正ノ件」を閣議に提出するのは、昭和一八年三月二〇日のことである。先にあげた工学部の開講と合わせて、教授以下の関係職員の増員を行うためであった。理農学部の分離・拡充と同時に、付属農林専門部は台中高等農林学校として分離独立させることになる。

請議案は三月二六日閣議決定された後直ちに上奏され、三月三〇日に裁可、翌三一日には勅令第二九七号として公布された。これに合わせて関連勅令として「台北帝国大学学部ニ関スル件中改正」（勅令第二九八号）及び「台北帝国大学講座令中改正」（勅令第二九九号）も閣議決定の後、同日付けで裁可・公布されている。

これら三勅令案にはそれぞれ説明書が付されており、これらにより理農学部分離・拡充の趣旨およびその内容を見ることができる。

それによれば、理農学部は昭和三年創立以来一五年を経過するなか、一般自然科学の研鑽と熱帯・亜熱帯における産業の研究開発を行い、その分野の人材養成に従事して来た。しかし理学と農学は、本来独立の学部たるべき性格を有するもので、これまでは「草創ノ際ニ於ケル便宜的組織」として、両者を合わせた一学部として運営されて来た。その間、講座数にも制限があり、理学関係一一講座、農学関係一七講座と、他の帝国大学に比し二分の一乃至三分の一の状態であり、使命遂行に不十分な点が多々あった。今回両者を分離独立させ、それぞれ必要な講座を増設することにより、機能を強化拡充して「南方唯一ノ総合大学タル特殊使命」を発揮させようとするのが、その趣旨であった。

(三) 両学部の分離独立により、(1)理学部ではまず、植物学一講座を増設、第三講座として「植物形態学及生態学」を置き、純正植物学とともに、応用面では熱帯圏植物を研究対象とする。また(2)農学部は、時局の要請に即応して、昭和一八年度から「獣医学専攻」を開設することとし、「熱帯畜産学」および「畜産病理学」各一講座を増設する。そして以後逐年講座の増設を行い、「南方圏経済建設」に副うべき獣医学教育・研究機関たらしめるというのである。分離・独立後における両学部の講座名を列挙すれば、以下のとおりであった。

(一) 理学部：数学（一講座）、物理学（一講座）、化学（三講座）、動物学（二講座）、植物学（三講座）、地質学（二講座）　計一二講座

(二) 農学部：気象学（一講座）、生物化学（一講座）、農学・熱帯農学（四講座）、農芸化学（三講座）、植物病理学（一講座）、昆虫学・養蚕学（一講座）、応用菌学（一講座）、畜産学・熱帯畜産学（二講座）、家畜衛生学（一講座）、家畜病理学（一講座）、製糖化学（一講座）、醸造学（一講座）、農業工学（一講座）

計一九講座

ここには参考資料として、理農学部の分離独立前後の講座比較対照表や分離後における理・農両学部の毎週教授時数、あるいは各帝国大学の理・農学部講座数との比較表など、詳細資料五点が添付されている。

X

（一）最後に、大学附置研究所の設置について見る。

戦時体制の下、南進国策の拠点としての台湾の果たすべき役割が増大して来るなか、台北帝大の特色発揮のための措置として強く打ち出されるのが附置研究所の設置であった。その第一方策ともいうべきものが、昭和一四年（一九三九）熱帯医学研究所の開設である。

（二）拓務大臣八田嘉明により請議案「熱帯医学研究所官制制定ノ件」が閣議に提出されるのは、昭和一四年一月二三日のことである。台湾における熱帯医学の重要性に鑑み、研究機関の整備改善を図るため、従来の総督府中央研究所を解体し、その一部門たる衛生部を独立させ、新に熱帯医学研究所として整備し、これを台北帝大に付置するという趣旨である。

「熱帯医学研究所官制」第二条によれば、熱帯医学研究所は、「熱帯ニ於ケル医事薬事及衛生」に関して、下記の事務を掌るとある。

一、研究、調査、試験、分析、鑑定及検定

二、講習、講話及実地指導

三、細菌学的予防治療品其ノ他研究、調査又ハ試験ノ結果ニ因ル物料ノ製造及配布

請議案は四月一〇日閣議決定の後、直ちに上奏され、四月二七日に裁可、翌二八日には勅令第二七八号として公布された。

（三）熱帯医学研究所設置の必要性について、請議案に付された説明や説明書には、次のように述べられている。

（1）由来台湾は、「瘴烟蠻雨ノ地」として知られる。総督府は、領有当初より衛生状態の改善を統治政策の主要項目に掲げ、伝染病の撲滅予防、地方病の根絶に力を尽くして来た。明治四二年（一九〇九）には総督府研究所を設置、同所中に衛生部を置いて医学衛生試験研究を本格的に推進し、さらに大正一〇年（一九二一）には新に総督府中央研究所を発足させ、衛生部は農業・林業・工業の各部とともに四部門の一つとして、台湾の衛生状態の改善に顕著な成果を上げた。

（2）これにより台湾の衛生状態は応急的段階を了えたが、その後、医療機関・公衆衛生施設の拡充・整備は着々と進捗した。ことに昭和一一年（一九三六）台北帝国大学に医学部が創立され、台湾における医学上重要な地位を占めることとなり、その活用により将来台湾の医学に格段の進展が期待できる状況となった。

（3）現在台湾に於ける医学衛生の残された使命は熱帯医学・熱帯衛生学の開拓であり、衛生各機関、ことに研究機関はこの分野に活動を集中する必要がある。そのためには研究機関の制度を整備し、内容充実を図らなければならない。しかし現在の中央研究所の組織では、各部門ともに事業が広範多岐なため運用は非効率的で、衛生分野でも研究の充分な遂行は期しがたい。従って中央研究所は各部門ごとに独立させ、衛生部はこれを新に熱帯医学研究所として改組する。

（4）一方、台北帝大医学部は、医学に関する総合的研究機関として重要な機能を有し、今後の医学衛生上中枢的活動が期待されるが、本来教育機関としての役割がある。また研究機関としては、一般医学衛生学上の広範な研究領域を有し、そのまま熱帯医学の研究に力を集中することは困難である。もともと熱帯医学の研究は広範かつ緊急的なもので、現在の医学部の組織による研究だけに依存することは出来ない。従って更に深くかつ大規模な研究を行うには、熱帯医学研究所を台北帝大医学部の特殊研究部門として同大学に付置し、両者相俟ってその研究機能を全からしめる必要がある、というのである。

（四）官制案によれば、熱帯医学研究所は四部門で構成、それぞれ下記のような業務を行う。所長および所員は大学の教授・助教授を以てあてるとした。

一、熱帯病学科（所員二名、技手二名）

マラリア、アメーバ赤痢、フランベヂア、デング熱、肺ジストマなど熱帯的諸疾患の病原、病理、予防法、治療法などに関し基礎的臨床試験研究を行い、その防遏撲滅に資する。

二、熱帯衛生学科（所員一名、技手四名）

熱帯気象下にある台湾の環境およびこれに対する衛生諸条件を調査研究し、台湾における保健衛生の基礎資料たらしめるとともに、国民の南方発展に資料を提供する。

三、細菌血清学科（所員一名、技手三名）

台湾における細菌性疾患の病原、病理、予防法、治療法及び細菌学的予防治療品の改善に関する試験研究を行い、細菌性疾患の撲滅を期する。

四、化学科（所員一名、技手二名）

薬学ならびに衛生化学に関する研究を掌り、兼ねて医療用薬品の検査に当る。

これに庶務課、および支所三ヶ所（士林・台中・台南）が加わる。

ちなみに熱帯医学研究所は、昭和一八年一二月末現在、下条久馬一所長のもと、教授一七名、助教授五名、技手三六名で構成されていた（『台北帝国大学一覧』昭和一八年度版）。

（五）ここには参考資料として一九項目を収録した。主な内容として下記のものがある。

(1) 始政以来大正一〇年の中央研究所設置に至る衛生研究事務の沿革
(2) 中央研究所関係資料として、官制・事務分掌・既往の試験研究経過など四件
(3) 熱帯医学研究所の定員・事務分掌および研究事項など
(4) 台湾における伝染病関係・医療機関関係および医療衛生関係資料：①主要疾患死亡年表、②最近一〇ヶ年伝染病患者死亡者数、③マラリア死亡者及マラリア検血成績累年表、④医療機関調など

XI

（一）昭和一八年（一九四三）に入り、戦局がますます緊迫の度を加えるなか、台北帝国大学に第二・第三の付置研究所が設置された。南方人文研究所および南方資源科学研究所がそれである。南方占領地域の経営に人文科学、および自然科学・資源科学の分野で国策に対応する、というのがその趣旨であった。

（二）内務大臣湯浅三千男が請議案「南方文化研究所官制制定ノ件」および「南方資源科学研究所官制ノ件」を合わせて閣議に提出するのは、昭和一八年二月一三日のことである。両請議案はいずれも三月四日付けで閣議決定され、直ちに東条内閣総理大臣の名において上奏、三月一三日に裁可、三月一五日付けで勅令第一二四号、同

第一二五号として公布された。

請議案によれば、南方文化研究所は「南方諸地域ニ於ケル人文科学ノ調査研究ノ為」、また南方資源科学研究所は「南方諸地域ノ資源ノ調査研究ノ為」、それぞれ台北帝国大学に付置する、とある。同請議案に付された説明や説明書によれば、

(1) 台北帝国大学は、日本の南端・熱帯圏に設置された特殊の綜合大学として、熱帯・亜熱帯を対象とする人文・自然科学に関する学術の蘊奥を究め、時下有為の人材育成を行う役割を有し、日中戦争および太平洋戦争下、陸海軍その他の要請にもとづき、研究の成果を以て国策の遂行に協力して来た。

(2) 今や南方占領地区が拡大し、「南方圏建設ノ進捗」にともない、当該地域における研究開発および科学的調査研究は焦眉の急となっている。しかし、台北帝大の研究のみを以てしては、その趣旨に十分に対応することは困難である。

(3) 従って南方文化研究所および資源科学研究所を台北帝大に付置し、「高度国防国家」の建設に寄与する、というのである。

(三) 両研究所は、台北帝国大学の教授・助教授などを以てスタッフとするが、それぞれ次のような組織・内容により活動を行うとされた。

(1) 南方文化研究所—南方諸地域における政治・経済・民族・文化等の人文科学的調査研究を行う。

第一部：南方諸地域の政治・法制・経済・華僑等、法制経済関係の調査研究（所員三名、助手三名）

第二部：南方民族の宗教・教育・言語・風俗・習慣等、文化関係・民族関係の調査研究（所員一名、助

手一名）

(2) 南方資源科学研究所―南方諸地域における各種資源の開発、増産・利用を行う。

第一部：農耕作物・家畜の改良、増産、新品種の育成など、農学的研究（所員一名、技手一名）

第二部：農林資源に関する加工・製造・合成製造など、農芸化学的研究（所員一名、技手二名）

実験所：資源に関する現地での実験研究のため、海南島に設置し、差当たり次のような活動を行う（所員二名、助手四名）

一、熱帯農作物・有用植物・土壌生産率・病虫害に関する実験研究

二、地下水・海水中の有害生物・有用生物に関する調査研究

なお、南方人文研究所は、当初「文化研究所」とされていたが、その設立趣旨からみて、「文化」では「狭義ニ失スル」嫌いがあるとの法制局の指摘により、閣議決定・上奏にあたっては、研究所名が「人文」研究所と改められるという経緯があった。

(四)参考資料として、両研究所の研究事項・事務分掌など、それぞれ五点が添付されている。それらによれば、両研究所の各部門が取り組むべき研究事項として、次のようなものが掲げられていた。

(1) 南方人文研究所の研究事項

第一部：一、台湾産業と南方圏内産業との関連についての研究

二、華僑に関する研究

三、南方移殖民に関する研究

第二部：一、南方における宗教に関する研究
　二、南方諸民族の風俗習慣に関する研究

(2)　南方資源科学研究所の研究事項
　第一部：綿及び纖維の研究
　第二部：燃料用アルコール類および溶剤（戦時必須物資）の研究
　実験所：海南島における実験研究
　　一、熱帯農作物に関する実験研究
　　二、熱帯有用植物に関する調査研究
　　三、土壌生産率に関する調査研究
　　四、病虫害に関する調査研究
　　五、地下資源の調査研究
　　六、海水中の有害生物の調査研究
　　七、海南島有用生物の調査研究

ちなみに、『台北帝国大学一覧』昭和一八年度版によれば、発足直後における両研究所の職員構成は、以下のとおりであった。

(1)　南方人文研究所（所長移川子之蔵）：教授一二名、助教授五名、助手三名
(2)　南方資源科学研究所（所長浜口栄次郎）：教授二二名、助教授四名、助手二名、技手四名

〈第三部　戦時期台湾の教育政策関係文書〉

Ⅰ

（一）戦時期、ことに太平洋戦争期における教育政策の展開については、以下の四項で構成し、全三巻（一〇四～一〇六）とした。

一、義務教育制度の施行……………………………（一〇四―①）
二、志願兵制の施行と青年錬成……………………（一〇四―②）
三、徴兵制の施行と青年錬成………………………（一〇五）
四、戦時下の教育非常措置…………………………（一〇六）

（二）関係文書類の整理作業を進めるにあたり、近藤正己『総力戦と台湾―日本植民地崩壊の研究―』（一九九六年刀水書房刊）に多くの示唆を得た。また文部省編『学制八十年史』（一九五四年大蔵省印刷局刊）や中島太郎『近代日本教育制度史』（一九六九年岩崎学術出版刊）もしばしば参照した。

Ⅱ

（一）まず、義務教育制度の施行（一〇四―①）について見る。

植民地統治下の台湾において、多年の懸案であった初等義務教育制度の施行がようやく具体化して来るのは、昭和一四年（一九三九）のことである。その年一〇月小林総督は、臨時教育調査委員会作成の「義務教育制度実施要綱案」をもとに総督府評議会に対して諮問を行い、その答申にもとづいて昭和一八年度（一九四三）より初等義務教育制度を施行することを決定した。ここには、義務教育制度の施行に関する資料として、下記の三文献を紹介する。

(1)「（義務教育制度の施行に関する）説明書」
(2)「台湾義務教育関係説明資料」
(3)「台湾義務教育関係統計資料」

（二）第一文献「（義務教育制度施行に関する）説明書」は、昭和一四年から同一八年にかけての総督府による初等義務教育制度実施の準備状況についてまとめたもので、『茗荷谷文書』中の「昭和一八年本邦ニ於ケル教育制度並状況関係雑件　台湾教育令改正関係」（拓務省）に収録。他に「自昭和一八年 至同一九年 外地一般関係　義務教育関係参考資料」にも再録されている。「説明書」は、以下の四項で構成される。

(1)「義務教育制度ニ就テ」
(2)「義務教育制度実施要綱」
(3)「台湾公立国民学校規則改正要綱」
(4)「台湾ニ於ケル初等普通教育ノ現状竝ニ其ノ沿革」

（三）第一項「義務教育制度ニ就テ」は、義務教育制施行に至る経緯をまとめたもので、次のように説明されている。

(1)　四七年に及ぶ台湾統治にあたり、歴代総督は初等普通教育の普及改善に尽力して来た。ことに日華事変および太平洋戦争を機として、南方圏建設の一大拠点たる台湾の役割が重要性を増すなか、台湾島民に対する皇国民錬成を強化することにより、国民資質の向上を図ることが喫緊の要務となって来た。そのため初等普通教育の充実強化が時代的課題となっている。

(2)　近年向学心の高まりにより、学齢児童の就学率が逐次向上して来た。これに鑑み、総督府は、昭和一四年八月臨時教育調査委員会を設置して審議を重ねた。その結果、同年一〇月「義務制度実施要綱案」がまとまり、これを第九回総督府評議会に諮問。その答申を得て、昭和一八年度より義務教育制度実施の方針を決定した。

(3)　それにもとづき昭和一五年に初等教育制度審議委員会を設置して、義務教育の実施に関する具体的方針を決定するなど、鋭意準備を進めて今日に至った。

(4)　その間、昭和一六年には台湾にも陸軍特別志願兵制度が発足。太平洋戦争も勃発して将来本島人に対する徴兵制も予想される情勢に立ち至り、これらと大きな関わりをもつ初等普通教育の義務制実施はいよいよ「不可避ニシテ必至ノ問題」となり、多年の懸案だった義務教育制度施行の機運が熟するに至った。

(四)　この義務教育制実施に関する基礎資料を整理した貴重な参考文献として、他に森田俊介「台湾に於ける義務教育制度の将来」(『台湾時報』第二四五号、昭和一五年五月)が上げられる。この論文は、冒頭に芝山巌精神について言及し、領有以来の台湾初等教育の進展状況を概観した後、台湾における義務教育について、

(1) 義務教育に関する従来の経緯
(2) 義務教育制度を施行する理由
(3) 昭和一四年に決定せる義務教育制度実施計画概要
(4) 義務教育施行準備期間中における準備事項
(5) 義務教育制度施行と島民の覚悟

で構成、義務教育実施に至る経緯や実施計画の内容など、原資料を踏まえて詳細に記録しており、得難い資料である。森田は当時文教局学務課長。この論文は『台湾教育』第四五五号（昭和一五年六月）にそのまま転載されている。その後、昭和一八年四月義務教育制度の実施を前に文教局学務課の名で『台湾時報』（第二八〇号）に発表された「義務教育制度」もこれとほぼ同文。このほか『台湾時報』（第二三九号、昭和一四年一一月）所収の記事「義務教育制の実施」も貴重な資料である。また『台湾教育』も昭和一八年四月「義務教育特輯」（第四八九号）を発刊、「義務教育制度実施に就いて」（文教局長西村高兄）や「義務教育制度に就いて」（文教局学務課）以下、関連資料を豊富に掲載している。

（五）これらによれば、初等義務教育制実施の基本方針は、先に見たとおり昭和一四年一〇月一八日臨時教育調査委員会が議決し、同年一〇月二六日地方長官打合せ会の賛同を得て第九回総督府評議会に諮問、その答申を経て確定したものである。評議会における諮問および答申は以下のとおりであった。

「諮問　別紙要綱ニ依リ本島ニ初等教育義務制度ヲ実施セントス、意見如何。
理由　本島統治ノ本義ニ鑑ミ、洽ク本島住民ノ皇国民タルノ基礎的資質ヲ錬成シ、以テ皇運扶翼ノ負荷ニ堪フベキ忠良ナル国民タラシムルハ最モ緊要ノコトニ属ス。殊ニ現下内外ノ情勢ハ之ガ促進ヲ図ルノ要切ナルモノアルト共ニ、輓近向学心ノ向上著シキモノアルヲ以テ、速ニ初等教育義務制度ヲ実施シ、国民教育ノ普及徹底ニ邁進スルノ要アルモノト認ム。

答申 右本会ニ於テ審議ノ結果、御諮問ノ通実施セラレ可然モノト議決ス。

実施要綱

一、目標 初等教育ハ皇運扶翼ノ負荷ニ任スル国民ノ基礎的資質ヲ錬成スルモノトシ、之ヲ義務制トス。

二、実施時期 昭和十八年度ヨリ義務教育ヲ施行シ、同年度以降ニ於テ就学ノ始期ニ達スル児童ノ就学ニ付テ義務制ヲ適用ス。

三、義務教育制度適用範囲 普通行政区域内ニ居住スル内地人、本島人、高砂族ノ学齢児童ニ付凡テ義務教育ヲ行フ。

四、学齢 児童満六歳ニ達シタル翌日ヨリ満十四歳ニ至ル八年ヲ以テ学齢トス。

五、就学義務 学齢児童ノ学齢ニ達シタル日以後ニ於ケル最初ノ学年ノ始ヲ以テ就学ノ始期トシ、尋常小学校又ハ公学校ノ教科ヲ修了シタル時ヲ以テ就学ノ終期トス。学齢児童ノ保護者ハ就学ノ始期ヨリ其ノ終期ニ至ル迄学齢児童ヲ就学セシムルノ義務ヲ負フモノトス。

六、修業年限 尋常小学校及公学校ノ修業年限ハ之ヲ六年トス。

七、初等教育ノ刷新改善 義務教育ノ施行ニ伴フ初等教育ノ刷新改善ニ関シテハ、別ニ調査機関ヲ設ケテ之ヲ審議ス。」

（六）第二項「義務教育制度実施要綱」は、昭和一五年七月新に組織された初等教育審議委員会が、義務教育制度の実施に向けて検討した各種具体策についてまとめたものである。ちなみに、初等教育審議委員会の委員構成は次のとおりである。

(1) 委員　三田定則（台北帝大総長）川村直岡（台北州知事）嶋田昌勢（文教局長）石井龍猪（内務局長）伊藤猷典（台北帝大教授）泊武治（交通局総長）二見直三（警務局長）松岡一衛（殖産局長）中嶋一郎（財務局長）須田一二三（府事務官）　一〇名

(2) 臨時委員　渡辺節治（台北一中校長）松井実（台北第一高女校長）折戸伝吉（台北第一師範付属小主事）田淳吉（台北市太平公学校長）藤谷芳太郎（台北第二師範校長）大浦精一（台北第一師範校長）森田了三（台北第二師範付属公学校主事）段塚繁濤（台北市樺山尋常小校長）　八名

同委員会がまとめた義務教育の実施方針を示せば、以下のとおりである。

(1) 義務教育制度実施の時期

昭和一八年四月一日より実施の方針のもと、昭和一四年以降諸準備を進めた。その結果、入学適齢児童の就学率が逐年増加するとともに適齢超過児童は漸次減少し、昭和一七年度における入学適齢児の就学率は八〇％を超えるに至った。

(2) 義務教育制度施行地域

義務教育は台湾市制及び台湾街庄制を施行する地域に実施する。同制を施行しない地域は困難な通学事情などを考慮し、国民学校設置義務を免除する。但し、特に必要ありと認める場合、州又は庁において学校を設置することが出来る。

(3) 義務教育制度適用範囲
昭和一一年四月二日以降出生した児童について適用する。適齢超過児童の数は漸減の趨勢にあるが、なお相当数ある。施設や教員配置などの事情があり、これら適齢超過児童に対する義務制の実施は困難である。

(4) 児童を就学せしむべき義務
保護者は満六歳〜一二歳児に国民学校に就学させる義務がある。但し、台湾の現状から見て、内地に準じて八年制義務教育を施行することは困難で、当分の間内地人に対しても一律に六年制とする。

(5) 児童を就学せしむべき義務の免除及び猶予
児童の疾病白痴・不具廃疾、または保護者貧窮のため、事実上就学困難なものに対しては、保護者の義務を免除する。

(6) 児童を就学せしむるに必要なる学校設置の義務
市街庄はその区域内の学齢児童を就学させるのに必要な国民学校を設置すべきものとする。

これらのほか、市街庄における学校設置義務に関連して、特定の場合における市街庄学校組合や街庄学校組合の設置あるいはその免除、学齢児童教育事務の委託などについての規定も加えられている。

(七) 第三項「台湾公立国民学校規則改正要綱」は、義務教育制の実施にあたり「台湾教育令」が拠ることとしている「国民学校令」の規定中、台湾の特殊事情により条文の加除など適宜整理が必要なことについて検討したもの。ちなみに、義務教育制の施行と国民学校令の問題を考える上で、森田俊介「国民学校令と台湾初等教育義務制」（『台湾時報』第二五〇号、昭和一五年一〇月）は貴重な文献である。

（八）第四項「台湾ニ於ケル初等普通教育ノ現状並ニ沿革」は、昭和一六年四月から実施された「国民学校令」の下での台湾の初等普通教育の現状を概観、その沿革を付記したもの。それにより昭和一七年現在における初等普通教育の状況を見ると、以下のとおりである。

(1) 国民学校の種別状況（学校数・学級数・児童数）

一、第一号表（国語生活を為す家庭の児童を対象）：学校数一五一（一、一三三学級）・児童数五二、八六五名

二、第二号表（国語生活を為さざる家庭の児童を対象）：学校数八三二（一〇、九六一学級）・児童数七三四、六九一名

三、第三号表（土地の状況により初等・高等科を区別せず、修業年限六年とする国民学校）：学校数四一（一八五学級）・児童数一〇、九四七名

(2) 市街庄就学率は、内地人九九・五九％、本島人六一・六〇％で、本島人の就学率は、最近年四％の就学率の向上が見られ、昭和一七年度就学始期者の就学率は八一・七八％に達した。

本編の後半は、明治二八年（一八九五）の芝山巌学堂に始まり、国語伝習所を経て、明治三一年（一八九八）公学校が成立、大正八年（一九一九）「台湾教育令」、同一一年（一九二二）「改正台湾教育令」の公布以後、昭和一六年（一九四一）の「国民学校令」公布に至る台湾の初等普通教育の沿革を略述、末尾に以下の二表が付されている。

一、初等普通教育の発達状況（明治三〇年～昭和一七年）
二、義務教育実施に伴う学校数其他及諸経費推定（昭和一七年度～二三年度）

（九）第二文献「台湾義務教育関係説明資料」は、義務教育制実施に関する背景や現状、および関係規定などについて二七項にわたりまとめを行ったもので、内容は大きく三部で構成されている。

第一部をなすのは、冒頭の三項目で、以下に明らかなとおり、義務教育制の実施に関する総論ともいうべきものである。

(1)「台湾ニ於テ義務教育ヲ施行セントスル理由」

一、台湾統治方針と義務教育
台湾統治の根本方針は、島民をして「忠良ナル日本国民」たらしめることにあり、義務教育の実施により速やかに初等教育を整備し、皇国民たるの基礎的錬成を完成することが緊要である。

二、向学心の向上と義務教育制度
近年島民の間に教育の重要性に対する認識が深まり、就学率が著しく向上、義務教育実施の機運が愈々熟して来た。

三、時局上台湾の地位と義務教育の施行
時局下、台湾は南方圏建設の一大拠点として、島民の国民的資質を錬成強化し、産業・国防の根基を培養することが緊急に求められている。ことに特別志願兵制の実施に対応して、速やかに義務制により初等教育を整備し、次代国民の基礎的錬成の完壁を期さねばならない。

（2）「義務教育制度実施準備状況」

昭和一五年七月臨時教育調査委員会に代わって設置された初等教育制度審議委員会の活動を中心にまとめたもので、同委員会に提出された二つの諮問、すなわち①諮問第一「義務教育制実施ニ伴ヒ初等教育制度及内容ノ刷新改善ニ関スル具体案如何」、②諮問第二「義務教育制度実施ニ伴フ国及地方団体ノ財政調整ノ方策ニ付具体的意見ヲ諮フ」に対する答申内容について略述。その後更に同委員会から追加提出された③「適齢児童就学歩合向上ト年齢超過児童処理対策」、および④「学級増加」対策などの具体内容とその実施状況についてまとめている。

（3）「義務教育制度実施計画如何」

義務教育制度実施計画の大綱として、上掲の(1)「(義務教育制度施行に関する）説明書」所収の第二項「義務教育制度実施要綱」に上げられた「義務教育制度実施の時期」以下九項目を列挙し、その趣旨を略述したもの。参考として、「義務教育制度実施後ノ児童数、学級数、教員数推定表」(『昭和一八年本邦ニ於ケル教育制度並状況関係雑件　台湾教育令改正関係』所収）を添付した。

（一〇）第二部は、④「義務教育制度実施ノ時期如何」以下、⑫「市街庄・市街庄学校組合又ハ街庄学組合ノ学校設置義務免除」に至る九項目で、上掲の第三項目「台湾ニ於ケル義務教育制度実施計画如何」に示された実施大綱それぞれについての詳細な説明である。内容は、先に上げた「説明書」の第二項「義務教育制度実施要綱」のそれとほぼ同文。

（一一）第三部は、⑬「内地人ニ対シテモ六年制ヲ実施スル理由」以下一三編で構成。いずれも義務教育実施に際しての具体的状況に関連したもので、次のような項目が見られる。

⑮「台湾ニ於ケル国民学校制度ト内地国民学校制度トノ相異」

⑯「内台人ノ共学状況」

⑱「国民学校初等科修了者ノ進学・就職状況」

⑳「義務教育制度実施ニ関スル負担関係」

㉒「義務教育制度実施ニ伴ヒ国民学校ニ於ケル授業料ハ如何ニスルヤ」

㉓「蕃地ノ教育状況」

㉔「台湾ニ於ケル陸軍特別志願兵制度実施状況」

（一二）第三文献は「義務教育関係統計資料」で、ここには義務教育制実施に関する統計資料二七種が収録されている。大半は昭和一三年～一七年度のもので、各州庁別統計も含まれている。例えば、本島人学齢児童の就学状況で見ると、下記のような詳細なデータを見ることができる。

① 本島人学齢児童就学歩合―男・女・平均―

② 入学適齢児童就学歩合―入学適齢児童総数・同上中入学児童数・就学歩合―

③ 本島人第一学年入学状況―入学適齢児童数・年齢超過児童数・総数・入学適齢児童ノ総計ニ対スル割合―

④ 本島人第一学年入学状況（各州庁別）―入学適齢児童・同入学者・超過児童入学者・入学者計―

⑤ 本島人入学適齢児童入学状況（各州庁別）―入学適齢児童・同入学者・就学歩合―

⑥　本島人国民学校第一学年入学者（州庁別・年齢別）―昭和一七年四月一日現在―
⑦　本島人入学拒否児童数
このほか、次のような予算関係の詳細データも見える。
⑳　昭和一七年度教育費予算調
㉑　初等教育費国庫補助額調
㉒　昭和一七年度初等教育費国庫補助調
㉓　公立国民学校経費調
㉔　義務教育制度実施に伴う国庫補助の配分方法

Ⅲ

（一）戦時期教育の第二の柱として取り上げるのは、台湾人に対する軍事的動員（志願兵制・徴兵制）と青年錬成の問題である。「錬成」とは錬磨育成の意味で、心身の鍛練を企図して、行事・訓練・作業などを行うもので、特に青年層に対しては軍隊式訓練を重視した。ここでは、まず志願兵制の施行との関連を中心に青年錬成について検討する（一〇四―②）。

（二）台湾に志願兵制の施行が決定されるのは、太平洋戦争開始後の昭和一七年（一九四二）二月のことである。先に見たとおり、日中戦争開始二年目の昭和一三年（一九三八）二月「陸軍特別志願兵令」が制定され、「戸籍法」の適用を受けない一七歳以上の男子で陸軍の兵役に服することを志願する者に対しては、選考のうえ、これを現役または第一補充兵役に編入する制度が創設されたが、この時点では志願兵制の適用は朝鮮のみが対象となり、台湾は除外されていた。しかし、太平洋戦争が始まり、戦局が南方にまで拡大するに至るや、「特別志願兵令」は台湾にも適用されることになるのである。

実は、軍内部ではすでに早くからその方針は決められていたようで、昭和一六年六月一六日には東条陸軍・秋田拓務両大臣連名による請議案「台湾ニ志願兵制ヲ施行ノ件」が閣議に提出されている。それによれば、昭和一七年度より台湾に対して志願兵制を施行するよう準備を進めるとあり、次のような理由が掲げられていた。

「最近熾烈トナレル台湾島民ノ兵役義務負担ノ輿望熱意ニ応へ……併セテ軍要員取得ノ為、志願兵制施行ノ準備ニ着手スルノ要アルニ由ル」。

この請議案は六月二〇日閣議決定の後、即日近衛内閣総理大臣により上奏された。朝鮮から四年遅れての志願兵制施行であった。すでに見たとおり、台湾ではこの時点までに、国民学校制度が発足し、初等義務教育制の実施に向けての準備が進むなど、「皇民化教育」の推進に向けての動きが本格的に展開され、志願兵制を教育面から支える補強体制が整備されつつあったのである。

(三)　志願兵制導入のための具体的措置は早速着手され、昭和一七年二月一四日東条陸相から請議案「陸軍特別志願兵令中改正ノ件」が閣議に提出された。趣旨は台湾人にも陸軍兵志願の途を拓くためとある。同請議案は二月二三日閣議決定の後、東条内閣総理大臣により上奏された。

これに続いて二月二〇日拓務大臣井野碩哉から「台湾総督府陸軍兵志願者訓練所官制制定ノ件」が閣議に提出された。台湾本島人の兵役採用にあたり、志願者を訓練するための施設を設置するためであった。説明によれば、昭和一七年一二月から一七歳以上の本島人男子で陸軍兵を志願する者を訓練し、これを陸軍現役あるいは第一補充兵として編入する。そのため訓練所を新設し、志願者中より毎年一、〇〇〇名を採用、五〇〇名ずつ前後二回にわたり入所させ（一期六か月）、訓練を通じて「内地人壮丁ト遜色ナキ人物」たらしめるというのである。

これら両請議案は二月二七日に裁可され、それぞれ勅令第一〇七号「陸軍特別志願兵令中改正」、および勅令第一〇八号「台湾総督府陸軍兵志願者訓練所官制」として公布、昭和一七年四月一日から施行されることとなった。

(四) 参考資料によれば、陸軍兵志願者訓練所は、その目的を次のように規定されていた。

「陸軍ノ兵役ニ服スルコトヲ志願シタル者ニ対シ、徳性ヲ涵養シ心身ヲ鍛錬シ知識ヲ授ケ、以テ皇国臣民タルノ本分ヲ自覚セスムルト共ニ、陸軍兵タルニ必須ナル基礎訓練ヲ施スヲ目的トス」(第一条)

訓練所は台北に置かれ、教官は一〇名、それぞれ教務部(訓育および各科の教授を担当)および鍛錬部(教練を担当)を構成。生徒は一七歳以上、志操堅固で体躯強健、皇国臣民たるの自覚、尽忠報国の精神に燃える者で、国民学校初等科修了あるいは同等の者とされた。

訓練科目は、(1)訓育科、(2)普通学科、および(3)術科よりなり、毎週の教授・訓練は三九時間。訓練科の趣旨には「教育ニ関スル勅語及軍人ニ賜リタル勅諭ノ趣旨ニ基キ皇国精神ヲ涵養シ、実践躬行ニ導クヲ以テ本旨トシ、特ニ国体観念ヲ明瞭ナラシメ、皇国臣民トシテノ責務ヲ全カラシムルニ必要ナル事項ニ留意シテ之ヲ授クベシ」とある。普通学科のレベルは、国民学校高等科の程度とされていた。

参考資料には、上にあげた訓練所の組織内容や編成、訓練項目や教授内容、毎週教授時数などのほか、陸軍特別志願兵令改正案・同施行規則案、生徒銓衡手続などの関連資料を収録、朝鮮総督府陸軍兵訓練所との比較資料も添えられている。

陸軍兵志願者訓練所が開設されるのは昭和一七年六月のことで、昭和一七年度においては入所者一、〇〇〇名に対し、志願者は実に四二五、九六一名を数え、その中から前期生五〇八名、後期生五一二名、計一、〇二〇名（うち高砂族青年四五名）を採用、同年七月から訓練を開始した。翌一八年度には志願者数は六〇一、一四七名に達し、選考の末一、〇〇八名が入所。同一九年度には志願者（海軍志願者も含む）七五九、二七六名、うち入所者二、四九七（含：予備員）であった（「（昭和一八年）朝鮮及台湾ノ現況」外務省記録『本邦内政関係雑纂植民地関係』第四巻）。

（五）一方、海軍特別志願兵制の施行は昭和一八年に入ってのことである。朝鮮と同時に導入された。昭和一八年四月二四日内務大臣安藤紀三郎・海軍大臣嶋田繁太郎の連名による請議案「朝鮮人及台湾人ニ海軍特別志願兵制新設準備ノ件」が閣議に提出された。その趣旨は、朝鮮人および台湾人につき、海軍特別志願制度を開設し、その予備訓練を昭和一八年度中に開始できるよう準備を始めるとあり、次のような理由が上げられていた。

「近キ将来急激ニ増加スベキ軍要員充足ノ為、其ノ人的資源ヲ朝鮮人及台湾本島人（高砂族ヲ含ム）ニ拡充シ、併セテ其ノ皇民化ノ徹底ヲ図リ、兼テ朝鮮及台湾ノ統治完遂ニ資スル為、海軍ニ於テモ朝鮮人及台湾本島人ニ就キ、特別志願兵制新設ノ準備ニ着手スルノ要アルニ由ル」。

本請議案は、五月一一日付けで閣議決定の後、直ちに上奏裁可された。

海軍はもともと朝鮮人あるいは台湾人を兵員として採用することには消極的で、その理由として⑴陸軍に比べて比較的少数で済むこと、および⑵艦船勤務という特殊事情、が上げられていた。これについては、本件末尾に参考として付した「朝鮮人及台湾人ニ海軍特別志願兵制新設準備ニ関スル内閣総理大臣内奏案」に見るとおりである。しかし戦況の緊迫化、兵員需要逼迫の結果、海軍も志願兵制の導入に踏み切らざるを得ない状況に立ち至っていたのである。

（六）昭和一八年七月嶋田海相から「海軍特別志願兵令制定ノ件」、および安藤内相から「台湾総督府海軍兵志願者訓練所官制制定ノ件」が続けて閣議に提出された。訓練の趣旨、内容や期間などは陸軍の場合とほぼ同様である。両請議案ともに七月二七日付けで裁可され、勅令第六〇八号「海軍特別志願兵令」、および勅令第六一一号「台湾総督府海軍兵志願者訓練所官制」として公布された。

海軍兵志願者訓練所は高雄に新設され（朝鮮は鎮海）、同年八月から志願者募集に入るが、募集期間僅か一か月余の短期間にもかかわらず、朝鮮では志願者総数九万名、台湾では実に三一万名を超える状況であったという。訓練所は同年一〇月一日に開所され、志願者中から厳選され、第一回訓練生はそれぞれ一、〇〇〇名、第二回訓練生は各二、〇〇〇名であった（「朝鮮及台湾の現況」前出）。

Ⅳ

（一）志願兵制の施行に対応して、先に見たとおり、台湾では昭和一六年国民学校制度が発足し、更に昭和一八年からの初等義務教育制の実施に向けての準備が進むなど、教育面からの補強策が相次いで打ち出されるが、これに加えて、更に強力なバックアップ策として、青年学校教育の拡充強化が企図された。昭和一八年六月一六日安藤内相が提出した請議案「台湾公立学校官制改正ノ件」がそれである。その趣旨は、台湾における青年学校教育の拡充・強化を図るため、公立学校官制を改正する必要があるというにある。

説明によれば、台湾における青年学校は、昭和一四年（一九三九）内地の「青年学校規程」に準拠して「台湾青年学校規則」が制定され、これまでの青年訓練所を改称して成立、内地人のみでなく本島人も収容して訓練を行った。しかし、時局の推移とともに台湾の地位と使命は益々重大性を加え、台湾青年に対する国家の要請も著しく増大し、志願兵制度の実施、また将来における徴兵制の施行に鑑み、本島人青年に対する教育訓練の徹底は「現下喫緊ノ要務」となった。そのため、内地における青年学校教育の義務制実施に対応して、台湾でも昭和二五年までに義務制を実現することを目途に、差し当たり年次計画によって青年学校を増設し、職員組織を整備して、台湾における青年教育の画期的振興を図るというのである。

「台湾青年学校規則」によれば、青年学校教育の目的は次のように規定されていた。

「……男女青年ニ対シ国体観念ヲ明徴ニシ、其ノ心身ヲ鍛錬シ徳性ヲ涵養スルト共ニ、職業及実際生活ニ須要ナル知識技能ヲ授ケ、以テ皇国臣民タルノ資質ヲ鍛錬スルヲ以テ目的トス」（第一条）

修業年限は普通科二年、本科五年（女子三年）とし、土地の情況によっては四年（女子二年）とすることが出来る。教授・訓練科目や入学資格などは、内地の規程に準ずるとされた。

請議案は閣議で了承された後、東条内閣総理大臣により上奏され、昭和一八年一〇月一五日付け勅令第七八一号「台湾公立学校官制中改正ノ件」として裁可・公布された。

（二一）この請議案のもとになったのは、台湾総督長谷川清が五月一一日付けで安藤内相あてに提出した稟請「台湾公立青年学校官制制定ノ件」である。彼は青年学校教育の拡充強化の必要性を強調して、次のように述べていた。

(1) 台湾では、昭和一八年度から初等義務教育制が施行され、国民学校において教育勅語の趣旨にもとづき皇国臣民の育成に努めて来た。しかし、遺憾ながら台湾では、初等教育修了後直ちに実社会に出る大多数の勤労青少年は、台湾特殊の社会環境のもと、時日の経過とともに「皇民資質」が著しく「逓減」しているのが実状である。

(2) 従って、彼らに対し「其ノ青年期ヲ通ジテ之ヲ一貫セル教育的環境ノ中ニ置キ、確固タル国家方針ニ則リ之ガ錬成ヲ強化持続セシムル」ことが、国民学校教育の成果を全うする所以である。

(3) さらに太平洋戦争下、台湾青年の国民資質を錬成し、人的資源の強化を図ることが急務であり、そのために青年学校教育の振興徹底を図る必要がある。

(4) 既に陸軍特別志願兵制度が施行され、近い将来徴兵制度も実施が想定されるなか、その前提として青年訓練の拡充・徹底を図ることが喫緊の要務である。

(5) そのため年次計画を立て、それにもとづいて青年学校を増設、昭和二五年までに義務制を完成させる。

この長谷川稟請は、法制局の意見により一旦廃案とされ、六月一六日改めて安藤内相より「公立学校官制中改正」として閣議に提出されるのである。趣旨は全く同じであった。

（二二）「青年学校拡充計画」によれば、昭和一八・一九年度を青年学校の義務制化施行の準備期間とし、昭和二五年までの八年間で義務制を完成させるというもので、その概要を示せば、次のようなものであった。

（1）台湾の青年学校は、昭和一七年七月末現在、以下のとおりである

一、内地人を対象とするもの：学校数は四五校（うち男子三七校、女子八校）、生徒数は男子二、二四六人（別に研究科一二一人）、女子一八二人（同三八人）

二、本島人を対象とするもの：学校数二六校（うち男子二五校、女子一校、うち公立は男子二四校）で、生徒数は、男子二、〇六八人（研究科なし）、女子四〇人（同なし）

（2）拡充計画は、本島人男子を対象とする。「公立本島人男子青年学校拡充計画表」によれば、

一、昭和一七年度を基準とし、昭和一八年度は普通科一年の就学歩合を二〇％とし、当初二四校だった学校数を一〇五校に、生徒数は当初の一、八九〇人を一一、四一三人に増加させる。

二、翌一九年度には普通科一年の就学歩合を四〇％とし、学校数は一八七校に、生徒数も二六、三〇六人に増加させる。

三、以後もこれに準じ、昭和二〇年には普通科一年の就学歩合を六〇％にするよう拡充に力め、昭和二五年までに本科四年につき義務制を完成させる。この時点における学校数は六七七校、生徒数は二〇七、四六四人となる。

その間における内地人を対象とする青年学校は、「公立内地人青年学校拡充計画表」によれば、昭和一七年度の学校数三三校、生徒数一、八三五人に対し、昭和二五年度は学校数三三校で変更がなく、生徒数が二、八四八人に増員されているのみである。

（四）ここには参考資料一四点が収録されている。いずれも台湾総督府原案添付の資料をそのまま再録したもので、上に示した「拡充計画」を含め、「昭和一七・一八年度青年学校数調（課程別・市街庄別設置状況・青年学生徒数）」や「昭和一八年度以降八ケ年間ニ於ケル公立男子青年学校専任教員需要見込数調・同経費見込額調」など、各種統計資料を見ることができる。

このほか、閣議や枢密院での討議を想定して、次のような「質疑事項」四点が付け加えられていた。①「青年学校ト勤行報国青年隊トノ関係」、②「徴兵制度実施期昭和二〇年度ナルニ対比シ、青年学校義務制実施ノ当初計画変更ノ要アリト思料サルルモ如何」、③「国民学校未修了者ノ訓練ニ付テハ、徴兵制トノ関係ニ於テ如何ナル方策アリヤ」、④「勤行報国青年隊ノ施設、職員組織ト青年学校ノソレトノ間ニ相互派遣ノ方途アリヤ、アリトセバ其ノ内容如何」などがそれで、主として青年学校と勤行報国青年隊との関連についてのものである。

「勤行報国青年隊」というのは、もともと総督府が、地方中堅青年を対象に軍隊式の生活教育を行う青年錬成施設として昭和一五年試験的に設立したもので、総督府としては、徴兵制との関連でこれを普く台湾人男子青年に対する壮丁教育として実施する構想を持っていた。この錬成組織については、次巻で改めて取り上げる。

V

（一）戦時期教育の第二の柱、台湾人に対する軍事的動員と青年錬成の問題に関連して、次に取り上げられるのは徴兵制の施行（一〇五）である。

台湾に徴兵制の施行が決められるのは昭和一八年九月のことである。九月六日東条陸軍・安藤内務両大臣による請議案「台湾本島人（高砂族ヲ含ム）ニ対シ徴兵制施行準備ノ件」が閣議に提出され、これをもとに九月二三日東条内閣総理大臣が上奏し、九月二五日裁可された。

それによれば、台湾本島人に対して徴兵制を施行し、昭和二〇年度から徴集ができるよう準備を進める。戦局の要請にもとづき、国防に携わる兵制を拡充強化して必要な兵員を充足するとともに、台湾人の兵役義務負担の輿望・熱情に応え、決戦下台湾統治の完成を図るため、とある。朝鮮より一年遅れての施行であった。

(二) 徴兵制施行に向けての具体的措置として、昭和一九年四月三日「台湾青年特別錬成令」(律令第一五号)が制定された。同年三月二〇日安藤内相は、長谷川台湾総督からの奏請を受けて、「台湾青年特別錬成令制定ノ件」を閣議に提出、請議案は三月二七日閣議で承認され、翌日東条内閣総理大臣により上奏された。それによれば、徴兵期直前の台湾人男子青年に対し、「将来軍務ニ服スベキ場合ニ必要ナル資質ノ鍛錬」を行うため、「青年特別錬成制度」を設ける。対象となるのは年齢一八歳以上二一歳未満の男子青年で、州知事・庁長がその中から選定し、台湾青年特別錬成所に収容して錬成を受けさせる。錬成期間は六か月、必要により三か月まで短縮できるとしていた。

説明書によれば、昭和二〇年からの徴兵制実施に即応して、青年錬成態勢を拡充強化する必要がある。そのため、総督府としては、国民学校修了の男子を対象に青年学校の拡充を行い、その一方国民学校未修了者に対しては、皇民錬成所(国語講習所に抜本的刷新を加えた施設)の整備強化を進めている。しかし台湾青年をして、日本軍人としての資質を体得させることは容易ではない。そのため徴兵適齢期に近接する最も重要な時期に、彼らを整備された鍛錬環境(=青年特別錬成所)に収容し、そこで徹底した「最終仕上ノ修練」を施し、軍隊教育に連携させるのが、刻下喫緊の要務だというのである。

（三）参考資料に付された「実施要領」により、台湾青年特別錬成制度の概要を示せば、次のとおりである。

（1）錬成員は年齢満一九歳に達するまでの男子青年を対象とし、人数は各州庁に割り当てる。錬成期間は三か月。員数は昭和一九年度の場合三六、〇〇〇人（徴兵適齢者の六二％）、昭和二〇年度以降は毎年六、〇〇〇人増とし、年六〇、〇〇〇人までを目途とする。当初錬成期間を六か月としたが、情勢の緊迫化に対処して期間を半減し、人数を倍加した。

（2）各州庁に二～三か所の官立青年錬成所を設置し、昭和一九年度は合計一八か所、一か所の収容定員は五〇〇人とする。昭和二〇年度以降、毎年三か所を増設し、最終的に三〇か所とする。

（3）収容にあたっては、国民学校修了者と非修了者とを、それぞれ別の施設とする。

（4）錬成方針は、軍要員たるに須要な資質の錬成を徹底させることを根本とし、特に「軍人精神ノ徹底、軍事基礎能力ノ修練、国語生活及起居容儀ノ躾」を基調とする。

（5）入所者は隊組織に編成、全員営舎に宿泊させ、軍隊教育の方式に準じて錬成を行う。

（6）錬成科目は、①訓育、②普通学科（国語・国史国勢・理数）、③教練、④勤労作業とし、錬成期間は三か月。

（7）錬成課程は、国民学校修了者と非修了者により二種に分つ。錬成時数の標準は、国民学校修了者の場合について示せば、以下のとおりである。

一、一日当：訓育（一時間）、普通学科（二時間）、教練（一時間）、勤労作業（六時間）　計一〇時間

二、全期（三か月）：訓育（九〇時間）、普通学科（一八〇時間）、教練（九〇時間）、勤労作業（四三二時間）　計七九二時間

錬成制度の対象となる本島人徴兵適齢者（推定）は、昭和二〇年段階で計五七、八〇〇人、うち国民学校修了者は二八、七一〇人（四九・七％）、同未修了者は、二九、〇九〇人（五〇・三％）であった。

（四）同じ日、安藤内相から「台湾総督府青年錬成所官制制定ノ件」も閣議に提出された。この請議案は、上掲の「台湾青年特別錬成令制定ノ件」と合わせて閣議決定された後、東条内閣総理大臣により上奏され、五月二日勅令第三二二号としてに裁可・公布された。これにより、昭和一九年度より官立の青年錬成所一八所の設置を設置することが確定した。

「昭和一九年度錬成計画」によれば、青年錬成所は台北に三か所（うち既設二か所）、新竹に三か所（既設一か所）、台中に三か所（既設二か所）、台南に三か所、高雄に二か所、台東に二か所（既設一か所）、花蓮港に二か所（既設一か所）が同年度内に設置されることになっていた。このうち既設の七か所は、従来の「勤行報国青年隊」を改組したものである。

（五）勤行報国青年隊に関しては、すでに前巻で略述したが、参考資料などをもとに、ここで改めてまとめをして置く必要があろう。この組織は、もともと総督府が、地方中堅青年を対象とする「試行的青年錬成施設」として、軍隊式の生活教育により高度の錬成機能を発揮すべく、昭和一五年三月設立されたものである。その目的は次のように規定されていた。

「本島青年ニ対シ、勤労奉仕生活訓練ニ依リ其ノ心身ヲ鍛練シ、日本精神ノ真髄タル至誠尽忠、滅私奉公ノ精神ヲ体認セシメ、以テ皇国臣民タルノ資質ヲ錬成セシムルヲ目的トス」

訓練期間は、当初三か月とされたが、昭和一八年度から六か月に延長された。

その指導方法を見ると、下記のような「隊訓」を生活訓練の規範とする。そして、朝夕神前において祈りの詞を奏上し、明治天皇御製を謹詠し、朝礼では、国旗掲揚、宮城遙拝、国歌斉唱、隊訓斉唱、「海ゆかば」斉唱、体操などを行う、とある。

「一、我等ハ皇国臣民ナリ。常ニ神祇ヲ崇敬シ皇恩ヲ感佩ス

一、尽忠報国ハ我等ノ使命。親和協力以テ皇運ヲ扶翼シ奉ル

一、明朗快活ハ我等ノ使命。堅忍不抜以テ艱難ヲ克服ス」

(六) 勤行報国青年隊については、このほか、補充資料として添付した台湾総督府編の極秘資料「学制臨時措置案説明資料(一問一答)補遺」に④「勤行報国青年隊トハ如何ナルモノナリヤ並ソノ現況如何」⑤「勤行報国青年隊ニ在リテハ如何ナル青年ヲ訓練シツツアリヤ」⑥「勤行報国青年隊ハ如何ナル作業ヲ実施シツツアリヤ」⑧「勤行報国青年隊拡充計画如何」など、詳細な説明が見られる(但し、一部欠落あり)。それによれば、次のような特徴を有していた。

(1) 勤行報国青年隊は昭和一五年に創設、昭和一八年段階で全島で七か所設置されている。

(2) 全島各地から三〇〇~五〇〇名の青年を収容し、三か月乃至六か月間合宿訓練を行う。

(3) 毎朝六時から夜一二時まで一六時間にわたる日課により、勤労作業を中心に学科及び教練、其の他行事や生活訓練を施す。

同資料によれば、以後修了者を出すこと二四回に及び、修了者数は八千余名に達し、昭和一八年度末には一万

人を超える状況であった。施設数も昭和一五年三か所（訓練計画人員九〇〇人）だったものが、昭和一八年には七か所（同四、二〇〇人）に増加している。

総督府としては、徴兵制実施に対応して、勤行報国青年隊の訓練に軍隊の予備訓練としての実質をもたせるため、昭和一九年度からは所要の拡充強化を行うことを企図していた。それは本訓練をもって青年学校の最終義務課程として履修させることとし、年齢一八〜一九歳未満の国民学校履修者に対し、義務的に青年隊に入隊せしめて訓練する計画であった。このことから、名称こそ確定していなかったが、総督府は、すでに昭和一八年の段階で同青年隊を青年特別錬成所に改組・転換する構想を持っていたことが分かる。

（七）青年特別錬成所に関しては、その後昭和二〇年三月二三日に内務大臣大達茂雄から請議案「台湾総督府青年特別錬成所官制中改正ノ件」が閣議に提出された。これを受けて内閣総理大臣小磯国昭が上奏、三月三一日付けで勅令第二〇二号として裁可・公布された。志願兵制の廃止、徴兵制の施行により陸軍兵志願者訓練所が廃止されたため、これを総督府直轄の「中央青年特別錬成所」に改編し、下士官養成を担当させる。そして従来の施設は「地方青年特別錬成所」とし、更に二か所増設して、全島で中央・地方合わせて計二一か所の青年特別錬成所を設置しようとするものであった。この官制改正案に添えられた「参考資料」は、当時各地に設置された青年特別錬成所の組織構成や錬成科目別毎週教授時数、さらには昭和一九年〜二〇年度における錬成実績や錬成計画の錬成所別・州庁別詳細など、青年特別錬成所の具体的運営状況をよく伝えている。

Ⅵ

(一) 徴兵制の施行を前にした青年錬成の全体状況を知る上で不可欠の資料として、本巻末尾に大部の補充資料『青年錬成関係法規集』(昭和一九年一〇月現在)を収録した。台湾総督府の編集になるもので、青年錬成に関する勅令や府令その他の規則類、通牒、訓示などを、①青年学校、②皇民錬成所及び青少年団、③青年特別錬成所、④青年師範学校など、各施設ごとに系統的に整理している。これにより、徴兵制施行に向けての台湾総督府による青年錬成構想の形成経緯や各青年錬成施設の趣旨、その活動内容や沿革などの詳細を知ることが出来る。

(二)「徴兵対策青年錬成計画」(〔(4) 参考資料」所収)によれば、台湾総督府としては、上に見た青年特別錬成所と並べて、青年学校および皇民錬成所(前身としての国語講習所)の二つの施設をもって、徴兵制施行に即応する青年特別錬成の中核的機関と位置付けていたようである。以下、これら両機関の性格やその内容について概括的に紹介することにしよう。

(三) まず青年学校について見る。もともと台湾の青年学校は、昭和一四年(一九三九)内地における青年学校義務制実施に対応して、「台湾青年学校規則」を制定、これまでの青年訓練所を改組して成立したもので、内地人のみでなく、本島人も収容して教育を行った。そして昭和一七年志願兵制の施行に対応して「青年学校拡充計画」が立案され、青年学校教育の義務化を目途に、その増設が始められたことについては前述のとおりである。

（四）昭和一九年（一九四四）に入るや、翌年からの徴兵制実施を踏まえて、青年学校教育の義務制化が前面に打ち出されて来る。すなわち、五月一〇日総督府は総務長官談話として「青年学校教育義務制実施ニ就テ」を発表し、「昭和二十年度ヨリノ徴兵制実施ニ即応スル如ク、軍隊教育ニ連繋スベキ青年錬成ノ拡充徹底ヲ期スルハ現下喫緊ノ要務」であるとして、府令第一四七号を以て「台湾青年学校規則」を改正し、男子青年に対する青年学校教育の義務化を実施する方針を明示した。それにより、満一二歳以上満一九歳に至るまでの男子に対し青年学校への就学が義務づけられることとなった。

この間の状況については、先にあげた極秘資料「学制臨時措置案説明資料（一問一答）補遺」所収の「徴兵制実施ニ伴フ台湾ニ於ケル青年錬成方針如何」「台湾ニ於ケル青年学校教育ノ現況如何」「台湾ニ於ケル青年学校教育ノ拡充計画如何」などを通して詳細を知ることができる。それによれば、前掲の「本島人青年学校拡充計画」を前倒し実施することとし、初年度の昭和一九年度においては、前年度二〇％だった普通科第一学年の就学率を一挙に六〇％にするため一三一校を増設した。そして昭和二〇年度（一九四五）以降は、就学率八〇％を目途に学校数も毎年一三〇校ずつ増設し、昭和二五年度（一九五〇）には学校数一、〇一六校、生徒数三〇六、三三〇人とし、青年学校教育の義務制を完成する予定であった。

青年学校の義務就学に関しては、制度上昭和一八年度以降の国民学校初等科修了者から適用すべきところであるが、徴兵制実施への対応策として、昭和二〇・二一両年度の徴兵適齢者に対する青年学校教育の普及徹底を図る必要があるため、昭和一九年度は、各青年学校において徴兵適齢者を対象に短期の教練科を主眼とする「特別訓練講習」（一二〇時間）を実施し、それをもとに彼らを青年学校相当学年に編入させるという措置を取ることとした。同年度の該当者数は約六万二千人であった。この方策は、青年学校普通科・本科の経営と併行して以後も継続され、青年学校に就学していない青年（満一六歳～満一九歳未満）に対する青年特別訓練として実施された。

（五）昭和一九年の「台湾青年学校規則」改正により、青年学校の教育目的や内容は大きく変更された。特に男子青年に対しては、「決戦下実践即応ノ軍事的基礎能力ヲ付与シ、以テ軍隊教育ニ連繋セシムル」ことが強調された。文教局が各州知事庁長あてに送付した通牒「台湾青年学校規則改正ノ要旨竝ニ施行上ノ注意事項ニ関スル件」は、特にこの点について言及し、今回の規則改正では、教科目中とくに修身及公民科、および教練科の教育時数を従来に比し大幅に増加したことをあげ、その趣旨について次のように説明していた。

「右ハ本島青年ノ実情ニ鑑ミ、特ニ聖旨奉体ノ精神教育ヲ徹底セシムルト共ニ、徴兵制実施ニ即応スル如ク軍事基礎訓練ノ精到ヲ期セントスルモノアルヲ以テ、之ガ教授及訓練ノ強化徹底ニ関シテハ格段ノ努力アルヲ要ス」。

事実、改正規定を見ると、普通科一年の場合、年間総時数は旧規定の二二〇時間に比し三〇時間増えて二五〇時間となり、そのなかで「修身及公民科」は二〇時間から三〇時間に増加、また「体操科」は「教練科」と改称、五〇時間から一挙に一〇〇時間に倍増されている。それにともない「普通学科」は九〇時間から七〇時間に、また「職業科」も六〇時間から五〇時間にそれぞれ減少している。本科の場合もこれと同様の傾向が見られた。

（六）なお、この青年学校教育の義務制化に対応して、昭和一九年四月一日「台湾総督府青年師範学校規則」が公布され、彰化に青年師範学校が開設された。同規則第一条に「青年師範学校ハ皇国ノ道ニ則リテ青年学校教員タルベキ者ノ錬成ヲ為スヲ以テ目的トス」とあり、修業年限は三年であった。補充資料『青年錬成関係法規集』

には、「台湾総督府青年師範学校規則」のほか、同教授要目など詳細な関連規定が収録されている。

Ⅶ

（一）次に、皇民錬成所について見よう。総督府は昭和一九年一月二〇日「皇民錬成所規則」を制定し、第一条にその目的を次のように規定した。

「皇民錬成所ハ、国民学校ヲ修了セザル男女青年ニ対シ其ノ心身ヲ鍛練シ、国民精神ヲ涵養スルト共ニ国語ヲ習熟セシメ、以テ皇国臣民タルノ資質ヲ鍛錬スルヲ目的トス」

総務長官の各州知事・庁長あて通牒「皇民錬成所設置ニ関スル件」は、皇民錬成所の設立趣旨について、それが徴兵制の実施に対応し、国民学校未修了者を対象とする教育機関として、従前の国語講習所を基盤に、その性格並機能を根本的に刷新強化し、「軍隊予備教育ノ一元的貫徹」を期するものであると説明していた。

国語講習所は、総督府が一九三〇年代初めから簡易・速成的な国語普及の方策として、補助金を交付して各州庁に設立普及を奨励させていたもので、初等教育未修了の一二歳以上二五歳以下の青少年を対象に、一年一〇〇日間以上（修業年限は二年）、国語を中心とした「国民教育」を施す施設として、各市街庄の公学校や部落集会所などに付設されていた。指導にあたるのは、主として公学校教員であった。他に、農閑期の夜間を利用した簡易国語講習所もあり、会期は三か月乃至六か月、修業期間は一か年六〇日以上とし、公学校教員のほか、街庄吏員や警察官が指導にあたっていた。総督府は昭和八年（一九三三）国語解者を全島人口五〇％以上にするという目標のもと「国語普及十年計画」を立案し、国語講習所の増設に努めていた。ちなみに、昭和一二年（一九三七）四月末現在、国語講習所は二、八一二所（生徒数一八五、五九〇人）、簡易国語講習所一、五五五所（同上七七、七八一人）であった（『台湾の教育』昭和一二年度版（二一））。

皇民錬成所は、前述したとおり国語講習所の施設運営に補強刷新を加え、訓練目標を軍隊予備教育に収斂させようとするもので、「通牒」はその制度・内容に関し次のように説明していた。

(1) 設置：前期と後期に分け、現存の講習所はそのまま前期の課程とし、後期は市街庄を経営主体とする。訓練期間はいずれも二年。

(2) 訓練科目：前期は従前と同様の国語中心の教育内容で、国民科および体練科（女子には家庭科を加える）で構成、後期は前期課程修了の男子のみを収容して、教練中心の軍事基礎訓練を行う。

(3) 入所該当者：前期は年齢一六乃至一七歳（男女）を対象とし、後期は年齢一八乃至一九歳（男子のみ）とする。

青年特別錬成所の発足に際し、総務長官は、昭和一九年四月二二日改めて通牒を発して、国民学校未教育者に対しては「（青年特別錬成所）入所後ノ錬成効果ヲ大ナラシムル為、国語力ヲ可及的ニ付与シ置ク」必要がある。そのためこれらの青年に対しては、入所前における皇民錬成所の教育により基礎的錬成を施した後、集団訓練に支障のない程度に達した者から逐次青年特別錬成所に入所させるよう、指示していた。

（二一）実は、一年前の昭和一八年四月九日総督府文教局長は各州知事庁長あて通牒「国語講習所教育ノ刷新強化ニ関スル件」のなかで、時局の要請に即応して青少年錬成体制の確立を期することが「刻下喫緊ノ要務」であること、その一環として約七〇万人に上る国民学校未修了者に対して「基本的錬成」を施し、「戦力ノ増強」を図ることが緊要であるとして、「国語講習所教育ノ刷新強化要綱」を決定し、従来地方の任意的運営に委ねて来た国語講習所に対し、教科課程の整正統一を図るとともに其の教育内容および方法を刷新強化すべきことを指示していた。その実施状況については、前掲の補充資料「学制臨時措置案説明資料（一問一答）補遺」所収の⑨「台湾ニ於ケル未教育ノ徴兵適令青年ニ対スル国語普及訓練対策如何」に詳細に紹介されている。これにより、皇民錬成所は、徴兵制実施を前にして、上にあげた国語講習所の補強構想を更に一歩進めたものであることが分かる。

(三)「徴兵対策青年錬成計画概要」によれば、皇民錬成所の昭和一九年段階における運営状況は、次のとおりであった。

(1)　後期の課程を置くもの

一、錬成対象：年齢一八〜一九に達する国民学校未修了者　六三、〇〇〇人

二、錬成課程：国民科（修身・国語・算）五六〇時、教練科三四〇時、計九〇〇時（一か年）

三、施設数：九二三所（国民学校に併設）

(2)　前期の課程のみを置くもの（従来の国語講習所）

一、収容者：年齢一六〜一七年に達する国民学校未修了者五二、〇〇〇人

二、錬成課程：国民科四六〇時、教練科一四〇時、計六〇〇時（二か年）、女子には家庭科を加える。

三、施設数：三、七八〇所（部落集会所等に開設）

（一）戦時期教育の第三の柱として取り上げるのは、戦時下の教育非常措置（一〇六）である。ここでは、以下の三項目を中心に検討する。

(1) 大学学部等の在学年限・修業年限の短縮
(2) 教育に関する戦時非常措置
(3) 決戦教育措置と「戦時教育令」の制定

（二）日中戦争下、昭和一三年（一九三八）には「国家総動員法」が、翌一四年には「国民徴用令」が制定されるなど、国防上ならびに労務動員上必要な要員確保のための措置が逐次強力に講じられるに至る。そして時局がますます切迫するなか、遂にはその一環として学校の修業年限短縮まで行わざるを得ないという非常事態となった。それは、まず臨時措置として、昭和一六年度（一九四一）から実施され、やがて翌一七年に入ると、制度上の修業年限の短縮措置へと推移した。

（三）修業年限短縮のための具体的措置は、昭和一六年九月三〇日内閣総理大臣近衛文麿が「大学学部等ノ在学年限又ハ修業年限ノ臨時短縮ニ関スル件」を上奏したことに始まる。それによれば「臨機ノ措置」として、大学学部の在学年限又は大学予科、高等学校高等科、専門学校あるいは実業専門学校の修業年限を「当分ノ内」それぞれ六か月以内短縮することができること、この措置は朝鮮および台湾にも施行される、とある。

㈣　本案件は、翌一〇月一日枢密院に諮詢され、直ちに審査委員会が組織された。審査委員会での東条英機陸軍・橋田邦彦文部両大臣の説明によれば、日華事変が長期戦の様相を呈するなか、兵力、ことに軍幹部要員の充員が急速に増大し、また労務動員態勢の整備による人的資源の最高度の活用が求められている。そのため専門学校以上の学校の修業年限の短縮、学生生徒の卒業期の繰上げを行う必要がある。この際、学生生徒の卒業期を繰上げ、「臨時ノ措置」として、⑴昭和一六年度卒業者は三か月短縮して、本年一二月の卒業とし、⑵昭和一七年度卒業者は六か月短縮して、明年九月の卒業とする。「当分ノ内」とは「現下ノ時局ノ継続スル期間」を指す、とされた。

この件は、「兵役法」中の改正（学生生徒の徴集延長の特例廃止措置）と併せて審議された。そして、三回にわたった委員会では、修業年限の短縮による学力低下についての危惧がしばしば表明されたが、「軍事上及労務動員上必要ナル人員ノ充足ニ資センガ為」の「已ムヲ得ザル」ものとして、同時に提出された兵役法の改正措置とともに承認された。

一〇月一五日開催の枢密院本会議も、これを承認議決の上、直ちに上奏され、昭和一六年一〇月一六日勅令第九二四号として裁可された。これにもとづき文部省は、同じ日省令「大学学部等ノ在学年限又ハ修業年限ノ臨時短縮ニ関スル件」を公布し、朝鮮・台湾に対しては、拓務省経由で通牒が送られた。

㈤　本件の台湾における施行に関する資料として、以下三点の補充資料を付した。いずれも拓務省の整理になるもので、『茗荷谷文書』のなかから抽出した。

補充資料（一）「㊙大学学部ノ在学年限又ハ修業年限ノ臨時短縮ニ関スル件制定ニ関スル枢密院ニ於ケル

「予想質疑応答」（昭和一六年一〇月）

補充資料（二）「大学学部等ノ在学年限又ハ修業年限ノ臨時短縮ニ関スル件制定ニ関スル枢密院ニ於ケル説明資料」（昭和一六年一〇月）

補充資料（三）「大学学部等ノ在学年限又ハ修業年限ノ臨時短縮」関係通牒

（六）補充資料（一）は、本件の枢密院での審議にあたり、台湾、朝鮮など外地における施行に関して想定される質疑とそれに対する応答を拓務省管理局がまとめたもので、一六件よりなる。そこには①「外地ニ於テ臨時措置ヲ為ス理由如何」とか⑤「朝鮮人及台湾人ニ対シテハ年限短縮ノ要ナシト思料スルモ如何」⑧「臨時措置ハ朝鮮人及び台湾人学生生徒ニ対シ思想的影響ナキヤ」⑩「時局下外地ニ於ケル学生生徒ノ思想動向如何」⑬「台湾ニ於ケル陸軍志願兵制度ノ施行如何」など、多くの興味深い文章が見出される。例えば、「朝鮮人及台湾人ニ対シテハ年限短縮ノ要ナシト思料スルモ如何」の質問に対し、次のような説明がなされている。

「朝鮮人及台湾人ニハ兵役法上ノ義務ナキヲ以テ、之等ノ者ノ在学年限又ハ修学年限短縮シテ卒業セシムル要ナキガ如ク思料サルルモ、今回ノ臨時短縮ノ措置ハ独リ軍事上ノミナラズ、労務上ノ必要ニモ基クモノナルガ故ニ、此等兵役法ノ適用ナキ朝鮮人台湾人モ、内地人ト斉シク其ノ卒業期ヲ早ムル必要アル所ニシテ、且彼等ヲシテ現下ノ時局ニ鑑ミ、真ニ帝国臣民ノ一人タル信念ヲ確乎タラシメ、非常時ニ処スルノ覚悟ヲ固メシムルノ要アル秋、教育ノ根本方針ニ於テ内外地人差別ヲ設ケザル趣旨ヨリスルモ、内地人ト異ル措置ヲトルコトハ不適当……」。

（七）補充資料（二）は、修業年限等の臨時短縮の施行に関する説明資料として、関連法規類、文部大臣・次官の説明、本件に関する文部省令案要綱、あるいは年限短縮関係の統計資料類が収録されている。このほか、該当学校名も列挙されている。これによれば、本件の台湾における施行状況に関して、以下のようなことが分かる。

（1）在学年限および修業年限の短縮を行う学校：大学学部一校、専門学校四校、高等学校高等科一校、実業学校一九校

（2）該当者数

一、昭和一六年度：大学学部八三名（内地人六五名、本島人一四名）、専門学校・実業専門学校二五九名（同上二二八名、三一名）、高等学校高等科一四五名（同上一一四名、三一名）、実業学校一、一六三名（同上六四八名、五一五名）、合計一、六五〇名（同上一、〇五九名、五九一名）

二、昭和一七年度：大学学部一二一名（内地人九三名、本島人二八名）、専門学校・実業専門学校四三六名（同上三七五名、六一名）、高等学校高等科一六五名（同上一二五名、四〇名）、実業学校一、七一七名（同上七九三名、九二四名）、合計二、四三九名（同上一、三八六名、一、〇五三名）

（八）補充資料（三）は、修業年限等の臨時短縮に関する拓務省・文部省および台湾総督府・当該学校間の通牒・報告類をまとめたもの。臨時短縮措置の実施に関して、各学校段階に応じて、(1)教授、卒業試験等の取扱、(2)学部及び予科の入学の取扱、(3)次年度の授業、入学試験の取扱・期日など、通牒あるいは状況報告などが収められている。

（九）以上に見た昭和一六年度における大学学部などの修業年限等の短縮は、特定の年度に限っての「臨時措置」として行われたもので、法令に規定された制度上の修業年限の短縮ではなかった。しかし、太平洋戦争が勃発し、国家総動員体制のもと、軍幹部要員の充足や労務動員需要が一層急迫するなか、学校教育全般にわたる非常措置を講ずるの止むなき情勢となり、第二段階の措置として、学制を改め、制度上から修業年限の短縮を行うことが不可避となった。大東亜建設審議会が打ち出した学制年限短縮方策がそれである。

同審議会は、内閣総理大臣の監督の下、その諮問に応じて大東亜建設に関する重要事項を調査審議する審議機関で、昭和一七年（一九四二）五月二一日開催の第三回総会において「大東亜建設ニ処スル文教政策答申」を決定。そのなかで「皇国民ノ教育錬成」の具体的方策として、総力戦に対応する戦闘力と労働力に直接反映する学生生徒の修業年限短縮を実施するよう答申していた。

これを受けて同年八月二一日、政府は中学校を四年に、高等学校高等科（大学予科を含む）を二年にそれぞれ短縮することを閣議決定し、それにもとづき東条内閣総理大臣は、同年一二月五日次のような一連の勅令案を提出して、学校制度の全面的改正に関する奏請を行うのである。すなわち、

（1）大学令中改正ノ件
（2）高等学校令中改正ノ件
（3）専門学校令中改正ノ件
（4）中等学校令制定ノ件
（5）師範教育令改正ノ件

などがそれである。

（一〇）このたびの学校制度改革の趣旨は、戦時教育体制確立のため、(1)すべての段階の学校が、国民学校令に準拠して「皇国ノ道ニ則ル国民錬成」を以て教育目的を一貫し、教育内容を刷新するとともに、(2)修業年限を短縮し、「学徒ヲシテ速ニ実務ニ就カシメ」ることを目指すものであった。今、高等学校令の場合を例にあげると、その第一条に次のような目的規定が見られる。

「高等学校ハ、皇国ノ道ニ則リテ男子ニ精深ナル程度ニ於テ高等普通教育ヲ施シ、国家有用ノ人物ヲ錬成シ、大学教育ノ基礎タラシムルヲ以テ目的トス」

そして制度改革の結果として、

(1) 大学予科・高等学校高等科および専門学校の修業年限の一年短縮

(2) 中等学校は従来の三分制（中学校・高等女学校・実業学校）を廃し、中等学校として統合、いずれも修業年限を一年短縮する。

これにより中等学校、高等学校を通じて、従来より二年短縮され、満二一歳で大学を卒業することとなった。こうして中等・高等教育機関の卒業者は、早期に兵役、軍需工場等の要請に応じ得ることになるのである。但し、師範学校のみは年限短縮を行わず、修業年限を三年の専門学校程度に昇格させることとなった。義務教育年限の延長が企図されていたため、教員資質の向上が特に必要とされたからである。

この勅令案は、枢密院での審議を経て、昭和一八年一月二〇日、以下の勅令として裁可・公布された。すなわち、(1)大学令中改正（勅令第四〇号）、(2)高等学校令中改正（勅令第三八号）、(3)専門学校令中改正（勅令第三九号）、(4)中等教育令（勅令第三六号）、および(5)師範教育令改正（勅令第一〇九号）などがそれである（師範教育令改正のみ三月六日付公布）。

（一一）昭和一八年一月二七日東条内閣総理大臣上奏の「昭和一六年勅令第九二四号（大学学部等ノ在学年限又ハ修業年限ノ臨時短縮ニ関スル件）中改正ノ件」は、上掲の学校制度改革に対応して、従来臨時措置として行われて来た諸学校の在学年限あるいは修業年限の短縮を制度的に確定するため、当該勅令に必要な修正を行おうとするもので、各学校令中の「当分ノ間」の字句が削除された。

これにより中等学校以上の諸学校の修業年限は、師範学校を除き、一か年（但し、高等師範学校・女子高等師範学校は半年）を短縮、昭和一八年四月一日から施行されることとなった。大学の場合、修業年限の短縮は予科を修業年限三年から二年にすることで対応した結果、学部は三年制に復された。戦時期でも専門的人材の養成は疎かに出来ないとの認識があったためである。

（一二）上掲諸学校の修業年限・在学年限の短縮案に関する審査にあたり、枢密院の姿勢は厳しいものがあった。「大学令中改正ノ件」外六件の審査委員会の開催は一一回（昭和一七年一二月一四日～同一二月二九日）に及び、政府提出の修業年限・在学年限の一年短縮案は容易に承認されなかった。政府案に対し、審査委員長鈴木貫太郎は、修業年限の短縮に伴う学生生徒の学力低下に関し、次のように危惧の念を表明していた。

「今回ノ修業年限ノ短縮ハ国家非常ノ際已ムヲ得ズトスルモ、陸軍ノ学校ガ高等学校入学者ト同一資格者中ヨリ採用シ、前後七八年ノ教育ヲ施シ、戦時ト雖之ヲ忽ニセザルニ比シ、国家ノ文運ヲ担フ帝国大学卒業生ガ、高等学校入学後僅カニ五年ヲ以テ世ニ出ルハ憂慮ニ堪ヘザル所ニシテ、帝国ノ盛運ヲ苟モ衰退ナカラシメンガ為、機会ノ到来次第速カニ旧制ニ復帰セシメラルベシ」。

枢密院本会議でも、本案の可決にあたり、下記の希望条件が付せられた。

「今回中等学校及高等学校等ノ年限短縮ニ当リテハ、学生生徒ノ学力低下其ノ他教育上ニ及ボスベキ諸般ノ影響ヲ深ク省察シ、……他日戦時態勢解消ノ暁ニ於テハ、速ニ之ニ再検討ヲ加フベキモノトス」。

（一三）昭和一九年（一九四四）に入り、大学等の在学年限・修業年限の短縮に関する第三段階の、いわば補足的措置が政府案として提出された。同年一二月五日小磯内閣総理大臣上奏の「昭和一六年勅令第九二四号（大学学部等ノ在学年限又ハ修業年限ノ臨時短縮ニ関スル件）中改正ノ件」である。

これは、これまで修業年限短縮の対象外として、いわば聖域に置かれていた師範学校男子部本科（三年）も修業年限を六か月以内短縮するというものである。理由として、教員養成制度改善のため、師範学校の修業年限を一年延長し、これを専門学校程度に昇格させたが、その結果一か年卒業者を出さない年を生じ、国民学校教員供給上支障を来すことになった。そのため、男子部本科の修業年限を六か月短縮、これにより生じた師範学校の教室や設備を国民学校助教に対する講習に充て、国民学校教員の不足に対応する、とされた。台湾など外地でも同様の措置が取られた。この措置の背景には、昭和一八年九月二一日閣議決定により、国民学校義務教育八年制計画の実施が延期されたこともあったと思われる。

本案件に関しては、同年一二月二七日枢密院本会議が開催され、可決のうえ上奏、昭和二〇年一月六日勅令第四号「昭和一六年勅令第九二四号（大学学部等ノ在学年限又ハ修業年限ノ臨時短縮ニ関スル件）中改正」として裁可、公布された。これにより師範学校男子部本科に関しても、修業年限が六か月以内短縮され、それに先立ち師範学校の入学資格が中学校四年修了程度に下げられることもあり、前年行われた師範学校の専門学校程度への昇格措置の意義は半ば失われることとなった。

Ⅸ

（一）その後、太平洋戦争下における戦局の逼迫は、残された唯一の戦力としての学徒の全面的動員を迫って来る。次に問題となるのが、教育における戦時非常措置についてである。

これまで見て来た昭和一六年～一七年にかけての中等学校以上の諸学校の修業年限・在学年限の短縮は、非常事態下における戦時要員の補給を急ぐためのものであった。この措置は、短縮された修業年限内においては正常な教育課程にもとづいて教育活動を実施するという原則の下に行われたもので、戦時体制下の教育施策としては、ある意味では初歩的段階のものであったといえる。

ところが、昭和一八年後半に入り戦局が急迫を告げるに及んで、学校教育に対して、全般的に戦時非常措置を必要とする緊急事態に立ち至るのである。すなわち、政府は昭和一八年（一九四三）九月二一日「現状勢下における国政運営要綱」を閣議決定し、緊迫した戦局に対処するため、学校教育に関する事項として、次のような基本方針を確定した。

(1) 一般徴集猶予の停止
(2) 理工系学生の入営延期
(3) 法文系の大学高専の統合整理
(4) 義務教育八年制実施の延期
(5) 徴用の強化
(6) 女子動員の強化

(二)　この基本方針を踏まえて、政府は同年一〇月一二日閣議において「教育ニ関スル戦時非常措置方策」を決定した。そこではまず第一に、次のような「方針」が掲げられていた。
「現時局ニ対処スル国内態勢強化方策ノ一環トシテ、学校教育ニ関スル戦時非常措置ヲ講ジ、施策ノ目標ヲ悠久ナル国運ノ発展ニ考ヘツツ、当面ノ戦争遂行力ノ増強ヲ図ルノ一事ニ集中スルモノトス」。

そして第二に、「措置」として、「教育内容ノ徹底的刷新ト能率化トヲ図リ、国防訓練ノ強化、勤労動員ノ積極的且ツ徹底的実施ノ為、学校ニ関シ各種措置ヲ講ズ」としていた。

これを整理すると、次のようになる。
(1)　学校の修業年限を出来るだけ短縮して児童・学徒の卒業期を早め、戦時要員として生産の増進、戦力の増強に資するような措置をとる。
(2)　昭和一九年度より実施予定の義務教育期間延長の延期、および中等学校修業年限の短縮（四年）の即時実施。
(3)　戦力増強に関係ある学校を拡充し、その学生生徒の定員増加を図るとともに、戦力増強に関係のない学校を統合整理し、その学生生徒の定員減を図ること、および後者を前者に転換する措置をとること。具体例としては、
一、高専・大学では、軍需産業の増強に資する学校学科の拡充強化を図る一方、文科系学科の整理、理科系学科の拡充整備を行う。
二、中等学校では、工業学校の拡充、男子商業学校の工業学校への転換、それに伴う生徒募集の増減を行う。

三、女子の専門的職業教育を拡充強化し、男子の職場に代わるべき職業教育を行う。
四、教員の確保および養成について積極的な施策を採る。
五、学徒の戦時勤労動員実施計画を強化する。

などがある。このほか、学徒動員および学校における軍事教練についても、各種措置が提起されていた。

（三）『内務省記録』には、台湾など外地における非常措置方策に関する資料が、いくつか見出される。「外地ニ於ケル教育ニ関スル非常措置如何」は、その代表的なものである。

これによれば、台湾・朝鮮ともに「概ネ内地ニ於ケル措置ニ準ズル」として、各学校段階ごとにまとめがなされている。但し、手書きで読みづらいため、参考のため活字に直して置いた。台湾の場合で見ると、次のようにある。

（1）国民学校：義務教育制度は既定方針どおり昭和一八年度より実施

（2）中等学校：四年制を繰上げ実施するとともに、中学校・高等女学校の入学定員を抑え、実業系学校（商業学校を除く）定員は拡充する。男子商業学校は工業・農業学校に転換し、女子商業学校を拡充する

（3）高等専門学校・大学予科：文科定員の減少、理科定員の増加、理科系専門学校の整備拡充

（4）大学：文政学部の一部閉鎖も時宜により考慮、理科系学部の整備拡充

この文書には、以下のような参考資料が付されており、いずれも拓務省のまとめになるものである。

一、「外地ニ於ケル教育ニ関スル戦時非常措置方策如何」
二、「教育ニ関スル戦時非常措置内外地対照表」

(四) これらのほか、以下の資料二点が参考資料として加えられている。

一、「学校教育ニ関スル措置要綱」昭和一八年一〇月一九日府議決定

二、「教育ニ関スル戦時非常措置」昭和一八年一一月二日

このうち、「学校教育ニ関スル措置要綱」は、政府の指示にもとづき台湾総督府が一〇月一九日付けで決定した学校教育に関する戦時非常措置の要綱で、上に見た拓務省による「非常措置方策如何」のまとめの元になった文書であると思われる。非常措置を中等学校、高等学校及大学予科、専門学校、大学、各種学校の各学校段階ごとに整理しているほか、戦時動員の強化や教員の確保などの事項もカバーされている。

また「教育ニ関スル戦時非常措置」は、非常措置の中等学校版ともいうべきもので、同年一一月二日にまとめれた。中学校、高等女学校、工業学校、農業学校、男子商業学校、女子商業学校など、それぞれの学校に即した具体的対応策が詳細に示されている。

X

(一) 昭和一九年(一九四四)、太平洋戦争の戦局は決定的段階に入り、政府は戦時体制の一段の強化を図るため、二月二五日「決戦非常措置要綱」を閣議決定した。それによれば、「国ヲ挙ゲテ総力ヲ直接戦力増強ノ一点ニ集中」するとし、教育施策面では、学徒動員態勢を強化し、中等学校以上の学生生徒に対し、「今後一箇年、常時勤労ソノ他非常任務ニモ出動セシメ得ル組織態勢」に置き、必要に応じ、軍需工場などに出動させるとしていた。

すでに戦局の逼迫にともない、学徒動員の制度化が急速に進みつつあり、昭和一八年には、学徒に対する「戦

時動員」として、食糧増産や国防施設の建設、緊急物資の生産や輸送力の増強に学徒を動員することとし、先にあげた「教育ニ関スル戦時非常措置方策」では、学徒動員は一年につき三分の一相当期間実施するとしていたのに対し、今回の非常措置では、これを一年を通しての恒常的な学徒動員とする、というのである。

三月七日、閣議は「決戦非常措置要綱ニ基ク学徒動員実施要綱」を決定し、学徒動員の基準として、

(1) 学徒の通年動員

(2) 学校の程度種類による学徒の計画的適正配置

(3) 教職員の率先指導と教職員による勤労管理

を提示し、また学徒の勤労動員の実施に際しては、学校の教職員を中心として編成された学校を基本とする隊組織によって行うことも指示していた。これをうけて八月二二日には「学徒勤労令」(勅令第五一八号)が制定され、学徒勤労は、教職員および学徒を以て組織する学校報国隊により行うことが決定された。

ちなみに、文部省調査によれば、昭和一九年六月現在における学徒動員数は、大学高専七九、六二九人、師範学校一四、六六五人、中等学校八〇五、〇三三人の計八九九、三二七人で、これが同年一〇月には二、八八八、五六七人に達していた(『学制八十年史』)。

(二) 昭和二〇年(一九四五)に入り、米空軍機による空襲が激化し、本土戦場化の危険が差し迫り、台湾でも連日各地でＢ29による爆撃が続いていた。そうしたなか、三月一八日政府は「決戦教育措置要綱」を閣議決定した。それは、「現下緊迫セル事態ニ即応スル為、学徒ヲシテ国民防衛ノ一翼タラシムルト共ニ、真摯生産ノ中核タラシムル」との方針のもと、以下の措置を実施することを確認するものであった。

(1) 全学徒を食糧生産・軍事生産・防空防衛・重要研究など、直接決戦に緊急な業務に総動員する。
(2) そのため、国民学校初等科を除く他のすべての学校における授業は、原則として昭和二〇年四月一日より一年間停止する。
(3) 学徒の動員は、教職員及び学徒で構成する学徒隊の組織を以てこれにあたる。
(4) 戦争完遂のため特に緊要な専攻学科の学徒に対しては学校の授業を継続する。
(5) 本要綱実施のため、近く「戦時教育令」を制定する。

ここにある「戦時教育令」は、上掲の「決戦教育措置要綱」にもとづく戦時教育方策の施行には、いくつかの学校法規の改正が不可欠で、これを処理するとともに、決戦時における学校運営上必要な事項についても一括規定する上からも、勅令としての「戦時教育令」の制定が必要とされたものであった。

(三) 台湾など外地における「決戦教育措置要綱」の施行については、三月二〇日付けで内務省管理局長より台湾総督府文務局長・朝鮮総督府学教局長あてに電報でその趣旨を通達、「内地ト同様措置スル要アリ」として、管下での施行につき台湾総督府などからの意見を求めていた。

また、「戦時教育令」および「同施行規則要綱」の制定・施行に関しても、同じく三～四月にかけて内務省管理局と台湾総督府文教局および朝鮮総督府学務局との間でしばしば意見交換が行われている。以下、『内務省記録』中に見られる二三の事例を上げて見よう。

昭和二〇年三月二三日付け内務省管理局長から台湾総督府文教局長・朝鮮総督府学務局長あての「戦時教育令並同令施行規則要綱ニ関スル件」によれば、現在文部省で「戦時教育令」原案を作成中であるが、外地でも適用される筈であるから、台湾総督府・朝鮮総督府側の意見を聞きたいとして、作成中の同教育令の要旨を次のように報告していた。

「(1) 本令ハ大東亜戦下学校教育ノ目的運営ニ付、戦局即応ノ措置ヲ講ズルヲ目的トス

(2) 本令ハ各学校令ノ規定ニ拘ラズ適用ス

(3) 戦時学校教育ハ特ニ戦時ニ緊要ナル智識ヲ錬磨シ、勤労防空防衛等戦時ニ緊要ナル修練ヲ行フモノトス

(4) 教職員及学徒ヲ以テ学徒隊ヲ組織シ、別ニ定ムル所ニ依リ戦時勤務ニ出動セシム」

三月二七日付けの通知も同様の趣旨で、「戦時教育令施行規則要綱」(案)を送付し、管下での施行に際しての読替規定につき回電を求めている。そこには、学徒隊の組織編成・教育訓練の趣旨など規定や教授・修練課程における重点的取扱いや授業日数の短縮、卒業・授業料などに関する特別措置などの詳細規定が提示されていた。

台湾総督府文教局長から内務省管理局長あての回答を見ると、四月一一日付け電報で、戦時教育令の適用に関し、(1)「授業停止ノ件」では、「閣議決定ノ趣旨ニ依リ、原則トシテ授業停止ノ方針ナリ」として具体状況を報告、また(2)「戦時教育令ノ読替」に関しては、基本的に内務省側の読替で差し支えないと回答、一部修正意見を加えるなどしている。

(四) 内閣総理大臣鈴木貫太郎が「戦時教育令」案を上奏するのは同年四月二〇日のことである。諮詢を受けた枢密院では、四月二六日に委員指名が行われ、五月三日審査委員会での審議を経て、五月九日本会議が開催された。

戦時教育令は全文六条よりなり、その第一条において、

「学徒ハ尽忠以テ国運ヲ双肩ニ担ヒ、戦時ニ緊切ナル要務ニ挺身シ、平素鍛錬セル教育ノ成果ヲ遺憾ナク発揮スルト共ニ、智能ノ錬磨ニ力ムルヲ以テ本分トスベシ」と規定。教職員は「率先垂範学徒ト共ニ戦時ニ緊切ナル要務ニ挺身シ、倶学倶進以テ学徒ノ薫化啓導ノ任ヲ全ウス」（第二条）べきだとし、また学徒隊を組織し、地域ごとにその連合体を組織して、食糧増産、軍需生産、重要研究など、「戦時ニ緊要ナル要務」に挺身するとともに、教育訓練に従事すべきことを命じている（第三条）。第六条は読替規定で、「本令中文部大臣トアルハ朝鮮ニ在リテハ朝鮮総督、台湾ニ在リテハ台湾総督……」とある。

枢密院本会議は、本件に対し「現戦局下ニ於ケル学徒及教職員ノ本分ヲ闡明シ、竝ニ各学校令ノ規定ニ対シ現下ノ事態ニ即応スル特則ヲ設ケントスルモノニシテ、別ニ支障ノ廉ナキモノト認ム」との審査委員長報告を受けて、そのまま全会一致で議決した。

（五）「戦時教育令」は五月二二日裁可され、勅令第三二〇号として公布された。この勅令には特に「上諭」が付された。上諭は「教育勅語」を引用し、「一旦緩急ノ際、義勇奉公ノ節ヲ效サンコトヲ諭シ給ヘリ」と前置きして、「今ヤ戦局ノ危急ニ臨ミ、朕ハ忠良純真ナル青少年学徒ノ奮起ヲ嘉シ、其ノ使命ヲ達成」するよう、学徒に最後の奉公を要請するものとなっていた。

ここには、枢密院での戦時教育令に関する検討にあたり提出された文部大臣説明要旨、および「戦時教育令施行規則要綱（案）」を参考として付した。

内容構成　別集(1)　台湾教育関係公文書

一二冊（第九五巻〜第一〇六巻）

冊・巻	文献名	年月	出所	ページ
第一部「台湾教育令」関係文書				
第九五巻	（Ⅰ）台湾教育令	大正七年一二月	『公文類聚』『枢密院会議文書』『御署名原本』	四八六
第九六巻	（Ⅱ）改正台湾教育令	大正一一年二月	『公文類聚』『枢密院会議文書』『御署名原本』	四六四
第九七巻	（Ⅲ）（昭和八年）台湾教育令中改正（師範学校の修業年限延長）	昭和八年三月	『公文類聚』『枢密院会議文書』『拓務省記録』『御署名原本』	二四八
	（Ⅳ）（昭和一〇年）台湾教育令中改正（実業補習学校の存置）（上）	昭和一〇年三月	『公文類聚』『拓務省記録』『枢密院会議文書』	一一四
第九八巻	（Ⅳ）（昭和一〇年）台湾教育令中改正（実業補習学校の存置）（下） （補充資料）全島実業補習学校調（昭和七年度）	昭和一〇年三月	『枢密院会議文書』『台湾総督府文書』『御署名原本』	四九八
第九九巻	（Ⅴ）（昭和一六年）台湾教育令中改正（国民学校令の適用）	昭和一六年三月	『公文類聚』『枢密院会議文書』『拓務省記録』『御署名原本』	二七〇
第一〇〇巻	（Ⅵ）（昭和一八年）台湾教育令中改正（中等学校令・師範教育令の適用）	昭和一八年三月	『公文類聚』『枢密院会議文書』『拓務省記録』『御署名原本』	二五八
	（補編）台湾教育令沿革調書	昭和一〇年	『拓務省記録』	八

第二部　台北帝国大学関係文書				
第一〇一巻	（Ⅰ）台北帝国大学の創設（文政・理農学部の開設）	昭和三年三月	『公文類聚』『枢密院会議文書』『御署名原本』	四四〇
	（付）学位授与に関する件	昭和六年一一月	『公文類聚』『枢密院会議文書』『御署名原本』	八〇
第一〇二巻	（Ⅱ）台北帝国大学の整備（医学部の開設）	昭和九年六月 昭和一〇年一二月 昭和一一年三月	『公文類聚』『拓務省記録』『枢密院会議文書』『御署名原本』	三〇二
	（付）台北帝国大学初代総長幣原坦の件	昭和一二年八月	『公文別録』	二〇
第一〇三巻	（Ⅲ）台北帝国大学の拡充（予科・工学部の新設、理農学部の分離拡充、付置研究所の設置）	昭和一四年四月 昭和一六年四月 昭和一八年三月	『公文類聚』『御署名原本』	四五六
第三部　戦時期台湾の教育政策関係文書				
第一〇四巻	（Ⅰ）義務教育制度の施行	昭和一八年	『拓務省記録』	一七八
	（Ⅱ）志願兵制の施行と青年錬成（陸軍兵志願者訓練所・海軍兵志願者訓練所の設置、青年学校教育の拡充強化）	昭和一七年二月 昭和一八年七月 昭和一八年一〇月	『公文類聚』『内務省記録』『御署名原本』	二三〇
第一〇五巻	（Ⅲ）徴兵制の施行と青年錬成（青年特別錬成所の設置、青年錬成関係法規集）	昭和一九年五月 昭和一九年一〇月 昭和二〇年三月	『公文類聚』『内務省記録』『御署名原本』『台湾総督府文書』	五一六
第一〇六巻	（Ⅳ）戦時下の教育非常措置（大学学部等の在学年限・修業年限の短縮、教育に関する戦時非常措置、戦時教育令の適用）	昭和一六年一〇月 昭和一八年三月 昭和二〇年一月 昭和二〇年五月	『枢密院会議文書』『拓務省記録』『内務省記録』『御署名原本』	四九八

解題　別集(2)『隈本繁吉文書（台湾篇）』について

阿部　洋

I

（一）本史料集成別集（二）「隈本繁吉文書」は、学務官僚隈本繁吉の残した台湾植民地教育関係文書類を整理編集したもので、全一三冊（第一〇七～一一九巻）で構成される。

（二）隈本繁吉は、明治六年（一八七八）福岡県八女市の生まれ。後掲の略年譜に見るとおり、その活動は以下の四期に分けられる。

一、文部官僚時代（含：福井中学校長）：明治三一年（一八九八）～同四一年（一九〇八）

二、旧韓国学部・朝鮮総督府書記官時代：明治四一年（一九〇八）～同四四年（一九一一）

三、台湾総督府書記官時代：明治四四年（一九一一）～大正九年（一九二〇）

四、高等専門学校長時代：大正一二年（一九二三）～昭和一三年（一九三八）

このうち彼が植民地学務官僚として活動するのは、第二期から第三期にかけての一二年間（一九〇八～一九二〇）、すなわち韓国学部および朝鮮総督府の学務課長としての三年間、およびその後台湾総督府に転じて九年間にわたり視学官・国語学校長（台北師範学校長）・学務課長、同部長に任じた時期がそれにあたる。その間、一時総督府図書館長や工業講習所長も兼任した。年齢的には三〇歳代半ばから四〇歳代後半にかけての働き盛りの時期である。

（三）その間、隈本は植民地教育行政の前線指揮官として活動するとともに、自らかかわった植民地教育に関する資料類を整理・保存し、その体験を丹念に書き残した。編者がこの文書に出会ったのは、九州大学大学院時代のことで、福岡市内の古書店主の紹介によるものであった。もともと八女市八幡所在の隈本家旧宅の解体時に土蔵で発見されたものである。編者はこれを『隈本繁吉文書』「朝鮮篇」および同「台湾篇」として取りまとめることとした。

このうち、「朝鮮篇」は、『日本植民地教育政策史料集成（朝鮮篇）』（全九期・七五冊、一九八七～一九九一年龍溪書舎刊）中の別集『旧韓末教育史資料―幣原坦・隈本繁吉関係文書』（第六三～六九巻、全七冊）として、平成三年（一九九一）七月詳細な解題を付して公刊した。

（四）一方、「台湾篇」については、平成一九年（二〇〇七）春から刊行に着手した『日本植民地教育政策史料集成（台湾篇）』全一二期中最後の「別集（二）」として、編集・刊行しようとするもので、資料編纂作業の過程で編者は、本資料を用いて次のようないくつかの研究成果も公にした。

一、「『朝鮮教育令』から『台湾教育令』へ―学務官僚隈本繁吉の軌跡―」（『アジア教育』第一巻、二〇〇七年一月）

二、『隈本繁吉文書』について―植民地教育資料の紹介―」（国立中央図書館台湾分館『台湾学系列講座専輯』（二）、二〇〇九年一二月）
三、「『台湾教育令』の制定過程」（『アジア教育』第六巻、二〇一二年一〇月）
四、「台湾図書館と『植民地教育政策史料集成』の編纂」（国立台湾図書館『我与図書館的故事―国立台湾図書館更名紀念専輯』二〇一三年二月）
五、「台湾総督府学務部長隈本繁吉―修学時代のこと―」（一）～（四）（『台湾協会報』第七二一―七二二号・七二四―七二五号、二〇一四年一〇月～二〇一五年二月）

（五）『隈本繁吉文書（台湾篇）』は、以下のとおり全七部・一三冊で構成した（所収資料九八点）。

Ⅰ．教育行政全般（所収資料一四点）　第一〇七～一〇九巻（三冊）
Ⅱ．学務部日誌（所収資料六点）　第一一〇～一一二巻（三冊）
Ⅲ．公立中学校設置問題（所収資料一二点）　第一一三～一一四巻（二冊）
Ⅳ．「台湾教育令」制定関係（所収資料一七点）　第一一五～一一六巻（二冊）
Ⅴ．対岸教育問題（所収資料一三点）　第一一七巻（一冊）
Ⅵ．教育勅語関係（所収資料一六点）　第一一八巻
Ⅶ．欧米教育視察（所収資料二〇点）　第一一八巻～第一一九巻（二冊）

なお、これらの諸資料、ことに第Ⅱ部「学務部日誌」の解読にあたっては、編集委員上沼八郎氏の絶大なご協力をいただいた。

Ⅱ

（一）第Ⅰ部「教育行政全般」は、以下のような資料一四点よりなる。

一、「(秘)台湾ニ於ケル教育ニ関スル卑見ノ一二並ニ疑問」
二、「(秘)処務上急要ト認ムル件」
三、「教育行政概要覚書」
四、「広島ニ於ル樺山総督ニ上申セシ教育方針」
五、「明治三十六年学事会議席上ニ於ケル後藤民政長官ノ演述」
六、「(秘)書房義塾教科書ノ内容ニ関スル件」
七、「書房及ヒ在来ノ通俗教育ニ就イテ」
八、「学務材料」
九、「(秘)台湾人教育ノ根本方針及施設ニ就テ」
一〇、「(秘)学務部将来ノ施設」
一一、「(秘)学務部ノ組織及定員改正ニ関スル卑見」
一二、「台湾之教育」
一三、「台湾教育ノ概況」
一四、「対人政策」

(二) このうち、前半の七点は、台湾着任前後における隈本の台湾教育認識に関連する資料である。

隈本は、明治四四年（一九一一）二月一七日付けで台湾総督府視学官・国語学校長（兼学務課長）に任命された。これに先立つ三年間（明治四一〜四四年）、彼は韓国学部書記官・朝鮮総督府学務課長として、朝鮮における植民地教育の構築に向けての基礎工作に従事し、その実績が高く評価されての抜擢であった。

台湾赴任に先立ち、隈本は二月二五日上京して前任者持地六三郎との間で事務引継ぎを行った。持地は、台湾総督府民政局通信局長として学務課長を兼任、前年一二月病気休職で内地に帰還していた。次の五点の文書は、いずれもその関連資料である。

一、「(秘)台湾ニ於ケル教育ニ関スル卑見ノ一二並ニ疑問」

二、「(秘)処務上急要ト認ムル件」

三、「教育行政概要覚書」

四、「広島ニ於ル樺山総督ニ上申セシ教育方針」

五、「明治三十六年学事会議席上ニ於ケル後藤民政長官ノ演述」

(三) 「(秘)台湾ニ於ケル教育ニ関スル卑見ノ一二並ニ疑問」（I—一）は、事務引継ぎ後（三月五日）に隈本がまとめたもので、冒頭の「台湾人教育ノ出発点」において植民地教育の方針について、次のように述べている。

「台湾人教育ハ……衣食住ノ安固ヲ図ルニ必要ナル智徳ノ開発ニ止メ、……表面上教育ヲ重視スルガ如クシ、実際ニ於テハ何等進ンテ之ヲ奨励セズ……」

すなわち、植民地台湾の教育は、最低限の智徳開発にとどめ、徒なる教育の普及・上進は抑制するというのである。そこには、前任地朝鮮における教育抑制方針との連続性とともに、前任者持地の考え方との共通点も見られた。

㈣「教育行政概要覚書（I―三）」は、事務引継ぎにあたり持地が提出したメモ。そのなかで彼は、領台当初における学務部長伊沢修二以来の「積極的同化主義」の教育方針を批判、後藤新平民政長官のもと、「余リ勧誘セス……寧ロ教育セサルヲ以テ教育ノ方針」として来たが、今やその「漸進主義」の教育方針がもはや限界に来ているとした。そして「向学心ノ勃興ハ健全ナル要求ニシテ、将来統治上ニ危険ヲ及ボス恐レ」があり、「刻下ノ急務ハ土人ノ健全ナル要求ヲ充タスニ足ルヘキ教育ノ施設ヲナスコト」と、指摘していた。「樺山総督ニ上申ノ教育方針」（伊澤修二）（I―四）および「明治三十六年後藤民政長官ノ演述」（I―五）は、いずれも持地メモに付された参考資料。

㈤　隈本は明治四四年三月二八日台湾に到着、着任早々台湾教育の実情把握のため台中・台南視察に赴いた。その際台中の名望家林献堂と面談。林の台湾教育事情の説明と陳情を受けて、自らの台湾教育認識を改めざるを得ない。すなわち、台湾人教育要求の容認、それにもとづく「抑制」から「普及」への方針転換である。「㈹処務上急要ト認ムル件」（I―二）は、その具体策を検討したもので、台湾教育上の課題として、次の六項目をあげていた。

⑴公学校ノ修業年限及教科課程ノ件
⑵公学校教科書ノ編纂及改訂ヲ為ス件

(3)留学生ニ関シ文部省ニ交渉ノ件
(4)厳格ナル制限ノ下ニ本島人子弟ノ小学校及中学校ニ入学ヲ許可スル件
(5)本島人ノ中等教育機関ノ件
(6)中学校一部連絡ノ件

（六）このうち、隈本が特に緊急を要するとしたのは、(1)・(2)の公学校教育の検討および(5)の本島人中学校の開設問題であった。すなわち、まず現行八年制の公学校を改組して、これを初等課程六年と二年以内の実業的補習科とし、教育内容を改訂して、日常生活に適応したものとすることで、これにもとづいて公学校の普及・整備を進めることが必要であるとした。

（七）これにもまして大きな問題とされたのは、本島人向けの中等教育機関の開設問題であった。中学校の開設は、台湾上流階層にとって極めて切実な願望であったが、後藤民政長官による内地人小・中学校への共学禁止措置や中等教育機関不認可方針のため、彼らは子弟の教育を対岸や日本内地への留学を以て対応せざるを得ず、その不満・反発は逐次、林献堂を中心とする私立中学校設立運動へと結集しつつあった。総督府はこれを民族運動のひとつの現れとみなして警戒。対応策として中等教育機関の公設が、大きな政策課題として浮上していた

（八）これらのほか、旧教育機関たる書房に対する施策も、総督府にとってもう一つの課題であった。隈本は、前任地朝鮮での経験にもとづき、着任早々旧教育機関たる書房を内査。清国で編纂出版された教科書類が書房で

盛んに使用されている状況を踏まえ、地方庁に対して「不良図書」の使用厳禁、および公学校長による書房への往訪指導などを指示していた。「(秘)書房義塾教科書ノ内容ニ関スル件」(I―六)および「書房及ヒ在来ノ通俗教育ニ就イテ」(I―七)はその関連資料である。

(九)後半の資料七篇は、学務部長就任後の隈本の台湾教育認識の転換に関するものである。彼は大正二年(一九一三)九月学務部長に正式就任し、改めて学務部の直面する政策課題を総点検した。「学務材料」(大正二年一一月)(I―八)はその時の資料で、以下の七点で構成されている。

一、台湾総督府学政大要
二、大正三年度ニ於ケル学務部提出予算竝其ノ経過ノ大要
三、最近及前五箇年比較学事統計
四、内地留学生取調表
五、将来ノ希望事項
六、台湾民暦ニ関スル件
七、大正三年　台湾民暦

(一〇)これらのうち、中心をなすのは冒頭の「台湾総督府学政大要」である。これは大正二年末時点における総督府の教育施策に関する総論ともいうべきもので、以下の諸項目のもと、台湾教育の現状と沿革、今後の改革の方向について検討していた。

(1)本島人教育
(2)蕃人教育
(3)内地人教育
(4)民暦編修
(5)図書館
(6)特殊ノ教育的施設
(7)附：公学校職員養成ニ関スル十箇年計画調

（一一）大正四年八月隈本は、新たに就任した第六代総督安東貞美（同年五月着任）の求めに応じて、台湾人教育に関する従来の施策について口頭で説明、同年九月一六日改めて書面により、以下の報告を行った。すなわち、「(秘)台湾人教育ノ根本方針及施設ニ就テ」（I―九」）および「(秘)学務部将来ノ施設」（I―一〇）がそれである。

（一二）「(秘)台湾人教育ノ根本方針及施設ニ就テ」（I―九」）は、台湾人教育の沿革および現状について説明したもので、その趣旨は次のとおりであった。すなわち、

一、総督府は従来、台湾人の教育に就いては正式な学制を公布することなく、総督の権限に於て適宜必要な規定を設けて対応して来た。

二、近年における島民の就学熱の高まりに対応して、従来の抑制方針を転換、年次計画を立てて公学校を増

設し、就学者を大幅に増加させる必要がある。
三、台湾島民有志から出された中学校の設立請願にもとづき、総督府は大正四年四月台中に公立中学校を開設することとした。
四、これに対し、中央政府は中学校許容の条件として、台湾総督に対し、朝鮮の場合に準じ、下記のような趣旨にもとづいて、台湾人教育の根本方針を定めるよう指示した。
1．「朝鮮教育令」に定める限度以上の教育を授けないこと。
2．公立中学校の入学資格は公学校四学年修了程度、修業年限は四年とし、教育内容としては抽象的的知識の注入を避け、実際的知識技能の伝授を中心とすべきこと。
五、これにもとづき、台湾総督府は教育調査会を組織して「台湾教育令」案を策定し、以下のような基本原則を確認した。
1．台湾人教育は、教育に関する勅語の旨趣に基き「忠良ナル国民」を育成することを以て本旨とする。
2．普通教育は、特に国民たるの性格を涵養し、国語を普及し日常必須の智識技能を授けることを基調とする。
3．公学校教育を卒え上級学校に進学を希望する者に対しては、可能な限り実業的教育を受けるよう誘導する。
4．台湾人に対する教育は、いずれの種類・段階を問わず、内地人子弟に対するものより程度を低くする。
（一三）「(秘)学務部将来ノ施設」（I―一〇）は、総督府の今後とるべき教育施策について概観したもので、①

本島在住母国人教育、②本島人教育、③蕃人教育、④一般事項、の四章に分けて考察を行っている。

次の「(秘)学務部ノ組織及定員改正ニ関スル卑見」(I—一一)は、上掲の教育施策に必要な学務部の機能強化についての私案で、朝鮮総督府学務局の場合を参考に、組織改正および職員定員の増加について検討している。「大正六年八月訂正」との注記がある。

(一四)最後に、当時の台湾教育全般に関する参考として、以下の三点を挙げておいた。

一、「台湾之教育」

二、「台湾教育ノ概況」

三、松村鶴吉郎「対人政策」

「台湾之教育」(I—一二)は全一三章の構成、大正五年頃まとめられたものと推定される。冒頭の三章で台湾教育の沿革、学事行政および学校制度全般を概観し、改隷二〇年間における教育行政の推移とその成果を強調。以下七章に分けて国語学校、総督府中学校、公立中学校、小学校、公学校、蕃人公学校などの各教育機関を網羅的に取り上げ、その内容や特色について詳細に紹介している。そこには、視学官隈本の学校視察時における感想や児童生徒の作文なども随所に収められており、学務部から正式発行の『台湾学事要覧』や『台湾の教育』各年版などとは、かなり異なった印象がある。「台湾教育ノ概況」(I—一三)はその概要。

最後の松村鶴吉郎「対人政策」(I—一四)は、(1)従来の対人政策、(2)新統治政策、(3)母国人移住政策、の全三章一三三丁で構成。在台母国人の在り方について、歴史的経緯を踏まえ、諸外国の植民地経営との比較的視点に立って検討している。隈本が執務上の参考にしたものと思われる。松村は当時総督府の補助団体・拓殖協会の理事であった。

Ⅲ

（一）第Ⅱ部「学務部日誌」は、以下の六編で構成される。

一、「(秘)明治四十五年　部務ニ関スル日誌」
二、「(秘)大正二年五月以降　日誌」
三、「(秘)大正三年　日誌」
四、「(秘)大正三年十一月起　日誌」
五、「(秘)大正六年一月　日誌」
六、「(秘)大正元年十月　直轄学校ニ関スル件」

（二）隈本は明治四四年（一九一一）三月台湾総督府視学官（兼学務課長）に就任、同年一〇月民政部内に学務部が設置されるにともない、学務部長心得（兼学務課長）に任ぜられ、大正二年（一九一三）九月には学務部長に昇進した。その間、学務部付属工業講習所長や総督府図書館長などを兼任している。

隈本が「学務部日誌」を執筆するのは明治四五年（一九一二）一月からのことで、以後大正七年（一九一八）一月欧米視察に出発するまでの期間、丹念に記録を残した。達筆なくずし字で書かれた日誌には判読困難な個所も少なくないが、主要な内容として、大きく次のような条項にまとめることが出来よう。

一、教育施策に関する覚え書き
二、総督・総務長官等からの指示およびその報告
三、学事関係会議の討議事項・経過概要

(三)「学務部日誌」の第一巻目は、「(秘)明治四十五年　部務ニ関スル日誌」(Ⅱ―一)である。この日誌には、明治四五年一月から大正二年四月に至る期間の学務関係諸事項が記されており、主要なものとして次のような事項が挙げられる。

一、公学校の制度・内容
二、本島人中等教育問題
三、内地留学問題
四、教育勅語の下付と勅語宣講会
五、対岸教育問題

(四)先に見たとおり、隈本は台湾着任早々の台中・台南視察を通して、島民の教育意識がこれまでの旧教育墨守の姿勢から近代学校教育の積極的受容へと大きく転換しつつあることを確認。その対応策として公学校を増設するとともに、制度・内容を改訂し、従来の公学校八年制を二分して、修業年限六年の公学校と二年制の実業科とすることが必要であるとした。改訂の意図は、「国民的性格」の養成と「簡易適切な実業教育」にあり、その趣旨は、大正元年末公布の「(改正)公学校規則」(第一条)に次のように規定された。

「公学校ハ本島人ノ児童ニ国語ヲ教へ、徳育ヲ施シテ国民タルノ性格ヲ養成シ、並身体ノ発達ニ留意シテ生活ニ必要ナル普通ノ知識技能ヲ授クルヲ以テ本旨トス」

第二の本島人中等教育問題は、当時隈本が学務行政の責任者として直面した最大の課題であり、それが台中公立中学校の設立へと繋がって行くことは次節で詳察するとおりである。第三の台湾人の内地留学および留学生監督・留学生寄宿舎（「高砂寮」）の問題など、いずれもこれに関連する事項である。

第四の教育勅語の下付と勅語宣講会については、詳細は第Ⅵ部に見るとおりであるが、教育勅語の下付自体はすでに第三代乃木総督時代に始まっており、勅語の趣旨浸透のための方策として、勅語宣講会の設立問題がこの時点で浮上するのである。

対岸教育問題については、後掲の第Ⅴ部にその詳細を見ることができるが、福州・厦門居住の所謂台湾籍民の教育状況の視察や、彼らを対象とする東瀛学堂（福州）や旭瀛書院（厦門）の運営問題が取り上げられている。

「学務日誌」第一巻にはこれらの外、次のような関連事項も収められている。

六、工業講習所の設立

七、内地人中学校の設立

八、林熊徴子弟の学習院入学

（五）第二巻目は、「（秘）大正二年五月以降　日誌」（Ⅱ―二）で、対象となるのは大正二年五月から大正三年一月にかけての時期。主要な所収事項に次のようなものがある。

一、国語学校の整備

二、本島人中等教育問題
三、本島人中等学校以上の学制統一
四、工業講習所の運営
五、民暦編纂と頒布
六、内地人中学校の整備・補強

(六) 国語学校は、領台以来教員養成の中核的機関として、専ら公学校教員の養成を担って来たが、前年五月規則改正により「小学師範部」を開設、それにともない従来の師範科は、「公学師範部」と改称、甲乙両科に分かち、甲科は内地人、乙科は本島人を収容した。これに内地人児童の教育を担当するための「小学師範部」が加わり、教員養成機関としての充実・整備が図られるのである。このほか、同校整備の一環として、新たに付属高等女学校が開設され、本島人女子に対する師範教育・技芸教育が実施されることになった。

本島人の中等教育問題については、すでに数年前から林献堂ら本島人紳士により私立中学校設立運動が盛んに行われており、総督府も本島人向け中学校の設立は不可避だと認識していた。それにより隈本は、学務部門の責任者として、林献堂ら郷紳たちとの間で協議を重ね、公立台中中学校設立に向けての敷地・建物および設計年度割など、具体化作業を進めることになる。その詳細は、次の第Ⅳ節に見るとおりである。

第三の、本島人中等学校以上の学制統一というのは、医学校・農事講習所・糖業講習所など、従来総督府の各部局にバラバラに管轄されて来た中等・専門程度の教育機関を、すべて学務部の所管に統合しようとするものである。

（七）第四の工業講習所は、本島人青年に職業技術を伝授することを目的に、前年度学務部付属として設立。木工・金工および電工の三科を置き、修業年限三年で公学校卒業以上のものを収容した。在籍生徒数は発足後間もなく一一六名に達したが、講習所の経費が僅少で専任職員もなく、その充実整備が急務とされていた。

第五の台湾民暦の編纂というのは、改隷以来すでに二〇年近くになるのに、島民の間では依然として対岸から輸入の「支那暦」「民間雑暦」が用いられている。このような状況を打破するためには、早急に神宮頒布の「略本暦」を使用させるべきであるが、国語未普及の現状に鑑み、過渡的措置として、略本暦に陰暦を加え、且つ台湾の実情に適応した民暦を総督府で編集しようとするものである。次年度には六万五千部の発行が予定されていた。

このほか、内地人教育の問題として、台北中学校第一部の商業専門教育機関への昇格や台南中学校の新設準備も着手された。

「学務部日誌」第二巻目には、他に以下のような関連事項も収録されている。

七、教員の採用・処遇問題

八、幼稚園および盲児・不良児童対象の教育施設の設立運営

九、林家子弟の学習院入学問題

（八）第三巻目は、「(秘)大正三年　日誌」（Ⅱ―三）で、対象となるのは大正三年一月から同年一〇月にかけての時期。主要な所収事項に次のようなものがある。

一、地方税支弁教育費の件

二、本島人中学校官制問題

三、総督府図書館の開設準備
四、蕃人公学校の設立・運営

（九）前年九月学務部長に正式就任した隈本は、本巻の冒頭、在京の民政長官あての報告で、学務部がまず取り組むべき重要課題として、上掲の諸事項のうち、特に（一）地方税支弁教育費の件、および（二）本島人中学校官制の問題をあげていた。

地方税支弁教育費関係の中心となるのは総督府所管学校教員の処遇問題で、隈本は本巻の冒頭で各学校ごとの「教員配置標準」を示し、これに各教員俸給予算を付して「大正三年度地方税教育費予算」（要求額・前年度予算・差額）を計上、また定員に対する現員比較（大正二年九月末現在）を行って、次年度予算要求の概要をまとめている。

第二の本島人中学校官制問題というのは、本島人のための公立中学校の発足に必要な学校官制の制定・公布をめぐる中央政府との折衝問題で、隈本はその折衝において台湾側の実務担当者として精力的に活動した。本巻にはこの問題をめぐる百余日にわたる中央政府、ことに法制局との困難に満ちた交渉の具体的推移が克明に記録されており、これが本巻の最大部分を占める。詳細は次節に見るとおりである。

（一〇）第三の総督府図書館については、この年四月の「台湾総督府図書館官制」公布をうけて、八月隈本自らが図書館長を兼任し、元帝国図書館司書官太田為三郎に図書館事務を委嘱。一一月台北市内艋舺祖師廟内に仮事務所を開設して業務を開始している。

第四の蕃人教育事業は、従来警務本署の所管となっていたのを学務部に移し、蕃童教育所は蕃人公学校と改められていた。この年四月総督府は「蕃人公学校規則」を公布し、「蕃人公学校ハ蕃人ニ徳育ヲ施シ、国語ヲ教へ生活ニ必須ナル知識技能ヲ授ケ、国風ニ化セシムルヲ以テ本旨トス」（第一条）と規定した。これにともない隈本は、早急に教科書を編纂して、教育内容を彼らの生活程度に適応させる必要があるとしていた。ちなみに蕃人公学校は、大正二年の時点で一九校、児童数二二六五人であった。

これらのほか、「学務部日誌」第三巻目には、以下のような項目も収められている。

五、工業講習所の学校組織への改組

六、留学生監督および留学生寮（「高砂寮」）舎監の任用

七、内地人中学校（台南中学校）の新設、台北中学校第一部の改組問題

（一一）第四巻目は、「(秘)大正三年十一月起　日誌」（Ⅱ—四）で、対象時期は大正三年十一月から大正四・五年となっており、途中欠落がある。大正九年冬隈本宅近くで大火があり、その折日誌の一部が所在を失したという。この巻の主要な所収事項には、次のようなものがある。

一、「台湾教育令」制定をめぐる内務省・法制局との交渉

二、学務部の整備と『台湾学事要覧』の編集・刊行

三、書房の活用と廟宇の保護・取締

四、石坂荘作の社会教育活動（基隆夜学校）への助成

五、対岸教育事業の充実と「南支協会」の設立

（一二）第一に掲げる「台湾教育令」制定をめぐる法制局・内務省との折衝問題は、本巻の中心テーマで、公立中学校官制の制定過程から導き出されたものであった。すなわち、大正四年二月「台湾公立中学校官制」の公布を受けて、総督府は「台湾教育令」案の策定に着手することになり、学務部長隈本をして外国植民地教育制度の調査研究にあたらせるとともに、臨時教育調査委員会（委員長・民政長官）に委嘱して教育令原案の作成を急いだ。隈本は、その間末松謙澄・金子堅太郎・菊池大麓ら枢密顧問官を歴訪して、同教育令総督府案の趣旨説明や意見聴取に奔走している。

その間、隈本は学務部組織の整備・充実にも精力的に取り組んだ。『台湾学事要覧』の編集・刊行はその一環である。これは台湾総督府の教育年報で、大正四年版が最初である。内容構成を大正五年版で見ると、⑴台湾教育の創始⑵学務行政の組織⑶学制一班⑷各官公立学校⑸図書館⑹私立学校及幼稚園⑺書房など、全一〇章（一〇六ページ）よりなり、昭和期に入り隔年ごとに刊行される『台湾の教育』の原型となった。

台湾旧来の初等教育機関・書房に関しては、公学校普及の遅れに鑑み、総督府はこれを善導・利用して代用学校たらしめるのが良策だとして、各地方庁に命じてその所在や内容状況の調査にあたらせた。それを踏まえて隈本は、書房の教育内容に国語を採用するよう誘導すること、そのため教員には国語学校出身乃至それに準ずる者を配置することに努めるよう、各地方庁に指示している。また、風致維持のため、地方庁をして「淫祠邪祠」を取締まらせ、その一方、孔子廟や関帝廟、鄭成功や呉鳳などには保護を加えることとし、廟宇所在地の人民に維持方法を講じさせ、必要によっては総督府からの補助金支給も行う旨通知している。

（一三）社会教育方面では、明治末年以来基隆において夜学校や図書館の設立運営など、熱心に勤労青少年に対する教育事業に取り組んで来た篤志家石坂荘作の活動に注目、隈本はそれを支援するため地方税からの補助金支給を行うことを確認している。なお、石坂の社会教育活動については、本集成第一〇集「社会教育関係資料」中の「石坂文庫年報」（第九四巻所収）に、詳細を見ることができる。

第五の対岸教育事業として隈本は、明治末年開設の福州東瀛学堂・厦門旭瀛書院に対する校舎建築補助金の支給を通しての支援の外、内田民政長官の指示にもとづき、対岸関係の改善や日中両国民相互の福利増進に資するとして、財団法人「南支協会」（瀛華協会）の設立案を作成。また南進策振興のため、「台湾勧業共進会ニ関スル歌」や「南洋発展ニ関スル歌」の作詞依頼なども行っている。

以上のほか、「学務部日誌」第四巻目には、次のような関連事項も収録されている。

六、公立台中中学校校長田川辰一の任用
七、総督府図書館の整備
八、国語学校の運営
九、長期勤続職員の待遇改善

（一四）「学務部日誌」の第五巻目は、「（秘）大正六年一月　日誌」（Ⅱ—五）で、対象時期は大正六年一月から翌七年一月までの期間。所収内容としては、前半の学務部関係、後半の国語学校関係の二部に分けられる。まず学務部関係の主要事項としては、次のようなものがある。

一、英人宣教師ウイリアム・キャムベルの業績顕彰
二、公学校教育の充実点検

三、公学校建築の基準
四、台中公立中学校の運営
五、公立高等女学校・台湾商工学校の開設・運営
六、教育会の通俗教育事業

（一五）本巻の冒頭、英人長老派宣教師ウイリアム・キャムベルの顕彰問題が取り上げられている。同師は四〇余年にわたり台南で布教と教育事業に携わって来た人物で、隈本は、その引退・帰国に際し、総督府として彼を顕彰すべきことを安東総督に上申。意見書の中で、同師の活動を⑴公衆の利益に関する事項⑵教育慈善に関する事項の二つに分けて詳しく紹介している。

これについで掲げられている公学校や公立中学校・高等女学校・台湾商工学校の運営問題は、いずれも学事会議の議題に挙げられたものである。その中でしばしば取り上げられているのは公学校経営に関する問題で、教員養成一〇年計画や校舎建築の基準設定（簡易質素と無用な競争的施設建設の抑制）など、その充実・整備策が検討されている。

高等女学校については、従来国語学校付属だったものを中学校に準じて独立の学校として昇格させるようとするもの。一方台湾商工学校の運営に関して、隈本は東洋協会による内台共学の試みを時期尚早と指摘して、その動きを牽制していた。

当時彼が最も神経を使っていたのは、公立台中中学校の運営についてで、この時点では寄宿舎建設や卒業生の進路指導（内地留学志向への抑制と実業方面への誘導策）などが取り上げられている。このほか彼が重視したの

は、台湾教育会の通俗教育事業で、地方における国語普及や公衆衛生のための通俗講演会・展覧会の開催、活動写真の活用などを各地方庁に指示、その状況報告を求めたりしている。

前半部の最後には、学務部長の学校視察と各校校長・教員に対する勤務評価、および欧米視察への出発（大正七年一月一八日）を前にしての残務処理についての記述も残されている。

本巻後半は、隈本が校長を兼任していた国語学校の運営に関するもので、内容は(1)新年度の教務事項、(2)教員組織の編成、の二部構成となっていた。

（一六）「学務部日誌」最後の第六巻目は、「(秘)大正元年十月　直轄学校ニ関スル件」（Ⅱ—六）で、対象時期は大正元年一〇月から大正三年五月まで。内容項目を見ると、前半では国語学校、および中学校・高等女学校の運営に関する事項が多く記されているが、後半になると、国語学校と中学校両校関係のみに記述が集中している。高等女学校が国語学校から分離独立したためであろう。内容を見ると、国語学校では職員会議の議題として生徒募集や国語教授の方法などのほか、教員人事に関する詳細な記述もある。一方、中学校に関しては、第四・五学年生の同盟休校問題や台南中学校・台中中学校の新設にともなう教員人事、更には生徒の不良行為なども議題に上っている。

Ⅳ

（一）第Ⅲ部「公立中学校設置問題」は、以下の一二篇で構成される。

一、「台湾公立中学校設置問題」
二、「(秘)本島人内地人共学問題・本島人中等教育問題各打合員意見（一月二十八日以降)」
三、「(極秘)本島人紳士学務部長訪問談話要領」（第一次会談)
四、「(秘)本島人紳士学務部長訪問談話要領」
五、「(秘)対本島人中等教育問題」
六、「(秘)学務部長本島人紳士会談要領」（第二次会談)
七、「(秘)五月三十一日午後三時　学務部長紫雲輪番会談要領」
八、「本願寺関係中学書類」
九、「田川辰一より隈本繁吉宛書信」
一〇、補充資料(1)「台湾公立中学校関係公文書」
一一、補充資料(2)「(秘)台湾公立中学校創設ニ関スル上申」
一二、補充資料(3)「台中第一中学校創立及紀念碑建設経過報告書」

(二)　本島人中学校の設立問題は、隈本が最も精力的に取組んだ課題のひとつであった。「台湾公立中学校設置問題」(Ⅲ―一）はこれを系統的にまとめたもので、問題の発生・展開の経緯を詳述している。

林献堂らによる私立中学校設立運動が明確な形をとるのは、大正元年（一九一二）夏、彼らの要請のもと厦門英華書院長のランキン（H.F. Rankin）が訪台して英華書院の分院設置を総督府に申請したことである。翌二年三月には、東本願寺台北別院輪番紫雲玄蕃による龍谷中学設立案も提出されていた。その詳細は「本願寺関係中学書類」（Ⅲ―八）に見ることができる。

これらとは別に、当時郷紳層の間から、各地の本島人有志からの義援金をもとに自らの手で中学校を設立しようとする動きが高まりつつあった。

（三）こうした動きを踏まえて、大正二年四月二二日総督府部局長会議が開催された。中心議題は、本島人に対し中学校設立を許可することの可否、およびその学科目、修業年限等についてであった。検討内容の詳細は、「(秘)本島人内地共学問題・本島人中等教育問題各打合員意見」（Ⅲ―二）および「(秘)対本島人中等教育問題」（Ⅲ―五）に見ることができる。その結論は、以下のとおりであった。

一、中等学校の設立は容認せざるを得ない。

二、本願寺紫雲の中学校設立案は、島民をして「総督府立ノ代用タルカ如キ学校」と誤認させる恐れがあり、総督府高官の後援は控えること。

三、寧ろ島民の寄付金二〇万円をもって中等学校の創設資金とし、総督府が学校の設立維持にあたるのが得策である。

四、但し、台湾人向け中等学校の程度内容を、内地人のそれと同一レベルにすることは疑問で、以下のような条件を付すべきである。

1．修業年限は四年、上級学校への予備機関としない。

2．教育内容としては、「実業的事項ノ修得ト国語ノ熟練、国民性ノ涵養」に力を注ぐこと。

3．学校の名称は、「中学校」を避け、「台湾高等学校」あるいは「台湾高等公学校」「台湾高等普通学校」

とする。

(四) 公立中学校設立計画が公に知られるようになるのは、同年五月二日付け『台湾日日新報』の漢文欄記事「督府賛成中学」によってであった。佐久間総督の郷紳層による中学校設立要請への好意的対応には、同総督が進める「理蕃五ヶ年計画」(一九一〇~一四年) に対する郷紳層の協力への見返りとしての意味もあった。大規模な山地族討伐作戦の遂行には、多数の人夫調達や費用負担など、郷紳層の協力が不可欠であったからである。『台湾教育令制定由来』前篇 (Ⅳ—一) に、次のような記述がある。

「討蕃事業カ端ナクモ台湾人ニ対シ中等教育機関設立ノ好機会ヲ与フルコトトナリ……(理蕃事業の遂行にあたり) 台湾人ノ賦役其他ノ奉公容易ナラサルモノアリ、辜顕栄、林献堂其他ノ郷紳ハ之ヲ好機トシ、総督ニ請フニ討伐事業ニ致セル島民ノ赤誠ヲ諒トセラレ対台湾人子弟中学校ノ設立ヲ許可セラレンコトヲ以テシ、且ツ幸ニ許可セラルトセハ之カ創設費ノ如キ敢テ辞スル所ニアラスト述ベタリ……」

(五) 以後、公立中学校設立に関する動きは、学務部長隈本を軸に一挙に本格化することになる。隈本は、四月末から林献堂・辜顕栄・蔡蓮舫など郷紳有志との会談に入り、それは数回にわたって行われた。会談に関する詳細な記録としては、「(極秘)本島人紳士学務部長訪問談話要領」(第一次会談) (Ⅲ—三) 「(秘)本島人紳士学務部長訪問談話要領」(Ⅲ—四)、および「(秘)学務部長本島人紳士会談要領」(第二次会談) (Ⅲ—六) などが残されている。また紫雲との会談については、「(秘)五月三十一日午後三時 学務部長紫雲輪番会談要領」(Ⅲ—七) に見ることができる。

（六）これら一連の会談結果として、隈本と林献堂ら郷紳有志との間で、下記のような合意が成立した。
一、地方税支弁により公立の中学校を設立する。名称は「台湾公立中学校」とする。
二、設立場所は台中とする。
三、学校設立に要する経費一切は、島民有志の寄付（総額二五万円）による。
四、修業年限は五年とし、学科課程も原則として内地人中学校並みとする。
この合意内容は、総督府実務当局の意向とは異なり、明らかに林献堂ら郷紳層の要望に沿うもので、佐久間総督が彼らに与えた言質が決定的な役割を果たしていた。

（七）以後、林献堂らによる中学校創設のための募金活動が活発に進められ、翌年三月までに拠金二四万八千円、寄付者は二〇四名に達した。これらの拠金をもとに、大正三年二月には林烈堂・辜顕栄を総代として、台中中学校用建物等の「寄付願」が台中庁経由で佐久間総督宛に提出され、三月七日付け総督からの受納認可を経て、早速校舎等の建築工事が開始された。

（八）こうした台中一中創立をめぐる本島人有志の動きの詳細については、補充資料(3)「台中第一中学校創立及紀念碑建設報告書」（Ⅲ—一二）に見ることができる。このパンフレットは、昭和八年六月一日付、創立委員林烈堂外五名の名で出された。台中中校創立記念碑を校内に建立するにあたり、同校創立の事蹟を顕彰するため、校舎等の建築・寄贈の経過などを記録としてまとめたものである。末尾に、以下のような格調高い「台中州立第一中学校創立紀念碑」碑文が掲げられている。

「吾台人初無中学、有則自本校始、蓋自改隷以来、百凡草創、街荘之公学、側重語言、風気既開、人思上達、遂有不避険阻、渡重洋、留学於内地者、夫以髫齔之年、一旦遠離郷井棲身於万里外、徴特学資不易、亦復疑慮叢生、有識之士　深以為憂、知創立中学之不可以緩也、歳壬子、林烈堂、林献堂、辜顕栄、林熊徴、蔡蓮舫、諸委員、乃起而力請於当道、大正参年甲寅三月念四日、蒙佐久間督憲許准於是委員等、自投巨金、以為衆挙、不辞労瘁、悉力於募貲鳩工等事、頼各方之踊躍捐輸、共集金弐壱拾四万八千八百二十円、乃於四年五月開校、同年三月経始建築、至翌年十二月告成、占地一万五千坪、工費二十一万八千百三十六円余、学堂宿舎斉備、固亦燦然大観矣……」。

ちなみに、この石碑は、現在も台中一中の後身・台湾省立台中第一高級中学の正門横に見ることができる。

（九）これらの動きに対応して、総督府部内では、隈本らを中心に公立中学校設立のための具体化作業が進められた。公立中学校の設立には、学校官制の制定・公布が必要で、中央政府との交渉は、学務部長隈本が中心となって行われた。彼は佐久間総督の厳命にもとづき、内地人並みの中学校案を以てこの交渉にあたることになる。「公立中学校官制」の制定をめぐる総督府・中央政府間の交渉経緯の詳細については、「台湾公立中学校設置問題」（Ⅲ―一）第1章のほか、『台湾教育令制定由来』（Ⅳ―一）前篇第三章にも克明な記述が見られる。ここには国立公文書館所蔵の『公文類従』や『枢密院会議文書』『御署名原本』から関連文書類を抽出・整理した。補充資料(1)「台湾公立中学校関係公文書」（Ⅲ―一〇）がそれである。

（一〇）総督府からの稟請をうけて、大正三年四月二七日大隈重信内相は請議案「台湾公立中学校官制制定ノ件」

を閣議に提出した。請議案提出の理由に、本島人に対する高等普通教育のための学校設立の必要を認め、地方税経済によりこれを設立維持するためとあり、請議案には内田民政長官名の説明書「公立中学校設置ノ必要」が付されていた。隈本の執筆によるものであった。

これに対して、高橋作衛法制局長官から強硬な異議が唱えられた。大隈総理大臣あて「上申書」のなかで、彼は次のように主張する。すなわち、本島人に対し内地人同様の高等普通教育を授けることは、「徒ニ文明的意識ノ向上ヲ助長シテ統治ニ困難」を来すものであり、「我国殖民地教育方針ノ統一上」許すべきではない。そして、先決条件として「朝鮮教育令」（勅令第二二九号）に準拠して、勅令により台湾教育の根本方針を制定すべきだと言うのである。ちなみに、「朝鮮教育令」には次のような条項がある。

第二条　教育ハ教育ニ関スル勅語ノ旨趣ニ基キ忠良ナル国民ヲ育成スルコトヲ本義トス

第三条　教育ハ時勢及民度ニ適合セシムルコトヲ期スヘシ

すなわち、朝鮮人の民族意識を抹殺して、「忠良ナル日本国民」として育成する一方、彼らに対し植民地としての「時勢ト民度」に対応した簡易にして実用的な教育を施すというのである。そこには、「同化」と「差別」という植民地教育の二大方針が貫徹されていた。

（一一）この法制局の異議申し立てにより、官制の公布は大幅に遅れることとなった。そのため隈本は急遽上京し、以後四か月にわたり内田民政長官の指揮のもと、精力的に関係部局との折衝や法制局への反論作成などにあたることになる。この間の交渉は、内務省・法制局間の権限争いの感さえあり、膠着状態が続くなか、閣議決定の遅れにいらだつ佐久間総督から厳しい督促も行われている。補充資料(2)「(秘)台湾公立中学校創設ニ関スル上申」（台湾総督府官房文書課長鈴木三郎）（Ⅲ―一一）は、その間の事情をよく示している。

（一二）こうしたなか、九月一二日付け江木翼内閣書記官長の「依命通牒」による督促で、公立中学校官制についての実質審議がようやく始められるが、事態はその後も容易に進展をみなかった。法制局側が、以下のように強硬に主張するからである。

一、学校名称は中学校としても良いが、

二、その程度内容は、朝鮮の高等普通学校と同様、修業年限四年、入学資格は公学校四学年修了程度、とする線は絶対に譲れない。

これに対し、台湾側には、一日の遅れも許されぬ緊迫した事情があった。総督の威信・面目もさることながら、現地では学校の開設準備が進み、すでに生徒募集も終了し、生徒や保護者が首を長くして開校を待っていたからである。佐久間総督としては、この際譲歩してでも、一日も早く官制の通過を図る外ない厳しい状況に置かれていたのである。「田川辰一より隈本繁吉宛書信」（Ⅲ―九）は、公立台中中学校初代校長田川辰一の着任当時の状況について、後日隈本が行った問い合わせに対する応答書簡（大正一一年二月二四日付）。同校発足当時の事情を詳述、林献堂ら台湾側関係者が同校に如何に大きな期待を寄せていたかを伝えている。

Ⅴ

（一）第Ⅳ部「『台湾教育令』制定関係」は、以下の資料一八篇よりなる。

一、『台湾教育令制定由来』(前篇・後篇)
二、「勅令案　台湾教育令」(第一校／内務省提出校／修正)
三、「台湾人教育制度改正案系統表」
四、「(秘)台湾教育令(勅令案)」
五、「内地及台湾学制系統調」
六、「教育令修正案ニ対スル意見」
七、「大正五年六月内務省ト交渉概要」
八、「次田拓殖課長意見抄及之ニ対スル批評」
九、「(秘)勅令案　台湾教育令」
一〇、「勅令案　台湾教育令説明」
一一、「教育令ニ関スル調」(藤井内務属提出)
一二、「諸外国殖民地教育学制大要」
一三、「(諸外国殖民地教育調査要項)」
一四、「印度支那殖民政策」
一五、「印度統治に就て(視察復命書第一)」
一六、「印度人教育ノ弊(台湾新聞掲載)」
一七、「極東に於ける英国の事業(香港大学)」
一八、「台湾教育令ノ反響」

（二）『台湾教育令制定由来』（Ⅳ―一）は、台湾総督府による「台湾教育令」案の策定過程を系統的に記述したもので、『隈本繁吉文書』を代表する文書の一つ。総督府退官後、隈本が東京で病気療養中に執筆した。前・後篇の二部で構成（全八三丁）、前篇では、同教育令制定問題の前提として、公立台中中学校の創設をめぐる経緯の詳細や、隈本の赴任前後における台湾の教育行政上の問題を取り上げ、後篇では同教育令案の調査・策定、および審議過程について概述している。その内容構成を示せば、下記のとおりである。

前篇

一、緒言

第一章　共学問題ト内地留学並支那革命後ニ於ケル対岸ノ影響等

第二章　台湾人中学校設立問題

第一　共学黙認案不通過ノ事情及其ノ影響

第二　討蕃事業ト台湾人中学校設立ノ陳情

第三　西本願寺輪番ト台湾人中学校設立問題ノ波瀾

第四　島民中等学校其他ニ関スル調査

第五　中等学校ノ位置、経営方法並名称及修業年限等

第三章　台湾公立中学校設立ト所要官制案ノ行悩並教育ノ方針問題

第一　地方税予算ノ計上ト公立中学校官制

第二　公立中学校官制案ト複雑セル種々ノ波瀾

第三　公立中学校官制案ノ協議ト先決問題

後篇
第四章　台湾教育令案ノ調査及審議
第一　公立中学校官制ノ公布ト之ニ伴フ条件
第二　台湾教育調査会及台湾総督ノ交（更？）迭
第三　民政長官ノ交（更？）迭、東京ニ於ケル台湾教育令案ノ討議及提出並枢密院顧問官ノ内交渉
第四　教育令案ニ対スル法制局及其他ノ異議ト再審査
第五　爾後ノ経過

（三）「勅令案　台湾教育令」（第一校／内務省提出校／修正）（Ⅳ―二）は、台湾総督府による教育令原案の策定、および内務省・法制局との折衝の具体的経緯を示したもので、公立中学校官制の公布をうけて設置される「台湾教育調査委員会」の組織とその活動を跡づけている。委員会は、民政長官を会長とし、財務局長、殖産局長、地方部長、学務部長など総督府の主要メンバーが委員（主査：隈本学務部長）となり、毎週一回のペースで会合をもち、「台湾教育令」原案の審議・策定にあたった。「台湾人教育制度改正案系統表」（Ⅳ―三）から「教育令修正案ニ対スル意見」（Ⅳ―六）に至る四篇は、その審議過程に関する具体的資料である。

（四）「勅令案　台湾教育令」第一校（Ⅳ―二）は、台湾教育調査委員会が最初に作成した教育令原案で、「台湾人教育制度改正案系統表」（Ⅳ―三）はそれにもとづく学校制度図である。これをもとに内務省との間で検討が行われた結果、一部修正の上、「（秘）台湾教育令（勅令案）」（Ⅳ―四）がまとめられ、内務省経由で法制局に提

出された。大正五年（一九一六）初頭のことである。「内地及台湾学制系統調」（Ⅳ―五）はその説明資料。それによれば、(一)公学校の修業年限は四年とし、必要により修業年限二年の高等公学校を置く。(二)中学校は「高等学校」と改称し、(三)師範学校は、本科四年、予科二年以内とする、などとある。「教育令修正案ニ対スル意見」（Ⅳ―六）は、これに対する隈本の反論である。

(五)「大正五年六月　内務省ト交渉概要」（Ⅳ―七）」および「次田拓殖課長意見抄及之ニ対スル批評」（Ⅳ―八）は、法制局に提出された「台湾教育令」案に関する総督府・内務省・法制局の間での検討過程に関する資料。「(秘)勅令案　台湾教育令」（Ⅳ―九）および「勅令案　台湾教育令説明」（Ⅳ―一〇）は、内務省との交渉を経て、大正五年一〇月下旬時点で総督府の最終案としてまとめられたものである。以下の資料七点は、いずれも調査委員会のメンバーが台湾教育令案の検討に際し、参考にした諸外国の植民地教育政策・制度に関する資料群である。

一、「教育令ニ関スル調」藤井内務属提出（Ⅳ―一一）
二、「諸外国殖民地教育学制大要」（Ⅳ―一二）
三、「(諸外国殖民地教育調査要項)」（Ⅳ―一三）
四、「印度統治に就て（視察復命書第二）」（Ⅳ―一四）
五、「印度人教育ノ弊（台湾新聞掲載）」（Ⅳ―一五）
六、「極東に於ける英国の事業（香港大学）」（Ⅳ―一六）
七、「印度支那殖民政策」（Ⅳ―一七）

（六）最後に付した「台湾教育令ノ反響」（Ⅳ―一八）は、本来、別集（一）『教育関係公文書』のなかに収録すべきところ、失念したため、ここに置くことにした。四章で構成、「教育令ニ対スル台湾人ノ感想」として、「台湾教育令」の発布が「本島人ノ教育程度ヲ高メタ」として高く評価する一方、「多数ノ本島人中、時ニ異見ヲ抱ク者アルヲ免レス」として、以下のような批判的見解も紹介している。

(1)内台共学の不可欠性

(2)公学校教育の義務化必要

(3)内地の学校系統との不連絡批判

Ⅵ

（一）第Ⅴ部「対岸教育問題」は、以下のような資料一三点よりなる。

一、「(秘)対岸教育解決方ニ就テ」

二、「(対岸視察報告書)」

三、「対岸視察事項摘要」（大正元年一二月乃至同二年一月六日）

四、「民国教育施設概観」

五、「福州東文学社」

六、「(小竹徳吉氏記念胸像揮毫ノ由来)」

七、「(秘)在支那福州　福州東瀛学校排斥事情」

八、「(秘)南支那ニ於ケル活動ヲ主要ノ目的トスル支那人並内地人台湾人ノ教育機関ニ就テ」
九、「台華実業学校設立意見」
一〇、「対岸視察録」
一一、「南洋発展唱歌」
一二、「南洋発展の歌」
一三、三屋静より隈本学務部長宛書信

(二)前述のとおり、隈本は台湾総督府着任早々台中・台南視察に赴くが、その際台湾と対岸との結びつきの強さを改めて認識した。対岸、すなわち福建省の福州や厦門、広東省の汕頭は、領台以前から台湾との関係が深く、相互の往来も盛んで、これらに住む台湾出身者も少なくなかった。彼らは日清戦争後日本籍に編入され、これにより「台湾籍民」と呼ばれることになるが、隈本としては、辛亥革命を機とする新機運の台湾への波及を警戒する上からも、彼らに対し日本化の教育を行う必要性を痛感した。「(秘)対岸教育解決方ニ就テ」(大正元年九月)(V―一)はその問題についての意見書。資料本文のタイトルには「対岸籍民及関係支那人教育問題」とある。

(三)総督府の対岸教育事業は、日清戦争後の福州東文学社および厦門東亜学校の開設に始まるが、事業不振のため、両校ともに二〇世紀初頭には閉鎖あるいは活動停止に追い込まれていた。「福州東文学社」(V―五)は、同校の設立経緯に関する記録である。

対岸教育事業が再開されるのは日露戦争後のことで、学務課長持地六三郎の調査報告にもとづき、明治四一年

（一九〇八）福州東瀛学堂、翌四二年には厦門に旭瀛書院がそれぞれ総督府により設立された。その運営状況については、本史料集成第八集『学校要覧類』（上）第六七巻所収の「対岸籍民教育」の項に、詳細を見ることが出来る。

（四）「（秘）対岸教育解決方ニ就テ」（Ⅴ―一）において隈本は、当時両校に教員として派遣されていた三屋大五郎（福州）および小竹徳吉（厦門）に対する意見聴取を踏まえ、また厦門視察中の東郷大佐から寄せられた報告書「対岸問題と厦門」も参照、辛亥革命を機とする対岸の政治的・社会的状況の変化への対応策として、以下のような文化事業を行う必要があるとした。すなわち、

(1)学校の開設
(2)病院の建設
(3)新聞の刷新・拡張

がそれである。

そして、設置すべき学校としては、英米系学校への対抗上、公学校および商業学校が望ましいとし、以下のような具体策を提案していた。

一、福州東瀛学校、および厦門旭瀛書院（いずれも公学校程度）の内容改善
二、福州・厦門における中等程度の商業教育機関の設置
三、汕頭における公学校の新設

隈本はこれを意見書にまとめ、明治四五年（一九一二）五月一九日、同七月六日に開催された「対岸教育会議」

に予算書を付して提出、そのなかで自ら福州・厦門・汕頭に赴いて現地調査を行うことを要望していた。

（五）隈本が福州・厦門・汕頭・香港・広東を歴訪して学校調査を行うのは、大正元年（一九一二）一二月中旬から翌年一月初めにかけてのことである。その期間中、彼は精力的に調査活動に従事し、その結果を詳細な報告書にまとめた。「（対岸視察報告書）」（V―二）がそれである。「対岸視察事項摘要」（V―三）はその概要。そこでは、各学校ごとに視察記録がまとめられており、同地における日本側関連機関の活動との対比が興味深い。「民国教育施設概観」（V―四）は、当時の大総統袁世凱治下中国における教育状況についてまとめたので、報告書の背景を理解する上で有用である。この視察結果は、後に「対岸ニ於ケル教育概況」（大正七年刊）としてまとめられ（『本史料集成』五五―④）、「台湾教育令」案の枢密院での審議に際し、参考資料として提出された。なお、「（小竹徳吉氏記念胸像揮毫ノ由来）」（V―六）は、厦門旭瀛書院草創期に同校校長として精力的に活動し、その途上病に倒れた小竹徳吉の胸像建立にまつわる諸事情を記録したものである。

（六）これらの籍民学校は、第一次大戦後の中国ナショナリズム昂揚期、二一ヵ条要求に起因する反日感情の高まりのなか、学生らによるストライキなど激しい反対運動に直面し、苦境に立たされることになるが、これは一九二〇年代後半期に至って大きな高まりを見せる教育権回収運動の初歩的表現ともいえるものであった。その背景には、第一次大戦を機に活動を停止していた英米系ミッション・スクールに替わって校勢を拡大した東瀛学校や旭瀛書院の充実ぶり、就中両校がそれまでの籍民のための学校から、一般中国人をも収容する学校へと発展しつつあったことへの反発・嫉視もあったという。「（秘）在支那福州　福州東瀛学校排斥事情」（V―七）は、東瀛学校のケースについての詳細状況を記述したもので、同校への中国側の反発には、福建省長胡瑞霖の排日施策を反映したところもあったという。本資料は、東瀛学校が規則改正などにより校勢を立直し、中国社会への適応に努めた同校の苦闘の様子を生々しく伝えている。

（七）台湾総督府の南進政策は、第一次大戦を機に、その対象を対岸から「南支・南洋」へと拡大・展開して行った。それにともない、まず華南で活躍すべき人材の育成が課題として浮上して来る。「（秘）南支那ニ於ケル活動ヲ主要ノ目的トスル支那人並内地人台湾人ノ教育機関ニ就テ」（V—八）は、隈本が南支・南洋で商工業に従事すべき実務者養成の緊急性を詳細なデータをもとに論じたもので、大正五年（一九一六）一二月の執筆。中山秀之の実業学校設立案（「台華実業学校設立意見」（V—九））や高田種雄の意見書（「対岸視察録」（V—一〇））が参考資料として付されている。後者は、台湾善隣協会理事の高田が、華南視察の見聞をもとに日本の対岸政策について論じたものである。同協会は、当時総督府の資金援助のもと、新聞『閩報』の発刊などの対岸文化工作に従事していた。

（八）大正期台湾総督府の南進政策は、内田総督・下村民政長官のコンビで推進された。内田は「南洋協会」を設立したり、『国民南洋発展策』（大正三年刊）を公にするなど、南進策の鼓吹にあたるが、その一環として隈本に対し「南洋発展の歌」や「勧業共進会の歌」の作成を指示している。宇井英「南洋発展唱歌」（大正四年）（V—一一）や根津金吾「南洋発展の歌」（大正四年）（V—一二）、「三屋静より隈本学務部長宛書信」（V—一三）など、いずれもその関連資料である。ちなみに、「南洋発展唱歌」には次のような一節がある。

「万里の波濤を拓けよと／明治の帝は宣ひき／今や海外発展の／機運は熟せり／時は来ぬ……」。

Ⅶ

（一）第Ⅵ部「教育勅語関係文書」は資料一九点よりなるが、これらは大きく次の二つのグループに分けられる。

一、勅語宣講会施行の件

二、新領土特殊の教育勅語関係

（二）第一の「勅語宣講会」関係文書は、次の六点で構成される。

一、「勅語宣講会施行上ニ関シ在京民政長官ニ内報案」（高田民政長官代理）

二、「勅語宣講会ニ関シ在京民政長官ニ内報案」（亀山警視総長）

三、「勅語宣講会設立ニ関スル建白」（石部定）

四、「勅語宣講会設立稟請（漢文）」（黄玉階）

五、「宣講ノ起源沿革及実行状況ノ一斑」（石部定）

六、「（黄玉階外十三名に関する人物評）」（隈渓生）

（三）勅語宣講会をめぐる総督府部内の動きは、明治四五年（一九一二）一月高田民政長官代理から在京の内田民政長官あての内報に始まる。「勅語宣講会施行上ニ関シ在京民政長官ニ内報案」（高田民政長官代理）（Ⅵ―一）

および「勅語宣講会施行ニ関シ在京民政長官ニ内報案」（亀山警視総長）（Ⅵ―二）がそれである。これによれば、黄玉階ら郷紳から提出された「勅語宣講会」設立願出に関する亀山警視総長（内務局長）の内報に対し、佐久間総督はその趣旨に賛同し、辛亥革命の台湾への影響も考慮して、急ぎ対応するよう指示していた。その際、補助金下付も差支ない旨内示があり、宣講の施行に関して、

(1)宣講会の名称・組織、宣講方法

(2)勅語を台湾人に理解し易いよう解釈を一定すること

などを、学務部関係者および本島人の主要な者で協議することにした、というのである。

（四）「勅語宣講会設立稟請」（漢文／同訳文）（Ⅵ―四）は、黄玉階らの総督あて稟請（明治四四年一〇月）で、その内容は、総督府による台湾統治は一七年におよび、殖産興業が盛んとなり、人民の福祉も増進されているが、島民は依然として守旧的で愚頑である。この際、清朝時代の例に倣い、総督府の指導監督のもと各地に「勅語宣講会」を設立し、教育勅語・戊申詔書の聖旨を宣明するとともに、これまで用いられて来た宣講用書物中今日にも適合するものを選び、併せて島民の徳化に役立てたいという趣旨であった。稟請を行ったのは、黄玉階以下、辜顕栄、呉鸞旗、林烈堂、楊吉臣など一三名で、いずれも台湾を代表する郷紳・名望家たちで、多くが紳章佩帯者であった。隈渓生（東京朝日記者）による人物評（「黄玉階外十三名に関する人物評」（Ⅵ―六）も付されている。

（五）石部定は、亀山とともに黄玉階らの総督への稟請に橋渡し役を演じた人物である。彼の提出した建白書

「勅語宣講会設立ニ関スル建白」（Ⅵ―三）は、黄の稟請と同趣旨。これに併せて、石部は「宣講ノ起源沿革及実行状況ノ一斑」（Ⅵ―五）を起稿し、宣講が清朝時代を通じて一般民衆に対する重要な教化機関として機能して来たことを紹介し、今後はこれを利用して教育勅語・戊申詔書の聖旨を民衆に周知させ、「国体ノ尊厳、皇徳ノ無窮」を宣明するのに役立てるよう提案していた。ちなみに、勅語宣講会のその後については、何らの動きも記録されていない。高田長官代理や隈本学務部長心得など、総督府側の宣講会設立に対する消極的姿勢もこれに関係しているかも知れない。

（六）第二の「新領土特殊ノ教育勅語関係」文書は、以下のような資料一三点で構成される。

七、「勅語謄本ニ関スル件」
八、「（秘）帝国新領土ノ民衆ニ下賜セラル丶場合ニ於ケル教育勅語内容事項私桉」
九、「（極秘）敬擬教育勅諭草桉」（日文）
一〇、「（極秘）敬擬教育勅諭草桉」（漢文）
一一、「教育勅旨草案ニ擬ス」（日文）
一二、「敬擬教育勅諭草桉」（日文）
一三、「敬擬教育勅諭草桉」（漢文）
一四、「（秘）本島教育ニ関スル御沙汰書御下賜方内申ノ件」
一五、「内申書」
一六、「教育ニ関スル内申」

一七、「内申」
一八、「(内申ニ関スル鄙見)」(飯盛万平)
一九、伊藤賢道より隈本学務部長宛書信

(七) この問題を検討するのに先だち、教育勅語の台湾への浸透過程について見ておく必要があろう。「勅語謄本ニ関スル件」(Ⅵ—七) によれば、台湾における教育勅語謄本の下付は、明治二九年 (一八九六) 四月初代学務部長伊澤修二の稟請により、乃木総督の決裁を経て、謄本を国語学校、国語伝習所など一八校に奉戴させたのが始まりである。翌年には重野安繹の手になる教育勅語の漢訳が完成、総督府は訓令第一五号を発して、各学校において教育勅語の奉読に続いて同訳文を拝読させるよう指示した。明治三一年 (一八九八) には公学校制度が発足し、以後各公学校にも勅語謄本が下付されることとなり、下付数は同四四年末 (一九一一) までに二二四通に達していた。

(八) 隈本は、朝鮮・台湾など「新領土」における教育勅語のあり方に関して、朝鮮在任時代から考慮するところがあったという。彼によれば、教育勅語は「国民の遵守すべき道徳を垂示」したものである。台湾では、乃木総督時代以来勅語謄本下付の経緯があり、朝鮮でも、併合直後の明治四四年 (一九一一) 当時朝鮮総督が教育勅語の下付を要請した事実がある。確かに勅語の趣旨は、母国・新領土を問わず、不動の教育の本義として奉戴すべきものである。とはいえ、勅語中には、内地人には適合しても、新付の台湾人・朝鮮人に対しては直ちに適用し難い憾みがある。したがって、隈本個人としては、

1．天皇御即位の際または御行幸がある場合などを好機として、新付の民に「特別ノ御沙汰」を賜わり、

2．総督は、これを布衍して教育上の綱領とし、教育勅語の旨趣と相応して島民教化上遺憾のないように出来るのではないか、

と考えた。そして台湾在職中幾度か総督・民政長官に対して、御沙汰書の下賜を仰がれるよう、陳言したことがあるという。ここに収録した文書類は、いずれも以上のような文脈のなかに位置付くものである。

(九) 上に挙げた「新領土特殊ノ教育勅語関係」文書類を内容的に見ると、次の二つのグループにまとめることができる。すなわち、

1．台湾版教育勅語の作成

2．教育勅語の下賜方に関する件

(一〇) まず、台湾版教育勅語の作成に関する資料としては、次の六点が挙げられる。

八、「(秘)帝国新領土ノ民衆ニ下賜セラル、場合ニ於ケル教育勅語内容事項私桉」

九、「(極秘)敬擬教育勅諭草桉」(日文)

一〇、「(極秘)敬擬教育勅諭草桉」(漢文)

一一、「教育勅旨草案ニ擬ス」(日文)

一二、「敬擬教育勅諭草案」(日文)

一三、「敬擬教育勅諭草案」(漢文)

（一一）隈本は、「(秘)帝国新領土ノ民衆ニ下賜セラル、場合ニ於ケル教育勅語内容事項私桉」（Ⅵ―八）において、台湾版教育勅語に盛り込むべき徳目は、差し支えない限り現在の教育勅語の分によるべきだとし、その内容事項として、次のようなことを挙げていた。

1．勅語冒頭に天皇が新付の民衆に告げ給うという趣旨を置くこと。

2．皇祖皇宗の偉烈と各時代の臣民の忠勇により国運が伸張し、新付の民衆を見るに至ったこと、而して新領土の統治にあたっては一視同仁の態度を以て臨むとともに、風俗習慣・民度の差異、地方の状況に応じて適宜施設して行くこと。

3．新付の民衆及びその子孫は、均しく我が「忠良ノ臣民」として、国憲国法の遵守、忠孝友愛勤勉誠実修学習業、公益公徳の尊重などの諸徳を修得するに力め、我が国威の発揚に資するべきこと。

4．旧来の臣民（内地人）と協和融合して国風国体の擁護に力めること。

（一二）次に掲げる「(極秘)敬擬教育勅諭草桉」（日文・漢文）（Ⅵ―九・一〇）は、上掲の留意事項を基準として作成された「教育勅諭」草案である。いずれも執筆者は不明。

一、敬擬教育勅諭草桉（日文）

朕茲ニ爾台澎諸島曁ヒ爾百執事ニ勅ス特ニ昭ラカニ教育ノ旨意ヲ宣ス

爾臣民惟レ忠惟レ孝徳ヲ尚ヒ道ヲ明ラカニシ恭倹礼ヲ執リ誠実業ヲ修メ徳器ヲ成就シ身家ヲ保持シ終ヲ始ニ慎ミ勤労倦マズ殊ニ国語ヲ習ヒ而シテ国法ニ遵ヒ国体ヲ尊ビ倘一朝事アラバ惟当ニ忠義奮発皇猷ヲ匡補シ以テ邦家ニ利スベシ此レ吾ガ皇祖皇宗ノ遺訓ニシテ臣民ノ宜シク恪守シテ墜スコトナカルベキ所

ノ者ナリ

惟フニ吾ガ祖宗ハ天ニ継キ極ヲ建テ日域ニ光宅シ万方ヲ協和シ聖子神孫世世相承ケ一統替ハルコトナク宝祚加隆ナリ文教覃ク敷キ徳威遠ク播ク而シテ域外ヨリ帰化スルモノ皆ナ軌範ニ就キ以テ礼儀ノ邦ヲ成ス

朕恭シク天命ニ膺リ丕ニ祖宗ノ基緒ヲ承ケ実ニ賢良ノ輔佐ニ頼リ神人ヲ粛協シ夙夜懈ラズ以テ大業ヲ恢弘スルコトヲ得タリ惟フニ茲ニ台澎図ニ帰ス固ニ同文同種ニ属ス惟是レ言語風俗既ニ殊ナル教育ノ政尤モ至重タリ朕惟一視同仁内外ヲ別ツコトナク時ニ因テ宜シキヲ制シ以テ民心ヲ協ヘリ爾台澎百執事上下心ヲ一ニシ尚クハ祖宗ノ遺訓ニ率ヒ而シテ朕ガ意ニ称ヘヨ

二、敬擬教育勅諭草桉（漢文）

朕茲勅爾台澎諸島。曁爾百執事。特昭宣教育之旨意。」爾臣民惟忠惟孝。尚徳明道。恭倹執礼。誠実修業。成就徳器。保持身家。慎終于始。勤労不倦。殊習国語。而遵国法。而尊国体。倘一朝有事。惟当忠義奮発。匡補皇猷。以利邦家。此吾皇祖皇宗教学之遺訓。而臣民之所宜恪守而無墜者也。」惟吾祖宗継天建極。光宅日域。協和万方。聖子神孫。世世相承。一統無替。宝祚加隆。文教覃敷。徳威遠播。而由域外帰化者。皆就軌範。以成礼儀之邦。」朕恭膺天命。丕承祖宗之基緒。実頼賢良之輔佐。粛協神人。夙夜匪懈。以得恢弘大業。」惟茲台澎帰図。固属同文同種。惟是言語風俗既殊。教育之政。尤為至重。朕惟一視同仁。無別内外。因時制宜。以協民心。」爾台澎爾百執事。上下一心。尚率祖宗ノ遺訓。而称朕意焉。

（一三）このほか、教育勅諭草案として、「教育勅旨草案ニ擬ス」以下三点の文書（Ⅵ―一一・一二・一三）も付されている。これら台湾版教育勅語には、教育勅語本文と共通する徳目として「惟レ忠惟レ孝」「恭倹」「業ヲ修メ」「徳器ヲ成就シ」「国法ニ遵ヒ」が掲げられ、これに「礼ヲ執リ」「誠実」「勤労倦マズ」が付け加えられている。また、「父母ニ孝ニ兄弟ニ友ニ夫婦相和シ朋友相信シ」が「身家ヲ保持シ」に集約されている。このほか、以下に示すとおり、いくつかの変容が見られる。

1．「一旦緩急アラバ義勇公ニ奉シ以テ天壌無窮ノ皇運ヲ扶翼スヘシ」が「一朝事アラバ惟々当ニ忠義奮発皇猷ヲ匡補シ以テ邦家ニ利スベシ」に変更。

2．「是ノ如キハ独リ忠良ノ臣民タルノミナラス又以テ爾祖先ノ遺風ヲ顕彰スルニ足ラン」が「此レ吾ガ皇祖皇宗ノ遺訓ニシテ臣民ノ宜シク恪守シテ墜スコトナカルベキ所ノ者ナリ」に変更。

3．「智能ヲ啓発シ」「公益ヲ広メ世務ヲ開キ」「国憲ヲ重シ」が削除され、「殊ニ国語ヲ習ヒ而シテ国法ニ遵ヒ国体ヲ尊ビ」に置き換え。

4．終わりに、「茲ニ台澎図ニ帰ス固ニ同文同種ニ属ス惟是レ言語風俗既ニ殊ナル教育ノ政尤モ至重タリ朕惟一視同仁内外ヲ別ツコトナク時ニ因テ宜シキヲ制シ……」が付加され、「同文同種」「一視同仁」が強調されている。

（一四）第二グループの文書は、台湾版教育勅語の下賜に関する六点で、下記のような三種の資料に区分される。

1．「(秘)本島教育ニ関スル御沙汰書御下賜方内申ノ件」

2．内申草案

2―①「内申（書）」
2―②「(教育ニ関スル）内申」
2―③「内申」
3．内申に関するコメント
3―①「(内申ニ関スル鄙見)」(飯盛万平)
3―②伊藤賢道より隈本学務部長宛書信

（一五）これらの文書類は、先に見たような経緯により作成された台湾版教育勅語を、天皇の即位、あるいは行幸があった場合を好機として、総督が新付の民に対する「特別ノ御沙汰」として御下賜を仰ぐという構想にもとづくもので、「(秘)本島教育ニ関スル御沙汰書御下賜方内申ノ件」(Ⅵ―一四）は、その稟議公文書（大正元年八月一四日起案)。佐久間総督から内閣総理大臣西園寺公望あてに「本島教育ニ関スル御沙汰書」御下賜方を内申する、という形をとっている。内申には次のようにある。

「恭シク惟ミルニ　大行天皇宵衣旰食振武ノ功ハ遠ク百王ニ軼キ立教ノ勲ハ永ク万世ニ垂ル国運ノ盛ナル境域ノ大ナル振古未タ曾テ有ラサル所ナリ我カ台湾亦皇化ニ霑ヒテヨリ茲ニ十有七年政務粗ホ整ヒ教化漸ク普シト雖モ種族素ヨリ同シカラス言語亦全ク異ナレルヲ以テ風ヲ移シ俗ヲ易フルハ固ヨリ一朝一夕ノ能クスル所ニアラス況ヤ其心性ヲ啓培シ其情感ヲ融合シテ渾然同化ノ実ヲ挙クルニ至リテハ前途尚ホ遼遠ナリト謂ハサルヘカラス謹テ案スルニ明治二十三年十月三十日教育ニ関シテ下シ賜ハリタル勅語ハ誠ニ万世不磨ノ大訓ニシテ本島教育ハ一ニ斯ノ勅語ノ御旨趣ヲ奉行スルニ在ルコト勿論ナリト雖モ光輝アル歴史ヲ有セサル新付

ノ島民ヲ教化スルニ当リテハ其ノ趣ヲ異ニセサルヲ得サル所ナキニアラス是ニ於テカ佐馬太私ニ冀フ所アリ今上天皇陛下登極ノ初ニ当リ幸本島教育ニ関スル勅諭亦ハ御沙汰書ヲ下賜セラルルヲ得ハ島民益々聖旨ノ渥キニ感激シ曩日ノ教育勅語ト相俟テ光華映発民心維レ新ニ教化ノ效愈々著シキモノアラン一片ノ至情不敬ノ罪ヲ顧ミルニ遑アラス茲ニ赤心ヲ披キ謹テ状ヲ具シ内申ス」

（一六）（Ⅵ―一五・一六・一七）はいずれも同内申の草案。「（教育ニ関スル）内申」（Ⅵ―一六）の欄外に、隈本の字で「八月一九日総督発送」とあるが、同じく「本文ニ就テハ異議ノ点尠ラズ」とも記している。（Ⅵ―一八）は、隈本の委嘱にもとづき、学務部嘱託飯盛万平が同内申の字句・内容について検討したものである。ちなみに、これら一連の台湾版教育勅語に関する下賜方申請が、実際に佐久間総督から内閣総理大臣あてに提出されたか否かについては、なんらの記録も残されていない。

（一七）「伊藤賢道より隈本学務部長宛書信」（Ⅵ―一九）は、台湾版教育勅語との関連として、大正天皇の即位を祝して、伊藤が隈本に作成を依頼された国文三字経の件につき、後日その経緯を書き残したもの（大正五年三月三一日付）。但し、国文三字経の原文はここには見当たらない。ちなみに、伊藤賢道はもと本願寺の僧侶で、東京帝国大学出身。当時国語学校・中学校の教諭として、漢文を担当していた。

VIII

（一）最後の第VII部は、「欧米教育視察」関係である。隈本は、大正七年初め一年余にわたる欧米諸国の教育視察に赴いた（一九一八・一・一四～一九一九・二・二八）。その期間中、彼は克明な視察日誌や所感を書き残している。内容的には教育・文化を中心とし、時に政治・社会問題にわたることもあった。記述は必ずしも系統的なものではなく、なかには旅先のホテルの便箋を使った断片的なメモもあり、帰国後に加筆補正したものもある。ここには、これら日誌・所感類のほか、帰国後行った講演記録や雑誌寄稿文を加えて、整理編集した。以下に挙げる資料二〇点がそれである。

(1)概要

一、「欧米視察談」（一）～（五）（『台湾教育』第二〇六号～第二一〇号・大正八年七月～一一月号所載）

(2)視察日誌

二、「（ハワイの教育事情）」

二―（付）「『サイベリア』丸船中並布哇ニ於ケル見聞及雑感ノ一二」

三、「（カリフォルニア州沿岸に於ける社会・教育状況）」

四、「（ニューヨーク滞在期間中の各地見聞メモ）」

四―（付）「下村民政長官宛報告」

五、「再ヒ大西洋ヲ渡ル」

六、「（フィラデルフィアの教育事情）」

七、「（カナダ・トロントの社会・教育状況）」
八、「（シアトルの社会・教育状況）」
九、「（バンクーバーの教育事情）」

(3)所感

一〇、「見聞概要」
一一、「戦時ノ北米合衆国（国家ヲ中心トセルコト）」
一一―（付）「北米合衆国官報」（抄訳）
一二、「米国ニ於ケルデモクラシー」
一三、「米国教育週間に関する大統領クーリッヂ氏の布告大要」
一四、「北米合衆国ニ於ケル戦争及経済動員ノ戦後ニ及ボス影響」
一四―（付）「（北米合衆国史概観）」
一五、「U・Sカ今回ノ大戦ニ依リ得タル無形ノ利益ト教育上ニ及ボセル影響〈付〉League of Nations」
一六、「Further Plans for Study of Americanization」
一七、「英国教育」
一七―（付）「I.L. カンデル『英国の教育』の目次及び緒論要旨」
一八、「大なる日本と同化問題」
一九、「世界ニ於ケル帝国」（『台湾時報』第七号、大正九年一月号所載）
二〇、「Notes on Japan as the Centre of Discussion」

（二）帰国後、台湾教育会の求めに応じて隈本が行った講演の記録「欧米視察談」（Ⅶ―一）をもとに、旅行日程とその間における彼の活動を整理してみると、以下のように、大きく四期に分けられる。

Ⅰ．横浜出航（一月一四日）からハワイを経由して一月末サンフランシスコに到着、約二〇日間にわたり同地およびロサンゼルスを中心にカリフルニア州沿岸各地を視察、その後アラバマ、ニューオリーンズを経てニューヨークに到着（三月一〇日）するまで。

Ⅱ．六月末渡英までの三か月間ニューヨークに滞在、その間東部各地を視察。

Ⅲ．七月中旬より一一月下旬までの約四か月間、ロンドンを拠点に戦時下および休戦時のイギリス各地を視察、終わりにフランス・イタリアに短期旅行を試みた。

Ⅳ．ニューヨーク帰着（一二月四日）後、出国（二月二日）までの間トロント、シカゴ、シアトル等アメリカ・カナダの各地を歴訪。

その間、第一次世界大戦中および休戦後のアメリカ・イギリス各地における教育状況や社会事情の観察に精力的に従事した。

（三）視察旅行の始まりは、ハワイでの駆け足視察、およびサンフランシスコ・ロサンゼルスなどカリフォルニア沿岸各地の訪問であった。「（ハワイの教育事情）」（Ⅶ―二）、「（カリフォルニア州沿岸に於ける社会・教育状況）」（Ⅶ―三）はその関連資料である。

ここで彼が先ずぶつかった問題は、在米日本人のあり方に関してであった。大戦を機に全国的な高まりを見せるアメリカナイゼーション（同化主義）の動きのなか、カリフォルニア日本人会など、在米日本人組織が実施する国語（日本語）中心の教育の進め方に危惧を感じた。隈本としては、日本的教育は過渡期としては止むを得ないものの、アメリカ側は必ずしもこれを好まず、大局的な立場から見て、「善良なる米国市民」としての教育を行う外ないのではないか、と見ていた。

彼は、ロサンゼルスを経てニューヨークに向かう途上、南部諸州を通過した。その際各地で義務教育の不振な状況や、南北戦争が残した深い傷跡を見る一方、タスケギーではブーカーワシントン（Booker Washington）の創設になるニグロ学校を詳察し、教育による黒人の地位向上をめざす実践活動に注目した。

（四）ニューヨークに到着したのは三月中旬のことで、渡英までの三ヶ月間隈本は、同地を拠点にボストン、ワシントンなど東部各地の関係機関を巡り、アメリカ教育の動向や政治・社会状況を詳細に観察するとともに、関係者との意見交換にも意欲的に取り組んだ。活動の概要は、「（ニューヨーク滞在期間中の各地見聞メモ）」（Ⅶ―四）に見える。

（五）ニューヨークで彼がまず実感したのは、同地が戦時下における各種運動の中心となっていることであった。「戦時の北米合衆国（国家ヲ中心トセルコト）」（Ⅶ―一一）や「北米合衆国ニ於ケル戦争及経済動員ノ戦後ニ及ボセル影響」（Ⅶ―一四）によれば、当時アメリカでは、自由公債（軍事公債）の募集や赤十字・ＹＭＣＡなど各団体の活動、更には一般市民の街頭パレードや演説・募金活動など、各種愛国的運動が熱狂的に展開されていた。彼はまた、「米国ニ於ケルデモクラシー」（Ⅶ―一二）、「Ｕ・Ｓカ今回ノ大戦ニ依リ得タル利益ト教育上ノ影響〈付〉League of Nations」（Ⅶ―一五）において、戦時下ウィルソン大統領（Woodrow Wilson）の絶対的権限のもと、効率的な戦時動員がなされていること、また戦争を機にアメリカの国際的地位が大きく向上し、同国が名実共に世界経済・外交の覇者としてクローズアップされて来ていることに深い感銘を覚えた。彼によれば、ウィルソンの提唱になる「デモクラシー」は、戦時下の民心統一に資するだけでなく、歴史的伝統を有しないアメリカの唯一の武器として、アメリカのみならず、世界的規模において広がりを見せ、世界におけるアメリカの地位を確固たるものにして行くのに大きな役割を果たした、と言うのである。

（六）運動の中心には、「アメリカナイゼーション」(Americanization) が置かれていた。アメリカは世界各地の民族が移住して出来上がった国である。彼らの間には、英語を知らず、アメリカの風俗習慣に慣れない者が多数を占めており、以前から学校や各種団体による「セツルメントハウス」などを通して、彼らをアメリカ風に同化させることに力が注がれて来た。ところが、今次の大戦で徴兵制を実施したところ、壮丁九百万人のうち、英語を解せないものが実に七〇万人にも及ぶという事実が判明し、国語の普及および国民思想統一の急務であることが改めて痛感された。これを機に、政府および各種団体により「米化運動」がいっそう強烈に推し進められるのである。

この運動は、国民思想統一のための愛国運動として実施され、国旗、国歌を中心として熱烈に、また雑誌講演・パレードなど種々の宣伝方法により、全国的規模で進められた。ところが、極端な例として、ドイツ語ボイコットなど狭隘な愛国心の吹聴に及ぶこともあり、その行き過ぎを反省、理性的な運動として展開すべきだとするサーベイ社 (Survey) の動きなども始められていた。隈本は同社を訪ね、ケロッグ (Kellog) やバーンズ (Burns) など同社幹部との懇談を行っている。

このほか、彼はハーバード大学総長エリオット（C.W. Eliot）のアメリカ教育に対する自己反省の談話や、その後の動きとして「教育週間」の設定にも注目した。「Further Plans for Americanization」（Ⅶ―一六）や「米国教育週間に関する大統領クーリッヂ氏の布告大要」（Ⅶ―一三）などが、その関連資料である。隈本は、また同地滞在中ワシントンのスミソニアン・インスティテュートを訪問し、同館との間で定期刊行物の交換協議を行い、台湾総督府旧慣調査会報告書の寄贈依頼を受けたりしている（Ⅶ―四―(付)「下村長官宛報告」）。

（七）隈本は六月末英国へ向かった。大西洋上でドイツ潜航艇の活動がなお収まらないなか、巡洋艦、駆逐艦や飛行機による厳重警戒の下、遺書まで残しての出航であった。大西洋渡航はドイツ潜航艇を避けて大きく迂回し、航海中には避難訓練なども行われたという。一三日をかけ、ようやくリバープールに到着したのは七月一〇日のことであった。

イギリスでの視察はロンドンを中心とし、更に各地を歴訪して、戦時下の社会・教育状況を詳しく観察した。ロンドンでは、飛行機の襲来を警戒して、夜は探照灯が縦横に輝いていた。そうしたなか、ＹＭＣＡ・救世軍などキリスト教団体の社会事業が盛んに展開されていた。

（八）英国教育に関する考察では、伝統と革新、漸進主義と慣例重視の伝統など、容易に理解しがたいと悩みながらも、隈本は、この国における徳育のあり方や教育行政における中央と地方の関係、更には教員養成の実情などに強い関心をもった。また大学教育の問題、ことにオックスフォードやケンブリッジの古典的大学とロンドン大学などの近代大学（いわゆるRed Brick University）との違い、これら近代大学と当該地方の産業との関連性にも注目した（Ⅶ―一七）「英国教育」）。

なかでも、彼が深い感慨をもって受け止めたのは、同地滞在中の八月一〇日「教育令」改正が実施され、いわゆるフィッシャー法（Fisher Act）が公布されたことであった。この教育法は、義務教育年限の延長や無月謝の補習教育、育児学校や肢体不自由者の教育施設、さらには児童労働の禁止や近世語と理科教育の重視など、戦後を見据えて、革新的改革を企図していた。

（九）その間、彼はスコットランドにまで足を伸ばし、公立学校と宗教教育、男女共学、実際的教科内容などの実情を視察し、同地の教育の特徴について、イングランドとの比較対照を試みている。その際、比較教育学の創始者として知られるカンデル（Isac L. Kandel）の著書『英国の教育』が参考にされた（Ⅶ―一七―(付) I.L. カンデル『英国の教育』）。

イギリス滞在最後の二週間、隈本はフランス・イタリアをめぐる駆け足旅行に出発、休戦の報道をパリで聴いている。帰米のためリバープールを出航するのは一一月下旬のことで、それに先立ち同地およびマンチェスターを視察、一二月四日ニューヨーク埠頭に帰着した。その際、ジョージ・ワシントン号で渡欧するウイルソン大統領一行とすれちがう場面もあった（Ⅶ―五）「再ヒ大西洋ヲ渡ル」）。

（一〇）ニューヨーク帰着後、隈本はクリスマスをここで過ごした後、一月初旬同地を出発、フィラデルフィアに向かい、ペンシルバニア大学など各種教育機関を訪問した。

その後バファロー、ナイヤガラを経てトロントに至り、カナダの教育施設を訪ね、シカゴでは約一週間滞在して、シカゴ大学その他の教育・社会事業の諸施設、ゲーリー式学校を参観している。ついでウイスコンシンやセントルイスを視察の後、一月末シアトルに到着した。ここでも、公立学校の運営状況、およびそこでの米化運動の実情を詳しく考察し、バンクーバーまで足を伸ばしている。「(フィラデルフィアの教育事情)」(Ⅶ—六)、「(カナダ・トロントの社会・教育状況)」(Ⅶ—七)、「(シアトルの社会・教育状況)」(Ⅶ—八)、「(バンクーバーの教育事情)」(Ⅶ—九)などはその記録である。

(一一)シアトルでは、訪米最後の学校視察に精力的に取り組んだ。隈本がまず注目したのはハイスクールの職業前(PreVocational)教育であった。そこでは工業の各分野に関する概括的知識の伝授や、自動車の修繕その他各種機械工業関係の実習など、就職前の準備教育が効果的に行われ、それが市民の高い評価を得ていることにも納得した。

ここで彼が強い関心をもったのは、東洋系移住民に対するアメリカナイゼーション教育についてであった。そのため同地の公立学校を訪問し、そこでの午後あるいは夕刻クラスで行われている東洋系移住民に対する米化教育の様子を念入りに観察し、成人クラスの授業風景などを克明に記録している。

(一二)その一端を示せば、次のとおりである。

1. 成人クラスは、新渡来者あるいは英語を理解しない者を対象に、英語、合衆国の歴史、市民の心得等を教えており、これに対しては市から助成金が支給されている。出席者には日本人が特に多く、他は中国、フィリピンなどからの東洋系移住民である。

2．隈本は、これまで各地で米化教育の実施状況を見る機会を持ったが、ここで見た極端な同化教育の実態については「一驚ヲ喫シタリ」として、授業の様子を克明にスケッチしている。この授業は、入学後二週間ほどの生徒を対象にしたものであった。

(1)「室ノ正面ノ壁ニハAmerican Flagヲ立テアリ。女校長、問答ノ一節ニNo pay for textbook, we pay not at all。而シテ何等ノ費用ナキ代リニ、我等ハ何等カ払フベキモノアリ。何ナリヤト問ヒ、生徒ハAmerican lawニobedientナルコトナリト答フ」。

(2)「日本ノ学校ハ教室ガcoldナリ、American SchoolハwarmナリcleanナリbrightナリトシTT答ヘシメ、此ノ如キAmericaニ住ムハ仕合セナリト答ヘシメ、否、此結論ニ至ルマデ問答セリ」。

(3)「僅ニ二週間前後ノ英語練習者ニ、此ノ如キ方法ニテby forceニテAmerican Spiritヲ詰メ込ミ居レルハ注意スベキ現象ト謂フベシ」。

3．この外、二年生を対象とした徹底した米化教育の状況も紹介している。彼によれば、その授業は「徹頭徹尾、国家主義、大急行ノ同化主義ノ実際」を示したもので、次のような状況が見られたという。

「各室国旗トWilsonノ肖像ヲ高ク掲ケ、毎週少クモ二度或ハ毎朝前記ノSalute to flagヲ行ヒ居レル如キ、小児ノ有セル国旗ニサヘAmerican兵士カ敬礼スル如キ、国旗以外ニ崇敬ノ目的物ナシトハ曰ヘ、学校ト社会ト殆トNationalismニ固マリ、学校教師ノ如キ一言一行Wilsonノ為セル言行ヲ神聖視シ之ヲ布衍、児童生徒ニ説話セル如キAmerica本位タル為メニHumanity, Fraternity, Internationalismノ主旨ハ事実ニ於テハNationalism一点張トナリ……」

隈本は、視察後「予ハ学校カAmericanizationニ共鳴スル□□深ク且厳ナラントハ思ハザリキ」と感想を記し、在朝鮮米人宣教師が、往々総督府による同化教育、日本語強要を批判するが、ここで行われているアメリカナイゼーション教育の極端なことは、それ以上ではないか?と反問。行き過ぎた米化運動が、戦後も引き続き行われていることに驚きの目を以て眺めていた。

（一三）隈本は、大正八年二月二日郵船伏見丸に乗船して帰国の途に就き、二月一八日横浜に帰着、三月初めには学務部長（国語学校長兼任）の職務に復帰した。

当時の台湾教育界の状況を見ると、同年一月四日に「台湾教育令」が制定公布されるが、これは台湾人教育に関する最初の総括的規程であった。これにより国語学校は師範学校に改組され、隈本は四月一日付けで台北師範学校長（兼任）に任命された。

これと並行して、三月末には「台湾総督府高等商業学校官制」が公布され、内地人子弟のための商業専門教育機関として台湾総督府高等商業学校（後の台北高商）が新設された。同校が開校するのは六月一一日のことで、生徒数四〇名、小規模な校舎・設備を以て発足、同月三〇日付けで隈本は高等商業学校長（専任）に任命された。その間、六月二七日には台湾総督府官制の改正（勅令第三一一号）が行われ、これにより学務部は廃止となり、内務局「学務課」に改組・縮小されている。

（一四）上掲のような官制改正のもと、隈本は学務部長として台北師範学校長を兼任、六月末以後は高等商業学校長専任となり、同校の整備にあたることとなった。その傍ら、一年余にわたった外遊の報告書をまとめて下村民政長官に提出、視察記録の加筆整理を行い、求められて講演活動あるいは論稿執筆に当たった。彼が総督府に提出した正式報告書は残されていないが、その趣旨は上掲の各種視察記録や旅行中に記した所感、さらには帰国後行った講演記録・論稿などにより窺うことが出来る。「見聞概要」(Ⅶ—一〇)や「大なる日本と同化問題」(Ⅶ—一八)(『台湾時報』所載)、「世界ニ於ケル帝国」(Ⅶ—一九)、「Note on Japan as the Centre of Discussion」(Ⅶ—二〇)などがそれである。

(一五)「見聞概要」(Ⅶ—一〇)にある次の一節は、隈本が下村民政長官あてに提出した報告書の緒言部分にあたると思われるが、それによれば、

「世界未曾有ノ大戦及休戦中ニ際シ匆忙英米及其他ニ於テ教育ヲ中心トセル愛国的行動ヲ見聞シ、並ニ思潮ノ趨向、国際関係、政治、経済及社会組織ノ動揺等所謂世界ノ大変局人類ノ大革新カ那辺ニ帰着スルヤヲ顧念シ、窃カニ世界ニ於ケル我邦家ノ前途ト我民族ノ将来トカ転々一大暗礁ニ在ルニ想到シ、怵然感慨ニ堪ヘサルモノアリ」

と述べ、見聞事項の概要を摘記し、間々「鄙見」を付したとある。

そのなかで、彼が特に注目したのは、戦中・戦後における英米両国の改革動向であった。英国は戦時下の厳しい状況にもかかわらず、戦後の国家経営を見据えて政治、経済、教育、社会、其他の改造を企画、そのため特に一省を設置し、専門家を網羅して調査研究に従事しており、米国もこれに倣った企画により国造りに努めている。その際、両国ともに教育問題を以て国家発展の「根本的楔子」としている点に留意すべきだとし、それらを参考に我国のあり方、更には総督府の教育政策について検討を試みている。

（一六）「大なる日本と同化問題」（Ⅶ―一八）は、上述のような課題意識のもとに書かれたもので（『台湾時報』第七号、大正九年一月所載）、高等商業学校長の肩書きで執筆している。
　序論では、大戦を機とする過去数年来の世界各方面を通じての様々な混乱・変局のなか、デモクラシー、民族自決、労働問題、生活問題から信仰問題にわたり種々の潮流が見られるが、一国を本位とする努力は依然として存在しており、国際連盟や世界平和が言われながら、反面各国はますます国家の鞏固と国民の結束に努めている、とする。

　本論では、まず米英両国の改革動向を論じる。そして顕著な例として、アメリカでの戦中・戦後における熱狂の米化運動を取り上げ、同国が外に向かって国際主義・人道正義の旗を高く掲げる一方、内では多言語・多民族からなる自国の民心の結合と国家の鞏固を図っている。英国も、大戦中一時は大に辟易したが、最後の勝利まで持ちこたえ、大戦後も引続き本国と広大な数多の領土との統一結合に努力し、更なる勢力拡張に腐心しており、両国ともに激動の世局のなか、着々その地歩を固めている。

　上述のような米英両国の動きや抱負に学んで、日本も従来とは異なり大なる日本の使命を自覚し、黄色人種相互の抱合融和をめざす汎亜細亜主義の成立をめざす必要があり、日支親善の実現のため相互に努力すべきだ、と強調する。
（一七）そのためには、まず第一歩として、日本国民すべてが渾然融和し、新付の民も旧来の民もなく、法制上実質上新旧の国民間に差別のないようにすべきで、米国での移民に対する米国化の運動を参考に、朝鮮・台湾では新付の国民の日本化・同化の運動を進めることが必要で、同化問題に関する施設方法の改善を図る必要がある。アメリカ合衆国では、大戦中の同化運動の行き過ぎへの反省から、同化の手段につき慎重な考慮を払うに至っているが、朝鮮・台湾の場合も、これを教訓として彼らに深く同情し、その短所を矯めると共に、その長所は十分に採用する雅量があるべきだとする。そして同化運動の遂行上注意すべき事項として、以下のような事項を挙げる。

1．朝鮮・台湾を「植民地」と呼称するのは妥当ではなく、帝国の一部を構成する領土とみなすべきこと。

2．法制上雑婚を認め、血液の共通を計ること。

3．母国人一般の態度が、今一層新領土の民族と相接近し相親和するに至るべきこと。

そして、教育政策面では、下記のような方針を取るべきことを指摘した。

1．普通教育の一層の拡張を計り、特に国語の普及と国民性の陶冶に重きを置くとともに、師範教育の徹底的改善を加えること。普通教育の拡充に伴い早晩必要となる義務教育の実施に関しては、なるべく簡易軽便の方法によるものとし、画一制度を取らないこと。

2．特に女子教育を勧奨し、国語と国風の浸染に対し、家庭がその門戸を開放すること。

3．学校を中心とし、また学校と官憲との協力により、国語の使用と風俗の改善を計ること。

4．修学上なるべく機会の均等を与え、中等教育以上には共学の途を開くこと。

5．新付民の子弟に対しては、その学力品性に応じ、学校修了後は相当の位置と職業とを与えること。

（一八）「世界ニ於ケル帝国」（Ⅶ―一九）は上掲の論考に関連して、激動する世界情勢のなかに置かれた日本の対処すべき具体的方策について論じたものである。その立論は、「我帝国ノ現情ハ殆深淵ニ臨ミ、薄氷ヲ履ムニ似タリ」との現状認識に立ち、対応策として国力の充実、産業の発達、国防の完備、教育及交通機関の拡張を計ることが求められるとし、他に以下のような諸方策を打ち出す必要があるとした。

第一、世界各国民ヲシテ、日本国民並国家ヲ了解セシムルニ力ムルコト。

第二、今一層文化政策ニ依ルハ勿論、社会問題、労働問題、思想問題、婦人問題等ニ関シ、我国情国風ノ許ス限リ世界ノ趨向ニ協調ヲ保ツノ必要アルコト。

第三、新領土統治ニ関シ、朝鮮・台湾ノ如キハ帝国ノ素成分子ト大差ナキニ至ラシムルヲ期シ、同化政策ヲ継続シ行クヲ大方針トシ、民度ノ進否ト四囲ノ情況ニ応シテ施設ニ緩急アラシムルコト。

第四、支那国民トノ関係ヲ改善スルコト。

（一九）「Note on Japan as the Centre of Discussion」（Ⅶ―二〇）は、前掲の「世界ニ於ケル帝国」（Ⅶ―一九）の補論的位置を占める手稿である。但し、冒頭の余白部分に自ら「Hintノミ、固ヨリ補正ヲ要ス」とか「忙裡ノ閑筆、否乱毫辞句蕪雑、判読サヘ困難ナランカ」と記すなど、未整理の感がある。

そのなかで、まず注目される記述として、日中両国の関係について、これを米国との関係をからめて論じた個所がある。それによれば、アメリカ人の日本・中国に対する態度を比較し、彼らは日本に対して「敬畏疑懼ノ態度」があるのに反し、中国・中国人に対しては「愛撫親近ノ態度」が顕著に見られるとし、その理由として、アメリカが一九〇八年義和団事件賠償金を中国人のアメリカ留学派遣経費にあてたことの影響が大きい。この留学生派遣事業をうけて、アメリカの各大学は競って中国人留学生を収容するようになり、これを機に、大学での留学生教育は中国人中心となり、日本人学生は附属的地位に置かれるに至ったことを、コロンビア大学テーチャーズ・カレッジの場合などを例に取り上げ、またロックフエラー財団の対外事業も、中国重視が顕著になっていることを指摘する。

更に顕著な例として、在華キリスト教宣教師の多くが一時帰国した際の講演などで、中国・中国人を庇護愛撫する一方、日本及び日本人に不利な言論をなすものが少なくないことを挙げる。こうした行動言論が一般民衆を動かし、新聞を動かし慈善家を動かすのは当然で、それが絶大なPropaganda against Japan & Japaneseとなっていると指摘、今後は日中親善上、米国に対するプロパガンダは、こうした中国在住のアメリカ人宣教師等に留意する必要がある、と説くのである。

（二〇）第二に注目されるのは、「日本ノ新領土民族ニ対スル教育及其他ノ文化政策」について論じた個所である。それによれば、日本は今日および将来ともに東亜や南洋方面に種々の企業が進出する必要がある。その際、少なくとも進出先住民に対し悪感情を持たせず、親善、好感の裡に事業を展開する必要がある。この意味でPro-japaneseを持たねばならない。その基礎の一として、米、英、独、仏国の場合と同様、日本としてのPropagandaが必要であるが、それと同時に、新領土に於ける教育政策の改革が不可欠である。そして、従来朝鮮・台湾の教育制度が近視眼的なものであったとし、日本人とは文化的差異の少ない朝鮮人及び台湾人に対しては、普通教育や実科教育は勿論、ある程度の制限の上に高等・専門教育を授けることが不可欠である。そして将来更に経済的に発展すべき日本民族の立場よりして、新天地の土着民が日本人に対し相親しむような温情を養成すべきで、民心を悦服せしめるような教化政策を行う必要があると論じていた。

（補編）隈本繁吉の修学時代について

（1）

隈本繁吉（明治六年・一八七三〜昭和二七年・一九五二）は戦前日本の代表的な植民地学務官僚の一人である。彼は、明治末期旧韓国学部および朝鮮総督府の学務課長として、併合前後の朝鮮において、三年間（明治四一年・一九〇八〜明治四四年・一九一一）にわたり教育政策の推進にあたり、その後台湾総督府に転じて大正九年（一九二〇）まで学務課長・学務部長に任じた。台湾では、その間国語学校、台北師範学校、あるいは台北高等商業学校などの校長も兼任している。ちなみに、隈本は大正九年（一九二〇）五月台湾総督府退官後内地に帰還し、しばらく病気静養した後、大正一二年末には求められて教育界に復帰し、高松高等商業学校の初代校長に就任（〜昭和二年）、その後大阪高等学校（昭和二〜六年）、および第六高等学校の校長（昭和六〜一三年）を歴任した。

隈本は、朝鮮および台湾において前後一二年にわたり、植民地教育行政の前線指揮官として活動するとともに、自らかかわった植民地教育に関する多くの貴重な資料を整理保存し、またそこでの自らの体験を丹念に書き残した。その詳細は前述したとおりである。

(2)

二〇一四年の夏、編者は『隈本繁吉文書』編集作業の一環として、隈本の修学時代について調べる機会をもった。「年譜」(『隈本繁吉先生の想い出』平成三年）によれば、隈本は福岡県八女市の出身で、明治六年（一八七三）の生まれ。詳しく言えば、八女郡水田村尾嶋の堤喜十郎の三男として生まれ、九歳の時同郡八幡村新庄の隈本伍平の養子となっている。幼少の頃、八女郡福島の私塾に学んだ後、明治一八年（一八八五）旧久留米藩明善校を経て、旧福岡藩の修猷館に進んだ。当時は、学校制度がようやく整って来た時代で、隈本の修猷館入学の翌年、初代文部大臣森有礼によって『学校令』が制定公布され、修猷館もこれまでの「英語専修修猷館」から「福岡県立尋常中学修猷館」と改称されることになる。尋常中学修猷館の初代館長は隈本有尚で、福岡県久留米市の生まれ。繁吉とは同姓だが姻戚関係はない。東大理科大学星学科（後の天文学科）出身で、東京大学予備門教諭を経て修猷館の館長となっていた。その後文部省視学官、東京高等商業学校教授兼視学官などを経て、長崎高等商業学校や朝鮮総督府中学校などの校長を歴任している。奇しくも彼の文部省視学官時代、繁吉が下僚（図書審査官）として、ともに「哲学館事件」(明治三五年・一九〇二）に立ち会うことになる人物でもある。ちなみに、この事件は哲学館（後の東洋大学）での中等教員免許に関する卒業試験の出題内容をめぐって、それが国体を危うくする恐れがあるとして問題とされたものである。文部省から一時は同館の廃校処分案さえ出されるほどで、当時新聞紙上私立学校における教育・学問の自由に関する議論を巻き起こし、帝国議会でも取り上げられた大事件である。その顛末は、松本清張『小説　東京帝国大学』（二〇〇八年刊）の冒頭に詳しく記されている。

（3）

隈本繁吉は修猷館在学中から成績抜群で、明治二一年（一八八八）には第五高等中学校（後の第五高等学校）に進学している。まず補充科二年に入り、予科を経て明治二五年には本科（一部文科）に進み、前後六年間在学した。第五高等中学校は、当時全国で五校しかないナンバースクールの一つで、九州での最高学府。初代校長野村彦四郎をはじめ、初期の教員は第一高等学校からの転出者が多く、そこでの教育は一高がモデルとされ、全寮制で学生の自治が志向された。校風は剛毅朴訥。習学寮々歌「武夫原頭に草萌えて」は、隈本ら学生たちの最も愛唱するところであった。

隈本は、同校在学中総務委員として自治活動の中心となって活躍、また校友会誌『龍南会雑誌』の編集委員として健筆を振るった。同誌二〇〇号記念誌（昭和元年）に、草創期の五高時代のことを回想した「龍南の上古史を辿りて：追懐」がある。

在学中、彼が大きな影響を受けたのは第三代校長嘉納治五郎（在任期間：明治二四年・一八九一〜同二六年・一八九三）である。講道館柔道の創始者として知られ、五高校長として「善く学生を撫育し、常に温顔を以て之に接し、応対の状藹然宛も慈母の児子を視るが如し……」（「前校長嘉納君を送る」『龍南会雑誌』第一五号、雑録、明治二六年）と、学生たちに敬愛された。

隈本も、早速嘉納の直接指導のもと、熱心に柔道に打ち込み、めきめき腕を上げた。一緒に汗を流したもののなかに沖禎介もいた。もっとも沖は、英語や数学の成績不良で五高を中退して早稲田に去り、後に日露開戦時特別任務班として横川省三とともにロシア軍の後方で破壊工作を行い、失敗して捕らえられ、ハルビンで処刑されたことはよく知られている。

(4)

指導を受けた教師のうち、隈本が最も敬愛したのは秋月胤永(悌次郎)教授であった。悌次郎は文政七年(一八二四)生まれの会津藩士、NHK大河ドラマ「八重の桜」にも登場する人物である。名は胤栄、号は韋軒。明治維新後は胤永と名乗った。藩校日新館の秀才として知られ、藩費で江戸に留学、幕府の大学・昌平黌に学んだ。幕末期、藩主松平容保が京都守護職に任ぜられるや、悌次郎はその側近として藩外交(公用方)を担当し、戊辰戦争では軍事奉行添役(副官)として活躍した。

維新後は、会津戦争の責任者として終身禁固刑に処せられるが、学才を惜しまれ後に特赦により赦免、東京大学予備門などで教鞭をとっていた。その頃第五高等中学校が発足、二代目校長平山太郎から、倫理・漢文担当の教授として、六七歳の高齢にもかかわらず、三顧の礼を以て迎えられるのである。明治二三年(一八九〇)のことであった。

五高では、早速倫理の講義を担当したが、いつも紫色の風呂敷に古い『論語』の和本をつつんで教室にやって来たという。白髪・白鬚の秋月教授の温容は、学生たちの尊崇を一身に集め、英語教師として松江から来任して来た同僚ラフカディオ・ハーンからも「神のような人」と呼ばれた。悌次郎は詩文にもすぐれ、なかでも彼がかつて会津落城の際、降伏交渉のため越後に赴いた帰途書き記した「北越潜行の詩」(有故潜行北越帰途所得)は、賊徒として討たれ、天地の間に身を容れるところを失った会津人の胸の思いを切々と詠んだものとして、隈本ら学生たちの間でよく愛吟されたという。

行無輿兮帰無家　　行くに輿無く　帰るに家無し
國破孤城乱雀鴉　　國破れて　孤城雀鴉乱る
治不奏功戦無略　　治は功を奏せず　戦いに略無し
微臣有罪復何嗟　　微臣罪あり　復た何をか嗟かん
……中略……　　……………………………
憂満胸臆涙沾巾　　憂は胸臆に満ちて　涙は巾を沾す
風淅瀝兮雲惨澹　　風は淅瀝として　雲は惨澹たり
何地置君又置親　　何れの地に君を置き　又親を置かん

六年の間熊本で青春時代を謳歌した隈本は、明治二七年五高本科を卒業して東京大学文科大学史学科に進み、お雇い外国人教師として教壇に立っていたドイツ歴史学の泰斗レオポルド・ランケの高弟ルードヴィッヒ・リースから、実証主義史学の理念と方法を徹底して学ぶことになる。その成果の一端は、「台湾と琉球との混同に付て」（『史学雑誌』第八編第一一・一二号、明治三〇年）や「遼金交渉史」（同前第九編第三〜九号、明治三一年）などに見ることができる。

付(1) 隈本繁吉略年譜

明治　六年（一八七三）　堤喜十郎の三男として福岡県八女郡水田村（現八女市）に生まれる（一月六日）。九歳のとき同郡八幡村隈本伍平の養子となる。

明治三〇年（一八九七）　第五高等学校を経て東京帝国大学文科大学に進み、史学科を卒業。

明治三一年（一八九八）　文部省図書審査官に就任。

明治三三年（一九〇〇）　文部省視学官となり、図書審査官を兼任。

明治三五年（一九〇二）　文官分限令第一一条第一項第四号により休職（一二月）。

明治三六年（一九〇三）　私立明治法律学校大学組織準備委員となる。

明治三七年（一九〇四）　私立明治大学経緯学堂（清国留学生部）創設主任、同学堂主幹となる。私立国学院講師を兼任。

明治三八年（一九〇五）　休職満期により退官、福井県福井中学校長となる（一一月）。

明治四一年（一九〇八）　東京高等師範学校教授となり、文部省図書審査官を兼任。同日付けを以て韓国学部書記官（学務課長）に就任（三月）。

明治四三年（一九一〇）　日韓併合条約公布により朝鮮総督府事務官となり、学務局学務課長に就任（一〇月）。

明治四四年（一九一一）　台湾総督府に転任命令。同視学官兼国語学校長に就任（三月）。

明治四五年（一九一二）　台湾総督府学務部長心得に任命され、学務課長を兼任（三月）。

大正　二年（一九一三）　学務部長に昇進し、同視学官・図書館長を兼任（九月）。

大正　七年（一九一八）　教育視察のため欧米各国に出張（一月）。
大正　八年（一九一九）　欧米視察より帰国（二月）、台北師範学校長（兼任）に就任（四月）、台北高等商業学校長（専任）となる（六月）。
大正　九年（一九二〇）　依頼免官（五月）。
大正一二年（一九二三）　高松高等商業学校長となる（一二月）。
昭和　二年（一九二七）　大阪高等学校長となる（八月）。
昭和一〇年（一九三五）　第六高等学校長となる（八月）。
昭和一三年（一九三八）　同退官、第六高等学校名誉教授となる（四月）。
昭和二七年（一九五二）　福岡県八女市で死去（八月二九日）、享年七九歳。

（出典）
一、岡山大学庶務部所蔵「隈本繁吉履歴書」昭和一〇年五月一〇日付
二、台湾総督府『公文類纂』隈本繁吉関係事項
三、隈本五平戸籍謄本（八女市役所）
四、又信会（香川大学経済学部内）編『隈本繁吉先生の想い出』平成三年九月刊

付(2)　隈本繁吉墓碑銘

隈本先生諱正篤通稱繁吉號成蹊本姓堤氏少時為所養郡素封家隈本氏因姓焉先生幼時慧敏長而謹厚夙終郷黌経態

本第五高等学校入東京帝国大学文科史学科明治三十年卒業奉職於文部省為図書審査官兼視学官一時出任福井中学校長復帰本省補東京高等師範学校教授明治四十一年受韓国学部之聘任其書記官漸次陞為同国学務局学務課長朝鮮学制始有生彩四十四年轉台湾総督府国語学校長兼視学官爾来駐同地殆乎十年歴任学務部長図書館長師範学校長高等商業学校長等皆有令名台湾学政総所先生之計画創始也此間或視清国教学或巡察欧米学界実情頗有所獲云大正九年依願免本官欲閑地然官未許先生隠棲大正十二年改補高松高等商業学校長尋而歴任大阪高等学校及岡山第六高等学校長前後十餘年昭和十三年依願免官始得脱羈構居於都下北沢而老矣自初任通算在官四十餘年精勵恪軼掌公務終始如一以特旨被叙正三位訓二等又受第六高等学校名誉教授之稱號希覯栄誉闔郷誰及焉及于大東亜戦争發戦禍頻臻先生携家帰郷無復意世栄優遊風月托楽於讀書寄懐於詩歌昭和廿七年八月念七日突如発病陥発語不能雖盡萬全之医療不痊既而大漸越三日遂不起距生明治六年一月實八十年矣嗚呼哀哉先生資性高邁行誼淳篤淡於名利有古武士之風雖不苟動不苟語而來者不拒去者不追坐侍坐令人覚在春風裡先生不幸無子養夫人末弟為嗣今在愛知県云夫人名壽女温良貞淑有謙讓之徳先生没後克守家一日來委予以先生墓碑之事予陋質謭劣曷堪誌先生之学之徳之高且深乎固辞不許竊思予忝先生之知蓋有年矣誼不可固辞乃不顧不文謹誌其官歴係之以銘

嵕山嵂崒　箭水漪淪　秀霊之氣　生是哲人　学識淵博　行誼篤淳　釋褐克忠

桂冠克仁　卓甫清風　磨而不磷

昭和三十三年戊戌歳四月　後學　古賀友太謹譔　長岡貞彦謹書

（出典）又信会（香川大学経済学部内）編『隈本繁吉先生の想い出』平成三年九月刊、八八～八九ページ

内容構成　別集(2)「隈本繁吉文書(台湾篇)」　一三冊(第一〇七巻～第一一九巻)

第Ⅰ部　教育行政全般　(三冊)

(注)　*は推定を示す

巻	番号	資料名	著者名	発行年月日	判型	ページ数
第一〇七巻	Ⅰ—一	(秘)台湾ニ於ケル教育ニ関スル卑見ノ一二並ニ疑問	隈本繁吉	明治四四年三月五日	手稿、台湾総督府用紙	八丁
	Ⅰ—二	(秘)処務上急要ト認ムル件	隈本繁吉	明治四四年五月二三日	手稿、台湾総督府用紙	五丁
	Ⅰ—三	教育行政概要覚書	持地六三郎	明治四四年	手稿、台湾総督府用紙	五丁
	Ⅰ—四	広島ニ於ル樺山総督ニ上申セシ教育方針	伊沢修二	明治二八年五月二一日	手稿、台湾総督府用紙	七丁
	Ⅰ—五	明治三十六年学事会議席上ニ於ケル後藤民政長官ノ演述	後藤新平	明治三六年	手稿、謄写版	一五丁、活字版五ページ
	Ⅰ—六	(秘)書房義塾教科書ノ内容ニ関スル件 —明治四十四年渡台当初内査—	隈本繁吉	明治四四年春	手稿、謄写版	一一丁、活字版五ページ
	Ⅰ—七	書房及ヒ在来ノ通俗教育ニ就イテ	隈本繁吉	明治四四年	手稿、台湾総督府用紙	一〇丁
	Ⅰ—八	学務材料	隈本繁吉	大正二年一一月*	手稿、台湾総督府用紙ほか	八八丁、活字版六〇ページ

巻	号	資料名	著者名	発行年月日	判型	ページ数
第一八巻	Ⅰ—九	(秘)台湾人教育ノ根本方針及施設ニ就テ	隈本繁吉	大正四年九月二三日	手稿、台湾総督府用紙	二五丁
	Ⅰ—一〇	(秘)学務部将来ノ施設	隈本繁吉	大正四年六月*	手稿、台湾総督府用紙	四五丁
	Ⅰ—一一	(秘)学務部ノ組織及定員改正ニ関スル卑見	隈本繁吉	大正六年八月	手稿、台湾総督府用紙	一八丁
	Ⅰ—一二	台湾之教育	隈本繁吉	大正五年*	手稿	一三四ページ
	Ⅰ—一三	台湾教育ノ概況	隈本繁吉	大正六年四月三日	美濃紙謄写版	八丁
第一九巻	Ⅰ—一四	対人政策	松村鶴吉郎	大正五年*	洋紙謄写版	一三三丁

第Ⅱ部　学務部日誌（三冊）

巻	号	資料名	著者名	発行年月日	判型	ページ数
第一〇巻	Ⅱ—一	(秘)明治四十五年　部務ニ関スル日誌	隈本繁吉	明治四五年一月〜大正二年四月	手稿	五〇丁
	Ⅱ—二	(秘)大正二年五月以降　日誌	隈本繁吉	大正二年五月〜大正三年一月	手稿	九八丁
第一一巻	Ⅱ—三	(秘)大正三年　日誌	隈本繁吉	大正三年一月〜大正三年一〇月	手稿	九七丁
	Ⅱ—四	(秘)大正三年十一月起　日誌	隈本繁吉	大正三年一一月〜大正五年一二月	手稿	九四丁
第一二巻	Ⅱ—五	(秘)大正六年一月　日誌	隈本繁吉	大正六年一月〜大正七年一月	手稿	九八丁
	Ⅱ—六	(秘)大正元年十月　直轄学校ニ関スル件	隈本繁吉	大正元年一〇月〜大正三年五月	手稿	二八丁

第Ⅲ部 台湾公立中学校設置問題 （二冊）

巻	号	資料名	著者名	発行年月日	判型	ページ数
第一一三巻	Ⅲ―一	台湾公立中学校設置問題	隈本繁吉	大正六年*	台湾総督府用紙	一〇〇丁
	Ⅲ―二	(秘)本島人内地人共学問題・本島人中等教育問題各打合員意見（一月二十八日以降）	隈本繁吉	大正二年	手稿	五九丁
第一一四巻	Ⅲ―三	(極秘)本島人紳士学務部長訪問談話要領	隈本繁吉	大正二年四月三〇日	手稿、台湾総督府用紙	一二丁
	Ⅲ―四	(秘)本島人紳士学務部長訪問談話要領	陪席者吉田治彦	大正二年四月三〇日	手稿、台湾総督府用紙	八丁
	Ⅲ―五	(秘)対本島人中等教育問題	隈本繁吉	大正二年五月一七日	手稿、台湾総督府用紙	六丁
	Ⅲ―六	(秘)学務部長本島人紳士会談要領	隈本繁吉	大正二年五月三一日	手稿、台湾総督府用紙	一五丁
	Ⅲ―七	(秘)五月三十一日午後三時　学務部長紫雲輪番会談要領	隈本繁吉	大正二年五月三一日	手稿、台湾総督府用紙	一六丁
	Ⅲ―八	本願寺関係中学書類	本願寺派台北別院輪番紫雲玄範	大正二年	書簡および手稿、台湾総督府用紙	一八丁
	Ⅲ―九	田川辰一より隈本繁吉宛書信	田川辰一	大正一一年二月二四日	手稿、台北女子高等普通学校罫紙	一七枚

号	資料名	著者名	発行年月日	版型	ページ数
Ⅲ—一〇	補充資料(1)　台湾公立中学校関係公文書		大正四年	『公文類聚』第三九編、『枢密院会議文書』、『御署名原本』大正四年より抽出	八九丁
Ⅲ—一一	補充資料(2)　(秘)台湾公立中学校創設ニ関スル上申	台湾総督府官房文書課長鈴木三郎	大正三年六月*	手稿、台湾総督府用紙	五丁
Ⅲ—一二	補充資料(3)　台中第一中学校創立及紀念碑建設経過報告書	創立委員林烈堂外五名	昭和八年六月一日	活版	二三ページ

第Ⅳ部　「台湾教育令」制定関係　（二冊）

巻	号	資料名	著者名	発行年月日	版型	ページ数
第一一五巻	Ⅳ—一	台湾教育令制定由来（前篇・後篇）	隈本繁吉	大正一一年一月	手稿	八三丁
	Ⅳ—二	勅令案　台湾教育令（第一桉／内務省提出桉／修正）	隈本繁吉	大正五年	謄写刷	一一丁
	Ⅳ—三	台湾人教育制度改正案系統表	隈本繁吉		手稿	一丁
	Ⅳ—四	(秘)台湾教育令（勅令案）			謄写刷	七丁
	Ⅳ—五	内地及台湾学制系統調　臨時教育調査委員会資料(1)		大正四年四月	活版	三二ページ

巻	番号	標題	作成者	年月日	形態	分量
	Ⅳ—六	教育令修正案ニ対スル意見	隈本繁吉		手稿	一〇丁
	Ⅳ—七	自大正五年六月一日至同　六日 内務省ト交渉概要	隈本繁吉	大正五年六月	手稿	一四丁
	Ⅳ—八	次田拓殖課長意見抄及之ニ対スル批評	隈本繁吉	大正五年六月	手稿	七丁
第一六巻	Ⅳ—九	(秘)勅令案　台湾教育令			手稿	一三丁
	Ⅳ—一〇	勅令案　台湾教育令説明			手稿	六丁
	Ⅳ—一一	教育令ニ関スル調	藤井内務属	大正六年四月一三日	謄写刷	一三丁
	Ⅳ—一二	諸外国殖民地教育学制大要 〈付〉比律賓学校制度大要	隈本繁吉		謄写刷	五三丁
	Ⅳ—一三	(諸外国殖民地教育調査要項)	隈本繁吉		手稿、台湾総督府用紙	九ページ
	Ⅳ—一四	印度統治に就て(視察復命書第一)	大野恭平		手稿、台湾総督府用紙	八二丁
	Ⅳ—一五	台湾新聞掲載　印度人教育ノ弊	ロンドンタイムズ外報部長チロール		台湾新聞切抜	九ページ
	Ⅳ—一六	極東に於ける英国の事業(香港大学)	香港デーリプレス(抄訳)	大正六年一月三〇日	謄写刷	一九丁
	Ⅳ—一七	印度支那殖民政策		大正二年二月	『朝鮮彙報』第三巻第二号、活版	一二ページ
	Ⅳ—一八	台湾教育令ノ反響	台湾総督府内務局学務課	大正八年三月	活版	一六ページ

第V部　対岸教育問題（一冊）

巻	号	資料名	著者名	発行年月日	判型	ページ数
第一一七巻	V—一	(秘)対岸教育解決方ニ就テ	隈本繁吉	大正元年九月	手稿	八丁
	V—二	対岸視察報告書	隈本繁吉	大正二年*	手稿	二三丁
	V—三	対岸視察事項摘要（大正元年一二月乃至同二年一月六日）	隈本繁吉	大正四年二月	手稿	一三丁
	V—四	民国教育施設概観		民国五年*	手稿	二三丁
	V—五	福州東文学社		明治三一年*	手稿	八丁
	V—六	（小竹徳吉氏記念胸像揮毫ノ由来）	隈本繁吉	大正八年一一月三〇日	手稿、台湾総督府高等商業学校罫紙	五枚
	V—七	(秘)在支那福州　福州東瀛学校排斥事情		大正六年五月	謄写刷	一一丁
	V—八	(秘)南支那ニ於ケル活動ヲ主要ノ目的トスル支那人並内地人台湾人ノ教育機関ニ就テ	隈本繁吉	大正五年一二月一三日	手稿	二七丁
	V—九	台華実業学校設立意見 〈付〉中山秀之より隈本学務部長宛添状（大正五年一〇月二五日付）	中山秀之	大正五年八月	手稿	二一丁

巻号	資料名	著者名	発行年月日	版型	ページ
Ⅴ—一〇	対岸視察録	善隣協会理事 高田雄種	大正八年四月	タイプ印刷	九一丁
Ⅴ—一一	南洋発展唱歌 〈付〉宇井英より隈本学務部長宛添状	宇井　英	大正四年八月四日	手稿	一枚 五枚
Ⅴ—一二	南洋発展の歌	根津金吾	大正四年	手稿	一丁
Ⅴ—一三	三屋静より隈本学務部長宛書信	三屋　静	大正四年*九月一日	手稿	一丁

第Ⅵ部　教育勅語関係（一冊）

巻号	資料名	著者名	発行年月日	版型	ページ
Ⅵ—一	勅語宣講会施行上ニ関シ在京民政長官ニ内報案	高田民政長官代理より内田民政長官宛	明治四五年一月二五日	台湾総督府用紙	二丁
Ⅵ—二	勅語宣講会ニ関シ在京民政長官ニ内報案 〈付〉一月二十四日付高田長官代理意見	亀山警視総長より内田民政長官宛	明治四五年一月二二日	台湾総督府用紙	五丁
Ⅵ—三	勅語宣講会設立ニ関スル建白 〈付〉隈本メモ（石部名刺）	石部　定	明治四四年一二月一〇日	東京榛原罫紙	四丁
Ⅵ—四	勅語宣講会設立稟請（漢文） 〈付〉同訳文	黄玉階ほか一三名より佐久間総督宛	明治四四年一二月	東京榛原罫紙	六丁
Ⅵ—五	宣講ノ起源沿革及実行状況ノ一斑	石部　定	明治四四年一二月一〇日	東京榛原罫紙	六丁

第一一八巻					
VI—六	（黄玉階外十三名に関する人物評）	東京朝日新聞記者 隈渓生	明治四四年一二月	台湾総督府用紙	二丁
VI—七	勅語謄本ニ関スル件	隈本繁吉	明治四五年*	台湾総督府用紙	二丁
VI—八	（秘）帝国新領土ノ民衆ニ下賜セラル、場合ニ於ケル教育勅語内容事項私桉		明治四五年*	台湾総督府用紙	二丁
VI—九	（極秘）敬擬教育勅諭草桉（日文）		明治四五年*	台湾総督府用紙	三丁
VI—一〇	（極秘）敬擬教育勅諭草桉（漢文）		明治四五年*	台湾総督府用紙	二丁
VI—一一	教育勅旨草案ニ擬ス（日文）		明治四五年*	台湾総督府編修原稿用紙	三枚
VI—一二	敬擬教育勅諭草案（日文）		明治四五年*	台湾総督府編修原稿用紙	二枚
VI—一三	敬擬教育勅諭草案（漢文）		明治四五年*	台湾総督府編修原稿用紙	二枚
VI—一四	（秘）本島教育ニ関スル御沙汰書御下賜方内申ノ件	隈本繁吉	大正元年八月一四日	台湾総督府用紙	三丁
VI—一五	内申（書）		大正元年八月	台湾総督府編修原稿用紙	二枚
VI—一六	（教育ニ関スル）内申		大正元年八月	台湾総督府用紙	二丁
VI—一七	内申		大正元年八月	台湾総督府用紙	二丁
VI—一八	（内申ニ関スル鄙見）	学務部嘱託館森万平	大正元年八月二〇日	台湾総督府編修原稿用紙	三枚
VI—一九	伊藤賢道より隈本学務部長宛書信	伊藤賢道	大正五年三月三一日	巻紙　封筒付	

第Ⅶ部　欧米教育視察（一冊）

巻	号	資料名	著者名	発行年月日	版型	ページ数
第一八巻	Ⅶ―一	欧米視察談（一）～（五）	隈本繁吉	大正八年七～一一月	『台湾教育』第二〇六～二一〇号	三〇ページ
	Ⅶ―二	（ハワイの教育事情）	隈本繁吉	大正七年一月	手稿	四枚
	Ⅶ―二（付）	「サイベリア」丸船中並布ニ於ケル見聞及雑感ノ一二	隈本繁吉	大正七年一月	手稿	五枚
	Ⅶ―三	（カリフォルニア州沿岸に於ける社会・教育状況）	隈本繁吉	大正七年一～二月	手稿	七枚
	Ⅶ―四	（ニューヨーク滞在期間中の各地見聞メモ）	隈本繁吉	大正七年三～六月	手稿	五枚
	Ⅶ―四（付）	下村民政長官宛報告	隈本繁吉	大正七年五月二九日	手稿	四丁
	Ⅶ―五	再ヒ大西洋ヲ渡ル	隈本繁吉	大正七年一一～一二月	手稿	一二丁
	Ⅶ―六	（フィラデルフィアの教育事情）	隈本繁吉	大正八年一月	手稿	四枚
	Ⅶ―七	（カナダ・トロントの社会・教育状況）	隈本繁吉	大正八年一月	手稿	二枚
	Ⅶ―八	（シアトルの社会・教育状況）	隈本繁吉	大正八年一～二月	手稿	二九枚
	Ⅶ―九	（バンクーバーの教育事情）	隈本繁吉	大正八年二月	手稿	一三枚

第一一九巻					
Ⅶ—一〇	見聞概要	隈本繁吉	大正七年五月	手稿	三枚
Ⅶ—一一	戦時ノ北米合衆国（国家ヲ中心トセルコト）	隈本繁吉	大正七年五月	手稿	六枚
Ⅶ—一一（付）	北米合衆国官報（抄訳）		一九一九年三月	手稿	一丁
Ⅶ—一二	米国ニ於ケルデモクラシー	隈本繁吉	大正七年五～六月	手稿	二枚
Ⅶ—一三	米国教育週間に関する大統領クーリッヂ氏の布告大要			手稿	三丁
Ⅶ—一四	北米合衆国ニ於ケル戦争及経済動員ノ戦後ニ及ボス影響	隈本繁吉	大正七年五月	手稿	七枚
Ⅶ—一四（付）	（北米合衆国史概観）	隈本繁吉	大正七年五月	手稿	七枚
Ⅶ—一五	U.S.カ今回ノ大戦ニ依リ得タル無形ノ利益ト教育上ニ及ボセル影響〈付〉League of Nations	隈本繁吉	大正七年五月	手稿	八枚
Ⅶ—一六	Further Plans for Study of Americanization	隈本繁吉	大正七年五月	手稿	八枚
Ⅶ—一七	英国教育	隈本繁吉	大正七年一〇月	手稿	一三枚
Ⅶ—一七（付）	I.L.カンデル『英国の教育』の目次及び緒論ノ要旨	隈本繁吉	大正七年一〇月	手稿・罫紙	三枚

Ⅶ―一八	大なる日本と同化問題	隈本繁吉	大正九年一月	『台湾時報』第七号	九ページ
Ⅶ―一九	世界ニ於ケル帝国	隈本繁吉	大正八年	手稿	一三枚
Ⅶ―二〇	Notes on Japan as the Centre of Discussion	隈本繁吉	大正八年	手稿	一三枚

索　引

索引（書名・文献名）

あ　行

か　行

さ　行

た　行

な 行

は 行

ま　行

や・ら・わ行

英　文

編著者紹介

阿部　洋

一九三一年　福岡県に生まれる
一九五九年　九州大学大学院博士課程修了・教育学博士
専　　攻　近代東アジア教育史・比較教育学
現　　在　国立教育政策研究所名誉所員・福岡県立大学名誉教授・南京師範大学名誉教授
主要業績　『中国近代学校史研究』『中国の近代教育と明治日本』『「対支文化事業」の研究―戦前期日中教育文化交流の展開と挫折―』『「改革・開放」下中国教育の動態―江蘇省の場合を中心に―』『韓国近代教育史』『日本植民地教育政策史料集成（朝鮮篇）』『近代日本のアジア教育認識（中国の部）』『日本植民地教育政策史料集成（台湾篇）』

上沼八郎

一九二七年　長野県に生まれる
一九五六年　名古屋大学大学院修士課程修了・教育学博士（論博）
専　　攻　近代日本教育史・植民地教育史
現　　在　元奈良教育大学大学院教授
主要業績　『伊沢修二』『信州教育史の研究』「台湾教育史」「沖縄教育史」『沖縄教育論』『森有礼全集』

近藤純子

一九四五年　広島県に生まれる
一九七二年　大阪教育大学大学院修士課程修了・教育学修士
専　　攻　教育学・日本語教育学
現　　在　元近畿大学准教授
主要業績　「『共学制』と日本語教育―植民地台湾における日本語教育の実態」「『直接法』と日本語教育―植民地

台湾における日本語教育の実態」「植民地統治下台湾における日本語教育の展開」『近代日本のアジア教育認識（台湾の部）』

佐藤由美

一九六二年　東京都に生まれる
一九九四年　青山学院大学大学院博士後期課程修了・博士（教育学）
専　攻　教育学・日韓教育関係史
現　在　埼玉工業大学人間社会学部教授
主要業績　「韓国の近代教育の成立と日本―日本人学務官僚による『普通学校令』の制定をめぐって―」「明治日本の対韓教育論とその展開」「青山学院と戦前の台湾・朝鮮からの留学生」「旧制金川中学校の台湾・朝鮮留学生」『植民地教育政策の研究（朝鮮・一九〇五―一九一一）』『近代日本のアジア教育認識（韓国の部）』

佐野通夫

一九五四年　静岡県に生まれる
一九八四年　東京大学大学院博士課程修了・教育学博士（広島大学）
専　攻　教育行政学・植民地教育史
現　在　こども教育宝仙大学教授
主要業績　『近代日本の教育と朝鮮』『韓国の戦後教育改革』『日本植民地教育の展開と朝鮮民衆の対応』

弘谷多喜夫

一九四二年　山口県に生まれる
一九七四年　北海道大学大学院博士課程修了・教育学修士
専　攻　教育学・植民地教育史
現　在　熊本県立大学名誉教授
主要業績　「台湾の植民地支配と天皇制」「日本統治下台湾のこどもと日本の学校」「戦後（一九四五―九二年）における台湾の経済発展と教育―世界史における近代植民地支配の遺産と関わって―」「台湾の植民地教育と明治期教育雑誌」『近代日本のアジア教育認識（台湾の部）』

あとがき

このたび『日本植民地教育政策史料集成（台湾篇）』の『総目録・解題・索引』（上下二巻）が刊行の運びとなった。第一期「教育要覧類」（六巻）の公刊が開始されたのは二〇〇七年二月のこと。それから実に一三年の長年月をかけて、ようやく全二二期・一二二巻よりなる『史料集成（台湾篇）』が完結する訳で、感慨ひとしおのものがある。

この『台湾篇』は、かつて公刊した『朝鮮篇』（一九八七―九一年、全九期・七五巻）の姉妹編をなすもので、これら戦前期日本の植民地教育政策関係資料の収集・整理は、筆者にとって、近代中国教育史・日中教育文化交流史の研究とならぶライフワークの一つとなっている。

『台湾篇』の編集では、『朝鮮篇』の場合に比べて、量的には勿論、質的にも、資料集としての幅や厚みを大幅に加えることができた。その背景として、まずあげられるのは、国内関連施設の充実・整備である。今回は、国立公文書館所蔵の『公文類従』『枢密院会議記録』『御署名原本』や、外務省外交史料館の『茗荷谷研修所旧蔵記録』などを全面活用することができた。その際、アジア歴史資料センターのデジタル資料が極めて有用であった。こうした公文書類の活用は、『朝鮮篇』編集の時点ではおよそ考えられないことであった。

また、『隈本繁吉文書』の本格活用もこれを後押しした。この文書は、もともと筆者が九州大学大学院時代に福岡市内のある古書店の紹介で発見、後に故衛藤瀋吉東京大学教授主催の共同研究『アジアにおける文化摩擦』プロジェクト（一九七七―七九年）に参加した際購入できたものである。その中には、日本統治下の朝鮮・台湾において、学務課長・同部長として植民地教育行政の最前線に立っていた隈本が書き残した貴重な文書類が多数含まれている。「学務日誌」など、達筆の手書き文書の解読には畏友上沼八郎教授に教えられることが屡々であった。また、整理作業の合間を縫って、福岡県八女市の旧隈本邸を訪ね、副市長（当時）小川勲氏のご案内で繁吉の墓参をした時のことも、懐かしく思い出される。

資料集の編纂作業では、上沼氏のほか、近藤純子・佐藤由美・佐野通夫・弘谷多喜夫の諸氏が、共同研究参加者として、重要な役割を果たして下さった。彼らは、それぞれ担当部門の調査研究を行い、すぐれた解題論文を執筆するかたわら、作業の進展に精力的にご協力いただいた。その間、当時日本大学大学院「近代アジア教育史」ゼミ生だった李吉魯君や潘静さんが有能な編集助手としての役割を果たしてくれたことも忘れ難い。

こうした国内調査の進展を踏まえ、作業の重点は逐次台湾での現地調査へと向かった。最初の台湾訪問は二〇〇五年三月のことで、以後二〇一一年にかけて前後四回にわたり訪台した。いずれの場合も、国立台湾師範大学呉文星教授（現名誉教授）を中心に、多数の専門家が対応して下さり、同大学を拠点に、台北市内は勿論、各地の研究機関・図書館・資料館を歴訪して資料収集にあたった。中でも国立中央図書館台湾分館（後に「国立台湾図書館」と改称）の所蔵資料は圧巻であった。そこには、旧台湾総督府図書館の所蔵図書・文献類がほぼ完全な形で保存されていたからである。また淡水・宜蘭・台中・嘉義・台南・高雄・花蓮港、台東などを訪問した際、他では見られない地方教育誌や学校沿革誌・学校要覧類を多数収集することができた。これら各地訪問の際、多くの教育史研究者や学校教育関係者としばしば会合の機会をもったことも楽しい思い出である。

資料集成の刊行が開始された二〇〇七年以来、膨大な量の各種資料類の編纂・刊行を一手に引き受けてくれたのは、龍溪書舎の編集担当・長島大樹君である。編纂作業の半ば、不幸にもガンを発症、病苦と闘いながら文字どおり「懸命」の仕事ぶりであった。そして本集成最後の別集（二）『隈本繁吉文書』全一三巻の刊行を終えた一年後の二〇一八年七月初め、遂に帰らぬ人となった。享年四十五歳、あまりにも早い逝去であった。百二十巻を超えるこの史料集成を目の前に置き、その完成が彼の献身的努力を抜きにしては不可能であったことを思うとき、彼の真摯な人柄とご尽力に対し感謝の念を深くするとともに、改めて哀悼の意を表するものである。

終わりに、私事ながら、本『史料集成（台湾篇）』のまとめとしての『総目録・解題・索引集』が、当方八十代最後の歳の何ものにも代えがたい記念碑となることをささやかな慶びとしたいと思う。

二〇一九年九月二十五日

阿部　洋

編著者紹介

阿部　洋（あべ・ひろし）

1931年生まれ、九州大学大学院博士課程修了。九州大学助手、福岡工業大学助教授、国立教育研究所室長・同部長を経て福岡県立大学教授・同附属図書館長・大学院研究科長を歴任。国立教育政策研究所名誉所員、福岡県立大学名誉教授、中国・南京師範大学名誉教授。近代東アジア教育史・比較教育学専攻。

主著に『中国教育近代化論』（明治図書、1972年）、『韓国近代教育史』（共訳、高麗書林、1979年）、『日中教育文化交流と摩擦—戦前日本の在華教育事業—』（編著、第一書房、1983年）、『米中教育交流の軌跡—国際文化協力の歴史的教訓—』（編著、霞山会、1985年）、『中国の近代教育と明治日本』（福村出版、1990年）、『中国近代学校史研究—清末における近代学校制度の成立過程』（福村出版、1993年）、『「対支文化事業」の研究—戦前期日中教育文化交流の展開と挫折—』（汲古書院、2004年）、『「改革・開放」下中国教育の動態—江蘇省の場合を中心に—』（編著、東信堂、2005年）など。また、資料集（共編）に『日本植民地教育政策史料集成（朝鮮篇）』全75巻（龍溪書舎、1987-1991年）や『近代日本のアジア教育認識』〈韓国の部〉全9巻（龍溪書舎、1999年）、同〈中国の部〉全22巻（同上、2002年）、同〈台湾の部〉全15巻（同上、2009年）などがある。

現住所：〒225-0011　横浜市青葉区あざみ野４－１－５－108

日本植民地教育政策史料集成（台湾篇）　総目録・解題・索引　第２巻

2019年12月　第１刷

編著者　阿部　洋
発行者　北村正光
発行所　株式会社 龍溪書舎

〒179-0085　東京都練馬区早宮２－２－17
電話03（5920）5222
FAX03（5920）5227

揃ISBN978-4-8447-0159-0

印刷製本：勝美印刷